체육통계

체육통계

강상조

도서출판 디자인21

서문

「체육통계」가 출판된 지 정말 많은 시간이 흘렀다. 그동안 적지 않은 다양한 학문분야의 독자들로부터 사랑을 받았다. 독자의 층이 다양하면 글의 내용은 특정 분야에 제한되지 않은, 모두가 읽어 쉽게 이해할 수 있는, 글이어야 한다. 그러나 통계(statistics, 統計)라는 이름을 붙인 서적은 누구나 소설처럼 읽으려 하지 않는다. 읽는데 어렵고 부담된다는 선입견이 작용하는 것 같다. '통계학' 책도 소설처럼 편하게 읽을 수는 없을까? 어떻게 기술하면 편하게 끝까지 읽을 수 있을까? 고민해 봤다.

이 책의 1차 개정판이 출간된 지도 꽤 오랜 시간이 흘렀다. 여러 가지 이유가 작동되어 선뜻 2차 개정 작업에 덤비지 못했다. 근래 전자기기에 밝은 학생들이 전문서적보다는 다양한 인공지능(AI) 매체를 통해 통계관련 정보를 습득하고 활용할 수 있는 문이 열려있기 때문이기도 하다. 그들의 대화 중 머리에 꽂히는 내용이 있다. "돌리면 답 나와! 이 시대에 손 계산기를 이용하여 문제를 해결하는 원시적(?) 방법을 배워야 할 필요가 있는 거야?" 그런데 우리가 아는 컴퓨터란 놈은 그저 답만 빨리 알려줄 뿐이지 이 답이 어떻게 만들어졌느냐에 대한 책임은 지지 않는다.

그동안 필자는 이와 같은 이유로 대학생과 대학원 학생들에게 컴퓨터의 도움 없이 연산이 가능한 포켓용 계산기를 이용해 통계 문제를 직접 해결해 볼 수 있는 초급, 중급 수준의 통계학 전문서적은 통계의 근본을 이해시키는데 절실하다고 느껴왔다. 뿐만 아니라 그러한 서적은 눈에 띄게 변모하고 있는 데이터 사이언스와 인공지능(AI)의 현장 활용에도 도움을 줄 수 있다는 동료 교수들의 충고에 용기를 얻고 개정을 결심하였다.

이 책의 많은 부분은 Hinkle 등이 쓴 Applied Statistics for the Behavioral Sciences와 Tabachnick과 Fidell이 쓴 Using Multivariate Statistics에 근거를 두고 있다. 2차 개정판에는 1차 개정판에 제시된 통계적 방법 중 과거 10년 동안 체육학뿐만 아니라 여타 학문분야의 학술지에 게재된 논문에서 실제 사용된 사례가 없는 방법은 제외하였다. 그리고 통계적 방법에 대한 이해도가 적절한 수준에 올라섰다고 판단된 단계에서는 특정 문제에 대한 해결을 컴퓨터프로그램을 이용하여 분석하는 예도 제시하였다.

역시 개정판에서도 가르치는 사람의 역량이 학습에 미치는 영향을 최소화 하는 데 중점을 두고 독자의 자습만으로도 학습할 수 있도록 구성하였다. 그리고 게재된 통계적 방법은 학부에서는 2학기, 대학원에서는 1학기 동안 학습할 수 있는 교재로 사용할 수 있을 것이다. 이외에도 체육연구에 관심을 가진 일선교사가 통계적 방법을 스스로 습득하고 현장연구에 적용하는 데 도움을 줄 수 있도록 내용 기술에 노력하였다.

이 책을 개정하면서 필자는 적지 않은 사람들의 깊은 격려와 신뢰 그리고 지원을 잊을 수 없다. 이 개정 작업에는 적지 않은 제자 교수들이 참여하였다. 절판을 고민했던 필자에게 용기를 주고 큰 힘을 더해 주었다. 그리고 그동안 부족한 책을 체육현장에 적용하고 탐독해준 많은 학문적 동지들의 격려, 이 책의 출판을 여러 차례 허락해 주신 도서출판 디자인21 이경화대표의 지원, 그리고 개정판의 편집을 포함한 모든 과정을 책임지신 이용석 편집대표와 한국체육대학교 측정평가팀의 신뢰를 잊을 수 없다. 가족 모두가 부족하고 내세울 게 없는 필자의 크나큰 버팀목이 되어주고 있는 것 또한 오랫동안 기억될 것이다.

2025년 10월
고덕동 연구실, 가을
필자

차례

제3장 집중경향치

제4장 변산도

제5장 표준점수와 정상분포

제6장 상관도

제7장 추리통계 1

제8장 추리통계 2

제9장 단일표본에 대한 가설검증

제10장 두 표본 통계치 간의 차 검증

제11장 일원분산분석

제12장 평균치의 개별비교

제13장 이원분산분석

제14장 공분산분석

제15장 비모수적 검증

제16장 직선회귀 : 예언과 회귀식

第17장 중다상관과 예언

1 서장

1. 통계의 의미
2. 통계의 역할
3. 변수의 의미
4. 측정치의 분류
5. 전집과 표본
6. 기술통계와 추리통계
7. 모수적 통계와 비모수적 통계

통계(統計: Statistics)가 인간 생활에서 차지하는 비중은 매우 크다. 학교 현장에서 발견할 수 있는 학생들에 대한 출결 기록과 학업성적의 반별, 학년별 비교 수치 그리고 스포츠 상황에서 제공되고 있는 각종 기록 등등 우리는 헤아릴 수 없이 많은 숫자 속에서 생활하고 있다. 스포츠 중계를 보면 선수와 팀에 대한 다양한 기록들이 당연한 것처럼 제공되고 있어 경기에 대한 시청자의 흥미를 크게 유발하게 하기도 한다. 숫자는 이처럼 우리의 생활과 함께 존재하고 있으며, 또 피할 수 없는 것이 숫자이고 보면 통계적 방법을 좀 더 능동적으로 이해하고 정확하게 해석하는 노력이 필요하다.

평가(評價)에서 필수적으로 거쳐야 할 단계의 하나는 관찰(觀察) 혹은 측정해서 얻은 자료(資料; data)를 분석해서 제시하는 것이다. 자료를 분석하고 조직할 수 있는 능력 없이는 측정 결과 얻은 정보는 한낱 휴지에 불과한 것이며, 더욱이 그러한 정보는 프로그램의 성과를 평가하는 데 이용될 수 없다. 통계는 바로 이러한 문제를 해결해 줄 방법이라고 할 수 있다. 통계가 비록 적지 않은 학생과 교사에게 공포의 대상이 되고는 있으나 이러한 태도를 보이게 되는 데는 수학에 대한 다소 부족한 배경, 용어(用語)나 공식(公式)에 대한 친근감 부족 등에서 그 이유를 찾을 수 있을 것이다.

이유야 어떻든 이것은 불행한 사례임이 틀림없다. 그러나 이 말은 모든 학생이나 교사가 검사나 측정 과정에서 필수적인 통계학(統計學)에 전문적인 지식을 가져야 한다는 것을 강조하려는 것은 아니다. 오히려 중요한 것은 효과적인 평가를 위해 필요한 통계를 자신 있게 사용할 수 있어야 한다는 점이다. 교사나 연구자가 통계에 대한 전문적 기술을 습득하고 있다고는 할지라도 통계를 지혜롭게 사용할 수 있는 계획이나 지식 없이 연구를 수행한다면 그가 내리는 결론이나 결정은 쓸모없는 것이 될 수도 있기 때문이다.

1. 통계의 의미

통계 또는 통계적 방법(統計的 方法)이란 무엇인가? 이 문제에 대한 답에 앞서 우리는 앞에서 언급한 통계는 모든 분야에서 각기 다양한 방법으로 사용되고 있다는 사실을 기억할 필요가 있다. 기상청은 현재 혹은 예상되는 날씨 조건을 기술하는 하나의 정보로서 통계를 사용한다. 마찬가지로 스포츠 캐스터는 시합의 결과를 요약하거나 예측하기 위한 수단으로 통계를 사용한다. 그러나 수학자는 자료의 분석에 사용할 수 있는 이론과 방법을 정립하기 위해서, 그리고 연구자는 자료를 기반으로 의사결정을 내리고, 복잡한 문제를 해결하며, 불확실성을 관리하는 방법 혹은 절차로서 통계를 사용한다.

그렇다면 사회과학(社會科學) 분야에 종사하고 있는 연구자로서의 교사, 학생에게 통계는 어떠한 의미를 갖는가? 한마디로 통계란 기본적으로 '자료(data)를 이해시키는 방법'을 의미한다고 할 수 있을 것이다. 그리고 자료란 대부분 어떠한 현상이나 특성을 대표하는 정보를 숫자의 형태로 나타내고 있다. 예를 들면 우리가 어느 종목 선수들의 불안수준(不安水準)에 관심이 있다면 그들의 불안수준을 대표하는 자료는 불안검사를 통해 얻은 점수일 것이다. 그리고 통계란 그 집단의 불안수준을 기술하기 위해 사용된 방법과 절차라고 할 수 있다.

통계, 혹은 통계적 방법은 이처럼 한 집단으로부터 얻은 점수 또는 빈도 등의 자료에 의해 그 집단의 특성을 이해하려는 방법이다. 좀 더 구체적으로는 숫자들이 갖는 의미를 발견하고 그와 관련된 사실 및 현상을 정확하고 간결하게 기술(記述), 설명, 예측하기 위한 수단이다. 이를 다시 두 가지로 크게 구별한다면, 첫째, 통계는 복잡한 현상을 간략하게 요약해 주는 기능을 가지고 있다. 예를 들면 대도시 중학교 1학년 학생들의 평균 신장은 어느 정도이며 160cm가 넘는 학생수와 그 비율은 전체의 몇 %라는 식으로 어느 집단의 특성이나 성격을 단일 수치로 표현하는 기능을 말한다.

둘째, 통계는 관찰된 소수의 결과를 토대로 관찰하지 않은 전반적인 현상에 대한 일반적인 결론을 내리는 기능을 가지고 있다. 연구자는 연구를 수행하는 과정에서 어떤 현상을 관찰하고자 할 때 해당되는 모든 사례 즉, 전집(全集)을 관찰하기 어렵다. 또한 막대한 노력과 경비의 부담 때문에 그렇게 해야 할 이유도 없는 것이다. 이 경우 대부분의 연구자는 전집을 대표할 수 있는 소수의 사례만을 표본으로 추출하여 관찰하게 되는데, 통계는 이처럼 부분적인 관찰을 통해 전집에 대한 일반적인 결론(結論)을 내릴 수 있게 하는 기능을 가지고 있다.

통계 혹은 통계적 방법은 자료를 이해시킬 목적으로 사용하는 방법이다. 통계는 주어진 현상을 요약 · 기술해 주는 기능과 관찰된 결과를 토대로 관찰되지 않은 전반적인 현상에 대한 일반적 결론을 내리는 기능을 가지고 있다.

---

2. 통계의 역할

통계는 다양한 학문 분야에서 사용되고 있는 이론(理論: theory)을 지지하거나 거부하는 경험적 증거(經驗的 證據)를 제공하는 데 사용된다. 또한 통계는 연구결과를 기술하는 데 이용될 뿐만 아니라 계획을 수립하고 의사를 결정하는 근거가 된다. 다음은 체육, 스포츠 관련분야에서 통계의 역할에 대해 Chat · GPT가 Wikipedia를 인용하여 기술한 내용이다.

① 선수들의 경기성과를 체계적으로 분석함으로써 강점과 약점을 파악하고, 이를 바탕으로 최적의 훈련 프로그램을 개발하는 데 효과적으로 활용할 수 있다. 또한 장기적인 훈련성과를 파악하는 데 필요한 선수들의 경기관련 자료를 제공함으로써 훈련 프로그램의 개선점을 찾아내는 데 중요한 역할을 한다.

② 선수들의 부상 자료를 분석함으로써 부상 발생 유형과 원인을 파악하고 예방 전략을 개발하는 데 활용할 수 있다. 동시에 재활 프로그램의 효과를 통계적으로 검증함으로써 선수들의 빠른 회복을 지원할 수 있다.

③ 상대 선수 혹은 팀의 자료를 분석함으로써 강점과 약점을 파악하고 효과적인 경기 전략을 수립하는 데 활용할 수 있다. 또한 경기 중 실시간으로 수집되는 자료를 활용함으로써 전술 및 전략의 변화를 가능하게 한다. 선수 개개인별로 작성된 각종 통계는 경기상황에서 필요한 선수를 가장 타당하게 기용할 수 있는 근거 자료가 된다.

④ 체육, 스포츠 과학 분야의 연구에서 수집된 자료를 분석하여 체력 및 건강 증진뿐만 아니라 경기력 향상을 위한 새로운 훈련 방법이나 장비의 효과를 검증하는 데 활용할 수 있다. 또한 가설(假說: hypothesis) 검증과 실험처치 효과의 분석에 통계적 방법을 적용하여 연구의 신뢰도를 높일 수 있다.

⑤ 스포츠 팬의 행동 및 선호도 자료를 분석함으로써 마케팅 전략을 수립하는 데 활용할 수 있다. 또한 스포츠팀 및 조직의 재정과 관련된 자료를 분석함으로써 효율적인 운영에 필요한 근거를 제공해 줄 수 있다.

3. 변수의 의미

앞에서 우리는 자료(資料: data)란 「어떠한 현상이나 특성을 대표하는 정보를 숫자의 형태로 제시한 것」임을 알았다. 이처럼 자료에는 항상 집단의 어떤 특성(特性: characteristic)을 포함하고 있는데, 그러한 특성을 변수(變數: variable 혹은 변인)이라고 부른다. 다시 말하면 우리가 통상적으로 쓰고 있는 개념(槪念: concept)은 각기 그 속성이 질(質) 혹은 양(量) 측면에서 다른 가치를 가지고 있으며 이러한 다른 가치를 가지고 있는 개념을 변수라고 한다.

예를 들면 초등학교 3학년 학생 집단은 성(性), 신장, 체중, 기능, 태도 등에서 차이가 있음을 발견할 수 있는데, 이들 특성을 변수라 부른다. 즉, 성별을 변수라고 부르는 이유는 남자와 여자로 분류되는 서로 다른 두 개의 가치를 가지고 있기 때문이며, 교육수준을 변수로 부르는 이유는 초졸, 중졸, 고졸, 대졸 … 등과 같이 다양한 범주(範疇: class 혹은 category)을 가지고 있기 때문이다. 반대로 어떠한 특성이 집단의 모든 구성원에게 동일한 가치를 가지고 있는 것이라면 그러한 특성은 상수(常數: constant)라고 부른다. 앞의 초등학교 3학년 학생을 대상으로 한 집단에서 교육수준은 상수가 된다.

집단 구성원이 어떤 특성에 있어서 서로 다른 가치를 가지고 있을 때 그 특성을 변수(變數)라고 부른다. 반대로 집단 구성원이 동일한 가치를 가지고 있는 특성은 상수(常數)라고 부른다.

변수는 각기 다른 기준에 따라 여러 가지 형태로 분류될 수 있다. 그중 한 분류방법은 변수를 양적으로 나타낼 수 있느냐, 없느냐에 따라 양적(量的) 변수와 질적(質的) 변수로 구분한다. 양적 변수는 신장, 체중, 불안수준 등과 같이 수량화가 가능한 특성을 의미하면 질적 변수는 성, 직업, 지역 등과 같이 수량화할 수 없는 특성을 의미한다.

변수는 또한 연속변수(連續變數: continuous variable)와 비연속변수(非連續變數: discrete variable)로 분류하기도 한다. 연속변수는 주어진 점수범위 내에서도 그사이에 여러 가지 값을 가질 수 있는 반면, 비연속 변수는 주사위를 반복해서 던져 얻을 수 있는 수와 같이 항상 정수의 값만을 가질 수 있을 뿐 1.5나 2.7과 같은 소수의 값은 가질 수 없는 변수를 뜻한다. 예를 들어 체중, 신장 등은 연속변수인 반면 자동차 수, 턱걸이 횟수 등은 비연속변수이다.

연구상황에서 변인은 그 기능에 따라 독립변수(獨立變數: independent variable)과 종속변수(從屬變數: dependent variable)으로 구분하기도 한다. 두 개 이상의 변수가 선정되었을 때 독립변수는 연구자가 연구의 목적에 따라 조작하거나 통제한 변수를 의미한다. 예를 들어 연구의 목적이 흡연량이 달리기 속도에 미치는 영향을 조사하는 것이라면 연구자는 흡연량을 통제하거나 조작하고 조작된 상황에서 달리기 속도에 어떤 변화가 나타나는지를 관찰하게 될 것이다. 이때 영향을 미치는 변수(흡연량)를 독립변인, 영향을 받는 변수(달리기 속도)를 종속변수라고 한다.

4. 측정치의 분류

우리가 일상적으로 사용하고 있는 수치는 크게 빈도(頻度: frequency)와 측정치(測定値: measurement)로 구분된다. 빈도는 하나, 둘, 셋, ……, 혹은 한 명, 두 명, 세 명, …… 등으로 한 범주(다른 말로 유목)에 속하는 개체의 수를 세어서 얻은 수치를 말한다. 수치에서 얻은 빈도는 항상 1, 2, 3과 같이 정수로만 표시된다.

측성치는 1cm, 1.5cm, 혹은 10점, 15점, 95점, .. 등과 같이 척도(구체적으로는 검사나 도구)로 재서 얻은 어떤 대상의 속성 크기를 의미한다. 측정에서 얻은 수치는 항상 오차를 수반하며 언제나 약수(略數)로 표시된다. 측정치가 약수로 표시된다는 뜻은 예를 들어 측정단위를 정수로 표시할 때 소수 1자리까지 측정된 수치 1.1cm나 1.3cm는 모두 동일한 1cm로 표시된다는 것이다. 이처럼 측정치의 마지막 단위 숫자는 언제나 대략적인 표시에 불과한 것이며 정확한 점을 지시하는 것이 아니다.

측정치를 오차범위로 표시한 것이 측정치의 정확한계(正確限界: exact limit)이다. 예를 들면, 재서 얻은 체중이 65kg이라 할 때 65kg은 64.5~65.5kg의 범위를 갖게 된다. 이와 같은 측정치의 오차범위를 정확한계라고 하고 64.5kg를 정확하한계(正確下限界: lower limit), 65.5kg을 정확상한계(正確上限界 : upper limit)라고 부른다. 이러한 정확한계는 한 측정치 경우만이 아니라 두 측정치 사이에도 그대로 적용된다. 예를 들면 60~65kg사이의 정확한계는 59.5~65.5kg이 된다.

측정치는 측정도구의 부정확성, 측정자의 측정방법 등에 따라 항상 오차를 수반한다. 이러한 오차를 측정오차(測定誤差)라고 한다. 측정치는 오차를 수반하기 때문에 약수(略數)로 표시된다. 실제 재서 얻은 측정치가 15.327이라면 보통 반올림하여 15.33으로 쓰고 있다. 따라서 측정치는 일정한 오차범위 내에서 해석하는 것이 안전하다.

측정치는 사용한 척도의 성질에 따라 각기 다른 의미를 가진다. 척도의 성질에 따라 측정치는 다음과 같이 네 가지(명명척도, 서열척도, 동간척도, 비율척도) 종류로 분류할 수 있다.

4.1 명명척도(命名尺度: nominal scale)

이 척도는 단순히 개인이나 대상을 **식별**하거나 **분류**하는 기능만을 가지고 있다. 예를 들면 성별을 남자, 여자 대신에 1, 2로 지역을 대도시, 도시, 농촌 대신에 1, 2, 3으로 약칭해서 사용하는 경우이다. 야구선수들의 등에 붙어 있는 숫자 또한 양을 표시한다기보다는 이름과 같은 역할을 하므로 명명척도에 속한다.

위의 예에서 성별 혹은 지역을 대표하는 수 1, 2, 3은 통상적으로 쓰이는 수량적인 의미가 아니라 그 집단(혹은 범주)의 명칭을 대표할 뿐이기 때문에 이들 숫자는 가감승제(加減乘除 : + - × ÷)가 불가능하다. 요약하면 명명척도는 지역 혹은 성별, 흡연여부와 같이 논리적 순서 없이 단순히 몇 개의 범주로 분류되는 척도이며 비연속적이고 질적인 척도이다. 명명척도 자료를 이용하여 분석할 수 있는 통계적 방법은 빈도, 백분율(%), 최빈치, Phi계수, x^2(카이자승) 등이다.

4.2 서열척도(序列尺度: ordinal scale)

서열(혹은 순위)척도는 **분류**와 **서열**의 기능을 가지고 있을 뿐 수치 간에 거리가 일정치 않은, 즉 **동간성**(同間性)이 없는 척도를 말한다. 예컨대 어떤 변인의 속성을 대소 혹은 과다에 따라 순서로 배열하고 배열된 순서에 따라 1, 2, 3 …… 의 수를 부여할 때 우리는 서열 수를 얻게 된다. 서열척도의 예로는 한 학급의 학생들을 키 순서로 배열하고 키가 작은 사람부터 1, 2, 3, 4 … 순으로 번호를 부과하는 경우를 들 수 있다.

이 경우 2번은 3번보다 키가 작은 것을 의미하고 5번은 4번보다 큰 것을 의미한다.

즉, 2<3, 4<5의 관계가 성립된다. 그러나 5 - 4의 차와 3 - 2의 차는 같다는 관계는 반드시 성립된다고 할 수 없다. 예를 들면 1번의 신장이 150cm, 2번이 152cm, 3번이 155cm라면 실제 1, 2번의 차는 2cm, 2, 3번의 차는 3cm이기 때문에 순위 2 - 1간의 차와 순위 3 - 2간의 차는 같지 않다. 이와 같은 척도를 서열척도라고 하며 따라서 명명척도와 마찬가지로 가감승제가 불가능하다.

연구자들이 연구과정에서 흔히 사용하고 있는 각종 심리검사의 척도는 바로 이 부류에 해당한다. 서열척도인 자료로 분석이 가능한 통계적 방법은 명명척도로 사용 가능한 방법 이외에 중앙치(中央値), 사분편차(四分偏差), 등위차(等位差)상관계수 등이다.

4.3 동간척도(同間尺度: interval scale)

동간(혹은 등간)척도는 **분류**와 **서열**의 기능뿐만 아니라 수치 간의 간격이 일정하고 동일한 **동간성**을 가지고 있어 **가감**의 수학적 조작이 가능한 척도를 말한다. 우리가 흔히 사용하고 있는 점수, 온도, 연대 등의 수치들이 이 척도에 속한다. 이 척도에서 얻은 수치들은 섭씨온도의 열량 차와 같이 10° - 5° = 30° - 25°의 관계는 성립되지만 절대영점(絶對零點: absolute zero)이 없다는 약점 때문에 승제(乘除: 곱하기와 나누기)의 관계는 성립되지 않는다.

왜냐하면 10℃의 열량이 5℃의 열량의 2배라고 할 수 없기 때문이다. 섭씨 0°는 단순히 물이 얼게 되는 온도를 뜻하며 열량이 없다는 것을 뜻하지는 않는다. 열량의 승제에 관한 계산을 하려면 절대영점인 -273℃를 기준으로 한 수치로 고쳐야 한다. 절대영점에서 출발하지 않은 수를 가지고는 가감만 가능할 뿐 승제는 불가능하다.

또 다른 예를 들어 보자. 영어점수 80점인 학생이 40점인 학생보다 2배 영어를 잘한다는 해석(즉, 40×2 = 80)이 불가능한 것은 영어점수 0점이라고 해서 영어능력이 전혀 없다고 말할 수는 없기 때문이다. 그러나 우리는 동간척도도 단서를 붙이는 조건에서 곱하고 나누기를 자유롭게 할 수 있다. 즉, 위의 영어점수의 경우 **해당 시험문제에 한정**해서 볼 때 0점은 그 시험문제에 대해 아는 바가 전혀 없다는 해석을 가능하게 하므로 곱하고 나누기를 할 수 있다.

동간척도인 자료로 분석이 가능한 통계적 방법은 앞의 명명, 서열척도에서 사용할 수 있는 방법 이외에 평균치, 표준편차, 피어슨(Pearson)의 적률상관계수(r)와 강력한 모수적(parametric) 통계로 알려진 t검증, 분산분석(*ANOVA*) 등이다.

4.4 비율척도(比率尺度: ratio scale)

비율척도는 **분류, 서열, 동간성** 및 **절대영점** 등의 모든 조건을 갖춘 척도이다. 따라서 비율척도에 의해 나타난 수치는 가감승제가 가능하다. 시간, 길이, 무게 그리고 이들 간의 조합에 의해 나타나는 각종 수치는 모두 비율척도에 속한다. 예컨대, 체중이 0kg이라면 무게가 없다는 뜻이며 따라서 30kg은 10kg보다 3배 무겁다고 할 수 있다. 비율척도에 해당하는 자료는 어떠한 통계적 방법으로도 분석할 수 있다.

이상에서 척도별 측정치들은 보기에는 다 같은 숫자이지만 그 수를 의미 있게 수리적으로 처리할 수 있는 통계적 방법은 차이가 있음을 알았다. 네 가지 척도 중 가장 이상적인 것은 비율척도이다. 비율척도일 때 우리는 안심하고 어떠한 통계적 방법도 적용할 수 있게 된다.

연구자는 연구를 수행하는 과정에서 자신이 사용하려는 변수의 측정치가 어떤 척도(尺度)에 해당하는가를 먼저 확인할 필요가 있다. 왜냐하면 측정치가 어떤 척도에 해당하느냐에 따라 동일한 특성을 재는 통계적 방법 중에서도 사용이 가능한 것과 불가능한 것이 있기 때문이다.

명명척도는 분류, 서열척도는 분류 · 서열, 동간척도는 분류 · 서열 · 동간성, 비율척도는 분류 · 서열 · 동간성 · 절대영점의 기능 및 조건을 갖춘 척도이다.

---

5. 전집과 표본

조사 · 실험연구를 수행하는 과정에서 반드시 사용되고 있는 용어 중에 전집(全集: population)과 표본(標本: sample)이라는 말이 있다. 전집이란 쉽게 표현하면 한정된 집단의 **전체 구성원**을 뜻한다. 예컨대, 한국 중학교 1학년 학생의 평균 신장을 조사하려고 할 경우, 중학교 1학년 학생 전체가 바로 전집이 된다. 흔히 전집은 많은 수의 구성원을 포함하는 것으로 생각하지만 전집을 어떻게 정의하느냐에 따라 그 수는 적을 수도, 많을 수도 있는 것이다.

표본이란 전집의 일부로 정의된다. 대부분의 연구에서 전집 즉, 위의 경우 중학교 1학년 학생 전부를 조사하는 것은 막대한 노력과 비용이 요구되기 때문에 실제로 불가능하다. 따라서 전국 중학교 1학년 학생(전집)을 가장 잘 대표할 수 있는 수백 명의 소수집단을 표본으로 추출하여 그 결과를 통해 전집의 특성(예 : 신장)을 추정하는 방법을 택하게 된다. 이처럼 전집의 어떤 특성을 추정하기 위해 전집으로부터 일부를 추출하여 실제로 조사되는 대상을 표본이라고 한다.

앞의 예에서 전국 중학교 1학년 학생의 평균 신장을 조사한다고 할 때 전국 중학교 1학년 학생 전집의 평균 신장을 전집치(全集値), 혹은 모수치(母數値 : parameter)라고 부르며 표본에서 얻은 평균 신장은 통계치(統計値 : statistics)라고 부른다.

전집은 연구대상 집단의 전체 사례를 총칭한 것이며 표본은 전집으로부터 추출하여 실제 조사되는 대상이다. 전집으로부터 산출된 결과는 모수치, 표본에서 산출된 결과는 통계치라고 부른다.

---

6. 기술통계와 추리통계

통계적 방법은 크게 기술통계(記述統計: descriptive statistics)와 추리통계(推理統計: inferential statistics)로 구분된다. 기술통계는 한 집단의 특성을 수리적으로 요약, 기술해 주는 방법이다. 이 분류에 속하는 통계치는 집중경향치(Central tendency), 변산도(Variability), 상관계수(Correlation) 등이다. 추리통계는 전집으로부터 추출된 표본을 이용하여 전집의 특성을 추정하는 통계적 방법이다. 다시 말하면 표본에서 얻은 통계치에 의해 전집의 모수치를 추정하는 방법이다. 이 분류에 속하는 통계적 방법은 t검증, 분산분석($ANOVA$: F) 등이 있다.

실제 연구상황에서 우리는 통계치를 계산하여 모수치를 추정하는 일이 간단하지 않음을 발견하게 된다. 모수치를 추정하고자 할 때는 먼저 모수치에 관한 **가설**(假說: hypothesis)을 설정하고 표본에서 산출된 표본통계치로부터 모수치를 추정하는 과정이 요구된다. 물론 이러한 과정에는 설정된 확률(確率)의 범위 내에서 통계치를 해석하는 절차가 포함된다.

만일 연구자가 서울특별시 초등학교 6학년 남학생의 평균 턱걸이 횟수가 7이라는 가설을 검증하는 데 관심이 있다면, 먼저 전집으로부터 표본을 추출하고 이들에게 턱걸이 검사를 시행하여 평균치(표본의 통계치)를 산출하는 절차를 밟게 될 것이다. 그리고 산출된 평균치($\overline{X}$)를 이용하여 전집의 평균치(μ)를 추정할 수 있을 것이다.

이상과 같이 기술통계와 추리통계는 서로 어느 정도는 차이가 있으나 확연한 차이가 있다고는 말할 수 없다. 이들은 모두 기술적(記述的)인 과정을 필수적으로 거치기 때문이다. 추리통계는 다만 전집에서 추출된 표본자료로부터 전집을 추정하는 부가적 기능을 가지고 있을 뿐이다.

기술통계는 집단의 특성을 요약, 분류, 기술하는 방법이다. 추리통계는 표본으로부터 얻은 결과에 의해 전집의 특성을 추정하는 방법이다.

---

7. 모수적 통계와 비모수적 통계

통계적 방법은 자료의 분포가 정상분포(혹은 정규분포: normal distribution)를 가정할 수 있느냐에 여부에 따라 크게 모수적 통계(母數的 統計: parametric statistics)와 비모수적 통계(非母數的 統計: nonparametric statistics)로 구분된다.

모수적 통계는 일반적으로 자료의 분포가 정상분포와 같은 특정 확률분포를 이룬다는 가정하에 자료를 분석하고 모수(평균치, 표준편차 등)를 추정하게 된다. 모수적 방법은 자료가 가정된 분포(예: 정상분포)에 적합할 때 그리고 표본수가 상대적으로 클 때 효율성과 항내성(robust)이 높은 결과를 제공한다. 대표적인 모수적 통계방법은 t검증, *ANOVA*(분산분석), 회귀분석(regression analysis) 등이 있다.

비모수적 통계는 분석하고자 하는 자료의 분포에 대해 어떠한 가정도 요구하지 않는다. 비모수적 통계는 특히 자료가 정상분포를 이루지 않고 있거나 표본 수가 적을 때 유용하게 적용할 수 있다. 비모수적 통계는 자료의 분포에 대해 요구하는 가정이 거의 없기 때문에 다양한 상황에서 활용될 수 있지만, 모수적 방법에 비해 효율성이 낮다. 대표적인 비모수적 방법은 카이자승(Chi-square) 검증, 서열자료(Ordinal data) 검증 등이 있다.

이 두 가지 방법은 각기 강점과 제한점을 가지고 있으므로 자료의 특성과 분석 목적에 따라 적절한 방법을 선택하여 적용해야 한다.

분석하고자 하는 자료가 정상분포를 이루고 표본수가 상대적으로 클 때 모수적 통계방법을, 정상분포를 이루지 않고 있거나 표본수가 적을 때는 비모수적 통계방법을 적용한다.

---

2 자료의 정리

집단의 어떤 특성(예: 유연성)을 알고자 할 때 우리는 자료를 수집하게 된다. 예를 들어 유연성(柔軟性)을 알아보기 위해 180명의 학생에게 윗몸앞으로굽히기 검사를 시행했다면 이들의 유연성을 대표하는 180개의 점수를 얻게 될 것이다. 그러나 이들 점수는 어떠한 형태로든 요약, 정리되지 않는 한 아무런 의미도 발견할 수 없다. 자료를 의미있는 형태로 요약, 정리하기 위한 가장 간단한 절차는 빈도분포(頻度分布)를 작성하는 것이다.

1. 빈도분포

빈도분포는 한 집단에서 얻은 측정치들의 빈도(frequency)를 크기의 순서로 요약 정리한 수(數)의 배열로 정의된다. 수집된 자료의 빈도분포를 작성하는 이유는 자료의 성격에 대한 **기초적인 정보**를 얻기 위한 것이다. 예컨대 180명으로 구성된 집단에 윗몸앞으로굽히기 검사를 실시한 결과 표 2 · 1과 같은 점수를 얻었다고 가정해 보자.

표 2 · 1 윗몸앞으로굽히기 검사 점수($N = 180$)

<table>
<tr><td>68</td><td>52</td><td>69</td><td>51</td><td>43</td><td>36</td><td>44</td><td>35</td><td>54</td><td>57</td><td>55</td><td>56</td></tr>
<tr><td>55</td><td>54</td><td>54</td><td>53</td><td>33</td><td>48</td><td>32</td><td>47</td><td>47</td><td>57</td><td>48</td><td>56</td></tr>
<tr><td>65</td><td>57</td><td>64</td><td>49</td><td>51</td><td>56</td><td>50</td><td>48</td><td>53</td><td>56</td><td>52</td><td>55</td></tr>
<tr><td>42</td><td>49</td><td>41</td><td>48</td><td>50</td><td>24</td><td>49</td><td>25</td><td>53</td><td>56</td><td>52</td><td>56</td></tr>
<tr><td>64</td><td>63</td><td>63</td><td>64</td><td>54</td><td>45</td><td>53</td><td>46</td><td>50</td><td>40</td><td>49</td><td>41</td></tr>
<tr><td>45</td><td>54</td><td>44</td><td>55</td><td>63</td><td>55</td><td>62</td><td>56</td><td>50</td><td>46</td><td>49</td><td>47</td></tr>
<tr><td>56</td><td>38</td><td>55</td><td>37</td><td>68</td><td>46</td><td>67</td><td>45</td><td>65</td><td>48</td><td>64</td><td>49</td></tr>
<tr><td>59</td><td>46</td><td>58</td><td>47</td><td>57</td><td>58</td><td>56</td><td>59</td><td>60</td><td>62</td><td>59</td><td>63</td></tr>
<tr><td>56</td><td>49</td><td>55</td><td>50</td><td>43</td><td>45</td><td>42</td><td>46</td><td>53</td><td>40</td><td>52</td><td>41</td></tr>
<tr><td>42</td><td>33</td><td>41</td><td>34</td><td>56</td><td>32</td><td>55</td><td>33</td><td>40</td><td>45</td><td>39</td><td>46</td></tr>
<tr><td>38</td><td>43</td><td>37</td><td>44</td><td>54</td><td>56</td><td>53</td><td>57</td><td>57</td><td>46</td><td>56</td><td>45</td></tr>
<tr><td>50</td><td>40</td><td>49</td><td>39</td><td>47</td><td>55</td><td>46</td><td>54</td><td>39</td><td>56</td><td>38</td><td>55</td></tr>
<tr><td>37</td><td>29</td><td>36</td><td>30</td><td>37</td><td>49</td><td>36</td><td>50</td><td>36</td><td>44</td><td>35</td><td>45</td></tr>
<tr><td>42</td><td>43</td><td>41</td><td>42</td><td>52</td><td>47</td><td>51</td><td>46</td><td>63</td><td>48</td><td>62</td><td>49</td></tr>
<tr><td>53</td><td>60</td><td>52</td><td>61</td><td>49</td><td>55</td><td>48</td><td>56</td><td>38</td><td>48</td><td>37</td><td>47</td></tr>
</table>

표 2 · 1에 제시된 원자료(原資料)는 *SPSS*와 같은 통계프로그램을 이용하면 쉽게 빈도분포를 얻을 수는 있다. 그러나 통계를 처음 배우는 학생들에게 빈도분포를 얻는 과정과 절차를 자세하게 확인하고 이해하는 것은 매우 중요하다고 할 수 있다. 따라서 이 책의 기초통계 부분은 학생들이 통계를 쉽게 이해하는 데 도움을 줄 수 있는 방향으로 기술하였다.

표에 제시된 원자료를 이용하여 우리는 직접 통계처리를 할 수 있지만 그 과정은 아주 복잡하다. 즉, 윗몸앞으로굽히기 검사의 원자료 점수분포만 보아서는 학생들의 일반적인 점수분포가 어떠한지 또는 55cm를 기록한 학생의 위치가 어디쯤인지 알 수 없다. 이러한 문제를 해결하기 위해서는 먼저 원자료 분포에서 점수범위를 찾아내고 최고점(最高點)에서부터 차례로 적어 나간다. 점수의 크기순으로 배열한 점수분포는 표 2 · 2와 같다.

표 2 · 2 크기순으로 배열된 윗몸앞으로굽히기 검사 점수

69	62	57	56	54	52	49	48	46	43	40	36
68	62	57	55	54	52	49	48	46	43	40	36
68	62	56	55	54	52	49	47	46	43	39	36
67	61	56	55	54	51	49	47	45	42	39	35
65	60	56	55	54	51	49	47	45	42	39	35
65	60	56	55	53	51	49	47	45	42	39	34
64	59	56	55	53	50	49	47	45	42	38	33
64	59	56	55	53	50	49	47	45	42	38	33
64	59	56	55	53	50	49	47	45	41	38	33
64	58	56	55	53	50	48	46	45	41	38	32
63	58	56	55	53	50	48	46	44	41	37	32
63	57	56	55	53	50	48	46	44	41	37	30
63	57	56	55	52	50	48	46	44	41	37	29
63	57	56	54	52	49	48	46	44	40	37	25
63	57	56	54	52	49	48	46	43	40	36	24

1.1 점수범위

표 2 · 1에서 최고점은 69점, 최하점은 24점이므로 69점부터 차례로 적어 내려간 것이다. 여기에서 우리는 점수범위(range)를 계산할 수 있는데, 범위(範圍 : R)는 최고점과 최하점의 차에 1을 더해 준 것으로 정의된다. 위의 자료에서 범위는 46 = [(69 - 24)+1]이 된다.

점수범위 = (최고점 - 최하점)+1. 여기에서 1을 더하는 이유는 최하점(最下點)도 범위에 포함되어야 하기 때문이다.

다음으로는 표 2 · 3에 예시한 바와 같이 빈도분포를 작성하는 것이다. 즉, 원자료에서 동일한 점수를 받은 사람 수를 조사하여 각 점수에 대한 빈도로 나타낼 수 있다. 이처럼 점수를 크기 순서로 배열하여 빈도분포를 작성하게 되면 점수분포(點數分布)의 특성을 파악하기 쉽고 특정한 점수를 받은 개인의 위치를 쉽게 확인할 수 있다.

표 2·3 윗몸앞으로굽히기 검사 점수의 빈도분포

점수	빈도	점수	빈도	점수	빈도	점수	빈도	점수	빈도	점수	빈도
69	1	61	1	53	7	45	7	37	5	29	1
68	2	60	2	52	6	44	4	36	4	28	0
67	1	59	3	51	3	43	4	35	2	27	0
66	0	58	2	50	7	42	5	34	1	26	0
65	2	57	6	49	11	41	5	33	3	25	1
64	4	56	14	48	8	40	4	32	2	24	1
62	5	55	12	47	7	39	3	31	0		
62	3	54	7	46	9	38	4	30	1		

한편 점수의 범위가 넓고 사례수(事例數)가 많을 때는 점수분포를 일정한 간격으로 묶어서 제시하는 묶음 빈도분포(grouped frequency distribution)가 도움이 된다. 묶음 빈도분포의 작성은 이외에도 계산기의 도움 없이 통계처리를 하고자 할 때나 분포가 보이고 있는 어떤 특정한 형태를 분명하게 드러내고자 할 때, 그리고 빈도분포를 도표로 나타내고자 할 때 도움이 된다.

1.2 급간의 크기

묶음 빈도분포를 작성하기 위해서는 먼저 점수들을 묶기 위한 급간(級間 : class interval)의 크기를 결정해야 한다. 통상적으로 급간의 수는 10개부터 15개 사이로 제한하고 있다. 급간의 수가 많을수록 묶음에 의한 오차(誤差)는 적어지지만 계산은 복잡해지는 단점이 있다. 급간의 크기를 결정하기 위해서는 점수범위를 급간의 수로 나누는 과정이 필요하다. 예를 들어 점수범위가 46이라면 46(점수범위) ÷ 10(급간의 수) = 4.6의 크기를 얻을 수 있다.

이때 급간의 크기는 정수(整數)의 값을 갖고 또 홀수인 1, 3, 5, 7, 9……중에서 정하는 것이 바람직하다. 그 이유는 통계처리 과정에서 급간의 중간점(中間點: midpoints of the interval)이 소수의 값을 가지는 것을 피할 수 있기 때문이다. 따라서 앞에서 계산한 급간의 크기 4.6은 5로 정하는 것이 취급하기 편리하다.

1.3 급간의 점수한계

급간의 크기가 결정되면 급간의 점수한계(點數限界)를 결정해야 한다. 즉, 각 급간의 점수범위를 정해야 한다. 이때, 맨 아래 급간의 하한계(下限界)는 일반적으로 **급간 크기의**

배수(倍數: multiple)로 시작하는 것이 좋다. 표 2 · 3을 예로 들면 급간의 크기가 5, 최하점이 24이므로 최하점을 포함하는 급간의 크기 5의 배수는 20이 된다. 이를 기초로 다음 급간은 25, 그다음 급간은 30, 35… 가 된다.

표 2 · 4 윗몸앞으로굽히기 검사 점수의 묶음 빈도분포

급간	정확한계	중간점	빈도
65-69	64.5-69.5	67	6
60-64	59.5-64.5	62	15
55-59	54.5-59.5	57	37
50-54	49.5-54.5	52	30
45-49	44.5-49.5	47	42
40-44	39.5-44.5	42	22
35-39	34.5-39.5	37	18
30-34	29.5-34.5	32	7
25-29	24.5-29.5	27	2
20-24	19.5-24.5	22	1

표 2 · 4의 급간 20~24, 25~29, 30~34 …에서 각 급간의 처음 점수 20, 25, 30 등은 그 급간의 하한계라고 하고, 24, 29, 34 등은 그 급간의 상한계라고 부른다. 각 급간의 상한계 점수는 바로 윗 급간의 하한계 점수보다 한 단계 낮은 점수가 된다. 처음 급간의 하한계를 급간 크기의 배수(倍數; 예를 들어 급간의 크기가 3이라면 3, 6, 9, 12를 하한계 점수로 결정)로 하는 이유는 급간의 크기를 파악하기 쉽고 누가 묶든 간에 급간의 크기가 같아 상호 비교가 가능하기 때문이다.

1.4 정확한계

표 2 · 1의 윗몸앞으로굽히기 검사 점수는 비연속적 변인이 아닌 연속적 변인임을 상기할 필요가 있다. 연속적 변인일 경우 측정치는 오차를 수반하기 때문에 예를 들어 40점은 정확하게는 39.5~40.5의 모든 점수를 포함한다는 사실을 앞에서 배웠다. 따라서 25~29의 정확한계(正確限界: exact limits)는 24.5~29.5가 되며 24.5는 정확 하한계, 29.5는 정확 상한계라고 부른다는 점도 기억할 수 있을 것이다.

급간의 정확한계 작성은 연구에 사용된 변수(變數)가 연속적인 변수라는 가정에 근거를 두고 있다.

우리는 흔히 간편하다는 때문에 점수한계를 일반적으로 쓰고 있으나, 측정치를 정확하게 표현하려면 정확한계를 써야 한다. 정확한계는 점수 하한계보다 0.5가 적으며 점수 상한계보다는 0.5가 많은 점수범위임을 염두에 두어야 한다.

급간의 크기가 1보다 클 경우, 묶음 빈도분포는 원자료의 진짜 정보를 잃어버릴 가능성이 있다. 왜냐하면 원점수를 급간으로 묶음으로써 급간 내의 모든 점수는 동일한 점수로 취급되기 때문이다. 실제 계산과정에서 한 급간을 대표하는 수치(대표치, 평균치)는 중간점(中間點: midpoints)으로 사용하게 되는데, 만일 한 급간 내의 모든 점수가 하한계 혹은 상한계 점수 쪽으로 몰려 있다면 중간점은 그 급간을 대표하는 평균치가 될 수 없게 된다.

이러한 예는 특히 급간의 크기가 크고 급간 내의 사례수(事例數: number of case)가 적을 때 많이 발생하게 된다. 따라서 계산의 정확성을 기하기 위해서는 급간의 크기를 작게 할 필요가 있다. 이렇게 하면 비록 한 급간의 중간점이 해당 급간의 평균치 역할을 하지는 못하더라도 각 급간 간에 상호 상쇄되어 분포 전체로 볼 때는 비교적 정확한 값을 얻을 수 있다.

급간 내의 점수들은 주어진 급간 내에 골고루 분포되어 있다고 가정한다. 중간점은 급간 내의 모든 점수를 적절하게 대표할 수 있다.

급간의 점수한계가 설정되면 각 급간에 포함되는 점수의 빈도(頻度)를 셀 수 있다. 빈도는 각 점수를 해당 급간에 막대기표(~~////~~ //)를 해서 얻을 수 있다. 빈도 세기가 끝나면 그 수를 빈도(f : frequency의 약자) 칸에 기록함으로써 묶음 빈도분포의 작성은 완료된다. 표 2·4는 위의 과정을 밟아 완성된 묶음 빈도분포이다.

2. 빈도분포의 그림 예

체육, 스포츠 상황에서 통계적 방법을 사용하는 목적 중의 하나는 각종 자료를 좀 더 의미있게 이해할 수 있도록 제시하는 것이다. 지금까지 우리는 측정된 점수들을 빈도분포로 요약, 정리해 보았다. 그러나 작성된 빈도분포가 어떠한 형태를 취하고 있는지는 빈도분포만으로는 알기 어렵다.

교사나 연구자들은 그래프를 이용하여 일련의 점수분포(點數分布)를 제시하고자 한다. 그 이유는 무엇일까? 그 이유는 당연히 점수분포가 어떠한 모양을 취하고 있는지를 알기 위해서일 것이다. 예를 들면, 검사 점수는 전체 점수범위에 고르게 분포되어 있는가? 아니면 어느 한쪽으로 치우쳐 있지는 않은가?… 등과 같은 자료의 특성(特性)을 이해하는데 그림표는 적지 않은 정보를 제공해 준다.

여기에서는 빈도분포를 그래프로 작성하는 방법과 가장 많이 쓰이고 있는 막대그림, 절선(折線)그림, 누가백분율곡선(累加百分率曲線) 그림을 비교 제시하고자 한다.

2.1 막대그림표(histogram)

도 2·1은 표 2·4의 묶음 빈도분포를 막대그림표로 작성, 제시한 것이다. 그림에서 가로축(X축)은 검사 점수, 세로축(Y축)은 빈도가 나타낸다. 여기에서 유의할 점은 가로축에 제시된 검사 점수는 각 급간의 정확한계라는 점이다. 다시 말하면 한 급간의 빈도는 점수한계에 속하는 것이 아니라, 그 정확한계에 속하는 것으로 보아야 한다.

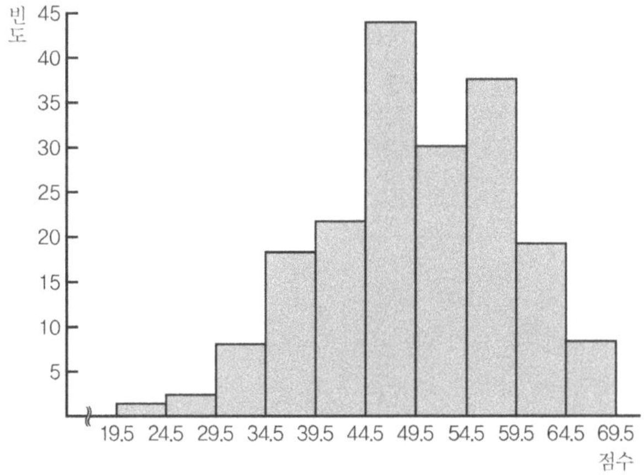

도 2·1 윗몸앞으로굽히기 검사 점수분포의 막대그림표

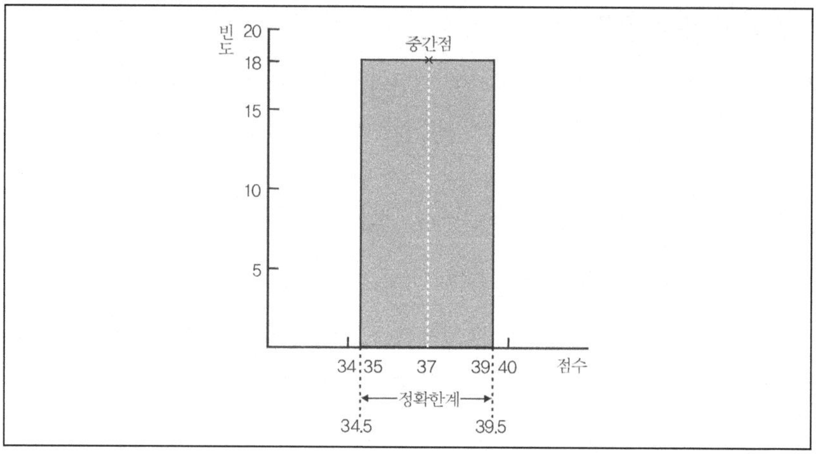

2.2 절선그림표(frequency polygon)

도 2 · 2는 표 2 · 4의 묶음 빈도분포를 절선그림표로 작성, 제시한 것이다. 절선그림표를 작성할 때 유의해야 할 점은 각 급간을 대표하는 점수는 중간점(中間點)이라는 점이다(도 2 · 1의 아래 그림 참조). 막대그림표와 다른 점은 빈도분포 최하 급간의 바로 아래와 최상 급간의 바로 위에 각각 급간을 하나 더 설정하고 그 급간의 빈도를 0으로 간주하여 그래프를 그린다는 점이다. 즉, 상하에 새로운 급간을 만든 후 이들 급간의 중간점을 0으로 하고 각 급간의 빈도를 해당되는 중간점에 찍은 후 이들을 연결하면 된다. 막대그림표와 절선그림표 간의 관계를 표시하면 도 2 · 3과 같다.

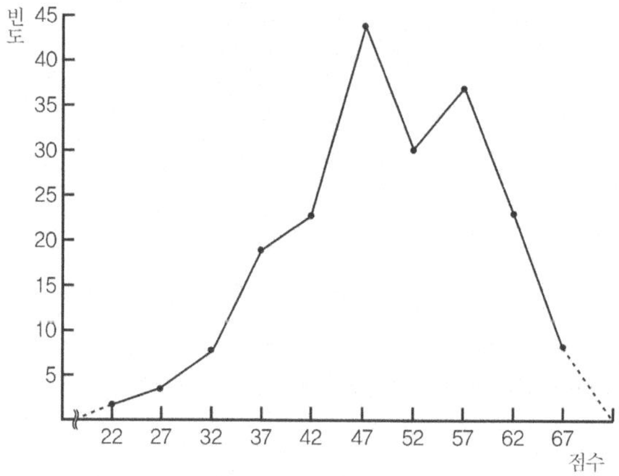

도 2 · 2 윗몸앞으로굽히기 검사 점수분포의 절선그림표

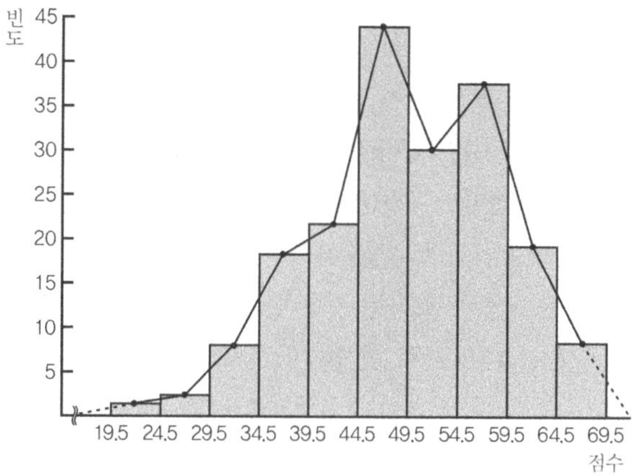

도 2·3 막대그림표와 절선그림표의 비교

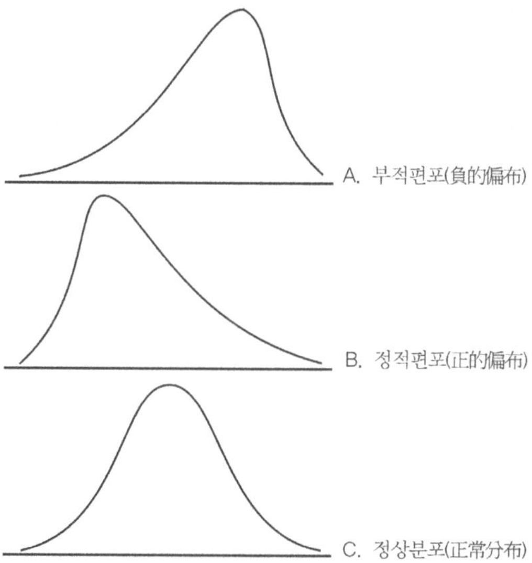

도 2·4 분포의 유형

그래프로 정리된 위의 빈도분포에서 우리는 여러 가지 분포의 유형을 발견할 수 있다. 점수분포는 그 유형에 따라 각기 다른 말로 부른다. 예를 들면 점수분포의 중앙(中央)을 기점으로 왼편의 빈도가 낮고 오른편의 빈도가 높으면 즉, 왼편의 꼬리가 길면 부적 편포(負的 遍布: negatively skewed distribution)라고 부른다. 반대로 왼편의 빈도가 높고 오른쪽의 빈도가 낮으면 정적 편포(正的 遍布: positively skewed distribution), 그리고 좌우가 대칭인 종을 엎어 놓은 것 같은 모양을 한 분포는 정상분포(正常分布: normal distribution)라고 부른다. 위의 세 가지 유형의 분포를 예시하면 도 2 · 4와 같다.

한 급간 내의 빈도는 전체 사례수(N)에 대해 상대적으로 설명할 수 있으므로 급간 내의 빈도 크기를 설명하고자 한다면 비율(比率) 혹은 백분율(百分率)로 바꾸면 편리하게 이용할 수 있다. 특히 두 개 이상 집단의 점수분포를 비교하고자 할 때 집단의 사례수가 다르다면 두 분포의 빈도를 직접 비교하는 것은 불가능하다. 이처럼 두 집단의 사례수가 같지 않을 때는 백분율(percent: %)로 환산하여 비교하는 것이 필요하다.

급간의 빈도를 백분율로 바꾸는 방법은 각 급간의 빈도(사례수 : f)를 전체 사례수(N)로 나누고 여기에 100을 곱하면 된다. 이때 주의해야 할 점은 집단의 전체 사례수가 20명보다 적을 때는 백분율 계산보다 비율(proportion: 급간 사례수/전체 사례수)을 계산하는 것이 효과적이라는 점이다. 왜냐하면 전체 사례수가 20명 이하일 때 빈도 1의 증감에 따라 변화하는 백분율은 최소한 5% 이상이 된다. 이러한 값은 각 급간을 과장되게 보고하게 되어 사실을 잘못 판단하기 쉽다.

백분율을 계산할 때는 반드시 백분율과 함께 사례수를 제시해야 하며 **원칙은 없으나** 소수 둘째 자리까지 보고하는 것이 관례이다. 그러나 최근에는 소수 첫째 자리까지 보고하기도 한다는 점도 기억해 둘 필요가 있다. 그리고 백분율의 합계는 경우에 따라서는 100.01 혹은 99.99로 나타날 수 있다. 이런 경우에는 계산에 잘못이 없다면 백분율이 가장 높은 급간 혹은 유목의 값을 조정하여 100.00이 되도록 수정하는 것이 좋다.

백분율(百分率)을 계산하여 제시할 때는 반드시 백분율과 사례수를 함께 제시해야 하며 원칙은 없으나 소수 둘째 자리까지 보고하는 것이 관례이다.

2.3 누가빈도분포(cumulative frequency distribution)

한 집단이 점수분포에서 어떤 점수 이상 또는 이하에는 전체 사례수 중 몇 명이나 있으며 또 몇 퍼센트가 되는지를 알고자 할 때가 있다. 누가빈도분포(累加頻度分布)는 바로 이러한 필요를 만족시켜 준다. 표 2 · 5에 제시된 바와 같이 누가빈도(cf : cumulative frequency)는 최저 급간에서부터 각 급간의 빈도를 더해서 얻게 된다.

누가빈도는 그 급간의 상한계, 구체적으로 말하면 정확상한계점(正確上限界點)까지 몇 명의 사례수가 포함되어 있는가를 제시해 준다. 그리고 최상 급간의 누가빈도는 전체 사례수와 일치해야 한다. 이 누가빈도를 전체 사례수에 대한 백분율로 다시 환산한 것이 누가백분율(累加百分率: c%, cumulative percent)이다. 즉, c%는 각 급간의 누가빈도(cf)를 전체 사례수(N)로 나누고 여기에 100을 곱하면 된다.

표 2·5 윗몸앞으로굽히기 검사 점수의 누가빈도분포

급간	정확한계	중간점	f	cf	%	c%
65-69	64.5-69.5	67	6	180	3.33	100.00
60-64	59.5-64.5	62	15	174	8.33	96.67
55-59	54.5-59.5	57	37	159	20.56	88.34
50-54	49.5-54.5	52	30	122	16.67	67.78
45-49	44.5-49.5	47	42	92	23.33	51.11
40-44	39.5-44.5	42	22	50	12.22	27.78
35-39	34.5-39.5	37	18	28	10.00	15.56
30-34	29.5-34.5	32	7	10	3.89	5.56
25-29	24.5-29.5	27	2	3	1.11	1.67
20-24	19.5-24.5	22	1	1	0.56	0.56

위의 예에서 64점 이하(정확하게 64.5이하)의 점수를 얻은 사람은 전체 180명 중 174명이며 이들은 전체의 96.67%에 해당한다는 것을 알 수 있다. 이 누가백분율 분포를 이용하면 우리는 흔히 상대평가(相對評價)에서 사용해 온 일정한 비율을 가진 수, 우, 미, 양, 가에 해당하는 점수범위를 산출해 낼 수 있다.

누가백분율(c%) $= (cf/N) \times 100$.
[60 - 64]급간의 $c\% = (174/180) \times 100 = 96.67$

2.4 누가백분율곡선(cumulative percentage curve)

누가백분율곡선은 누가백분율을 그림표로 표시한 것이며 오자이브(ogive) 곡선이라고도 부른다. 도 2·5와 같이 이 곡선은 가로축(X축)의 각 급간별 정확상한계에 해당하는 누가백분율을 세로축(Y축)에 찍고 그 점을 연결하여 얻을 수 있다. 이 곡선은 백분점수(百分點數: percentile score)를 알아보는 데 이용할 수 있다.

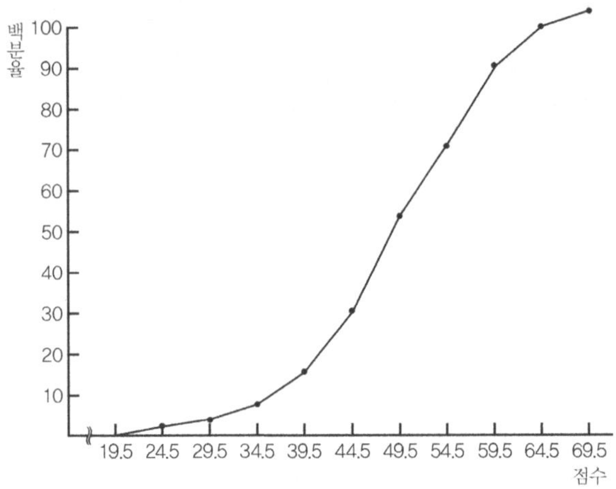

도 2·5 윗몸앞으로굽히기 검사 점수의 누가백분율 곡선

2.5 백분위와 백분점수

백분위(百分位: percentile rank : PR)는 어떤 점수에 해당하는 누가백분율을 말하며, 백분점수(百分點數: percentile score : P)는 점수분포에서 어떤 일정한 누가백분율에 해당하는 점수를 말한다. 예를 들면 윗몸앞으로굽히기 검사에서 A라는 학생이 49cm를 기록하였는데, 49cm에 해당하는 누가백분율(전체 사례수 중 49cm 이하를 기록한 학생의 %)이 50%라면 A의 백분위는 50이 되고 또 반대로 백분위 50에 해당하는 백분점수는 49가 된다.

백분위와 백분점수는 항상 같은 맥락에서 이해되어야 한다. 즉, 두 개의 점수는 분리해서는 이해할 수 없다는 것이다. 백분위나 백분점수를 보고할 때는 반드시 '어느 백분위에 대한 백분점수는 몇이다. 또는 어느 백분점수에 대한 백분위는 몇이다'라는 식으로 표시하게 된다.

백분위와 백분점수는 다음과 같이 표시할 수 있다. 예를 들어 백분위 50에 해당하는 백분점수(P)는 P_{50}으로 표기하며, 이때 P_{50}에 해당하는 점수가 49라면 $P_{50} = 49$가 된다. 또한 백분점수 49에 해당하는 백분위(PR)는 PR_{49}라고 표기하고 PR_{49}에 해당하는 백분위가 50이라면 $PR_{49} =$ 50이 된다.

표 2 · 5에서 쉽게 알아볼 수 있는 예를 들어 보면 누가백분율(백분위)로 27.78%에 해당하는 백분점수는 44.5이므로 $P_{27.78} = 44.5$ 또한 $PR_{44.5} = 27.78$이 된다. 그렇다면 백분위로 75에 해당하는 백분점수(P_{75})는 몇 점일까? 표 2 · 5에는 백분위 75에 해당하는 백분점수는 직접 읽어낼 수가 없다. 이 경우 우리는 주어진 백분위에 해당하는 백분점수를 구하기 위해서 다음과 같은 계산과정이 필요하다.

1) 백분점수를 구하는 방법

P_{75}(백분위로 75에 해당하는 백분점수)를 구한다는 것은 점수분포에서 누가백분율로 75%에 해당하는 사례가 받은 점수가 몇 점인가를 확인하는 것이다. 누가백분율로 75%에 해당하는 사례는 $N = 180$이므로 $180 \times 0.75 = 135$가 된다. 즉 점수를 크기순으로 배열했을 때 아래에서부터 135번째에 해당하는 학생이 받은 점수가 된다. 먼저 누가빈도를 나타내는 cf칸을 보면 135번째 학생이 들어 있는 급간은 54.5~59.5임을 알 수 있다. 이 급간 아래까지는 180명 중 122명이 포함되어 있음을 알 수 있다.

그러나 우리가 원하는 것은 누가백분율로 75%에 해당하는 135번째의 학생이 얻은 백분점수이므로 급간 54.5~59.5에서 13번째에 해당하는 점수(135 - 122 = 13)를 구하면 된다. 왜냐하면 135번째 학생은 급간 54.5~59.5에 포함되어 있으며 이 급간의 밑에서부터 13번째에 해당하기 때문이다. 이 급간에는 37명이 포함되어 있는데 37명의 점수는 급간에 고르게 분포되어 있다고 가정하고 37명을 급간의 크기 5로 나누면 1명에 해당하는 점수를 얻을 수 있다. 따라서 13번째 학생에 해당하는 점수는 (13/37)×5가 된다. 이 점수를 135번째 학생이 포함되어 있는 급간의 정확하한계(上限界: ll)인 54.5에 더하면 아래와 같이 누가백분율로 75%에 해당하는 135번째 학생의 백분점수를 얻을 수 있다.

$$
\begin{aligned}
P_{75} &= 54.5 + \left(\frac{13}{37}\right) \times 5 \\
&= 54.5 + 1.76 \\
&= 56.26
\end{aligned}
$$

위의 백분점수를 구하는 과정은 보간법(補間法: interpolation)을 이용한 것이다. 위의 과정은 다음과 같은 공식으로 나타낼 수 있다. 일정한 백분위 x에 해당하는 백분점수 Px는 다음 식에 의해 얻을 수 있다.

$$P_x = ll + i\,(\frac{N_p - F_e}{f}) \tag{2.1}$$

Px = 백분율 x에 해당하는 백분점수
ll = 백분점수가 들어있는 급간의 정확하한계(low limit: ll)
i = 급간의 크기
Np = 특정한 백분위 P에 해당하는 사례수(cf)
Fe = 백분점수가 들어있는 급간 바로 아래의 누가빈도
f = 백분점수가 들어있는 급간의 빈도

위의 공식을 적용하기 위해서는 먼저 백분점수(百分點數)가 들어 있는 급간을 알아내는 것이 첫 단계이다. 표 2 · 5에서 백분위 34에 해당하는 백분점수(P_{34})를 위의 공식을 이용하여 구해보면 다음과 같다.

$$P_{34} = 44.5 + (\frac{180(0.34) - 50}{42}) \times 5$$
$$= 44.5 + (\frac{61.20 - 50}{42}) \times 5$$
$$= 45.83$$

따라서 백분위 34, 즉 누가백분율 34%에 해당하는 백분점수는 45.83이 된다. 백분점수는 오자이브 곡선(도 2 · 5 참조)을 이용하여 쉽게 찾아낼 수 있다. P_{34}를 찾아내기 위해서는 누가백분율로 34%에 해당하는 점과 오자이브 곡선이 마주치는 점에서 점수 척도

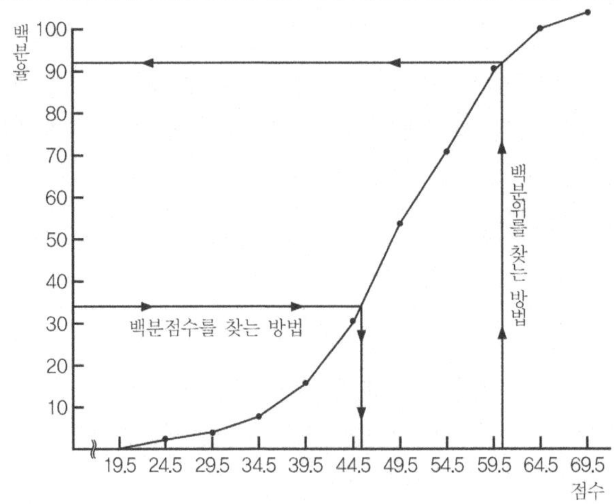

도 2 · 6 백분점수, 백분율을 오자이브 곡선에서 찾는 방법

에 수직으로 선(線)을 긋는다. 바로 이점이 P_{34}에 해당하는 백분점수가 된다. 이러한 절차는 도 2 · 6에 제시되어 있다.

백분점수는 점수분포 상에서 어떤 일정한 백분위(누가백분율)에 해당하는 점수이다.

---

2) 백분위를 구하는 방법

이번에는 백분점수를 알고 백분위를 구하는 과정을 제시해 보자. 이러한 과정은 앞의 방법과 같은 원리인 보간법(補間法)을 적용한다. 예를 들어 백분점수 53에 해당하는 백분위 즉, PR_{53}은 얼마나 될까? 이 값을 계산하기 위해서는 먼저 점수분포 상에서 53점 밑에 있는 사례를 구하여야 한다. 앞의 표 2 · 5에서 53점이 들어 있는 급간 바로 아래 급간의 정확상한계(正確上限界)는 49.5이므로 49.5에서 3.5만 더 올라가면 53이 된다. 따라서 49.5까지는 92명이 포함되어 있으므로 3.5에 해당하는 학생 수를 구하여 92명에 더하면 된다.

여기에서 53점이 들어 있는 급간의 빈도(頻度)는 30명이므로 점수로 1점에 해당하는 사례는 30/5이 된다. 즉, 5점 사이에 30명이 있으므로 1점당 사례는 30/5이 된다. 따라서 3.5점에 해당하는 사례는(30/5)×3.5가 된다. 이상을 정리해 보면 다음과 같다.

$$PR_{53} = [92 + (\frac{53 - 49.5}{5}) \times 30]\frac{100}{180}$$
$$= 113 \times \frac{100}{180}$$
$$= 62.78$$

이와 같은 과정은 다음 공식으로 나타낼 수 있다. 일정한 백분점수 x에 해당하는 백분위 PRx는 다음 식에 의해 얻을 수 있다.

$$PR_x = [F_e + (\frac{X - ll}{i}) \times f]\frac{100}{N} \qquad (2.2)$$

PRx = X점에 해당하는 백분위
X = 백분위를 구하려는 원점수
ll = X점이 들어있는 급간의 정확하한계
i = 급간의 크기
Fe = X점이 들어있는 급간 바로 아래의 누가빈도
N = 전체 사례수
f = X점이 들어있는 급간의 빈도

위의 공식을 이용하여 표 2·5의 자료에서 백분점수 61에 해당하는 백분위(PR_{61})를 구하면 다음과 같다.

$$
\begin{aligned}
PR_{61} &= [159 + (\frac{61-59.5}{5}) \times 15]\frac{100}{180} \\
&= (159 + 4.50)\frac{100}{180} \\
&= 90.83
\end{aligned}
$$

따라서 백분점수 61에 해당하는 백분위는 90.83이 된다. 백분위 역시 오자이브 곡선(도 2·6 참조)을 이용하여 찾아낼 수 있다. 단지 백분위를 찾아내는 방법은 백분점수를 찾아내는 방법을 역(逆)으로 거슬러 올라가면 된다.

백분위(百分位)는 일정한 점수 밑에 주어진 사례의 전체 사례수에 대한 백분율이다.

---

3) 백분위의 이용

흔히 학생들은 자신이 받은 점수(예: 80점)가 상위 몇 %에 해당하는가? 혹은 윗몸일으키기 검사에서 상위 5%에 해당하는 횟수는 몇 회인가? 등에 대해 관심을 보일 때가 적지 않다. 백분위는 이와 같이 체력검사, 학력검사와 같은 표준화된 검사(標準化檢査: standardized test)의 결과를 보고할 때 많이 이용되고 있다. 왜냐하면 집단 내에서 개인의 위치를 상대적으로 쉽게 설명해 주기 때문이다.

그러나 백분위는 하나의 약점을 가지고 있다. 사회 과학 분야에서 사용하는 변수(변인)의 점수는 대부분 정상적으로 분포되어 있기 때문에 백분위 간의 차이는 전체 측정척도를 통하여 동간적(同間的)으로 일관성 있게 나타나지는 않는다는 점이다. 즉, 백분위는 서열척도에 해당하는 점수이기 때문이다.

도 2·7에 제시된 바와 같이 원점수 48에 해당하는 백분위는 50이고, 원점수 45와 51에 해당하는 백분위는 각각 40과 60이다. 따라서 점수분포의 중앙에서 원점수 6점의 차이는 백분위로 20의 차이로 나타난다. 그러나 점수분포의 중앙에서 조금 벗어난 원점수 51과 60에 해당하는 백분위는 각각 60과 80으로 원점수 9점 차이가 백분위로 20의 차이로 나타난다.

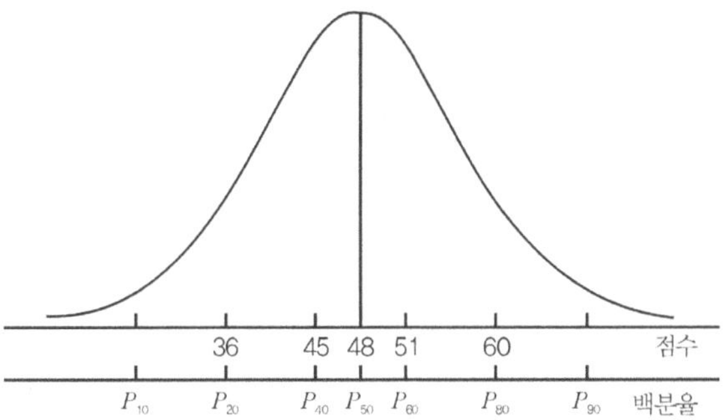

도 2 · 7 정상분포 하에서 점수별 백분위의 위치

도 2 · 7에서와 같이 점수분포의 중앙에 해당하는 백분위는 거의 차이가 없을 정도로 밀집되어 있다. 반대로 점수분포의 양 극단에 해당하는 백분위는 실제 차이보다는 과장되게 크다. 이처럼 백분위는 측정단위(測定單位)가 동일하지 않기 때문에 가감승제가 불가능하다. 따라서 백분위는 단지 점수분포에서 어떠한 위치 점을 기술하는 목적으로만 사용해야 한다. 만일 통계적인 처리를 하려고 한다면 백분위는 반드시 원점수로 환산한 후에 처리해야 한다.

연습문제

1. 분류, 서열, 동간성, 절대영점을 다 가지고 있으며 가감승제를 마음대로 할 수 있는 척도는?

① 명명척도 ② 서열척도
③ 동간척도 ④ 비율척도

풀이 ① 이 척도의 수치는 분류의 기능밖에 없다.
② 이 서열척도는 분류와 서열의 기능은 갖지만 동간성은 없다. 즉, 각 수치들 간의 거리가 일정치 않다. 따라서 서열척도를 나타내는 수치를 가감승제한다는 것은 아무런 의미가 없다.
③ 이 척도의 수치는 분류, 서열, 동간성을 갖는다. 따라서 가감은 가능하나 절대영점이 없으므로 승제는 의미가 없다.
④ 비율척도는 분류, 서열, 동간성 및 절대영점을 모두다 갖는다. 따라서 이 비율척도로 나타내는 수치는 가감승제를 할 수 있는 가장 이상적인 척도수준이다. 그러므로 정답이다.

2. 다음 변인은 어떤 척도에 속하는가?

	명명	서열	동간	비율
① 결혼여부	☐	☐	☐	☐
② 신장	☐	☐	☐	☐
③ 섭씨온도(C)	☐	☐	☐	☐
④ 시험에서 학생이 정답한 문항 수	☐	☐	☐	☐
⑤ 굴근 지구력을 측정한 턱걸이 횟수	☐	☐	☐	☐
⑥ 팔굽혀매달리기 기록(초)	☐	☐	☐	☐
⑦ 100m달리기 기록(초)	☐	☐	☐	☐
⑧ 공던지기 기록	☐	☐	☐	☐
⑨ 운동여부	☐	☐	☐	☐
⑩ 통계시험 성적	☐	☐	☐	☐

3. 다음 중 비연속적(이산) 변인은 어느 것인가?

① 체육통계 시험성적 ② 가족 수
③ 악력검사 기록 ④ 신장

4. A가 B보다 운동을 잘한다고 할 때 이를 나타내 주는 척도는?

① 명명척도 ② 서열척도
③ 동간척도 ④ 비율척도

5. 원점수 9의 정확한계는?

① 9.0 - 10.5　　② 8.0 - 9.0
③ 8.5 - 9.5　　④ 8.5 - 9.0

6. 점수한계 18 - 19의 정확한계는?

① 18.0 - 19.0　　② 17.5 - 9.0
③ 8.5 - 9.5　　④ 17.5 - 19.5

7. 18 - 19의 중간점은?

① 19.0　　② 18.5
③ 18.0　　④ 17.5

8. 급간의 크기를 3으로 결정하였다면 ___는 3의 배수(multiple)인 3, 6, 9, 12로 시작해야 한다.

① 급간의 하한계　　② 급간의 상한계　　③ 급간의 중간점

9. 빈도분포 도표의 작성 목적 중 가장 적합한 것은?

① 가장 높은 빈도를 가지고 있는 점수를 알아보기 위해
② 점수의 범위를 한눈에 볼 수 있도록 하기 위해
③ 몇 가지 점수의 특징을 알아보기 위해

10. 빈도분포에서

① X축에는 점수를, Y축에는 빈도를 제시하는 것이 일반적이다.
② X축에는 빈도를, Y축에는 점수를 제시하는 것이 일반적이다.
③ X, Y축을 가릴 필요가 없다.

11. 막대그림표를 작성할 때 빈도는 급간의 ____에 점을 찍는다.

① 중간점　　② 정확한계
③ 상한계　　④ 하한계

12. 누가백분율곡선을 작성할 때 빈도는 급간의 ___에 점을 찍는다.

① 중간점　　② 정확상한계
③ 상한계　　④ 정확하한계

13. 점수범위가 21 - 85인 자료의 빈도분포를 작성할 때 다음 중 가장 적합한 급간의 크기는?

① 5　② 4　③ 3

14. 점수범위가 .010 - 2.360인 자료에 대해 급간의 크기를 .150으로 했을 때 급간의 수는?

① 12　② 16　③ 20

15. 절선그림표에서 각 빈도는 급간의 ___에 표시한다.

① 상한계점　② 중간점　③ 하한계점

16. 다른 조건이 동일할 때 가장 바람직한 급간의 크기는?

① 5　② 7

③ 10　④ 20

17. 급간의 빈도를 분포의 위(높은 점수)에서부터 아래(낮은 점수)로 누가(累加) 시켰다면 이때의 누가빈도는 급간의 ___위에 점을 찍어야 한다.

① 정확하한계　② 정확상한계　③ 중간점

18. 누가빈도분포에서 빈도분포의 맨 위 급간의 상한점수(上限點數)는?

① 급간에 속하는 사례의 점수에 따라 결정한다.

② 사전에 결정된 급간의 점수와 동일하다.

19. 빈도분포를 비교하기 위해서는 어떠한 도표가 바람직한가?

① 막대그림표　② 절선그림표

20. 오자이브(Ogive)는?

① 빈도분포이다　② 누가빈도분포이다.

③ 누가백분율분포이다.

21. *S*자모양의 그림표는?

① 막대그림표　② 절선그림표

③ 곡선그림표　④ 누가백분율 그림표

22. 어떠한 점수 이하에 전체 사례수의 몇 %가 있는가를 쉽게 알기 위해서는 다음 중 무엇을 사용해야 하는가?

① 막대그림표　　　② 백분율분포
③ 누가백분율 그림표　　　④ 절선그림표

23. 빈도분포 작성에서 낮은 점수 혹은 낮은 점수급간은 ____에 표시한다.

① 왼편　② 오른편　③ 하단　④ 상단

24. 어떤 점수분포의 최하점이 20이고 급간의 크기가 3일 때 처음 급간의 점수한계는?

① 20 - 22　② 20 - 23　③ 18 - 20　④ 18 - 21

25. 각각의 원점수에 3점씩을 더해 주면 절선그림표의 모양은 변한다.

① 그렇다　　　② 아니다

26. 막대그림표와 절선그림표는 동일한 자료에 대해서는 동일한 정보를 제공해 준다.

① 그렇다　　　② 아니다

27. 각각의 원점수에 3점씩을 곱해 주면 분포의 모양은 변한다.

① 그렇다　　　② 아니다

28. 분포의 밑에서부터 50%에 해당하는 백분점수는 위에서부터 50%에 해당하는 백분점수와 동일하다.

① 그렇다　　　② 아니다

29. 누가백분율 분포에서 최고점은 ____와 일치한다.

① 사례수(N)　　　② 100%
③ 점수의 합　　　④ 1, 2, 3 모두 오답

30. 일반적으로 점수범위가 20보다 크면 급간으로 묶는 것이 일반적이다.

① 그렇다　　　② 아니다

31. 점수분포에서 동일한 점수가 하나 이상 있을 때는 ___을 작성해야 한다.

① 빈도분포 ② 묶은 빈도분포
③ 절선그림표 ④ 막대그림표

32. 통계학 기말시험 결과 남 · 여학생들로부터 다음과 같은 점수를 얻었다.

남자(♂)				
63	88	79	92	86
68	76	46	81	92
77	75	98	81	82
94	79	52	82	77
56	69	83	83	71

여자(♀)				
87	83	78	40	67
77	84	76	70	66
81	87	78	70	60
81	77	70	74	61
48	90	52	75	84

급간의 크기를 5로 하고 다음 분포, 그림표를 작성하라.

(1) 묶은 절선그림표
(2) 누가빈도분포 표
(3) 누가백분율분포 표
(4) 막대그림표
(5) 누가백분율 분포를 이용하여 백분위 85에 해당하는 백분점수를 추정하라.
(6) 공식을 이용하여 (5)의 값을 계산하라.

정답표

①	2-1 명명	2-2 비율	2-3 동간	2-4 동간	2-5 동간	2-6 비율
2-7 비율	2-8 비율	2-9 명명	2-10 동간	3. ②	4. ②	5. ③
6. ④	7. ②	8. ①	9. ②	10. ①	11. ②	12. ②
13. ①	14. ②	15. ②	16. ①	17. ①	18. ②	19. ①
20. ③	21. ④	22. ③	23. ③	24. ③	25. ②	26. ①
27. ②	28. ①	29. ②	30. ①	31. ①		

3 집중경향치

1. 최빈치(Mo)
2. 중앙치(Mdn)
3. 평균치(Mean: $\overline{X}$)

지금까지 우리는 자료(data)를 의미있게 요약하고 정리하기 위한 절차로서 빈도분포를 작성하는 방법을 학습하였다. 여러 가지 분포의 형태와 분포상에서 특정한 점수의 상대적인 위치 등을 각종 그림표와 백분점수, 백분위를 이용하여 설명하였다. 그러나 점수분포의 특성을 요약, 기술하는 방법은 이외에도 여러 가지가 있다.

집단의 특성을 적절하게 기술하기 위해서는 일반적으로 다음과 같은 세 가지 정보가 필요하다. 즉, 분포는 어떠한 형태(形態: 모양)을 취하고 있는가? 분포를 대표하는 값은 무엇인가? 분포의 점수는 어느 정도 분산(分散)되어 있는가? 이다. 우리가 어떤 점수분포의 특성을 알고 있다는 것은 바로 위의 세 가지 질문에 대한 답을 알고 있다는 것을 의미한다.

이중 첫째 질문에 관한 것은 이미 분포의 다양한 모양을 막대그림표, 절선그림표를 소개하면서 확인하였다. 둘째 질문과 관련하여 가장 보편적으로 사용되고 있는 것은 집중경향치(集中傾向値: 대표치: central tendency)이다. 셋째 질문에 관한 것은 다음 장에서 설명하고자 한다.

집중경향치는 한 집단의 점수분포를 하나의 값으로 요약 기술해 주는 즉, 집단을 대표하는 수치(數値)를 알고자 할 때 사용한다. 가장 많이 사용되고 있는 집중경향치는 평균치($\overline{X}$: mean), 중앙치(*Mdn*: median), 최빈치(*Mo*: mode)이다. 이들 집중경향치는 측정치의 종류에 따라 각기 다르게 적용된다. 집중경향치에 관한 설명에 앞서 총합(總合 : summation)에 대해 간단히 기술하면 다음과 같다.

총합(Σ) : 그리스 문자 Σ는 '시그마'로 읽고, 그 뒤에 나오는 수들을 모두 합(合)하라는 의미를 내포하고 있다. 예를 들어 5명의 학생이 팔굽혀펴기 검사에서 각각 18, 23, 16, 29, 24번을 기록하였다고 가정하자. 이 경우 우리는 팔굽혀펴기 검사점수를 편의상 X라는 변수로 지정한다면 5명 학생의 기록은 각각 X_1, X_2, X_3, X_4, X_5로 표시할 수 있다. 그리고 이들 기록의 합은 다음과 같이 쓸 수 있다.

$$\sum_{i=1}^{5} X_i$$

이 식은 "$i = 1$부터 5까지 X의 총화"라고 읽는다. 즉 Σ기호의 아래와 위의 $i = 1$, 5라는 것은 $i = 1$부터 5까지라는 총합의 한계를 나타내는 것이다. 이러한 한계의 표시가 단순히 Σ라고만 표시되어 있다면 그것은 $i = 1$부터 N(전체 사례수)까지라는 의미로 해석해야 한다. 위의 식을 구체적으로 표시하면 다음과 같다.

$$\sum_{i=1}^{5} X_i = X_1 + X_2 + X_3 + X_4 + X_5$$

$$= 18+23+16+29+24$$

$$= 110$$

합해야 할 점수의 수가 N개라면 다음과 같이 보다 일반적인 식으로 표시할 수 있다.

$$\sum_{i=1}^{n} X_i = X_1 + X_2 + X_3 + \cdots\cdots\cdots\cdots + X_n \text{ 혹은}$$

$$\Sigma X = X_1 + X_2 + X_3 + \cdots\cdots\cdots\cdots + X_n$$

ΣX^2혹은 $(\Sigma X)^2$은 책의 여러 곳에서 발견할 수 있는 기호들이다. 이들 기호는 서로 동일하지 않다는 것을 기억해 둘 필요가 있다. ΣX^2은 각각의 점수를 자승(自乘: 제곱)한 후 이들 점수를 합한 것이며, $(\Sigma X)^2$은 각각의 점수를 모두 합한 후 자승(제곱)한 것을 의미한다.

$$\Sigma X^2 = (18)^2 + (23)^2 + (16)^2 + (29)^2 + (24)^2$$

$$= 324 + 529 + 256 + 841 + 576$$

$$= 2,526$$

$$(\Sigma X)^2 = (18 + 23 + 16 + 29 + 24)^2$$

$$= (110)^2$$

$$= 12,100$$

$$\Sigma X^2 \neq (\Sigma X)^2$$

1. 최빈치(Mo : *mode*)

최빈치는 집중경향치 중에서 가장 간단한 통계치이다. 최빈치는 점수분포에서 빈도가 가장 많은 수치를 말하며 계산에 의하기보다는 빈도를 세거나 조사하여 얻게 된다. 표 3·1은 5명을 대상으로 윗몸앞으로굽히기 검사를 시행하여 얻은 점수분포이다. 분포 A에서 빈도가 가장 많은 점수는 2이므로 최빈치(最頻値)는 2가 된다. 그리고 분포 B는 2점과 14점의 빈도가 두 개씩 있으므로 최빈치는 2와 14가 된다.

표 3·1 윗몸앞으로굽히기 검사의 점수분포($N = 5$)

	자	료				Mo
분포 A	2	2	6	12	14	2
분포 B	2	2	6	14	14	2, 14

최빈치는 가장 빈도가 높은 수치를 알려준다는 특수성과 계산을 필요로 하지 않는다는 점에서 점수분포의 대표치(代表値)를 가장 쉽게 짐작할 수 있다는 이점이 있다. 그러나 정확하고 믿을 수 있는 집중경향치를 알고 싶을 때는 사용하지 않는다.

왜냐하면 최빈치는 실제 연구에서 연구대상을 어떻게 표집하느냐에 따라 변동이 심하고 안전성(安全性)이 낮은 통계치이기 때문이다. 그러나 최빈치가 집단의 대표치로써 의미를 가지는 단 하나의 상황은 집단의 사례수가 클 때와 다른 기술통계(記述統計)와 함께 사용될 때이다.

최빈치는 점수분포에서 가장 빈도가 높은 것을 나타내는 통계치이다.

---

2. 중앙치(Mdn : median)

중앙치(中央値)는 평균치(平均値)와 함께 유용하게 사용되고 있는 집중경향치이다. 중앙치는 한 점수분포를 서열순 혹은 점수크기순으로 나열하였을 때 사례수의 정중앙에 위치하는 수치(점수)를 말한다. 즉, 한 점수분포를 중앙치에 의해서 양 등분하면 그 중앙치의 상부에 전체 사례수의 50%, 하부에 전체 사례수의 50%(백분위 50)가 놓이게 된다. 이와 같이 중앙치는 점수분포의 대표치를 분포의 중앙에 위치하고 있는 수치로 결정하게 된다. 중앙치는 측정치가 동간척도나 비율척도일 때도 사용할 수 있으나 **서열척도**(序列尺度)일 때 가장 적합한 집중경향치이다.

예를 들면 7명으로부터 얻은 측정치가 5, 13, 8, 9, 10, 11, 13일 때, 중앙치를 알아보기 위해서는 먼저 각 측정치를 점수크기순으로 배열해야 한다. 크기순으로 배열하면 5, 8, 9, 10, 11, 13, 13이 될 것이다. 여기에서 전체 사례수(7)의 중앙에 해당하는 사례의 점수는 위에서부터 4번째, 아래에서부터 4번째에 해당하는 10이다. 바로 10이 중앙치가 된다. 크기순으로 배열된 자료의 중앙치는 다음 공식 $1/2(N+1)$를 이용하여 계산할 수 있다. 위의 자료에 대한 중앙치는 $1/2(N+1) = 1/2(7+1) = 4$, 즉 4번째에 해당하는 사람이 받은 점수인 10이 된다.

이번에는 전체 사례수가 짝수인 경우를 예를 들어보자. 사례수가 짝수인 점수분포에서는 사례수의 정 중앙에 위치하는 점수가 2개로 나타나는데, 이때는 두 점수의 중간점을 중앙치로 간주한다. 예를 들면 1, 3, 5, 8, 9, 10, 13, 14의 점수분포를 가정해 보자. 이 분포의 사례수는 8개이고, 전체 사례수의 중앙에 위치한 사례의 점수는 8과 9의 중간에 해당한다. 따라서 이때의 중앙치는 (8+9)/2인 8.5가 된다. 표 3 · 2의 자료에 대한 중앙치를 계산해 보자.

표 3 · 2 윗몸앞으로굽히기 검사의 점수분포($N = 5$)

	자	료					*Mdn*
분포 A	1	2	6	12	14		6
분포 B	1	2	6	12	144		6
분포 C	1	2	6	7	12	14	6.5

일반적으로 중앙치는 서열 · 동간 · 비율척도로 측정해서 얻은 자료일 때 계산할 수 있다. 그리고 분포가 극단적으로 편포(偏布)되어 있거나 분포상에서 극단적으로 이탈된 측정치의 영향을 배제하고 싶을 때, 분포의 상부와 하부에만 관심이 있고 중앙점(中央點)으로부터의 거리에는 관심이 없을 때, 불완전한 분포가 주어졌을 때, 측정단위의 동간성(同間性)이 의심될 때 효과적으로 사용할 수 있다.

중앙치는 점수분포를 서열/크기순으로 나열했을 때 전체 사례수의 중앙에 위치하는 수치이다. 즉, 백분위 50에 해당하는 백분점수(percentile score : P)이다.

3. 평균치($\overline{X}$: *mean*)

평균치(平均値)는 체육, 운동과학 연구에서 가장 유용하게 사용하고 있는 집중경향치이다. 왜냐하면 표집(標集)에 따른 변화가 가장 적고 안정성 있는 대표치를 얻을 수 있기 때문이다. 평균치는 한 집단에 속해 있는 모든 개개인의 점수 합을 사례수로 나눈 것으로 정의한다. 이것을 공식으로 표시하면 다음과 같다.

$$\overline{X} = \frac{\Sigma X}{N} \tag{3.1}$$

$\overline{X}$ = 평균치[X 바아(bar)라고 읽음]
X = 측정치(개인의 점수)
Σ = 총화(總和) 혹은 합
N = 전체 사례수

예를 들면 8명의 학생으로부터 얻은 팔굽혀펴기 기록이 16, 12, 14, 20, 15, 18, 10, 17이라면 평균치는 다음과 같이 계산할 수 있다.

$$\Sigma X = 16+12+14+20+15+18+10+17=122$$

$$N = 8$$

$$\overline{X} = 122/8 = 15.25$$

중앙치를 산출한 표 3 · 2의 자료를 이용하여 평균치를 계산해 보자. 평균치는 무게의 중심을 나타내기 때문에 분포 B와 같이 점수의 크기에 의해 영향을 가장 민감하게 받는다.

표 3 · 3 윗몸앞으로굽히기 검사의 점수분포($N=5$)

	자	료					*Mdn*	$\overline{X}$
분포 A	1	2	6	12	14		6	7.0
분포 B	1	2	6	12	144		6	27.0
분포 C	1	2	6	7	12	14	6.5	7.2

일반적으로 평균치는 신뢰롭고 안전성 있는 대표치를 구하고자 할 때, 점수분포가 좌우 대칭일 때, 동시에 다른 통계치[예 : 표준편차, 상관계수(r), t검증 등]를 산출할 필요가 있을 때, 측정치가 동간적이거나 비율적일 때(즉, + - × ÷ 가 가능한 측정치일 때) 사용할 수 있다.

평균치는 분포에서 모든 수치의 합을 사례수로 나눈 산술평균이다. 한 점수분포의 무게 중심으로 표시된다.

3.1 평균치의 수리적 성질

평균치는 다음과 같은 두 가지 수리적 성질을 가지고 있다. 첫째, 개개인의 점수가 평균치로부터 떨어져 있는 거리, 즉 '편차(偏差: deviation)의 합은 0이다'라는 점이다. 표 3 · 4에 제시된 바와 같이 편차는 소문자 x로 다음과 같이 표기할 수 있다.

$$\Sigma(X_i - \overline{X}) = \Sigma x_i = 0$$

둘째, '편차(x)의 자승화(自乘和: 제곱합)는 다른 어떠한 수치에 대한 차의 자승화보다 적다'는 것이다. 아래 표 3 · 4에서 편차의 자승화$(X_i - \overline{X})$와 예로 제시한 $(X_i - 8)$의 경우를 비교하면 쉽게 짐작할 수 있을 것이다. 즉 $(X_i - 8)$의 자승화(112)는 편차의 자승화(88)보다 항상 크다. 8 대신 어느 값을 넣어도 편차의 자승화보다는 크게 나타난다. 둘째의 수리적 성질은 바로 평균치가 최소자승법(最小自乘法: least square)의 원리에 의해 유도된 집중경향치라는 점을 나타내 주고 있다.

표 3 · 4 평균치의 수리적 성질(예시자료)

개인	X_i	x_i $(X_i - \overline{X})$	x_i^2	$(X_i - 8)^2$
A	2	−4	16	36
B	3	−3	9	25
C	4	−2	4	16
D	5	−1	1	9
E	9	+3	9	1
F	13	+7	49	25
Σ	36	0	88	112
N	6			
$\overline{X}$	6.0			
Mdn	4.5			

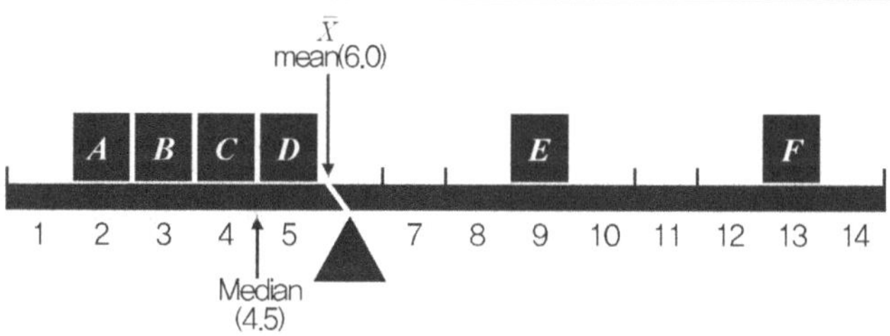

도 3 · 1 표 3 · 4 자료에 대한 $\overline{X}$, Mdn의 위치 예시

평균치의 두 가지 수리적 성질은 첫째, 편차[偏差: $(X_i - \overline{X})$]의 합은 0이다. 둘째, 편차의 자승화는 평균치 이외의 다른 어떠한 값의 자승화보다 최소가 된다.

3.2 집중경향치들의 비교

Mo, Mdn, $\overline{X}$들은 '한 점수분포를 대표하는 수치를 나타내는 통계치'라는 점에서는 같다. 그러나 그 정의나 성질, 용도는 서로 차이가 있다. 최빈치는 한 분포에서 빈도(頻度)가 가장 많은 척도상의 수치를 말한다. 따라서 최빈치를 결정할 때는 최대의 빈도를 가진 점수만을 고려하게 되며 나머지 빈도들이 척도상에서 어떻게 배열되든 최빈치는 영향을 받지 않는다.

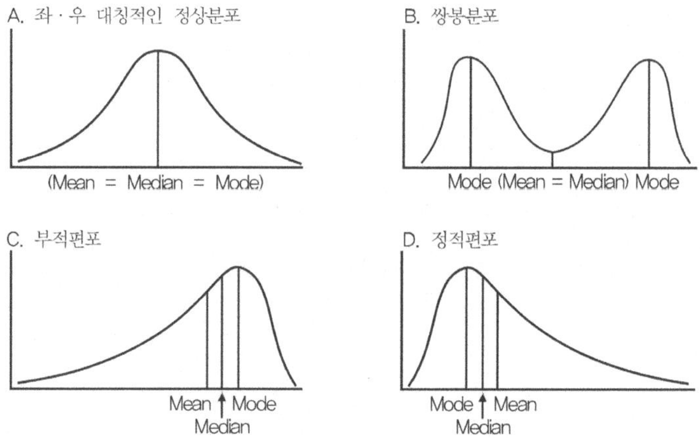

도 3 · 2 여러 가지 빈도분포

중앙치는 점수분포를 서열/크기순으로 나열했을 때 전체 사례수의 중앙(中央)에 위치하는 수치를 말한다. 이 정의에 의하면 각각의 사례가 갖고 있는 수치의 크기가 어떻든 중앙에 위치한 사례가 어떤 수치를 갖고 있느냐에 따라 중앙치는 결정된다고 할 수 있다. 평균치는 한 점수분포의 무게 중심(重心)이 되는 수치를 말한다. 따라서 각각의 사례가 갖고 있는 수치 크기에 따라 평균치는 영향을 받는다. 도 3 · 1은 표 3 · 4에 제시된 6명의 자료를 예시한 것이다. 이와 같이 Mo, Mdn, $\overline{X}$는 각각 다른 입장에서 분포를 대표하는 집중경향치라는 점에 유의해야 한다.

앞에서 언급한 것처럼 최빈치는 변인의 측정치가 명명척도에서 얻어진 것일 때만 적용이 가능하다. 그리고 서열적인 자료일 때는 최빈치와 중앙치를 계산할 수 있다. 위의 세 가지 집중경향치가 모두 사용될 수 있는 경우는 동간적(同間的)이거나 비율적(比率的)인 자료일 때이다. 자료가 동간적 혹은 비율적일 때는 하나 이상의 집중경향치를 제시하는 것이 바람직하다. 예를 들어 어느 직장 피고용인의 봉급분포가 다음과 같다고 가정해 보자. 괄호 안의 숫자는 직급별 사례수이다.

사　장(1)	12,000,000	
부 사 장(1)	6,000,000	
상임이사(2)	4,000,000	
국　장(1)	3,280,000	(평균치 : $\overline{X}$)
과　장(3)	2,000,000	
계　장(4)	1,480,000	
수　위(1)	1,200,000	(중앙치 : Mdn)
직　공(12)	800,000	(최빈치 : Mo)

이 분포는 오른쪽으로 편포(正的 遍布)되어 있으며 평균치에 큰 영향을 미치고 있다. 위의 자료를 보고 여러분이 새로운 임금을 책정하기 위한 교섭단체 위원장으로 선출되었다면, 어느 것을 현 봉급의 대표치로 사용하겠는가? 그리고 여러분이 회사의 경영자라면 어느 것을 대표치로 사용하겠는가?

세 가지 집중경향치 중 가장 적합한 것을 선정할 때는 자료의 성질, 집중경향치의 산출 목적 등을 고려해야 한다. 만일 집중경향치를 산출하는 목적이 일차적으로 집단의 특성을 기술하는 데 있다면 자료를 가장 잘 기술해 주는 측정치를 사용해야 한다. 위의 예와 같이 분포상에 **극단적으로 이탈**된 몇몇 수치가 있다면 평균치보다는 **중앙치**(中央値)를 사용하는 것이 바람직하다.

만일 집중경향치의 산출 목적이 표본에 의해 전집(全集)의 특성을 추정하는 데 있다면 사용하려는 추리통계(제8장)와 관련지어 가장 적절한 방법을 선정해야 한다. 일반적으로 추리통계에서 사용할 수 있는 바람직한 집중경향치는 평균치(平均値)이다. 평균치를 계산하기 위한 자료는 동간 혹은 비율척도이어야 하므로 중앙치와 최빈치로서는 처리할 수 없는 수리적 조작도 평균치는 가능하다.

세 가지 집중경향치는 빈도분포를 살펴봄으로써 비교가 가능해진다. 만일 분포가 정상분포(正常分布: 정규분포) 즉, 봉우리가 하나이고 좌우 대칭인 분포일 때는 도 3 · 1에 제시된 바와 같이 Mo, Mdn, $\overline{X}$는 상호 일치한다. 그러나 분포가 좌우 대칭이고 쌍봉일 때는 평균치와 중앙치는 일치하지만, 최빈치는 두 개가 된다.

도 3 · 1의 C는 왼편(負的)으로 편포되어 있고 D는 오른편(正的)으로 편포되어 있다. 부적 편포에서 평균치는 중앙치보다 적으며 중앙치는 최빈치보다 적다. '고래' 형상으로 표현하면 꼬리 부분이 왼편에 위치하는 모양이다. 즉, 평균치<중앙치<최빈치의 관계를 갖는다. 반대로 정적 편포에서서는 최빈치는 중앙치보다 적다. '고래' 형상으로 표현하면 꼬리 부분이 오른편에 위치하는 모양이다. 최빈치<중앙치<평균치의 관계를 갖는다.

최빈치와 중앙치는 점수분포에서 극단적인 점수의 영향을 받지 않지만 평균치는 민감하게 영향을 받는다. 따라서 빈도분포(頻度分布)가 좌우 대칭이 아닐 때는 세 가지 집중경향치를 보고하는 것이 바람직하다.

부적 편포는 왼편으로 편포되어 있는 분포('고래' 형상으로 표현하면 꼬리 부분이 왼편)이며 평균치〈 중앙치〈 최빈치의 관계를 갖는다. 정적 편포는 오른편으로 편포(꼬리 부분이 오른편)되어 있는 분포이며 최빈치〈 중앙치〈 평균치의 관계를 갖는다.

3.3 평균치의 병합

윗몸앞으로굽히기 검사를 받은 180명의 학생 중 남자가 74명 여자가 106명이라고 가정해 보자. 만일 여학생의 검사점수 평균이 4798/106=45.26이고 남학생의 평균이 4062/74=54.89라면, 전체 집단의 평균치를 결정하기 위해서는 가중(加重) 평균치를 계산해야 한다. N_f, N_m을 각각 집단의 여자, 남자 사례수라고 하고 $\overline{X}_f$, $\overline{X}_m$을 각각의 평균치라고 한다면 전체 집단의 평균치는 다음 공식에 의해 계산할 수 있다.

$$\overline{X} = \frac{N_f \overline{X}_f + N_m \overline{X}_m}{N_f + N_m} \tag{3. 4}$$

$$= \frac{(106)(45.26) + (74)(54.89)}{106 + 74}$$

$$= \frac{4789 + 4062}{180}$$

$$= 49.22$$

가중된 평균치의 계산은 두 집단 이상에도 확대 적용할 수 있다. 예를 들어 k개의 집단이 있다고 가정하자. 이 경우 전체 집단의 평균치를 계산하기 위해서는 집단별 사례수와 집단별 평균치를 서로 곱해서 합(교적화: 交積和)하고 전체 집단의 사례수(N)로 나누면 된다.

$$\overline{X} = \frac{\sum_{i=1}^{k} N_i \overline{X}_i}{N} \tag{3. 5}$$

이 장에서는 가장 보편적으로 사용되고 있는 세 가지 집중경향치에 관해 기술하였다. 집중경향치는 분포를 대표하고 위치(location)를 나타내는 측정치이다. 세 가지 중 가장 신뢰롭고 널리 사용되는 대표치는 평균치(平均値)이다.

연습문제

1. 다음 중 가장 손쉽게 얻을 수 있는 집중경향치는 무엇인가?

① 최빈치 ② 평균치 ③ 중앙치

풀이 ① 최빈치는 계산 과정을 거치지 않고도 즉시 구할 수 있다. 정답이다.
② 사례수가 많은 점수분포에서는 평균치의 계산이 복잡하기 때문에 계산기의 도움이 필요하게 된다. 근래는 컴퓨터를 이용해서 해결하는 것이 대세이긴 하지만, 원론적으로 말하면 계산기 없이는 산출하기 어렵다는 말이다.
③ 사례수가 많은 점수분포에서는 중앙치를 얻기 위해 몇 단계의 계산과정을 거쳐야 한다.

2. 다음 분포곡선에 $\overline{X}$, Mdn의 개략적 위치를 표시해 보라. 그리고 분포의 유형을 잘 설명한 것은 무엇인가?

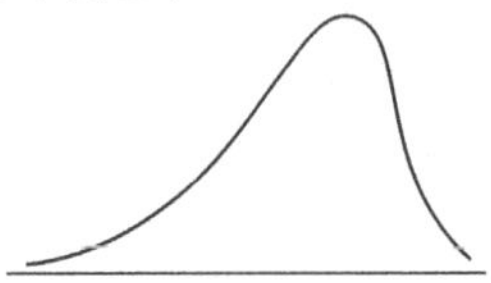

① 대칭적이다.
② 정적으로 편포되어 있다.
③ 부적으로 편포되어 있다.

풀이

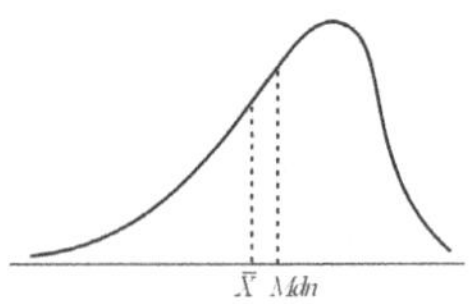

① 이 곡선은 편포되어 있으므로 대칭이 될 수 없다.
② 정적 편포일 때는 곡선의 꼬리가 오른쪽, 즉 평균치가 점수분포의 높은 쪽에 위치하게 된다.
③ 정답이다. 부적 편포일 때에는 곡선의 꼬리가 왼쪽에 위치하고 평균치가 중앙치보다 낮다. 오게 된다.

3. 다음의 자료는 실업팀 지도자 20명의 연봉을 나타낸 분포이다. 이 자료의 집중경향치로 가장 적합한 것은?

연봉(단위: 만원)	f
5,800	6
6,000	5
6,300	4
7,200	3
32,000	2
	$N = 20$

① 평균치
② 최빈치
③ 중앙치

풀이 ① 연봉 32,000(만원)을 받는 극단적인 수치를 가진 지도자가 2명이나 있으므로 평균치에 큰 영향을 미치게 된다. 따라서 평균치는 대표치로서 적합하지 않다.
② 20명 중 6명이 연봉 5,800(만원)을 받기는 하지만 이 집단의 대표적인 연봉으로는 낮은 것으로 추정된다. 따라서 최빈치는 대표치로서 적합하지 않다.
③ 중앙치는 극단적인 사례에 의해 영향을 받지 않으므로 가장 좋은 대표치가 될 수 있다.

4. 다음의 점수분포에서 $\overline{X}$, Mdn을 각각 계산하라.

26, 37, 43, 21, 58, 26, 33, 45

$\overline{X}$:

Mdn:

풀이 $\overline{X}$: 모든 점수를 합한 값 289를 8로 나눈다. 즉, $\overline{X} = \Sigma X/N$의 공식에 대입하면 $\overline{X} = 289/8 = 36.13$

Mdn: ① 모든 점수를 점수순으로 배열한다. 21, 26, 26, 33, 37, 43, 45, 58

② $(N+1)/2$에 의해 중앙에 위치한 사례(事例)를 찾는다. $(8+1)/2 = 4.5$이므로 4번째와 5번째 사례가 된다.

③ 두 중앙 사례의 중간점을 구한다. 33과 37의 중간점은 35. 따라서 중앙치는 35이다.

5. 다음의 점수분포에서 중앙치를 계산하라.

15, 17, 18, 20, 23, 24, 27, 30

풀이 전체 사례수는 8이다. 전체 사례수를 반으로 나누는 경계점은 20과 23의 중간이 된다. 따라서 이 두 값의 중앙치는 20과 23의 중간점인 21.5이다.

6. 남학생 8명과 여학생 10명의 체육통계 시험 결과, 남학생의 평균치는 84점, 중앙치는 74점이었으며 여학생은 평균치와 중앙치가 모두 79점이었다. 교수가 이 결과를 보고 남학생이 여학생보다 성적이 좋았다고 결론내리면 정당한가? 정당하다면 그 이유는? 남학생의 경우 평균치와 중앙치의 차(差)가 큰 것은 어떻게 설명할 수 있는가?

풀이 정당하지 못하다. $(\overline{X} - Mdn)$의 값이 남학생 집단은 +10이고, 여학생 집단은 0이다. 즉, 남학생의 점수분포는 정적 편포로 점수가 높은 극단적인 사례가 있기 때문에 평균치가 높아지게 된다. 이에 비해 여학생의 점수분포는 정상분포(正常分布)를 이루고 있다. 따라서 이 두 집단의 성적을 비교할 경우, 평균치보다는 중앙치로 비교하는 것이 바람직하다. 중앙치는 남학생보다는 여학생이 높기 때문에 여학생의 성적이 오히려 더 좋다고 말할 수 있다.

7. 표집에 따라 집중경향치의 변동이 가장 적은 것은?

① 평균치 ② 중앙치 ③ 최빈치

8. 사례수의 50%이상과 이하를 구분해 주는 점은?

① 평균치 ② 중앙치 ③ 최빈치

9. 빈도가 가장 많은 점수에 의해 결정되는 집중경향치는?

① 평균치 ② 중앙치 ③ 최빈치

10. 편차의 합이 0이 되는 집중경향치는?

① 평균치 ② 중앙치 ③ 최빈치

11. 분포가 편포되었을 때 가장 적합한 집중경향치는?

① 평균치 ② 중앙치 ③ 최빈치

12. 지렛대의 중심(重心)에 비유할 수 있는 집중경향치는?

① 평균치 ② 중앙치 ③ 최빈치

13. 몇 개의 극단적인 점수의 영향을 최소(最小)로 줄이는데 바람직한 집중경향치는?

① 평균치 ② 중앙치 ③ 최빈치

14. 모든 점수를 크기순으로 배열했을 때 바람직한 집중경향치는?

① 평균치 ② 중앙치 ③ 최빈치

15. 집중경향치중 평균치가 갖는 이점은?

① 계산하기가 쉽다.
② 이해하기가 쉽다.
③ 표집을 달리할지라도 안정된 결과를 얻을 수 있다.

16. 최빈치가 50, 중앙치가 47, 평균치가 45인 점수분포는?

① 정상분포 ② 부적편포 ③ 정적편포

17. 계산 결과 얻은 평균치는 보통 어느 수준까지 보고하고 있는가?

① 실제로 측정한 단위(cm까지 측정하였다면 cm 단위)까지 보고.
② 실제로 측정한 단위보다 한 단계 아래 자리까지 보고.
③ 실제로 측정한 단위와 관계없이 소수 두 자리까지 보고.

18. 다음 A, B, C 점수분포의 최빈치, 중앙치, 평균치를 계산하라. 그리고 계산된 집중경향치가 같다고 해서 이들 세 개의 점수분포는 같다고 할 수 있는가? 그렇지 않다면 이들 점수분포 간에 차이가 있는 것은 무엇인가?

	A	B	C
	100	75	55
	90	70	54
	80	65	53
	70	60	52
	60	55	51
	50	50	50
	50	50	50
	50	50	50
	40	45	49
	30	40	48
	20	35	47
	10	30	46
	0	25	45
Mo			
Mdn			
$\overline{X}$			

정답표

1. ① 2. ③ 3. ③ 4. $\overline{X} = 36.13$, $Mdn = 35$ 5. 21.5
6. 풀이참조 7. ① 8. ② 9. ③ 10. ① 11. ②
12. ① 13. ② 14. ② 15. ③ 16. ②

18. 세 개의 점수분포는 같다고 할 수 없다. 왜냐하면, 각 점수분포의 점수범위 즉, 점수분포가 흩어져있는 정도(변산도)에 차이가 있기 때문

Mo	50.0	50.0	50.0
Mdn	50.0	50.0	50.0
$\overline{X}$	50.0	50.0	50.0

4 변산도

1. 범위 (R)
2. 사분편차 (Q)
3. 분산 (σ^2/s^2)
4. 표준편차 (σ/s)
5. 변이계수 (CV)

지금까지 우리는 분포의 특성을 기술하는 세 가지 측정치 중 분포의 형태와 집중경향치에 대해 살펴보았다. 세 가지 특성 중 나머지 하나는 점수분포가 어느 정도 밀집 혹은 분산되어 있는지를 나타내는 변산도(變散度: variability)이다. 서로 다른 집단의 점수분포는 집중경향치만으로는 충분히 설명할 수 없다. 점수분포를 정확하게 기술하려면 집중경향치와 함께 변산도가 제시되어야 한다.

예를 들어 분포의 형태(形態)와 집중경향치가 같은 두 집단의 점수분포를 상상해 보자. 그중 한 집단(B)의 점수분포는 집중경향치를 중심으로 밀집되어 있으나 다른 집단(A)의 점수분포는 분산되어 있다고 할 때, 전자는 후자보다 변산도가 적다 혹은 개인차가 적다고 말한다.

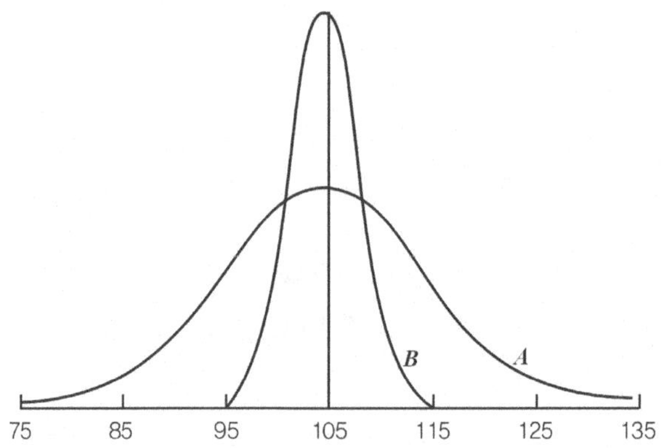

도 4·1 변산도가 다른 두 집단의 분포

분산의 정도를 표시하는 방법으로는 점수범위(點數範圍: range), 사분편차(四分偏差: quartile deviation), 표준편차(標準偏差: standard deviation) 등이 있다. 체육, 운동과학 분야의 연구에서 가장 많이 사용되고 있는 변산도는 표준편차이다. 변산도는 집단의 동질성 혹은 이질성 정도를 나타내 준다.

변산도(variability)는 측정 척도상의 점수 간격을 의미하며 점수분포의 분산 정도를 나타내는 지표이다.

1. 범위(R : *range*)

범위(範圍)는 변산도를 나타내는 통계치 중에서 가장 쉽게 구할 수 있는 통계치이다. 그러나 집중경향치에서의 최빈치와 마찬가지로 신뢰도가 낮기 때문에 자료의 대체적인 분산 정도를 알아보기 위한 목적으로만 사용하는 것이 보통이다. 범위는 제2장에서 언급한 바와 같이 [최고점 - 최하점 + 1]로 정의한다. 즉, 한 점수분포에서 최고점에서 최하점까지의 거리를 **최고점의 정확상한계**(正確上限界)와 **최하점의 정확하한계**(正確下限界)까지의 거리로 정의한 것이다. 이와 같은 이유로 최고점에서 최하점을 뺀 값에 1을 더한 것이다. 두 집단의 점수분포를 다음과 같이 가상해 보자.

집단 A: 11 16 18 23 29 31 37
집단 B: 18 19 21 23 24 26 29

집단 A, B점수분포의 중앙치는 각각 23으로서 동일하지만, 범위는 다르다. 따라서 집단 A가 B보다 개인차(個人差)가 심하고 상대적으로 이질적인 학생들로 구성되어 있다고 해석할 수 있다.

범위는 계산하기 쉬운 장점은 있으나 전집의 변산도를 기술해 주는 통계치로서는 적합하지 않다. 범위를 계산하거나 해석할 때 특히 주의해야 할 것은 사례수가 현저하게 다른 두 분포의 변산도를 범위(範圍)로 비교해서는 안 된다는 점이다. 왜냐하면 집단의 사례수 크기에 따라 범위 값은 크게 차이가 있으며 사례수가 많을수록 커지는 경향이 있기 때문이다.

범위(範圍)는 [최고점 - 최하점 + 1]로 정의된다. 범위는 계산하기 쉬운 장점은 있으나 변산도를 기술해 주는 통계치로서 타당성이 낮다.

---

2. 사분편차(Q : *quartile deviation*)

범위는 점수분포 상에서 양극단의 점수를 기초로 하여 계산하기 때문에 사례수의 크기에 따라 영향을 받는다. 따라서 안정성이 낮은 변산도 값이라고 할 수 있다. 이러한 제한점은 사분편차(四分偏差)를 사용함으로써 어느 정도는 해소시킬 수 있다. 사분편차

(semi-inter quartile range 혹은 quartile deviation)는 집중경향치로서 **중앙치**(中央値)를 사용할 때 제시할 수 있는 가장 적합한 변산도 값이다.

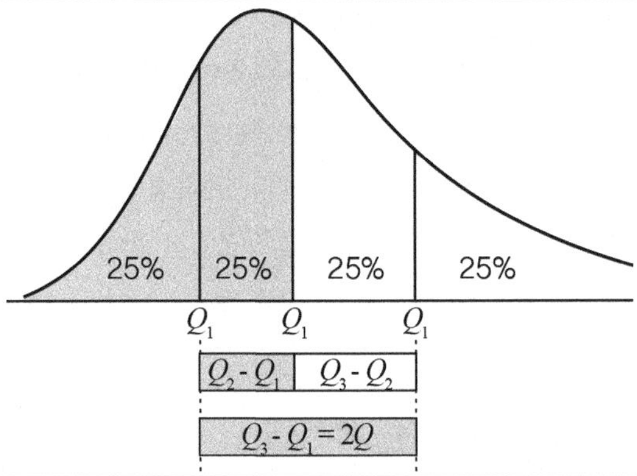

도 4 · 2 사분편차의 도해

사분편차는 반분(半分) 사분점간 범위라고도 부른다. 사분편차는 점수분포의 중앙에 위치한 사례수의 50%가 차지하는 점수범위의 반을 의미한다. 다시 말하면 점수분포의 아래에서부터 사례수의 25%(Q_1)에 해당하는 척도상의 점과 아래에서부터 75%(Q_3)에 해당하는 척도상의 점 사이의 거리를 2등분한 것이다. 사분편차를 Q라고 하면 다음과 같은 공식으로 표시할 수 있다.

$$Q = \frac{Q_3 - Q_1}{2}$$

Q_3 = 75%에 해당하는 점수(P_{75}), 즉 3/4(N+1)번째에 해당하는 사례의 점수
Q_1 = 25%에 해당하는 점수(P_{25}), 즉 1/4(N+1)번째에 해당하는 사례의 점수

아래에 예시된 전체 사례수가 15명인 점수분포를 이용하여 사분편차(Q)를 산출해 보자. 점수분포의 아래에서부터 전체 사례수의 25%(Q_1)에 해당하는 점은 40, 아래에서부터 사례수의 75%(Q_3)에 해당하는 점은 60이다. 위에 제시된 공식을 이용하여 Q_1을 계산하면 1/4(N+1) = 1/4(15+1) = 4, 즉 4번째에 해당하는 사람이 받은 점수인 40이 된다. 그리고 Q_3을 계산하면 3/4(N+1) = 3/4(15+1) = 12, 즉 12번째에 해당하는 사람이 받은 점수인 60이 된다. 이와 같은 결과를 공식 (4.1)에 적용하면

25	30	35	40	45	47	50	50	52	55	57	60	65	70	75
			↑				↑				↑			
			Q_1				Mdn				Q_3			

$$Q = \frac{Q_3 - Q_1}{2} = \frac{(60-40)}{2} = \frac{20}{2} = 10$$

만일 점수분포가 좌우 대칭적이라면 $[Q_3 - Mdn] = [Mdn - Q_1] = Q$가 된다. 그러나 분포가 정적(正的)으로 편포되어 있으면 $[Q_3 - Mdn]$은 $[Mdn - Q_1]$보다 크다. 반대로 분포가 부적(負的)으로 편포되어 있다면 $[Q_3 - Mdn]$은 $[Mdn - Q_1]$보다 적다. 따라서 $[Q_3 - Mdn]$과 $[Mdn - Q_1]$간의 차이는 분포의 편포도를 나타내 주는 준거가 된다. 위의 자료를 이용하여 분포의 편포도를 확인해 보면 $[Q_3 - Mdn]$와 $[Mdn - Q_1]$의 값이 각각 [60 - 50], [50 - 40]으로서 Q와 동일하므로 점수분포는 정상분포라고 할 수 있다.

범위와 사분편차는 분포의 변산도를 나타내 주는 통계치로서는 상대적으로 거칠고 조잡한 통계치에 속한다. 즉, 이들 변산도 값은 분포의 특성에 관한 충분한 정보를 제공해 주지 못한다. 그러나 이들은 서열척도(序列尺度)에서 얻은 자료의 변산도를 계산할 때는 **불가피하게 사용**해야 한다.

사분편차(Q)는 $(Q_3 - Q_1)/2$로서 정의된다. $Q_1 - Mdn$과 $Mdn - Q_3$ 간의 차이는 분포의 편포도(왜도: skewness)를 나타내 준다. Q는 서열척도에서 얻은 자료의 변산도를 산출할 때는 반드시 사용해야 한다.

---

3. 분산(σ^2/s^2: variance)

동간 혹은 비율척도로 측정해서 얻은 자료의 변산도를 계산하는 방법 중 바람직한 것은 분산(分散 혹은 변량(變量이라고도 부른다)이다. 분산은 편차(偏差: $x = X - \overline{X}$)의 자승화(제곱합)의 평균으로 정의된다. 만일 우리가 분산을 단지 기술통계의 하나로 생각한다면, 점수분포에서 모든 점수의 편차(x)를 계산하고 제곱하여 합하고 사례수로 나누면 된다.

독자는 제1장에서 전집의 모수치와 표본의 통계치에 관해 기술된 내용을 기억할 수 있을 것이다. 그런데 분산에 관한 한 전집의 분산(σ^2)과 표본의 분산(s^2)간에는 그 계산에서 약간의 차이가 있다는 점에 유의해야 한다. 전집의 분산은 σ^2(시그마 자승)으로 표시되며 표본의 분산은 s^2(standard deviation의 첫 머리글자)으로 표기된다. 각각의 공식은 다음과 같다.

$$\text{전집 분산}(\sigma^2) = \frac{\Sigma(X-\mu)^2}{N} = \frac{\Sigma x^2}{N} \tag{4.2}$$

μ = 전집의 평균치
X = 개개인의 점수
N = 전집의 사례수

$$\text{표본 분산}(s^2) = \frac{\Sigma(X-\overline{X})^2}{n-1} = \frac{\Sigma x^2}{n-1} \tag{4.3}$$

$\overline{X}$ = 표본의 평균치
n = 표본의 전체 사례수

위의 공식에서 유의할 점은 표본의 분산(s^2)은 $\Sigma(X-\overline{X})^2$을 n이 아니라 $n-1$로 나눈다는 점이다. 그 이유는 $\Sigma(X-\overline{X})^2$을 n으로 나눌 경우 s^2은 전집의 분산(σ^2)을 과소 추정하는 결과를 가져오기 때문이다. 그러나 $n-1$로 나누면 s^2은 σ^2의 불편추정치(不偏推定値)가 되어 σ^2을 보다 타당하게 대표하게 된다. 분산 산출공식은 후속되는 분산분석(分散分析: analysis of variance: *ANOVA*)의 근거가 된다. 이에 대해서는 추리통계에서 구체적으로 언급할 것이다.

분산은 편차($X-\overline{X}=x$)의 자승화(自乘和)의 평균이다. 이 공식은 집단간 평균치의 차이를 검증하는 분산분석(*ANOVA*)의 기초가 된다.

표 3 · 4의 자료를 예로 하여 분산을 계산해 보자. 위의 자료를 전집의 분포라고 가정한다면, 그리고 분산을 단지 기술통계(記述統計)의 범위에서 사용한다면 분산은 다음과 같이 계산할 수 있다.

$$\sigma^2 = \frac{(2-6)^2+(3-6)^2+(4-6)^2+(5-6)^2+(9-6)^2+(13-6)^2}{6} = \frac{88}{6}$$
$$= 14.67$$

위 공식은 편차공식(偏差公式: deviation formula)이라고 부르는데, 사례수가 적고 평균치가 정수일 때 효과적으로 적용할 수 있다. 그러나 사례수가 많고 평균치가 소수를 포함할 때는 위 공식 즉, 편차를 이용한 공식보다는 원점수(原點數)를 이용한 공식이 더 효과적이다. 원점수를 이용한 계산공식은 다음과 같다.

$$\text{전집 분산}(\sigma^2) = \frac{1}{N}[\Sigma X^2 - (\Sigma X)^2/N] \tag{4.4}$$

$$\text{표본 분산}(s^2) = \frac{1}{n-1}[\Sigma X^2 - (\Sigma X)^2/n] \tag{4.5}$$

4. 표준편차(σ/s)

표준편차는 변산도 값 중에서 가장 널리 사용되고 신뢰할 수 있는 통계치이다. 표준편차는 standard deviation의 머리글자를 따서 SD 혹은 S, 그리스 문자인 σ(시그마)로도 표시한다. 여기에서 우리는 표준편차는 분산에 평방근(平方根, 혹은 제곱근 : $\sqrt{\ }$)을 씌운 것과 동일하다는 것을 발견할 수 있다. 즉 분산은 σ^2과 같이 2차원의 면적(面積)으로 표시하는 반면 표준편차는 σ와 같이 1차원의 거리(距離)로 표시한다. 표준편차는 "분산의 평방근" 혹은 "편차의 자승화의 평균의 평방근"으로 표시한다. 전집(σ)과 표본(s)의 표준편차 산출 공식은 다음과 같다.

$$\sigma = \sqrt{\sigma^2} \text{ 혹은 } \sigma = \sqrt{\frac{\Sigma(X-\mu)^2}{N}} = \sqrt{\frac{\Sigma x^2}{N}} \tag{4.6}$$

$$s = \sqrt{s^2} \text{ 혹은 } s = \sqrt{\frac{\Sigma(X-\overline{X})^2}{n-1}} = \sqrt{\frac{\Sigma x^2}{n-1}} \tag{4.7}$$

앞에서도 언급한 바 있지만 표준편차에서 편차(偏差)는 중요한 의미가 있다. 편차 $(x) = (X-\overline{X})$는 점수가 평균치로부터 떨어져 있는 거리를 의미한다. 점수분포를 구성하고 있는 모든 사례로부터 산출된 편차들을 합한 후 전체 사례수로 나누어 얻은 값은 분포 내의 사례들이 평균치를 중심으로 평균적으로 떨어져 있는 거리임을 알 수 있다.

표준편차 즉, '편차(x)의 자승화의 평균의 평방근'의 의미를 표 3 · 4의 자료를 예로 들어 그림으로 표시하면 도 4 · 3과 같다. 개개인의 점수는 편차$(X-\overline{X})$로 표시하여 좌표상에 표시하였다. 좌표에서 0은 평균치의 위치를 의미한다. 먼저 개개인의 편차를 자승하면 정사각형의 면적이 되고 이들 6개(A부터 F까지)의 면적을 전부 합하여 사례수로 나누면 분산이 되고 이 값의 평방근(제곱근: $\sqrt{\ }$)을 구하면 표준편차가 된다.

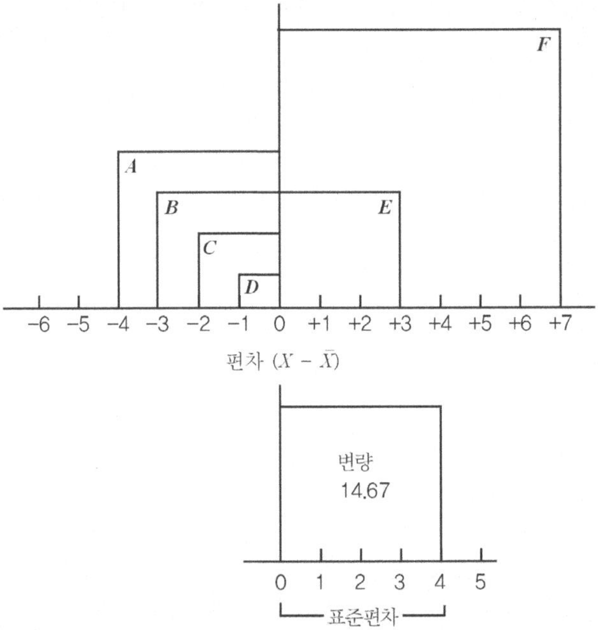

도 4 · 3 표준편차와 분산의 도해

표 3 · 4의 자료를 예로 하여 표준편차를 계산해 보면 이미 계산된 분산(σ^2)이 14.67이므로, 분산에 평방근을 씌운 표준편차는 $\sqrt{14.67}=3.83$이 된다.

표준편차는 분산(分散)의 평방근이다. 즉, 편차(x)의 자승화의 평균의 평방근이다.

표준편차 역시 분산과 마찬가지로 사례수가 많고 평균치가 소수를 포함할 때는 편차를 이용한 공식보다는 원점수를 이용한 다음 공식이 보다 효과적이다.

$$\sigma=\sqrt{\frac{\Sigma X^2-(\Sigma X)^2/N}{N}}=\frac{1}{N}\sqrt{N\Sigma X^2-(\Sigma X)^2} \tag{4.8}$$

$$s=\sqrt{\frac{\Sigma X^2-(\Sigma X)^2/n}{n-1}} \tag{4.9}$$

위의 공식을 이용한 계산 예를 제시하면 다음과 같다. 표 4 · 3은 7명으로부터 얻은 턱걸이 검사 결과이다. 공식(4.8)을 이용하여 표준편차를 계산해 보자.

표 4·3 턱걸이 검사 결과의 표준편차 계산

X	X^2
9	81
12	144
7	49
5	25
2	4
3	9
4	16
$\Sigma 42$	328

$$\begin{aligned}\sigma &= \frac{1}{7}\sqrt{(7)(328)-(42)^2} \\ &= \frac{1}{7}\sqrt{2296-1764} \\ &= \frac{1}{7}\sqrt{532} = 3.30\end{aligned}$$

표준편차를 계산하는 방법은 이 외에도 여러 가지가 있다. 계산기의 도움 없이 필산(筆算)으로 간편하게 처리하는 방법도 있으나 이 역시 점수의 범위가 넓고 사례수가 많을 경우, 계산이 복잡하기 때문에 여기에는 제시하지 않기로 한다. 이제는 기본공식과 개념만 이해하면 컴퓨터를 이용하여 모든 통계치를 계산해 낼 수 있기 때문이다.

표준편차는 평균치 계산과 마찬가지로 측정치가 동간적이거나 비율적인 척도에서 얻어진 것일 때만 계산할 수 있다. 점수분포가 대칭인 정상분포(正常分布)를 이룰 때 합리적으로 적용할 수 있으며 대칭이 아닌 분포에서 얻은 표준편차는 과대 추정된다는 점에 유의해야 한다. 그리고 집단의 사례수는 가능한 한 많아야 안정된 수치를 얻을 수 있다. 표준편차는 집단의 동질성 정도도 설명해 준다. 즉, 농구선수 슛율의 안정성(변화도) 등과 같이 개인내 변산(個人內 變散)을 설명해 준다.

점수분포가 정상적일 때 표준편차는 표준점수(標準點數), 예를 들면 Z점수, IQ, T점수 등을 산출하는 기초가 된다. 평균치로부터 $\pm 1\sigma$사이에 전체 사례수의 약 68%가 포함되며 평균치 $\pm 2\sigma$사이에는 95.44%의 사례가 포함된다. 이와 같은 관계를 예시하면 도 4·4와 같다.

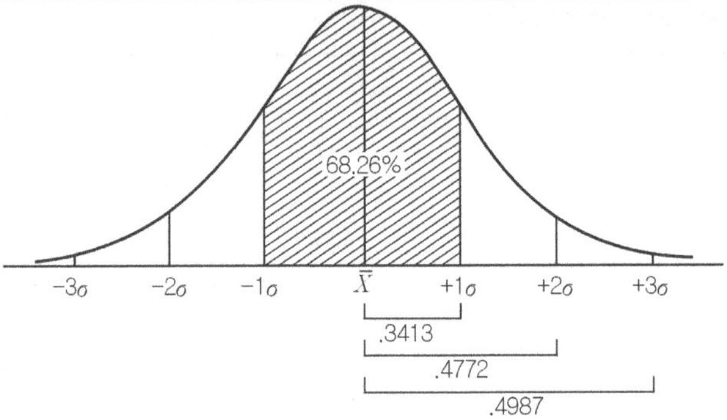

도 4·4 정상분포곡선의 비율

계산결과 얻은 표준편차 값은 평균치로부터 떨어진 거리를 의미하며 비교하고자 하는 집단들로부터 얻은 표준편차들은 상대적으로 해석한다. 표준편차가 큰 집단은 적은 집단보다 개인차가 심하거나 이질적(異質的)이라고 해석한다. 농구에서 자유투를 10개씩 20회 던져서 얻은 개개인의 기록에 대해 표준편차를 산출하였을 경우 표준편차가 적은 사람은 큰 사람보다 숫의 안전성이 높다고 해석할 수 있다.

5. 변이계수(CV)

표준편차(s)는 집단의 점수가 흩어져있는 정도 즉, 변산 혹은 변화 정도를 측정하고 비교하는 데 사용한다. 표준편차는 자료와 동일한 측정단위로 표시되기 때문에 절대 변산도(absolute measures of variability)를 나타내 준다. 동시에 관찰된 자료들이 평균으로부터 떨어져 있는 거리를 기술하기 때문에 내적 변산도를 나타내 준다.

그러나 상이한 집단으로부터 얻은 자료의 변산도를 표준편차(s)에 의해 비교하기 위해서는 기본적으로 갖추어야 할 조건이 있다. 즉, 비교하고자 하는 집단으로부터 얻은 자료의 측정단위가 동일해야 하고 평균이 유사해야 한다. 이러한 조건이 만족되지 못하면 직접 비교는 어렵게 된다.

예를 들어 A경기종목 선수들의 신장 평균이 160cm, 표준편차가 4cm인데 비해 B경기종목 선수들의 신장 평균은 180cm, 표준편차는 6cm로 나타났다고 하자. 이와 같은 결과에 의하면 B종목 선수들의 신장 표준편차는 A종목 선수들보다 1.5배 크다는 것을 알 수 있다. 그러나 수집된 자료의 측정단위가 동일하다고는 할지라도 평균에 차이가 있을 경우, 집단간 표준편차의 직접 비교는 오류를 범할 수 있다. 왜냐하면 신장과 같은 변인의 경우 평균치가 클수록 표준편차도 커지는 경향을 보이고 있기 때문이다. 따라서 상대적으로 볼 때 신장 평균이 각각 160cm와 180cm인 집단으로부터 동일한 표준편차(예: 5)를 얻었다고 해서 이들 집단의 변산도 역시 동일하다고 할 수는 없다.

이러한 자료를 비교하기 위해서는 변이계수(혹은 변동계수: coefficient of variation: CV)를 적용해야 한다. 변이계수는 표준편차를 평균의 비율로 나타낸 일종의 상대 변산도 값(relative measure of variability) 이다. 변이계수는 평균과 표준편차가 함께 변화하는 경우 혹은 측정단위가 다른 자료의 집단간 변산도를 비교하고자 할 때 적절하게 사용할 수 있다. 변이계수의 공식은 다음과 같다.

$$CV = \frac{s}{\overline{X}} \tag{4.10}$$

성인과 노인의 동작시간(movement time)을 조사한 결과, 표 4·4와 같은 평균치와 표준편차를 얻었다고 가정하자. 산출된 평균치와 표준편차만을 근거로 하면 "동작시간은 성인집단이 노인집단보다 빠르고 정확성이 높다"라는 해석이 가능할 것이다. 그러나 이러한 해석에서 간과한 사실은 평균이 크면 표준편차도 커진다는 사실이다.

표 4·4 성인과 노인 집단의 동작시간(msec) 검사결과

	성인	노인
$\overline{X}$	440	620
s	75	110

따라서 상이한 연령집단으로부터 관찰된 표준편차를 비교할 때는 변이계수(상대 변산도)를 산출하여 해석해야 한다. 각 집단의 동작시간에 대한 변이계수를 계산하면

$$CV_{성인} = \frac{75}{440} = .17$$

$$CV_{노인} = \frac{110}{620} = .18$$

이 된다. 산출된 변이계수(CV)에 의하면 두 집단의 동작시간 정확성 간에는 거의 차이가 없음을 알 수 있다.

집중경향치와 변산도 계산에 적합한 척도를 예시하면 다음과 같다.

		척도의 종류			
		명명	서열	동간	비율
집중경향치	최빈치	○	○	○	○
	중앙치		○	○	○
	평균치			○	○
변산도	범위		○	○	○
	사분편차		○	○	○
	분산			○	○
	표준편차			○	○

연습문제

1. 표준편차는 다음 중 어느 것의 평방근 값인가?

① 평균편차　　② 중앙치

③ 분산　　④ 최빈치

풀이 ① 평균편차(平均偏差 : average deviation: AD)는 편차 절댓값들의 평균이며 표준편차는 편차 제곱들의 평균의 제곱근이다.

③ 분산은 각 점수의 편차 제곱들의 평균이다.

②, ④ 중앙치와 최빈치는 표준편차와는 관련이 없다.

※ 평균편차(AD)란 편차(x)들을 평균한 것인데 표준편차와 같은 점은 편차를 이용하는 것이고 다른 점은 계산하는 방법이다. 모든 사례로부터 산출된 편차는 사례에 따라 "+" 혹은 "-" 값을 갖게 되는데 평균편차란 바로 이 편차들의 부호를 무시한 절댓값들을 평균한 것이다. 평균편차의 산출 공식은 다음과 같다.

$$AD = \frac{\Sigma \mid X - \overline{X} \mid}{N} = \frac{\Sigma \mid x \mid}{N}$$

2. 표준편차가 변산도 값 중에서 가장 안정성 있는 통계치로 이용되는 이유를 설명하라.

풀이 표준편차는 집중경향치에서 평균치와 같이 표집에 따른 변동이 가장 적은 변산도 값으로서 각 사례들의 점수가 평균치로부터 떨어져 있는 편차들을 기초로 하여 한 분포의 변산 정도를 알려 주므로 가장 안정성 있는 통계치로 이용된다.

3. 어느 교사가 반 학생 50명으로부터 얻은 점수에 대하여 중앙치와 표준편차를 계산하였다. 이 교사는 후에 최고점수 하나가 기록의 착오로 인하여 원래 점수보다 낮게 기록되었음을 알았다. 이 경우에

① 기록의 착오로 인한 영향을 받지 않는 통계치가 있는가? 있다면 어느 것인가?

② 영향을 받은 통계치가 있는가? 있다면 어느 것인가?

풀이 ① 중앙치는 영향을 받지 않는다. 그 이유는 최고점수가 달라졌다고 해서 중앙에 위치한 사례의 점수가 달라지지는 않기 때문이다.

② 표준편차는 편차가 달라지므로 영향을 받게 된다. 특히, 표준편차는 편차를 제곱하여 산출하는 수치이므로 많은 영향을 받는다.

4. 어떤 분포의 분산이 16이라면 표준편차는 얼마인가?

① 4　　② 8　　③ 156　　④ 알 수 없음

풀이　① 표준편차(s)는 분산의 평방근(제곱근)이므로 정답이다.
② 분산을 2로 나눈 수치이므로 관련이 없다.
③ 표준편차를 자승한 것이 분산이므로 표준편차는 분산의 평방근이어야 한다.
④ 표준편차와 분산의 개념을 본문(本文)에서 다시 학습해야 한다.

5. 한 분포에서 표준편차(변산도)를 계산해야 하는 이유는 무엇인가?

① 편포도의 크기를 나타내므로
② 백분위를 더 의미있게 설명해 줌으로
③ 집중경향치의 정확성을 검토할 수 있으므로
④ 점수들이 흩어져있는 정도를 분석할 수 있으므로

풀이　① 변산도가 직접 편포도를 설명해 주지는 못하지만 $\overline{X}$, Mdn, s를 알면 편포도(skewness)를 구할 수 있다.
② 점수의 변산도는 백분위를 아는 것과 무관하다.
③ 집중경향치와 변산도가 한 분포의 특징을 설명하는 통계치이지만 변산도를 가지고 집중경향치의 정확성을 검토할 수는 없다.
④ 정답이다.

6. 일반적으로 사례수(N)가 커지면 표준편차(s)는 어떻게 달라질까?

① 표준편차도 커진다.
② 표준편차는 적어진다.
③ 표준편차는 변하지 않는다.

풀이　① 표준편차(s)의 기본공식에서 사례수(N)의 역할을 다시 검토할 것.
② 정답이다.
③ 표준편차의 기본공식에서 사례수(N)가 커지면 표준편차(s)는 적어진다.

7. 어떤 점수분포의 $\overline{X}$가 30, s가 10이라고 가정할 때, 다음에 제시된 각각의 경우 평균치와 표준편차 값은 어떻게 달라지며 표준편차의 값이 변하지 않는 것은 어느 경우인가?

경 우	$\overline{X}$	s
① 이 분포의 모든 점수에 10점을 더했을 때		
② 이 분포의 모든 점수를 5로 나누었을 때		
③ 이 분포의 모든 점수에서 10점을 빼고 2로 나누었을 때		

풀이

경 우	$\overline{X}$	s
①	30 + 10 = 40	10 즉, 불변
②	30 ÷ 5 = 6	10 ÷ 5 = 2
③	(30 − 10)/2 = 10	10 ÷ 2 = 5

8. 다음 자료(N = 10)의 표준편차를, 기본공식을 이용하여 산출하라.

13, 17, 15, 11, 13, 17, 13, 11, 11, 11

풀이 ① 자료의 점수(X)를 다음과 같이 표를 만들어 기재하고

② x(편차)를 구하기 위해 평균치를 계산한다.

$$\overline{X} = \frac{132}{10} = 13.2$$

③ 각 점수별로 산출된 x값을 자승하여 x^2난에 기재하고 이것을 모두 합한 값을 계산하여 기재한다.

X	x	x^2
13	−.2	.04
17	+3.8	14.44
15	+1.8	3.24
11	−2.2	4.84
13	−.2	.04
17	+3.8	14.44
13	−.2	.04
11	−2.2	4.84
11	−2.2	4.84
11	−2.2	4.84
$\Sigma X = 132$		$\Sigma x^2 = 51.60$

④ 앞에서 구한 값을 표준편차 계산 공식에 대입하면

$$\sigma = \sqrt{\frac{\Sigma x^2}{N}} = \sqrt{\frac{51.60}{10}} = \sqrt{5.16} = 2.27$$

9. A집단의 통계학 시험 표준편차는 3, B집단은 5로 나타났다. 이와 같은 결과에 의하면 B집단이 A집단보다 변산도가 크다고 할 수 있다.

① 그렇다　　② 아니다

10. 사분편차(Q)는 중앙치와 같다.

① 그렇다　　② 아니다

11. 표준편차는 양수가 아닌 음수로도 표시된다.

① 그렇다　　② 아니다

12. 모든 점수가 동일하면 분산은 ____으로 나타난다.

① 0　　② 1

13. 한 집단을 구성하고 있는 개개인이 얻은 점수 중 최고점을 받은 사람의 점수에 10점을 더하더라도 변하지 않는 변산도 값은?

① 범위　　② 사분편차(Q)　　③ 표준편차

14. 만일 개개인이 얻은 점수를 일률적으로 2배하면 분산은?

① 변하지 않음　② 2배　③ 4배

15. 어느 한 집단의 점수분포 분산이 25로 나타났다면 어떤 결론을 내릴 수 있는가?

① 점수분포의 변산도가 적다

② 점수분포의 변산도가 크다

③ 이와 비교할 수 있는 집단이 없기 때문에 어떠한 결론도 내릴 수 없다. 즉, s^2만으로는 설명할 수 없다.

16. 동간척도로 계산할 수 있는 변산도는?

① 범위　② 사분편차

③ 표준편차　④ 1, 2, 3 모두

17. 표준편차가 20인 점수분포가 있다. 개개인의 점수에 10점을 더한 후 다시 2를 곱하였다. 이러한 새로운 점수분포의 표준편차는?

① 20　② 30　③ 40　④ 60

18. 사분편차는?

① $Q_3 - Q_1$　② $Q_2 - Q_1$　③ $\frac{Q_3 - Q_1}{2}$

19. $Q_3 - Q_2 > Q_2 - Q_1$인 분포는?

① 정상분포　② 정적편포　③ 부적편포

20. 극단적인 점수의 영향을 최소로 하기 위해서는 다음의 어떤 변산도를 사용하는 것이 좋은가?

① Q　② R　③ σ

21. 사분편차에서 Q_3점은 전체 사례수의 몇 %가 상단에 위치하는가?

① 25%　② 50%　③ 75%

3 7 8 11 12 15 17 20 22 25 26 29

22. 위의 자료에서 전체 사례수(n)는?

① 10　　② 11　　③ 12　　④ 13

23. 중앙치는?

① 15　　② 16　　③ 17　　④ 18

24. Q_1값(아래에서부터 N의 25%에 해당하는 점수)은?

① 8　　② 9
③ 8과 11의 중간점인 9.5　　④ 11

25. Q_3값(아래에서부터 N의 75%에 해당하는 점수)은?

① 22　　② 23
③ 22와 25의 중간점인 23.5　　④ 25

26. Q의 값은?

① 7　　② 14

27. 가장 안정성 있는 결과를 얻을 수 있는 변산도 값은?

① 사분편차　　② 범위　　③ 표준편차

28. 평균치와 가장 밀접히 관련된 변산도 값은?

① 사분편차　　② 범위　　③ 표준편차

29. 중앙치와 가장 밀접히 관련된 변산도 값은?

① 사분편차　　② 범위　　③ 표준편차

30. 극단적으로 편포된 분포에서 변산도 값을 계산하려면?

① 표준편차　　② 범위　　③ 사분편차

31. 분산은?

① σ^2　　② σ　　③ $\sqrt{\sigma}$

32. 부적분포에서 $Q_3 - Q_1$을 2로 나누는 지점은 중앙치보다

① 높다　　② 낮다　　③ 같다

33. 측정단위가 다른 자료의 집단간 변산도를 비교하고자 할 때 적절하게 사용할 수 있는 변산도 계수는?

① 사분편차(Q)　　② 표준편차(s)　　③ 변이계수(CV)

정답표

1. ③	2. 풀이	3. 풀이	4. ①	5. ④	6. ②
7. ①	8. 풀이	9. ①	10. ②	11. ②	12. ①
13. ②	14. ①	15. ③	16. ④	17. ③	18. ③
19. ②	20. ③	21. ③	22. ③	23. ②	24. ③
25. ③	26. ①	27. ③	28. ③	29. ①	30. ①
31. ①	32. ②	33. ③			

5 표준점수와 정상분포

지금까지 우리는 점수분포의 특성을 기술하는 몇 가지 방법에 대해 살펴보았다. 즉 분포의 형태, 집단을 대표하는 집중경향치, 분포의 분산정도를 나타내는 변산도가 무엇이며 어떠한 목적으로 사용될 수 있는가에 대해 배웠다. 그러나 이러한 통계치들은 집단의 특성은 기술해 주고 있으나 집단 내에서 개개인의 위치(位置) 혹은 통계적 분석이나 해석에 필요한 충분한 정보는 제공해 주지 못한다.

예를 들면, 학생들의 근지구력을 알아보기 위해 윗몸일으키기 검사를 시행한 결과 어느 학생이 65개를 기록하였다고 가정해 보자. 여기에서 65개는 무엇을 의미하는가? 이러한 원점수(原點數)는 이론적, 실제적으로 그 해석에 다음과 같은 제한이 따른다.

첫째, 원점수는 해석의 근거가 되는 준거점(準據點: reference point)이 없다. 즉, 측정결과 얻은 원점수는 그 크기를 절대적으로 나타내 줄 수 있는 근거가 없는 셈이다. 측정결과 얻은 0cm, 0g은 길이, 무게가 전혀 없는 상태를 의미한다. 따라서 모든 길이나 무게는 이를 기초로 하여 상호비교가 가능해진다. 그러나 윗몸일으키기 검사결과 얻은 65는 실제로 근지구력을 어느 정도 나타내고 있는지를 알 수가 없다. 검사결과 얻은 0점 역시 0이 그 검사가 재는 능력이 전혀 없다는 것을 의미하지 못하기 때문에 타당한 해석을 할 수가 없다.

둘째, 원점수들은 상호 비교가 어렵다. 예를 들어 한 학생이 턱걸이 검사에서 8개, 팔굽혀펴기 검사에서 12개를 기록하였다고 가정해 보자. 이 검사결과를 근거로 그 학생은 턱걸이보다 팔굽혀펴기를 더 잘한다고 해석할 수 있을까? 이에 대한 답은 이 학생의 턱걸이, 팔굽혀펴기 기록이 각각의 점수분포에서 어디에 있는가를 알기 전에는 불가능하다. 왜냐하면 그 학생의 턱걸이 검사 기록은 반에서 가장 높은 것일 수도 있으며 상대적으로 팔굽혀펴기 검사 기록은 중간 정도일 수도 있기 때문이다.

셋째, 원점수 간에는 동간성(同間性)이 없다. 예를 들면 한 시험에서 80점과 60점 간의 능력 차이와 50점과 30점 간의 능력 차이는 같지 않다는 뜻이다. 마찬가지로 90점을 받은 학생은 45점을 받은 학생보다 어떤 능력이 두 배 우수하다는 근거가 없는 셈이다. 이와 같은 제한점 때문에 개인이 얻은 **원점수**를 상호 비교하기 위해서는 다른 척도점수로 환산하여 사용하게 된다. 원점수를 상호 비교가 가능하도록 환산한 척도점수를 우리는 **표준점수**(標準點數: standard score)라고 부른다.

요약하면, 지금까지 우리는 점수분포 상에서 개인의 위치는 원점수 혹은 백분위(百分

位: percentile rank)로 표시할 수 있음을 배웠다. 그러나 서로 다른 검사로부터 얻은 원점수는 그들 집단의 평균치가 다르기 때문에 비교가 불가능하다. 백분위 역시 환산된 척도점수이지만 서열척도(序列尺度)에 해당하기 때문에 위의 세 번째 제한점을 만족시키지 못한다. 따라서 백분위로 표시된 점수들은 동간성이 없으므로 평균치의 계산이 불가능하며 대소 관계의 비교만 가능할 뿐이다.

원점수와 백분위는 상이한 점수분포에서 얻은 점수를 상호 비교하는데 부적절하다.

---

1. 표준점수(Z)

그렇다면 척도 간의 점수를 상호 비교가 가능하도록 위해서는 어떠한 방안이 필요한가? 하나의 방안은 비교하고자 하는 검사의 표준편차를 측정단위로 사용한 동간척도(同間尺度)를 만드는 것이다. 표준점수(標準點數: Z)는 바로 이러한 조건을 만족시키는 통계치이다.

표준점수(Z)는 전체 점수분포에서 개개 점수의 상대적 위치를 기술하는 통계치이다. 표준점수는 비교를 가능하게 하는 준거점(準據點)을 평균치에 설정한다. 즉, 표준점수로 0을 평균치에 설정하고 있다. 원점수를 표준점수로 환산하기 위해서는 먼저 그 점수가 평균치보다 위에 있는지 아래에 있는지를 알아야 한다. 표준점수를 계산하기 위한 공식은 다음과 같다.

$$\text{표준점수}(Z) = \frac{\text{원점수}(X) - \text{평균치}(\mu)}{\text{표준편차}(\sigma)} \tag{5.1}$$

앞의 공식은 전집의 평균치(μ)와 표준편차(σ)를 사용하여 표준점수를 산출하는 것이다. 만일 표본에서 얻은 $\overline{X}$와 s를 사용하여 표준점수를 계산한다면 위의 공식은 $(X-\overline{X})/s$가 될 것이다. 예를 들어 평균치가 40, 표준편차가 8인 점수분포에서 원점수 36, 42, 50의 표준점수는 다음과 같다.

$$Z_{36} = \frac{36-40}{8} = -0.50$$

$$Z_{42} = \frac{42-40}{8} = 0.25$$

$$Z_{50} = \frac{50-40}{8} = 1.25$$

여기에서 부적(-) 표준점수는 원점수가 평균치보다 낮은 점수임을 의미하며, +표준점수는 평균치보다 높은 점수임을 의미한다. 평균치와 동일한 원점수는 표준점수로 0이 된다. 위의 예에서 원점수 36은 평균치로부터 아래로 0.50 표준편차만큼 떨어진 곳에 있음을 뜻한다.

표준점수(Z)는 원점수가 평균치로부터 떨어져 있는 거리를 표준편차 단위로 표시한 통계치이다.

1.1 표준점수의 특성

표 5·1 원점수와 표준점수(Z)의 분포

		X	Z
	A	10	1.29
	B	9	.97
	C	3	-.97
	D	10	1.29
	E	9	.97
	F	2	-1.29
	G	2	-1.29
	H	10	1.29
	I	5	-.32
	J	5	-.32
	K	1	-1.61
	L	6	.00
	M	8	.64
	N	6	.00
	O	6	.00
	P	1	-1.61
	Q	3	-.97
	R	6	.00
	S	10	1.29
	T	8	.64
$N = 20$	(μ)	6.0	0
	(σ)	3.1	1.0

검사결과 얻은 모든 원점수는 표준점수로 환산할 수 있다. 표 5·1에 제시된 원점수는 공식 (5.1)을 이용하여 Z점수로 환산한 것이다. 각각의 원점수가 Z점수로 환산되었을 때 전체 점수분포에는 어떠한 변화가 생길까? 첫째, 표준점수로 환산된 점수분포는 원점수 분포와 항상 동일하다. 둘째, Z점수 분포의 평균치는 원점수 분포의 평균치와 무관하게 항상 0이 된다. 이러한 Z점수의 특성은 표 5·1에 예시되어 있다.

셋째, Z점수 분포의 분산은 항상 1이라는 점이다. 표준편차는 분산의 평방근(√)이기 때문에 Z점수 분포의 표준편차(標準偏差) 역시 항상 1이 된다. 이러한 특성 또한 표 5·1에 제시되었다. 따라서 점수분포의 원점수를 Z점수로 환산함으로써 원점수 분포는 평균이 0이고 표준편차가 1인 동일한 모양을 가진 분포로 전환된다.

표준점수(Z)의 분포는 다음과 같은 특성을 갖는다.

- 원점수 분포의 모양은 그대로 유지된다.
- 평균치는 항상 0이다.
- 분산과 표준편차는 항상 1이다.

1.2 변환된 표준점수

이상과 같이 Z점수는 원점수 분포를 그대로 유지하면서 원점수의 상대적 위치를 알려준다는 장점을 가지고 있다. 그러나 - 점수가 나온다는 점과 대부분 소수점 이하의 숫자가 나타나기 때문에 사용하기 불편하다는 단점을 가지고 있다. 예를 들면 소수점 이하 몇 자리까지 보고해야 할 것인가를 결정해야 하는 문제가 생긴다. 이러한 단점을 시정하기 위하여 점수 단위가 약간 높고 - 점수가 나오지 않는 척도(尺度)를 쓰는 경우가 많다. 여기에서는 변환된 표준점수로 가장 널리 쓰이고 있는 T점수와 IQ점수를 예시하고자 한다.

T점수는 Z점수를 산출하고 여기에 10을 곱한 후 50을 더한 척도이다. 다시 말하면 평균이 50, 표준편차가 10인 분포로 Z점수를 환산한 것이 T점수이다. 이렇게 함으로써 - 점수뿐만 아니라 소수점 이하의 숫자도 피할 수 있다. T점수는 각종 심리검사의 점수를 표시하는 방법으로 광범위하게 이용되고 있다. 계산공식은 다음과 같다.

$$T = 50+10\left(\frac{X-\overline{X}}{s}\right) \tag{5.2}$$

예를 들면 $\overline{X}$=30, s =5인 분포에서 원점수 40과 25의 T점수를 구해보면 다음과 같다.

$$\begin{aligned} T_{40} &= 50 + 10(\frac{40-30}{5}) \\ &= 50 + 10(2) \\ &= 70 \end{aligned}$$

$$\begin{aligned} T_{25} &= 50 + 10(\frac{25-30}{5}) \\ &= 50 + 10(-1) \\ &= 40 \end{aligned}$$

T분포는 Z점수를 평균이 50, 표준편차가 10인 분포로 전환시킨 표준화(標準化)된 분포이다.

T점수와 같은 원리를 적용한 점수 중 우리가 흔히 쓰고 있는 것은 IQ점수(지능지수)이다. IQ점수는 Z점수를 평균이 100, 표준편차가 16인 분포로 환산한 것이다. 바로 이 방법이 IQ점수 중 가장 대표적으로 사용되고 있는 편차지능지수(偏差知能指數)이다. 공식은 다음과 같다.

$$IQ = 100+16(\frac{X-\overline{X}}{s}) \tag{5.3}$$

1.3 검사들의 가중평균

흔히 몇 개의 검사점수는 비중을 달리하여 조합할 수 있다. 예를 들어 3개의 검사점수(2개는 간편검사이고 1개는 종합시험)에 의해 최종 학과성적을 결정한다고 가정해 보자. 교사는 3개 검사에 동등한 비중을 둘 수도 있고 각기 다른 비중을 둘 수도 있을 것이다. 그러나 백분위로 환산된 점수를 가지고 조합점수를 산출하는 것은 가능하지 않다. 왜냐하면 백분위(PR)는 가감승제가 불가능한 서열적(序列的) 성격을 띠고 있기 때문이다. 비록 원점수가 가감승제가 가능한 동간 혹은 비율척도라고 할지라도 백분위로 환산된 점수는 서열척도가 되기 때문이다.

원점수로 가중 평균치를 계산하는 것 또한 바람직하지 못하다. 왜냐하면 각 검사의 평균치와 표준편차는 상호 동일하지 않기 때문이다. 즉, 원점수로 가중 계산할 경우, 계산결과는 표준편차가 큰 검사점수에 의해 크게 영향을 받게 된다. 따라서 가중 평균치는 원점수를 표준점수(Z)로 환산한 후 비중을 두어 계산하는 것이 바람직하다. 개인별 가중 평균치는 다음 공식에 의해 계산할 수 있다.

$$가중평균치 = \frac{\Sigma W_i Z_{ij}}{\Sigma W_i} \tag{5.4}$$

W_i = 각 검사의 비중
Z_{ij} = i검사에 대한 j학생의 표준점수(Z)

예를 들어 교사가 3개의 검사에 각각 1 : 1 : 2의 비중을 두어 종합 평균점수를 계산하려 한다고 가정해 보자. 즉, 최종검사에 처음 두 검사보다 2배의 비중을 두는 것이다. 만일 어느 학생이 3개의 검사에 Z점수로 각각 0.25, -0.50, -0.20을 얻었다면 그의 가중평균치는 다음과 같이 계산할 수 있다.

$$가중평균치 = \frac{1\times(0.25)+1\times(-0.50)+2\times(-0.20)}{1+1+2}$$
$$= -0.16$$

여기에서 -부호와 소수점을 제거하기 위해서는 위의 가중평균(Z점수) 분포를 T점수 분포로 환산하면 된다.

2. 정상분포

사회과학 분야의 기초통계 책에서 독자는 정상분포(正常分布: 정규분포)에 관한 언급을 쉽게 찾을 수 있을 것이다. 정상분포곡선(normal distribution curve)은 통계이론 중에서 중요한 수학적 개념의 하나이다. 여기에서는 정상분포곡선의 수리적 개념에 관한 기술보다는 정상분포의 성질을 이해하고 이를 체육, 스포츠과학 분야에 어떻게 활용할 수 있는가에 중점을 두고 기술하고자 한다.

앞에서 설명한 각종 표준점수는 점수분포(點數分布)가 정상분포라는 가정을 전제로 하고 있다. 우리가 측정하고 있는 신체적 · 심리적 특성은 대부분 정상적으로 분포되어 있다고 할 수 있다. 예를 들어 측정된 성인의 '신장 분포가 정상적(正常的)으로 분포되어 있다'라는 말은 무엇을 뜻하는가? 우리의 머릿속에 직감적으로 떠오르는 그림은 종(鍾)을 엎어 놓은 모양과 같은 것으로 비유할 수 있을 것이다.

실제로 정상분포는 수학적인 개념일 뿐 측정해서 얻은 자료가 완전한 정상분포의 형태를 취하는 사례는 없다. 다만 정상분포에 가까운 자료를 얻을 수 있을 뿐인데 우리는 그 자료의 분포를 정상분포(正常分布)로 가정하고 정상분포곡선의 수리적 공식을 이용하여 자료를 처리한 후 그 결과를 해석한다. 그러나 자료의 분포가 무조건 정상분포라고 가정하는 것은 아니다. 그동안 경험을 통해 얻은 결과를 근거로 신체적 · 심리적 특성을 나타내는 변수의 분포들은 정상분포곡선(正常分布曲線)의 법칙을 적용하는데 무리가 없다고 판단하였기 때문이다.

예를 들어 실제로 신장, 체중, 지능 등의 분포를 만들어 보아도 그 분포는 정상분포와 비슷한 모양을 이루고 있음을 알 수 있다. 다만 수집된 자료가 정상분포가 되지 않는 것은 그 자료를 얻는 과정에서 표집대상의 선정방법이나 측정도구의 난이도 혹은 비신뢰성 등과 같은 문제 때문에 발생된 것으로 간주한다. 즉, 표본이 편포(偏布)되어 있거나 측정방법이 적절하지 않을 때는 정상분포가 될 수 없다.

정상분포의 수리적 공식은 프랑스의 수학자 드 모아부르(De Moiver)에 의해 제안되었다. 그는 여러 개의 동전을 계속적으로 던졌을 때 앞면이 나올 확률곡선(確率曲線)에 관심을 갖고 동전의 수를 많이 늘려 던질수록 확률곡선은 정상분포에 접근한다는 사실을 확인하였다. 정상분포곡선을 수리적으로 유도해 낸 공식은 다음과 같다.

$$y = \frac{N}{\sigma\sqrt{2\pi}} e^{-(x-\mu)^2/2\sigma^2} \tag{5.5}$$

y = 특정한 X값에 해당하는 곡선상의 높이
π = 원주율(3.1416)
e = 상수로서 2.7183(자연대수의 기초 : 엡실론)
N = 한 분포의 전체 사례수
σ = 한 분포의 표준편차
μ = 한 분포의 평균(뮤)

위의 공식에 의해 우리는 직접적으로 혹은 수표(數表)를 이용하여 확률을 결정할 수 있다. 공식 (5.5)는 어느 특정한 평균치(μ)와 표준편차(σ)를 가진 정상분포에서 특정한 X값에 해당하는 곡선상의 높이 값을 산출하는 공식이다. 학자들은 사회과학 분야에서 이용하고 있는 변수들은 거의 정상적으로 분포되어 있다는 사실과 그러한 변수들의 분포 형태는 평균치와 표준편차가 각기 다르기 때문에 정확하게 같지 않다는 사실을 경험을 통해 알고 있다. 도 5 · 1에서 우리는 서로 상이한 세 짝의 정상분포를 확인할 수 있다.

그림에서 A는 표준편차는 같으나 평균치가 다른 정상분포이며, B는 평균치는 같으나 표준편차가 다른 분포이다. C는 평균치와 표준편차가 모두 다른 분포이다. 그러나 이와 같이 서로 다른 분포를 보이고 있음에도 불구하고 이들 분포는 다음과 같은 동일한 특성을 보이고 있다.

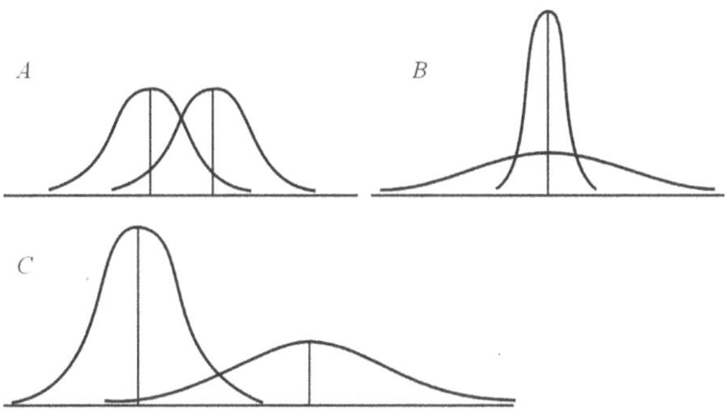

도 5·1 상이한 정상분포의 비교

- 정상분포는 평균치가 가장 높고 꼭짓점이 하나이며 좌우 대칭적인 종(種) 모양을 하고 있다.
- X축의 자료는 연속적(continuous)인 척도에서 얻어진 것이며 각각의 X값은 y(분포의 높이) 값을 갖는다.
- 정상분포곡선은 X축과 만나지 않는 점근선(漸近線)이다.

정상분포는 모양이 다른 다양한 형태를 취하고 있다. 각각의 분포 모양은 평균치와 표준편차에 의해 결정된다.

2.1 단위 정상분포(unit normal curve)

공식 (5.5)는 너무 까다롭고 복잡하기 때문에 실제 계산이나 해석에서 이용하기가 쉽지 않다. 앞에서 정상분포는 모양이 다른 여러 가지 형태를 취한다고 하였는데, 이 말은 평균치와 표준편차의 크기에 관계없이 정상분포를 이루는 변수는 어느 것이든 공식 (5.5)를 적용할 수 있다는 점에서 중요한 의미가 있다. 그러나 실제로 우리는 평균치와 표준편차가 다른 모든 정상분포의 확률(確率)을 위의 공식을 적용하여 계산하는 것은 불가능한 작업이다.

이러한 복잡성 때문에 실제로 우리에게 필요한 것은 정상적으로 분포된 모든 변수에 공통으로 적용할 수 있는 표준화된 정상분포를 만드는 것이다. 표준화된 정상분포는 위의 공식에서 N, μ, σ을 각각 $N=1$, $\mu=0$, $\sigma=1$로 대입하여 모든 X값을 Z값으로 바꾸면 된다. 이와 같은 분포를 단위 정상분포(單位 正常分布: unit normal curve)라고 부른다.

$$y=\frac{1}{\sqrt{2\pi}}e^{(-\frac{Z^2}{2})} \tag{5.6}$$

위의 공식에 의해 우리는 Z값만 알면 y를 구할 수 있다. 부록에 제시된 수표 1은 이 공식을 이용하여 작성된 것이다. 그렇다면 Z값이 0일 때, 즉 평균값을 취할 때 y값(분포의 높이 값)은 얼마나 될까? Z가 0이면 $-Z^2/2$는 0이 되고, e는 1이 되기 때문에 $y=\frac{1}{\sqrt{2\pi}}$은 $\frac{1}{2.50663}$이 되어 .39894가 된다.

표준화된 정상분포 혹은 단위 정상분포(unit normal curve)는 평균이 0, 표준편차가 1인 정상적으로 분포된 표준점수(標準點數) 분포이다.

2.2 정상분포곡선의 이용

단위 정상분포의 성질에 의하여 우리는 정상분포곡선에서 어떤 두 점수 사이의 면적비율(面積比率)을 결정할 수 있다. 부록의 〈수표 1〉은 앞의 두 공식을 이용하여 $Z=0.00$으로부터 일정한 Z점까지의 면적비율을 계산하여 제시한 것이다. 〈수표 1〉의 이용 방법은 다음과 같다. 수표에는 5개의 칸이 있는데, 여기에서

Z = 표준점수, 즉 $X=\mu/\sigma$
A = 분포의 평균($Z=0.00$)으로부터 일정한 Z점까지의 면적비율
B = 전체 면적 중 큰 쪽의 면적비율, 즉 $B=A+.5000$
C = 작은 쪽의 면적비율, 즉 $C=.5000-A$
Zy = 해당 Z점 위의 종축(縱軸) 높이를 나타낸다.

단위 정상분포 곡선의 면적비율은 도 5 · 2와 같다. 도 5 · 2는 평균치를 중심으로 ±1 Z사이에는 전체 사례의 .6826(68.26%)이 들어 있고 ±2Z사이에는 .9554(95.54%), 그리고

±3Z까지는 .9974(99.74%)가 들어 있다는 것을 보여주고 있다. 면적비율은 각 Z점수에 대한 백분위(百分位)를 뜻한다. 예를 들어 $Z = 2.00$이하에 해당하는 백분위(누가 백분율)는 큰 쪽의 면적비율, 즉 .9772(97.72%)가 된다. 정상분포의 성질을 이용하면 다음과 같은 몇 가지 문제를 해결할 수 있다.

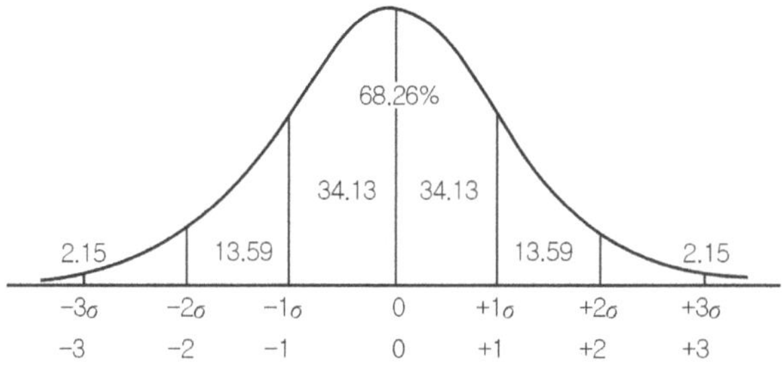

도 5·2 단위 정상곡선의 비율

예를 들어보자. 여기에 $N = 100$, $\overline{X} = 50$, $\sigma = 10$인 점수분포가 있다고 가정하자. 이 점수분포에서 65점 아래에는 전체 사례수의 몇 %가 있는가? 이 문제를 해결하기 위해서는 먼저 원점수를 Z점수로 환산한 후 정상분포곡선의 수표를 이용해야 한다. 계산 후 다음과 같은 그림을 그려보면 쉽게 이해할 수 있을 것이다.

$$Z = \frac{X - \overline{X}}{\sigma} = \frac{65 - 50}{10} = \frac{15}{10} = 1.5$$

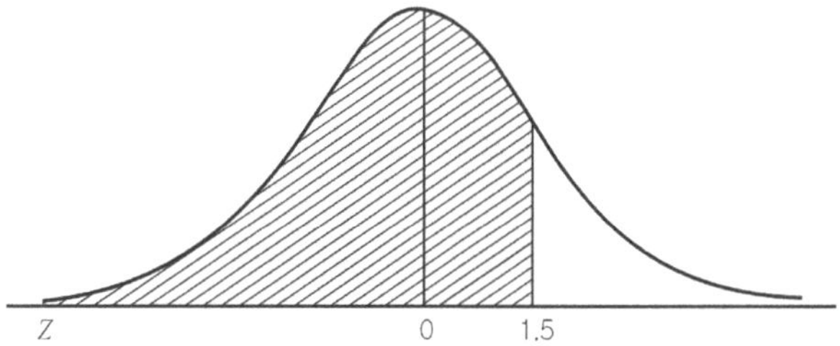

수표에서 $Z = 1.50$에 해당하는 B는 .9332이다. 이 문제는 65점 이하에 해당하는 사례수의 %를 구하는 것이므로 큰 쪽의 면적 B를 찾아야 한다. 따라서 답은 약 93%이다. 65점 이하의 점수를 받은 사례수를 구해본다면 $N = 100$이므로 $100 \times .9332 = 93.32$이다. 이때 사람 수의 경우 소수 이하는 무조건 올려 약 94명으로 간주한다.

문제 예: $N = 100$, $\overline{X} = 50$, $\sigma = 10$인 점수분포에서 $X_1 = 40$, $X_2 = 55$사이의 점수를 받은 사례수는 모두 몇 명인가? 먼저 X를 Z점수로 환산하면 Z_1은 (40 - 50) / 10 = -1.0, Z_2는 (55 - 50) / 10 = 0.5이다. 이 문제를 그림으로 표시하면 다음과 같다.

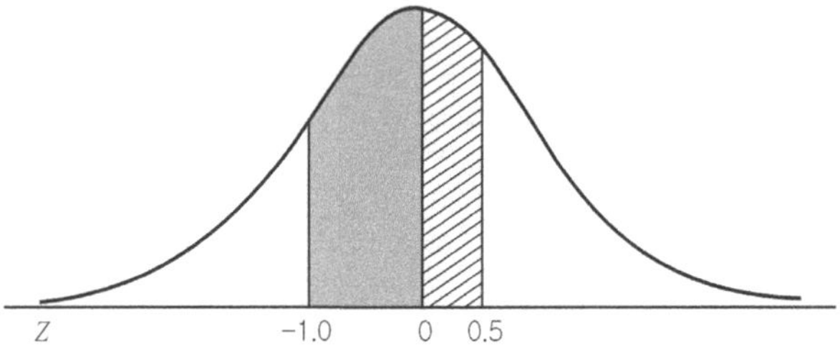

이 문제는 먼저 $\overline{X}$에서 X_1까지의 면적을 구하고, 다시 $\overline{X}$에서 X_2까지의 면적을 구하여 두 면적을 합하면 된다. 따라서 수표에서 $Z = 0.5$까지의 면적을 A칸에서 찾으면 .1915이며, $Z = 1.0$까지의 면적을 다시 A칸에서 찾으면 .3413이다. 이 두 면적을 합하면 .5328이다. 즉 전체 사례수의 53.28%가 40점과 55점 사이의 점수를 받고 있다고 할 수 있다. 따라서 답은 100×.5328 = 53.28, 약 54명이다.

문제 예: $N = 100$, $\overline{X} = 50$, $\sigma = 10$인 점수분포에서 아래로부터 25%, 즉 아래에서부터 25번째 (100×.25 = 25)에 해당하는 점수는 몇 점인가? 이 문제는 앞에 제시된 문제 예와는 반대로 면적비율에 대한 Z점수를 구한 다음, 그 Z점수를 X(원점수)로 환산하는 절차를 밟아야 한다. 이 문제를 그림으로 표시하면

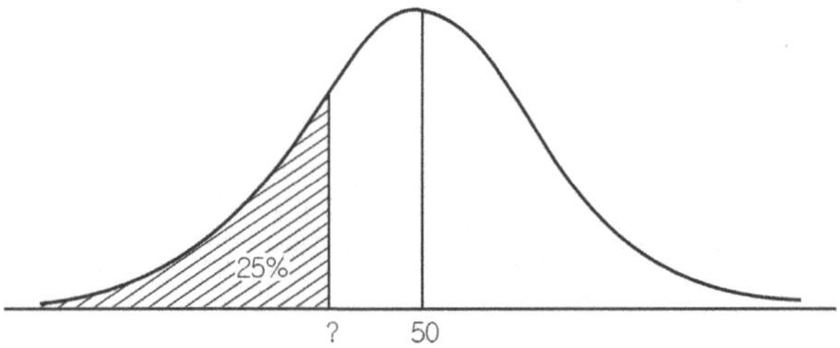

먼저 수표에서 작은 쪽(C)의 면적비율($C = .2500$)에 해당하는 Z점수를 구해야 하는데, 수표의 C칸에는 정확하게 .2500이 없고 단지 이에 근사한 .2578과 .2420이 있을 뿐이다. 따라서 .2500에 해당하는 Z점수를 구하기 위해서 우리는 보간법(補間法)을 써야 한다.

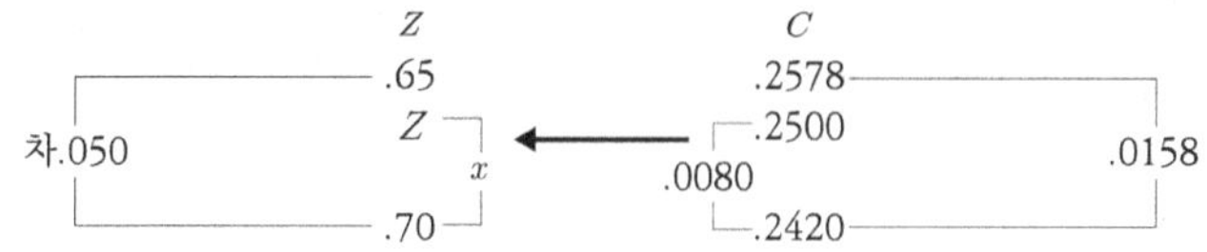

$.0158 : .050 = .0080 : x$

면적비율(C)이 .0158 증가할 때 Z는 .050 감소되었다. 면적비율(C)이 .2500이 되기 위해서는 .0080 증가해야 하는데 이때 Z는 어느 정도 감소되어야 하는가를 계산하면 된다. 내항은 내항끼리 외항은 외항끼리 곱하면 $x = (.05 \times .0080)/ .0158$이 된다. 따라서 Z에 해당하는 값을 구하면 $Z = .70 - (0.05 \times .0080)/.0158 = .70 - .025 = .675$가 된다.

그런데 분포의 아래에서부터 25%에 해당하는 Z점수는 $\overline{X}$보다 아래에 있으므로 $-.675$가 된다. Z에 해당하는 원점수 X는 $Z = (X - \overline{X})/\sigma$이므로 $Z = Z\sigma + \overline{X}$가 된다. 따라서 $X = (-.675 \times 10) + 50 = 43.25$이다. 답은 43.25점이다.

3. 확률과 확률분포*

결론부터 말하면 확률이론(確率理論)은 표본에서 산출된 통계치를 가지고 전집의 모수치를 추정하는 근거로 이용된다. 우리들 대부분은 실제로 확률에 관해 어느 정도 지식을 가지고 있다. 예를 들면 임신한 부인이 딸을 낳을 확률은 .50이며 동전을 던졌을 때 앞면이 나올 확률도 .50이 된다. 배구시합에서 선제공격팀을 결정할 때 동전을 던지는 것은 양 팀이 토스에서 이길 수 있는 확률(양팀 모두 .50씩의 성공확률)이 동등하기 때문이다.

확률이란 용어를 모든 사람이 쉽게 이해할 수 있도록 정의한다는 것은 쉽지 않다. 그러나 보편적으로 통용되고 있는 정의는 「확률이란 주어진 한 전집에서 어떤 사건(사례)이 발생하는 상대적 빈도」를 의미한다. 다시 말하면 발생 가능한 전체수에 대해 어느 특정한 사례가 발생할 수의 비율(比率)로서 정의된다. 따라서 확률의 값은 0부터 1사이의 어느 한 값을 갖게 된다. 여기에서 0확률이란 특정한 사건(사례)이 발생할 확률이 전혀 없다는 것을 의미하며 1.00 확률이란 특정한 사건이 발생할 확률이 확실한 것을 의미한다.

* 이 부분은 제8장 추리통계(서설 : 1)을 공부한 후 읽으면 보다 쉽게 이해될 것이다. 그러나 추리통계에 관한 지식이 없어도 읽고 이해하는 데는 별 어려움이 없을 것으로 본다. 한번 덤벼보길 바란다.

소수의 형태로 표시되는 확률은 그 값이 클수록 어떤 특정한 사건이 발생할 확률이 커진다는 것을 의미한다. 확률은 일반적으로 다음과 같이 표기한다. 동등하게 일어날 가능성을 가진 전체 사례(N) 중 어느 하나가 발생할 확률은 사례수(N)에 대한 그 하나의 비율($1/N$)로 표시한다. 전체 사례 중 어느 하나를 X_i라고 하면 X_i의 확률(P)은 다음과 같이 나타낼 수 있다.

$$P(X_i) = 1/N$$

아들 혹은 딸을 낳을 확률을 표시하면,

P (아들) = .50

P (딸) = P (아들 아님) = .50

20명의 선수 중 무선표집에 의해 갑이 주장으로 뽑힐 확률은

P (갑) = 1/20 = .05

확률이론은 어떤 특정한 사례가 발생할 수 있는 정도를 기술해 준다고 할 수 있다. 우리는 「동전을 던질 때 앞면 아니면 뒷면이 나올 것이다」 라는 생각을 하는 것처럼 어떤 사건이 발생할 수 있는 상황을 말할 때가 있다. 그러나 여기에서 동전을 던질 때 '확실히 앞면이 나온다'라고 단정할 수는 없다. 왜냐하면 앞면이 나올지는 던져보기 전에는 알 수 없기 때문이다. 그렇지만 동전을 던지기 전에도 앞면이 나타날 가능성을 점칠 수 있는데 바로 우연히 나타날 확률 혹은 이론적인 확률이 그 가능성의 정도를 나타내 준다.

만일 동전 10개를 실제로 던졌을 때 앞면(表面)이 나타난 결과가 우연히 혹은 이론적으로 계산된 확률에 비해 아주 크거나 적다면 우리는 그 결과를 어떻게 해석해야 할 것인가? 제8, 9장에 소개될 추리통계에서 「표본에서 얻은 통계치에 대해 어떤 결정을 내리는 것」은 **확률이론**에 근거를 두고 있다. 예를 들어보자. 어느 체육교사가 자기 학교 3학년 학생들의 윗몸일으키기 평균이 어느 정도인지를 알아보기 위해 연구자에게 조사를 의뢰하였다.

그러나 연구자는 신뢰롭고 타당한 윗몸일으키기 검사 결과를 얻기 위해 3학년 학생 모두에게 검사를 실시하기에는 엄청난 비용과 시간이 요구된다는 현실적 문제에 직면하게 된다. 따라서 연구자는 3학년 전체학생(전집: population)으로부터 표본(標本: sample)을 무선적(무작위: random sampling)로 추출하여 전체학생 대신에 표본집단에 검사를 실시하는 방법을 택하였다. 전체학생 중 무선적으로 추출된 169명으로부터 얻은 평균치($\overline{X}$)와 표준편차(s)는 각각 67.3과 6.0이었다. 연구자는 이 결과를 체육교사에게 보고하였다.

체육교사는 이 결과에 대해 의아심을 갖고 「내 생각으로는 3학년 전체학생의 윗몸일으키기 평균은 80이라고 본다(가설)」라는 반응을 보였다. 체육교사의 이러한 생각에 대해 연구자는 어떠한 반응을 보이겠는가? 이 경우 연구자는 주저 없이 그러한 생각(가설)은 받아들일 수 없는 것(혹은 긍정할 수 없는 것)이라고 말할 것이다. 왜 그럴까? 그 이유는 전집(3학년 전체학생)에게 검사를 실시하지 못함으로써 실제 전집의 평균치가 어느 정도인지를 알 수 없기 때문이다. 여기에서 체육교사가 제시한 「전집의 평균치가 80($\mu = 80$)」이라는 가설을 연구자가 부정하는 이유는 전집의 평균치(μ)가 80일 때 169명을 무선 표집해서 67.3의 평균치($\overline{X}$)를 얻은 것은 극히 드문 경우이기 때문이다. 따라서 「체육교사가 제시한 가설은 받아들일 수 없다」라는 결론을 얻을 수 있다.

한편 체육교사가 「내 생각으로는 3학년 전체학생의 윗몸일으키기 평균이 68이라고 본다」라는 반응을 보였다면 연구자의 응답은 어떠했을까? 이 경우 연구자는 의심의 여지 없이 이 가설은 합리적인 가설이며 부정할 수 없는 것이라고 말 할 것이다. 왜 그럴까? 그 이유는 만일 전집의 평균치(μ)가 실제 68과 같다면 표본집단의 평균치($\overline{X}$)가 67.3이 될 확률은 상대적으로 높기 때문이다. 전집의 평균치와 표본의 평균치 간에 0.7의 차이는 표본에 포함된 특수한 피험자들의 점수 때문에 흔히 생길 수도 있는 것이다. 다시 말하면 그런 정도의 차이는 표집오차(標集誤差: sampling error)에 기인하여 생길 수도 있기 때문이다.

만일 전집의 평균치가 90이라고 생각한다면 이러한 가설은 합리적인 것으로 받아들여질 수 있을까? 무선 표집해서 얻은 표본의 평균치($\overline{X}$)가 67.3일 때 전집의 평균치가 90이라고 설정한 가설은 표집오차를 고려하더라도 터무니없이 큰 차이가 있기 때문에 이러한 가설은 받아들여질 수 없는 것이다. 그러나 전집의 평균치가 68이라고 설정한 가설은 표집오차를 고려한다면 받아들일 수 있는 것이다. 다시 말하면 전집의 평균치(μ)가 90이라는 가설은 관찰된 표본의 평균치와 큰 차이가 있지만 $\mu = 68$이라는 가설은 $\overline{X} = 67.3$과 거의 차이가 없기 때문이다.

따라서 전집의 평균치(μ)에 대한 가설을 긍정하거나 부정하는 하나의 준거는 가설에 제시된 평균치(μ)와 표본의 평균치($\overline{X}$) 간 차이의 정도(magnitude of difference)이다. 그렇다면 가설을 부정하기 위해서 「표본의 평균치($\overline{X}$)」는「가설에 제시된 평균치」와 어느 정도 차이가 있어야 하는가? 또한 가설에 제시된 표본 평균치 간에는 어느 정도 차이가 있어야 차이가 있다고 할 수있는가? 이 문제에 대한 답은 직관적으로는 불가능하다. 이 문제를 해결하기 위해서는 평균치 간의 차이 정도 이외에도 가설을 긍정 혹은 부정하는

데 필요한 준거가 있는데 그것은 **표본통계치의 분포**(표집분포: 標集分布)이다. 이에 대한 자세한 설명은 제8장 추리통계(서설 : 1)에 제시하였다.

추리통계에서 확률은 설정된 가설을 긍정 혹은 부정하는데 필요한 근거를 제공한다. 가설을 긍정 혹은 부정하는 데 필요한 준거는 가설에 제시된 값(평균치)과 표본 값(평균치) 간의 차이 정도와 표본통계치의 분포(표집분포)이다.

3.1 확률이론에 관한 몇 가지 법칙

주사위 한 개를 던졌을 때 3이 나올 확률은 얼마인가? 이 문제에 대해서는 확률이론(確率理論)에 관한 구체적인 지식이 없는 사람도 답을 할 수 있다. 즉, 주사위를 한번 던졌을 때 나타날 가능성이 있는 전체 사례는 6가지이며 그 중 3은 단 하나의 사례에 해당하기 때문에 3이 나올 확률은 1/6이다. 다시 주사위를 한번 던졌을 때 짝수를 가진 숫자가 나타날 확률은 어떻게 될까? 주사위를 던졌을 때 나타날 가능성이 있는 전체 사례는 1부터 6까지이며 이 중 짝수는 2, 4, 6의 셋이다. 따라서 짝수가 나타날 확률은 3/6(1/6+1/6+1/6 = 3/6) 혹은 .5가 된다.

이와 같이 주사위를 던져 짝수인 2나 4 혹은 6이 나올 확률은 각각이 나타날 확률을 합한 것이 된다. 즉 2가 나올 확률 1/6, 4가 나올 확률 1/6, 6이 나올 확률 1/6을 합한 3/6 혹은 .5가 된다. 이를 가법정리(加法定理: addition theorem)라고 한다. 여기에서 정리(theorem)란 어떠한 조건들이 충족될 때 성립하는 수학적 진술을 의미한다. 이 정리를 사용하기 위해서는 기본적으로 만족되어야 할 두 가지 조건이 있는데, 그중 하나는 각각의 사례가 나타날 가능성이 동등해야 하며 다른 하나는 상호배반적(相互排反的: mutually exclusive)인 관계 즉, 어느 한 사례가 나타나면 다른 사례는 나타나지 않아야 한다는 것이다. 하나의 예를 더 들어보자. 주사위를 던져서 5이상의 숫자가 나올 확률은 얼마인가? 주사위에서 5이상의 숫자는 5와 6이다. 따라서 5나 6이 나올 확률은 이들 각각이 나올 확률 1/6씩을 더하여 얻은 2/6 혹은 .33이다.

각각의 사례가 나타날 가능성이 동등하고 또 어느 한 사례가 나타나면 다른 사례는 나타나지 않는다는 조건하에서, 나타날 가능성이 있는 몇 가지 사례 중 어느 사례가 나타나도 무방한 확률은 이들 사례가 각각 나타날 확률들을 합한 것이다. 이를 가법정리(加法定理 : addition theorem)라고 한다.

앞에서 우리는 "이것이나 저것" 중 어느 것이든 나타날 확률에 관해 살펴보았다. 이외에도 우리는 "이것과 저것"이 나타날 확률 즉, 두 사례가 조합하여 나타날 확률(probability of combined outcomes)에 대한 법칙을 알아 둘 필요가 있다. 예를 들어 두 개의 동전을 각기 던졌을 때 모두 앞면이 나올 확률(앞면과 앞면)은 어떻게 될까? 이 문제를 해결하기 위해서는 앞에 기술된 **확률의 정의**를 다시 상기할 필요가 있다. 즉, 확률이란 「발생 가능한 전체 사례에 대한 특정 사례의 발생비율」이라고 정의하였다. 그렇다면 두 개의 동전을 던졌을 때(동시에 던지든, 하나를 던진 후 던지든) 나타날 수 있는 전체 사례는 몇일까?

이 경우 우리는 다음과 같은 네 가지 사례를 예상할 수 있다. 즉 앞면을 H, 뒷면을 T라고 한다면 발생 가능한 전체 사례는 HH, HT, TH, TT의 네 가지이다. 이 중 두 개의 동전이 모두 앞면이 나타날 사례는 HH 하나뿐이므로 이때의 확률은 전체 4개의 사례 중 한 사례 즉, 1/4이다. 다시 말하면, 두 개의 동전 모두가 앞면이 나올 확률(즉, 두 사례가 조합하여 나타날 확률)은 먼저 던진 동전에서 앞면이 나올 확률(1/2)과 나중에 던진 동전에서 앞면이 나올 확률(1/2)을 곱한 값($1/2 \times 1/2 = 1/4$)이 된다. 이를 승법정리(乘法定理: multiplication theorem)라고 한다.

위의 예에서 먼저 던진 동전에서 앞면(H)이 나오고 나중에 던진 동전에서 뒷면(T)이 나올 확률은 얼마일까? 이 역시 발생 순서로 볼 때 HT는 단 하나뿐이므로 HT가 나올 확률은 1/4이다. 마찬가지로 TH가 나올 확률 역시 1/4이다. 그렇다면 둘 중 어느 하나가 앞면인 사례는 HT와 TH의 두 가지 사례이다. 따라서 이때의 확률은 가법정리(加法定理)를 이용하여(1/4+1/4), 1/2 혹은 .50이다. 또한 최소한 어느 하나가 앞면이 나올 확률은 HH, HT, TH의 세 가지 사례가 있으므로 3/4 혹은 .75가 된다.

각각의 사례가 나타날 가능성이 동등하고 또 어느 한 사례가 나타나면 다른 사례는 나타나지 않는 조건하에서, 어느 특정한 사례와 또 다른 특정한 사례가 반드시 나타날 확률은 이들 두 사례가 각각 나타날 확률을 곱한 것이다. 이를 승법정리(乘法定理 : multiplication theorem)라고 한다.

참고로 가법정리와 승법정리를 제외한 확률의 몇 가지 법칙을 제시하면 다음과 같다.

① 동등하게 나타날 가능성을 가진 사례 중 어느 하나가 나타날 확률은 그 하나를 전체 사례(N)로 나눈 것이다. 전체 사례 중 어느 하나를 xi라고 한다면 xi가 나타날 확률(P)은 $P_{(xi)} = 1/N$이

된다. 예를 들어 A, B, C, D 네 사람 중 한 사람을 무선표집 했을 때 A가 뽑힐 확률은 $P(A) - 1/4$ 혹은 .25가 된다.

② 한 사례가 나타날 확률은 0보다 작거나 1보다 클 수 없다. 즉 $0 \leq P_{(xi)} \leq 1$이다.

③ 나타날 가능성이 있는 모든 사례의 합의 확률은 1이다. 즉 $\Sigma P_{(xi)} = 1$이다.

④ 한 사례가 나타날 확률과 그 사례가 나타나지 않을 확률과의 합은 1이 된다. 나타날 확률을 p, 나타나지 않을 확률을 q라고 한다면 $p+q=1$ 또는 $q=1-p$가 된다.

3.2 확률분포

두 개의 주사위(하나는 청색, 다른 하나는 적색)를 던졌을 때 나타날 수 있는 숫자의 합을 생각해 보자. 이때 나타날 수 있는 숫자의 합은 2부터 12까지의 범위를 나타낼 것이다. 따라서 11가지의 상이한 숫자의 합을 예상할 수 있다. 숫자 합의 분포는 도 5 · 3에 예시되어 있다. 이러한 분포를 우리는 나타날 가능성이 있는 모든 결과(숫자)의 기본(기저)분포(基本分布: underlying distribution)라고 부른다.

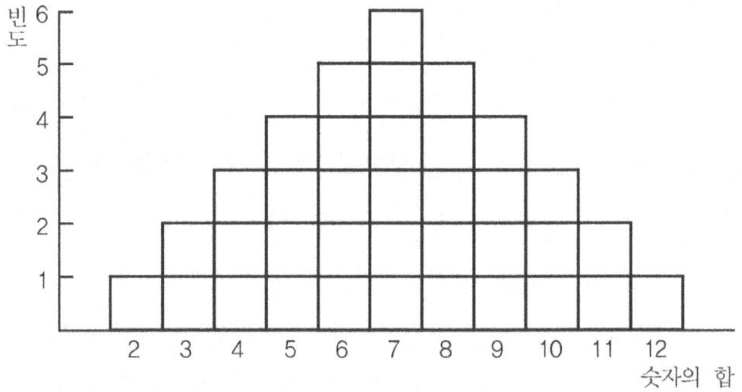

도 5 · 3 두 개의 주사위를 던졌을 때 나타날 수 있는 숫자합의 분포

만약 두 개의 주사위를 계속해서 던져 숫자의 합이 12가 나올 확률은 어떻게 될까? 숫자의 합이 12가 되기 위해서는 두 개의 주사위가 조합되어 12가 되는 경우를 찾아야 하는데 이러한 사례는 단 한 가지 경우밖에 없다. 즉, 두 개의 주사위를 던져 나타날 수 있는 전체 36가지 사례 중 첫 번째 주사위를 던졌을 때 6이 나오고, 두 번째 주사위를 던졌을 때 6이 나오는 단 한 가지 경우이다. 따라서 숫자의 합이 12가 나올 확률은 승법정리(乘法定理: multiplication theorem)를 이용하여 $1/6 \times 1/6 = 1/36$이 된다.

다시 두 개의 주사위를 던졌을 때 합이 4가 되는 경우는 몇 가지가 있을까 생각해 보라. 여기에는 세 가지 방법이 있다. 즉 청색 주사위가 3이고 적색 주사위가 1일 때, 청색 주사위가 1이고 적색 주사위가 3일 때, 청색과 적색 주사위가 각각 2일 때의 세 가지 경우이다. 두 개의 주사위를 던졌을 때 전체적으로 다르게 나타날 수 있는 사례는 앞에서 언급한 바와 같이 36가지가 있다. 따라서 이 중 두 주사위의 합이 4가 되는 경우의 확률은 3/36 혹은 .083이 된다.

마찬가지로 도 5 · 3에 제시된 바와 같이 두 주사위의 합이 7이 되는 확률은 6가지 사례가 있으므로 6/36 혹은 .167이 된다. 그렇다면 두 개의 주사위를 던졌을 때 숫자의 합이 3 이하 혹은 10 이상이 될 확률은 얼마가 될까? 다시 말하면 숫자의 합이 2나 3, 10, 11 혹은 12 중 어느 것이든 나타날 확률은 얼마나 될까이다. 먼저 각기 독립적인 5가지 사례가 나타날 확률은 다음과 같이 정리할 수 있을 것이다.

P(합: 2)	=	1/36 :	.028
P(합: 3)	=	2/36 :	.056
P(합: 10)	=	3/36 :	.083
P(합: 11)	=	2/36 :	.056
P(합: 12)	=	1/36 :	.028
		9/36 :	.250

따라서 두 개의 주사위를 던졌을 때 숫자의 합이 3 이하 혹은 10 이상이 될 확률은 9/36 혹은 .250이 된다. 우리는 위의 문제를 해결하기 위해 도 5 · 3의 해당 네모 칸의 숫자를 헤아려 봄으로써 그 확률을 확인할 수 있다. 즉, 전체 36개 네모 칸 중 위의 숫자 합에 해당하는 네모 칸은 9개임을 발견할 수 있다. 여기에서 유의할 것은 나타날 가능성이 있는 모든 사례의 합의 확률은 36/36 혹은 1.0이 된다는 사실이다.

3.3 확률분포와 정상분포곡선

우리는 나타날 가능성이 있는 전체 사례 중 어느 특정한 사례가 나타날 확률을 결정하기 위해 정상분포(正常分布)를 사용한다. 체육, 운동과학 연구에서 우리는 남 · 여, 운동선수 대 일반학생, 정답과 오답 등 비연속적인 이분변수(二分變數: dichotomous variable)를 다루는 경우가 있다. 때에 따라서는 체력수준을 상하집단으로 구분한다든가 연구목적에 따라 연속적 변수를 이분변수로 전환시키는 예도 있다. 앞으로 기술하게 될 이항확률분포(二項確率分布: binomial probability distribution; 이항분포로 간편하게 쓰기도 한다)는 이상과 같은 이분변수의 전집에 관해 연구할 때 통계적으로 중요한 기초가 된다.

이항확률분포는 이론적으로 만들어진 확률분포인데 어떤 특정한 사례가 나타날 수 있는 확률을 수리적으로 유도해 낸 것이다. 예를 들어 동전 10개를 던졌을 때 앞면이 나타날 수 있는 확률은 어떻게 될까? 이때 앞면이 나타날 수 있는 수는 0부터 10개까지 임을 알 수 있다. 그렇다면 각 앞면 수별로 나타날 확률은 어떻게 될까? 이 문제를 해결하기 위해서는 이항식(二項式: binomial equation)을 이용하면 쉽게 계산할 수 있다. 구체적으로 설명하면, 이분변수(二分變數)에서 어느 한 범주(예; 동전의 앞면)에 속하는 사례의 비율을 p라고 한다면, 앞면과 뒷면으로 양분된 동전 던지기의 경우, 앞면이 나타날 비율(혹은 확률)은 1/2이며 뒷면이 나타날 비율 역시 1/2이다. 따라서 이들 비율의 합($p+q$)은 항상 1이 된다. 이항식을 전개하면 다음과 같다.

$$(p-q)^n = p^n + \frac{n}{1}p^{(n-1)}q + \frac{n(n-1)}{1\times 2}p^{(n-2)}q^2 + \frac{n(n-1)(n-2)}{1\times 2\times 3}$$

$$p^{(n-3)}q^3 + \frac{n(n-1)(n-2)(n-3)}{1\times 2\times 3\times 4}p^{(n-4)}q^4 + \cdots\cdots\cdots + q^n \qquad (5.7)$$

여기에서

p = 한 유목에 속하는 사례의 비율
q = 다른 한 유목에 속하는 사례의 비율
n = 사례가 일어날 수 있는 횟수(표집의 크기)

예를 들어 동전을 2개 던졌을 경우 모두 앞면, 한 개가 앞면 다른 한 개는 뒷면, 모두 뒷면이 나올 확률은 다음과 같다.

$$\begin{aligned}(\frac{1}{2}+\frac{1}{2})^2 &= (\frac{1}{2})^2 + 2(\frac{1}{2})(\frac{1}{2}) + (\frac{1}{2})^2 \\ &= \frac{1}{4}+\frac{2}{4}+\frac{1}{4}\end{aligned}$$

이 공식은 우리가 알고 있는 $(a+b)^2 = a^2+2ab+b^2$이라는 이항식을 전개한 것에 불과하다. 3개의 동전을 던졌을 때와 6개의 동전을 던졌을 때 앞면과 뒷면의 각 사례가 나타날 수 있는 확률은 다음과 같이 계산할 수 있을 것이다.

$$(\frac{1}{2}+\frac{1}{2})^3=(\frac{1}{2})^3+3(\frac{1}{2})^2(\frac{1}{2})+3(\frac{1}{2})(\frac{1}{2})^2+(\frac{1}{2})^3$$
$$=\frac{1}{8}+\frac{3}{8}+\frac{3}{8}+\frac{1}{8}=1$$

$$(\frac{1}{2}+\frac{1}{2})^6=(\frac{1}{2})^6+\frac{6}{1}(\frac{1}{2})^5(\frac{1}{2})+\frac{6\times5}{1\times2}(\frac{1}{2})^4(\frac{1}{2})^2+\frac{6\times5\times4}{1\times2\times3}(\frac{1}{2})^3(\frac{1}{2})^3$$
$$+\frac{6\times5\times4\times3}{1\times2\times3\times4}(\frac{1}{2})^2(\frac{1}{2})^4+\frac{6\times5\times4\times3\times2}{1\times2\times3\times4\times5}(\frac{1}{2})(\frac{1}{2})^5+(\frac{1}{2})^6$$
$$=\frac{1}{64}+\frac{6}{64}+\frac{15}{64}+\frac{20}{64}+\frac{15}{64}+\frac{6}{64}+\frac{1}{64}=1$$

이와 같은 방법으로 동전 10개를 던졌을 때 앞면과 뒷면의 각 사례가 나타날 수 있는 확률은 다음 표 5·2와 같이 정리할 수 있다. 이때 $n=10$, $p=1/2$이다.

표 5·2 10개의 동전을 던졌을 때 앞면이 우연히(이론적으로) 나타날 확률

앞면수 $x(r)$	nCr	p	q	확률
10	1	$(1/2)^{10}$	$(1/2)^0$	1/1024 = .001
9	10	$(1/2)^9$	$(1/2)^1$	10/1024 = .010
8	45	$(1/2)^8$	$(1/2)^2$	45/1024 = .044
7	120	$(1/2)^7$	$(1/2)^3$	120/1024 = .117
6	210	$(1/2)^6$	$(1/2)^4$	210/1024 = .205
5	252	$(1/2)^5$	$(1/2)^5$	252/1024 = .246
4	210	$(1/2)^4$	$(1/2)^6$	210/1024 = .205
3	120	$(1/2)^3$	$(1/2)^7$	120/1024 = .117
2	45	$(1/2)^2$	$(1/2)^8$	45/1024 = .044
1	10	$(1/2)^1$	$(1/2)^9$	10/1024 = .010
0	1	$(1/2)^0$	$(1/2)^{10}$	1/1024 = .001

$n=10$, $p=.5$인 표 5·2의 이항확률분포를 그림으로 표시하면 도 5·4와 같다. 그림에서 알 수 있는 바와 같이 표본의 크기(n)가 10인 이항확률분포 즉, 10개의 동전을 던졌을 때 나타날 수 있는 앞면 수의 이항확률분포는 정상분포에 접근하고 있다. 여기에서 유념해 두어야 할 것은 이항확률분포의 표본의 크기(n)와 어느 한 범주(category: 예 앞면)에 속하는 사례의 비율(p)이 클수록 정상분포에 접근한다는 점이다.

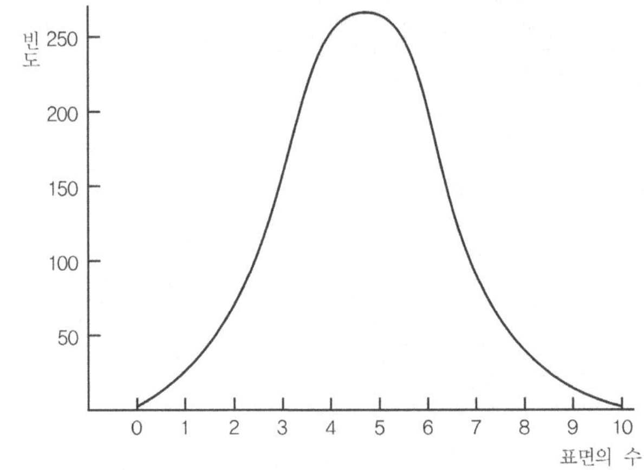

도 5·4 10개의 동전을 던졌을 때 기대되는 앞면 수의 이항확률분포 빈도

p가 .50에 가까우면 n은 10 정도만 되어도 정상분포와 유사하다. 그러나 p가 .50에서 멀어지면 n은 10보다 커야만 정상분포와 유사해진다. 따라서 np 혹은 nq의 값이 5 수준이면 이항확률분포를 정상분포로 간주해도 큰 오차는 없다고 해석한다. 이 기준을 근거로 한다면 p가 .50일 때 n은 10보다 커야 하지만, p가 .25(혹은 q가 .75)일 때 n은 20보다 커야 한다. 따라서 n과 p가 위에 제시된 조건을 만족시키고 있다면 우리는 이항확률분포를 정상분포로 간주하여 사용할 수 있다.

이항확률분포를 정상분포로 간주하여 사용하고자 하는 데는 확률을 계산하는데 간편하다는 이점이 있기 때문이다. 즉, 앞의 공식에 의하면 표본의 크기(n)가 적을 때 각 사례(예 : 앞면 수 등)에 대한 확률을 구하는 것은 간단하지만 n이 클 때는 상당히 복잡한 계산이 요구된다. 따라서 np 혹은 nq의 값이 5 이상이라는 조건을 만족시키면 이항확률분포를 정상분포로 간주하고 정상분포곡선(正常分布曲線)의 확률을 이용함으로써 원하는 사례에 대한 확률을 구할 수 있다.

지금부터는 이항확률분포에서 특정 사례에 해당하는 확률을 정상분포를 이용하여 계산해 보자, 예를 들어 $n = 10$, $p = .50$인 이항확률분포에서 앞면 수가 8 이상 나올 확률은 얼마인가? 정상분포를 이용하여 어느 점수 이상 혹은 이하에 해당하는 확률을 구하기 위해서는 기본적으로 평균치와 표준편차를 알아야 한다. 우리는 이러한 사실을 앞의 2.2 정상분포곡선의 이용에서 배웠다.

이항확률분포의 평균치와 표준편차는 n(표본의 크기)과 p(한 범주에 속하는 비율)를 알면 다음 공식을 이용하여 쉽게 계산할 수 있다.

$$\mu_b = NP, \qquad \overline{X}_b = np \tag{5.8}$$

$$\sigma_b = \sqrt{NPQ}, \qquad S_b = \sqrt{npq} \tag{5.9}$$

여기에서 μ_b는 이항분포의 전집평균, σ_b는 이항분포의 표준편차이다. 위의 공식을 이용하여 $n = 10$, $p = .50$인 이항분포의 평균치와 표준편차를 구하면 다음과 같다.

$$\overline{X} = np = 10 \times .50 = 5$$
$$S_b = \sqrt{npq} = \sqrt{10 \times .50 \times .50} = 1.58$$

따라서 평균이 5, 표준편차가 1.58인 정상분포에서 앞면 수가 8 이상 나올 확률(혹은 면적의 비율)은 $X = 8$에 해당하는 Z(표준점수)를 구하면 될 것이다.

$$Z = \frac{X - \overline{X}}{s} = \frac{8-5}{1.58} = 1.90$$

정상분포에서 $Z \geq 1.90$에 해당하는 면적의 비율을 부록의 〈수표 1〉에서 찾으면 p(확률 : 면적의 비율)는 .0287이 된다. 즉 $n = 10$, $p = .50$인 이항분포에서 앞면 수가 8 이상 나올 확률은 정상분포를 이용하여 계산하면 .0287이 된다는 것이다. 그러나 이 값은 표 5 · 2의 이항분포에서 알 수 있듯이 8 이상이 나올 확률 .055(= .001+.010+.044)와는 차이가 있다.

이러한 차이가 생긴 이유는 이항분포는 비연속적 변수의 분포이지만 정상분포는 연속적 변수의 분포이기 때문이다. 따라서 정상분포를 이용하기 위해서는 비연속적 변수를 연속적인 변수로 교정해야 한다. 즉, 비연속성을 교정해야 한다. 비연속적 변수에서 8은 연속적 변수에서는 정확하게 7.5~8.5에 해당하며 동전의 앞면 수가 8 이상이라면 7.5 이상이 된다.

비연속성을 교정하기 위한 공식과 이 공식을 이용하여 Z(표준점수)를 계산하면 다음과 같다.

$$Z = \frac{(X \pm 0.5) - \overline{X}}{s} = \frac{7.5-5}{1.58} = 1.58$$

정상분포에서 $Z \geq 1.58$에 해당하는 면적의 비율을 부록의 〈수표 1〉에서 다시 찾으면 p는 .0571이다. 이 값은, 즉 비연속성을 교정한 후 산출한 값은, 이항분포에서 직접 구한 값과 거의 일치하고 있다. 여기에서 $(X \pm 0.5)$는 X가 $\overline{X}$보다 큰 경우에는 -0.5가 되고 반대로 $\overline{X}$보다 적은 경우에는 +0.5가 된다. 예를 들어 $X = 8$, $\overline{X} = 5$라면 0.5를 감하여 7.5가 된다. 반대로 $X = 4$, $\overline{X} = 5$라면 0.5를 더하여 4.5가 된다. np의 값이 10 미만인 경우에는 반드시 비연속성을 교정해야 하지만 n이 클 때는 이 공식을 사용하지 않더라도 정상분포(正常分布)와 이항분포(二項分布)를 이용하여 계산된 값은 거의 차이가 없다.

예를 들어보자. 체육측정평가 과목의 중간고사를 치르기 위해 진위형(○, ×) 문항을 10개 출제하였다. 10문항 중 학생들이 7문항 또는 그 이상의 문항에 우연히 정답할 확률은 얼마나 될까? 이 문제를 해결하기 위해서는 먼저 시험문제가 진위형, 즉 정답 아니면 오답인 이분변수(二分變數)이기 때문에 정답분포는 이항분포가 된다는 사실을 알아야 한다. 따라서 $n = 10$, p(정답비율) $= .50$인 이항분포에서 $X \geq 7$이 될 확률은 이항분포를 이용하거나 정상분포를 이용하여 구하면 된다. 이항분포를 이용하려면 정답이 7 이상 나타날 확률을 조합공식(組合公式)을 이용하여 구하면 된다.

10C10 = 10! /	10!	(10 − 10)!	/1024 =	1/1024	= .001
10C9 = 10! /	9!	(10 − 9)!	/1024 =	10/1024	= .010
10C8 = 10! /	8!	(10 − 8)!	/1024 =	45/1024	= .044
10C7 = 10! /	7!	(10 − 7)!	/1024 =	120/1024	= .117
					.172

정상분포를 이용하려면 $n = 10$, $p = .50$인 이항분포의 평균치와 표준편차를 구하여야 한다. 이항분포의 평균치$(\overline{X}_b)$는 앞의 공식 (5.8)에 의해 $10 \times .50 = 5$가 되며 따라서 평균이 5, 표준편차가 1.58인 정상분포에서 10문항 중 7문항 이상을 정답할 확률은 $X = 7$에 해당하는 Z(표준점수)를 구하면 된다. 이때 비연속성을 교정하는 것을 잊지 말아야 한다.

$$Z = \frac{(7 - 0.5) - 5}{1.58} = 0.95$$

$Z \geq 0.95$에 해당하는 면적을 부록의 〈수표 1〉에서 찾으면 p는 .177임을 알 수 있다. 따라서 진위형 문제 10문항을 출제했을 때 학생들이 7문항 이상에 우연히 정답할 확률은 .177이다.

연습문제

1. $N = 100$, $\overline{X} = 40$, $s = 10$인 집단에서 학생 A, B, C가 각각 65, 42, 30점을 얻었다. 이 학생들의 원점수를 Z점수로 환산하고 이를 해석하라.

풀이 ① 각 학생들의 Z점수로 환산한다.

$$Z_A = \frac{65-40}{10} = \frac{25}{10} = +2.50$$

$$Z_B = \frac{42-40}{10} = \frac{2}{10} = +0.20$$

$$Z_C = \frac{30-40}{10} = \frac{-10}{10} = -1.00$$

② $Z_A = +2.5$이므로 평균치보다 훨씬 상위에 속해 있음을 알 수 있다. 부록의 〈수표 1〉의 B(큰쪽)란에서 보면 Z=2.5는 .9938임을 알 수 있다. 이 분포가 정상분포를 이룬다고 가정하면 이 집단의 100명 중 99명은「학생 A」보다 아래에 있다고 해석할 수 있다.

$Z_B = .20$이므로 〈수표 1〉의 B란에서 면적의 비율을 찾으면 .5793이다. 따라서 약 58명이 「학생 B」보다 아래에 있다. $Z_C = -1.0$이므로 우선 -부호로 보아 평균치 아래에 위치하고 있음을 알 수 있다. 따라서 C란에서 면적의 비율을 찾으면 .1587이므로「학생 C」보다 아래에는 100명 중 약 16명(100×.1587)이 있다고 해석할 수 있다.

2. 어느 학급의 국어와 수학시험 성적에 대한 평균치와 표준편차가 각각 다음과 같을 때 A는 국어에서 75점, 수학에서 70점을 받았다. 이 경우

과목	$\overline{X}$	s
국어	80	10
수학	60	10

(1) A의 국어와 수학성적은 Z점수로 각각 얼마인가?

국어 : Z = 　　　　　　수학 : Z =

(2) 이 점수들을 각각 평균치가 80이고 표준편차가 20인 분포의 점수로 환산하라.

풀이 ① $Z = \dfrac{X - \overline{X}}{s}$이므로

$$Z_{국어} = \frac{75-80}{10} = \frac{-5}{10} = -0.50$$

$$Z_{수학} = \frac{70-60}{10} = \frac{10}{10} = +1.00$$

② $\overline{X} = 80$, $s = 20$인 표준척도를 임의로 K라고 하면 $K = 20Z + 80$이 되므로

국어성적 : $K = 20 \times (-0.5) + 80 = (-10) + 80 = 70$,

수학성적 : $K = 20 \times (+1.0) + 80 = 20 + 80 = 100$이다.

3. 어느 학생의 1학기 체육시험 성적은 40점, 2학기 성적은 67점이었다. 이 시험의 학기별 평균치와 표준편차는 $\overline{X}_{1학기}=42.3$, $s_{1학기}=12.4$, $\overline{X}_{2학기}=64.1$, $s_{2학기}=3.1$이었다. 이 학생의 점수를 표준점수 T로 환산하라. T계산공식은 $50+10[(X-\overline{X})/s]$을 사용할 것.

풀이 1학기 성적을 T점수로 환산하면

$$T_{1학기}=50+10\frac{(40-42.3)}{12.4}=48.15$$

$$T_{2학기}=50+10\frac{(67-64.1)}{3.1}=59.35$$

따라서 2학기 성적이 더 좋다.

4. 다음 중 정상분포에 가까운 것은 어느 것인가?

(1) 중학교 1학년 학생들의 턱걸이검사 기록 분포
(2) 자동차 3대를 보유하고 있는 사람 수에 대한 조사 결과
(3) 남자 중학교 3학년 학생들의 공던지기검사 기록 분포
(4) 고등학교 3학년 남녀 학생들의 100m달리기 기록 분포

풀이 ① 이 분포는 낮은 쪽에 점수가 몰려 있을 가능성이 크기 때문에 정적편포 현상이 뚜렷할 것이다.
② 이 자료를 가지고는 빈도분포로 정리될 수 없다. 한 유목에 대한 빈도만이 제시될 뿐이기 때문에 이 자료는 비율 또는 백분율로 나타낼 수 있다.
③ 이 분포가 대략 정상분포에 근접할 것이나. 정답이나.
④ 이 분포는 남·여간 운동능력의 차이 때문에 쌍봉 분포(bimodal)를 나타낼 것이다.

5. $N=50$, $\overline{X}=60$, $s=12$의 점수분포가 있다. 이 분포에서 평균 60점과 72점 사이에는 전체 사례수의 몇 %가 포함되어 있는가?

풀이 ① 정상분포곡선의 수표를 이용하려면 먼저 원점수 X를 Z점수로 환산해야 한다.

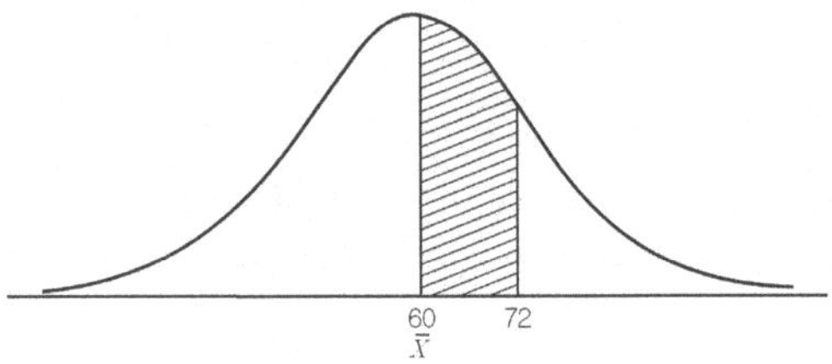

$$Z=\frac{X-\overline{X}}{s}=\frac{72-60}{12}=\frac{12}{12}=1.00$$

② 수표에서 $Z=1.00$에 해당하는 면적비율을 찾아보면 .3413이다. 이 값은 평균치로부터 72점 사이에 전체의 34.13%가 속해 있다는 뜻이다. 따라서 정답은 34.12%이다. 또한 $N=50$이므로 $50\times.3413=17.065$이다. 평균 60점과 72점 사이에는 약 17명이 속해 있다.

6. $N = 200$, $\overline{X} = 60$, $s = 10$**인 점수분포가 있다. 이 분포에서 70점 아래에는 전체 사례수의 몇 %가 포함되어 있는가?**

풀이 ① 정상분포곡선을 이용하기 위해서는 먼저 원점수 X를 Z점수로 환산한다.

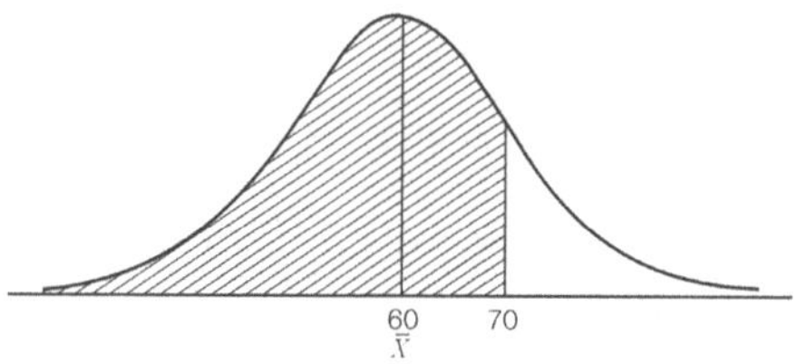

$$Z = \frac{X - \overline{X}}{s} = \frac{70 - 60}{10} = \frac{10}{10} = 1.00$$

② 수표에서 $Z = 1.00$에 해당하는 B의 값은 .8413이다. 70점 아래에 해당하는 사례수의 %를 구하는 것이므로, 큰 쪽의 면적비율이 나타나 있는 B란을 찾아야 한다. 사례수는 $N = 200$이므로 $200 \times .8413 = 168.26$이다. 따라서 70점 이하의 점수를 얻은 사람의 수는 약 169명이다.

7. $N = 300$, $\overline{X} = 120$, $s = 20$**인 어떤 시험점수의 분포에서, 아래로부터 30%, 즉 아래에서부터 90번째(300 × .30 = 90)에 속하는 점수는 얼마인가?**

풀이 ① 이 문제는 면적비율에 대한 Z점수를 구하고 다음에 Z점수를 X로 환산하면 된다. 수표에서 작은 쪽의 면적비율인 $C = .3000$에 해당하는 Z를 구한다. 그런데 C란에는 .3085, 그 다음에 .2912가 제시되어 있으나 .3000은 없다. 따라서 보간법(補間法: interpolation)을 이용해야 한다.

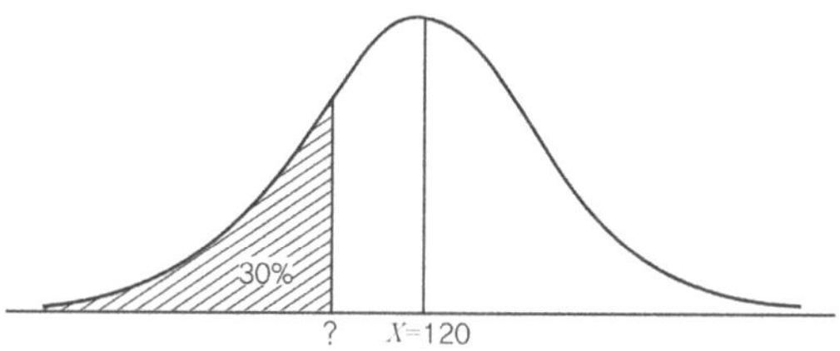

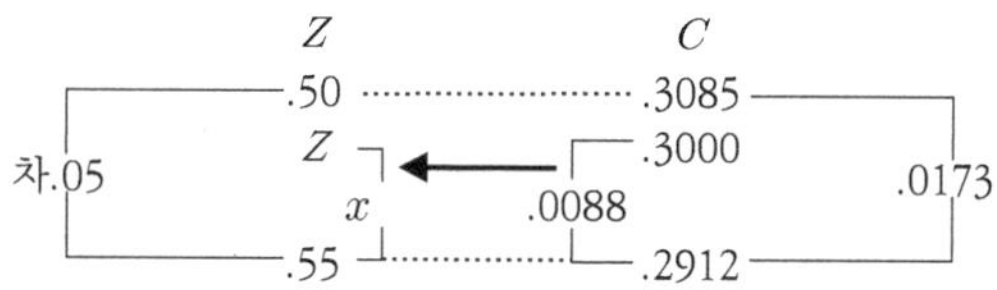

$Z = .55 - (.05 \times .0088) / .0173 = .55 - .025$
$= .525$

즉, 분포의 아래에서부터 30%에 해당하는 Z점수는 $-.525$이다. $-$부호를 붙인 이유는 아래에서부터 30%에 해당하는 점수이므로 $\overline{X}$보다 아래에 위치한 Z에 해당하는 원점수 X는 $Z = [(X - \overline{X})/s]$에서 $X = Zs + \overline{X}$로 구할 수 있다. 따라서 $X = (-.525 \times 20) + 120 = 109.5$이다.

8. 어떠한 원점수 분포도 표준점수 분포로 바꿀 수 있다. (예, 아니오)

9. 어떠한 Z점수 분포도 원점수 분포로 바꿀 수 있다. (예, 아니오)

10. 서열척도는 표준점수로 환산할 수 있다. (예, 아니오)

11. 동간척도는 표준점수로 환산할 수 있다. (예, 아니오)

12. 비율척도는 표준점수로 환산할 수 있다. (예, 아니오)

13. 서로 다른 두 점수분포의 평균치를 비교하고 싶으면 표준점수(Z)로 환산하면 된다. (예, 아니오)

14. 각각의 표준점수(Z)에 3점을 더해 주면 표준점수의 평균은 3이 된다. (예, 아니오)

15. 각각의 표준점수(Z)에 3점을 더해 주면 표준점수의 표준편차는 3만큼 증가한다. (예, 아니오)

16. 표준점수(Z) 분포에서 편차의 합(Σx)은 0이다. (예, 아니오)

17. 표준점수(Z) 분포의 분산(σ^2)은 표준편차(σ)와 같다. (예, 아니오)

18. 두 개의 점수로 구성된 원점수 분포를 표준점수 분포로 바꾸면 두 원점수의 표준점수는 서로 반대가 된다. (예, 아니오)

19. 평균이 50, 표준편차가 5인 분포에서 Z점수로 -1.0인 사람의 점수는 45이다. (예, 아니오)

20. 정상분포에서 $Z = 1.00$과 $Z = 2.00$사이의 면적과 $Z = 2.00$과 $Z = 3.00$사이의 면적은 같다. (예, 아니오)

21. 정상분포에서 $Z = -1.00$과 $Z = -2.00$사이의 면적과 $Z = 1.00$과 $Z = 2.00$사이의 면적은 같다. (예, 아니오)

22. 표준점수(Z)로 1.00이상에 해당하는 면적의 비율은?

① .500 ② .3413 ③ .1587

23. Z점수로 1.00이하에 해당하는 면적의 비율은?

① .1587 ② .3413 ③ .8413

24. Z점수로 -1.00에 해당하는 백분율(百分率 : percentile rank)은?

① 15.87 ② 34.13 ③ 84.13

25. Z점수로 -1.96과 1.96사이의 면적의 백분율(%)은?

① 90 ② 95 ③ 99

26. Z점수로 -2.58과 2.58사이의 면적의 백분율(%)은?

① 90 ② 95 ③ 99

27. Z점수로 1.65이상에 해당하는 면적의 비율은?

① .01　　② .05　　③ .10

28. Z점수로 2.33 이상에 해당하는 면적의 비율은?

① .01　　② .05　　③ .10

29. 원점수 분포가 정상적일 때 Z점수로 ±1.00사이의 면적 비율은?

① .34　　② .50　　③ .68

30. Z점수로 -.50은 ___을(를) 의미한다.

① 평균보다 위　　② 평균　　③ 평균보다 아래

31. Z점수에 15를 곱하고 100을 더하면 ____.

① 평균이 50이 된다.
② 표준편차가 15가 된다.
③ 정상적으로 분포된다.
④ 모든 사례가 85와 115사이에 포함된다.

※ 4개의 동전을 던졌을 때

32. $HTHT$ 순으로 나타날 확률은?

① 1/16　　② 1/8　　③ 1/4

33. 4개 모두 앞면(H)이 나타날 확률은?

① 1/4　　② 1/8　　③ 1/16

34. 앞면이 3개 나타날 확률은?

① 1/2　　② 1/4　　③ 1/8

35. 앞면이 3개 이상 나타날 확률은?

① 5/16　　② 6/16　　③ 11/16

※ 2개의 주사위를 던졌을 때

36. 처음 것이 2, 나중 것이 3이 나타날 확률은?

① 1/36　　② 2/36　　③ 3/36

37. 2와 3이 나타날 확률은?

① 1/36　　② 2/36　　③ 3/36

38. $(p+q)^n$의 분산은?

① $\sigma^2 = n/pq$　　② $\sigma^2 = np$　　③ $\sigma^2 = npq$

39. 이항분포 $(1/3 + 2/3)^4$의 표준편차는?

① $\sqrt{8/9}$　　② $\sqrt{4/6}$　　③ $\sqrt{4/3}$

40. $N = 20$, $P = .50$인 이항분포의 평균치는?

① 5　　② 10　　③ 20

41. 이항분포 $(1/4 + 3/4)^5$의 표준편차는?

① $\sqrt{15/16}$　　② $\sqrt{5/16}$　　③ $\sqrt{3/16}$

42. 표준점수의 분포는?

① 정상적이다.
② 원점수분포와 동일하다.
③ 각 점수별로 빈도가 동일하다.

43. 정상적으로 분포된 점수분포의 평균이 36이고 표준편차가 6일 때 $\pm 1\,Z$사이에 해당하는 검사 점수의 범위는?

① 0~2　　② 30~42　　③ 30~36

44. $\overline{X} = 52$, $s = 5$인 분포에서 $Z = +1.20$에 해당하는 원점수(X)를 계산하라.

45. 어떤 한 학급의 체력검사 점수분포가 정상분포를 이룬다고 할 때, 이 체력검사에서 T점수로 75점 이상 받을 학생비율은?

46. 다음 점수들에 대한 편차점수, Z점수, T점수를 계산하고 Σx, ΣZ, ΣT의 값도 계산하라.

X	x	Z	T
39			
32			
50			
27			
35			
47			
37			
28			
	$\Sigma x =$ ☐	$\Sigma Z =$ ☐	$\Sigma T =$ ☐

정답표

1. 풀이	2. 풀이	3. 풀이	4. ③	5. 풀이	6. 풀이
7. 풀이	8. 아니오	9. 예	10. 아니오	11. 예	12. 예
13. 예	14. 예	15. 아니오	16. 예	17. 예	18. 예
19. 예	20. 아니오	21. 예	22. ③	23. ③	24. ①
25. ②	26. ③	27. ②	28. ①	29. ③	30. ③
31. ②	32. ①	33. ③	34. ②	35. ①	36. ①
37. ①	38. ③	39. ①	40. ②	41. ①	42. ①
43. ②	44. 58	45. .0062	46. 아래 풀이 참조		

46.

X	편차	Z	T
39	2.12	.26	52.55
32	-4.88	-.59	44.13
50	13.12	1.58	65.79
27	-9.88	-1.19	38.11
35	-1.88	-.23	47.74
47	10.12	1.22	62.18
37	.12	.01	50.14
28	-8.88	-1.07	39.31
	.00	.00	400.00

평균치 = 36.88, 표준편차 = 8.31

6 상관도

※ 상관계수는 측정척도가 어떤 유형에 속하느냐에 따라 다양한 산출방법이 제안되고 있다. 이 중 학부 통계학 수업일 경우, 위의 3, 4, 12절은 필수적으로 학습해야 하며 그 외의 상관계수는 알아두면 좋은 권고 수준으로 받아들이기 바란다. 대학원 통계학 수업일 경우라면 모든 상관계수에 대한 이해가 필요하다.

지금까지 우리는 하나의 변수(變數: variable)에 대한 집중경향치, 변산도를 계산함으로써 그 변수의 분포 특성을 간결하게 수량적으로 기술하는 방법을 배웠다. 그런데 우리는 "멀리뛰기를 잘하면 높이뛰기도 잘한다", "키가 크면 체중도 무겁다"라는 식의 두 변수 간의 관계를 설명해 주는 말을 자주 듣는다. 이러한 두 변수는 각각 독립적으로 그 분포의 특성을 기술할 수도 있으나 두 변수 간에 어떠한 관계가 있는가를 아는 것도 중요한 관심사가 될 수 있다. 상관도(相關度: correlation)란 바로 이와 같은 두 변수 간의 관련정도를 나타내 주는 것을 뜻한다.

1. 상관계수의 개념

상관계수(相關係數: correlation coefficient)는 두 변수 간의 관련정도를 수량적으로 표시한 통계치이다. 상관계수를 산출하기 위해서는 반드시 두 변수(예 : 신장과 체중)의 측정치가 있어야 한다. 상관계수는 이러한 두 변수의 **관련정도**와 **방향**을 나타내 준다. 그 관련정도는 .00(완전 무상관)으로부터 1.00(완전상관)까지로 표시하고 그 방향은 +(정적 상관)와 -(부적 상관)로 표시한다. 따라서 상관계수는 ±1.00 사이의 어떤 수치로 표시된다.

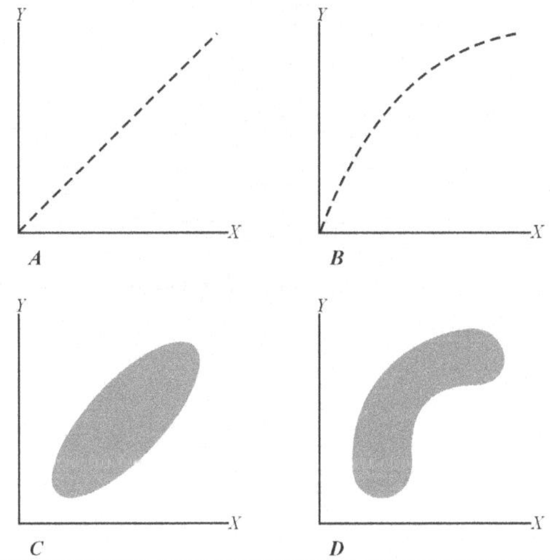

도 6·1 두 변수 간의 상관관계

상관계수의 개념은 두 변수의 수치를 2차원(X, Y)의 좌표에 표시함으로써 보다 명백해질 수 있다. 우리는 고등학교 다닐 때 수학 시간에 1차 방정식 $Y = bX + a$를 배웠고 특정한 X값과 이에 해당하는 Y값을 좌표에 표시하면 직선으로 나타난다는 사실을 배웠다. 일반적으로 자연과학 분야에서 두 변수 간의 관계를 도표화하면 도 6 · 1의 A, B처럼 직선이나 곡선으로 나타나는 것이 보통이지만, 사회과학 분야에서 얻은 두 변수 간의 관계는 도 6 · 1의 C, D처럼 깨끗한 선을 기대하기는 어렵다.

도 6 · 1의 A는 X, Y간에 직선적 관계($Y=bX+a$)를 보이고 있으나, B는 곡선적 관계를 보이고 있다. 그러나 C는 X와 Y간에 직선적 관계가 있는 것으로 볼 수는 있으나 A와는 다르게 대략적인 형태를 보이고 있을 뿐이다. 이 경우 X에 의해서 Y를 예측하거나 Y에 의해서 X를 예측하고자 할 때 완전한 예언은 불가능하며 예언(예측)의 오차(誤差)도 크게 나타난다.

이와 같은 관점에서 본다면 예언의 오차가 적으면 적을수록 그 상관계수는 완전상관에 가까우며 또 직선에 가깝다. 일반적으로 두 변수가 상호 관련되어 있는 정도를 알아보기 위해 각각의 빈도분포를 하나의 표로 정리해 놓은 것을 상관도표(相關圖表: scattergram)라고 하는데, 두 변수 간의 다양한 관계(정도 및 방향)를 예시하면 도 6 · 2와 같다.

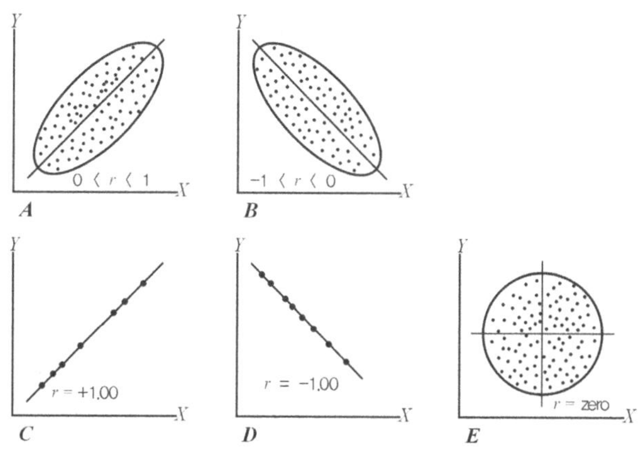

도 6 · 2 상관의 정도가 서로 다른 상관도표

도 6 · 2에서 A는 왼쪽이 낮고 오른쪽이 높은 형태를 취하고 있다. 두 변수 간에 이러한 형태를 취하고 있는 상관을 **정적 상관**이라고 한다. 반면 B와 같이 왼쪽이 높고 오른쪽이 낮은 형태를 취하고 있는 상관은 **부적 상관** 혹은 **역(逆) 상관**이라고 한다. A의 경우 일반적으로 X점수가 높아지면 Y점수도 높아지지만, 어떤 X점수에 해당하는 Y점수들의 범위는 넓게 나타나고 있다.

C와 D는 완전히 직선으로 나타나는 완전상관(1.00 혹은 -1.00)을 나타내고 있다. C는 완전 정적상관, D는 완전 부적상관을 의미한다. E의 상관도표는 거의 원 모양을 보일 정도로 흩어져 있는데, 이는 두 변수 간의 상관관계가 전혀 없거나 거의 0에 가까운 상관을 의미한다.

(완전 부적상관) $-1.0 \leqq r \leqq 1.0$(완전 정적상관)

$r = 0$ (두 변수 간에 직선적인 관계가 전혀 없음)

상관계수는 -1.00부터 +1.00 사이의 값을 갖는다. 상관계수의 부호는 관계의 방향(方向)을 나타내며, 계수의 절대치는 관계의 정도(程度)를 나타낸다.

두 변수 간의 상관관계를 알면 예측을 할 수 있다. 예를 들어 신장과 체중이 정적 상관관계를 가지고 있다면, 신장이 크면 체중도 크며 그 반대로 신장이 작으면 체중도 적을 가능성이 있음을 짐작할 수 있다. 따라서 한 사람의 신장을 알면 그의 체중이 어느 정도가 될 것인가를 짐작(예언)할 수 있다. 그뿐만 아니라 짐작했을 때 예언의 정확도(正確度)가 어느 정도인지도 알 수 있다.

상관계수는 인과관계(因果關係) 혹은 공통요인(共通要因: common factor)이 '있다 혹은 없다' 하는 문제를 다룰 때 일반적으로 사용된다. 우리는 두 특성, 예를 들면 지능지수와 운동능력 간의 상관계수를 알면 그 크기에 따라 이들 특성 간에 공통되는 요인이 어느 정도 포함되어 있는가를 짐작할 수 있다. 그리고 공통요인의 크기에 따라 두 특성은 동일한 것으로도 해석할 수 있으며 혹은 아주 이질적인 별개의 것으로 해석할 수도 있다.

일반적으로 상관계수는 체육, 교육, 심리, 사회 등 다양한 분야에서 사용되고 있는 각종 검사(체력검사, 지능검사, 불안검사)의 신뢰도(信賴度: reliability)와 타당도(妥當度: validity) 등을 확인하고자 할 때 흔히 사용된다.

신뢰도란 동일한 대상에게 동일한 검사를 여러 번 반복 측정했을 때 어느 정도 동일한 결과를 얻느냐의 문제이다. 예를 들어 한 집단에 근력검사를 실시하고 일주일 후 다시 실시해서 얻은 두 검사결과 간의 상관도(相關度)를 근력검사의 신뢰도라고 부른다. 신뢰도는 한 검사 그 자체의 상관도를 의미하며 이를 계수로 표시한 것이 신뢰도계수(reliability coefficient)이다. 검사의 신뢰도계수는 보통 .90 이상을 요구하고 있다. 켈리(Kelley)는 신뢰도계수는 최저 .94이상 이어야 검사가 개인 간의 능력을 충분히 변별해 줄 수 있다고 보고하고 있다.

타당도란 검사가 측정하려고 하는 것을 어느 정도 측정하고 있느냐 또는 이 검사가 실제로 무엇을 재고 있느냐의 문제이다. 예를 들어 운동선수의 근력을 측정하기 위해 제작된 검사가 실제 근력이 아닌 순발력을 재고 있다면 이 검사는 근력검사로서 타당하지 못한 것이다. 타당도는 일반적으로 한 검사와 다른 준거(準據: criterion measure)와의 상관계수로 표시된다.

타당도 계수는 그 용도에 따라 차별적으로 적용하기도 한다. 검사에 의해 정확하게 예측하는 것이 중요할 때, 예를 들어 운동선수를 선발할 때는 높은 계수가 요구되며, 전염병이 돌아 생존 가능성이 없을 때 생명 구제에 공헌할 수 있다면 타당도 계수(.20, .30등)가 아주 낮게 나타났다고 할지라도 받아들여야 할 때가 있다. 그럼에도 타당도 계수는 보통 .60 이상을 바람직한 계수로 받아들인다.

2. 측정치의 척도

지금까지 상관계수는 무엇이며 어떠한 상황에서 상관계수를 산출해야 하는 지를 개괄적으로 살펴보았다. 그런데 상관계수를 산출하기 위해서는 두 개의 변수가 어떤 척도(※제1장에서 배운 명명, 서열, 동간, 비율)에서 얻어진 것인가를 확인해야 한다. 이 말은 상관계수의 산출방법은 다양하며 측정척도가 무엇이냐에 따라 적용하는 방법에 차이가 있다는 뜻이다. 이들 측정척도를 다시 한번 열거해 보자.

2.1 명명척도 : 2 범주 비연속(Nominal-discrete dichotomy)변수

명명척도 자체는 연속적인 것과 비연속적인 것으로 구분할 수 있다. 명명척도에서 두 개의 범주(category: 이분)를 가진 비연속 변수는 어떠한 특성의 존재 여부를 지칭하는 변수로 정의할 수 있다. 예를 든다면 어떤 특성이 존재하는 것을 "1", 존재하지 않는 것은 "0"으로 임의로 표시할 수 있다. 결혼여부, 성별, 찬성 · 불찬성, 운동여부 등은 범주가 2개인 비연속 변수에 속한다.

2.2 명명척도 : 2 범주 연속(Nominal-continuous dichotomy)변수

명명척도에서 두 개의 범주를 가진 연속변수란 정상적으로 분포되어 있는 연속변수를 둘로 나눈 것이다. 예를 들면 아동들에게 실시한 지능검사 결과는 연속적이지만 이를 양분하여 *IQ* 100 이상을 상(혹은 1), 100 미만을 하(혹은 0)로 명명하는 것이다. 따라서 동간 · 비율척도를 연구의 목적에 따라 편의상 둘로 양분하면 그러한 자료는 "명명척도 : 2 범주 연속변수"에 속하게 된다.

2.3 서열척도(ordinal scale)

서열척도는 분류와 서열의 기능을 가지고 있을 뿐 수치 간에 거리가 일정치 않은, 즉 동간성이 없는 척도를 말한다. 예컨대 어떤 변수의 속성을 대 · 소 혹은 장 · 단 등의 순서로 배열하고, 배열된 순서에 따라 1, 2, 3… 등의 수를 부가하여 얻은 척도를 말한다. 운동경기에서의 1, 2, 3등 순위, 「수, 우, 미, 양, 가」의 성적이 이에 속한다.

2.4 동간 · 비율척도(interval/ratio)

동간척도는 수치 간의 간격이 동일한 동간성(同間性)을 가지고 있으나 절대영점이 없어 ×, ÷가 불가능한 척도를 말한다. 그러나 비율척도는 절대영점의 조건을 갖추고 있으므로 가감승제가 가능하다. 그러나 이 장에서는 상관계수 산출방법을 선택할 때 이들 두 척도로부터 얻은 측정치 간에는 구별이 없다는 점에서 함께 묶어서 기술하였다. 다만 이들 두 척도에 속한 변수들은 **정상적으로 분포**되어 있다는 가정을 만족시켜야 한다.

동간 혹은 비율척도에서 얻은 측정치라 할지라도 수집된 자료를 어떻게 구성하느냐에 따라 사용되는 공식은 달라질 수 있다. 예를 들면 표 6 · 1 자료의 첫째 칸은 동간척도에 해당하는 *IQ*이지만 둘째 칸은 *IQ*를 서열 순으로 전환시킨 것이며, 셋째 칸은 *IQ* 100을 기준으로 하여 100 이상(1)과 미만(0)으로 양분한 것이다.

여기에서 연구자가 유의해야 할 점은 불가피한 경우를 제외하고는 한 측정치 척도를 다른 척도로 무분별하게 바꾸어서는 안 된다는 점이다. 왜냐하면 동간 · 비율척도에서 얻은 측정치를 서열 혹은 명명척도로 전환시킬 경우, 원자료가 가지고 있는 구체적인 정보가 제거되기 때문이다. 아래의 자료(표 6 · 1)에 의하면 서열 혹은 명명척도로 전환할 경우, 점수 간격이 무시되는 단점을 발견할 수 있다.

표 6 · 1 척도의 전환

학생	동간IQ	서열IQ	명명-2범주 연속변수
1	103	5	1
2	94	7	0
3	117	1	1
4	112	2	1
5	89	9	0
6	93	8	0
7	99	6	0
8	107	4	1
9	87	10	0
10	110	3	1

표 6 · 2 X, Y변수의 측정치 척도별로 적합한 상관계수

		X변수의 측정치 척도			
		명명-비연속	명명-연속	서열	동간/비율
Y변수의 측정치 척도	명명-비연속	1. ① phi(ϕ)계수 ② 유관계수	(5)	(8)	(10)
	명명-연속	5.※	2. 사간상관계수 (r_t)	(6)	(9)
	서열	8. 등위양분 상관계수(r_{rb})	6.※	3-1. 스피어먼 (Spearman) 등위차상관계수(ρ) 3-2. 켄달(Kendall)의 Tau(τ)	(7)
	동간/비율	10. 양류상관계수 (r_{pb})	9. 양분상관계수 (r_b)	7. ※	4. 피어슨(Pearson) 적률상관계수(r)

※아직 규명되지 않은 상관계수

두 변수(X, Y) 간의 상관의 정도를 규명하기 위한 상관계수 산출방법은 각 변수가 어떠한 척도에 속하느냐에 따라 각기 다르게 적용할 수 있다.

3. 피어슨의 적률상관계수(r)

표 6 · 2에 제시된 다양한 상관계수들의 산출방법은 아래와 같다. 이중 적률상관계수(r)는 가장 보편적으로 사용되고 있고 다른 상관계수 산출방법의 근거가 되기 때문에 자세하게 기술하고자 한다.

3.1 적률상관계수의 계산

두 변수 간의 상관계수를 산출하기 위해서는 먼저 개개인이 얻은 두 변수의 점수들을 곱해서 합(**교적화**)해야 한다. 표 6 · 3의 자료는 두 변수의 교적화(交積和) 값이 변수의 점수 순서를 달리함에 따라 어떻게 달라지는가를 예시한 것이다. 표에서 보면 X와 R의 크기 및 순서는 동일하다. 반면 S의 순서는 X와 정반대이다.

변수 T는 X와 같지만, 순서는 다르다. 따라서 T점수는 그에 상응하는 X점수와 일치하지는 않지만 즉, 완전한 상관은 없지만 정적인 상관은 있다. 변수 U의 점수는 S와 X의 점수와 역시 같지만, X와 부적인 상관이 있음을 알 수 있다. 끝으로 V의 점수는 R의 점수에 10을 곱한 점수이다.

표 6 · 3 몇 가지 요인점수의 교적화

X	R	XR	S	XS	T	XT	U	XU	V	XV
2	2	4	8	16	3	6	8	16	20	40
3	3	9	7	21	2	6	6	18	30	90
4	4	16	6	24	4	16	5	20	40	160
5	5	25	5	25	8	40	7	35	50	250
6	6	36	4	24	6	36	2	12	60	360
7	7	49	3	21	5	35	4	28	70	490
8	8	64	2	16	7	56	3	24	80	640
		203		147		195		153		2,030

위의 자료는 두 변수 간의 교적화가 X변수와 다른 변수 간의 관계를 이해하는데 유용한 지수가 될 수 있음을 시사해 준다. 그러나 이러한 교적화는 그 자체만으로는 **사용될 수 없는** 두 가지 이유가 있다.

첫째, 교적화 값의 크기는 각 변수의 측정치 단위(單位)에 의해 영향을 받는다는 점이다. 예를 들면 X, R, S, T, U의 측정치 단위는 서로 같으므로 X와 R, S, T, U의 교적화는 **상호 비교가 가능**하다. 그러나 V의 측정치 단위는 다른 변수와 다르므로 X와 V간의 교적화는 다른 것과는 비교가 불가능하다. 따라서 만일 상관계수를 계산하기 위한 기초로서 교적화를 사용하고자 한다면, 두 변수의 점수는 **비교가 가능한 측정치 단위**로 바꾸어 주지 않으면 안 된다.

비교가 가능하게 하려면 각 변수의 **원점수를** Z**점수**로 환산하면 된다. 표 6 · 4는 표 6 · 3의 변수별 점수를 Z점수로 환산한 후 교적화한 것이다. 여기에서 Z_x와 Z_r의 교적화는 Z_x와 Z_v의 교적화와 동일함을 알 수 있다.

표 6 · 4 Z점수를 이용한 적률상관계수 계산

Z_x	Z_r	Z_xZ_r	Z_s	Z_xZ_s	Z_t	Z_xZ_t	Z_u	Z_xZ_u	Z_v	Z_xZ_v
−1.5	−1.5	2.25	1.5	−2.25	−1.0	1.50	1.5	−2.25	−1.5	2.25
−1.0	−1.0	1.00	1.0	−1.00	−1.5	1.50	0.5	−0.50	−1.0	1.00
−0.5	−0.5	0.25	0.5	−0.25	−0.5	0.25	0.0	0.00	−0.5	0.25
0.0	0.0	0.00	0.0	0.00	1.5	0.00	1.0	0.00	0.0	0.00
0.5	0.5	0.25	−0.5	−0.25	0.5	0.25	−1.5	−0.75	0.5	0.25
1.0	1.0	1.00	−1.0	−1.00	0.0	0.00	−0.5	−0.50	1.0	1.00
1.5	1.5	2.25	−1.5	−2.25	1.0	1.50	−1.0	−1.50	1.5	2.25
Σ		7.00		−7.00		5.00		−5.50		7.00
r		+1.00		−1.00		+0.71		−0.79		+1.00

둘째, 상관관계를 나타내는 지수로서 교적화가 그 자체만으로 사용될 수 없는 또 다른 이유는 교적화 값의 크기가 **사례수(事例數)의 크기**에 따라 영향을 받는다는 점이다. 이러한 문제를 해결하기 위해서는 교적화를 사례수(N)로 나누어 평균을 구해야 할 것이다. 이렇게 함으로써 우리는 두 변수 간의 상관계수를 다음 공식에 의해 얻을 수 있다.

$$r_{xy} = \frac{\Sigma Z_x Z_y}{N} \qquad (6.\ 1)$$

이 공식은 영국의 통계학자 피어슨(Pearson)에 의해 제안되었으며 이를 피어슨의 적률상관계수(積率相關係數: product moment correlation coefficient) 혹은 단순히 피어슨의 r이라고 부른다. 표 6 · 3의 자료를 이용하여 r을 계산한 결과는 표 6 · 4의 아래(r)에 제시되어 있다.

상관계수는 두 변수 간의 교적화 평균을 표준점수(標準點數: Z)로 제시한 것이다.

공식 (6.1)은 실제 계산과정에서 원점수(原點數: raw score)를 표준점수(Z)로 바꾸어야 하므로 사례수가 많거나 평균치가 소수점 이하 값을 가질 경우, 매우 복잡해진다. 따라서 공식 (6.1)은 원점수를 이용하여 처리가 가능한 방법으로 전환할 필요가 있다. 먼저 공식 (6.1)은 다음과 같은 편차점수로 전환할 수 있다.

$$r_{xy} = \frac{\Sigma xy}{\sqrt{(\Sigma x^2)(\Sigma y^2)}} \tag{6.2}$$

r_{xy} = X와 Y간의 적률상관계수
x = X치의 편차
y = Y치의 편차

공식 (6.2)는 두 변수의 편차를 계산하여 상관계수를 산출할 때 사용한다. 이 외에 원점수를 그대로 이용하여 적률상관계수(r)를 산출하는 공식은 다음과 같다.

$$r = \frac{N.\Sigma XY - (\Sigma X)(\Sigma Y)}{\sqrt{[N.\Sigma X^2 - (\Sigma X)^2][N.\Sigma Y^2 - (\Sigma Y)^2]}} \tag{6.3}$$

공식 (6.2)와 (6.3)을 이용하여 r을 산출하는 예를 제시하면 표 6 · 5, 표 6 · 6과 같다. 먼저 표 6 · 5의 산출 결과를 공식 (6.2)에 대입하면,

표 6 · 5 편차(x)를 이용한 적률상관계수 계산

	X	Y	x	y	x^2	y^2	xy
	43	4	−19	−2	361	4	38
	55	5	−7	−1	49	1	7
	67	6	5	0	25	0	0
	38	4	−24	−2	576	4	48
	49	5	−13	−1	169	1	13
	70	7	8	1	64	1	8
	80	9	18	3	324	9	54
	62	5	0	−1	0	1	0
	73	6	11	0	121	0	0
	83	9	21	3	441	9	63
Σ	620	60	0	0	2,130	30	231
평균	62	6			Σx^2	Σy^2	Σxy

원점수를 이용한 r산출 자료는 표 6 · 6에 제시되어 있다. 이 자료에 공식 (6.3)을 대입해 보면,

표 6·6 원점수를 이용한 적률상관계수 계산

X	Y	X^2	Y^2	XY
13	7	169	49	91
12	11	144	121	132
10	3	100	9	30
8	7	64	49	56
7	2	49	4	14
6	12	36	144	72
6	6	36	36	36
4	2	16	4	8
3	9	9	81	27
1	6	1	36	6
70	65	624	533	472
ΣX	ΣY	ΣX^2	ΣY^2	ΣXY

$$r=\frac{N\Sigma XY-(\Sigma X)(\Sigma Y)}{\sqrt{[N\Sigma X^2-(\Sigma X)^2][N\Sigma Y^2-(\Sigma Y)^2]}}$$

$$=\frac{10\times 472-(70)(65)}{\sqrt{[10\times 624-(70)^2][10\times 533-(65)^2]}}$$

$$=.14$$

3.2 적률상관계수(r)의 크기에 영향을 미치는 요인

적률상관계수(r)를 산출하고자 할 때 상관계수 산출을 위한 기본가정(基本假定)과 상관계수의 크기에 영향을 미치는 요인을 이해하는 것은 매우 중요하다. 기본가정을 만족시키지 못하는 자료에 의해 계산된 상관계수는 무의미할 뿐이다. 상관계수의 크기에 영향을 미치는 요인은 다음과 같다.

1) 분포의 직선성(linearity)

상관계수의 크기에 영향을 미치는 요인 중의 하나는 분포의 직선성(直線性)이다. 피어슨의 r은 **'두 변수가 직선적 관계를 가지고 있다'**는 기본가정을 만족시킬 때 계산할 수 있다. 이 말은 두 변수가 $Y=bX$처럼 정확하게 직선적인 관계를 가져야 한다는 것이 아니라 자료의 전체적인 경향이 직선적인 형태를 취해야 한다는 것이다. 도 6·3에 제시된 상관도표 A는 직선적인 관계를 유지하고 있다.

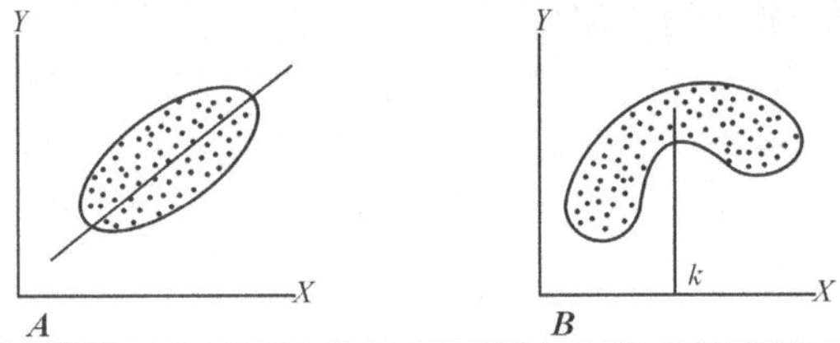

도 6 · 3 직선적, 곡선적 상관도표 예

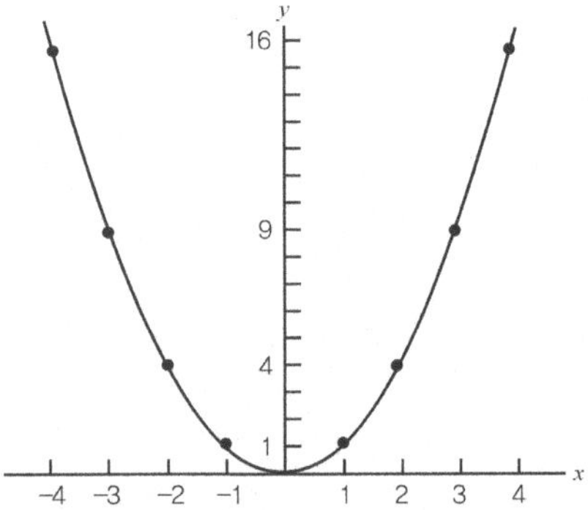

도 6 · 4 완전 상관관계를 가진 자료

그러나 도 6 · 3의 B는 곡선적(曲線的: curvilinear)인 관계를 가지고 있다. B의 상관도표는 k지점까지는 X의 값이 증가함에 따라 Y의 값도 증가하는 반면, k지점부터는 X가 증가함에 따라 Y는 감소하고 있다. 피어슨의 r은 '두 변수 간의 직선적 관계'를 기본 가정으로 하고 있기 때문에 곡선적 관계를 가진 자료로 r을 계산하는 것은 부적합하다. 또한 계산결과는 실제의 r값보다 과소 추정된다. 예를 들면 도 6 · 4는 X와 Y사이에 포물선을 그리고 있는 완전 곡선적 관계, 즉 $Y = X^2$의 관계를 보이고 있다. 그런데 이 자료에 공식 (6.3)을 이용하여 적률상관계수를 계산해 보면 $r = 0.0$이 된다. 이 결과는 두 변수 간에 직선적 관계가 아니면 r을 계산해서는 안 된다는 점을 확인시켜 주고 있다.

피어슨의 r은 두 변수 간에 직선적인 관계가 성립될 때 계산할 수 있다. 곡선적인 관계를 나타내는 자료로 r을 계산할 경우 r은 과소 추정된다.

---

2) 집단 점수분포의 동질성(homogeneity)

r의 크기에 영향을 미치는 두 번째 요인은 두 집단 분포의 동질성(同質性), 즉 점수분포의 범위이다. 어느 한쪽 혹은 두 변수의 점수분포 범위가 좁을수록 분포의 분산(分散)은 적어지며 분포의 분산이 적어지면 공식 (6.2)를 근거로 할 때 상관계수는 낮아진다. 다시 말하면, 하나 혹은 두 변수의 점수분포 범위가 좁으면 좁을수록 분산(혹은 표준편차)은 0에 가깝게 접근하게 되고 상관계수는 낮아지게 된다.

어느 하나 혹은 두 변수의 점수분포 범위가 좁을수록 분포의 분산은 적어지고 따라서 상관계수는 낮아진다.

---

3) 표본 사례수의 크기(sample size)

표본 사례수의 크기는 **계수의 정확성**(正確性)에 영향을 미친다. 표집된 사례수가 적으면 계산결과 얻은 상관계수는 신뢰할 수 없게 된다. 즉, 표본 사례수가 적을수록 그만큼 오차도 커진다. 따라서 사례수가 적을 경우에는 산출된 상관계수를 절대적인 것으로 생각해서는 안 된다. 일반적으로 표본 사례수의 크기는 **상관계수의 크기에 영향을 미치는 것이 아니라** 상관계수의 안정성(安定性)에 영향을 미친다. 오히려 표본 사례 중에 정상분포에서 벗어난 이탈치(outliers)가 포함되어 있을 경우, 상관계수의 크기에 영향을 미칠 수 있다.

일반적으로 표본 사례수는 상관계수의 크기에 영향을 미치지 않으며 상관계수의 안정성(安定性)에 영향을 미친다.

3.3 상관계수(r)의 해석

상관계수는 두 변수가 공통으로 변하는 방향(方向)과 정도(程度)를 수치로 표시한 것이다. 그러나 상관계수는 측정치가 아닌 일종의 지수(指數: index)이기 때문에 대소 구분은 가능하지만, 계수 간에 가감승제는 할 수 없다. 즉 상관계수는 서열척도와 같은 것이다. 예를 들어 상관계수가 .50이라 해서 .25보다 배가 된다고 할 수 없다. 또한 .50에서 .70으로의 증가량과 .20에서 .40으로의 증가량이 같다고 해석할 수 없다.

상관계수는 서열척도(序列尺度: ordinal scale)이다.

상관계수의 해석은 상관계수의 이론적 가정, 실용적 의의(意義), 상관계수에 영향을 미치는 여러 조건 등을 종합적으로 고려해야 한다. 즉, 목적에 따라서는 아주 높은 상관계수만이 유의한 것으로 해석될 수 있으나 다른 목적에 이용될 때는 아주 낮은 상관계수도 유의한 것으로 해석될 수 있다. 따라서 상관계수는 위에 제시한 여러 조건에 비추어 상대적(相對的)으로 해석해야 한다. 그러나 특별한 용도를 고려하지 않고 상관계수를 해석한다면 다음과 같다. 이러한 해석은 학자에 따라 차이가 있다는 점도 기억해 두기를 바란다.

.90 - 1.00	매우 높은 상관
.70 - .90	높은 상관
.50 - .70	보통 상관
.30 - .50	낮은 상관
.00 - .30	아주 낮은 상관

예를 들어 근력검사와 근지구력검사 간에 산출된 상관계수가 .70이라면 이 계수는 근력(혹은 근지구력)이 높은 사람은 근지구력(혹은 근력)도 대부분 높다는 것을 시사해 준다. 상관계수는 두 변수 간의 관계를 나타내 주는 지수이기 때문에 **관련정도를 비율(혹은 백분율)**로 설명할 수 있다. 상관계수를 백분율(百分率)처럼 해석하기 위해서는 상관계수를 자승(제곱)해야 한다.

상관계수의 자승, 즉 r^2을 결정계수(決定係數: coefficient of determination)라고 하는데 이것은 전체분산에 대한 설명분산(說明分散)의 비율 혹은 전체분산 중 두 변수가 공통적으로 관련되어 있는 분산비율을 나타낸다. 예를 들어 근력검사와 근지구력검사 간에 r이 .70이라면 $r^2 = .49$이므로 '전체분산(100%) 중 근력검사와 근지구력검사가 공통적으로 관련되어 있는 분산은 49%'라고 해석한다. 혹은 '근력검사의 전체분산 중 49%는 근지구력검사로 설명할 수 있다'라고 할 수 있다.

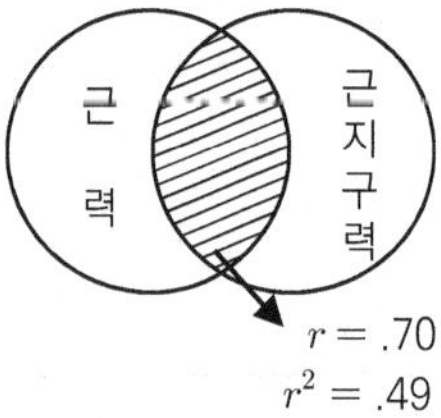

상관계수이 자승(r^2)은 전체분산 중 두 변수가 공통적으로 관련되어 있는 분산비율(分散比率)을 뜻한다. 그림 중 사선 친 부분은 근력검사와 근지구력검사가 공통적으로 측정하고 있는 분산을 뜻하며 이 분산은 전체 100%중 49%를 차지하고 있음을 의미한다.

상관계수는 두 변수 간의 관계의 정도를 나타내 준다. 그러나 이 말은 한 변수가 다른 변수의 원인이 된다는 것을 반드시 의미하지는 않는다. 왜냐하면 제 3의 변수 혹은 몇 가지 변수들이 조합되어 두 변수 간의 상관계수에 영향을 미칠 수 있기 때문이다. 따라서 두 변수 간의 관계를 인과적(因果的)인 측면에서 해석하려면 논리적으로 인과관계가 성립되거나 인과관계를 가정한 실험조건에서만 가능하다. 이러한 조건이 성립되지 않을 때는 서로가 원인이 되는 공인관계(共因關係)로 설명해야 한다.

피어슨의 r은 두 변수 간의 관련정도를 기술하는 데 사용할 수 있는 가장 일반적인 지수이다. r을 계산하기 위해서는 ① 두 변수가 다 같이 동간척도 이상의 연속적인 것이어야 하며 ② 회귀선이 직선적이어야 하고 ③ 회귀선을 중심으로 각 급간의 동분산성(同分散性: homoscedasticity)이 유지되어야 한다.

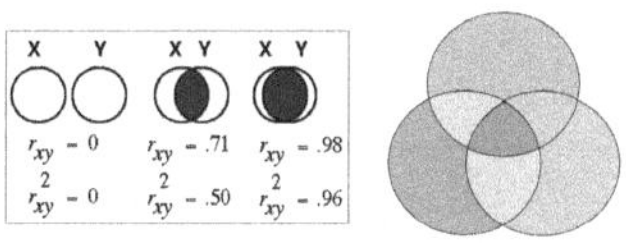

결정계수

coefficient of determination: r^2

- '자아존중감'과 '생환만족도' 간의 상관계수가 0.71로 나타났다면, $r^2=0.50$이 됨.
- 이를 근거로 "자아존중감과 생활만족도가 공통적으로 측정하는 정도는 50%이다." 라고 해석
- "생활만족도의 전체 변량 중 50%는 자아존중감과 관련이 있다"
- 나머지 50%는 각 변인의 고유치와 다른 변수와의 관계, 측정오차에 의한 것으로 해석.

4. 스피어먼의 등위차 상관계수(ρ)

등위차(等位差) 상관계수(rank-difference correlation coefficient)는 영국의 심리학자 스피어먼(Spearman)에 의해 창안된 것으로서 스피어먼의 ρ(rho : 로오)라고도 부른다. 등위차 상관계수는 서열적인 자료에 적용될 수 있다. 즉, 두 변수를 측정한 척도의 점수 간에 동간성이 의심될 때 혹은 두 변수의 측정치가 동간 또는 비율척도라 할지라도 점수로 표시되어 있지 않고 등위(또는 서열)로 표시되어 있을 때 사용할 수 있다.

스피어먼의 등위차 상관계수는 피어슨 r에 대한 근사치로 간주할 수 있으나 이보다는 엄밀하지 못한 단점이 있다. 왜냐하면 등위로 바꿀 때 점수 간의 간격(범위)을 고려하지

못하기 때문이다(표 6·1 참조). 그러나 사례수가 30명 이하인 경우, 상관계수를 빨리 계산하고 싶을 때 효과적으로 사용할 수 있다. 등위차 상관계수의 공식과 계산 예를 제시하고 적률상관계수(r)와 비교하면 다음과 같다.

$$\rho = 1 - \frac{6\Sigma d^2}{N(N^2-1)} \tag{6.4}$$

N = 사례수
d = 두 짝의 점수 순위 차

12명의 학생에게 음악(X)과 체육(Y) 시험을 친 후 얻은 점수를 이용하여 등위차상관계수와 적률상관계수를 계산하면 표 6·7과 같다. ρ를 계산하기 위해서는 자료가 측정치나 점수로 표시되어 있을 때 먼저 그것을 등위로 바꾸어야 한다. 즉, X점수와 Y점수 각각의 등위를 결정하여 등위(X)와 등위(Y) 난에 기록한다.

표 6·7 등위차상관계수의 계산

X	Y	등위(X)	등위(Y)	d	d^2	X^2	Y^2	XY
4	31	1	10	9	81	1	100	10
6	30	2	9	7	49	4	81	18
7	37	3	12	9	81	9	144	36
9	17	4	4	0	0	16	16	16
10	19	5	6	1	1	25	36	30
15	35	6	11	5	25	36	121	66
16	27	7	8	1	1	49	64	56
18	13	8	2	6	36	64	4	16
21	18	9	5	4	16	81	25	45
22	10	10	1	9	81	100	1	10
24	25	11	7	4	16	121	49	77
27	15	12	3	9	81	144	9	36
N=12		78	78		468	650	650	416

등위를 정할 때는 높은 점수에서 낮은 점수 순위로 혹은 낮은 점수에서 높은 점수 순위로 정할 수 있으나 어느 방법이든 일관성 있게만 적용하면 된다. 문제는 동점자가 있을 때 어떻게 처리하는가이다. 예컨대 18점을 받은 사람이 두 사람이고 이 두 사람의 원래 등위는 두 번째와 세 번째에 속한다고 하자. 이 경우에는 2와 3의 중간점(中間點: mid-point)인 2.5를 두 사람에게 부여한다. 그리고 그다음 점수에는 4의 등위를 부여한다. 동점을 처리하는 예를 들어 보자.

점수	16	18	18	21	22	26	26	26	29	38
등위	1	2.5	2.5	4	5	7	7	7	9	10

ρ를 계산하기 위해서는 먼저 d를 계산해야 한다. d는 대응하는 두 등위의 차를 말하는데, +, -에 관계없이 큰 것에서 작은 것을 빼면 된다. 이때 얻은 d를 제곱하여 d^2을 계산한 후 계산공식에 대입한다. 위 자료의 ρ를 계산하면,

$$\rho = 1 - \frac{6 \times 468}{12 \times (12^2 - 1)} = 1 - 1.636 = -.636$$

위의 표 6 · 7에서 원점수가 아닌 두 변수 간의 등위 자료에 공식 (6.3)을 이용하여 적률상관계수를 산출하면 ρ의 값과 동일한 것을 알 수 있다. 이와 같은 결과는 ρ가 r과 기본가정이 같고 수리적으로 **r에서 유도된 상관계수**임을 지적하고 있다. 산출된 ρ의 해석은 r과 동일하다.

$$r = \frac{12 \times 416 - (78 \times 78)}{\sqrt{[12 \times 650 - (78)^2][12 \times 650 - (78)^2]}} = -.636$$

등위차상관계수(ρ)는 두 변수의 측정치가 서열척도이고 등위로 표시되어 있을 때 적용할 수 있는 적률상관계수의 특수한 한 예이다. 계산공식은 다음과 같다.

$$\rho = 1 - \frac{6\Sigma d^2}{N(N^2 - 1)}$$

5. 켄달의 등위상관계수(τ)

켄달(Kendall)은 스피어먼의 ρ와 같이 서열척도에서 얻은 측정치 간의 상관계수를 계산하기 위해 등위상관계수 τ(tau: 타우)를 제안하였다. τ는 X, Y변수의 측정치를 각각 동일한 방향으로 등위를 매겼을 때 그 등위가 서로 일치하는 정도에 근거를 두고 있다. 따라서 연구자는 τ를 등위의 일치 정도를 파악하기 위해 사용할 수 있다. 그러나 켄달의 τ는 계산의 복잡성 때문에 대부분 스피어먼의 ρ를 사용하고 있다. τ는 SPSS 프로그램의 분석 창에서 쉽게 확인할 수 있다. 이 책에는 계산공식 및 절차를 생략한다.

6. 사간상관계수(r_t)

사간상관계수(四間相關係數: tetrachoric correlation coefficient)는 r_t 혹은 r_{tet}로 표시한다. r_t는 피어슨 r과 그 기본가정이 같다. 즉, r의 기본조건인 X, Y 두 변수가 모두 연속적이고 정상적으로 분포되어 있으며 회귀선이 직선적이고 본래의 상관도표가 동분산성(同分散性: homoscedasticity)을 유지하고 있을 때 계산 할 수 있다. 이때 산출된 r_t는 r과 같다. r_t는 이와 같은 조건이 만족된 상태에서 X, Y두 변수가 모두 두 유목으로 축소되어 있을 때 계산하는 방법이다.

r_t의 원래 계산공식은 매우 복잡하고 길다. 수리적으로 볼 때 r_t는 조건만 합당하다면 피어슨 r의 가장 좋은 추정치임이 틀림없다. 그러나 원래의 공식이 너무 복잡하고 계산하는 데 많은 시간이 요구되기 때문에 정확성은 다소 부족하지만, r_t의 근사치를 추정해 주는 cosine phi계수(ϕ)를 이용한다. r_t의 계산공식과 r_t를 계산한 예를 들면 다음과 같다.

$$r_t = \cos\frac{180^{\circ}}{1+\sqrt{BC/AD}} \tag{6.5}$$

표 6·8 r_t계산을 위한 사간분류표

		변수 X		
		0	1	합
변수 Y	1	A	B	$A+B$
	0	C	D	$C+D$
	합	$A+C$	$B+D$	N

표 6·9 r_t계산을 위한 자료

		문항 I		
		오답	정답	
문항 II	정답	33	57	90
	오답	6	24	30
		39	81	120

표 6·9에는 학력검사 두 개 문항에 정답과 오답을 한 학생수가 제시되어 있다. 전체 학생 120명 중 두 문항에 동일하게 응답한 학생은 B와 C이며 다르게 응답한 학생은 A

와 D이다. r_t는 부록에 제시된 〈수표 2〉를 이용하여 계산하지 않고도 BC/AD의 비율(比率)을 계산하여 얻을 수 있다. 예를 들어 BC/AD가 1보다 큰 2.99라면 r_t값은 〈수표 2〉의 BC/AD 난에서 이에 해당하는 0.41이 된다. 만일 BC/AD가 1보다 적으면 AD/BC의 비율을 계산하여 이에 상응하는 r_t값을 찾아 그 값에 -부호를 붙이면 된다. 즉, BC/AD= 0.137이면 AD/BC=7.322이고 r_t = -0.66이 된다.

$$r_t = \cos \frac{180^0}{1+\sqrt{(57\times6)/(33\times24)}}$$

표 6·9의 자료를 공식에 대입하면 위와 같다. 여기에서 BC/AD의 값은 1보다 적은 0.432이기 때문에 다시 AD/BC의 비율을 계산해야 한다. AD/BC=2.313이며 이에 상응하는 r_t는 〈수표 2〉에서 -0.32가 된다. 이 계수는 두 문항에 대한 응답 간에는 낮은 부적 상관관계가 있음을 뜻한다. 좀 더 구체적으로 말하면, 문항 I에 정답한 학생들은 문항 II에도 대부분 정담을 했지만, 문항 I에 오답한 학생의 대부분은 문항 II에 정답하고 있다고 해석할 수 있다.

피어슨의 r과 같은 신뢰로운 r_t 값을 얻기 위해서는 r을 계산할 때보다 두 배 정도의 표본 사례수가 요구된다. r_t를 계산하기 위해 표본으로 추출해야 할 사례수는 최소한 200명은 되어야 하며 보다 바람직한 계수를 얻으려면 300명 정도는 표집해야 한다. 그리고 X, Y변수를 양분할 때는 가능한 한 중앙치를 기준으로 분류할 필요가 있다. 이 말은 양분된 두 변수의 범주별 사례수가 가능한 한 비슷한 것이 바람직하다는 뜻이다.

X, Y변수를 각각 양분한 사간표(四間表: contingency table) 중에서 어느 칸의 사례수가 0일 때는 무조건 r_t의 계산을 피해야 한다. 왜냐하면 실제 계산에서 어느 한 칸(cell)에 0이 있을 때는 +1.00 혹은 -1.00의 계수가 산출되어 터무니없이 과대 추정되기 때문이다. 일반적으로 시간표의 어느 한 칸에 전체 사례수의 5% 이하 혹은 95% 이상이 속해 있을 때는 r_t를 계산하는데 주의해야 한다.

사간상관계수(r_t)는 연속적이고 정상적으로 분포되어 있는 X, Y변수가 모두 두 범주로 양분되어 있을 때 적합한 상관계수이다. 계산공식은 다음과 같다.

$$r_t = \cos \frac{180^\circ}{1+\sqrt{BC/AD}}$$

---

7. 파이계수(phi : ϕ)

파이계수는 ϕ로 표시된다. ϕ는 X, Y 두 변수가 비연속적 즉, 질적 변수이면서 두 범주로 양분되었을 때 사용할 수 있는 피어슨 r의 특수한 예이다. 예를 들어 성별과 평가방법 선호(주관식, 객관식) 간의 상관관계를 조사한다고 가정해 보자. 두 변수는 모두 비연속적이면서 양분되어 있기 때문에 각각에 1 혹은 0(여 = 1, 남 = 0 : 주관식 = 1, 객관식 = 0)의 값을 부여하는 것이 편리할 것이다. 여기에서 각각에 0, 1의 값을 부여하는 것은 임의로 결정한 것이다. 즉, 어느 유목(남자 혹은 여자)에 1 혹은 0의 값을 부여해도 무방하다는 것이다. 표 6 · 10에 제시된 자료를 공식(6.3)을 이용하여 계산하면 다음과 같다.

$$r = \frac{10 \times 4 - (5 \times 6)}{\sqrt{[10 \times 5 - (5)^2][10 \times 6 - (6)^2]}} = .408$$

이 값은 성별과 평가방법 선호 간에는 낮은 정적 상관관계가 있음을 뜻한다. 표 6 · 10의 자료는 앞의 r_t 계산을 위해 제시된 바와 같이 횡(row)과 종(column)이 각각 둘로 구분된 사간표(四間表)로 작성할 수 있다. 표 6 · 11은 표 6 · 10을 사간표로 다시 조직한 것이며 칸 속의 숫자는 빈도이다. 계산 결과에 의하면 여자는 주관식을 좋아하는 반면, 남자는 객관식을 좋아하는 경향이 있다.

표 6 · 10 파이계수(ϕ)계산 예

피험자	성별 X	평가선호 Y	X^2	Y^2	XY
A	1	1	1	1	1
B	1	1	1	1	1
C	1	0	1	0	0
D	1	1	1	1	1
E	1	1	1	1	1
F	0	0	0	0	0
G	0	1	0	1	0
H	0	1	0	1	0
I	0	0	0	0	0
J	0	0	0	0	0
Σ	5	6	5	6	4

1 = 여자, 0 = 남자　　1 = 주관식, 0 = 객관식

표 6 · 11 파이계수(ϕ) 계산을 위한 사간표

		성별		
		남	여	계
평가방법 선호	주관식	2	4	6
	객관식	3	1	4
	계	5	5	10

파이계수(ϕ)는 표 6 · 8에 제시된 사간표를 이용하면 공식 (6.6)과 같다. 이 공식은 피어슨의 r을 단순화 시킨 것이다. 표 6 · 11의 자료를 공식 (6.6)에 대입하면 아래와 같다. 계산결과는 피어슨의 r에 의해 계산된 값과 동일하다. ϕ은 r보다 편리한 이점이 있으나 반드시 두 변수가 비연속적이고 양분된 경우에만 사용할 수 있다.

$$\phi = \frac{BC - AD}{\sqrt{(A+B)(C+D)(A+C)(B+D)}} \tag{6.6}$$

$$\phi = \frac{(4\times3)-(2\times1)}{\sqrt{(2+4)(3+1)(2+3)(4+1)}} = .408$$

파이계수(ϕ)는 두 변수가 비연속 변수면서 두 범주로 양분되어 있을 때 적용할 수 있는 피어슨 r의 특수한 예이다. 공식은 다음과 같다.

$$\phi = \frac{BC - AD}{\sqrt{(A+B)(C+D)(A+C)(B+D)}}$$

---

8. 유관계수(C)

유관계수(類關係數 : contingency coefficient)는 C계수로도 표시된다. 파이계수(ϕ)와 유관계수(C)는 다 같이 X, Y 두 변수가 비연속적이면서 두 범주로 양분되었을 때 사용할 수 있다. 그러나 ϕ계수는 두 변수가 각각 두 범주로 양분되었을 때만 사용할 수 있는 제한점이 있다. C계수는 ϕ계수가 갖는 이러한 제한점을 부분적으로 해결하기 위해 피어슨이 제안한 방법이다. 즉, 2×2의 사간표(이원빈도 표) 만이 아니라 2×5, 3×5 등 어떠한 범주수를 가진 빈도표에도 적용할 수 있다. 계산공식은 다음과 같다.

$$C=\sqrt{\frac{\chi^2}{\chi^2+N}} \tag{6.7}$$

공식 (6.7)의 유관계수(C) 계산은 χ^2(카이 자승)에 대한 통계적 지식이 요구되기 때문에 15장에 제시된 χ^2을 학습한 후 적용하기 바란다. 여기에서 유념할 것은 C계수는 χ^2값과 관계가 있다는 점이다. C계수의 단점은 X, Y 변수의 범주수에 따라 C계수의 크기가 제한을 받는다는 것이다. X, Y 변수의 범주수가 동일한 경우 X 혹은 Y 변수의 범주수를 K라 한다면 기대되는 최대 C계수는 다음 공식에 의해 결정된다.

$$C_{최대치}=\sqrt{\frac{K-1}{K}} \tag{6.8}$$

X, Y 변수의 범주수가 각각 2개일 경우 C의 최대치는 $\sqrt{1/2}=.707$이며 3개일 경우에는 $\sqrt{2/3}=.816$이 된다. 따라서 두 변수 간에 완전한 상관(1.00)이 존재한다고 할지라도, 범주수가 2개일 경우에 계산된 C계수는 .707을 초과할 수 없다. 이러한 단점을 해결하기 위해 제안된 유관계수(C)가 바로 Cramér의 C계수이다. Cramér의 C계수 산출공식은 다음과 같다.

$$C-\sqrt{\frac{\chi^2}{N(L-1)}} \tag{6.9}$$

N = 전체 사례수
L = X 혹은 Y 변수 중 범주수가 적은 쪽의 범주수

유관계수(C)는 X, Y 두 변수가 비연속적이면서 여러 개의 범주로 구분되었을 때 사용하는 상관계수이다. 그러나 범주수의 크기에 따라 C계수의 크기가 제한을 받기 때문에 Cramér가 제안한 C계수를 주로 사용한다. Cramér의 C계수 산출공식은 다음과 같다.

$$C=\sqrt{\frac{\chi^2}{N(L-1)}}$$

---

9. 양분상관계수(r_b)

양분상관계수(兩分相關係數 : biserial correlation coefficient)는 r_b로 표시된다. 양분상관계수 r_b는 수리적으로 볼 때 피어슨의 r에서 유도된 것이기 때문에 기본가정은 r과 같

으나 측정치의 성질에 따라 그 적용에 차이가 있다. 양분상관계수는 두 변수 중 하나가 연속적인 동간 · 비율척도에서 얻은 측정치이고 다른 하나는 두개의 범주로 양분되어 있는 자료일 때 계산할 수 있다. 그러나 양분 r_b의 기본가정은 두 범주로 양분된 변수도 **실제로는 연속적이면서 정상적으로 분포**되어 있어야 한다는 것이다.

예를 들면 대학 합격여부와 고교 때의 졸업성적 간의 상관을 들 수 있다. 고교 때의 졸업성적은 연속적(동간 · 비율척도) 변수이고 '합격여부'는 두 범주로 양분되어 있으나 실제로는 연속적 변수인 입학시험 성적을 당락 결정 기준치에 의해 양분한 것이다. 또 다른 예로 빈부와 건강지수와의 관계를 들어 보자. 건강지수는 연속적 변수이며 빈부는 부자와 가난한 자로 양분되어 있다. 그러나 여기에서도 빈부의 구분은 사회계층지수 혹은 수입정도라는 연속적 변수를 어떤 기준치를 이용하여 양분한 것이다.

양분상관계수의 기본공식에는 동간 · 비율척도로 측정해서 얻은 변수(편의상 Y변수라고 하자)에 대해서는 정상분포(normal distribution)의 가정을 요구하지 않고 있다. 이와 같은 가정은 **양분된 변수**(편의상 X변수)에만 적용하고 있을 뿐이다. 그러나 두 변수 간의 직선성(直線性) 가정은 요구하고 있다. 양분 r_b의 기본공식은 상관이 0일 때 양분된 X변수의 하위 범주별 Y변수(Y_0, Y_1)의 평균치 간에는 차이가 없으며 평균치 간에 차이가 클수록 상관은 높을 것이라는 가정에 기초하고 있다. 양분 r_b의 공식은 다음과 같다.

$$r_b = \frac{\overline{Y}_1 - \overline{Y}_0}{\sigma_y} \cdot \frac{pq}{y} \tag{6.10}$$

$\overline{Y}_1$ = 양분된 X변수에서 "능력"의 상부(1)에 속하는 집단의 Y평균치
$\overline{Y}_0$ = 양분된 X변수에서 "능력"의 하부(0)에 속하는 집단의 Y평균치
y = 단위 정상분포곡선 하에서 그 곡선 하의 면적을 p, q로 나누는 점의 종축치(p, q)의 면적의 비율을 알면 수표 1에서 쉽게 찾을 수 있다. 즉, p의 면적이 0.40이면 적은 쪽의 면적(c)에서 0.40이 해당하는 y값(0.3864)을 읽으면 된다.
p = 전체 사례수 중 양분된 X변수에서 1에 해당하는 사례수의 비율
q = 전체 사례수 중 양분된 X변수에서 0에 해당하는 사례수의 비율($q = 1 - p$)
σ_y = Y변수[능력의 상집단(1)과 하집단(0)을 통합한 전체]의 표준편차

예를 들어 불안수준과 경기력 간의 상관 정도를 산출하기 위해 15명으로부터 관련 자료를 수집한 결과, 표 6 · 12와 같은 자료를 얻었다고 가정해 보자. 표에서 불안수준 상(上)은 1, 하(下)는 0으로 표시하였다. 표 6 · 12의 자료에서 $p = 6/15 = 0.40$임을 알 수 있다. p가 0.40이라는 것을 그림으로 제시하면 도 6 · 5와 같다. 여기에서 우리는 $p = 0.40$에 해당하는 y값(단위 정상분포곡선 하에서 p, q로 나누는 점의 종축치)을 찾아내면

되는데, 위의 p값은 정상분포 상에서 적은 쪽 면적에 해당하므로 부록의 〈수표 1〉의 C 난에서 0.40에 해당하는 y값을 찾으면 약 0.3864가 될 것이다.

표 6 · 12 양분(r_b)상관계수의 계산 예

불안수준(X) 상=1, 하=0	경기력 (Y)
1	435
1	380
1	365
1	410
1	420
1	430
0	510
0	485
0	390
0	560
0	330
0	475
0	400
0	495
0	530

$$\overline{Y_1} = \frac{\Sigma Y_1}{N_1} = 406.67$$

$$\overline{Y_0} = \frac{\Sigma Y_0}{N_0} = 463.89$$

$$\sigma_y = \sqrt{\frac{\Sigma(Y-\overline{Y})^2}{N}} = 63.51$$

$$p = \frac{6}{15} = 0.40$$

$$q = \frac{9}{15} = 0.60$$

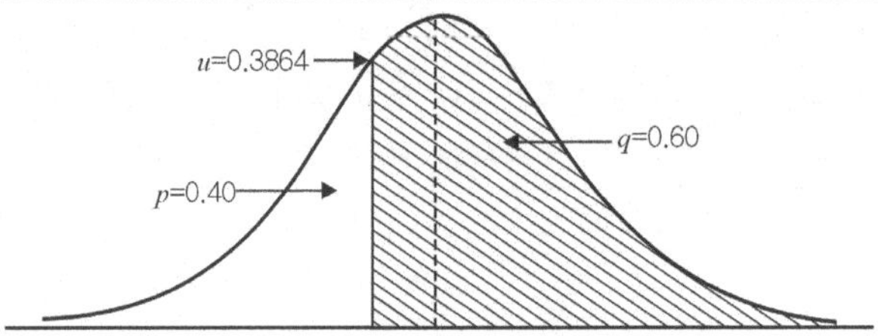

도 6 · 5 $p = 0.40$ 혹은 $q = 0.60$의 면적비율에 대한 y(종축치)값

여기에서 p의 면적비율 대신 q의 면적비율에 해당하는 y를 찾아도 값은 마찬가지이다. q의 면적비율을 사용할 경우, $q = 0.60$이므로 부록의 〈수표 1〉의 큰 쪽 면적에 해당하는 B난에서 0.60에 해당하는 Y값을 읽으면 0.3864가 될 것이다. 위의 결과를 공식에 대입하면 다음과 같다.

$$r_b = \frac{(406.67 - 463.89)}{63.51} \times \frac{(0.40 \times 0.60)}{0.3864}$$
$$= -.560$$

양분 r_b를 계산할 때는 적률상관계수(r)를 계산할 때 기본적으로 갖추어야 할 조건들인 회귀선의 직선성과 동분산성이 그대로 적용된다. 그리고 최소한 두 변수 중 양분된 변수는 실제로 **연속적이면서 정상적으로 분포**된 것이어야 한다. 만일 양분된 변수가 이러한 조건을 만족시키지 못한다면 계산결과 얻은 양분 r_b는 잘못된 추정치가 되고 만다. 예를 들어 양분된 변수가 정상분포가 아닌 쌍봉분포라면 그리고 양분된 p와 q의 비율이 .50으로부터 크게 벗어나면 계산된 r_b는 1.0을 초과할 가능성이 있다.

두 변수가 모두 연속적일 경우 r_b를 계산하기 위해 그중 하나를 양분하려고 한다면 양분의 기준점은 가능한 한 중앙치로 결정하는 것이 좋다. 또한 전집의 표집분포(標集分布: sampling distribution: 다음 장에서 설명)는 정상분포로 가정되지만 실제로 표본을 추출해서 얻은 분포가 정상분포가 아닐 때는 양분 r_b를 계산하는 것도 무방하다. 그러나 r_b는 피어슨의 r보다 표준오차(標準誤差)가 커 신뢰롭지 못하기 때문에 실제 계산에서는 r을 계산하는 것이 타당하다.

양분상관계수(r_b)는 한 변수는 두 유목으로 양분된 연속적 변수고 다른 변수는 최소한 동간척도 이상일 때 적용할 수 있는 상관계수이다. 계산공식은 다음과 같다.

$$r_b = \frac{\overline{Y_1} - \overline{Y_0}}{\sigma_y} \cdot \frac{pq}{y}$$

---

10. 양류상관계수(r_{pb})

양류상관계수(point-biserial correlation coefficient)는 r_{pb}로 표시된다. 양류상관계수(r_{pb}) 역시 r_b와 마찬가지로 수리적으로 볼 때 피어슨의 r에서 유도된 것이기 때문에 기본가정은 서로 같으며 단지 측정치의 성질에 따라 그 적용에 차이가 있다. 양류(兩類) r_{pb}와 양분(兩分) r_b는 두 변수 중 하나는 명명척도, 다른 하나는 동간/비율척도일 때 사용할 수 있다. 그러나 양분 r_b는 양분된 변수가 실제로는 **연속적이고 정상적인 분포이어야 적용**할 수 있는데 반해, 양류 r_{pb}는 양분된 변수가 **비연속적**일 때(예 : 남자 · 여자) 적용할 수 있다.

이와 같이 양분되는 변수가 실제로 비연속적인 변수거나 비록 연속적인 변수라 할지라도 그 점수분포의 정상성이 의심될 때는 양분 r_b보다는 양류 r_{pb}를 사용하는 것이 타당하다. 예를 들면 양류 r_{pb}를 적용할 수 있는 양분된 변수는 남 · 여, 찬성 · 불찬성, 백인 · 흑인, 운동선수 · 일반인 등과 같이 비연속적인 변수와 알코올 중독자와 아닌 자와 같이 그 분류의 기저는 연속적이지만 점수분포가 정상적(正常的)인지가 분명치 않은 변수들이다.

그러나 때로는 연속적이고 정상적인 분포로 가정할 수 있는 변수도 편의상 비연속적인 것으로 간주하고 r_{pb}를 적용하는 예도 있다. 그 예로서는 한 문항에 대한 정답자와 오답자를 비연속적인 변수로 간주하고 양분하는 경우이다. 양류 r_{pb}의 기본공식은 다음과 같다.

$$r_{pb} = \frac{\overline{Y}_1 - \overline{Y}_0}{\sigma_y} \bullet \sqrt{pq} \tag{6.11}$$

이 공식은 공식 (6.10)과 거의 같으며 단지 pq/y 대신에 $\sqrt{pq}$로 대치되었을 뿐이다. 여기에서 $\overline{Y}_1$, $\overline{Y}_0$, σ_y의 의미와 계산방법은 r_b와 같으며 $\sqrt{pq}$ 역시 쉽게 계산할 수 있다. 표 6 · 13은 운동여하와 턱걸이 능력 간의 상관계수를 r_{pb}로 계산한 예시 자료이다. 여기에서 운동여하는 운동선수($X = 1$)와 일반인($X = 0$)으로 구분하였다. 표 6 · 13의 자료를 이용하여 산출된 r_{pb}는 다음과 같다.

표 6 · 13 양류(r_{pb})상관계수의 계산 예

피험자	운동여하 X	턱걸이 Y	X^2	Y^2	XY
A	1	10	1	100	10
B	1	12	1	144	12
C	1	16	1	256	16
D	1	10	1	100	10
E	1	11	1	121	11
F	0	7	0	49	0
G	0	6	0	36	0
H	0	11	0	121	0
I	0	8	0	64	0
J	0	5	0	25	0
Σ	5	96	5	1016	59

$$\overline{Y}_1 = (10+12+16+10+11)/5 = 11.80$$

$$\overline{Y}_0 = (7+6+11+8+5)/5 = 7.40$$

$$\sigma_y = \sqrt{[1016-(96)^2/10]/10} = 3.07$$

$$r_{pb} = \frac{11.80-7.40}{3.07}\sqrt{(0.5\times 0.5)} = .716$$

이 값은 공식 (6.3)의 피어슨의 r로 계산한 값과 동일하다. 공식 (6.11)은 $\overline{Y}_1$의 값과 $\overline{Y}_0$의 값이 동일하면 r_{pb}는 0이 됨을 시사하고 있다. 그리고 동일한 자료로 분석된 r_{pb}는 r_b보다 항상 적다. 이와 같은 차이는 $\sqrt{pq}$와 pq/y 값을 비교해 보면 $\sqrt{pq}$가 pq/y보다 항상 작기 때문이다. 따라서 같은 자료를 가지고 r_{pb}와 r_b를 계산하면 r_{pb}는 r_b보다 항상 과소 추정되고 있음을 알 수 있다.

양류상관계수(r_{pb})는 한 변수는 두 범주로 양분된 비연속 변수고 다른 변수는 최소한 동간척도 이상일 때 적용할 수 있는 피어슨 r의 특수한 예이다.

$$r_{pb} = \frac{\overline{Y}_1 - \overline{Y}_0}{\sigma_y} \cdot \sqrt{pq}$$

---

11. 등위양분상관계수(r_{rb})

등위양분상관계수(等位兩分相關係數: rank biserial correlation coefficient)는 r_{rb}로 표시한다. r_{rb}는 처음 큐레톤(Cureton)에 의해 제안되었으며 등위 간의 일치도에 의해 상관관계를 파악하는 켄달의 τ와 관계가 있다. r_{rb}는 한 변수는 서열척도로부터 얻은 측정치이고 다른 변수는 비연속적이면서 양분된 자료일 때 사용 가능하다. 예를 들어 연구자가 표 6 · 14와 같이 흡연여부와 사회경제적 지위 간의 상관관계에 관심이 있다고 가정하자. 여기에서 두 범주로 양분된 흡연여부는 흡연자=0 비흡연자=1로 편의상 지정하고 사회경제적 지위는 가장 높은 지위부터 1, 2, 3… 등으로 부여한 서열변수라고 하자.

글라스(Grass)는 서열변수에 중복등위가 없을 경우 적용할 수 있는 공식 (6.12)을 제안하였는데, 공식 (6.12)을 표 6 · 14의 자료에 적용하여 r_{rb}를 계산해 보면 다음과 같다.

$$r_{rb} = \frac{2}{N}(\overline{Y}_1 - \overline{Y}_0) \qquad (6.12)$$

N = 전체 사례수
$\overline{Y}_1$ = 양분된 X변수에서 1에 속하는 개개인의 평균등위
$\overline{Y}_0$ = 양분된 X변수에서 0에 속하는 개개인의 평균등위

$$r_{rb} = \frac{2}{12}(4.667 - 8.333) = -.611$$

이 계수는 두 변수 간에 부적 상관관계가 있음을 의미한다. 그러나 r_{rb}의 계산결과를 해석할 때 유의할 점은 두 범주로 양분된 하위범주 중 어느 것을 0으로 지정하느냐에 따라 산출된 상관계수의 부호는 달라진다는 것이다. 만일 위의 예에서 흡연자 = 1, 비흡연자 = 0으로 지정하였다면 계산결과는 정적 상관관계(+.611)가 있는 것으로 나타날 것이다.

따라서 r_{rb}의 계산결과를 해석할 때는 상관계수의 부호는 무시하고 양분된 변수 중 어느 하위범주를 0 혹은 1로 지정했는가를 고려해야 한다. 산출된 결과에 의하면 1로 지정된 흡연자의 사회경제적 지위(8.333)는 낮은 경향(※ 사회경제적 지위가 높은 지위부터 1, 2, 3 등위를 부여했기 때문)이 있으며, 반대로 0으로 지정된 비흡연자의 사회경제적 지위(4.667)는 높은 경향이 있음을 뜻한다.

공식 (6.12)은 서열변수에 중복등위가 없을 때만 적절하게 사용이 가능한 것이다. 만일 중복등위가 있을 때는 큐레톤이 처음 제안한 공식을 사용해야 한다. 큐레톤이 제안한 공식은 Cureton (1968), Rank-biserial correlation – when ties are present, *Educational and Psychological Measurement, 28*, 77-79를 참고하기 바란다.

표 6 · 14 등위양분상관계수(r_{rb})계산 예

피험자	흡연여부 (X)	사회경제적 지위 등위(Y)	
A	1	1	$N = 12$
B	1	2	
C	1	3	$\overline{Y}_1 = \frac{28}{6} = 4.667$
D	0	4	
E	0	5	$\overline{Y}_0 = \frac{50}{6} = 8.333$
F	1	6	
G	1	7	
H	0	8	흡연여부
I	1	9	O= 흡연자
J	0	10	I = 비흡연자
K	0	11	
L	0	12	

등위양분상관계수(r_{rb})는 한 변수가 비연속적이면서 양분되고 있고 다른 변수가 서열변수일 때 적절하게 사용할 수 있는 상관계수이다. 계산공식은 다음과 같다.

$$r_{rb} = \frac{2}{N}(\overline{Y}_1 - \overline{Y}_0)$$

12. 상관비(η)

지금까지 우리는 두 변수 간에는 **직선적(直線的)인 관계가 있다**고 가정할 수 있을 때 적용할 수 있는 상관계수를 학습하였다. 그러나 실제 사회과학 분야에서 두 변수 간의 관계는 직선적이지 않은 사례도 있다. 변수 간에 직선적이지 않은 관계를 예로 들면 어떤 신체적 과제의 수행능력과 연령 간의 관계를 들 수 있다. 즉, 어린이는 과제 수행능력이 낮지만 청년기는 연령이 증가함에 따라 과제 수행능력도 증가한다. 그러나 과제 수행능력은 어떤 연령을 기점으로 연령이 증가함에 따라 감소한다. 따라서 전체 연령에 걸쳐 볼 때 연령은 과제 수행능력과 직선적인 관계를 갖지 못한다.

상관비(相關比: correlation ratio, η)는 이와 같이 **두 변수가 연속적이지만 변수 간에 직선성이 가정되지 않을 때** 사용 할 수 있는 관계의 지수이다. η(이타)의 계산은 지금까지 제시한 어떠한 상관계수보다 복잡하다. 계산절차를 제시하면 다음과 같다.

1단계 : 두 변수 중 어느 한 변수의 점수를 동일한 크기를 가진 급간으로 묶는다. 표 6 · 15의 자료에서는 편의상 불안점수(X)의 급간 크기를 3으로 하여 (1 - 3), (4 - 6), (7 - 9), (10 - 12), (13 - 15), (16 - 18)과 같이 묶는다.

2단계 : 불안점수(X)의 각 급간에 해당하는 경기력(Y)의 급간별 평균치 ($\overline{Y}_c$)와 전체 평균치($\overline{Y}_t$)를 계산한다. 여기에서 전체 평균치 ($\overline{Y}_t$)는 9.44이다. 그리고 급간 (1 - 3)에 해당하는 X변수의 사례수는 2명이며 이들의 Y변수 점수는 4와 6이다. 따라서 이 급간의 평균치는 $(4+6)/2 = 5.00$으로 기록한다.

3단계 : 피험자 개개인별로 $(Y-\overline{Y}_c)^2$과 $(Y-\overline{Y}_t)^2$을 구한다. 첫 번째 피험자에 대한 $(Y-\overline{Y}_c)^2$은 $(4-5)^2 = 1.00$이며 $(Y-\overline{Y}_t)^2$은 $(4-9.44)^2 = 29.59$이다. 그리고 피험자별로 산출된 이들 편차점수를 모두 합한 후 다음 공식에 대입한다.

$$\eta = \sqrt{1 - \frac{\Sigma(Y-\overline{Y}_c)^2}{\Sigma(Y-\overline{Y}_t)^2}} \qquad (6.13)$$

$$= \sqrt{1 - \frac{35.98}{197.88}} = .905$$

이 계수는 불안과 경기력 간에는 매우 높은 상관관계가 있음을 뜻한다. 구체적으로 두 변수 간에는 강한 비직선적(非直線的) 관계가 있다. 만일 위의 자료를 피어슨 r로 계산하면 $r=.24$가 된다. 따라서 비직선적인 자료를 r로 계산하면 본래의 상관계수를 과소 추정하게 됨을 알 수 있다. 상관비(η)의 범위는 0부터 1까지이며, -값은 없다. 계수의 해석은 피어슨의 r과 정확하게 같다. 상관비의 자승(η^2)은 전체분산 중 X 변수와 Y 변수가 공통적으로 관련되어 있는 비중(즉, 분산)을 뜻한다.

상관비의 자승(η^2)은 항상 r^2보다 크거나 같다. 즉, $0 \leq r^2 \leq \eta^2 \leq 1$의 관계를 갖는다. 따라서 $\eta^2 - r^2$의 차이는 자료에서 비직선성의 정도(degree of non-linearity)를 나타내 준다. 상관비를 계산할 때 우리는 한 변수의 급간수를 어느 정도로 할 것인가에 대한 결정이 필요한데, 이러한 결정은 다분히 임의적이다. 일반적으로 사회과학 분야의 변수에 대한 급간 수는 6개보다는 크고 12개보다는 적게 하는 것이 통례이다.

표 6·15 상관비(η^2)의 계산

피험자	불안점수 X	X의 급간	경기력 Y	$\overline{Y}_c$	상관비(η)계산 $(Y-\overline{Y}_c)$	$(Y-\overline{Y}_c)^2$	$(Y-\overline{Y}_t)$	$(Y-\overline{Y}_t)^2$
1	2	(1-3)	4	5.00	-1.00	1.00	-5.44	29.59
2	3	(1-3)	6	5.00	1.00	1.00	-3.44	11.83
3	5	(4-6)	8	10.00	-2.00	4.00	-1.44	2.07
4	6	(4-6)	12	10.00	2.00	4.00	2.56	6.55
5	7	(7-9)	15	13.33	1.67	2.78	5.56	30.91
6	7	(7-9)	15	13.33	1.67	2.78	5.56	30.91
7	9	(7-9)	10	13.33	-3.33	11.09	0.56	0.31
8	11	(10-12)	7	6.33	0.67	0.45	-2.44	5.95
9	12	(10-12)	7	6.33	0.67	0.45	-2.44	5.95
10	12	(10-12)	5	6.33	-1.33	1.77	-4.44	19.71
11	14	(13-15)	6	7.67	-1.67	2.78	-3.44	11.83
12	15	(13-15)	8	7.67	0.33	0.11	-1.44	2.07
13	15	(13-15)	9	7.67	1.33	1.77	-0.44	0.19
14	16	(16-18)	12	13.00	-1.00	1.00	2.56	6.55
15	17	(16-18)	14	13.00	1.00	1.00	4.56	20.79
16	18	(16-18)	13	13.00	0.00	0.00	3.56	12.67
Σ	169				0.00	35.98	0.00	197.88

피어슨 r을 이용하여 두 변수 간의 상관계수를 산출한다면 단 하나의 r값을 얻을 수 있다. 그러나 상관비(η)에 의해 두 변수 간의 관계를 산출할 때는 어떤 변수를 급간으로 묶느냐에 따라 각기 다른 두 개의 η값을 얻게 된다. 즉, 위의 자료에서 경기력 변수를 급간으로 묶었을 때는 위에서 계산한 η값과 다른 값을 얻게 된다.

상관비(η)는 두 변수가 연속적이지만 변수 간에 직선성이 가정되지 않을 때 사용 할 수 있는 비직선적(非直線的) 관계 지수이다. 계산공식은 다음과 같다.

$$\eta = \sqrt{1 - \frac{\Sigma(Y - \overline{Y}_c)^2}{\Sigma(Y - \overline{Y}_t)^2}}$$

자료가 비직선적인 경향을 가지고 있을 때 피어슨 r을 사용하면 두 변수 간의 관계를 과소평가하게 된다.

지금까지 두 변수 간의 관계를 수량적으로 표시하는 여러 가지 종류의 상관계수에 대해 살펴보았다. 이들 상관계수 중 몇몇은 피어슨의 적률상관계수(r)와 수리적으로 동일한 기본가정을 가지고 있으나 측정치의 종류에 따라 각기 다르게 적용되고 있음을 알았다.

적률상관계수는 동간 · 비율척도에서 얻은 측정치들의 상관을 계산하는 데만 사용이 가능하며 명명 혹은 서열척도에서 얻은 측정치들의 상관은 측정치의 종류에 따라 적절한 상관계수 산출방법(표 6 · 2 참조)을 선정해서 사용해야 한다.

연습문제

1. 다음 중 상관이 가장 높은 것은 어느 것인가?

① .00　　　② .82　　　③ -.95

풀이 ① .00은 상관이 없음을 의미한다.
② 비교적 높은 상관을 보이고 있으나 정답은 아니다.
③ 정답이다. 상관의 정도는 상관계수의 절댓값 크기로 따진다. 즉 .50은 -.50보다 상관이 높다고 말할 수 없으며 이런 경우 상관의 정도는 같다. -.95는 역(逆)상관(X변수가 커짐에 따라 Y변수는 줄어드는 관계)으로서 상관의 정도는 매우 높다.

2. 적률상관계수를 계산하기 위해 기본적으로 만족되어야 할 조건은 무엇인지 기술하라.

풀이 적률상관계수를 계산하기 위해서는
① 두 변수 X와 Y가 직선적인 관계를 가지고 있어야 한다. 즉, X와 Y의 회귀선(回歸線 : regression line)이 직선적이이야 힌다.
② 적률상관계수를 계산하기 위해서는 X와 Y의 분포가 비슷해야 한다. 즉, 두 변수의 분산이 동등한 동분산성(同分散性 : homoscedasticity)의 조건이 갖추어져야 한다.

3. 다음 도표에서 X, Y 두 변수의 관계를 가장 잘 나타내고 있는 것은 어느 것인가?

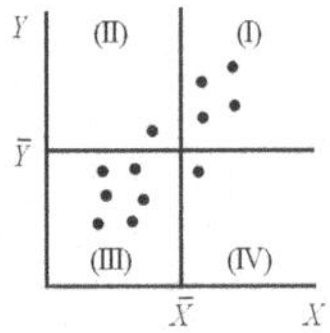

① 낮은 정적 상관이다.
② 높은 정적 상관이다.
③ 상관이 없다.
④ 높은 부적 상관이다.

풀이 ① 정적 상관이기는 하지만 정답은 아니다.
② 정답이다.
③ 점들이 영역 I과 III에 걸쳐 있으므로 두 변수 간에는 확실한 상관이 있다.
④ 정답이 되기 위해서는 점들이 영역 II와 IV에 걸쳐 있어야 한다.

4. Pearson의 r = 0은 두 변수 간에 상관이 없음을 의미한다. (예, 아니오)

5. 만일 근력과 경기력 간에 완전상관(1.00)이 있는 것으로 나타났다면, 경기력을 향상시키려면 근력만 개발하면 된다고 할 수 있다. (예, 아니오)

6. 두 변수 간의 상관이 +.40으로 나타났다. X변수의 각 점수에 2배하면 r은 +.80이 된다. (예, 아니오)

7. r = 1.00일 때 X변수의 표준점수가 2.6인 사람은 Y변수의 표준점수도 2.6이 된다. (예, 아니오)

8. r = .90일 때 X변수의 표준점수가 2.6인 사람은 Y변수의 표준점수가 1.7이 되어야 한다. (예, 아니오)

9. 결정계수가 .49이면 상관계수는 .70이다. (예, 아니오)

10. Pearson의 r을 계산할 수 있는 자료는 Spearman의 ρ도 계산 할 수 있다. (예, 아니오)

11. 두 변수의 분포 간에 직선성을 가정할 수 없을 때는 Pearson의 r은 계산해서는 안 된다. (예, 아니오)

12. 두 변수의 점수범위가 적으면 상관계수는 커진다. (예, 아니오)

13. 두 변수 간의 평균치가 같고($\overline{X} = \overline{Y}$), 표준편차($s_X = s_Y$) 역시 같다면, 상관계수는 반드시 1.00이다. (예, 아니오)

14. 배고픈 쥐 10마리의 달리기 속도와 배부른 쥐 10마리의 달리기 속도를 측정했다. 두 집단 간의 상관계수를 계산할 수 있는가? (예, 아니오)

15. 만일 r = +1.00이고 어떤 개인의 X검사 표준점수(Z_X)가 +2.6이라면 그 사람의 Y검사 표준점수(Z_Y)는?

① 1.6 ② 2.6 ③ 3.6

16. r =.50이면 결정계수는?

① .25 ② .29 ③ .71

17. 다음 중 하나/의 변수를 가장 정확하게 예언할 수 있는 상관계수는?

① .60 ② −.20 ③ −.70

18. r의 공식을 유도할 때 최소자승법을 적용하는 것은 다음 중 어느 점수의 차(差)의 자승을 최소로 하는 것인가?

① X점수와 Y점수
② 두 변수간의 표준점수
③ 각 변수의 실제점수와 예언점수

19. 'r은 대응하는 두 변수의 교적화의 평균이다.' 라는 것은 다음 중 어느 공식에서 확인 할 수 있는가?

① $r = \frac{\Sigma xy}{\sqrt{\Sigma x^2 \Sigma y^2}}$ ② $r = \sqrt{b_{xy} b_{xy}}$ ③ $r = \frac{\Sigma xy}{N\sigma_x \sigma_y}$

20. 상관계수 산출결과 1.33을 얻었다고 보고한 사람이 있다면 그는?

① 매우 운이 좋은 사람이다.
② 계산과정에서 잘못을 범했다.
③ 상관계수 공부할 때 아주 열심히 한 사람이다.

21. 적률상관계수(r_{XY})의 크기에 영향을 미치는 요인으로 적합하지 않은 것은?

① 두 변수의 직선적 관계 ② 두 변수 점수분포의 동질성
③ 표본 사례수 ④ 두 변수에 포함된 이탈치(outliers)

22. 표본 사례수의 크기는 상관계수의 _____에 영향을 미친다.

① 크기 ② 안정성
③ 결정계수 ④ 표준점수

23. 운동경력(X)과 경기력(Y) 간에 어떤 관계가 있는지를 알아보기 위해 10명의 양궁선수를 무선표집(random sampling)하여 조사한 결과 다음과 같은 결과를 얻었다.

(1) 두 변수 간의 상관계수(r)를 계산하라.

(2) 두 변수 간의 결정계수(coefficient of determination)을 계산하라.

(3) 산출결과를 해석하라.

(4) 상관도표(Scatter-gram)를 작성하라.

선수	X	Y
1	5	8
2	2	6
3	2	1
4	1	0
5	6	7
6	7	8
7	4	5
8	8	5
9	10	9
10	9	9

24. 적률상관계수(r)와 등위차상관계수(ρ)의 차이점을 기술하라.

풀이 등위차상관계수(ρ)는, (1) 사례수가 30 이하인 경우와 같이 적거나 (2) 자료 자체가 측정치로 표시되지 않고 등위로 표시되어 있는 경우 (3) 자료가 측정치로 표시되어 있다 하더라도 그 측정치의 동간성이 의심되는 서열척도(序列尺度)에 의한 것일 때 사용된다.

반면, 적률상관계수(r)는 점수로 표시되는 동간척도(同間尺度) 이상에서만 사용된다. 즉, 등위차상관계수(ρ)는 정상분포를 가정할 필요가 없는 반면, 적률상관계수(r)는 정상분포를 가정하고 있다. 따라서 등위차상관계수는 점수의 간격을 고려하지 않기 때문에 적률상관계수보다는 정확하지 못하다.

25. 등위차상관계수(ρ)에 대하여 설명하라.

풀이 등위차상관계수란 스피어먼(Spearman)이란 통계학자가 제안한 방법으로서 "스피어먼의 ρ"라고 부르기도 한다. 이 ρ는 사례수가 30 이하인 경우와 같이 적거나, 또는 자료 자체가 측정치로 되어있지 않고 등위(等位)로 표시되어 있는 경우에 비교적 간단하게 계산해 낼 수 있는 특징을 가지고 있다. 또 자료가 측정치로 표시되어 있다 하더라도 그 측정치의 동간성이 의심될 때에는 적률상관계수 보다 등위차상관계수를 사용하는 것이 원칙이다. 그러나 적률상관계수보다는 엄밀하지 못한 단점을 가지고 있다.

① Pearson의 r	⑥ 사간상관계수 r_t
② Spearman의 ρ	⑦ 유관계수 C
③ 양분상관계수 r_b	⑧ 등위양분상관계수 r_{rb}
④ 양류상관계수 r_{pb}	⑨ 상관비 η
⑤ 파이계수 ϕ	

26. 위의 상관계수 중 적절한 방법을 골라 ____에 번호를 써넣어라.

(1) ____n=300인 악력검사와 윗몸앞으로굽히기 검사 간의 상관

(2) ____정답과 오답으로 구분되는 두 검사문항 간의 상관

(3) ____학기말 성적 석차와 체육성적 등위와의 상관

(4) ____한 변수가 연속변수면서 두 범주로 양분되고 다른 한 변수는 최소한 동간척도 이상일 때의 상관계수

(5) ____성별과 신장간의 상관

(6) ____경기불안 상 · 하와 경기기록 간의 상관

(7) ____운동참여 여부와 턱걸이 성적 간의 상관

(8) ____양분되는 변수가 실제로 비연속변수거나 분포의 정상성이 의심되는 경우

(9) ____연속변수이면서 두 범주로 양분된 두 변수 간의 상관

(10)____성별과 운동참여 여하간의 상관

(11)____2×2 이원빈도 표뿐만 아니라 2×5 등과 같이 범주수가 여러 개인 빈도 표에도 적용할 수 있는 상관계수

(12)____흡연여하와 등위로 측정된 사회경제적 지위와의 상관

(13)____직선성이 가정되지 않은 두 변수 간의 상관

(14)____연속적이고 정상적으로 분포된 양분된 두 변수 간의 상관

(15)____회귀선의 직선성 정도를 조사하기 위해 사용되는 상관계수

(16)____동일한 자료를 가지고 계산할 때 r_b보다는 항상 적은 상관계수

27. 김군은 초등학교 저학년에서 성별(남 · 여)과 악력검사 결과 간에 어느 정도의 상관이 있는지를 알아보기 위하여 2학년 학생 중 남 · 여학생 각각 5명씩 선정한 후 악력검사를 실시하였다. 그 결과 남학생은 11, 13, 12, 15, 10 여학생은 10, 7, 9, 6, 7의 결과를 얻었다. 빈칸에 적당한 수를 써 넣어라.

피험자	성별(X) (♂1/♀0)	악력(Y)	Y^2
A	1	11	☐
B	1	13	☐
C	1	12	☐
D	1	15	☐
E	1	10	☐
F	0	10	☐
G	0	7	☐
H	0	9	☐
I	0	6	☐
J	0	7	☐
Σ	5	☐	☐

$$\overline{Y_1} = (11+13+12+15+10)/5 = (\quad)$$

$$\overline{Y_0} = (10+7+9+6+7)/5 = (\quad)$$

$$\sigma_y = \sqrt{[(\quad)-(\quad)^2/10]/10} = (\quad)$$

$$r_{pb} = \frac{(\quad)-(\quad)}{(\quad)}\sqrt{(0.5)\times(\quad)} = (\quad)$$

풀이

피험자	성별(X) (♂1/♀0)	악력(Y)	Y^2
A	1	11	**121**
B	1	13	**169**
C	1	12	**144**
D	1	15	**225**
E	1	10	**100**
F	0	10	**100**
G	0	7	**49**
H	0	9	**81**
I	0	6	**36**
J	0	7	**49**
Σ	5	**100**	**1074**

$\overline{Y}_1$ = 12.2
$\overline{Y}_0$ = 7.8
σ_y = 2.72
p = .50
q = .50
r_{pb} = .81

28. 정군은 악력과 건강수준 간에는 높은 상관이 있을 것이라는 가정 하에 중학교 학생 10명을 표집한 후 그들을 건강수준에 따라 각각 5명씩 높은 학생과 낮은 학생으로 구분하였다. 그리고 그들의 악력을 측정한 결과 건강수준이 높은 학생은 각각 15, 12, 11, 10, 9 낮은 학생은 13, 10, 7, 7, 6의 결과를 얻었다. 빈칸을 채우고 양분상관계수(r_b)를 계산하라.

피험자	건강수준(X) (상1/하0)	악력(Y)
A	1	15
B	1	12
C	1	11
D	1	10
E	1	9
F	0	13
G	0	10
H	0	7
I	0	7
J	0	6
Σ		

$$\overline{Y_1} = (15+12+11+10+9)/5 = (\quad)$$
$$\overline{Y_0} = (13+10+7+7+6)/5 = (\quad)$$
$$\sigma_y = \sqrt{[(\quad)-(\quad)^2/10]/10} = (\quad)$$
$$p = 5/10 = (\quad)$$
$$q = 1-p = (\quad)$$
$$r_b = \frac{(\quad)-(\quad)}{(\quad)} \times \frac{(\quad)(\quad)}{(\quad)} = (\quad)$$

산출된 r_b는?

① .81 ② .65 ③ .56 ④ -.28

풀이

피험자	성별(X) (♂1/♀0)	악력(Y)	Y^2
A	1	15	225
B	1	12	144
C	1	11	121
D	1	10	100
E	1	9	81
F	0	13	169
G	0	10	100
H	0	7	49
I	0	7	49
J	0	6	36
Σ	5	**100**	1074

$\overline{Y}_1$ = 11.4
$\overline{Y}_0$ = 8.60
σ_y = 2.72
p = .50
q = .50
y종축값 = .3989
r_b = .65

29. 100명의 남여 학생을 대상으로 운동참가 여부를 조사한 결과 다음과 같다. 파이계수(ϕ)를 이용하여 다음 자료(성별과 운동참가 여부 간)의 상관계수를 산출하라.

참가여부 \ 성별	남	여
참 가	20	30
비참가	10	40

산출된 파이계수(ϕ)는 ?

① .81 ② .65 ③ .56 ④ -.22

30. 두 사람의 심판이 10명의 피겨스케이팅 선수의 연기를 다음과 같이 판정하였다. 스피어먼의 ρ를 이용하여 두 심판 간의 상관도(객관도 혹은 일치도 계수)를 산출하라.

선수	심판A	심판B
1	38	36
2	24	27
3	31	33
4	27	24
5	19	22
6	44	40
7	35	32
8	20	25
9	29	26
10	37	30

산출된 스피어먼 ρ는 ?

① .89 ② .65 ③ .56 ④ -.56

31. 200명의 학생을 대상으로 건강수준과 영양수준을 조사하여 얻은 다음 자료의 사간상관계수(r_t)를 산출하라.

영양수준 \ 건강수준	하	상
상	82	40
하	23	55

산출된 사간상관계수(r_t)는 ?

① .81 ② -.56 ③ .65 ④ .28

32. 어느 초등학교 교사가 오른손잡이가 왼손잡이보다 글씨를 예쁘게 쓸 것이라는 가정 하에, 오른손잡이와 왼손잡이 어린이를 각각 5명씩 무선적으로 선정한 후 글씨를 잘 쓴 순서대로 1등부터 10등까지 등위를 매겨 얻은 자료는 다음과 같다.

(1) 어떠한 상관계수를 산출해야 하는가?

① ϕ ② r_{rb} ③ r_{pb} ④ r_b

(2) 산출된 상관계수는 ?

① .88 ② .35 ③ .28 ④ .15

학생	손사용 왼손L/오른손R	등위
1	L	1
2	R	2
3	L	3
4	L	4
5	R	5
6	R	6
7	L	7
8	R	8
9	L	9
10	R	10

33. 다음 자료의 등위차상관계수(ρ)를 계산하라.

	A	B	C	D	E	F	G	H	I	J	K	L
X	33	30	27	27	26	25	24	24	24	21	21	19
Y	28	25	16	20	20	21	18	22	16	16	18	17

34. 이군은 왼손잡이와 오른손잡이 중 왼손잡이가 공을 더 정확하게 던질 수 있을 것이라는 가정 하에 10명의 어린이(왼손잡이 4명, 오른손잡이 6명)를 무선적으로 선정하여 공 던지기 검사를 실시한 결과 다음과 같은 자료를 얻었다.

학생	손사용 왼손 L/오른손/ R	검사점수
1	L	70
2	L	84
3	L	75
4	L	80
5	R	94
6	R	87
7	R	90
8	R	85
9	R	92
10	R	90

(1) 산출해야 할 상관계수는 다음 중 무엇인가?

① ϕ　　② r_{rb}　　③ r_{pb}　　④ r_b

(2) 산출된 상관계수는?

① .89　　② .35　　③ -.26　　④ -.83

정답표

1. 풀이	2. 풀이	3. 풀이	4. 예	5. 아니오	6. 아니오
7. 예	8. 예	9. 예	10. 예	11. 예	12. 아니오
13. 아니오	14. 아니오	15. ②	16. ①	17. ③	18. ③
19. ①	20. ②	21. ③	22. ②	23-(1) .78	23-(2) .61

23-(3). 결과해석: 운동경력과 경기력 간에는 $r = .78$, $p = .007$로서 통계적으로 유의한 높은 상관이 있는 것으로 나타났다. 이와 같은 결과에 의하면 운동경력이 많은 선수일수록 경기력 수준도 높다고 할 수 있다. 이들 변인 간의 효과크기*(ES: effect size)에 의하면 관련강도는 '아주 높은 정도'로 간주할 수 있다(Cohen, 1988). r_2을 근거로 할 때 양궁선수 경기력의 전체분산 중 약 60%는 운동경력에 의해 예측할 수 있다.

* 효과크기는 제 7장에 기술하였다. 위의 해석은 7장을 학습한 후 참고하기를 바란다.

23-(4).

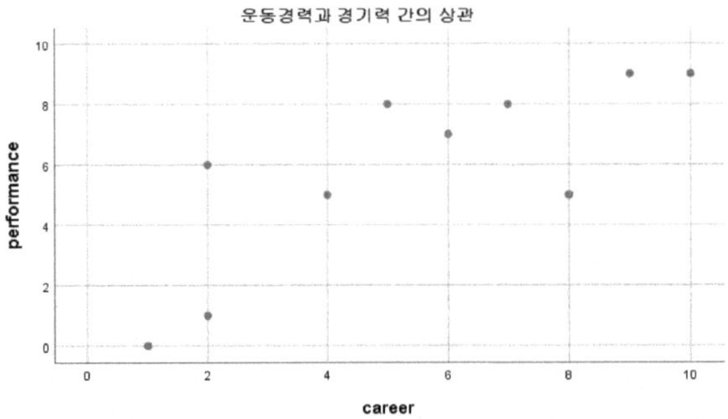

24. 풀이	25. 풀이	26-(1). ①	26-(2). ⑥	26-(3). ②	26-(4). ③
26-(5). ④	26-(6). ③	26-(7). ⑨	26-(8). ④	26-(9). ⑥	26-(10). ⑤
24-(11). ⑦	26-(12). ⑧	26-(13). ⑨	26-(14). ⑥	26-(15). ①	26-(16). ④
27. 풀이	28. ②	29. ④	30. ①	31. ②	32-(1). ②
32-(2). ③	33. .58	34-(1). ③	34-(2). ④		

7 추리통계 1

※ 통계적 차이검증을 위한 준비단계-1

1. 표집방법
2. 표본조사의 절차와 표본의 크기
3. 표집분포
4. 가설검증
5. 모수치의 추정

앞에서 우리는 점수분포의 특성과 두 변수 간의 관계를 기술하는 기술통계(descriptive statistics)에 관해 학습하였다. 지금부터는 표집결과 즉, 표본에 의해 전집의 특성을 추정하는 추리통계(推理統計)에 관해 기술하고자 한다. 추리통계와 관련하여 연구자의 관심은 집단으로부터 얻은 평균 간의 차이를 검증하는 방법이라고 할 수 있다. 앞으로 두 개의 장에서는 첫째, 조사연구에서 표본집단을 추출하는 방법과 표본조사의 절차와 표본의 크기 둘째, 표본집단에서 산출된 평균치가 전집의 모수치와 차이가 있는지의 여부 셋째, 두 집단으로부터 산출된 평균치 간에 차이가 있는지의 여부를 검증하는데 요구되는 필수적인 정보를 기술하게 될 것이다.

연구자가 중학생의 신장에 관한 특성을 기술하려고 할 때 일반적으로 취하는 방법은 전체 혹은 일부의 중학생으로부터 얻은 신장의 평균치(μ 혹은 $\overline{X}$)와 표준편차 (σ 혹은 s)를 계산하려고 할 것이다. 여기에서 우리는 전집으로부터 얻은 측정치를 모수치(母數値: parameter)라고 부르며, 전집으로부터 일부를 표본(sample)으로 추출하여 얻은 측정치를 통계치(statistics)라고 부른다.

사회과학 분야에서 수행되고 있는 연구의 대부분은 어떤 변수의 특성을 기술하기 위해 전집(population)을 조사하는 것이 아니라 전집의 일부를 표집하여 조사하고 있다. 그리고 일부를 표집하여 얻은 결과를 마치 전집의 특성(特性)이 그러한 것처럼 기술하려고 한다. 그런데 이러한 노력은 허황된 것이 아니며 가능한 것이다. 다만 그러한 해석이 타당하기 위해서는 전집을 가장 잘 대표할 수 있는 표본(sample)을 선정하는 노력이 선결되어야 한다.

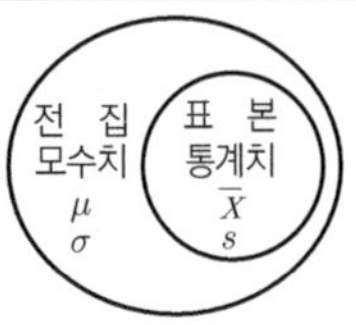

전집(population) → 모수치(parameter)
표본(sample) → 통계치(statistics)

표본집단으로부터 얻은 통계치는 표집오차(標集誤差) 때문에 전집의 모수치와 반드시 일치하지는 않는다. 다시 말하면 표본으로부터 얻은 평균치($\overline{X}$)는 전집의 평균치(μ)와 유사하다고 할 수는 있으나 정확하게 일치한다고는 할 수 없다. '표본 통계치가 전집의 모수치를 대표한다'라고 하기 위해서는 단서가 필요한데, 여기에서 단서란 표집오차의 범위를 말한다.

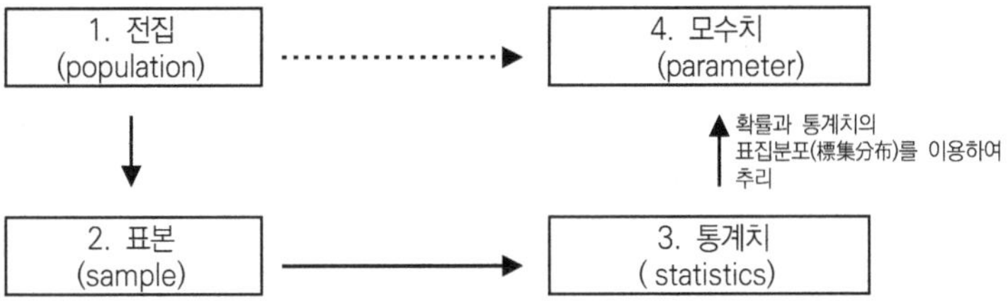

1. 전집으로부터 무선표집방법(random sampling method)에 의해 표본을 선정
2. 표본집단의 통계치를 산출
3. 확률과 통계치의 표집분포(標集分布)를 이용하여 산출된 통계치에 의해 모수치를 추정
4. 모수치는 실제 계산이 가능한 경우가 있다. 그러나 조사를 위해 많은 시간과 비용을 투자해야 하기 때문에 비능률적이다. 추리통계는 바로 위의 1, 2, 3의 과정을 통하여 이러한 능률적이지 못한 문제를 해결해 준다.

도 7·1 추리통계의 방법

연구자는 표집오차(標集誤差)의 범위 내에서 표본 통계치에 의해 전집의 모수치를 추론할 수 있는데, 이를 추리통계(推理統計)라 한다.

1. 표집방법

통계치에 의해 모수치를 추정하고자 할 때 당면하게 되는 문제의 하나는 전집을 대표할 수 있는 표본(標本: sample)을 어떻게 표집하느냐이다. 표집(sampling)이란 전집으로부터 표본을 추출하는 과정을 말한다. 표집의 궁극적인 목적은 모수치의 추정에 있기 때문에 추출된 표본은 전집의 특성을 대표할 수 있어야 한다. 따라서 표집과정에서 고려해야 할 문제는 **'전집(全集)을 어떻게 정의하고 어떤 방법으로 표집하며 표본의 크기를 어느 정도로 할 것인가'**이다.

표본을 추출하는 방법에는 확률표집(確率標集)과 비확률표집(非確率標集)으로 구분된다. 확률표집 방법에는 단순무선표집, 체계적 표집, 층화표집, 군집표집과 다단계표집 등이 있다. 그리고 비확률표집 방법에는 할당표집, 목적표집, 임의표집, 배합표집 등이 있다.

확률표집은 전집의 모든 사례가 표본 추출에서 동일한 확률을 가지고 있음을 전제로 한다. 비확률표집은 전집의 각 사례가 추출되는 확률이 어느 정도인지를 모르는 표집방법이다. 이 방법은 표집오차(標集誤差)를 계산할 수 없기 때문에 확률적인 통계처리가 불가능하다. 따라서 표본을 얻었다 할지라도 산출된 표본 통계치를 전집의 모수치로 일반화시켜 해석할 수 없는 단점이 있다. 그러나 이 방법을 쓰는 이유는 첫째, 무선표집을 할 수 있는 모집단(전집)의 근거가 없고 둘째, 너무 방대하여 시간과 비용이 과다하게 요구되거나 셋째, 모집단의 특성을 감안하여 의도적으로 표본(標本)을 구성하는 것이 의미 있다고 판단될 때가 있기 때문이다.

1.1 단순무선표집

단순무선표집(單純無選標集: simple random sampling)은 표집방법 중에서 전집을 가장 대표할 만한 표본추출 방법이다. 이 방법은 전집의 모든 사례가 표본으로 추출될 확률이 동일하게 주어진다. 또한 계통을 밟아 체계적으로 추출하는 것이 아니라 무작위(無作爲)로 추출하는 것이며 표본추출에서 여러 단계를 거치는 것이 아니라 모집단에서 최종 표본을 바로 추출한다.

예를 들면 전집(모집단)이 10,000명인 운동선수 집단으로부터 100명을 표집할 경우 각각의 사례가 뽑힐 확률이 1/100이 되도록 표집하는 것이다. 이를 위해서는 10,000명의 이름을 적어 통 속에 넣고 고르게 섞어 100명을 뽑는 것이다. 또 다른 단순무선표집 방법은 부록의 〈수표 3〉에 제시된 난수표(亂數表: random table)를 이용하는 것이다. 이 방법은 고전적인 방법이긴 하지만 컴퓨터를 이용할 수 없을 경우, 사용할 수 있는 신뢰로운 방법 중의 하나이다.

난수표를 이용하여 10,000명 중 100명을 뽑기 위해서는 먼저 10,000명에게 1번부터 10,000번까지 번호를 부여해야 한다. 물론 번호는 어떠한 순서로 붙여도 좋다. 여기에서 100명을 뽑게 되는데 1번부터 10,000번까지의 사례에서 뽑게 되므로 최소한 다섯 자릿수가 대상이 된다. 난수표에는 다섯 자릿수가 나열되어 있는데 눈을 감고 난수표 중 어느 한 부분을 손가락으로 짚고 어느 순서(가로 혹은 세로)로 선택할 것인가를 결정한 후 수표 중에서 10,000번 이하에 해당하는 수를 100개 선택하면 된다. 난수표를 읽을 때 주의해야 할 점은 차례로 읽어야 한다는 것이다.

단순무선표집 방법의 장점은 첫째, 표본을 무작위로 추출하기 때문에 표집 과정에서 연구자의 주관이나 편견이 개입될 가능성이 낮고 둘째, 전집의 모든 사례가 표집될 확률이 동일하기 때문에 표본이 전집을 대표할 가능성이 높다는 것이다. 그리고 표본의 확률 분포(確率分布: probability distribution)가 명확하기 때문에 추리통계 방법을 적용하기에 적합하고 오차를 쉽게 계산할 수 있다는 장점이 있다. 반면, 단점으로는 첫째, 전집의 규모가 매우 크면 많은 시간과 자원이 소모되고 표본을 무작위로 추출하기가 어려울 수 있다. 둘째, 전집의 모든 사례를 식별할 수 있는 목록을 만들어야 하는데, 이러한 목록이 없거나 불완전할 경우 표집이 어려울 수 있다.

근래 많이 사용되고 있는 각종 통계 Package 프로그램 내에는 표본을 무작위로 추출하는 방법(예를 들면 SPSS의 sample 명령문)이 내장되어 있어 편리하게 이용할 수 있다.

단순무선표집 방법은 전집의 모든 사례가 표본(標本)으로 추출될 확률이 동일하며 전집으로부터 어느 사례를 추출하든 추출 결과는 다른 사례의 표집에 영향을 미치지 않는다. 추출된 표본이 전집을 가장 잘 대표해 주는 표집방법이지만, 전집이 클 경우 표본추출 과정이 다소 복잡할 수 있다.

1.2 체계적 표집

체계적 표집(體系的 標集: systematic sampling)은 전집에서 일정한 간격을 두고 표본을 추출하는 확률표집 방법이다. 이 방법은 전집이 일정한 패턴 혹은 순서 없이 배열되어 있다고 전제하고 일정한 간격을 두고 표본을 추출하는 방법이다. 단순무선표집처럼 무작위성을 유지하면서도, 표본추출 과정을 체계적으로 설계하여 효율성을 높이는 것이 특징이라고 할 수 있다.

체계적 표집을 위해서는 ① 먼저 모집단의 크기(N)와 조사하고자 하는 표본의 크기(n)를 결정하고, 이를 통해 표집 간격(k)을 결정한다. 표집 간격은 모집단 크기(N)를 표본 크기(n)로 나누어 계산한다, 예를 들어 전집이 10,000명이고 표본 크기가 100명이면, 100/10,000 즉, 1/100이 되므로 표집 간격은 100이 된다. 전집 100명 당 1명을 뽑는 것이다. 이때 전집의 크기를 표본의 크기로 나눈 값에 소수가 나오면 소수 값은 버린다. ② 다음으로는 표집 간격 100을 기준으로 첫 번째 표본을 1번부터 100번 사이에서 무작위로 선정한다. 선정된 사례가 35라면, 그 이후의 표본은 135(= 35+100), 235(= 135+100), 335(= 235+100)… 등과 같이 체계적으로 표본의 크기(100명)만큼 뽑는다.

체계적 표집방법의 장점은 단순무선표집에 비해 시간과 비용을 절약할 수 있다는 것이다. 단순무선표집에서는 모든 표본을 무작위로 추출해야 하지만, 체계적 표집에서는 첫 번째 표본만 무작위로 추출하고 나머지는 정해진 간격에 따라 추출하기 때문에, 간편하고 적용하기 쉽다. 그리고 전집이 고르게 분포되어 있거나, 규모가 큰 전집에서 표본을 추출해야 할 때 유용하게 사용할 수 있다.

그러나 단점은 전집에 주기적 혹은 규칙적인 패턴이 있을 때, 선택된 표본들이 특정 패턴에 의해 치우칠 수 있으므로, 표집 결과는 전집을 왜곡할 가능성이 크다는 것이다. 따라서 전집이 무선적으로 분포되어 있지 않을 때는 체계적 표집보다는 다른 표집 방법을 고려할 필요가 있다.

체계적 표집방법을 적용하기 위해서는 전집의 크기와 구성에 대한 사전 정보가 필요하다. 전집이 이와 같은 정보가 없으면, 표집 간격을 설정하거나 표본의 대표성을 유지하기가 어렵다. 이러한 단점에도 불구하고 체계적 표집방법은 간편성과 효율성 때문에 광범위하게 사용되고 있다.

체계적 표집은 전집의 모든 사례 중 매 k번째 사례가 선정되는 확률표집 방법의 하나이다. 여기에서 k은 표집 간격이다. 표본의 첫째 사례는 1부터 k 사이의 정수로부터 무선표집을 통해 결정한다.

1.3 층화표집

층화표집(層化標集: stratified sampling)은 전집을 동질적인 특성을 가진 여러 하위집단(층, strata)으로 나눈 후 각 층에서 무작위로 표본을 추출하는 방법이다. 이 방법은 전집 내의 중요한 하위집단들이 충분히 대표되도록 설계됨으로써, 전집을 더 적절하게 반영할 수 있도록 한 것이다. 각 층은 성별, 연령대, 소득수준, 교육수준 등과 같이 특정 기준에 따라 설정할 수 있으며, 이러한 층화 과정은 표본의 정확성을 높이는 데 중요한 역할을 한다.

층화표집을 위해서는 첫째, 전집을 기준에 따라 여러 층으로 구분하는 것이다. 이때 각 층은 내부적으로 동질적인 특성을 가져야 하며, 층 간에는 이질성이 존재해야 한다. 예를 들어, 한 국가의 인구를 성별, 연령대, 또는 지역에 따라 층화할 수 있는데, 이렇게 나눈 각 층은 전집의 중요한 특성을 반영하는 역할을 한다.

둘째, 각 층에서 표본의 크기를 결정한다. 표본의 크기는 비례층화표집(proportional stratified sampling)과 비비례층화표집(disproportional stratified sampling) 방법을 통하여 결정할 수 있다. 비례층화표집은 전집에서 각 층이 차지하는 비율에 따라 표본을 추출하는 방법이며, 비비례층화표집은 각 층에 동일한 표본 크기를 할당하는 방법이다. 비례층화는 각 층이 전집에서 차지하는 비율을 표본이 정확하게 반영하게 하도록 하기 위해 사용되며, 비비례층화는 특정 층이 과소평가되는 것을 방지하기 위해 사용된다.

셋째, 각 층에서 무작위로 표본을 추출한다. 이때 표본은 단순무선표집 또는 체계적 표집 방법을 적용하여 추출한다. 각 층을 잘 대표할 수 있도록 표본을 추출하기 때문에 전집을 잘 반영할 수 있다.

층화표집의 장점은 전집의 대표성을 향상시키고, 하위집단 간 비교를 가능하게 한다는 점이다. 이 방법은 특히 전집이 이질적인 특성을 가질 때 유용하며, 표본 추출의 정확도를 높여 과소 또는 과대 평가를 방지할 수 있다. 그러나 전집에 대한 사전 정보가 필요하고, 하위집단이 많아질 경우, 표본추출 과정이 복잡해지고 각 층에서 충분한 표본을 확보하기 어려울 수 있다는 단점이 있다.

층화표집(유층표집) 방법은 전집의 특성을 고려하여 전집을 몇 개의 하위집단(층: strata)으로 나눈 후 비례층화표집과 비비례층화표집 방법을 적용하여 표본의 크기를 결정한다. 그리고 각 하위집단으로부터 표본은 단순무선표집 또는 체계적 표집방법을 적용하여 추출한다. 전집을 적절하게 층화하려면 각 층을 구분하는 기준을 명확하게 설정해야 한다. 연구자가 전집의 특성에 대한 사전지식을 가지고 있을 때 하위집단은 쉽게 구분할 수 있다.

1.4 군집표집

군집표집(群集標集 혹은 집락표집: cluster sampling)은 모집단을 여러 개의 집락(cluster)으로 나누고, 그중 일부 집락을 무작위로 선정한 다음, 선정된 집락 내에서 표본을 추출하는 방법이다. 예를 들면 학생들을 표집하기 위해 어느 학교, 학급을 무작위로 선정하고 선정된 학교 혹은 학급 학생들을 모두 혹은 일부를 표집대상으로 선정하는 방법이다. 이 방법에서 집락은 지리적 위치, 조직, 학교, 또는 기타 기준에 따라 나누어지며, 각 집락은 전집의 축소판으로서 다양한 특성이 포함되도록 구성한다. 이 방법은 전집이 넓은 지역에 분포되어 있거나, 전집에서 표본 하나하나를 직접 추출하는 것이 어렵거나 비효율적이라고 판단될 때 많이 사용된다.

군집표집은 크게 단일단계 군집표집(single-stage cluster sampling)과 다단계 군집표집(multi-stage cluster sampling)으로 구분할 수 있다. 단일단계 군집표집은 무작위로 선택된 집락의 구성원 전체를 조사하는 방법인 반면, 다단계 군집표집은 선택된 집락 내에서 다시 표본을 추출하는 과정을 거치는 방법이다. 다단계 방식은 집락의 규모가 크거나, 집락 내에서도 표본을 더 세분화할 필요가 있을 때 사용된다.

군집표집의 주요 장점은 시간과 비용의 절약된다는 점이다. 전집 전체에서 표본을 직접 추출하는 대신, 몇 개의 집락만을 선택하여 조사할 수 있기 때문에, 특히 전집이 지리적으로 분산되어 있을 경우, 효율적인 방법이다. 그러나 집락이 전집의 특성을 충분히 반영해 주지 못하거나, 집락 간 이질성이 클 경우, 표본이 전집을 제대로 대표하지 못하는 단점도 존재한다. 또한 집락 자체에 편향된 특성이 있을 경우, 연구결과가 왜곡될 가능성도 있다. 따라서 군집을 설정할 때, 집락 간 동질성을 확보하거나 적절한 표집 설계가 필요하다.

일반적으로 조사 과정의 복잡성을 줄일 수 있다는 장점 때문에, 연구범위가 넓은 사회조사나 교육연구 등에 적합한 방법으로 평가되고 있다.

군집표집은 모집단을 여러 개의 집락(cluster)으로 나누고, 그중 일부 집락을 무작위로 선정한 다음, 선정된 집락 내에서 표본을 추출하는 방법이다. 선정된 집락 내에서 표본은 모두 혹은 일부를 무작위로 선정한다.

1.5 다단계표집

다단계표집(多段階標集: multi-stage sampling)은 군집표집과 밀접한 관계가 있다. 이 방법은 여러 단계의 표집단위를 거쳐 최종적으로 개인을 표집하는 방법으로서 층화표집, 군집표집, 무선표집이 모두 동원되는 경우가 많다. 예를 들어 전국 고등학교 남학생들의 기초체력을 조사한다고 할 때 제1단계 표집단위로서 전국의 고등학교를 군집(cluster)으로 보고 무작위로 몇 개의 학교를 표집한다. 제2단계 표집단위로는 선정된 학교 내에서 학년별로 몇 개의 반을 무작위로 표집한 후. 최종 단계에서는 선정된 반에서 학생들을 무작위로 표집하는 방법이다.

이 방법은 전집이 크거나 지리적으로 넓게 분포되어 있을 때, 전집에서 직접 표본을 추출하지 않고 단계적으로 표집하기 때문에 시간과 비용을 절감할 수 있다. 그리고 단계별로 다양한 표집방법을 조사 상황에 맞게 함께 적용할 수 있다는 장점이 있다. 그러나 이 방법은 표본을 추출할 때 여러 단계를 거치기 때문에 표집과정이 복잡해지고, 표본이 전집을 완전하게 대표하지 못할 수 있으며 여러 단계를 거치면서 표집오차가 누적될 수 있다는 단점이 있다.

다단계표집은 층화표집, 군집표집, 무선표집이 혼합된 표집방법이다. 표본의 대표성을 유지할 수 있기 때문에 전집이 방대하고 다양한 특성을 가지고 있을 때 흔히 사용된다.

1.6 할당표집

할당표집(割當標集: quota sampling)은 전집을 특정 특성에 따라 여러 하위집단(층)으로 나누고, 각 하위집단에서 미리 정해진 비율에 맞게 표본을 할당해서 표집하는 비확률 표집 방법의 하나이다. 이 방법은 각 표집단위가 표집될 확률을 객관적으로 결정할 수가 없기 때문에 표집의 오차범위를 알 수 없다는 단점이 있다. 이 방법은 대중의 의견조사를 할 때 많이 쓰인다.

할당표집 방법은 ① 먼저 전집을 특정 특성(예: 성별, 연령대별, 직업별 등)에 따라 몇 개의 하위집단으로 나눈 후, 전집 내에서 하위집단의 비율을 기준으로 각 하위집단에 할당할 표본 수 또는 비율을 결정한다. 예를 들면, 전집에서 남자 60%, 여자 40%라면 표본도 동일한 비율로 할당한다. ② 다음으로 할당된 비율에 맞게 표본을 선정한다. 이때 표본 선정은 무작위일 수도 있고, 연구자의 주관적 판단에 따라 선정될 수도 있어서 편견이 작용할 가능성이 크고 오차(誤差)가 큰 단점이 있다.

예를 들어 성별과 연령대에 따른 의견을 조사하고자 할 때, 전집 내 남자와 여자의 비율에 맞게 남자 60%, 여자 40%로 표본을 구성하고, 또한 연령대별로 20대 30%, 30대 40% 등으로 할당하여 표본을 추출하는 방법이다. 이 방법은 표본을 비교적 간단하고 빠르게 구성할 수 있기 때문에 시간과 비용을 절감할 수 있고 각 하위집단의 대표성을 확보할 수 있어 다양한 집단을 포함한 표본 구성이 가능하다는 장점이 있다. 그러나 표본을 무작위로 선정하지 않기 때문에 연구자의 주관이나 편향이 개입될 가능성이 있고 확률적으로 표집된 표본이 아니기 때문에 전집에 대한 통계적 추론을 할 때 오류가 발생할 수 있다는 단점이 있다.

1.7 목적표집

목적표집(目的標集: purposive sampling)은 연구자가 특정 기준이나 목적에 맞는 표본을 의도적으로 추출하는 비확률표집 방법이다. 이 방법은 표집오차는 큰 문제가 되지 않고 확률표집(確率標集)이 실제로 불가능한 경우에 사용이 가능하다. 이 방법의 기본 전제는 의도적으로 표집하는 것도 적절한 전략과 판단에 따라 선택된다면 다른 사례를 대표할 수 있다고 보는 것이다. 이 방법은 주로 질적 연구나 사례연구, 소규모 탐색연구 등에서 특정 현상에 대한 심층분석이 필요한 경우에 사용된다.

목적표집을 위해서는 ① 일차적으로 연구목적을 명확히 설정하고, 어떤 유형에 속한 사람이나 자료가 연구에 필요한가를 결정한다. ② 다음으로는 표본을 선정하기 위해 연구 주제와 관련된 특정 기준을 설정한다. 예를 들면, 어떤 주제에 대한 전문가이거나, 특정한 경험을 가진 사람들을 대상으로 결정할 수 있다. ③ 끝으로 설정된 기준에 따라 연구자가 적합하다고 판단한 사람들을 표본으로 선정한다. 이때 표본을 무작위로 선정하기보다는 연구자의 판단에 따라 선정한다. 예를 들면, '경기과정에서 선수들의 자아몰입'에 관해 연구할 때, 표본 대상으로 양궁선수를 선정하고 이들 선수 중 경기력이 뛰어난 선수인 올림픽 메달리스트들을 대상으로 구성할 수 있다.

표본 대상의 선정방법은 ① 연구 주제와 관련된 전문가를 대상으로 표본을 구성하는 방법(expert sampling), ② 특이하거나 극단적인 사례를 표본으로 선정하여 특수한 상황을 분석하는 방법(extreme or deviant case sampling), ③ 동일한 특성을 가진 사람들로 구성된 표본을 통해 특정 집단의 상세한 정보를 수집하는 방법(homogeneous sampling), ④ 다양한 특성을 가진 표본을 선택하여 다양한 관점을 분석하는 방법(maximum variation sampling)이 있다.

목적표집 방법은 ① 표본집단을 특정 주제에 대해 전문성이나 경험이 있는 사람들로 구성함으로써 심층적인 정보 수집이 가능하고 연구 목적에 부합되는 표본을 연구자가 직접 선정함으로써 적합한 자료 수집이 용이하다. ② 그리고 할당표집과 마찬가지로 표집과 조사에서 비용을 절약할 수 있고 표본에 대한 사전지식이 있기 때문에 표집이 용이한 장점이 있다. 그러나 이 방법은 ① 연구자의 주관이나 편견에서 오는 오류를 통제할 수 없기 때문에 연구 결과가 왜곡될 위험이 있다. ② 그리고 표본이 전집을 대표하지 않기 때문에 연구 결과를 전집에 일반화하기 어렵다는 단점이 있다.

1.8 임의표집

임의표집(任意標集: convenience sampling)은 가장 얻기 쉬운 집단 혹은 개인으로부터 연구자 임의대로 표본을 선정할 뿐만 아니라 표본의 크기조차도 임의로 정하는 비확률표집 방법이다. 이 방법은 특별한 기준 없이 가까운 곳에서 가장 쉽게 접근할 수 있는 사람들을 표본으로 선정하여 연구에 참여시키는 것이다. 시간과 비용을 절약할 수 있어 간편하지만, 가장 근거가 없으며 신뢰할 수 없는 방법으로서 대표성 같은 조건을 전혀 만족시키지 못한다. 예를 들어 여론을 듣고 싶을 때, 시간이 없어서 표본을 체계적으로 선정할 여유가 없을 때 쓰게 되지만 연구에서는 전혀 사용할 수 없는 방법의 하나이다.

임의표집 방법의 장점은 시간과 비용을 절약할 수 있다는 것이다. 연구자가 쉽게 접근 가능한 사람들을 선정하여 연구를 빠르게 진행할 수 있기 때문에, 긴급을 요 하는 조사 혹은 예비조사를 실시할 때 이용할 수 있다. 또한 전집의 크기나 표본의 통계적 특성에 대한 고려 없이 표본을 쉽게 확보할 수 있어 간편하다.

그러나 임의표집의 단점은 표본이 전집을 대표할 수 없기 때문에 연구결과를 일반화할 수 없다는 것이다. 연구자가 쉽게 접근할 수 있는 대상들이 전집 전체를 반영해 주지 못하면 표본이 편향적이 될 수밖에 없다. 따라서 임의표집은 연구의 목적에 따라 신중하게 사용해야 하며 대표성을 요구하는 연구에는 사용해서는 안 된다.

1.9 배합표집

배합표집(配合標集: matched sampling)은 비확률표집 방법의 하나로서 전집을 대표한다고 판단되는 두 개 이상의 표본집단을 추출하여 표본집단 간의 특성을 비교하는 방법이다. 예를 들면, 실험집단과 통제(대조, 비교)집단을 비교할 때, 두 집단이 특정 특성에서 유사하도록 표본을 짝지어 추출하는 표집방법이다. 이를 통해 두 집단 간의 차이를 최소화하고, 연구자가 조사하려는 변수를 더 명확하게 분석할 수 있다. 일반적으로 나이, 성별, 사회적 지위 등의 변수를 두 집단에 유사하게 맞춘다.

배합표집의 절차는 먼저 전집에서 연구에 필요한 표본을 선정하고, 실험집단과 통제집단을 나누는 과정을 거친다. 다음으로 실험집단에 속하는 표본과 동일한 특성을 가진 통제집단의 표본을 선정하여 두 집단을 비교한다. 예를 들어, 실험집단을 50대 남자로 선정하였을 경우, 통제집단도 이와 동일하게 50대 남자로 선정하는 것이다.

배합표집의 장점은 비교하고자 하는 집단 간의 차이를 최소화하여 연구결과의 정확성을 높이는 것이다. 동일하거나 유사한 특성을 가진 집단을 구성하여 비교할 수 있으므로, 연구자가 규명하고자 하는 변수의 효과를 더 명확하게 확인할 수 있기 때문이다. 특히 혼재변수(混在變數: 실험결과에 영향을 미치는 제3의 변수, confounding variable)를 통제할 수 있으므로, 원인과 결과 간의 인과관계를 밝히는 데 도움이 된다.

그러나 배합표집은 적절한 짝을 찾는 과정이 복잡하고 시간이 많이 요구된다는 단점이 있다. 또한, 모든 변수에서 완벽한 짝을 찾는 것이 현실적으로 불가능하다. 특정 특성에서 두 집단에 짝을 이루지 못한 표본이 많다면, 표본 크기가 줄어들어 연구의 통계적 검증력(statistical power)이 감소할 수 있으며 결과의 일반화 가능성도 낮아질 수 있다.

2. 표본조사의 절차와 표본의 크기 결정

연구자들은 전집의 여러 가지 특성을 표집결과에 의해 추정한다는데 아무도 이의를 제기하지 않는다. 그러나 표집을 통해 얻은 표본은 전집을 충분히 대표하고 있는가, 그리고 조사결과에 대한 타당한 해석을 위해 표본수(標本數)는 충분한가에 대한 언급은 보고서나 논문에서 찾아보기 힘들다. 그뿐만 아니라 표집과정에 대해 구체적인 언급이 없어 소위 다른 연구자가 반복연구(反復研究)를 수행하고자 할 때 어려움을 겪는 사례가 많다. 연구자가 표본조사를 계획할 때 기본적으로 고려해야 할 절차는 다음과 같다.

① 조사목적(調査目的)을 구체적으로 진술한다.
- 목적이 분명하지 않으면 불필요한 내용이 포함될 수 있으며 필요한 내용이 빠질 수도 있다.

② 표집대상의 전집(全集; population)을 정의하고 전집의 크기를 수량화한다.
- 「한국의 운동선수」가 전집이라고 한다면 운동선수의 연령범위를 명확히 정함으로써 전집의 크기가 분명해지고 그 수를 확인할 수 있다. 이때 정확한 사례수(N) 산출이 불가능하면 추정한다.

③ 어떤 자료를 어떠한 방법(方法)으로 수집할 것인가를 결정한다.
- 그리고 보다 정확한 정보를 얻기 위해서는 어떠한 표집방법(標集方法)을 사용해야 할 것인가를 결정해야 한다. 연구의 성격, 전집의 특성에 알맞은 표집방법을 선택하고 이 방법에 의해 필요한 자료를 수집한다.

④ 표집단위(標集單位)를 결정한다.
- 표집의 단위는 실제 표집방법 결정과 관련하여 매우 중요하다. 표집단위는 개인일 수도 있

으며 학급, 팀, 학교일 수도 있다.

⑤ 전집의 모수치(母數値: parameter) 추정과 관련하여 신뢰수준(confidence limit)과 오차범위(誤差範圍 : precise bound or error limit, 다시 말하면 표본오차 허용범위)를 결정한다.

- 예를 들면 "내가 얻으려고 하는 값은 신뢰수준이 95%(즉, 진짜 값인 모수치의 ±2.5% 범위 내)이고, 오차범위가 ±3% 내에서 해석할 수 있기를 원한다."와 같이 양적으로 기술한다.

⑥ 위에서 결정된 신뢰수준과 오차범위를 고려하여 표집비율(표집수/전집수)를 결정한다.

표본으로부터 산출된 통계치(statistics)의 신뢰도와 관련하여 표본의 크기를 결정하는 문제는 연구자들에게 가장 큰 관심거리가 된다. 일반적으로 표본이 크면 클수록 그 분포는 정상분포(正常分布)에 가까워지며 전집을 보다 신뢰롭게 대표할 수 있게 된다. 그러나 전집을 신뢰롭게 대표한다고 해서 시간과 경비를 고려함이 없이 표본수를 무조건 크게만 할 수는 없다. 흔히 전집의 규모가 큰 경우, 전집의 약 3%에서 5% 정도를 표집하면 안전하다고 한다. 또한 신뢰로운 통계치를 얻기 위해 표본의 크기를 수리적으로 추정하는 방법이 있는데 이 방법을 소개하면 다음과 같다.

표본의 크기를 수리적으로 추정하는 공식은 계산될 통계치가 무엇인가에 따라 다르다. 여기에서는 평균치(平均値: mean)와 비율(比率: proportion)을 추정하는데 요구되는 공식을 제시하면 공식 (7.1) (7.2)와 같다. 표본의 크기를 결정하기 위해서는 앞의 표본조사 절차에 제시된 바와 같이 다음과 같은 정보가 필요하다. ① 추정치가 모수치(母數値: parameter)와 같다는 확신을 가질 확률, 즉 신뢰수준을 몇 퍼센트(%)로 할 것인가? ② 모수치 추정에서 어느 정도의 오차범위(혹은 精密度: precision)까지를 허용할 수 있는가? 그리고 ③ 전집의 분산(σ^2)에 대한 정보이다.

$$n = \frac{N}{(\frac{\varepsilon}{\lambda})^2 \cdot \frac{N-1}{s^2} + 1} \qquad (7.1)$$

n = 평균치 추정과 관련된 표본수
ε = 허용오차(정밀도: 精密度: precision, 표본오차 허용범위)
λ = 신뢰수준(信頼水準)
N = 전집의 사례수
s^2 = 분산(分散: variance)

$$n = \frac{N}{(\frac{\varepsilon}{\lambda})^2 \cdot \frac{N-1}{p(1-p)} + 1} \qquad (7.2)$$

n = 비율 추정과 관련된 표본수
p = 표본비율

위의 공식에서 신뢰수준(信頼水準: λ)은 조사목적에 따라 차이가 있으나 보통 95%, 99%를 취한다. 이때 λ는 2와 3이 된다. 여기에서 신뢰수준을 설정하는데 뚜렷한 근거가 있는 것은 아니며 높게 잡을수록 신뢰롭게 해석할 수 있다는 장점이 있다. 신뢰수준이 95%라면 **'표집결과 얻은 전집의 추정치가 모수치와 같다고 확신할 수 있는 확률이 95%'**라는 의미로 해석할 수 있다. 여기에서 연구자가 곤란을 느끼는 것은 허용오차(許容誤差: 표본오차 허용범위)를 결정하는 것인데, 여론조사일 경우에는 3%~5% 이내로 설정하는 것이 보통이다. 어느 경우든 허용오차는 10% 이내로 설정하는 것이 바람직하다.

그러나 문제는 표본의 분산인 s^2 또는 $p(1-p)$를 정확하게 알 수 없다는 것과 또 이들 값을 어떻게 구할 것인가이다. 흔히 s^2은 전문가의 의견을 참고하거나 선행연구 또는 예비조사(豫備調査) 결과를 사용할 수밖에 없다. 또한 $p(1-p)$는 $p = .50$일 때 최대의 값을 갖게 되므로 특정한 값이 결정되지 않는 한 그대로 쓸 수밖에 없다.

예를 들어 보자. "전집의 학생수가 1,000명인 학교의 '오래달리기검사' 평균을 알고자 할 때 표본수는 어느 정도로 해야 하는가?" 이때 신뢰수준은 95%, 허용오차는 ±3으로 설정하고 작년에 조사한 체력장의 표준편차(s)가 15였다면 표본수는 공식 (7.1)을 이용하여 다음과 같이 계산할 수 있을 것이다.

$$n = \frac{1{,}000}{(\frac{3}{2})^2 \cdot \frac{1{,}000-1}{15^2} + 1} = 90.9$$

따라서 신뢰수준이 95%, 허용오차(오차범위)가 ±3 이내에서 조사결과 얻은 '오래달리기검사' 평균에 의해 전집(全集: 모집단)의 평균치를 추정하기 위해서는 최소한 91명의 학생을 표집해야 한다고 할 수 있다. 그러나 이 경우는 어느 한 변수(오래달리기)에 대한 표본수를 추정한 것이다. 실제적으로 우리는 여러 개의 변수를 한 번에 조사하는 경우가 대부분인데, 이때 모든 변수에 대한 표본수를 결정할 수는 없기 때문에 대표적이고 중요한 변수 몇 개에 대해서만 표본수를 추정한 다음, 그 경향을 보고 중간 정도의 크기를 결정할 수밖에 없다.

이번에는 비율추정과 관련하여 표본수를 결정하는 또 다른 예를 들어 보자. “전집의 수가 10,000명인 초등학교 교사를 대상으로 하여 철봉의 이용 현황을 조사하려고 한다. 신뢰수준을 95%($\lambda = 2$), 허용오차(혹은 오차범위)를 ±3%($\varepsilon = .03$)로 설정했을 때 표본수는 어느 정도 표집해야 하는가?” 이 문제는 공식 (7.2)를 이용하여 추정해야 한다. 여기에서 $N = 10{,}000$, $\varepsilon = .03$, $\lambda = 2$ 그리고 $p = .50$일 때 최댓값을 갖게 되므로,

$$n = \frac{10{,}000}{(\frac{.03}{2})^2 \cdot \frac{10{,}000 - 1}{.50 \times .50} + 1} = 1{,}000.09$$

따라서 1,001명의 교사를 표본으로 추출하여 조사해야, 신뢰수준 95%, 오차범위 ±3% 이내에서, 전집 초등학교 교사의 철봉 이용현황 백분율(%)을 추정할 수 있게 된다.

한편, 위의 공식에 의해 표본수를 결정하였다 할지라도 표본수가 과도한 비용과 노력을 요구할 수준이라면, 신뢰수준과 허용오차를 재조정할 수 있다. 부록의 〈수표 4〉에는 무선표집 방법을 사용할 경우, 신뢰수준을 95%, 허용오차를 ±5% 수준으로 설정하였을 때 전집의 크기별로 표본수가 제시되어 있다. 예를 들어 전집의 사례수가 100일 경우 80명을 표본으로 추출하면, 95%의 신뢰수준과 ±5%의 허용오차 내에서 전집의 비율, 혹은 백분율(%)을 추정할 수 있다.

3. 표집분포

어떤 전집에서 n사례의 표본을 무작위로 뽑아 $\overline{X}$를 계산하고, 또 n사례를 뽑아 $\overline{X}$를 계산하는 과정을 반복적으로 100회 한다면 우리는 같은 전집에서 100개의 평균치를 얻을 수 있다. 이렇게 하여 얻은 100개의 평균치들은 분포로 나타낼 수 있는데, 이 분포를 표집분포(標集分布: sampling distribution)라고 한다. 다시 말하면, 전집에서 크기가 같은 표본을 여러 번 무작위로 추출했을 때, 그 표본들의 통계치가 나타낸 분포를 표집분포라고 한다. 여기에서 기억해 두어야 할 것은 전집의 통계치는 고정된 전집의 값이기 때문에 표집분포는 없다. 그러나 표본 통계치는 표본에서 산출된 값이기 때문에 표집분포가 있다는 점이다. 표집분포는 통계적 추론에서 매우 중요하다. 평균치의 표집분포에서 우리는 전집의

평균치나 표준편차 등을 추정하고, 신뢰구간(信賴區間)이나 가설검증(假說檢證)과 같은 통계적 검증을 할 수 있다.

그리고 전집의 분포가 정상적(正常的)인 분포에서 n사례를 무작위로 계속 추출하였을 때, **평균치들의 표집분포 평균치**($\overline{X}_{\overline{X}}$)는 전집의 평균치($\mu$)와 같고 그 **표준편차**($\sigma_{\overline{X}}$)는 전집의 표준편차($\sigma$)를 $\sqrt{n}$으로 나눈 것과 같다. 표집분포의 표준편차를 우리는 **표준오차**(標準誤差: standard error of the mean)라고 부른다. 그리고 이 표집분포는 정상분포가 된다.

$$\overline{X}_{\overline{X}} = \mu,\ \ \sigma_{\overline{X}} = \frac{\sigma}{\sqrt{n}} \tag{7.3}$$

표본에서 얻은 평균치들의 분포(표집분포)의 표준편차를 표준오차(標準誤差)라고 부르며 $\sigma/\sqrt{n}$으로 표시한다. 전집 평균치를 추정할 때 전집의 표준편차(σ)는 표본의 표준편차(s)를 이용하여 추정한다. 따라서 표집분포의 추정된 표준오차는 $s/\sqrt{n}$이 된다.

그러나 우리가 수행하고 있는 실제 연구에서 표집분포(標集分布)란 대부분 가상적인 것이며 또한 계산할 수도 없다. 따라서 **평균치의 표준오차**는 표집분포에서 계산해 내지 않고 $\hat{\sigma}/\sqrt{n}$으로 계산한다. $\hat{\sigma}$(시그마 햇이라고 읽는다)은 전집 표준편차의 추정치를 의미하는데, 이 또한 실제로는 알 수 없기 때문에 표본에서 얻은 표준편차(s)를 σ의 추정치로 사용하게 된다.

전집 표준편차의 추정치($\hat{\sigma}$) 대신 표본에서 얻은 표준편차(s)를 사용할 때 우리는 다음과 같은 두 가지 사실에 주목할 필요가 있다. 첫째, $\hat{\sigma}$은 일종의 가상적인 불변치(不變値)로 볼 수 있으나 s는 표집에 따라 변동하기 때문에 표집 사례수가 적을수록 변동의 폭은 크다는 점이다. 둘째는 표집 사례수가 적을수록 s는 $\hat{\sigma}$보다 적을 가능성이 크기 때문에 표집 사례수가 적을 때에는 $\hat{\sigma}$대신 s를 그대로 사용하는 것은 위험하다는 점이다. 이러한 문제를 해결하기 위해 표본수가 30명보다 적을 때는 자유도(自由度: degree of freedom: df ; 3.3 참조)를 고려한 $s/\sqrt{n-1}$을 **평균치의 표준오차**로 사용한다.

3.1 표집분포의 성질

대부분의 통계적 추리는 전집(모집단)이 정상분포(正常分布)라는 가정에서 출발한다. 따라서 어떤 전집이 정상분포를 이룰 때, 그 전집의 평균치(μ)와 전집에서 무작위로 추출된 표본의 평균치($\overline{X}$)와의 관계는 정상분포곡선 수표를 이용하여 해석할 수 있다. 즉,

한 표본의 $\overline{X}$가 μ로부터 떨어져 있을 확률을 알아냄으로써 $\overline{X}$의 신뢰수준을 설명할 수 있다. 그러나 대부분은 전집의 분포가 어떤 분포인지를 알지 못하며 전집이 정상분포가 아니라는 것을 알 때도 있다.

우리는 전집의 분포가 반드시 정상분포라는 확신을 가질 수는 없다 하더라도 정상분포곡선의 수표를 이용하여 전집의 모수치를 추정할 수 있는데, 그 근거가 되는 것이 바로 **중앙집중한계정리**(中央集中限界定理 : central limit theorem)이다. 이 정리는 표본수를 증가시키면, 전집의 분포 모양과 관계없이, 한 전집으로부터 n사례를 무작위로 추출하여 얻은 ①평균치들의 표집분포는 정상분포가 되고 ②표집분포의 평균치($\overline{X}_{\overline{X}}$)는 전집의 평균치($\mu$)와 같고, ③표집분포의 표준편차(표준오차)는 $\sigma/\sqrt{n}$과 같으며 ④표집분포의 분산은 σ^2/n과 같다는 것이다.

이 정리는 표본수가 상대적으로 적고 정상분포에서 크게 벗어나는 분포를 사용할 때 적용상의 문제가 생긴다. 만일 전집의 분포가 정상분포라면 표본수가 아주 적은 경우에도 이 정리는 그대로 적용된다. 그러나 전집의 분포가 정상분포에서 크게 벗어날 때 이 정리의 적용을 정당화하기 위해서는 표본수(標本數)를 크게 해야 한다. 통계학자들은 이 정리를 그대로 적용하는데 무리가 없는 표본수에 대한 연구결과, 30명 이상이면 충분하다는 결론을 얻었다. 이러한 사실 때문에 전집의 정상성이 의심되고 표본수가 30명 이하일 때 앞에서 언급한 바와 같이 평균치의 표준오차(標準誤差)를 $s/\sqrt{n-1}$로 사용하게 된다.

중앙집중한계정리는 전집으로부터 무작위로 표집하여 얻은 평균치들의 표집분포로서 정상분포곡선(normal distribution curve)을 이용할 수 있는 수학적 기초를 제공하고 있다. 이 정리(定理)는 다음과 같은 성질을 가지고 있다.

1. 평균치의 표집분포는 정상적으로 분포되어 있다.
2. 표집분포의 평균치는 전집의 평균치(μ)와 같다.
3. 표집분포의 표준편차(표준오차)는 $\sigma/\sqrt{n}$과 같다.
4. 표집분포의 분산은 σ^2/n과 동일하다.

3.2 t분포

다음 4절에서 논의될 가설검증(假說檢證: hypothesis testing)에서 전집의 표준편차(σ)가 알려지지 않아 표본의 s를 추정치로 사용할 때, **정상분포**는 평균치의 점수분포 즉,

표집분포를 기술하는데 적합하지 않다는 사실이 20c초 고세트(Gossett)에 의해 발견되었다. 그의 발견은 정상분포를 표집분포로 사용한 전통적인 통계분석은 **소표집**(小標集)에는 적하지 않다는 것을 확인시켜 주었다.

고세트는 표본수를 다르게 하여 표집분포를 조사한 결과 정상분포(正常分布)와 크게 차이가 있다는 것과 **표본수에 따라 표집분포도 달라진다**는 사실을 발견하였다. 그리고 표본수가 증가함에 따라 표집분포는 점차 정상분포에 가까워진다는 사실을 밝혀내고 이러한 표집분포에 대한 일반적인 공식을 1908년 "Student"라는 이름으로 발표하였다. 이 표집분포를 "Student t분포"로 부르고 있다.

가설검증 과정에서 Student t분포는 표본수가 적을 때 정상분포 대신 사용하고 있다. 앞에서 언급한 바와 같이 평균치의 표집분포는 표본수가 달라짐에 따라 변화하기 때문에 가설을 검증하기 위해서는 표본수 별로 설정된 t분포를 사용해야 한다. 따라서 적절한 t분포를 사용하기 위해서는 자유도(自由度)의 개념을 이해할 필요가 있다.

Student t분포는 대칭적인 분포들로 구성되어 있다. 표집분포는 표본수(標本數)에 따라 달라진다. 표본수가 증가함에 따라 t분포는 정상분포에 가까워진다.

3.3 자유도(df: degree of freedom)

앞에서 평균치의 표집분포의 표준편차 즉, 표준오차는 $\sigma/\sqrt{n}$로 정의하였다. 그런데 실제 통계적 추리에서는 σ를 알지 못하므로 $\hat{\sigma}$(추정치)을 사용한다고 하였다. 또한 표본수가 많은 경우, 추정된 전집의 표준편차($\hat{\sigma}$)는 표본의 표준편차와 같으므로 즉, $\hat{\sigma}=s$가 되므로 $s_{\overline{X}}=s/\sqrt{n}$가 된다고 하였다. 그러나 소표집, 특히 표본수가 30 이하일 때에는 s를 σ대신으로 삼는 것이 과소 추정치가 되어 $s_{\overline{X}}$도 사실보다 적은 값이 된다. 따라서 $s_{\overline{X}}$가 전집의 표준편차와 좀 더 접근되도록 하기 위해서는 n대신에 $(n-1)$을 사용해야 한다. $(n-1)$을 우리는 자유도(自由度)라 하고 df로 표시하는데, 주어진 조건에서 자유롭게 변화될 수 있는 점수나 변수의 수를 뜻한다.

통계적으로 자유도는 표본수(n)와 직접적인 관계가 있다. 구체적으로 언급하면 자유도는 전체 표본수에서 표본수에 제한을 주는 수[$df=n-k$(제한수)]를 뺀 것이다. 예를 들어 두 수의 합이 50이라고 할 때, 두 개의 수 중 하나만 알게 되면 다른 하나는 저절로 알 수 있다. 이 경우, 제한적인 역할을 하는 수는 이미 알려진 두 수의 합이 된다. 즉, 두 수의 합이 50이라고 할 때, 두 수 중 어느 하나가 어떠한 값을 갖느냐에 따라 다른 하나는 영향을 받는 제한적인 수가 된다.

또 다른 예를 들어 보자. 전집의 평균치를 5명의 표본을 이용하여 추정한다고 가정해 보자. 5명으로부터 얻은 점수는 21, 23, 24, 27, 30이다. 그리고 $\overline{X}=25$이다. 이 경우, 제한적인 역할을 하는 것은 편차($X = X-\overline{X}$)의 합은 0과 같다. 즉, $\Sigma(X-\overline{X})=0$이다 라는 것이다. 위의 예에서 우리는 5명으로부터 얻은 점수가 있기 때문에 5명의 편차점수(偏差點數)가 있음을 알 수 있다. 그러나 5명의 편차 중 넷은 자유롭게 변할 수 있으나 나머지 한 명의 편차는 '편차의 합이 0'이 되는 값을 갖지 않으면 안 된다. 따라서 자유도는 전체수에서 한 명을 제외한 $n-1$, 즉 $5-1=4$가 된다.

자유도(自由度: degree of freedom; df)란 독립적으로 변할 수 있는 수 즉, 자유롭게 변할 수 있는 수를 말한다. 자유도는 n에서 통계적인 제한을 가진 수를 뺀 것이다. 평균치의 경우에는 전체수에서 한 명을 뺀 $n-1$이 자유도이다.

3.4 자유도와 t분포

자유도와 t분포와의 관계를 이해하는데 도움이 되도록 하기 위해 도 7 · 2에 자유도가 5, 15, ∞인 3개의 t분포를 예시하였다. 3개의 t분포는 정상분포와 마찬가지로 좌우 대칭적이며 종 모양을 하고 있다. t분포의 표는 부록의 〈수표 6〉에 제시되어 있다. 〈수표 6〉의 t분포는 평균치가 0, 표준편차 1인 표준점수(標準點數) 형태로 제시되었다. 그리고 각각의 자유도(df)에 대한 t분포는 모두 정상분포(Z분포)와 동일하다. 그러나 t분포의 수표 자체는 정상분포 수표와 같지 않다.

t분포의 면적비율은 Z분포의 면적비율과는 다르다. t분포는 중앙부분이 다소 평평한 반면 분포의 양쪽 끝은 들려 있기 때문에 95%와 99%의 면적비율에 해당하는 t값의 범위는 ±1.96과 ±2.58보다는 커야 한다. 〈수표 6〉에서 수표의 첫 번째 종렬(column)에는 자유도가 1부터 ∞까지 제시되어 있고 위쪽 횡렬(row)에는 일방검증과 양방검증을 위한 유의수준(significance level) 이 제시되어 있다. 그리고 각 유의수준 밑에는 각각의 자유도에 해당하는 t값이 제시되어 있다.

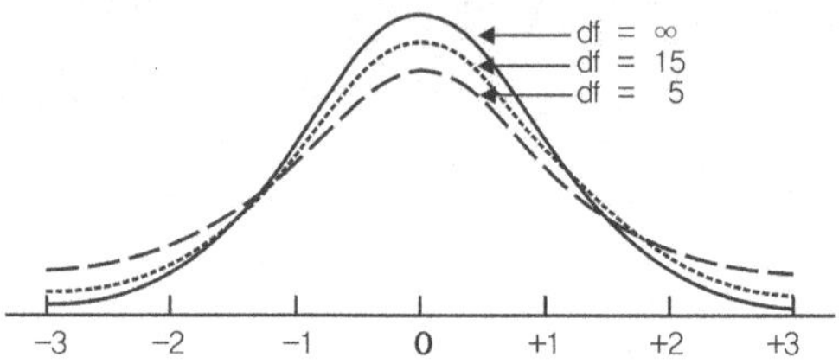

도 7·2 자유도가 5, 15, ∞일 때의 t분포

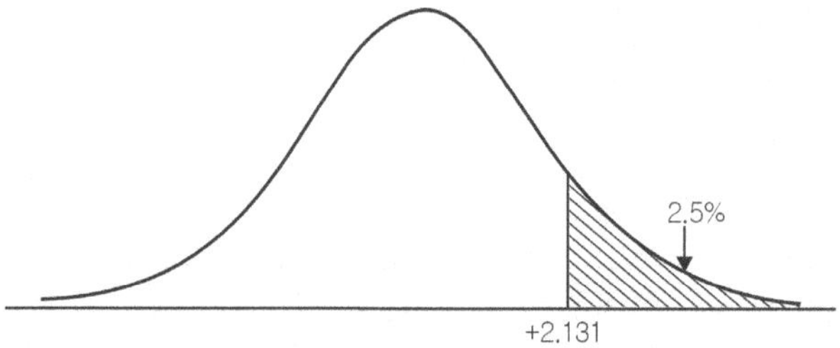

도 7·3 자유도 15일 때의 t분포

예를 들어, 자유도가 15인 t분포에서 2.5%의 면적비율은, 일방검증(一方檢證; 특정한 값보다 크다 혹은 적다라고 진술된 영가설을 검증할 때 사용)의 경우 도 7·3에 제시된 바와 같이, 평균치로부터 위쪽(오른쪽)으로 2.131 표준편차(혹은 t값)만큼 떨어진 곳에 위치한다. 이 t값 2.131은, 자유도 15일 때 양방검증(兩方檢證; 특정한 값과 같다라고 진술된 영가설을 검증할 때 사용)의 경우, 면적비율 5%에 해당하기도 한다. t분포는 자유도가 120보다 클 경우 정상분포(Z분포)와 거의 일치한다. 따라서 표본수가 120 혹은 이보다 적을 경우 우리는 소표집으로 간주할 수 있다. 그러나 학자에 따라서는 100을 기준으로 제시하기도 한다. 이러한 결정은 매우 주관적이다. 다만 주의할 점은 대표집일 때는 Z분포 혹은 t분포 중 어느 방법을 쓰든 문제가 없으나 소표집인 경우에는 반드시 t분포를 써야 한다. 이러한 이유로 연구현장에서는 표본수의 크기에 관계없이 적용이 가능한 t분포를 이용하고 있다. 일방검증과 양방검증은 다음 장에서 상세하게 기술될 것이다.

표본수가 증가함에 따라 정상분포(Z분포)와 t분포 간의 차이는 감소된다. 자유도가 무한대일 우 두 분포는 일치한다. 일반적으로 표본수가 120을 초과할 때 t분포는 정상분포와 거의 일치한다. 연구현장에서는 가설을 검증할 때 표본수의 크기에 관계없이 적용 가능한 t분포를 이용하고 있다.

4. 가설검증(hypothesis testing)

앞에서 설명한 것들은 모두 가설검증을 위한 근거를 제공하는 것이다. 이 부분이 중요한 이유는 표본집단에서 얻은 통계치가 모수치와 같은지의 여부, 두 집단으로부터 얻은 통계치(예; 평균치) 간에 차이가 있는지를 검증하는 기초가 되기 때문이다. 4절 가설검증 부분을 놓치면 통계가 어렵다고 느끼게 되고 싫어진다. 집중이 필요한 부분이다.

일반적으로 각종 통계치(예 : 평균치, 표준편차, 상관계수 등)가 어느 정도 사실에 가까우냐 하는 것은 그것이 전집의 통계치 즉, 모수치에 얼마나 가까우냐에 의해 결정된다. 실제 계산해서 얻은 통계치는 표본에서 얻은 것인데, 이 표본은 전집을 대표할 수 있어야 한다. 따라서 표본을 선정할 때 중요한 것은 가능한 한 그 표본이 전집을 가장 잘 대표할 수 있도록 해야 한다. 이를 위해서는 가장 타당한 무선표집이나 층화(層化)무선표집 방법 등을 사용하는 것이 바람직하다.

우리는 가설검증(假說檢證: 학자에 따라서는 가설검정)이란 말을 흔히 쓰고 있다. 가설검증이란 전집으로부터 추출된 표집집단의 통계치에 의해 전집의 모수치를 추정하는 과정이다. 따라서 만일 우리가 모수치(母數値: parameter)를 안다면 추리통계는 사용할 필요가 없게 된다. 그러나 연구자는 보통 전집의 특성에 관해 거의 모르고 있을 뿐만 아니라 전집의 모든 사례를 다 측정할 만큼 충분한 시간과 여유를 갖추고 있지도 않다.

이러한 이유로 우리는 전집으로부터 표본을 무작위로 추출한 후 표본으로부터 필요한 통계치(統計値)를 계산하고 그 결과에 따라 전집의 모수치에 관해 추정하게 된다. 이때 연구자는 표본에서 얻은 정보에 근거를 둘 때 가정된 모수치(hypothesized value of parameter)를 받아들일 수 있는지 즉, 표본에서 얻은 통계치를 가정된 모수치와 같은 것으로 받아들일 것인가 아니면 부정할 것인가를 결정해야 한다.

다시 말하면 가설검증이란 과거의 연구결과나 어떤 이론적 근거에 의하여 전집의 모수치가 어떤 값을 가졌다고 가정했을 때, ①이렇게 가정된 전집에서 현재 얻은 표본집단의 통계치를 얻을 가능성이 얼마나 있는지, ②그리고 가정된 모수치(전집)와 통계치(표본) 간의 차이가 단순히 표집오차(標集誤差)에 기인한 우연히 얻은 결과라고 볼 수 있는지의 여부를 따지는 과정을 의미한다. 이러한 과정을 통계적으로 검증하는 것을 흔히 **통계적 검증**(statistical test) 또는 **유의도 검증**(significance test)이라고 한다. t검증은 바로 이러한 통계적 검증의 한 방법이다.

연구에서 이러한 통계적 검증은 "한 표집에서 얻은 평균치($\overline{X}$)가 전집의 평균치(μ)와 차이가 있는가?" "하나 혹은 두 표집에서 얻은 평균치들($\overline{X}_1$, $\overline{X}_2$)간에 차이가 있는가?"를 검증할 때 사용한다. 전자는 단일평균(單一平均)에 관한 추리에 해당하며 후자는 두 평균의 차에 관한 추리에 해당한다. 이들은 연구과정에서 전통적으로 가장 많이 사용해 온 통계적 검증 방법이다.

4.1 전집의 특성을 모를 때의 가설검증

앞에서 우리는 모수치를 안다면 추리통계는 사용할 필요가 없다고 하였다. 그러나 실제 연구자는 전집의 특성을 거의 모를 뿐 아니라 시간과 경제적 이유로 전집(全集)을 연구대상으로 삼기보다는 표본(標本)을 선정하여 전집의 특성을 추정하는 방법을 택한다고 하였다. 그렇다면 전집의 특성을 모를 때 가설검증은 어떻게 해야 할 것인가?

연구자가 실제 전집의 특성에 관해 모르고 있는 것 중의 하나는 **전집분포의 모양**이다. 그런데 전집분포의 모양은 표본수를 어느 정도 크게 하면 아무런 문제가 되지 않는다. 뿐만 아니라 행동과학(行動科學: behavioral science) 분야에서 사용되고 있는 각종 변수의 전집은 정상적(正常的)으로 분포되어 있다는 것은 많은 연구문헌이 입증하고 있다. 따라서 전집분포의 모양은 전집 특성을 모르는 자료의 가설검증 과정에서 거의 문제가 되지 않는다.

연구자가 모르고 있는 또 다른 전집 특성은 **전집의 평균치**(μ)이다. 가설검증에서 연구자는 전집의 평균치를 가정해 내고 이러한 가정된 평균치가 받아들일 수 있는 것인지 아닌지를 결정하게 된다. 이러한 검증은 엄밀하게 말하면 앞에서 기술된 3학년 학생들의 윗몸일으키기 평균치를 알아보려는 것과 같이 전집 특성을 조사하는 경우에 해당한다.

연구자가 전집에 관해 일반적으로 모르고 있는 세 번째 특성은 **전집의 표준편차**이다. 앞에서 언급한 표집분포의 표준편차는 $\sigma/\sqrt{n}$ 임을 다시 상기해 보자. σ(전집의 표준편차)를 알 경우, 중앙집중한계정리는 직접 활용할 수 있다. 즉, 평균치의 표집분포는 가정된 전집의 평균치 μ를 중심으로 정상적으로 분포되어 있으며 표집분포의 표준편차(평균치의 표준오차)는 $\sigma/\sqrt{n}$과 같다고 말이다.

그러나 σ를 모를 때 연구자는 표본에서 얻은 표준편차(s)를 σ의 추정치로 사용하게 된다. 이 추정치는 전집의 평균치에 관한 가설을 검증하고자 할 때 중앙집중한계정리를 이용하여 사용하게 된다. 다시 말하면 s를 σ의 추정치로 사용할 때 $s/\sqrt{n}$은 **표준오차의 추정치** 혹은 **이론적인 표집분포의 표준편차**가 된다.

전집의 평균치에 관한 가설을 검증하고자 할 때, 표본에서 얻은 표준편차(s)는 전집 표준편차(σ)의 추정치로 사용한다. 따라서 표본 평균치 분포의 추정된 표준오차는 $s/\sqrt{n}$이 된다.

4.2 σ를 모를 때 표본 평균치의 표집분포

전집의 표준편차(σ)와 표본의 표준편차(s) 간의 차이는 공식 (7.4), (7.5)에서 확인할 수 있다. 제4장 변산도에서 이미 배웠다. 전집과 표본의 표준편차는 다음과 같다.

$$\sigma = \sqrt{\frac{\Sigma(X-\mu)^2}{N}} \tag{7.4}$$

μ = 전집의 평균치
N = 전집의 사례수

$$s = \sqrt{\frac{\Sigma(X-\overline{X})^2}{n-1}} \tag{7.5}$$

$\overline{X}$ = 표본의 평균치
n = 표본의 사례수

전집의 표준편차를 모를 때 공식 (7.5)를 사용하여 계산된 표본의 표준편차(s)는 표본의 평균치에 의해 전집의 평균치를 추정하거나 전집의 평균치에 관한 가설을 검증할 때 σ의 가장 타당한 추정치로 사용된다.

4.3 가설검증의 예

체육교사가 '전집의 윗몸일으키기 평균은 90이다'(영가설: null hypothesis)라고 가정한 것이 올바른 판단인지의 여부를 검증하기 위해 '전집의 윗몸일으키기 평균은 90보다 적다'는 상대가설(相對假說: 대립가설: alternative hypothesis)을 설정하였다면 다음과 같이 표기할 수 있다. 여기에서 H_0는 영가설(零假說; 귀무가설)을, H_A는 상대가설을 의미한다. 가설진술에 관한 구체적인 내용은 다음 장에 제시하였다. 이 장에서는 가설검증이 무엇인가를 이해하는데 중점을 두었다.

$$H_0 : \mu = 90$$
$$H_A : \mu < 90$$

연구자는 표본집단에서 얻은 자료 $\overline{X} = 67.3$, $s = 26.0$, $n = 169$를 이용하여 먼저 평균치의 이론적 표집분포를 파악한 후, 전집의 평균치(μ)는 90이라는 영가설(H_0)을 검증할 수 있다. 중앙집중한계정리에 근거를 둔다면 평균치의 표집분포는 전집의 평균치($\mu = 90$)를 중심으로 정상적으로 분포되어 있다고 할 수 있다. 그리고 평균치의 표준오차($S_{\overline{X}}$)는 표본에서 얻은 표준편차를 이용하여 추정할 수 있다. 공식 (7.3)을 이용하여 $S_{\overline{X}}$를 계산하면 다음과 같다.

$$s_{\overline{X}} = s / \sqrt{n} = 26 / \sqrt{169} = 2.0$$

이 표집분포는 도 7 · 4와 같다. 여기에서 우리는 전집의 표준편차(σ)를 안다면 위의 표집분포는 중앙집중한계정리(central limit theorem)에 의하여 정상적으로 분포되어 있다고 할 수 있을 것이다. 그러나 위의 자료는 전집의 표준편차(σ)를 모르는 경우에 해당되기 때문에 s를 σ의 추정치로써 사용해야 한다. 동시에 이 자료의 표집분포를 가장 적절하게 기술해 줄 수 있는 분포는 $n - 1$의 자유도를 가진 t분포이다. 이 자료의 자유도(df)는 $n - 1 = 169 - 1 = 168$이다. 자유도 168에 대한 t분포는 정상분포(혹은 정규분포)와 거의 일치하기 때문에 정상분포를 이용할 수 있다.

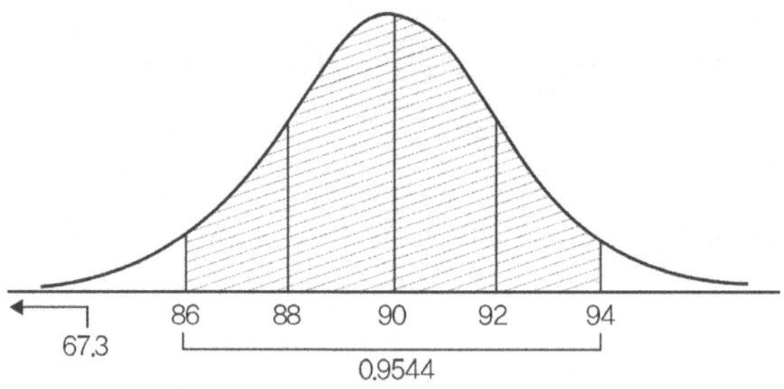

도 7 · 4 H_0: μ=90, $S_{\overline{X}}$=2.0인 평균치의 표집분포

앞에서 우리는 전집의 평균치(μ)는 90이라고 가정하였다. 이 가설을 검증하기 위해서는 정상분포의 비율에 대해 이미 배운 내용을 상기할 필요가 있다. 즉, 표본수가 169인 표본자료인 경우, 표본 평균치($\overline{X}$)의 95.44%는 전집 평균치(μ)를 중심으로 ±2 표준오차($S_{\overline{X}}$)내에 포함되어 있다는 것을 독자는 기억할 수 있을 것이다. 다시 말하면 표본수가 169인 위 자료의 표본집단 평균치($\overline{X}$)는 90±(2×2) 즉, 86과 94 사이에 포함되어 있을 확률이 .9544라는 것을 알 수 있다.

그렇다면 1에서 .9544를 뺀 .0456은 무엇을 뜻하는 확률일까? 이 확률은 표본 평균치가 94보다 크거나 86보다 작을 경우에 해당하는 확률을 뜻한다. 위의 자료에서 독자는 표본 평균치($\overline{X}=67.3$)는 86과 94 사이에 들어 있지 않다는 것과 표본 평균치 67.3이 나타날 확률은 매우 낮은 .0456 밖에 되지 않다는 점에 유의해야 한다. **따라서 영가설(H_0)이 사실이라면, 즉 모수치의 평균이 90($\mu=90$)이라면 표본집단에서 67.3이라는 평균치를 얻을 확률이 높아야 하는데 실제로는 매우 낮게(.0456) 나타났기 때문에 결국 영가설을 부정하고 전집의 평균치(μ)는 90이 아니라는 결정을 내릴 수밖에 없다.**

이제 영가설을 검증하기 위한 일반적 절차를 구체적으로 살펴보자. 위의 사례를 예로 들면 전집의 평균치(μ)가 90일 때 표본 평균치($\overline{X}$)가 67.3과 같거나 이보다 낮게 나타날 확률이 어느 정도인지를 결정해야 한다. 이를 위해서는 먼저 표본 평균치를 다음 공식과 같이 표준점수(standard score)로 환산해야 한다.

$$t=\frac{\overline{X}-\mu}{s_{\overline{X}}} \tag{7.6}$$

$\overline{X}$ = 표본 평균치
μ = 전집의 가상 평균치
$S_{\overline{X}}$ = 평균치의 표준오차

$$t=\frac{67.3-90}{2}=-11.35$$

이 값(-11.35)은 표본 평균치(67.3)가 가정된 전집의 평균치($\mu=90$)보다 11.35 표준오차만큼 아래쪽에 위치하고 있음을 뜻한다. 따라서 전집의 평균치(μ)가 90일 때, 표본수가 169인 집단에서 얻은 평균치($\overline{X}$)가 67.3과 우연히 같거나 이 보다 작게 나타날 확률은 매우 적음을 알 수 있다. 실제로 t(혹은 z)값 11.35에 대한 확률은 부록의 〈수표 1(정상분포곡선 수표)〉과 〈수표 6〉의 t분포에서 찾으면 .0001보다 적음을 알 수 있다. 이러한 매우 적은 확률은 그 같은 경우가 나타날 가능성이 거의 없음을 뜻한다. 따라서 연구자는 위의 확률(.0001보다 적은)에 근거를 두고 '영가설 $\mu=90$은 받아들 수 없다'는

결정을 내리게 된다.

또 다른 예를 들어보자. 위의 표본 통계치를 근거로 전집의 평균치가 $\mu = 68$이라는 가설을 검증해 보자.

$$H_0 \ : \mu = 68$$
$$H_A : \mu < 68$$

평균치의 표집분포는 앞의 경우와 동일하며 다만 전집의 평균치(μ)가 68이라는 영가설만 다르다. 이 표집분포는 도 7 · 5에 제시되어 있다. 우리는 이 표집분포에서 표본 평균치들의 95.44%는 64와 72 사이에 들어 있으며 표본수가 169인 표본집단에서 얻은 평균치($\overline{X}$) 67.3은 위의 점수 사이에 들어 있음을 확인할 수 있다. 따라서 $\overline{X}$가 64와 72 사이에 들어 있을 확률은 상당히 크다는 것을 짐작할 수 있다. 이 영가설을 검증하기 위해 우리는 앞에서와 마찬가지로 **전집의 평균치(μ)가 실제로 68.0일 때 표본수가 169인 집단에서 얻은 평균치($\overline{X}$)가 우연히 67.3과 같거나 그보다 작게 나타날 확률이 어느 정도 인지를 계산해야 한다.**

$$t = \frac{\overline{X} - \mu}{s_{\overline{X}}} = \frac{67.3 - 68}{2} = -0.35$$

위의 예에 대한 표준점수의 산출은 정상분포를 사용하는 것이 적합하다 할지라도 여기에서는 Z분포 대신 t분포를 사용하였다. 일반적으로 자유도가 120보다 클 때는 Z분포와 t분포는 동일하기 때문에 어느 분포를 사용해도 문제가 되지 않는다. 그러나 자유도가 120보다 적을 때는 t분포를 사용하는 것이 더 적절하다.

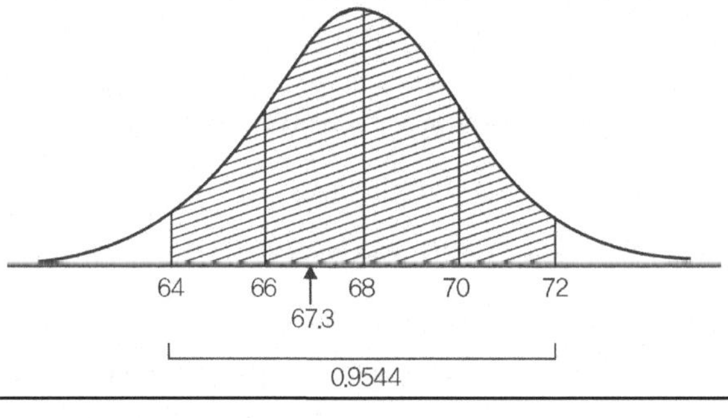

도 7 · 5 H_0: $\mu = 68$, $S_{\overline{X}} = 2.0$인 평균치의 표집분포

환산된 표준점수 즉, t값은 "–"값을 보이고 있다. 이는 표본 평균치가 가상된 전집 평균치보다 작기 때문이다. 그러나 "–" t값은 정상분포 혹은 t분포 표를 이용하는 데는 아무런 영향도 미치지 않는다. –값은 단지 표본 평균치가 가상된 전집 평균치보다 작다는 뜻이다. 다시 말하면 표본 평균치($\overline{X}$)가 전집 평균치(μ)보다 표집분포에서 왼쪽에 위치한다는 것을 의미할 뿐이다. 환산된 t값에 의하면 표본 평균치(67.3)는 가상된 전집 평균치($\mu = 68$)보다 0.35 표준오차만큼 아래(왼쪽)에 위치하고 있음을 확인할 수 있다. 그리고 정상분포 표에서 Z값(혹은 t값) –0.35 이하의 면적비율을 찾으면 0.3632임을 알 수 있다.

따라서 '전집 평균치(μ)가 실제로 68.0일 때, 표본수가 169인 집단에서 얻은 평균치($\overline{X}$)가 우연히 67.3과 같거나 이 보다 적게 나타날 확률은 0.3632'임을 알 수 있다. 이 값(확률)에 의하면 위와 같은 사례가 나타날 가능성은 1/3보다 크다는 것을 알 수 있다. 이 결과를 토대로 연구자는 영가설($\mu = 68$)을 받아들이고 표본 평균치와 가정된 전집 평균치 간의 차이는 표집과정에서의 오차에 기인된 우연히 얻은 것으로 결론을 내릴 수 있다. 다시 말하면 이러한 결론은 단순히 어떤 직관에 의해서가 아니라 확률에 근거를 둔 것이다. 독자는 '가설검증에서 확률은 전집의 모수치에 적용하는 것이 아니라 표본 평균치와 같은 통계치(統計値)에 적용한다'는 것을 명심해야 한다. 확률은 **"주어진 가설에서 어떤 통계치가 나타날 확률은 어느 정도인가?"**와 같은 질문 형식으로 진술할 수 있다.

위의 두 가지 예에서 우리는 영가설 : $\mu = 90$ 즉, 표본집단에서 산출된 평균치(67.3)가 전집의 평균치(90)와 같다고 볼 수 있는 확률은 너무 적은데 비해 영가설 : $\mu = 68$ 즉, 표본집단에서 산출된 평균치(67.3)가 전집의 평균치(90)와 같다고 볼 수 있는 확률은 크다 혹은 적당하다는 결정을 내린 바 있다. 그런데 이러한 결정을 내리는 근거로서 확률이 **"너무 적다" 혹은 "크다", "적당하다"**라는 결정은 상당히 모호하다. 따라서 영가설(H_0)을 긍정할 것인가(즉, 차이가 없다고 결정할 것인가) 아니면 부정할 것인가(차이가 있다고 결정할 것인가)를 판단하는 객관적 기준으로서의 확률이 요구되는데 이것이 바로 유의수준(혹은 유의도, 有意水準: level of significance)이다.

4.4 유의수준(α수준)

표본집단에서 얻은 통계치가 가정된 전집의 모수치와 우연으로 판단되는 **오차범위**를 넘어 현저하게 차이가 있다고 한다면, 우리는 영가설을 부정하고 통계치와 모수치 간에는 **유의한 차이**(significant difference)가 있다고 해석한다. 이와 같이 영가설을 긍정할 것이냐 아니면 부정할 것이냐의 결정은 단순히 직관에 의해서가 아니라 확률에 근거를 둔다. 따라서 어느 정도의 확률을 나타낼 때 유의한 차이가 있다고 판단할 것인가는 중요한 문제가 된다. 유의수준(有意水準)은 곧 '통계적으로 유의하다고 판정하는데 근거가 되는 확률수준'을 뜻한다. 유의수준은 α수준(alpha level)이라고도 부른다.

사회과학 분야에서 가장 많이 사용되고 있는 유의수준은 .05와 .01 즉, 5%와 1%이다. 그러나 연구의 성격에 따라 .001혹은 .10 수준을 사용할 수도 있다. 앞의 가설검증 예에서 유의수준을 .05로 설정하였다면, 전집의 윗몸일으키기 평균치(μ)가 90일 때 표본집단으로부터 얻은 평균치가 67.3과 같거나 이보다 작게 나타날 확률은 .0001로 나타나 **'.05보다 상당히 적기 때문에'** "전집의 윗몸일으키기 평균치는 90이다($\mu = 90$)"라는 영가설(H_0)을 부정하고 상대가설(相對假說: "전집의 윗몸일으키기 평균은 90보다 작다")을 받아들이게 된다. 그러나 전집의 평균치가 90이 아니라 68일 때 표본 평균치가 67.3과 같거나 이보다 작게 나타날 확률은 .3632로 나타남으로써 **'.05(유의수준: α)보다 크기 때문에'** "전집의 윗몸일으키기 평균치는 68이다($\mu = 68$)"라는 영가설을 받아들이게 된다.

여기에서 독자가 유념해야 할 것은 가설검증을 위해 유의수준을 .05(5%)로 설정하였다면 **'영가설을 받아들여야 할 때 부정하게 되는 경우가 100번 중 5번은 있게 된다'**는 점이다. 다시 말하면 95%의 신뢰수준(信賴水準)에서 올바른 결정을 내리게 된다는 일종의 결정(決定)의 신뢰수준을 뜻한다. 앞에서 언급한 바와 같이 가장 흔히 사용되고 있는 유의수준(α)은 .05와 .01 수준이지만 연구에 따라서는 .005 또는 .001로 낮추어 사용하기도 한다. 우리는 α수준을 낮추는 것을 보다 신중한(conservative) 결정을 내리는 것으로 해석한다. 따라서 덜 신중한 결정을 내릴 때는 α수준은 .10 또는 .20을 사용하기도 한다.

영가설을 받아들일 것인가(긍정) 아니면 부정할 것인가는 표본집단으로부터 관찰된 통계치를 얻을 확률이 유의수준(α수준: 일반적으로 .05)보다 크냐 아니면 적으냐에 의해 결정된다. 유의수준은 연구자가 설정한 확률수준이다. 만일 표본집단으로부터 현재 관찰된 통계치를 얻을 확률이 설정한 유의수준보다 적다면 영가설을 부정한다.

---

5. 모수치의 추정

앞 절에서 가설검증은 가정한 모수치를 받아들일 수 있는지의 여부를 결정하는 것이라고 하였다. 가설검증을 위해서는 전집으로부터 무선적으로 표본을 추출하고 가정한 모수치에 해당하는 표본 통계치를 계산하였다. 만일 표본집단으로부터 관찰된 통계치가 가정한 모수치와 크게 차이가 난다면 그 가설은 부정하였다. 반면 표본 통계치와 가정한 모수치 간에 거의 차이가 없다면 그 가설은 받아들였다. 그리고 가설을 긍정 혹은 부정하는 결정을 내리는데 확률(確率)을 사용하였다.

이와 같이 가설검증은 사전에 전집의 모수치를 논리적으로 설정할 수 있는 연구자의 능력에 달려 있다고 할 수 있다. 전집의 모수치는 보통 사전 연구결과 혹은 문헌분석을 통해 설정할 수 있다. 앞의 윗몸일으키기 예는 가설검증을 예시한 것이라 할지라도 어느 정도 허구적으로 꾸며 만든 것에 불과하다. 여기에서 유념할 것은 만일 체육교사가 전집의 평균치는 90(혹은 68)이라고 결정한 분명한 선험적(先驗的)인 이유가 있지 않은 한 "윗몸일으키기의 전집 평균치(μ)는 몇인가?"를 밝히는 것이 보다 적절한 접근이라고 할 수 있을 것이다. 즉, 이 경우 연구자는 특정한 전집 평균치(μ)에 관한 가설을 검증하기보다는 전집 평균치를 추정하는 것에 관심을 두어야 할 것이다.

전집 평균치를 추정하는 일 역시 추리통계(推理統計)의 범주에 속한다. 왜냐하면 우리는 전집의 모든 사례를 모두 측정할 수 없고 따라서 전집의 모수치는 결코 알 수 없기 때문이다. 이러한 이유 때문에 연구자는 모수치를 추정하기 위해서는 표본자료를 계속 사용해야 할 것이다. 다만 차이가 있다면 그것은 가정된 모수치에 관한 가설을 검증하는 대신 모수치를 추정하는 것이다. 이러한 절차를 우리는 통계적 추리(統計的 推理: statistical estimation)라고 부른다.

통계적 추리는 표본 통계치로부터 전집의 모수치를 추정하는 과정이다. 여기에서 표본 통계치와 전집의 모수치에는 평균치뿐만 아니라 표준편차, 상관계수 등 앞에서 배운 모든 통계치가 포함된다.

'한 표본에서 얻은 통계치를 가지고 모수치를 추정하는 방법'은 두 가지가 있다. 그중 하나는 표본에서 얻은 통계치를 모수치의 추정치로 그대로 사용하는 방법인데 이를 단일값(單一値)에 의한 추정(point estimation)이라고 한다. 다른 하나는 표집오차를 고려하여

모수치가 포함될 수 있는 일정한 범위를 설정한 후 모수치를 추정하는 방법인데 이를 신뢰구간(信賴區間) 설정에 의한 추정(interval estimation)이라고 한다.

5.1 단일 값에 의한 추정(point estimation)

단일 값에 의한 모수치 추정이란 전집의 모수치를 가장 잘 대표할 수 있다고 판단되는 하나의 통계치(統計値)를 추정치로 삼는 것이다. 즉, 무선표집에 의해 선정된 집단에서 얻은 통계치를 모수치의 추정치로 사용하는 것이다. 앞의 윗몸일으키기 평균치에 대한 예에서 최상의 단일추정치(單一推定値)는 표본 평균치인 67.3이 된다. 그러나 이 값을 전집의 평균치를 대표하는 최상의 단일추정치로 사용은 하지만 전집의 윗몸일으키기 평균이 정확하게 67.3이라고 단정하기는 어렵다.

왜 그럴까? 그 이유는 표본 평균치는 전집 평균치를 대표하기는 하지만 항상 표집오차(標集誤差)를 수반하므로 전집 평균치와 정확하게 일치한다고는 할 수 없기 때문이다. 따라서 단일 값에 의한 모수치의 추정방법(즉, 표본 통계치를 전집의 모수치로 대용하는 것)은 **'표집오차가 어느 정도 포함되는지에 관한 정보가 없기 때문'**에 통계적 추리방법 중 가장 신뢰성이 낮은 방법이다. 그럼에도 단 하나의 추정치가 요구된다면 우리는 바로 이 방법을 사용할 수밖에 없다.

5.2 신뢰구간 설정에 의한 추정(interval estimation)

신뢰구간(信賴區間: 신뢰한계라고도 부름, confidence interval; *CI*) 설정에 의한 모수치 추정방법은 우리가 전집분포에 관해 어떤 가정을 할 때 **'전집의 모수치가 포함될 수 있는 일정한 범위 즉, 구간(interval)을 설정하여 모수치를 추정하는 방법'**이다. 신뢰구간을 설정하여 모수치를 추정하는 것 역시 확률이론(確率理論)에 근거를 둔다. 그리고 모수치의 추정은 추정된 단일 모수치와 표준오차를 사용한다. 앞의 4.3에 제시된 예를 소환해 보자. 전집의 윗몸일으키기 평균치가 $\mu = 68$이라고 가정하고 전집으로부터 169명을 무선 표집하여 표본 평균치를 산출한 결과 67.3을 얻었다고 하자. 확률이론에 근거를 둘 때 표본 평균치의 95.44%는 전집 평균치를 중심으로 ±2 표준오차($s_{\overline{X}}$)사이 즉, 64와 72 사이에 들어 있다는 사실을 기억해 낼 수 있을 것이다.

그러나 신뢰구간 설정과 관련하여 '확률의 범위는 소수점을 동반한 95.44% 보다는

95% 혹은 99%로 설정하는 것이 보통'이다. 도 7 · 6에 의하면 표본 평균치의 95%는 $\mu \pm 1.96 s_{\overline{X}}$ 사이 즉 64.08~71.92 사이에 들어 있는 것으로 추정할 수 있으며 표본 평균치의 99%는 $\mu \pm 2.58 s_{\overline{X}}$ 사이 즉, 62.84~73.16 사이에 들어 있는 것으로 추정할 수 있다. 일반적으로 표본 평균치의 신뢰구간을 결정하는 방법은 다음 공식과 같다.

$$CI_{95} = \overline{X} \pm Z(s_{\overline{X}}) \tag{7.7}$$

CI_{95} = 95%의 확신을 가지고 전집의 평균치가 들어있다고 추정할 수 있는 신뢰구간(신뢰한계라고도 부름)
$\overline{X}$ = 표본의 평균치
Z = 정상분포곡선에서 면적 .9500에 해당하는 Z값(표준점수)
$s_{\overline{X}}$ = 표집분포의 표준오차

$$CI_{99} = \overline{X} \pm Z(s_{\overline{X}})^{*}$$

이 공식을 실제 사용하기 전에 우리는 표준오차(standard error: $\sigma_{\overline{X}}$)의 의미를 확실하게 이해할 필요가 있다. 표준오차는 표준편차의 해석과 유사하다. 다만 표준편차는 점수분포에서 여러 점수가 평균치를 중심으로 얼마나 분산(즉, 흩어져 있는가?)되어 있는가를 나타내 주는 데 반해, 표준오차는 표집분포에서 여러 개의 평균치들이 그들 평균치들의 평균치($\overline{X}_{\overline{X}}$)로부터 얼마나 분산되어 있는가를 나타내 주는 것에 차이가 있을 뿐이다. 다시 말하면 **표준오차는 표본에서 얻은 평균치($\overline{X}$)가 전집의 평균치(μ)에서 어느 정도 이탈되어 있느냐**를 제시해 준다.

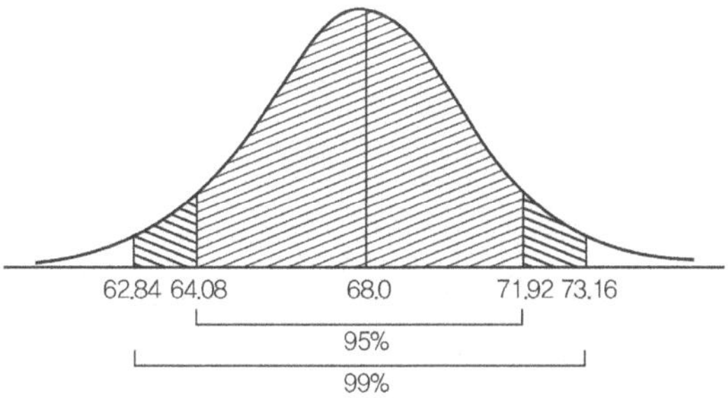

도 7 · 6 H_0: $\mu = 68$, $S_{\overline{X}} = 2.0$인 평균치의 표집분포

---

* 99%의 신뢰구간은 위의 95%의 신뢰구간과 Z값만 다르다. 즉, 정상분포곡선에서 면적 .9900에 해당하는 Z값(1.96)을 대입하면 된다.

따라서 위의 공식을 근거로 한다면, 같은 조건에서 무작위로 계속 표집해서 얻은 평균치들은 전집의 평균치(μ)를 중심으로 ±1.96 표준오차 사이에 포함될 확률이 약 95% 된다는 것을 뜻한다. 그러나 실제로 전집의 평균치(μ)는 우리가 알 수 없으므로 표집추출 결과 얻은 평균치($\overline{X}$)를 그대로 사용하게 된다.

예를 들어 $n = 169$, $\overline{X} = 67.3$, $s = 26$인 자료에서 전집 평균치의 95% 신뢰구간을 설정한다고 한다면, 95%($\alpha = .05$) 신뢰구간에 해당하는 Z값은 ±1.96이 된다. 그리고 $s_{\overline{X}} = s/\sqrt{n} = 26/\sqrt{169} = 2.0$이 된다. 이 값을 공식에 대입하면 다음과 같다.

$$
\begin{aligned}
CI_{95} &= 67.3 \pm (1.96)(2.0) \\
&= 67.3 \pm 3.92 \\
&= 63.38 \le \mu \le 71.22
\end{aligned}
$$

이 결과에 의하면 전집의 평균치(μ)는 63.38과 71.22사이에 들어 있다고 추정해서 맞을 확률이 95%라고 할 수 있다. 위에서 $\overline{X} \pm Z(s_{\overline{X}})$ 즉, 67.3±(1.96)(2)을 우리는 신뢰구간(또는 신뢰한계)이라고 한다. 이러한 신뢰구간의 개념을 사용하면 전집의 평균치가 위의 점수 구간(범위)에 들어 있다고 추정하여 맞을 확률이 95%, 틀릴 확률이 5%가 됨을 알 수 있나. 만일 너 큰 신뢰를 원한나면 즉, 맞을 확률을 높이고 싶으면 신뢰구간을 $\overline{X} \pm 2.58(s_{\overline{X}})$로 설정할 수 있다. 이때는 맞을 확률이 99%, 틀릴 확률이 1%가 된다. 표준오차는 이와 같이 한 통계치의 신뢰구간을 정하는데 뿐만 아니라 설정된 가설(假說: hypothesis)을 검증하는데 유용하게 사용된다.

표 7 · 1에는 표본 사례수 169명을 30번 계속 표집하여 산출한 표본 통계치들의 95% 신뢰구간(CI_{95})을 계산한 결과가 제시되어 있다. 표에 제시된 30개의 95% 신뢰구간 중 2개는 추정된 전집 평균치($\mu = 68$)를 포함하지 못하고 있다. 즉 $\overline{X} = 63.9$와 $\overline{X} = 72.1$에 대한 CI_{95}가 바로 이에 해당한다. 앞에서 언급한 바와 같이 $\mu = 68$이라면 가능한 모든 표본 평균치들의 95%는 63.38과 71.22 사이에 들어있다고 추정할 수 있다. 위의 결과는 $\overline{X} \pm 1.96(s_{\overline{X}})$사이에 전집 평균치가 들어 있다고 추정하여 맞을 확률이 95%이며 틀릴 확률은 5%라는 것을 지적해 주고 있다.

위에 기술한 내용을 다시 한번 정리해 보자. 만일 체육교사가 전집의 윗몸일으키기 평균치에 대한 단 하나의 추정치를 원한다면, 연구자는 최상의 추정치로서 표본 평균치인 67.3을 제시할 수 있을 것이다. 그러나 이는 전집 평균치가 정확하게 67.3이라는 것을 의미하지 않는다. 그 이유는 표집오차 때문이다. 따라서 연구자는 「63.38과 71.22 사이에 전집 평균치가 들어 있을 확률이 95%」라는 신뢰구간을 제시할 수 있을 것이다.

표 7·1 H_0: $\mu = 68$, $s_{\overline{X}} = 2.0$인 30개 표본 평균치의 95% 신뢰구간

$\overline{X}$	CI_{95}
67.3	(63.38, 71.22)
65.8	(61.88, 69.72)
71.6	(67.68, 75.52)
70.8	(66.88, 74.72)
69.4	(65.48, 73.32)
66.8	(62.88, 70.72)
68.2	(64.28, 72.12)
71.7	(67.78, 75.62)
70.6	(66.68, 74.52)
65.2	(61.28, 69.12)
70.5	(66.58, 74.42)
63.9	(59.68, 67.82)
68.5	(64.58, 72.42)
71.1	(67.18, 75.02)
66.5	(62.58, 70.42)
67.8	(63.88, 71.72)
70.6	(66.68, 74.52)
66.1	(62.18, 70.02)
71.4	(67.48, 75.32)
68.6	(64.68, 72.52)
70.8	(66.88, 74.72)
67.9	(63.98, 71.82)
70.4	(66.48, 74.32)
71.6	(67.68, 75.52)
66.3	(62.38, 70.22)
72.1	(68.18, 76.02)
66.3	(62.38, 70.22)
68.4	(64.48, 72.32)
69.8	(65.88, 73.72)
64.6	(60.68, 68.52)

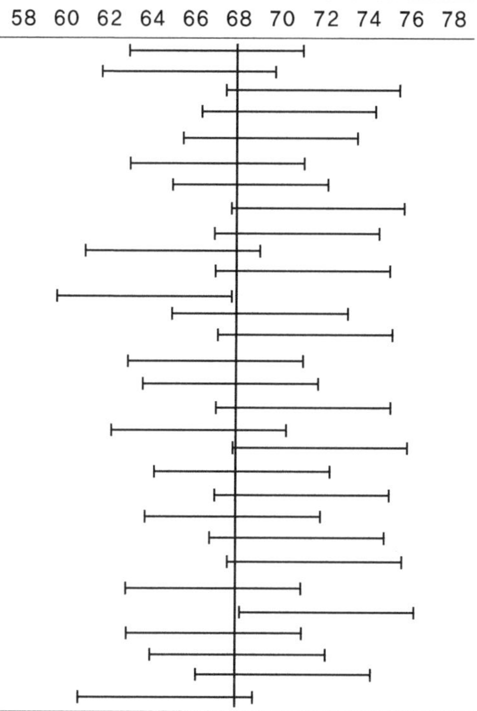

만일 영가설이 사실이라면 가능한 모든 표본 평균치의 95%는 $\mu \pm 1.96 s_{\overline{X}}$ 에 들어 있다고 추정할 수 있다. 마찬가지로 표본 평균치들에 대해 산출한 95% 신뢰구간(CI_{95})들 중 95%는 전집의 평균치(μ)를 포함하고 있다고 추정할 수 있다.

위의 예에서 우리는 신뢰구간을 설정할 때 .95 확률수준이 사용되었음을 알았다. 이 확률수준을 신뢰수준(信賴水準)이라고 부르며 이 값을 1에서 뺀(1 − .95 =) .05는 영가설을 검증할 때 사용하는 유의수준(有意水準: level of significance) 혹은 α수준이라고 부른다. 유의수준에 대한 설명에서 가장 빈번히 사용되고 있는 α수준은 .05와 .01이라고 하였다. 마찬가지로 가장 빈번히 사용되는 신뢰수준은 .95와 .99이다. 유의수준은 가설의 진술 및 검증과 관련지어 다음 장에서보다 구체적으로 기술할 것이다.

한 표본에서 얻은 통계치를 가지고 모수치를 추정하는 통계적 추리방법은 단일치(單一値)에 의한 추정 방법이 있다. 단일치에 의한 추정은 표본에서 얻은 통계치를 그대로 모수치의 추정치로 사용하는 방법이다. 신뢰구간 설정에 의한 모수치 추정은 표집오차를 고려하여 모수치가 포함될 수 있는 일정한 범위(구간)를 설정하는 방법이다.

통계적 추리(statistical estimation)는 스포츠과학 연구에서 가설검증처럼 광범위하게 사용되지는 않고 있다. 그러나 통계적 추리는 가설검증과 마찬가지로 전집의 모수치를 사전에 논리적으로 설정해야 할 필요가 없기 때문에 때로는 가치 있게 사용되기도 한다.

중학교 학생 윗몸일으키기 평균치에 관한 가설검증에서 표본 평균치($\overline{X}=67.3$)가 가정된 전집의 평균치와 유의한 차이가 발견될 때 영가설(H_0: $\mu=90$)은 부정되었다. 영가설을 부정할 때 우리는 $\overline{X}$와 μ사이의 차이를 단순히 표집오차로 보기에는 그 확률이 너무 적기 때문에 전집의 평균치는 90과는 차이가 있다는 결론을 내렸다. 그러나 이러한 결론에는 전집의 평균치가 몇이라고 구체적으로 제시하지는 못하고 있다. 따라서 전집의 평균치를 추정하기 위해서는 '신뢰구간 설정에 의한 평균치 추정방법'을 이용하여 적절한 신뢰구간을 설정하여 제시하는 노력이 필요하다. 미국심리학회(*APA*: American Psychological Association, 2001)의 출판요강(publication manual)에 따르면 '평균치 추정과 관련하여 연구가설(研究假說: research hypothesis)을 검증하는 연구논문은 반드시 신뢰구간 통계치를 보고할 것'을 요구하고 있다.

요약하면 통계적 추리(statistical inference) 방법은 연구자가 전집의 모수치에 관한 가설을 검증하는 것과 관계없이 연구의 주 목적이 어떤 이론을 계속적으로 발전시키는 것일 때 적절하게 사용할 수 있다.

연습문제

1. 다음 중 단순무선표집(simple random sampling)의 특징으로 옳은 것은?

① 전집을 층으로 나눈 후 표본을 추출한다.
② 표본이 선정될 확률이 모든 구성원에게 동일하다.
③ 조사자의 의도에 따라 표본을 선정한다.
④ 일정한 간격을 두고 표본을 선정한다.

2. 체계적 표집(systematic sampling)에서 첫 번째 표본을 선정한 후 나머지 표본을 선정하는 기준은 무엇인가?

① 전집에서 무작위로 선정 ② 조사자의 직관에 따라 선정
③ 일정한 간격을 유지하며 선정 ④ 각 층에서 무작위로 선정

3. 층화표집(stratified sampling)의 목적은 무엇인가?

① 전집을 균등하게 나누기 위해
② 전집의 모든 구성원을 포함하기 위해
③ 특정 하위집단을 고르게 대표하기 위해
④ 전집 전체에서 표본을 무작위로 추출하기 위해

4. 군집표집(cluster sampling)의 가장 큰 장점은 무엇인가?

① 전집에서 고르게 표본을 선택 ② 조사 비용과 시간이 절약
③ 전집에 대한 사전 정보가 불필요 ④ 매우 작은 전집에서만 사용

5. 다단계표집(multi-stage sampling)은 다음 중 어떤 경우에 주로 사용되는가?

① 전집이 작고 구성원이 동질적일 때
② 전집이 매우 크고, 여러 단계로 나누어 표본을 추출할 때
③ 전집이 지리적으로 분산되어 있을 때
④ 전집 내 모든 구성원이 동질적일 때

6. **할당표집(quota sampling)의 특징으로 옳은 것은?**

① 모든 전집 구성원이 동일한 확률로 선택된다.
② 조사자가 미리 설정한 기준에 따라 표본을 선택한다.
③ 무작위로 표본을 선택하는 방법이다.
④ 일정한 간격으로 표본을 추출한다.

7. **목적표집(purposive sampling)에서 표본을 추출하는 주된 기준은 무엇인가?**

① 무작위로 표본을 선정
② 일정한 간격으로 표본을 선정
③ 조사자의 판단과 목적에 따라 설정된 기준에 따라 표본을 선정
④ 전집의 크기에 따라 표본을 비례하여 선정

8. **층화표집(stratified sampling)을 사용할 때 각 층의 크기에 따라 표본을 추출하는 방법을 무엇이라 하는가?**

① 비비례(disproportional) 층화표집 ② 비례(proportional) 층화표집
③ 체계적 표집(systematic sampling) ④ 군집표집(cluster sampling)

9. **군집표집(cluster sampling)과 층화표집(stratified sampling)의 주요 차이점은 무엇인가?**

① 군집표집은 전집을 대표하지 않는다.
② 군집표집은 전집을 몇 개의 집락으로 나누고 그중 일부 집락을 무작위로 선택한 후, 선택된 집단 내에서 표본을 추출한다.
③ 층화표집은 전집을 동질적인 몇 개의 층으로 나눈 후, 모든 층에서 표본을 추출한다.
④ 군집표칩은 전집에서 표본을 무작위로 추출한다.

10. **체계적 표집(systematic sampling)에서 문제가 발생할 가능성이 있는 경우는 무엇인가?**

① 전집이 동질적일 때 ② 전집에 주기적인 패턴이 있을 때
③ 표본의 크기가 너무 작을 때 ④ 조사자가 모든 표본을 무작위로 선택할 때

11. **할당표집(quota sampling)의 특징은 무엇인가?**

① 전집에 대한 확률을 바탕으로 표본을 선정
② 연구자가 미리 정한 특정기준에 따라 각 집단에서 표본을 선정
③ 연구자가 표본을 무작위로 선정
④ 전집을 동질적인 집단으로 나눈 후 표본을 무작위로 추출

12. **임의표집(convenience sampling)의 장점은 무엇인가?**

① 표본이 전집을 정확하게 대표
② 전집을 더 잘 이해하기 위한 기준에 따라 표본을 선정
③ 비용이 적게 들고 표본을 쉽게 구할 수 있음
④ 모집단 내의 다양한 집단을 대표할 수 있는 표본을 제공

13. **배합표집(matched sampling)의 특징은 무엇인가?**

① 전집의 구성원들이 동일한 확률로 표본에 포함된다.
② 연구 대상자들이 서로 다른 특성을 가지도록 무작위로 표본을 선정한다.
③ 연구자가 임의로 표본을 선정한다.
④ 실험집단과 비교집단의 특성이 비슷하도록 짝을 이루어 표본을 선정한다.

14. **할당표집과 목적표집의 차이점은 무엇인가?**

① 할당표집은 무작위로 표본을 선정하고, 목적표집은 연구자가 직접 표본을 선정한다.
② 할당표집은 사전에 정해진 기준에 따라 표본을 선정하고, 목적표집은 연구자가 판단한 기준에 따라 표본을 선정한다.
③ 할당표집은 전집에서 임의로 표본을 선정하고, 목적표집은 특정 전집을 대표할 수 있는 표본을 선정한다.
④ 두 방법 모두 연구자가 표본을 무작위로 선정한다.

15. **확률표집과 비확률표집의 주요 차이점은 무엇인가?**

① 확률표집은 연구자가 표본을 직접 선택하고, 비확률표집은 무작위로 표본을 선정한다.
② 확률표집은 모든 전집 구성원이 표본으로 선택될 확률이 동일하며, 비확률표집은 그렇지 않다.
③ 비확률표집은 비용이 많이 들지만, 확률표집은 비용이 적게 든다.
④ 확률표집은 특정 기준에 따라 표본을 선정하고, 비확률표집은 무작위로 표본을 선정한다.

16. **표본조사를 할 때 조사목적을 진술한 후 결정해야 할 다음 단계는?**

① 자료수집 방법의 결정　　② 표본의 크기 결정
③ 전집의 정의　　④ 데이터 분석

17. **표본의 크기를 결정할 때 중요한 요소가 아닌 것은?**

① 전집의 크기　　② 표본의 대표성
③ 연구 예산　　④ 연구자가 표본을 무작위로 선정하는 방법

18. 표본 크기를 결정할 때 신뢰수준이 높아지면?

① 표본의 크기가 작아진다. ② 표본의 크기가 커진다.
③ 표본오차가 커진다. ④ 신뢰구간(confidence interval)이 좁아진다.

19. 표본오차(sampling error)를 줄이는 방법으로 적절한 것은?

① 전집의 크기를 줄인다. ② 전집에서 임의로 표본을 선정한다.
③ 표본의 크기를 늘린다. ④ 무작위 표본 추출을 피한다.

20. 표본의 크기를 결정할 때 고려해야 할 요소로 옳은 것은?

① 전집의 모든 구성원이 연구에 참여할 확률
② 연구 질문의 복잡성, 표본오차의 허용범위, 신뢰수준
③ 연구결과에 영향을 줄 수 있는 예측 불가능한 요인
④ 연구자가 임의로 정한 표본의 대표성

※다음 각 문제를 읽고 정답이면 ○, 오답이면 ×를 ____에 표시하시오.

____ 21. 표본 통계치는 표집분포(sampling distribution)가 정상적으로 분포되어 있지 않으면 편향(bias)된 것으로 간주한다.

____ 22. 표본 통계치는 모수치와 같지 않으면 편향된 것으로 간주한다.

____ 23. 모든 표본 통계치는 표집분포를 가지고 있다.

____ 24. 모든 모수치는 표집분포를 가지고 있다.

____ 25. 표집분포의 표준편차를 표준오차(standard error)라고 부른다.

____ 26. 표집분포는 평균치의 점수분포를 의미한다.

____ 27. 표집오차가 커지면 신뢰구간의 범위도 커진다.

____ 28. 전집의 분포가 편포되어 있으면 표집분포 역시 동일한 모양으로 편포된다.

____ 29. 표본수가 상당히 큰 경우 표집분포는 전집분포의 모양에 관계없이 정상적으로 분포되는 경향이 있는데 이를 중앙집중한계정리라고 한다.

____ 30. 표집분포는 실제적 분포라기보다 이론적 분포이다.

____ 31. 모든 조건이 동일한 경우, 표본수를 증가시키면 표집분포의 표준오차는 감소된다.

____ 32. 단일 값에 의한 모수치 추정방법은 표집오차가 어느 정도 포함되는지에 대한 정보가 없으므로 통계적 추리방법 중 신뢰성이 가장 낮다.

33. 표집분포(sampling distribution)란 무엇인가?

① 모집단에서 하나의 표본을 추출해 계산한 통계치
② 모집단에서 추출한 여러 표본에서 계산된 통계치들의 분포
③ 모집단의 분포를 직접적으로 보여주는 분포
④ 표본집단의 점수분포

34. 표본 평균치의 표집분포는 다음 중 무엇에 의해 정상분포에 보다 가까워지는가?

① 모집단의 분포 모양　　② 표본의 크기
③ 모집단의 크기　　④ 표본에서 이탈치(outlier)의 수

35. 중앙집중한계정리(central limit theorem)란 무엇인가?

① 모집단이 정상분포일 때, 표본 통계치의 분포도 정상분포가 된다.
② 표본수가 충분히 크면, 모집단이 어떤 분포 모양을 보이든 표본 평균치의 표집분포는 정상분포에 가까워진다.
③ 표본수가 클수록 모집단 분포에 더 가까운 분포를 갖게 된다.
④ 표본 통계치가 항상 정상분포를 이룬다는 것을 의미한다.

36. 표집분포의 표준편차(또는 표준오차)는 무엇에 의해 결정되는가?

① 모집단의 분산과 표본수　　② 단지 표본수
③ 모집단의 값　　④ 표본 내 값들의 범위

37. 표본수가 커질수록 표본 통계치의 표집분포는 어떻게 될까?

① 표본수와 관계없이 표집분포는 항상 동일하다.
② 표본수가 커질수록 표집분포의 표준편차는 작아진다.
③ 표본수가 커질수록 표집분포는 모집단의 분포에서 더 멀어진다.
④ 표본수가 커져도 표집분포의 모양은 크게 달라지지 않는다.

38. 영가설(H0: 귀무가설: null hypothesis)이란?

① 상대가설(alternative hypothesis)이 사실(참: true)일 때 검증하는 가설
② 연구자가 사실이라고 입증하고자 하는 가설
③ 모집단에서 차이나 효과가 없다고 가정하는 가설
④ 연구자가 실제로 사실이라고 믿는 가설

39. 유의수준(제1종 오류를 범할 확률: significance level, α)을 .05에 설정하였다면, 이는 무엇을 의미하는가?

① 상대가설이 사실일 확률이 5%이다.
② 영가설이 허위(거짓)일 확률이 5%이다.
③ 영가설을 잘못 부정할 확률이 5%이다.
④ 영가설이 사실일 확률이 95%이다.

40. 통계적 추론(statistical inference)이란 무엇인가?

① 모집단의 모든 자료(data)를 분석하여 결론을 내리는 과정
② 표본을 사용하여 모집단의 특성에 대해 결론을 내리는 과정
③ 자료를 요약하고 기술하는 방법
④ 두 변수 간의 상관관계를 분석하는 방법

41. 전집(모집단)의 평균치를 추정하기 위해 사용되는 통계적 방법은 무엇인가?

① 기술통계 ② 가설검증
③ 신뢰구간 추정 ④ 상관분석

42. 표본을 통해 전집의 평균치를 추정할 때, 표본수가 증가한다면?

① 추정의 정확성이 낮아진다.
② 표본 평균치가 모집단 평균치에 더 가까워진다.
③ 표본 평균치가 모집단 평균치에서 더 멀어진다.
④ 추정의 표준오차가 커진다.

43. 통계적 추론에서 95% 신뢰구간이 의미하는 것은?

① 전집(모집단)의 평균이 해당 구간 내에 포함될 확률이 95%임을 의미.
② 표본의 평균이 해당 구간 내에 있을 확률이 95%임을 의미.
③ 여러 번 표본을 추출했을 때, 모집단 평균이 95%의 신뢰구간 내에 포함될 것이라는 의미.
④ 표본의 표준편차가 해당 구간 내에 포함될 확률이 95%임을 의미.

정답표

1. ②	2. ③	3. ③	4. ②	5. ②	6. ②
7. ③	8. ②	9. ②	10. ②	11. ②	12. ③
13. ④	14. ②	15. ②	16. ③	17. ④	18. ②
19. ③	20. ②	21. ×	22. ○	23. ○	24. ×
25. ○	26. ×	27. ○	28. ×	29. ○	30. ○
31. ○	32. ○	33. ②	34. ②	35. ②	36. ①
37. ②	38. ③	39. ③	40. ②	41. ③	42. ②
43. ③					

8 추리통계 2

※ 통계적 차이검증을 위한 준비단계-2

1. 가설진술
2. 가설검증에서 범할 수 있는 오류
3. 유의수준
4. 영가설을 부정하는 영역: 양방검증
5. 영가설을 부정하는 영역: 일방검증

앞장에서 우리는 추리통계를 이해하는데 기본적으로 요구되는 표집방법, 추리통계의 과정, 표집분포, 모수치의 추정방법 등에 대해 배웠다. 그리고 개괄적이나마 가설검증(假說檢證: hypothesis testing)이 무엇이며 어떠한 근거를 바탕으로 이루어지는가를 알게 되었다. 이 장에서는 이러한 개념을 먼저 가설검증과 모수치 추정에 좀 더 구체적으로 적용하고 다음으로 가설검증에서 발생하는 오류를 유의수준(有意水準)과 관련지어 기술하고자 한다.

독자 중에는 왜 빨리 평균치 간의 차이검증 방법을 제시해 주지 않느냐는 불평 아닌 불평(?)을 할 수도 있을 것이다. 그러나 필자는 돌다리를 두드려보는 심정으로 추리통계의 기초를 이해시키는 데 지면을 더 할애하려고 마음먹었다. 통계방법을 배우는 학생 중 통계방법이 어렵다거나 손을 놓아버리는 학생 중 대부분이 바로 이 부분(추리통계의 기초)에 대한 이해 부족으로 확인되었기 때문이다.

1. 가설진술

일반적으로 연구자는 연구/조사를 통해서 어떠한 결과가 나타날 것인가를 자료수집 전에 예상하게 되는데, 바로 이러한 '조사를 통해 기대되는 결과'가 상대가설(相對假說: H_A)로 진술된다. 영가설(零假說: H_0)은 상대가설을 설정한 후 진술하게 된다. 연구자는 가설을 진술한 후 자료를 수집하고 수집된 자료에 대한 영가설 검증을 토대로 상대가설을 받아들일지의 여부를 결정하게 된다. 이러한 관점에서 볼 때 상대가설을 설정하는 것은 가설검증 절차에서 가장 중요한 단계가 된다.

상대가설을 설정하는 것은 가설검증 과정에서 가장 중요한 단계이다. 상대가설은 영가설을 부정하는 형태로 기술되며 연구자가 조사를 통해 기대되는 결과를 진술한 것으로서 연구가설(研究假說: research hypothesis)이라고도 부른다. 실제 연구과정에서 진술하는 가설은 연구가설이며 상대가설과 영가설은 통계적 검증을 위해 설정하는 가설이다. 통계적 검증을 영가설 검증이라고 부르기도 한다. 연구가설과 상대가설의 차이점은 진술방법 간에 차이가 있다는 것이다.

가설을 진술할 때 우리는 다음과 같은 경우를 생각할 수 있다. 그중 하나는 앞의 중학교 3학년 윗몸일으키기에 관한 예처럼, '전집의 윗몸일으키기 평균(μ)이 90인지의 여부를 검증하는 경우'와 다른 하나는 '두 집단의 평균치, 예를 들면 남녀 간의 윗몸일으키기

평균(남 = μ_1, 여 = μ_2) 간에 차이가 있는지의 여부를 검증하는 경우'로 크게 나눌 수 있다. 전자를 단일 평균치에 대한 검증, 후자를 두 평균치 간의 차 검증이라고 부른다. 앞에서 여러 차례 언급한 내용이다.

가설을 진술할 때 또 하나 고려해야 할 것이 있다. 그것은 단일 평균치에 대한 검증이든 혹은 두 평균치 간의 차 검증이든 **'단순히 차이가 있느냐 없느냐'**에만 관심을 두는 경우와 **'어느 한쪽이 높으냐(혹은 낮으냐)'**에 관심을 두는 경우이다. 이중 어느 경우를 택하느냐 하는 것은 연구자가 자료를 수집하기 전에 충분한 문헌분석을 통해서 결정하는 것이 보통이다. 이러한 두 가지 경우에 대한 가설검증은 후속되는 영가설 부정의 한계영역(region of rejection) 혹은 기준치를 결정하는 중요한 단서가 된다. 즉 전자의 「차이가 있느냐 없느냐」에 관심을 둔 경우는 양방검증(兩方檢證: 양측검정으로도 사용된다, two-tailed test)을 하는 기초가 된다. 후자의 「어느 한쪽이 높으냐(혹은 낮으냐)」에 관심을 둔 경우는 일방검증(一方檢證: 단측검정으로도 사용된다; one-tailed test)을 하는 기초가 된다.

가설 진술의 예를 들어보자. 먼저 단일 평균치에 대한 검증일 때, 우리는 다음과 같은 두 가지 경우를 예상할 수 있다. 하나는 전집의 윗몸일으키기 평균이 90인지의 여부에 관심을 둔 경우와, 다른 하나는 전집의 윗몸일으키기 평균이 90보다 크냐(혹은 적으냐)에 관심을 둔 경우이다. 첫 번째의 경우, 연구자는 전집의 평균(μ)이 90보다 크든 작든 차이가 있는지의 여부에만 관심을 가지고 있기 때문에 상대가설(H_A)은 $\mu \neq 90$ (즉, 전집의 평균은 90이 아니다)로, 영가설(H_0)은 H_A와 반대인 $\mu = 90$으로 표시한다. 반대로 전집의 평균이 90보다 크냐에 관심을 둔 경우, 연구자는 전집의 평균이 90보다 클 것으로 기대하고 있기 때문에 상대가설(H_A)은 $\mu > 90$으로 영가설(H_0)은 H_A와 반대인 $\mu \leq 90$으로 표시한다. 이 두 가지 경우에 대한 영가설(H_0)과 상대가설(H_A)의 진술은 다음과 같다.

□ 전집의 평균이 90인지의 여부를 검증할 경우

$H_0 : \mu = 90$ or $\mu = \mu_0$

$H_A : \mu \neq 90$ or $\mu \neq \mu_0$

□ 전집의 평균이 90보다 크냐를 검증할 경우

$H_0 : \mu \leq 90$ or $\mu \leq \mu_0$

$H_A : \mu > 90$ or $\mu > \mu_0$

□ 전집의 평균이 90보다 적으냐를 검증할 경우

$H_0 \ : \mu \geq 90$ or $\mu \geq \mu_0$

$H_A : \mu < 90$ or $\mu < \mu_0$

상대가설은 양방적 혹은 일방적으로 진술할 수 있다. 일방적 상대가설은 전집의 모수치(평균치, 상관계수 등)는 가정치(hypothesized value)보다 크다(혹은 작다)라고 진술한다. 이때 연구가설은 **전집의 모수치는 가정치보다 클 것이다(혹은 작을 것이다)**라고 진술한다. 양방적 상대가설은 전집의 모수치는 가정치와 차이가 있다고 진술한다. 이때 연구가설은 **전집의 모수치는 가정치와 차이가 있을 것이다**라고 진술한다.

이제 두 평균치 간의 차를 검증할 때의 가설진술 문제를 생각해 보자. 여기에서도 우리는 두 가지 경우를 예상할 수 있다. 예를 들어 남, 여 집단 간의 윗몸일으키기 평균 간에 차이가 있느냐에 관심을 둔 경우와 두 집단 중 남자집단의 윗몸일으키기 평균이 여자집단의 윗몸일으키기 평균보다 높으냐에 관심을 둔 경우이다. 여기에서 편의상 남자집단의 윗몸일으키기 평균을 μ_1, 여자집단의 윗몸일으키기 평균을 μ_2라고 명명하자. 첫 번째의 경우 (연구자는 남, 여 전집의 평균치 간에 어느 것이 높든 상관없이 단지 차이가 있는지의 여부에만 관심이 있기 때문에) 상내가설(H_A)은 $\mu_1 \neq \mu_2$ (즉 두 전집의 평균치는 갈시 않다)로, 영가설(H_0)은 H_A와 반대인 $\mu_1 = \mu_2$로 표시한다. 그리고 남, 여 두 전집 중 남자집단의 윗몸일으키기 평균(μ_1)이 여자집단의 평균(μ_2)보다 높으냐에 관심을 둔 경우 (연구자는 남자집단의 윗몸일으키기 평균이 여자집단의 평균보다 클 것으로 예상하기 때문에) 상대가설(H_A)은 $\mu_1 > \mu_2$로, 영가설(H_0)은 $\mu_1 \leq \mu_2$로 표시한다.

□ 남, 여의 평균 간에 차이가 있는지의 여부를 검증할 경우

$H_0 \ : \mu_1 = \mu_2$
$H_A : \mu_1 \neq \mu_2$

□ 남자의 평균이 여자의 평균보다 높으냐를 검증할 경우

$H_0 \ : \mu_1 \leq \mu_2$
$H_A : \mu_1 \ > \mu_2$

□ 남자의 평균이 여자의 평균보다 낮으냐를 검증할 경우

$H_0 \ : \mu_1 \geq \mu_2$
$H_A : \mu_1 \ < \mu_2$

가설을 진술할 때는 크게 ① 단순히 차이가 있느냐 없느냐에 만 관심을 두는 경우와 ② 어느 한쪽이 높으냐(혹은 낮으냐)에 관심을 두는 경우로 대별된다. 이 중 어느 경우를 택할 것인가는 연구자가 자료를 수집하기 전에 충분한 문헌분석을 통해 결정하는 것이 보통이다. 이러한 두 가지 유형의 가설검증은 영가설을 부정하는 한계영역을 결정하는 중요한 단서가 된다. ①의 경우는 양방검증, ②의 경우는 일방검증을 하는 기초가 된다. 이때 연구논문에서 제시하는 연구가설은 "...이다"가 아닌 "...일 것이다."로 진술하는 것이다.

---

2. 가설검증에서 범할 수 있는 오류

추리통계에서 연구자는, 가설검증을 하든 모수치를 추정하든, 하나 혹은 그 이상의 전집치에 관한 결정(예를 들면 영가설을 긍정하거나 부정하는 것)을 내리게 된다. 그러나 실제 우리는 전집을 모두 조사하지 못하기 때문에 전집치(예: μ, σ 등)를 정확하게 알 수 없다. 다시 말하면 표집을 통하여 얻은 표본 통계치를 가지고 모수치에 관한 결정을 내리고 있기 때문에 여기에는 항상 표집오차(標集誤差)가 따르기 마련이다. 앞에서 여러 번 설명한 내용이다.

따라서 가설검증 과정에서 연구자의 결정(영가설을 긍정 혹은 부정)이 어떠한 것이든 그러한 결정에는 항상 오차가 수반된다. 아무리 전집의 특성을 가장 잘 대표할 수 있는 무선표집(random sampling) 방법이 사용되었다 할지라도 표집오차가 전혀 없을 수는 없으며 때에 따라서는 전집의 특성을 대표하기 어려운 극단적인 표본(標本)이 선정될 가능성도 있다.

가설검증을 할 때 연구자는 다음 두 가지 중 어느 하나를 결정해야 한다. 「영가설을 긍정(accept)할 것인가?」 아니면 「영가설을 부정(reject)할 것인가?」에 대한 결정이다. 그런데 연구자가 영가설을 긍정하든 부정하든, 결정을 내릴 때는 다음 두 가지 오류 중 어느 하나를 범할 위험성이 있다. 제1종 오류(type one error: α)와 제2종 오류(type two error : β)이다. 여기에서 제1종 오류란 실제로 영가설(H_0)이 사실(眞)인데 이를 부정하는 오류이고, 제2종 오류란 실제로 영가설(H_0)이 허위(僞; 거짓)인데 이를 긍정하는 오류이다. 연구자가 영가설을 긍정하든 부정하든, 결정을 내리고 나면 위의 두 가지 오류 중 어느 하나를 범하게 된다.

		연구문제의 상황	
		H_0가 사실인 경우	H_0가 거짓인 경우
두 가지 중의 결정	H_0의 긍정	정확한 결론 $(1-\alpha)$	제2종 오류 β
	H_0의 부정	제1종 오류 α	정확한 결론 $(1-\beta)$

연구문제의 실제상황(모수치의 실체)과 연구자의 결정을 종합하면 가설검증에서 우리는 위의 표와 같은 네 가지 선택지를 예상할 수 있다. 표에 제시된 바와 같이 영가설(H_0)은 사실(眞)일 수도 있고 거짓(僞)일 수도 있다. 또한 연구자는 두 가지 결정 중 어느 하나 즉, H_0을 긍정할 수도 있고 부정할 수도 있다. 만일 연구자가 실제로 사실인 H_0을 긍정한다면, 그러한 결정은 가설검증에서 올바른 결정을 내리는 경우가 된다. 반대로 사실인 H_0을 부정하거나, 거짓인 영가설을 긍정한다면 그러한 결정은 오류를 범한 것이 된다.

영가설을 언제나 받아들인다면, 사실인 것을 부정하는 오류를 범하는 일은 없겠지만, 반면에 거짓(허위)인 가설을 받아들일 위험성은 커진다. 즉, 신이 볼 때는 H_0가 사실이 아니라 거짓인데, 이를 H_0가 사실인 것처럼 받아들일 위험성이 커진다는 것이다. 이와 반대로 영가설을 언제나 부정하면 거짓인 것을 받아들일 위험은 없지만 사실인 것을 부정할 위험은 커진다.

그렇다면 가설검증에서 범하게 되는 제1종 오류(α)와 제2종 오류(β) 중 어느 것이 더 심각한 것일까? 이 문제에 대한 답을 얻기 위해 예를 들어보자. 어느 초등학교 교사가 아동들에게 분수와 소수를 이해시키기 위해 전자계산기를 사용하여 가르치는 것이 효과적인지의 여부를 검증하려고 한다 하자. 교사는 적절한 실험설계 방법을 결정한 후 먼저 3학년 학생 중에서 12명을 무선표집하고 이들을 다시 실험집단과 비교집단에 각각 6명씩 무선 배정하였다.

실험집단에는 전자계산기를 사용하여 가르치고 비교집단에는 전통적인 방법을 사용하여 가르쳤다. 이 주제와 관련하여 수행된 선행연구는 발견할 수 없었을 뿐만 아니라 연구자는 '단순히 두 집단 간의 분수, 소수 이해능력에 차이가 있는지의 여부'에만 관심을 두고 있었기 때문에 양방검증(兩方檢證; 4절에 기술) 방법을 택하였다. 따라서 영가설(H_0)은「두 집단의 분수, 소수 이해능력 간에 차이가 없다」라고 진술하였다.

$$H_0 : \mu_1(\text{전자계산기 사용}) = \mu_2(\text{전통적 방법 사용})$$
$$H_A : \mu_1 \neq \mu_2$$

위의 예에서 제1종 오류 혹은 제2종 오류가 어떠한 결과를 가져올 것인가를 생각해 보자. 만일 H_0가 사실인데 실험집단(계산기 사용집단)의 평균치가 비교집단의 평균치보다 높게 나타났다는 이유로 H_0을 부정한다면(제1종 오류) 어떠한 결과를 예상할 수 있을까? 아마도 이 연구결과 때문에 학교는 학생들이 실제로는 계산기 없이도 분수와 소수를 잘할 수 있음에도 불구하고 비싼 계산기를 사서 공부를 시켜야 할 것이다.

반면 영가설은 거짓(위)인데, 실험집단(계산기 사용집단)의 평균치와 비교집단의 평균치가 같게 혹은 유사하게 나타났다는 이유로, 영가설을 긍정한다면(제2종 오류) 학교는 계산기를 사지 않을 것이다. 그리고 계산기를 사야 할 돈을 다른 긴급한 학교 비품을 사는 데 사용할 수 있을 것이다. 그러나 이 상황에서 유의할 점은 실제로는 계산기가 학생들의 학습을 촉진하는 효과적인 교육 용구인데도 불구하고 계산기를 사야 할 돈을 다른 비품이나 용구를 사는 데 사용한다는 점이다. 위의 예는 우리에게 '제1종 오류가 불필요한 돈을 사용하는 결과를 초래하게 하는 것이라면, 제2종 오류는 효과적인 교육 용구를 사용하지 못하는 결과를 초래하게 된다'는 점을 시사해 준다.

위의 예는 가설검증에서 범하게 되는 두 가지 오류와 이들 오류의 심각성을 예시한 것이다. 연구자는 이들 오류 중 어느 것이 보다 심각한 것인가를 결정하는 가치판단이 필요하다. 일반적으로 가설검증은 '영가설을 부정함으로써 상대가설(H_A)이 사실이라는 것을 밝히는 것'이다. 따라서 이 경우에 우리는 실제로 영가설(H_0)이 사실인데 이를 부정함으로써 불가피하게도 '제1종 오류'를 범하게 된다. 이 말은 제1종 오류가 심각한 것이라는 점을 의미하는 것은 아니다. 두 가지 오류 중 어느 것이 보다 심각한 것인지의 여부를 결정하기 위해서는 연구문제의 특수한 상황을 고려해야 한다. 이상적으로는 연구상황에서 두 가지 오류가 최소가 되도록 하는 것이다.

제1종 오류(α)를 범할 확률을 우리는 유의수준(level of significance)이라고 부른다. 제2종 오류(β)를 범할 확률은 영가설(H_0)이 거짓(위)이라는 근거가 없는 한 쉽게 결정할 수 없다. 그럼에도 β의 확률은 유의수준과 관계가 있다. 가설검증과 관련하여 검증결과에 영향을 미칠 수 있는 요인(예: 사례수, 전집의 분산 등)이 동일하다고 할 때, 유의수준을 .05에서 .01로 감소시키면(즉 제1종 오류를 범할 확률을 줄이면) 제2종 오류(β)를 범할 확률은 증가한다. 이와 반대로 유의수준(α)을 증가시키면 β를 범할 확률은 감소한다. 따라서 연구자는 유의수준을 결정할 때 이러한 두 가지 오류의 관계를 고려하여 연구상황에 적합한 α수준을 결정해야 한다.

가설검증에서 범하게 되는 두 가지 유형의 오류는
제1종 오류(α) : 실제로 영가설(H_0)이 사실(眞)인데 이를 부정하는 오류
제2종 오류(β) : 실제로 영가설(H_0)이 거짓(僞)인데 이를 긍정하는 오류

---

3. 유의수준

앞 장에서 언급한 바와 같이 유의수준(α수준)은 영가설을 부정하는, 즉 통계적(統計的)으로 유의한 차이(혹은 관계)가 있다고 판정할 수 있는, 확률수준을 뜻한다. 만일 영가설(H_0)이 부정된다면 유의수준은 바로 제1종 오류(α)를 범하는 확률이 된다. 예를 들어 연구자가 대학생의 근지구력을 측정하기 위하여 2분간 실시하는 윗몸일으키기(sit ups) 검사를 선정한 후 '대학생들의 윗몸일으키기 평균 횟수는 100보다 적을 것이다.'라는 가설을 검증하려고 한다 하자.

이를 검증하기 위해 대학생 집단으로부터 400명을 무선표집하여 윗몸일으키기 검사를 시행하였다. 여기에서 영가설과 상대가설을 진술할 때 유의해야 할 점은 무엇일까? 연구자의 관심은 단순히 전집(대학생 전체)의 평균이 100인지의 여부를 검증하려는 것이 아니라 전집의 평균이 100보다 적으냐에 관심을 두고 있기 때문에 일방검증(一方檢證: 5절에서 구체적으로 기술)에 해당하는 다음과 같은 가설을 진술해야 한다.

$$H_0 : \mu \geq 100$$
$$H_A : \mu < 100$$

여기에서 표본으로부터 얻은 윗몸일으키기 평균($\overline{X}$)은 98.3이고 표준편차(s)는 16이라고 가정하자. 표본의 평균치는 분명히 영가설에서 가정된 평균치와 동일하지 않다. 그렇다면 연구자는 '윗몸일으키기 평균은 100과 같거나 크다'는 영가설($H_0 : \mu \geq 100$)을 부정

해야 할까? 만일 연구자가 '영가설을 부정할 수 없다'면 전집의 윗몸일으키기 평균은 100이라고 주장할 수 있으며, 가정된 평균치와 표본으로부터 얻은 평균치 간의 차는 표집오차(標集誤差: sampling fluctuation)에 기인한 것으로 해석할 수 있다. 만일 연구자가 '영가설을 부정한다'면, 가정된 평균치와 표본으로부터 얻은 평균치 간의 차이는 표집오차로 보기에는 너무 크며, 따라서 전집의 윗몸일으키기 평균은 100보다 적다고 할 수 있다.

위에 제시된 영가설을 검증하기 위해서는 전집의 평균이 실제로 100일 때 표본수가 400인 집단에서 얻은 평균치($\overline{X}$)가 98.3 혹은 이 값보다 적게 나타날 확률을 찾아내는 절차가 필요하다. '중앙집중한계정리'와 '평균치의 표집분포'의 이론적 개념은 그러한 확률을 찾아내는 근거가 된다. 앞에서 언급한 것처럼 우리는 전집의 표준편차(σ)를 모르기 때문에 추정치($\hat{\sigma}$)를 사용해야 하는데 표본에서 얻은 표준편차(s)는 바로 표집분포의 표준편차($s_{\overline{X}}$)를 추정하기 위해 사용된다.

위의 예에 의하면 표집분포의 평균치($\overline{X}$)는 가정치, 즉 $\mu = 100$과 같고, 추정된 표준오차(표집분포의 표준편차)는 $s/\sqrt{n} = 16/\sqrt{400} = 0.8$ 이다. 이 분포는 도 8 · 1에 제시되어 있다. 앞에 제시된 것처럼 자유도(df)는 400 - 1 = 399이므로 확률을 결정하기 위한 분포로서 정상분포(normal distribution)를 이용할 수 있다. 즉, 표본수가 120명 이상이면 t분포는 정상분포와 거의 동일하기 때문에 확률을 결정하기 위한 분포로서 정상분포를 이용할 수 있다. 위의 자료에 대한 t값은 다음과 같이 계산할 수 있다.

$$t = \frac{\overline{X} - \mu}{s_{\overline{X}}} = \frac{98.3 - 100.0}{0.8} = -2.13$$

t값 2.13을 〈수표 1〉의 정상분포곡선 수표에서 찾으면 '전집의 평균치(μ)가 실제로 100일 때 표본수가 400인 집단에서 얻은 평균치($\overline{X}$)가 **우연히** 98.3과 같거나 그보다 적게 나타날 확률'은 0.0166이다. 이와 같은 낮은 확률은 영가설(H_0)이 사실일 때 그러한 사례가 나타날 가능성은 매우 희박하다는 것을 의미한다. 따라서 연구자는 영가설을 의심할 것 없이 부정할 것이다. 그러나 그러한 확률이 매우 적다고 할지라도 '영가설이 사실일 가능성은 존재하고 있음'을 알 수 있다. 만일 가정된 평균치(μ)와 표본에서 얻은 평균치($\overline{X}$) 간의 차이가 '정말로 표집오차 때문에 생긴 것인데 영가설을 부정하게 되면 제1종 오류(α)를 범하게 된다.

연구자는 가설의 검증과정에서 제1종 오류를 범할 실제 확률을 계산하기보다는 사전에 유의수준을 설정하는 것이 편리하다. 가장 흔히 쓰이는 유의수준은 .05 혹은 .01이다. 실제 가설검증에서 **제1종 오류(α)를 범할 확률이 .05(혹은 .01)와 같거나 이보다 적다면 우리는 영가설을 부정**하게 된다. 그런데 연구자가 유의수준을 .05에 설정하고 분석결과를 기초로 영가설을 부정한다는 결정을 내리게 되면 그러한 결정은 「**100번 중 5번은 잘못된(부정확한) 것이 될 수 있다**」는 점에 유의해야 한다. 우리는 실제로 영가설을 긍정할 것이냐 아니면 부정할 것이냐 하는 결정을 내리는 과정에서 이러한 정도의 위험은 받아들이게 된다.

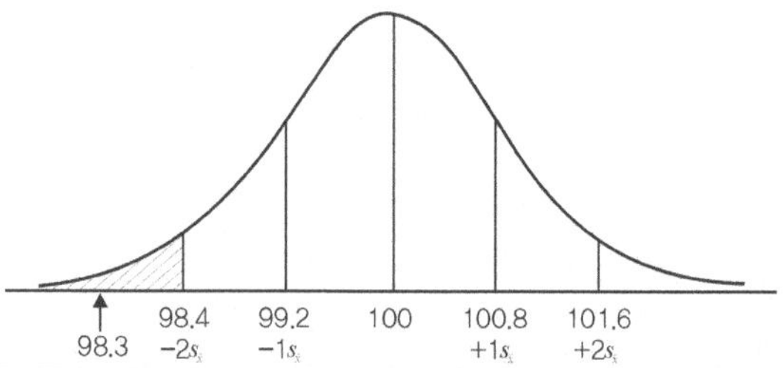

도 8·1 H_0: $\mu = 100$, $s_{\overline{X}} = 0.8$일 때 평균치의 표집분포

한편 영가설의 검증결과는 어떻게 기술해야 할까? 영가설을 .05 수준에서 부정할 때 우리는 이를 「.05 **수준(혹은 p<.05 수준)에서 통계적으로 유의한 차이가 있다**」라고 기술한다. 위의 예를 들어 기술하면「가정된 전집의 윗몸일으키기 평균횟수($\mu = 100$)와 표본에서 얻은 윗몸일으키기 평균 횟수($\overline{X} = 98.3$) 간에는 .05 수준(※검증결과를 기술할 때는 제1종 오류를 범할 확률(α)인 .05가 아니라, 분석결과 얻은 값인 .017 수준으로 기술)에서 통계적으로 유의한 차이가 있다」고 기술한다. 다른 말로 표현하면 「전집의 윗몸일으키기 평균 횟수가 실제로 $\mu = 100$일 때 표본으로부터 얻은 평균 횟수가 98.3과 같거나 이보다 적게 나타날 확률은 .017보다 적다」라고 할 수 있다.

APA(American Psychological Association) 출판요강에는 제1종 오류를 범할 확률(α)을 .05에 설정하였다 할지라도 연구결과를 보고할 때는 실제 검증결과 얻는 유의수준(p) 값을 제시할 것을 요구하고 있다.

유의수준(level of significance)은 영가설(H_0)이 사실일 때 잘못 판단하여 이를 부정하는 오류 확률 즉, 제1종 오류(type 1 error)를 범할 확률이다.

가설검증을 시도한 연구문헌을 조사해 본 경험이 있는 독자들은 대부분의 연구가 유의수준을 .05에 그리고 극히 드물게 .01에 설정하고 있다는 사실을 확인할 수 있을 것이다. 이러한 두 가지 유의수준은 가장 보편적으로 사용되고 있으나 .10 또는 .001과 같은 유의수준도 역시 사용되고 있다. 유의수준을 무엇으로 설정한 것인가 하는 것은 바로 제1종 오류 혹은 제2종 오류를 범하는 확률의 크기에 영향을 미친다. 따라서 유의수준의 결정은 쉬운 작업이 아니다. 그러나 어떤 연구상황에서 영가설이 부정될 때 상당한 예산을 투자하여 어떤 조치를 취해야 하거나 또는 큰 변화가 뒤따라야 한다면 제1종 오류(영가설이 사실일 때 부정하는 오류)를 범할 확률을 .005 혹은 .001과 같이 크게 낮춤으로써 신중을 기해야 할 것이다.

일반적으로 사용되는 α수준은 .05와 .01이다. 그러나 제1종 오류 혹은 제2종 오류를 범함으로써 어떤 결과가 예상되느냐에 따라 α수준은 다르게 설정할 수 있다.

---

4. 영가설을 부정하는 영역: 양방검증

앞에서 언급한 바와 같이 유의수준은 정상분포(혹은 t분포)의 면적과 관계가 있다. 연구자가 영가설($\mu = 100$)을 .05 수준에서 검증하고자 한 예를 다시 들어보자. 이 자료에 대한 평균치의 표집분포는 도 8 · 1에 제시되어 있으나 도 8 · 2에 다시 제시하였다. 도 8 · 2에 제시된 표집분포의 평균치는 가정치($\mu = 100$)와 같으며 추정된 표준오차($s_{\overline{X}}$)는 $s/\sqrt{n} = 16/\sqrt{400} = 0.80$ 이다. 독자는 아래에 제시된 표집분포에서 전집의 평균치(100)를 중심으로 ±1.96 표준오차(평균치로는 98.43과 101.57) 밖의 빗금을 친 면적이 무엇을 의미하는가를 생각해 보기 바란다.

이 면적은 정상분포에서 전체 면적의 5%(양쪽 끝에 각각 2.5%씩)에 해당한다. 양방검증에 해당하는 상대가설(H_A) : $\mu \neq 100$에 대한 영가설(H_0) : $\mu = 100$을 검증할 경우, 이 면적에 위치하는 표본 통계치는 영가설이 사실(眞)일 때 거의 나타날 가능성이 없음을 의미한다. 즉 101.57 보다 크거나 혹은 98.43보다 적은 표본 평균치를 얻을 확률은 .05보다 적다는 것이다. 도 8 · 2에서 빗금친 부분의 면적을 우리는 가설 부정의 영역(region of rejection)이라고 부른다. 반대로 표집분포에서 나머지 면적은 가설 긍정의 영역이라고 부른다.

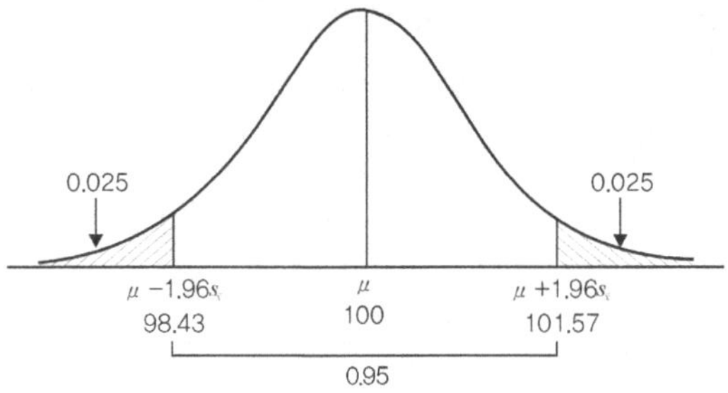

도 8·2 H_0: $\mu=100$, $s_{\overline{X}}=0.8$일 때 평균치의 표집분포

양방검증을 할 때 가설 부정의 영역은 '분포의 양쪽으로 양분되어 있다'. 왜 그럴까? 그 이유는 상대가설(H_A) : $\mu \neq 100$, 즉 전집의 평균이 100보다 크든 작든(평균치를 중심으로 위, 아래 어느 쪽이든) 상관없이 단지 차이가 있는지만을 검증하려 하기 때문이다. 따라서 표본 평균치가 가정한 전집 평균치(μ)보다 훨씬 '크거나 혹은 적다'면 영가설(H_0)을 부정한다. 이와 같은 절차를 영가설의 양방검증이라고 부른다.

정상분포(혹은 t분포)에서 가설 부정의 영역은 영가설이 사실일 때 표본 통계치(예, $\overline{X}$, s, r 등)가 나타날 가능성이 거의 없는 위치에 해당하는 면적을 의미한다. 가설 부정의 영역은 설정된 상대가설(H_A)이 양방검증인(예: $\mu \neq 100$)가 아니면 일방검증(예: $\mu < 100$)인가에 따라 차이가 있다.

앞의 예에서 $H_0 : \mu = 100$을 검증하고자 할 때 표본 평균치가 98.43과 같거나 적고, 101.57과 같거나 클 경우에는 영가설을 부정하게 되며 표본 평균치가 98.43과 101.57 사이의 값을 갖게 되면 영가설을 긍정하게 된다. 여기에서 98.43과 101.57을 우리는 영가설($H_0 : \mu = 100$)을 검증하는데 사용되는 기준치(critical value)라고 부른다.

그런데 앞의 예에서 표본으로부터 산출된 평균치($\overline{X}$) 98.3은 가설 부정의 영역에 속해 있으며 또한 영가설이 사실(眞)일 때 이 평균치가 나타날 확률은 .05보다는 적다는 것을 알 수 있다. 따라서 영가설을 부정함으로써 표본 평균치($\overline{X}$)와 가정된 전집 평균치(μ)간의 차이는 '단순히 표집오차에 기인한 것으로 볼 수 없다'는 해석을 할 수 있다.

그러나 연구자는 위와 같은 해석을 하면서도 한편으로는 표본 평균치와 전집 평균치 간의 차이가 표집오차 때문인 것으로 볼 수 있는 확률이 조금은 있다는 것을 알 수 있을 것이다. 바로 이러한 '조그만 확률이 제1종 오류(α)를 범하는 확률'이 된다. 즉 제1종 오류를 범할 확률(α)을 .05로 설정했다면, 그것은 「실제로는 차이가 없는데 표집오차 때문에 차이가 있는 것으로 잘못 판단할 수 있는 오류가 100번 중 5번 정도라면 **'차이가 있다고 판단하는'** 모험을 걸어 볼 만한 것」을 뜻한다. 따라서 검증결과를 해석할 때 「표본 평균치는 .05 (혹은 $p<.05$) 수준에서 가정된 전집 평균치와 통계적으로 유의한 차이가 있다」라고 기술하는 이유가 여기에 있다.

만일 표본의 평균치가 99.3이라면 어떤 결정을 내려야 할까? 이 경우 표본 평균치는 가설 부정의 영역에 속해있지 않기 때문에 영가설을 부정할 수 없다. 이러한 결정은 위의 표본 평균치는 영가설을 부정할 만큼 전집 평균치와 충분히 '큰 차이가 없다'는 점과 표집분포의 특성 즉, '표준오차(標準誤差: standard error)에 근거를 두고 있다. 따라서 표본 평균치는 .05 (혹은 $p<.05$) 수준에서 가정된 전집 평균치와 통계적으로 유의한 차이가 없으며 표본 평균치와 전집 평균치 간의 차이는 표집오차 때문인 것으로 해석하게 된다.

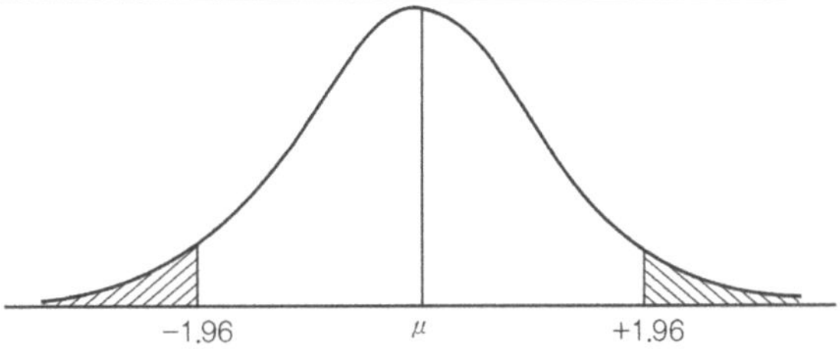

도 8 · 3 $\alpha = .05$일 때 양방검증에서 영가설을 부정하는 영역

여기에서 우리는 정상분포의 성질과 표준점수(Z점수)의 개념을 이용함으로써 '전집 평균치가 μ이고 표집분포의 표준오차가 $s_{\overline{X}}$인 평균치의 표집분포(標集分布)*는 평균치가 0이고 표준오차가 1인 정상분포로 전환할 수 있다'라는 점에 유념해야 한다. 따라서 평균치의 표집분포를 정상분포로 전환하면 앞에서처럼 가설을 긍정 혹은 부정하는 기준치인 $\mu+1.96s_{\overline{X}}$과 $\mu-1.96s_{\overline{X}}$를 매번 계산하기 보다는 +1.96과 −1.96을 일반화된 기준치(基準値)로 사용할 수 있다.

예를 들어 제1종 오류를 범할 확률(α: 유의수준과 혼용해서 사용하기도 한다)을 .05에 설정하고 양방검증을 할 경우, 먼저 t값을 계산한 후 t값이 가설 부정의 기준치인 +1.96보

* 이 부분의 이해를 돕기 위해 독자는 앞의 '중앙집중한계정리'를 다시 한번 복습하기를 바란다.

다 크거나 혹은 -1.96보다 적으면 영가설을 부정한다. 이때의 t값을 검증통계치(檢證統計値: test statistic)라고 한다. 도 8 · 3은 $\alpha = .05$, 즉, 제1종 오류를 범할 확률을 .05로 설정했을 때 양방검증에서 영가설을 부정하는 영역을 제시한 것이다. 위의 예에 대한 t값을 계산하면 다음과 같다.

$$t = \frac{98.3 - 100.0}{0.8} = -2.13$$

계산된 t값에 의하면, 관찰된 표본 평균치($\overline{X} = 98.3$)는 가정된 전집 평균치(μ)보다 2.13 표준오차만큼 아래에 위치하고 있다. 이 값은 -1.96 표준오차보다 훨씬 아래에 위치하고 있고 또한 가설 부정의 영역에 속해 있으므로 관찰된 표본 평균치는 가정된 전집 평균치와 차이가 있는 것으로 해석하게 된다.

$$t = \frac{99.3 - 100.0}{0.8} = -0.88$$

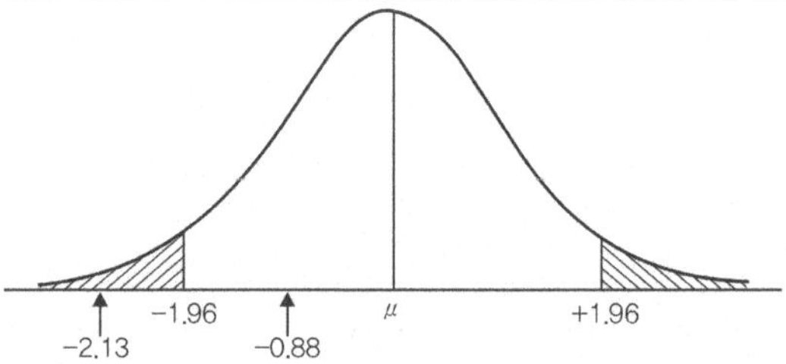

도 8 · 4 $H_0 : \mu = 100$에 대한 이론적 표집분포와 $\overline{X} = 98.3$ $\overline{X} = 99.3$의 검증통계치

그렇다면 관찰된 표본 평균치가 99.3일 경우 t값은 어떻게 될까? 산출 결과에 따르면 표본 평균치는 전집 평균치(μ)보다 0.88 표준오차만큼 아래쪽에 있다. 이 값은 -1.96 표준오차보다 훨씬 위쪽에 있고 또 가설 긍정의 영역에 속해 있다. 따라서 관찰된 표본 평균치는 가정된 전집 평균치와 차이가 없다고 해석한다.

양방검증에서 검증통계치가 영가설을 부정하는 기준치(critical values)보다 크면 영가설을 부정하며 기준치보다 적으면 영가설을 긍정한다. 양방검증에서 가설 부정의 영역은 표집분포의 양쪽 끝에 위치한다. 따라서 양방검증에서 제1종 오류(α)를 범할 확률을 .05에 설정하였을 때 산출된 표본 평균치가 표 8 · 2의 빗금친 영역(위 아래 어느 쪽이든 상관없이)에 위치한다면 영가설을 부정하고 '표본 평균치는 전집 평균치와 .05(혹은 $p < .05$) 수준에서 유의한 차이가 있다.'는 결론을 내리게 된다.

---

5. 영가설을 부정하는 영역: 일방검증

영가설을 검증할 때 유의수준(α)을 설정하는 것은 상대가설이 양방적(兩方的)이든 일방적(一方的)이든 차이가 없다. 다만 영가설을 부정하는 기준치가 일방검증일 때와 양방검증일 때 차이가 있을 뿐이다. 예를 들어 연구자가 대학생 전집의 윗몸일으키기 평균 횟수가 100보다 적을 것이라는 상대가설을 설정하고 이를 $\alpha = .05$수준에서 검증하고자 할 때 가설은 다음과 같이 진술될 수 있을 것이다.

$$H_0 \ : \mu \geq 100$$
$$H_A : \mu \ < 100$$

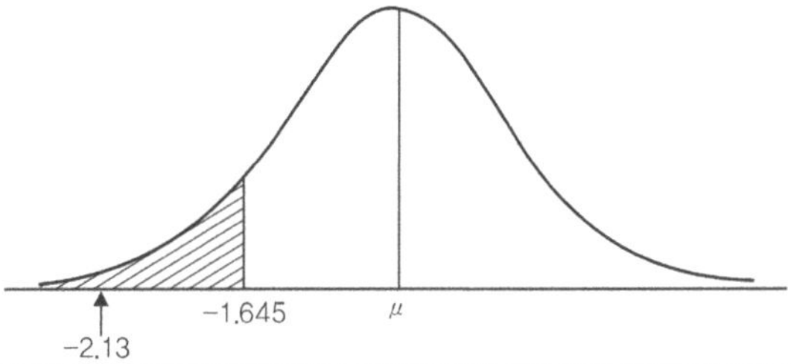

도 8·5 $\alpha = .05$, H_0:$\mu \geq 100$, H_A:$\mu < 100$일 때 일방검증에서 H_0를 부정하는 영역

이 경우 연구자는 표본 평균치가 100보다 유의하게 적은지의 여부에만 관심을 두게 된다. 따라서 표집분포에서는 분포의 왼편에만 관심을 둔다. 즉 유의수준(제1종 착오를 범할 확률)을 분포의 양쪽으로 나누기보다는 전체를 상대가설의 방향(이 경우 왼편)으로 설정한다. 예를 들어 유의수준을 .05로 설정했을 경우 표집분포와 가설 부정의 영역은 도 8·5와 같다.

$\alpha = .05$이고 일방검증인 경우, 가설 부정의 영역은 t값(혹은 Z값)으로 1.645에 해당한다. 정상분포에서 면적비율 .05에 해당하는 Z값을 찾으면 1.645를 확인할 수 있다. 여기에서 유념해야 할 사항은 '상대가설이 H_A:μ<100 즉, 전집의 윗몸일으키기 평균 횟수가 100보다 적다'고 설정하였기 때문에 산출될 표본 평균치의 기댓값은 전집의 평균치 100보다 아래쪽(즉, 분포의 왼편)에 위치해야 한다. 따라서 가설 부정을 위한 기준치(t값)는 －1.645가 된다.

앞에서 표본 평균치가 98.3일 때 산출된 검증통계치(test statistics)는 －2.13이었다. 이 값은 가설 부정의 기준치 -1.645보다 훨씬 적고 영가설 부정의 영역(領域: region)에 속해있으므로 영가설을 부정하고 상대가설을 받아들인다. 그러나 검증통계치가 -1.645보다 크다면 영가설을 긍정한다.

일방검증에서 영가설을 부정하는 기준치는 양방검증일 때와 차이가 있다. 상대가설이 어떠한 방향(즉 μ보다 크다고 진술된 것인가 아니면 적다고 진술된 것인가)으로 진술되었느냐에 따라 가설 부정의 영역은 분포의 오른쪽 아니면 왼쪽의 어느 한편에 설정된다.

위의 예와 반대로 대학생 전집의 윗몸일으키기 평균 횟수가 100보다 클 것이라는 상대가설을 설정하고 이를 $\alpha = .05$수준에서 검증하고자 한다면 가설은 다음과 같이 진술할 수 있다.

$$H_0 : \mu \leq 100$$
$$H_A : \mu > 100$$

이 경우 가설 부정의 영역은 표집분포의 오른편에 설정하게 된다. 왜냐하면 연구자는 표본의 평균치가 100보다 충분히 클 경우에만 영가설을 부정하고 상대가설을 받아들일 것이기 때문이다. 따라서 영가설을 부정하는 기준치는 $\alpha = .05$일 경우 $+1.645$(수표 1과 도 8 · 6 참조)가 된다. 이러한 사실을 근거로 검증통계치 t값이 $+1.645$보다 클 경우 영가설을 부정하고 .05 수준에서 표본 평균치는 전집 평균치보다 유의하게 크다고 해석할 수 있다.

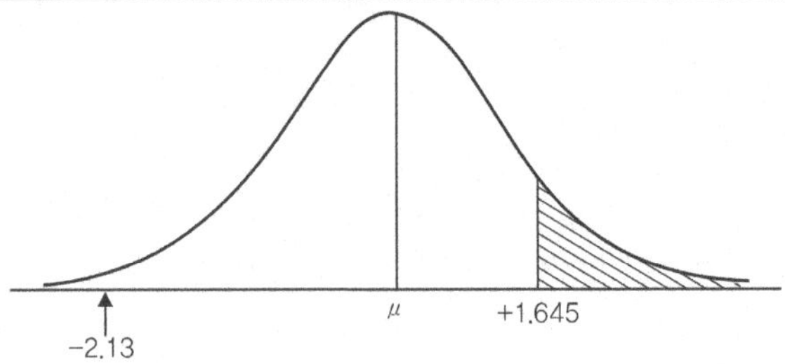

도 8 · 6 $\alpha = .05$, $H_0 : \mu \leq 100$, $H_A : \mu > 100$일 때 일방검증에서 H_0를 부정하는 한계영역

그렇다면 검증통계치가 $t = -2.13$이라면 영가설은 긍정해야 하는가 아니면 부정해야 하는가? 이 경우 검증통계치($t = -2.13$)는 가설 긍정의 영역에 속해 있기 때문에 영가설은 긍정되어야 한다. 따라서 상대가설이 양방검증(兩方檢證)으로 진술되었을 때 검증통계치에 대한 영가설 부정의 기준치는 분포의 양단으로 분할된 두 개이지만, 일방검증(一方檢證)으로 진술되었을 때의 기준치는 하나이며 분포의 한쪽에만 설정된다. 영가설의 검증은 상대가설이 일방적으로 진술되든 양방적으로 진술되든 검증통계치의 계산 방법은 동일하다. 그러나 일방검증과 양방검증 간에는 영가설 부정의 영역을 설정하는 위치와 검증통계치에 대한 가설 부정의 기준치는 서로 다르다는 점에 유의해야 한다.

만일 영가설이 $H_0 : \mu \leq 100$, 상대가설이 $H_A : \mu > 100$으로 진술되었을 경우, 표본 평균치가 100 혹은 100보다 적은 값으로 나타났다면 연구자는 어떤 판단을 내려야 할까? 이 경우 연구자는 실제 통계적인 검증을 할 필요가 없이 영가설을 그대로 긍정해도 된다. 왜냐하면 위의 영가설을 검증하기 위해서는 표본 평균치는 최소한 가정한 전집 평균치 즉, 100보다는 커야 하기 때문이다. 100과 같거나 100보다 적은 값은 영가설과 같은 조건에 해당하기 때문에 실제 통계적 검증(統計的 檢證)은 불필요한 것이다.

여기에 참고로 정상분포에서 검증통계치에 대한 가설 부정의 기준치(基準値: critical value)를 제시하면 다음과 같다. 독자는 여기에서 앞장에 기술한 바와 같이 표본수가 120 이상일 경우에는 정상분포(Z분포)와 t분포는 동일하게 사용할 수 있으며 표본수가 120 이하일 경우에는 t분포(부록 참조)를 사용하는 것이 바람직하다는 것을 다시 한번 기억해 두기를 바란다.

표 8·1 검증통계치에 해당하는 가설 부정의 기준치(정상분포 이용)

양방검증의 유의도	일방검증의 유의도	검증통계치에 대한 가설 부정 기준치
.20	.10	1.282
.10	.05	1.645
.05	.025	1.960
.02	.01	2.326
.01	.005	2.576
.001	.0005	3.291

앞에서 우리는 하나의 전집 평균치에 대한 가설검증 절차를 살펴보았다. 이러한 가설검증 절차를 둘 혹은 그 이상의 전집 평균치에 대한 가설검증에도 그대로 적용할 수 있다. 전집 평균치에 대한 영가설을 검증하고자 할 때 필요한 정보는 다음과 같다.

1. 관찰된 표본 평균치($\overline{X}$)
2. 가정된 전집 평균치(μ)
3. 평균치의 표준오차($s_{\overline{X}}$)
4. 검증통계치에 대한 가설 부정의 기준치(cv)
5. 검증통계치의 산출

$$t = \frac{\overline{X} - \mu}{s_{\overline{X}}}$$

다음으로 영가설을 긍정할 것인가 아니면 부정할 것인가를 결정하기 위하여 계산된 검증통계치는 가설 부정의 기준치와 비교한다. 여기에서 가설 부정의 기준치는 상대가설이 일방검증인가 양방검증인가의 여부, 자유도 등을 고려하여 유의수준에 해당하는 Z(혹은 t)값이 된다. 마찬가지로 어떠한 전집 통계치든, 그것이 상관계수(ρ)든 표준편차(σ)든, 이에 대한 영가설을 검증하는 데는 위와 같은 정보가 필요하다. 이를 좀 더 구체적으로 기술하면 다음과 같다.

1. 관찰된 표본 통계치
2. 가정된 전집 모수치
3. 통계치의 표준오차
4. 검증통계치에 대한 가설 부정의 기준치
   ① 유의수준
   ② 상대가설의 진술방향(일방 혹은 양방)
   ③ 자유도
5. 검증통계치의 산출

$$\text{검증통계치} = \frac{\text{표본통계치} - \text{전집모수치}}{\text{통계치의 표준오차}}$$

연습문제

※다음 각 문제를 읽고 정답이면 ○, 오답이면 ×를 ____에 표시하시오.

____ 1. 연구자가 특정 스포츠용품의 탄력성 평균이 다른 제품의 평균보다 좋은지를 검증하고자 할 때, 적절한 검증방법은 양방검증이다.

____ 2. 차이를 검증하는 통계치인 t값은 일종의 표준점수(Z)이다.

____ 3. 연구가설은 해당 변수 간의 관계가 밝혀지지 않았기 때문에 "X와 Y의 평균치 간에는 차이가 있다가 아니라 있을 것이다."라고 진술한다.

____ 4. 일방검증에서 영가설을 부정하는 기준치(critical value)는 양방검증일때와 차이가 있다.

____ 5. 산출된 검증통계치 t값이 적게 나타났다 할지라도 가설이 일방검증으로 진술된 경우 집단의 평균치 간에는 차이가 있게 나타날 수 있다.

____ 6. 가설을 일방검증으로 진술하면, 양방검증으로 진술했을 때 집단의 평균치 간에 차이가 없는 것도, 차이가 있게 나타날 수 있다.

____ 7. 통계분석에서 t검증은 영가설 검증이라고도 부른다.

8. p값(유의수준: p-value)이란 무엇을 의미하는가?

① 상대가설이 사실(事實: true)일 확률
② 영가설이 사실일 때, 상대가설이 사실이라고 잘못 결정할 확률
③ 상대가설이 허위(僞: false)일 확률
④ 영가설이 허위일 확률

9. 다음 중 가설검증에서 제1종 오류(type I error)란 무엇인가?

① 영가설이 사실일 때 이를 부정(기각)하는 오류
② 상대가설이 사실일 때 이를 긍정하는 오류
③ 상대가설을 부정해야 할 때 긍정하는 오류
④ 영가설이 사실일 때 이를 긍정하는 오류

10. 제1종 오류를 범할 확률(유의수준: significance level, α)을 .05에 설정하였다면, 이는 무엇을 의미하는가?

① 상대가설이 사실일 확률이 5%이다.
② 영가설이 허위일 확률이 5%이다.
③ 영가설을 잘못해서 부정할 확률이 5%이다.
④ 영가설이 사실일 확률이 95%이다.

11. 양방검증(two-tailed test)과 일방검증(one-tailed test)의 차이는 무엇인가?

① 양방검증은 영가설을 더 엄격하게 검증하며, 일방검증은 상대가설을 더 엄격하게 검정한다.
② 양방검증은 모집단의 평균치가 표본 평균치보다 클 때만 적용되며, 일방검증은 모집단의 평균치가 표본 평균치보다 작을 때만 적용된다.
③ 양방검증은 통계치 간에 차이가 있는지의 여부를 검증하는 반면, 일방검증은 통계치 간에 어느 것이 크거나 작은지의 여부를 검증한다.
④ 양방검증과 일방검증은 검증방법에 차이가 없으며 단지 유의수준만 다르다.

12. 제2종 오류(type II error)란 무엇인가?

① 영가설이 거짓(위)일 때 영가설을 부정하는 오류
② 영가설이 사실(진)일 때 영가설을 부정하는 오류
③ 영가설이 사실일 때 영가설을 긍정하는 오류
④ 영가설이 거짓일 때 영가설을 긍정하는 오류

13. 다음 중 일방검증을 적용해야 할 상황으로 적절한 것은?

① 평균치 A가 B보다 크거나 혹은 작은지를 검증하고자 할 때
② 평균치 A가 표집분포의 양쪽 끝에 있는지를 검증하고자 할 때
③ 평균치 A와 B가 같은지를 검증하고자 할 때
④ 평균치 A와 B 간의 차이 여부를 분포의 양방향에서 검증하고자 할 때

14. 통계적 검증을 할 때 가장 먼저 설정해야 할 가설은?

① 영가설 ② 상대가설
③ 연구가설

15. 실험 혹은 조사연구를 수행하고자 할 때 제시해야 할 가설은?

① 영가설 ② 상대가설
③ 연구가설

16. 통계적 검증은 다음 중 어떤 가설을 검증하는 것인가?

① 영가설 ② 상대가설
③ 연구가설

17. '표본 평균치와 전집 평균치 간에 .05 수준에서 통계적으로 유의한 차이가 있다.' 라는 결과에서 .05 수준이 의미하는 것은?

① 두 평균치 간에 차이가 없는 것을 차이가 있다고 잘못 결정할 확률이 5%이다.
② 두 평균치 간에 차이가 없는 것을 차이가 있다고 잘못 결정할 확률이 95%이다.
③ 두 평균치 간에 차이가 있는 것을 차이가 있다고 정확하게 결정할 확률이 5%이다.
④ 두 평균치 간에 차이가 있는 것을 차이가 있다고 정확하게 결정할 확률이 95%이다.

18. 연구가설(research hypothesis)과 상대가설(alternative hypothesis)에 대한 설명 중 올바른 것은?

① 연구가설과 상대가설은 동일한 가설이다.
② 연구가설은 연구자가 검증하고자 하는 가설이고, 상대가설은 영가설을 부정(기각: reject) 했을 때 받아들이는 가설이다.
③ 연구가설과 상대가설은 모두 영가설을 포함하는 가설이다.
④ 연구가설은 항상 부정해야 하는 가설이다.

19. 연구가설이란 무엇인가?

① 연구자가 증명하고자 하는 가설
② 연구자가 부정(reject)하려고 하는 가설
③ 영가설과 상반된 결과를 보이는 가설
④ 모든 가설검증에서 사용되는 기본 가설

20. 다음 중 상대가설에 대한 설명으로 적절한 것은 무엇인가?

① 연구자가 반드시 부정하려고 하는 가설이다.
② 영가설이 부정될 때 채택되는 가설이다.
③ 영가설과 동일한 가설이다.
④ 연구자의 의도와 관계없이 항상 사실인 가설

정답표

1. ×	2. ○	3. ○	4. ○	5. ○	6. ○
7. ○	8. ②	9. ①	10. ③	11. ③	12. ④
13. ①	14. ②	15. ③	16. ①	17. ①	18. ②
19. ①	20. ②				

9 단일표본에 대한 가설검증

1. 전집 평균치(μ)에 대한 가설검증
2. 전집 상관계수(ρ)에 대한 가설검증
3. 전집 상관계수(ρ)가 0인지의 가설검증
4. 전집의 비율(P)에 대한 가설검증
5. 전집분산(σ^2)에 대한 가설검증
6. 통계적 정밀도
7. 통계적 의의와 실제적 의의

※ 위에서 2, 4, 5절의 단일표본에 대한 가설검증은 체육, 스포츠과학 분야 뿐만 아니라 교육학, 심리학, 사회학 등 사회과학 분야의 실제 연구과정에서 검증된 사례는 거의 없다. 그럼에도 이들 가설검증 방법을 제시한 이유는 학술적 관점에서 이해를 원하는 독자를 위해 제시한 것이다. 그러나 학부 학생들의 통계학 수업일 경우, 이 부분은 건너뛰어도 좋을 것이다. 참고하기를 바란다.

앞장에서 우리는 가설검증의 개념과 신뢰구간 설정에 의한 전집의 평균치 추정에 대해 배웠다. 이 장에서는 앞장에서 학습한 내용을 기초로 전집 평균치(μ)에 대한 가설검증뿐만 아니라 상관계수(ρ), 비율(P), 분산(σ^2)에 대한 가설검증 방법을 제시하고자 한다. 가설검증을 위해서는 다음과 같은 몇 가지 과정과 절차를 반드시 따라야 한다. 많은 연구보고서에서 발견할 수 있는 문제점의 하나는 가설검증(假說檢證) 과정에서 필요한 절차를 잘 이해하지 못하고 있다는 점이다. 가설검증의 과정과 절차를 구체적으로 제시하면 다음과 같다.

---

1. 검증가설의 진술
2. 유의수준(α)의 결정
3. 모수치의 가정과 표본 통계치 산출
4. 통계치의 표집분포와 표준오차 산출
5. 통계적 검증방법 결정
6. 가설 부정의 기준치(결정치) 결정
7. 신뢰구간의 설정
8. 결론

위의 절차를 이용하여 이 장에서는 전집의 평균치, 상관계수, 비율, 분산에 대한 가설검증 방법을 기술하고자 한다.

전집 평균치 $\mu = \alpha$
상관계수 $\rho = \alpha$와 $\rho = 0$
비율 $P = \alpha$
분산 $\sigma^2 = \alpha$
α : 가정된 전집의 모수치
0 : 영(zero)

---

1. 전집 평균치(μ)에 대한 가설검증($H_0 : \mu = \alpha$)

앞장에서 우리는 단 하나의 전집 평균치에 대한 가설을 어떻게 검증하는지 배웠다. 이 장에서는 위에 제시된 절차를 이용하여 실제 가설을 검증해 보기로 한다. 예를 들어 「처음 농구공을 잡아본 7~8세에 해당하는 남자 어린이가 자유투 라인에서 몇 번 슛을 시도했을 때 골을 성공시킬 수 있을 것인가?」라는 문제에 연구자가 관심이 있다고 가정하자. 연구자는 사전경험을 기초로 「골을 성공시킬 때까지 슛을 시도한 횟수의 평균은 25회일 것」이라는 가설을 설정하였다. 그리고 유의수준(제1종 오류를 범할 확률: α)*은 .05로 설정하였다. 이 가설을 검증하기 위해 7~8세 남자 어린이 전집으로부터 61명을 무선 표집하였다. 실험실시 결과, 61명의 남자 어린이가 골을 성공시킬 때까지 슛을 시도한 평균횟수는 23.4이며, 표준편차는 6으로 나타났다. 이 실험결과를 앞에 제시된 검증절차를 이용하여 검증해 보자.

(1) 검증가설

연구자는 표본으로부터 얻은 평균 슛 횟수가 가정된 전집 평균치($\mu = 25$)와 '단지 차이가 있는지의 여부'에만 관심이 있다. 따라서 상대가설은 양방검증으로 설정해야 한다.

$$H_0 : \mu = 25$$

$$H_A : \mu \neq 25$$

(2) 유의수준(제1종 오류를 범할 확률 : α)

유의수준은 연구자가 임의로 결정할 수 있으나 결정 시기는 최소한 조사한 자료를 보기 전인 가설진술 단계에서 결정해야 한다. 위의 자료에 대해 연구자는 유의수준을 .05로 설정하고 있으므로 $\alpha = .05$이다.

(3) 모수치와 표본 통계치

가정된 모수치는 25이다. 즉, 연구자는 자유투 라인에서 첫 골을 성공시키기 위해서는 평균 25번의 슛을 시도해야 할 것이라고 가정하였다. 산출된 표본 통계치는 23.4로 나타났다. 따라서

$$\mu = 25$$

$$\overline{X} = 23.4$$

---

* 여기에서 독자가 유념해 둘 것은, 대부분의 연구문헌에서 혼용해서 사용하고 있지만, 가설진술 단계에서 결정한 유의수준을 우리는 제1종 오류를 범할 확률(α)이라고 부르며 자료의 분석 결과 통계적으로 유의한 차이가 있는지를 판단할 수 있는 확률수준을 유의수준(p)이라고 부른다는 점이다.

(4) 통계치의 표집분포와 표준오차

7장에 제시된 '중앙집중한계정리'에서 우리는 「전집의 표준편차(σ)를 알고 있을 때 평균치의 표집분포(標集分布)는 가정된 전집의 모수치(μ)와 동일한 평균치($\overline{X}_{\overline{X}}$)를 중심으로 정상적으로 분포되어 있다」라는 점을 기억할 수 있을 것이다. 또한 「전집의 표준편차(σ)를 모르고 있을 때 평균치의 표집분포는 $n-1$의 자유도를 가진 t분포와 같다」라는 점을 상기할 수 있을 것이다. 따라서 위의 예시 자료는 전집의 표준편차(σ)를 모르는 경우에 해당되기 때문에 (61 - 1) 즉, 60의 자유도(df)를 가진 t분포가 사용되어야 할 것이다. 그리고 표집분포의 표준편차, 즉 평균치의 표준오차(標準誤差 : $s_{\overline{X}}$)는 다음 공식에 의해 추정할 수 있다.

$$s_{\overline{X}} = s / \sqrt{n}$$

$$s = \sqrt{\frac{\sum (X - \overline{X})^2}{n-1}}$$

위의 표본집단에서 산출된 표준편차(s)는 6이므로 표집분포의 표준오차($s_{\overline{X}}$)는

$$s_{\overline{X}} = 6 / \sqrt{61} = 0.77$$

(5) 통계적 검증

우리는 위의 각종 통계치 즉, 가정된 전집치(μ), 표본 통계치($\overline{X}$), 추정된 평균치의 표준오차($s_{\overline{X}}$)를 다음 공식에 적용함으로써 $H_0 : \mu = 25$를 검증할 수 있다.

$$\text{검증통계치} = \frac{\text{통계치} - \text{모수치}}{\text{통계치의 표준오차}}$$

앞에서 위의 자료는 전집의 표준편차를 모르는 경우에 해당되기 때문에 평균치의 표집분포는 t분포와 같다고 하였다. 따라서 검증통계치는 t가 된다.

$$t = \frac{\overline{X} - \mu}{s_{\overline{X}}} = \frac{23.4 - 25.0}{0.77} = -2.08$$

(6) 가설 부정의 기준치(critical value)

가설 부정의 기준이 되는 기준치(혹은 결정치)는 연구자가 사전에 설정한 ① 유의수준(α)과 ② 상대가설이 일방검증인가 양방검증인가와 ③ 자유도(n - 1)에 따라 다르다. 예를

들면 α가 .05이고 상대가설이 양방검증인 경우, 가설 부정의 영역은 분포의 양쪽에 위치하게 된다. 위의 자료는 유의수준이 .05이고 양방검증이며, 자유도는 (61 - 1) 즉, 60이므로 가설 부정의 기준치(t_{cv})는 ±2.00 [부록의 〈수표 6〉 t분포 참조]이 된다. 위에서 계산된 검증통계치는 -2.08로서 기준치(±2.00)의 범위를 벗어났기 때문에 영가설은 부정된다.

(7) 신뢰구간(confidence interval)

위의 가설검증 결과 우리는 전집에서 「첫 골을 성공시키는데 요구되는 슛 시도의 평균 횟수는 25회가 아니다」라는 결론을 얻을 수 있다. 그러나 이러한 결론은 우리에게 골을 성공시키는 데 평균 몇 번 정도의 슛을 시도해야 하는지에 관해서는 별 도움을 주지 못하고 있다. 따라서 신뢰구간을 설정하는 것이 바람직하다. 앞장에서 기술된 바와 같이 신뢰구간 설정 공식은 다음과 같다.

$$CI = 통계치 \pm \left[\begin{matrix}가설부정의 \\ 기준치:\ cv\end{matrix}\right] \times \left[\begin{matrix}통계치의 \\ 표준오차\end{matrix}\right]$$

위에서 유의수준(α)은 .05로 설정하였기 때문에 신뢰수준은 (1 - .05) 즉 .95(혹은 95%)가 된다. 부록의 〈수표 6〉에서 df = 60인 경우 .95의 신뢰수준에 대한 기준치는 2.00이므로 95%의 신뢰구간은 다음과 같이 계산할 수 있다.

$$\begin{aligned} CI_{95} &= \overline{X} \pm (2.00)(s_{\overline{X}}) \\ &= 23.4 \pm (2.00)(0.77) \\ &= 23.4 \pm 1.54 \\ &= 21.86 \leq \mu \leq 24.94 \end{aligned}$$

(8) 결론

앞에서 우리는 $H_0 : \mu = 25$를 검증하고 95%의 신뢰구간을 설정해 보았다. 가설검증 결과 검증통계치(t)가 -2.08로서 가설 부정의 기준치(-2.00)보다 적기 때문에 .05 수준에서 영가설(H_0)을 부정하였다. 즉, 가정한 전집 평균치(μ)와 관찰된 표본 평균치($\overline{X}$)간의 차이가 단순히 표집오차(sampling fluctuation)로 보기에는 그 차가 너무 크다는 사실을 발견할 수 있다. 따라서 영가설을 부정함으로써 연구자는 **'가정한 전집 평균치(μ)와 실제 관찰된 표본 평균치($\overline{X}$)간의 차이는 .05 수준(혹은 p<.05 수준)에서 통계적으로 유의한 차이가 있다.'**라고 해석할 수 있다. 그리고 **'실제로 영가설($H_0 : \mu = 25$)이 사실일 때 관찰**

된 표본 평균치($\overline{X}$)가 23.4로 우연히 나타날 확률은 .05보다 적다.'라는 결론을 내릴 수 있다.

95%의 신뢰구간 설정에서 우리는 21.86≤μ≤24.94라는 결과를 얻었다. 이와 같은 결과에 의하면 **'전집의 평균치(μ)가** 21.86과 24.94 **사이에 들어있다고 추정해서 맞을 확률은** 95%'라는 결론을 내릴 수 있다. 여기에서 독자는 새로운 사실을 발견해 낼 수 있다. 영가설 검증결과와 95% 신뢰구간 설정결과를 비교해 볼 때, 95% 신뢰구간의 범위 속에는 가정한 전집 평균치(μ=25)가 포함되지 않는다는 사실이다. 즉, α=.05에서 영가설이 부정되었을 경우, 95%의 신뢰구간에는 전집 평균치가 포함되지 않는다는 것이다. 이 말은 반대로 영가설(H_0)이 긍정될 경우, 설정된 신뢰구간에는 전집 평균치가 포함된다는 뜻이 된다.

2. 전집 상관계수(ρ)에 대한 가설검증($H_0: \rho = \alpha$)

여기에서는「전집에서 두 변수 간의 상관은 어느 정도인가?」라는 문제를 해결하기 위하여 전집의 상관계수(ρ)에 대한 가설을 검증하는 방법을 제시하고자 한다. 상관계수(相關係數)는 이미 6장에서 충분히 검토하였다. 다시 기억을 되살려 보면 상관계수는 -1.00~+1.00의 범위를 가지며, 0의 상관은 두 변수 간에 전혀 관계가 없는 상호 독립적인 관계를, 1.00의 상관은 두 변수 간에 완전히 일치하는 관계를 의미한다. 따라서 상관계수는 1.00에 가까울수록 관계의 정도는 점점 커진다고 할 수 있다.

예를 들어 0.86의 상관계수는 높은 정적 상관으로 간주하며 0.23은 최소한의 관계가 있는 것으로 간주한다. 그러나 이러한 해석에는, 어떤 원칙이 있는 것이 아니라, 다분히 임의적이라는 것도 독자는 기억해 낼 수 있을 것이다. 사회과학 분야에서 0.23 정도의 상관계수는 두 변수 간에 상당한 관계(substantive relationship)를 가진 것으로 해석하지 않는다.

지금까지는 표본 평균치의 표집분포(標集分布)에 대해 논의하였는데 다른 통계치(예 : 상관계수, 분산, 비율 등)들 또한 표집분포를 가지고 있음을 예상할 수 있다. 이들 통계치의 표집분포 역시 평균치의 표집분포와 유사한 방법으로 사용된다는 점에 유의하기를 바란다. 그러나 상관계수의 표집분포는 평균치의 표집분포와 동일한 특징을 가지고 있지는 않다.

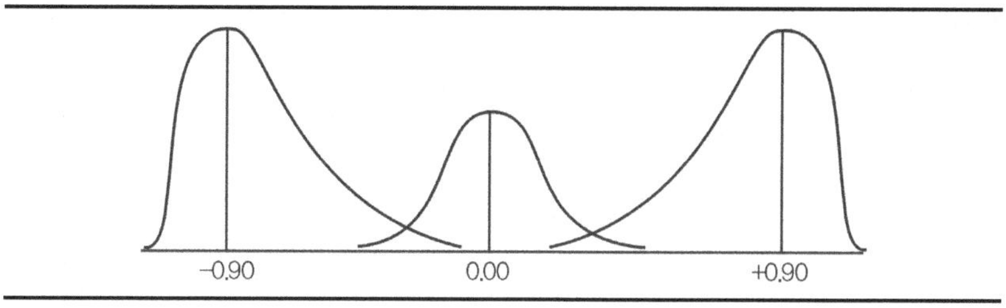

도 9 · 1 ρ = −.90, 0, +.90일 때의 표집분포

이론적으로 볼 때 평균치는 점수분포의 어느 값이라도 평균치로 취할 수 있는 반면에 상관계수는 +1.0부터 -1.0 사이의 어느 한 값을 취하게 되는 제한이 있다. 따라서 상관계수의 표집분포는 계수의 방향(+, -)과 크기에 따라 그 모양이 달라진다. 상관계수가 커짐에 따라 표집분포는 정적(+) 상관일 경우 왼편으로 편포되며 부적(-) 상관일 경우에는 오른편으로 점증적으로 편포된다. 이러한 현상은 표본수(標本數)가 적을 때 더욱 심해진다. 그러나 전집의 상관계수가 0에 가까울 때의 표집분포는 거의 좌우 대칭인 정상분포가 된다. 그리고 정상성(normality)의 정도는 표본수가 증가함에 따라 향상된다. 도 9 · 1은 서로 다른 상관계수의 표집분포를 예시한 것이다.

이와 같이 상관계수의 이론적 표집분포는 계수가 커짐에 따라 점증적으로 편포되기 때문에, 0이 아닌 전집의 상관계수(ρ)에 대한 가설을 검증할 때 정상분포(正常分布)를 사용하는 것은 부적절하다. 따라서 이러한 문제점을 해결하기 위해서는 상관계수의 크기에 따라 표집분포가 거의 변동이 없는 통계치로 상관계수를 환산하는 방법이 적용되어야 한다. Fisher (1915)는 다음과 같은 소위 "휘셔의 Z환산(Z - transformation)"이라는 통계치를 고안해 냄으로써 위의 문제를 해결하였다.

$$Z_r - \frac{1}{2}\log_e(1+r) - \frac{1}{2}\log_e(1-r) \tag{9.1}$$

혹은

$$Z_r = 1.1513 \cdot \log_{10}\frac{1+r}{1-r}$$

여기에서 Z계수는 표준점수의 Z와 다르다. 상관계수(r)를 Z로 환산함으로써 ① Z_r의 표집분포는 r의 크기와 방향에 따라 영향을 받지 않으며 ② Z_r의 표집분포는 정상분포가 되고 ③ r은 가감승제를 할 수 없으나 Z는 가감이 가능하다. 그리고 표집분포의 추정된 표준편차(Z_r의 표준오차)는 다음 공식에 의해 계산할 수 있다.

$$s_Z = \sqrt{\frac{1}{n-3}} \tag{9.2}$$

0이 아닌 전집의 상관계수(ρ)에 대한 가설을 검증할 때 Z_r의 표집분포는 평균이 Z_ρ이고 표준편차가 $\sqrt{1/n-3}$인 정상분포가 된다(도 9 · 1 참조). 우리는 r을 Z_r로 환산하기 위해 위의 공식 (9.1)로 계산할 필요가 없다. 부록의 〈수표 11〉에 제시된 r - Z 환산표를 찾으면 된다. 예를 들어 r = .90의 Z계수는 Z = 1.47이 된다.

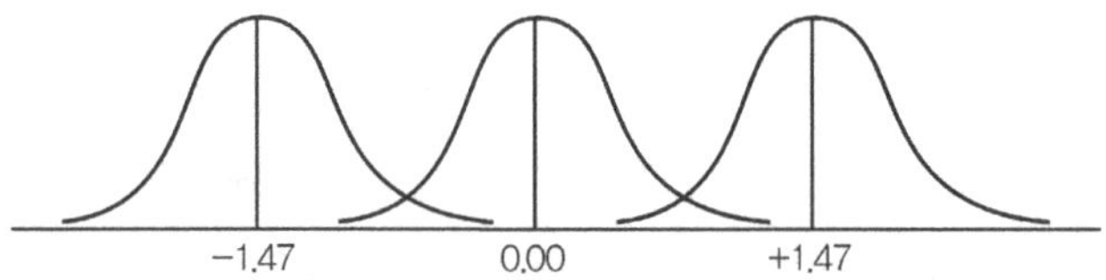

도 9 · 2 ρ = −.90, 0, +.90을 Z_ρ(−1.472, 0, 1.472)로 환산했을 때의 표집분포

---

r의 표집분포는 정상분포가 아니다. 전집의 상관계수(ρ)가 변함에 따라 같이 변한다. 전집의 상관계수(ρ)에 대한 가설을 검증하기 위해서는 r은 표집분포가 r의 크기에 따라 거의 영향을 받지 않고 정상적으로 분포되어 있을 뿐만 아니라 $\sqrt{1/n-3}$의 추정된 표준오차를 가진 Z_r로 환산하여야 한다.

예를 들어 양궁선수의 상완 굴근력과 경기기록 간의 관계가 어느 정도인지 알기 위해 연구자는 문헌분석을 토대로 이들 두 변수 간에는 높은 정적(+) 관계가 있을 것으로 예상하고 영가설을 H_0:ρ = 0.65로 설정한 후 이를 검증하였다.

$$H_0 : \rho = 0.65$$
$$H_A : \rho \neq 0.65$$

연구자는 가설을 검증하기 위해 유의수준(α)을 .05로 설정하였다. 이 가설을 검증하기 위하여 연구자는 전집에서 30명을 무선 표집한 후 상완 굴근력과 경기기록을 측정한 결과 0.61의 상관계수를 얻었다. 이 결과를 앞에 제시된 검증절차를 이용하여 검증해 보자.

(1) 검증가설

$H_0 : \rho = 0.65$

$H_A : \rho \neq 0.65$

(2) 유의수준: $\alpha = .05$

(3) 모수치와 표본 통계치

$$\rho = 0.65\,(Z_\rho = 0.775)$$
$$r = 0.61\,(Z_\rho = 0.709)$$

가정된 전집의 상관계수(ρ) 0.65와 표본 상관계수(r) 0.61은 부록의 〈수표 11〉을 이용하여 Z로 환산하면 각각 0.755와 0.709가 된다.

(4) 통계치의 표준오차

$$s_z = \sqrt{\frac{1}{n-3}} = \sqrt{\frac{1}{27}} = 0.192$$

(5) 통계적 검증

환산된 Z_r의 표집분포는 0.192의 표준오차를 가진 정상분포(Z분포)로 볼 수 있으므로 검증통계치는 Z를 산출하면 다음과 같이 −0.334가 된다.

$$\text{검증통계치} = \frac{\text{통계치} - \text{모수치}}{\text{통계치의 표준오차}}$$

$$Z = \frac{Z_r - Z_\rho}{s_Z} = \frac{0.709 - 0.775}{0.192} = -0.334$$

(6) 가설 부정의 기준치

상대가설이 양방적이고 $\alpha = .05$이므로 검증통계치에 대한 가설 부정의 기준치는 ±1.96이 된다. 실제 산출된 검증통계치(−0.334)가 기준치의 범위 내에 속하므로 연구자는 양궁선수의 상완 굴근력과 기록 간의 전집 상관계수는 0.65라는 영가설을 받아들인다.

(7) 신뢰구간

$$CI = \text{통계치} \pm \left[\begin{matrix}\text{가설부정의} \\ \text{기준치}: cv\end{matrix}\right] \times \left[\begin{matrix}\text{통계치의} \\ \text{표준오차}\end{matrix}\right]$$

위에서 α는 .05로 설정하였기 때문에 신뢰구간은 (1 - .05) 즉 .95 혹은 95%가 된다. 정상분포에서 .95에 대한 기준치(cv)는 1.96이므로 .95에 대한 신뢰구간은 다음과 같다.

$$\begin{aligned} CI_{95} &= Z_r \pm (1.96)(s_r) \\ &= 0.709 \pm 1.96 \times 0.192 = 0.709 \pm 0.376 \\ &= 0.333 \le Z_r \le 1.085 \end{aligned}$$

여기에서 유의해야 할 점은 위의 CI값은 r을 Z_r로 환산한 값에 대한 CI라는 것이다. 따라서 이 값을 다시 r로 환산해야 한다. Z_r을 r로 다시 환원하기 위해서는 부록의 〈수표 11〉을 이용하면 된다. 환원된 r에 대한 CI_{95}는 다음과 같다.

$$CI_{95} = 0.321 \le \rho \le 0.795$$

(8) 결론

'실제로 영가설(ρ = 0.65)이 사실일 때 관찰된 표본 상관계수(r)가 0.61로 우연히 나타날 확률은 .05보다 크다'라는 결론을 내릴 수 있다. 동시에 영가설을 긍정함으로써 연구자는 **'가정한 전집 상관계수(ρ)와 실제 관찰된 표본 상관계수(r)간의 차이는 p〉.05 수준에서 통계적으로 유의한 차이가 없다'**라고 해석할 수 있다. 독자는 또한 가정된 전집의 상관계수(ρ) 0.65가 계산된 r의 신뢰구간 내에 포함되어 있음을 확인할 수 있을 것이다. 가정된 전집의 상관계수와 실제로 관찰된 상관계수 간에 차이가 없을 때 전집의 상관계수는 신뢰구간 내에 포함된다.

3. 전집 상관계수(ρ)가 0인지의 가설검증($H_0 : \rho$)

이 검증은 두 변수 간에 상관계수가 존재하는지의 여부를 알고자 할 때 사용된다. 흔히 변수 간의 관계 정도보다는 관계 유무를 결정하는 연구에서 많이 쓰인다. 이 검증방법은「전집에서 두 변수 간의 상관은 0이다」라는 영가설($H_0 : \rho = 0$)을 설정하고 이를 검증하는 절차를 밟는다.

상관계수(r)의 표집분포는 전집의 상관계수(ρ)가 0일 때 그리고 표본수가 어느 정도 클 때 좌우 대칭적이며 거의 정상분포가 된다는 점을 독자는 기억해 낼 수 있을 것이다. 이러한 가정하에서만 우리는 표본수가 많은 대표집에 대한 표집분포를 정상분포와 동일한 것으로 간주할 수 있으며 표본수가 적은 소표집에 대한 표집분포는 t분포와 동일한 것으로 간주할 수 있는 것이다.

따라서 영가설(H_0) : $\rho = 0$의 검증은 표집분포를 좌우 대칭의 정상분포로 간주할 수 있으므로 r을 휘셔(Fisher)가 제안한 Z로 환산하여 검증하기보다는 r 그 자체의 이론적(理論的) 표집분포를 사용하여 검증할 수 있다. 영가설(H_0) : $\rho = 0$을 검증하기 위한 검증통계치는 표본수의 크기에 따라 다르다. 일반적으로 표본수가 120보다 클 경우 대표집으로, 그 이하는 소표집으로 간주한다. 소표집인 경우에는 $df = n - 2$를 가진 t분포를 상관계수의 표집분포로 사용한다. 대표집인 경우와 소표집인 경우의 검증통계치 계산 공식을 제시하면 다음과 같다.

① 대표집일 경우

$$(n \geq 120) \quad Z = r\sqrt{n-1} \tag{9.3}$$

② 소표집일 경우

$$(n < 120) \quad t = r\sqrt{\frac{n-2}{1-r^2}} \tag{9.4}$$

예를 들어 경기 상황에서 상태불안 정도와 경기력 간에 상관이 있는지의 여부를 알아보기 위해 연구자는 전집에서 '상태불안과 경기력 간에는 상관이 없다(H_0 : $\rho = 0$)'라는 영가설을 설정하였다. 이 가설을 검증하기 위해 $\alpha = .05$로 설정하고 100명을 무작위로 표집하여 상태불안과 경기력을 측정하는 검사를 실시한 결과, $r = .35$를 얻었다. 이 결과를 앞에 제시된 검증절차를 이용하여 검증하면 다음과 같다.

(1) 검증가설

H_0 : $\rho = 0$

H_A : $\rho \neq 0$

(2) 유의수준: $\alpha = .05$

(3) 표본 통계치: $r = .35$

(4) 통계적 검증

$$t = 0.35\sqrt{\frac{100-2}{1-.35^2}} = 3.70$$

(5) 가설 부정의 기준치

$\alpha = .05$이고 상대가설이 양방적인 t분포에서 자유도$(n-2)$가 98일 때 가설 부정을 위한 기준치(cv)는 ±1.98이 된다(수표 6참조). 실제 산출된 검증통계치(3.70)가 기준치(±1.98)의 범위 밖에 있으므로 H_0를 부정하고 연구자는 「전집에서 상태불안과 경기력 간의 상관은 0이 아니다」라는 H_A를 받아들인다.

(6) 결론

"실제로 영가설(H_0:$\rho = 0$)이 사실일 때 (즉 전집의 상관계수가 0일 때) 관찰된 표본 상관계수(r)가 .35로 우연히 나타날 확률은 .05보다 적다"라는 결론을 내릴 수 있다. 따라서 연구자는 영가설을 부정하고 전집에서 상태불안과 경기력 간에는 $p < .05$수준에서 0이 아닌 상관을 가지고 있다고 해석할 수 있다.

그러나 여기에서 유의해야 할 점은 상관의 크기에 대해서는 아무런 결론도 내릴 수 없다는 것이다. 왜냐하면 위의 영가설 검증은 단순히 전집의 상관계수(ρ)가 0과 같은지의 여부를 검증하는 것이기 때문이다. 만일 상관의 크기를 추정하려고 한다면 다음 단계로서 신뢰구간을 설정하면 된다.

부록의 〈수표 9〉에는 전집의 상관계수가 0인지의 여부($H_0 : \rho = 0$)를 일방검증 혹은 양방검증을 사용하여 검증할 때 다양한 α수준 별로 요구되는 r값이 제시되이 있다. 표에 의하면 자유도($df = n - 2$)가 적을수록 혹은 표본수가 적을수록 요구되는 r값은 크다는 것을 알 수 있다. 예를 들어 자유도가 $df = 10$일 때 $p < .05$ 수준에서 영가설($\rho = 0$)을 부정하는데 요구되는 r값은 0.576과 같거나 이보다 커야 한다. 그러나 $df = 60$일 때

요구되는 r값은 0.250과 같거나 이보다 크면 된다. 즉 $r > 0.250$이 되어야 한다. 한편 영가설$H_0 : \rho = 0$하에서의 표집분포는 대칭적이기 때문에 부록의 〈수표 9〉의 r값은 절댓값으로 생각할 수 있다. 즉, $df = 60$일 때 r값이 −0.250과 같거나 적다면($r \leq -0.250$) 통계적으로 유의하다고 간주할 수 있으며 $H_0 : \rho = 0$을 부정할 수 있다.

전집의 상관계수가 0인지의 여부를 검증하는 영가설$H_0 : \rho = 0$은 상관계수(r)를 Fisher가 제안한 Z계수로 환산하지 않고 직접 검증할 수 있다. 만일 r의 절대치가 주어진 자유도 하에서 설정된 α수준별로 영가설을 부정하는데 요구되는 값(수표 9에 제시된 값)과 같거나 크다면 영가설($\rho = 0$)을 부정하고 상대가설(H_A)을 받아들인다.

---

4. 전집의 비율(P)에 대한 가설검증($H_0 : P = a$)

체육, 스포츠 상황에서 전집의 비율(比率: proportion) 또는 백분율(百分率: percent)에 관한 검증은 전집의 평균치에 대한 가설검증과 마찬가지로 흔히 예상할 수 있는 상황에 해당한다. 예를 들어 학생들로부터 조사된 운동참여 비율 또는 운동경기 종목에 대한 선호율 등이 가정된 어떤 기준비율과 유의한 차이가 있는지를 검증하는 것이다.

구체적인 예를 들어보자. 어느 연구자가 운동에 참여하는 학생의 비율에 관한 가설을 검증하였다고 가정해 보자. 여기에서 전집의 모든 사례를 다 조사하는 것은 불가능하고 또 비경제적이기 때문에 연구자는 전집으로부터 표본을 무선적으로 선정하고 표본비율(標本比率: p), 즉 운동에 참여하는 학생의 비율을 조사하였다. 그리고 조사된 표본비율(p)이 가정된 전집비율 혹은 설정된 기준비율과 차이가 있는지를 검증하였다. 표본비율의 표집분포 역시 평균치의 표집분포와 마찬가지 방법으로 사용하였다. 그런데 여기서 p의 표집분포는 어떤 분포일까? 실제로 p의 표집분포는 이항분포(二項分布)이다. 만일 표본수가 상당히 크면 정상분포에 가깝다. 표본비율(p) 표집분포의 추정된 표준오차는 다음과 같다.

$$s_p = \sqrt{\frac{pq}{n}} \tag{9.5}$$

s_p = 비율의 표준오차
p = 표본에서 얻은 비율
q = $1 - p$
n = 표본수

예를 들어 전집(서울 소재 중학교 전체학생)의 운동에 참여하는 비율이 .60인지의 여부($H_0 : P = 0.60$)를 검증하기 위해 표본비율의 표준오차를 계산해 보자. 위의 공식에 의하면 표본비율의 표준오차를 계산하기 위해서는 표본수와 표본에서 얻은 비율을 알아야 하는데, 여기에서는 전집(즉 서울 중학교 전체학생)으로부터 400명을 무선표집하여 운동에 참여하는 비율(p)을 조사한 결과 0.53으로 나타났다고 가정해 보자. 이를 기초로 공식 (9.5)를 이용하여 표본비율의 표준오차를 계산하면 다음과 같다.

$$s_p = \sqrt{\frac{(0.53)(0.47)}{400}} = 0.02$$

위 표본비율의 표집분포는 비율평균이 0.60(즉, 가정된 전집비율), 표준오차(추정된 표준편차)가 0.02인 다음과 같은 표집분포가 된다.

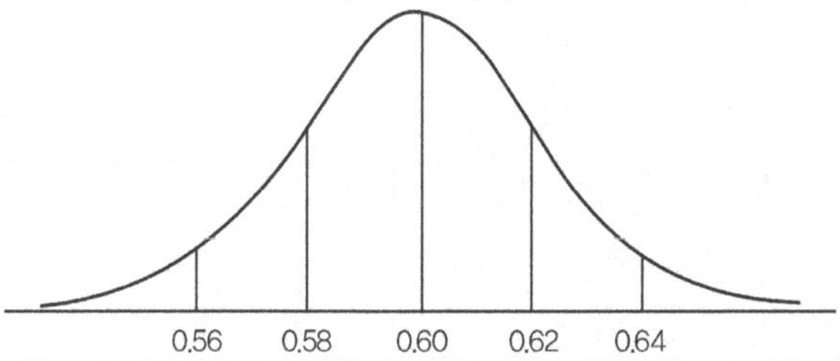

도 9·3 $n = 400$, $p = 0.53$일 때 영가설(H_0)$P = 0.60$을 검증하기 위한 이론적 분포

상관계수와 마찬가지로 비율(p) 역시 0부터 1.0범위 내에 있는 어느 하나의 값을 취하게 되기 때문에 취할 수 있는 값의 범위가 한정되어 있다. 따라서 표본수(n)가 100보다 적을 때 그리고 비율(p)이 극단적으로 크거나 적을 때, 예를 들면 0.75보다 크거나 혹은 0.25 보다 적을 때 p의 표집분포는 정상분포가 아닌 편포(遍布)된 분포가 된다. 우리는 편포된 표집분포를 정상분포에 근거를 두고 해석할 수 없기 때문에 이럴 때는 S_p계산을 삼가거나 계산해도 극히 개략적인 S_p로 취급해야 한다. 그리고 표집분포로서 정상분포를 이용하려면 np 혹은 nq가 아무리 적어도 5보다는 커야 한다. 즉 표본수가 100일 때 비율은 최소한 .05보다 크거나 .95보다는 적어야 한다는 뜻이다.

비율(P)의 표집분포는 이항분포(二項分布: binomial distribution)이다. 표본수가 클 때 정상분포는 이항분포로 간주하고 사용할 수 있다. 표본비율(p)의 표준오차(S_p)는 다음과 같다.

$$s_p = \sqrt{(pq/n)}$$

검증 예를 들어보자. 초등학교 체육 교과과정에 에어로빅 체조를 포함시켜야 할 것인지를 결정해야 할 책임을 지고 있는 김 교수는 여러 사람과 이야기를 나누어 보았으나 일치된 견해를 발견할 수 없었다. 그래서 그는 전문가들의 찬반 의견을 조사하여 찬성비율이 0.60보다 높으면 에어로빅 체조를 체육 교과과정에 포함시킨다는 결정을 내렸다. 김 교수는 전체 전문가들 중 750명을 무선 표집하여 에어로빅 체조를 체육 교과과정에 포함시켜야 하는지의 여부를 조사한 결과 495명(표본비율의 0.66)이 포함시켜야 한다는데 찬성하고 있음을 알았다.

위의 예에 의하면 영가설은 $H_0 : P = 0.60$, 상대가설은 $H_A : P > 0.60$으로 진술되어야 함을 알 수 있다. 왜냐하면 김 교수는 '의견조사 결과 찬성비율이 0.60 보다 높으면 에어로빅 체조를 체육 교과과정에 포함시킨다'고 결정하였기 때문이다. $\alpha = .01$ 수준에서 위의 가설을 검증하면 다음과 같다.

(1) 검증가설

$H_0 : \rho = 0.60$

$H_A : \rho > 0.60$

(2) 유의수준: $\alpha = .01$

(3) 모수치와 표본 통계치

$P = 0.60$

$$p = \frac{495}{750} = 0.66$$

여기에서 주의할 점은 만일 표본 통계치(표본비율 : p)가 0.60과 같거나 이보다 적으면 가설검증을 위한 계산은 더 이상할 필요가 없다는 것이다. 왜냐하면 진술된 상대가설은 최소한 0.60보다 크다는 조건에서만 검증될 수 있기 때문이다.

(4) 통계치의 표집분포와 표준오차

$$s_p = \sqrt{\frac{pq}{n}} = \sqrt{\frac{(0.66)(0.34)}{750}} = 0.0173$$

표집분포는 0.0173의 표준오차를 가진 정상분포이다.

(5) 통계적 검증

$$Z = \frac{p - P}{s_p} = \frac{0.66 - 0.60}{0.0173} = 3.47$$

(6) 가설 부정의 기준치

유의수준(α)이 .01이고 일방검증일 때 가설 부정의 기준치는 +2.33(Z분포 참조)이다. 위에서 계산된 검증통계치는 기준치 2.33보다 크기 때문에 영가설을 부정하고 상대가설을 받아들이게 된다. 이 결과를 기초로 김 교수는 체육 교과과정에 에어로빅 체조를 포함시켜야 한다는 결정을 내릴 수 있을 것이다.

(7) 신뢰구간

전집비율에 대한 신뢰구간 설정 공식은 다음과 같다.

$$CI = \text{통계치} \pm \left[\begin{matrix}\text{가설부정의} \\ \text{기준치: } cv\end{matrix}\right] \times \left[\begin{matrix}\text{통계치의} \\ \text{표준오차}\end{matrix}\right]$$

위에서 유의수준(α)은 .01로 설정하였기 때문에 신뢰수준은 (1 - .01) 즉 .99 혹은 99%가 된다. 정상분포곡선 하에서 99%의 면적비율은 Z점수로 ±2.58에 해당되므로 99%의 신뢰구간(CI_{99})은

$$\begin{aligned} CI_{99} &= p \pm (2.58)(S_p) \\ &= 0.66 \pm 2.58 \times 0.0173 = 0.66 \pm 0.0446 \\ &= 0.6154 \leq P_r \leq 0.7046 \end{aligned}$$

(8) 결론

가설검증 결과 「실제로 전집비율이 0.60일 때 (즉, 영가설이 사실일 때) 관찰된 표본비율이 0.66으로 우연히 나타날 확률은 .01보다 적다」. 따라서 「전집비율은 0.60보다 크다」라는 결론을 내릴 수 있다. 동시에 영가설을 부정함으로써 연구자는 '가정한 전집비율(p)과 관찰된 표본비율(p) 간에는 $p < .01$수준에서 통계적으로 유의한 차이가 있다'라고 해석할 수 있다.

5. 전집분산(σ^2)에 대한 가설검증($H_0 : \sigma^2 = a$)

분산(分散: σ^2)은 점수분포의 흩어진 정도를 나타내는 측정치로서 표준편차의 자승(제곱)으로 표시된다. 분산에 관한 가설을 검증한 연구는 별로 없다. 그러나 분산에 관한 가설은 다른 가설의 검증결과를 해석하는 데 도움을 줄 수 있기 때문에 유용하게 사용될 수 있다. 분산에 관한 가설은 표본에서 얻은 분산을 가지고 전집분산을 추정하고자 할 때 검증하게 된다.

예를 들어보자. 경기력을 향상시키기 위해 새로운 훈련방법이 개발되어 선수들에게 적용되고 있다고 가상해 보자. 이 방법은 학생들의 경기력을 향상시키는 데 어느 정도 긍정적인 영향을 줄 수 있다는 이론적 근거를 가지고 있다고 하자. 일반적으로 훈련방법의 효과를 검증하고자 할 때 우리는 훈련 전과 후의 경기성적 평균치를 비교하게 된다. 그리고 훈련 후의 경기성적 평균이 통계적으로 유의하게 높으면 해당 훈련방법이 경기력 향상에 효과적이라고 말한다.

그러나 경기성적의 평균이 향상되었는지의 여부를 아는 것 못지않게 중요한 것은 새로운 훈련방법이 선수들의 경기성적 분산에 어떠한 영향을 미치는가를 아는 것이다. 즉, 새로운 훈련방법이 선수들의 경기성적을 훈련 전보다 더 크게 벌려 주느냐 아니면 좁혀 주느냐 또는 원래와 같은 범위를 그대로 유지해 주느냐를 아는 것은 또 다른 중요한 의미가 있다. 왜냐하면 만일 선수들의 경기성적 평균(平均)은 훈련 전보다 높아졌으나 경기성적의 범위는 훈련 전보다 더 크게 벌어졌다면, 새로운 훈련방법은 선수들의 능력수준에 따라 그 효과가 다르게 작용한다는 점을 시사해 주기 때문이다. 이와 같은 사실을 안다면 코치는 모든 선수에게 새로운 훈련방법을 일률적으로 적용하려고 하지 않을 것이다. 다시 말하면 경기성적이 높은 선수들에게는 새로운 훈련방법을 적용시키려 할 것이지만 경기성적이 낮은 선수들에게는 이 방법이 부적절하므로 다른 훈련방법을 적용하고자 할 것이다.

다시 예를 들어보자, 초등학교 6학년 학생의 악력에 대한 표준편차(standard deviation)를 지난 몇 년간 계속 조사한 결과 12로 나타났다고 하자. 즉 분산(variance)은 $(12)^2 = 144$이다. 전집분산이 $\sigma^2 = 144$인지의 여부를 $\alpha = .05$수준에서 양방(two-tailed) 검증한다고 할 때 가설은 다음과 같이 진술할 수 있다.

$$H_0 : \sigma^2 = 144$$

$$H_A : \sigma^2 \neq 144$$

이 가설을 검증하기 위해서는 표본분산(s^2)을 타당하게 기술해 주는 표집분포가 어떤 분포인지 그리고 표본 통계치와 s^2의 표준오차를 알아야 한다. 결론부터 말하면 표본분산(s^2)을 타당하게 기술해 주는 표집분포는 χ^2 분포이다. 앞에서 제시된 여러 가지 전집의 모수치에 관한 가설검증에서 우리는 정상분포와 t분포가 표집분포로 사용되고 있음을 알았다. 그러나 $H_0 : \sigma^2 = a$을 검증하기 위한 표본분산의 표집분포는 정상분포나 t분포가 아닌 χ^2분포라는 점에 유의해야 한다. 실제로 χ^2 분포는 t분포와 마찬가지로 자유도(自由度)의 크기에 따라 분포의 모양이 서로 다르지만, t분포와 달리 좌우 대칭적이 아니다.

좀 더 구체적으로 설명하면 전집의 분포가 정상분포를 이루고 분산이 σ^2인 전집에서 일정한 사례수(n)를 계속 표집해서 얻은 표본분산(s^2)의 표집분포는 $(n-1)$의 자유도를 가진 χ^2분포를 이룬다.

$$\chi^2 = \frac{(n-1)s^2}{\sigma^2} \tag{9.6}$$

여기에서

$$s^2 = \frac{\Sigma(X-\overline{X})^2}{n-1}$$

즉, 일정한 사례수(n)를 계속 표집하여 s^2을 계산한 다음 $(n-1)s^2/\sigma^2$의 비(比)를 계산하면 이 값이 χ^2 분포(分布: distribution)로 분포된다. 부록의 〈수표 8〉에는 자유도 1부터 30까지의 30개 χ^2분포가 제시되어 있다.* χ^2분포표에 제시된 자유도별 수치는 이 표 위에 제시된 비율(확률)에 해당하는 χ^2의 값을 나타낸 것이다. 예를 들어 자유도(df)가 1인 경우 χ^2값이 3.841일 때 이에 해당하는 면적의 비율(확률)은 .05 즉, 5%이다.

다른 통계치의 가설검증에서와 마찬가지로 표본분산의 검증통계치가 표에 제시된 χ^2(가설 부정을 위한 기준치: critical value) 값보다 크면, 영가설(H_0)을 부정하고 사전에 설정된 α수준에서 상대가설(H_A)을 받아들이게 된다. 예를 들어 $\alpha = .10$ 수준에서 영가설을 양방검증한다고 가정하자. 계산된 검증통계치(χ^2)가 통계적으로 유의한지의 여부는 부록의 수표에서 찾으면 된다. 만일 자유도가 16이라면 $\alpha = .10$수준에서 양방검증일 때 H_0를 부정하기 위한 기준치는 〈수표 8〉에서 .95에 해당하는 χ^2값인 7.962와 .05에 해당하는 χ^2값인 26.296의 두 개의 값이 된다.

왜냐하면 양방검증이기 때문에 가설 부정을 위한 기준치는 분포의 양쪽 끝에 각각 하나씩, 두 개가 있어야 하며 또한 $\alpha = .10$으로 설정하였기 때문에 분포의 양쪽 끝 면적비율은 .10을 둘로 나눈 .05가 된다. 따라서 가설 부정을 위한 기준치는 .95와 .05의 비율에 해당하는 χ^2값 7.962와 26.296이 된다. 여기에서 χ^2분포는 좌우 대칭이 아니기 때문에 $-\chi^2$값을 갖지 않으며 이론적으로는 0에서 $+\infty$값을 취하게 된다는 점에 유의해야 한다. 결론적으로 자유도가 16일 때 양방검증이고 $\alpha = .10$수준에서 H_0를 부정하기 위해서는 즉, 전집분산이 144가 아니라는 결정을 내리기 위해서는 χ^2값이 7.962보다 적거나 26.296보다 커야 한다.

전집분산(σ^2)에 대한 가설을 검증할 때 표본분산(s^2)의 표집분포는 (n - 1)의 자유도를 가진 χ^2 분포를 이룬다.

앞의 예로 다시 돌아가자. 초등학교 6학년 학생 20명을 무작위로 표집하여 악력검사를 실시하고 검사결과의 분산을 계산한 결과 $s^2 = 75.68$을 얻었다. 가정한 전집분산(σ^2)이 144인지의 여부를 $\alpha = .20$수준에서 양방검증한다고 하자. 앞에 제시된 검증절차를 이용하여 검증하면 다음과 같다.

* 만일 자유도가 30을 초과할 때는(χ^2분포를 사용할 때, 이 같은 경우는 흔치 않지만) $\sqrt{2\chi^2} - \sqrt{2df-1}$을 계산하여 사용하게 된다. 이 통계치는 거의 정상분포와 동일한 표집분포가 된다.

(1) 검증가설

$H_0 \ : \sigma^2 = 144$

$H_A \ : \sigma^2 \neq 144$

(2) 유의수준: $\alpha = .20$

(3) 모수치와 표본 통계치: $\sigma^2 = 144$ $s^2 = 75.68$

(4) 통계적 검증

$$\chi^2 = \frac{(n-1)s^2}{\sigma^2} = \frac{(20-1)(75.68)}{144} = 9.99$$

$$df = (n-1) = (20-1) = 19$$

(5) 가설 부정의 기준치

자유도가 19이고 $\alpha = .20$수준에서 양방 검증할 때 H_0를 부정하기 위해서는 .20을 둘로 나눈 면적 .10과 .90에 해당하는 χ^2값 즉, $\chi^2 \leq 11.65$ 이거나 $\chi^2 \geq 27.20$이다. 따라서 산출된 χ^2은 가설 부정을 위한 기준치 11.65보다 적기 때문에 영가설$(H_0) : \sigma^2 = 144$는 $p < .20$수준에서 부정한다.

(6) 신뢰구간

χ^2분포는 좌우 비대칭이기 때문에 신뢰구간을 설정하는 공식이 다른 통계치의 예와는 다르다. 전집분산의 신뢰구간 설정 공식은 다음과 같다.

$$\frac{(n-1)s^2}{\chi^2_{(1-\alpha/2)}} \leq \sigma^2 \leq \frac{(n-1)s^2}{\chi^2_{(\alpha/2)}} \tag{9.7}$$

위에서 유의수준(α)은 .20으로 설정하였기 때문에 공식 중 분모 부분은 다음과 같이 정리할 수 있다.

$$\chi^2_{(1-\alpha/2)} = \chi^2_{(1-.10)} = \chi^2_{.90} \rightarrow 27.20$$
$$\chi^2_{(\alpha/2)} = \chi^2_{(.20/2)} = \chi^2_{.10} \rightarrow 11.65$$

따라서

$$\frac{(19)(75.68)}{27.20} \le \sigma^2 \le \frac{(19)(75.68)}{11.65}$$
$$CI_{80} = 52.86 \le \sigma^2 \le 123.43$$

(7) 결론

"영가설($H_0 : \sigma^2 = 144$)이 사실일 때 표본분산(s^2)이 75.68로 우연히 나타날 확률은 .20보다 적다"라는 결론을 내릴 수 있다. 따라서 $p<.20$수준에서 영가설을 부정하고 상대가설을 받아들인다. 또한 전집분산이 52.86부터 123.43 사이에 들어 있다고 추정해서 맞을 확률은 80%라고 말할 수 있다.

6. 통계적 정밀성(statistical precision)

지금까지 단일표본에 대한 가설검증과 신뢰구간을 설정하는 방법에 관해 설명하였다. 통계적 정밀성(精密性)는 바로 이러한 가설검증 또는 신뢰구간 설정과 관계가 있다. 기술적인 관점에서 보면 통계적 정밀도는 표집분포의 표준오차(標準誤差: standard error)와 반대되는 개념으로 간주할 수 있다. 즉, **'통계치의 표집분포의 표준오차가 적을 때 통계적 정밀도는 커진다.'** 독자는 앞에서 추정된 전집의 모수치와 관찰된 표본 통계치 간의 차에 비해 표준오차가 상대적으로 적으면 영가설이 부정된다는 사실을 기억할 수 있을 것이다. 따라서 **'통계적 정밀성이란 사실이 아닌 영가설을 정확하게 부정하는 것과 관계가 있다. 다시 말하면 통계적 검증력**(統計的 檢證力: statistical power)**과 관계가 있다.'** 동시에 전집의 모수치에 대한 신뢰구간을 정밀하게 추정(precise estimate) 하는 것과도 관계가 있다.

통계적 정밀성은 표본수를 크게 함으로써 증가시킬 수 있다. 즉, 표본 통계치가 많은 수의 표본을 대상으로 산출되었을 때 전집의 모수치는 보다 정확하게 추정될 수 있으며 동시에 통계치의 표준오차(標準誤差)도 축소될 수 있다. 이러한 사실은 지금까지 검증한 통계치의 표준오차 공식을 살펴보면 쉽게 확인할 수 있다. 즉, 각 공식에서 표본수(n)는 분모에 자리 잡고 있기 때문에 표본수를 증가시키면 표준오차는 감소하고 따라서 '통계적 정밀성'도 증가한다.

앞의 전집비율에 대한 영가설(H_0) : $P = 0.60$을 검증한 경우를 예로 들면 표본수($n = 750$)가 상대적으로 크기 때문에 표본비율의 추정된 표준오차 ($s_p = 0.0173$)는 적다. 따라서 영가설은 부정되었고 99%의 신뢰구간은 아주 좁은 것으로 나타났다. 그러나 동일한 조건에서 표본수를 줄인다면 어떤 결과가 나타날까? 표본수를 200으로 줄인다면 표본비율의 추정된 표준오차는 공식(10.5)를 이용하면 0.0335로서 $n = 750$일 때 보다 커지게 된다. 그리고 검증통계치는 $Z = 1.79$가 됨으로써 **'가정된 전집비율과 관찰된 표본비율 간에는 차가 없다'**는 영가설을 부정할 수 없게 되고 신뢰구간 역시 상대적으로 넓어지게 된다. 신뢰구간이 상대적으로 넓어진다는 것은 그만큼 표준오차가 크다는 말이다.

그렇다면 가정된 전집비율($P = 0.60$)과 관찰된 표본비율($p = 0.66$)간의 차이가 실제 유의하지 않은 것으로 나타난 것은 단순히 표집오차 때문인지 아니면 표본수가 적어 결과적으로 **통계적 정밀성을** 낮게 했기 때문인지에 대한 의문이 제기될 수 있다. 이러한 의문과 관련하여 '통계적 정밀성은 연구에서 어느 정도가 적당한가?' 만일 가정된 전집의 모수치와 표본 통계치 간의 차가 일정할 때 표본수가 상당히 크다면 영가설은 흔히 부정되었다. 반대로 전집의 모수치와 표본 통계치 간의 차가 아무리 크더라도 표본수가 매우 적으면 영가설은 부정될 수 없다는 사실을 독자는 기억할 수 있을 것이다.

이와 같이 가설검증은 표본수의 크기 여하가 전혀 상반되는 결과를 나타낼 수 있기 때문에 추리통계(推理統計)는 일종의 "숫자놀음"이라는 비판도 없지 않다. 그러나 독자는 추리통계 방법이 이와 같은 비판을 받고는 있으나 아직까지는 가정된 전집의 모수치와 표본 통계치 간의 차를 설명해 줄 수 있는 방법으로 유일한 방법이라는 점도 알아둘 필요가 있다. 동시에 모든 조건이 동일할 때 표본수가 많은 연구의 결과는 표본수가 적은 연구의 결과보다 더 신뢰롭다는 것도 알아두어야 한다.

한편 추리통계 방법은 연구수행 과정에서 부적절하게 적은 표본이 선정되었을 때는 영가설을 부정하는 결과는 가져오지 않는다. 잘 계획된 연구에서 종속변수의 분산이 아주 크고 처치효과(處置効果: treatment effect)를 나타내는 분산이 상대적으로 적다면 표본수를 크게 하는 것이 적절하다. 표본수를 결정하는 방법은 7장 2절에 세시된 「표본수의 크기 결정」을 참고하기 바란다. 이러한 방법을 적용하는 연구자는 추리통계가 "숫자놀음"이라는 비판에 대한 답을 제시할 수 있을 뿐만 아니라 통계적 정밀성을 극대화할 수 있을 것이다.

통계적 정밀성(statistical precision)은 통계적 추정의 신뢰도와 관련이 있다. 다르게 표현하면, 표집분포의 표준오차와 대립되는 개념이다. 통계적 정밀도는 표본수를 크게 함으로써 증가시킬 수 있다. 표본수를 증가시키면 표준오차는 감소되고 따라서 통계적 정밀성도 증가한다. 통계적 정밀성은 표본의 크기에 따라 추정치가 얼마나 변동성이 적고 정확한지를 나타내 준다.

7. 통계적 유의성과 실제적 유의성

가정된 전집치와 표본 통계치 간의 차이가 단순히 통계적으로 유의한 차가 있느냐 아니면 통계적(統計的: statistical significance)으로 뿐만 아니라 실제적(實際的: practical importance)으로도 유의한 차가 있느냐를 구분하는 것은 연구자에게 중요한 의미가 있다. 왜냐하면 앞에서 우리는 표본수를 크게 증가시키면 실제 차이가 극히 적은 것도 통계적(統計的)으로 차이가 있는 것으로 나타난다는 것을 알고 있기 때문이다.

만일 연구자가 통계적 정밀성을 높이는 데 필요한 조치를 했다고 한다면, '영가설이 부정되었을 때 전집 모수치와 표본 통계치 간의 차이는 통계적으로 뿐만 아니라 실제적으로도 유의한 차이가 있다'고 볼 수 있다. 반대로 영가설이 긍정되었다면 전집 모수치와 표본 통계치 간의 차이는 표집오차 때문에 우연히 얻어진 것이며 동시에 실제적으로도 그러한 차이는 의미 없는 차이라고 볼 수 있다. 따라서 연구자는 표본수(標本數)를 아주 크게 하여 어떤 조그마한 차이도 통계적으로 유의한 차이가 나타나도록 해서는 안 된다. 반대로 표본수를 아주 적게 하여 실제적으로는 차이가 있는데 통계적으로는 유의한 차이가 없도록 해서도 안 된다.

통계적 유의성(統計的 有意性: statistical significance)이 무엇을 의미하는지 독자는 잘 알고 있을 것이다. 기억을 되살리면 가정된 전집 모수치와 표본 통계치 간의 차이가 우연히 나타날 확률이 사전에 결정한 α수준(유의수준 또는 제1종 착오를 범할 확률)보다 적으면 우리는 통계적으로 유의한 차이가 있다고 하였다. 그런데 실제 체육학 분야의 연구에서 유의수준은 별로 신중하게 결정하지 못하고 있는 듯하다. 흔히 .01과 .05수준이 사용되고 있으나 이에 대한 합리적 근거를 제시하지 못하고 있다. 앞장에서 유의수준은 제1종 오류(α : 사실인 영가설을 부정) 혹은 제2종 오류(β : 허위인 영가설을 긍정)를 범하는 정도를 고려하여 연구분야나 연구주제의 특성에 따라 결정한다는 사실을 알았다. 유의수준은 마음대로 설정해서는 안 된다.

사회과학 분야의 연구에서는 흔히 제1종 오류를 줄이려는 경향이 크다. 이러한 경향은 α수준을 지나치게 신중하게(즉, 낮게) 설정하는 결과를 초래하게 하고 있다. 따라서 실제로는 전집 모수치와 표본 통계치 간에 차이가 있는데도 영가설(H_0)을 긍정하는 사례가 적지 않다. 그러나 α수준을 낮게 설정하는 것은 제1종 오류를 범할 확률은 감소시켜 주지만 제2종 오류를 범할 확률은 증가시킨다는 사실을 알아야 한다. 제2종 오류를 범할 확률이 증가되면 연구에서 「실제로는 효과가 있는데 효과가 없다」는 결론을 내리게 될 가능성이 커지게 되는 것이다.

여기에서 독자가 유의해야 할 점은 통계적 유의성과 실제적 유의성은 통계적 검증에 의해 결정할 수 있는 것이 아니라는 점이다. 앞에서 언급한 것처럼 표본수를 증가시키면 가정된 전집 모수치와 표본 통계치 간의 어떠한 차이도 거의 통계적으로 유의한 것으로 나타나게 되는데 그렇다면 그러한 상황에서 통계적 유의성(statistical significance)이 의미하는 것은 과연 무엇인가? 이 질문에 대해서 추리통계 방법으로는 답변이 어렵다. 이에 대한 답은 연구분야에 대한 폭넓은 지식과 이해를 통해서만 가능한 것이다. 추리통계는 자료를 분석(分析)하기 위해 사용하는 도구일 뿐, 연구결과를 대신 해석(解釋)해 주는 도구로는 사용될 수 없다는 것을 알아야 한다.

이장에서는 전집의 ① 평균치(μ) ② 상관계수(ρ) ③ 비율(P) ④ 분산(σ^2)에 관한 가설을 검증하고 신뢰구간을 설정하는 방법을 배웠다. 가설검증 절차는 가설을 진술하고 α수준을 설정한 후, 무선표집 방법에 의해 추출된 표본으로부터 통계치를 산출하고 표집분포의 표준오차를 계산한 후 검증통계치를 계산하였다. 그리고 가정된 전집치와 표본 통계치 간의 차이가 우연히 나타날 확률이 사전에 결정한 α수준보다 작으면 영가설(H_0)을 부정하였고 크면 영가설(H_0)을 받아들였다.

단일표본에 대한 통계치의 가설검증 공식과 관련된 정보를 제시하면 다음 표 9 · 1와 같다. 표에는 검증가설, 모수치, 통계치, 통계치의 표준오차, 검증통계치, 자유도, 표집분포를 제시하였다. 그리고 신뢰구간을 설정하는 공식도 아울러 제시하였다.

표 9·1 단일표본 통계치의 차에 대한 가설검증

검증가설	모수치	통계치	통계치의 표준오차	통계적 검증공식	자유도	표집분포
$H_0 : \mu = a$	μ	$\overline{X}$	$s_{\overline{X}} = s/\sqrt{n}$	$t = \dfrac{\overline{X} - \mu}{s_{\overline{X}}}$	$n-1$	t분포
$H_0 : \rho = a$	Z_ρ	Z_r	$s_{z_r} = \sqrt{\dfrac{1}{n-3}}$	$Z = \dfrac{Z_r - Z_\rho}{s_{zr}}$	-	정상분포
$H_0 : \rho = 0$	ρ	r	-	$t = r\sqrt{\dfrac{n-2}{1-r^2}}$	$n-2$	t분포
$H_0 : P = a$	P	p	$s_p = \sqrt{\dfrac{pq}{n}}$	$Z = \dfrac{p-P}{s_p}$	-	정상분포
$H_0 : \sigma^2 = a$	σ^2	s^2	-	$\chi^2 = \dfrac{(n-1)s^2}{a}$	$n-1$	x^2 분포

연습문제

※다음 각 문제를 읽고 정답이면 ○, 오답이면 ×를 ____에 표시하시오.

____ 1. 영가설(H_0)을 검증할 때 5% 수준에서 유의한 차가 없어도 1% 수준에서는 유의한 차가 있을 수 있다.

____ 2. α = .05일 때 정확한 판단을 내릴 확률($1 - \alpha$)은 .95가 된다.

____ 3. α = .60이면 β = .40이 된다.

____ 4. 표본수를 증가시키면 제1종 오류를 범할 확률(α)은 감소되지만 제2종 오류를 범할 확률은 증가한다.

____ 5. 표본수를 증가시키면 α와 β 모두가 감소 된다.

____ 6. β값은 영가설(H_0)을 받아들였을 때 문제가 된다.

____ 7. α값은 영가설(H_0)을 부정했을 때 문제가 된다.

____ 8. 다른 조건이 동일할 때 양방검증보다는 일방검증을 하면 검증통계치가 적은 경우에도 차이가 있는 것으로 나타날 가능성이 크다.

____ 9. α수준은 항상 자료를 수집 · 분석하기 전에 설정해야 한다.

____10. β값이 낮으면 통계적 검증력(statistical power)은 높아진다.

____11. H_0는 일방검증으로도 진술할 수 있다.

____12. p값이 .05보다 작으면 결과는 통계적으로 뿐만 아니라 실제적으로도 유의하다.

____13. 산출된 상관계수가 0인지의 여부 검증($H_0 : \rho = 0$, $H_A : \rho \neq 0$) 결과는 다양한 통계 패키지 프로그램(예: SPSS)에서 쉽게 확인할 수 있다.

____14. 통계적 정밀도(precision)가 높을수록 신뢰구간은 좁아진다.

____15. 통계적 정밀도는 표본수의 크기와 관계없이 일정하다.

____16. α를 .05에 설정하였을 때 일방검증일 경우, 영가설을 부정하는데 요구되는 기준치는 1.645이다.

17. 제1종 오류를 범할 확률(α)을 .01에 설정하였을 때 일방검증일 경우, 영가설을 부정하는데 요구되는 기준치는?

① 1.645 ② 1.960 ③ 2.326 ④ 2.576

18. 제1종 오류를 범할 확률(α)을 .01에 설정하였을 때 양방검증일 경우, 영가설을 부정하는데 요구되는 기준치는?

① 1.645 ② 1.960 ③ 2.326 ④ 2.576

19. 다음 중 통계적 유의성(statistical significance)을 올바르게 설명한 것은?

① 표본 평균과 모집단 평균의 차이가 실제로 존재하는지의 여부를 측정한다.
② 연구결과가 실제적으로 의미있는 크기를 가지고 있는지 평가한다.
③ 관찰된 결과가 우연에 의해 발생했을 가능성을 판단한다.
④ 분석자료의 표준편차와 평균 간의 관계를 분석한다.

20. 어떤 실험에서 두 평균 간의 차이는 0.1로, p값은 .01로 나타났다. 이 결과에 대한 해석으로 옳은 것은?

① 통계적으로 유의하지 않다.
② 통계적으로는 유의하지만, 실제적 유의성은 낮을 수 있다.
③ 통계적으로 유의하며, 항상 실제적으로도 유의하다.
④ 우연히 나타난 것으로 간주할 수 있다.

21. 다음 중 실제적 유의성(practical significance)을 바르게 설명한 것은?

① 표본수의 크기가 커질수록 실제적 유의성은 높아진다.
② 실제적 유의성은 결과의 크기가 실제로 의미가 있는지
(즉, 효과크기: effect size: ES, ※10장에서 설명)에 대한 해석과 관계가 있다.
③ 실제적 유의성은 항상 통계적 유의성보다 중요하다.
④ p값이 작을수록 실제적 유의성은 높아진다.

22. 다음 중 통계적 유의성과 실제적 유의성의 차이를 잘 나타낸 사례는?

① p값은 .001이지만, 평균 차이가 너무 작아 실생활에 영향을 미치지 않는다.
② 표본수의 크기가 작아 p값은 .05를 넘었지만, 효과크기(ES)는 매우 크다.
③ 표본수의 크기가 크면 항상 통계적 유의성과 실제적 유의성이 모두 증가한다.
④ 통계적 유의성과 실제적 유의성은 항상 동일하다.

23. 어떤 신약이 기존 약보다 혈압을 평균 1.5mmHg 더 낮추는 효과가 있다고 발표되었는데 이때 보고된 p값은 .0001이었다. 다음 중 옳은 해석은?

① 이 신약은 통계적으로 유의하지 않으며 사용 가치가 없다.
② 이 신약은 통계적으로 유의하고, 실제적 유의성도 확실하다.
③ 이 신약은 통계적으로 유의하지만, 실제적 유의성은 상황에 따라 다르다.
④ 이 신약은 우연히 효과를 보였을 가능성이 크다.

24. 다음 중 통계적으로는 유의하나 실제적으로는 유의하지 않을 수 있는 경우는 무엇인가?

① 표본수의 크기가 매우 작을 때　② 표본수의 크기가 매우 클 때
③ 산출된 p값이 클 때　④ 산출된 p값이 작을 때

25. 실제적 유의성이 중요한 이유는 무엇인가?

① 통계적 유의성은 실제적 유의성을 항상 보장하지 못하기 때문
② 연구결과의 신뢰도를 높이기 위해
③ 자료수집 비용을 줄이기 위해
④ 표본수의 크기를 적절히 결정하기 위해

26. 아래에 제시된 α수준별 일방검증과 양방검증 각각에 해당하는 가설 부정의 기준치를 정상분포(正常分布) 수표에서 찾아 적어라.

α	일방검증	양방검증
.10		
.05		
.01		
.001		

27. 김 교수는 학생들의 턱걸이 평균 횟수가 극적으로 변화되고 있다는 데 관심을 갖게 되었다. 그는 지난 5년 동안 학생들의 턱걸이 평균 횟수는 4.75이었음을 확인하였다. 그리고 256명을 무선표집하여 턱걸이 검사를 시행한 결과 $\overline{X}$ = 4.85, s = 0.65를 얻었다.

(1) 학생들의 턱걸이 평균 횟수는 '4.75와는 차이가 있다'라는 상대가설($H_A : \mu \neq 4.75$)*을 α = .05수준에서 검증하라.

* 실제 연구에서는 상대가설로 설정하는 것이 아니라 학생들의 턱걸이 평균 횟수는 '4.75와는 **차이가 있을 것이다**'라는 연구가설을 설정하고 이를 검증하게 된다는 점에 유의해야 한다.

(2) 학생들의 턱걸이 평균 횟수는 '턱걸이 평균 횟수는 4.75보다는 크다'라는 상대가설(H_A : $\mu > 4.75$)을 $\alpha = .05$수준에서 검증하라.

(3) 문제 (1)에 대한 신뢰구간(CI_{95})을 설정하라.

28. 정군은 심폐지구력이 흡연량과 관계가 있는지를 규명하기 위하여 30명의 학생을 무선표집하여 2,000m 달리기 검사와 하루 평균 피우는 담배개비수를 조사하였다. 그리고 상관계수를 산출한 결과 $r = .38$을 얻었다. $\alpha = .05$수준에서 $H_0 : \rho = 0$, $H_A : \rho \neq 0$을 검증하라.

정답표

1. ×	2. ○	3. ×	4. ×	5. ×	6. ○
7. ○	8. ○	9. ○	10. ○	11. ○	12. ×
13. ○	14. ○	15. ×	16. ○	17. ③	18. ④
19. ③	20. ②	21. ②	22. ①	23. ③	24. ②
25. ①	26.				

26.

α	일방검증	양방검증
.10	1.282	1.645
.05	1.645	1.960
.01	2.326	2.576
.001	3.090	3.291

27-(1) 김교수가 5년 동안 수집된 자료를 근거로 추정한 학생들의 턱걸이 평균 횟수(4.75)와 실제 표본집단으로부터 확인된 평균 횟수(4.85) 간에는 $t = 2.46$으로 $p < .05$ (정확하게는 $p = .014$*) 수준에서 통계적으로 유의한 차이가 있는 것으로 나타났다. 현재 관찰된 학생들의 턱걸이 평균 횟수는 지난 5년 동안 관찰된 평균 횟수보다 높다.

27-(2) 표본집단으로부터 실제 확인된 턱걸이 평균 횟수(4.85)는 김교수가 5년 동안 수집된 자료를 근거로 추정한 학생들의 턱걸이 평균 횟수(4.75)보다 $t = 2.46$, $p < .05$ (정확하게는 $p = .007$) 수준에서 통계적으로 유의하게 높은 것으로 나타났다.

27-(3) $CI_{95} = 4.77 \le \mu \le 4.93$

28. $\alpha = .05$, 자유도(df) = 28, 양방검증일 때 가설 부정을 위한 t의 기준치는 2.05이다.
산출된 $t(28) = 2.17$로서 $p < .05$ 수준에서 심폐지구력과 흡연량 간의 산출된 상관계수($r = .38$)는 0이 아니다. 심폐지구력과 흡연량이 공통적으로 관련되어 있는 정도는 14.4%(= .382) 이다.

---

* 부록의 t분포 〈수표 6〉에는 t값에 대한 유의수준이 몇 개의 유의수준(예: .10, .05, .02 .01. .001)에 한정되어 있다. APA는 유의수준을 정확하게 보고해야 한다는 지침을 제시하고 있다. 위에 제시된 기준은 컴퓨터 통계프로그램을 적용하여 분석된 유의수준이다.

10 두 표본 통계치 간의 차 검증

1. 두 표본 통계치 간의 차이검증을 위한 가정
2. 두 평균치 간의 차이검증: 독립표본인 경우
3. 두 평균치 간의 차이검증: 종속표본의 경우
4. 두 비율 간의 차이검증: 독립표본의 경우
5. 두 비율 간의 차이검증: 종속표본의 경우
6. 두 상관계수 간의 차이검증: 독립표본의 경우
7. 두 상관계수 간의 차이검증: 종속표본의 경우
8. 두 분산 간의 차이검증: 독립표본의 경우
9. 두 분산 간의 차이검증: 종속표본의 경우
10. 통계적 검증력
11. 효과크기(ES)
12. 표본수의 추정
13. G*Power를 이용한 통계적 검증력, 표본수 추정

※ 위에서 4, 5, 6, 7절의 비율 간의 차이과 상관계수 간의 차이검증 역시 앞 장에서 언급한 바와 같이 체육, 스포츠과학 분야뿐만 아니라 교육학, 심리학, 사회학 등 사회과학 분야의 실제 연구과정에서 검증된 사례는 거의 찾아볼 수 없다. 그럼에도 이들 차이검증 방법을 제시한 이유는 학술적 관점에서 이해를 원하는 독자를 위해서이다. 학부 학생들의 통계학 수업일 경우, 이 부분은 건너뛰어도 좋을 것이다. 참고하기를 바란다.
※ 이 장은 다른 장에 비해 담긴 내용이 많다. 통계학을 공부하는 학생 중 어려움을 느끼는 부분이 추리통계인데 이 장이 변곡점이 될 수 있다. 이 장을 슬기롭게 해결하면 다음 장부터는 쉽게 갈 수 있다.

앞장에서 우리는 하나의 표본에서 얻은 통계치($\overline{X}$, r, p, s^2)가 가정된 전집의 모수치(μ, ρ, P, σ^2)와 차이가 있는지의 여부를 검증하는 방법을 학습하였다. 다시 말하면 단일표본(單一標本)에 관한 가설검증 방법과 신뢰구간 설정 방법에 관해 배웠다. 이 장에서는 하나 혹은 두 표본집단에서 얻은 통계치(예, $\overline{X}_1$과 $\overline{X}_2$)들 간에 차이가 있는지의 여부를 검증하는 두 표본 통계치 간의 차에 대한 가설검증 방법과 신뢰구간 설정 방법에 관해 기술하고자 한다. 이장에서 검증하게 될 가설은 아래에 제시된 두 전집의 ① 평균치($\mu_1 - \mu_2$) ② 비율($P_1 - P_2$) ③ 상관계수($\rho_1 - \rho_2$) ④ 분산($\sigma_1 2 - \sigma_2 2$)의 차이다. 이들에 대한 가설검증은 독립표본(independent sample)과 종속표본(dependent sample)* 각각의 경우를 예로 들어 설명하고자 한다.

$$H_0 : \mu_1 = \mu_2$$
$$H_0 : P_1 = P_2$$
$$H_0 : \rho_1 = \rho_2$$
$$H_0 : \sigma_1^2 = \sigma_2^2$$

두 표본 통계치 간의 차 검증 및 신뢰구간 설정 방법의 논리는 단일표본의 경우와 같다. 즉, 검증하려는 상대가설(연구가설)과 영가설을 세우고 영가설(H_0)을 부정하는 기준(α)을 설정한 다음, 두 통계치의 차의 표본분포 특성을 확인하고 표준오차(標準誤差)를 계산한 후 통계적 검증을 하면 된다.

단일표본에서 가설검증은 표본집단에서 산출된 통계치와 가정된 전집의 모수치 간에 차이가 있는지의 여부를 검증하는 것이다. 이에 반해 두 표본 통계치 간의 차에 대한 가설검증은 말 그대로 '각기 다른 두 표본집단에서 산출된 통계치 간' 혹은 '동일한 대상으로부터 두 번 측정하여 산출된 통계치 간'에 차이가 있는지의 여부를 검증하는 것이다. 또한 두 표본 통계치에 관한 가설검증에서 표본 통계치의 표집분포(標集分布)는 단일표본인 경우와 달리 '두 표본 통계치 간의 차의 분포'라는 점에 유의할 필요가 있다.

* 이들 용어에 대한 설명은 3절을 참조하기 바란다.

1. 두 표본 통계치 간의 차이검증을 위한 가정

앞에서 우리는 두 전집 평균치의 차에 관한 가설을 진술하고 검증하는 기초개념을 학습하였다. 이러한 두 전집의 평균치 차에 관한 가설검증은 다른 모수치(ρ, P, σ^2) 간의 차에 관한 가설검증에도 동일하게 적용할 수 있다. 여기에서는 영가설(H_0) :$\mu_1 - \mu_2$ 을 검증하기에 앞서 이 가설을 검증하는데 요구되는 세 가지 기본가정 즉, ① 관련 전집으로부터 추출된 두 표본의 독립성(獨立性), ② 두 전집 분산의 동질성(同質性: 등분산성), ③ 두 집단으로부터 수집된 자료의 정상성(正常分布를 이룬다는 가정)에 관해 기술하고자 한다.

1.1 독립표본(independent sample)의 가정

독립표본(獨立標本)이란 두 전집으로부터 각기 일정한 크기의 표본을 추출할 때 한쪽 전집에서 추출된 표본이 다른 쪽 전집에서 추출된 표본에 아무런 영향을 주지 않는 경우를 의미한다. 예를 들면, 전집집단인 남자 운동선수 집단과 여자선수 집단에서 각각 일정한 크기의 표본을 추출하여 남 · 여 간의 성격 차이를 연구하는 경우나, 음주가 심폐지구력에 미치는 영향을 규명하기 위하여 성인 남자 100명을 각각 무작위로 두 집단에 배정하고 한 집단에는 음주하게 하여 일정 기간이 지난 후 두 집단 간의 심폐지구력을 측정 · 비교하는 경우가 이에 속한다.

앞에서 추리통계는 '모집단에서 무작위로 표본을 추출하고 표본으로부터 통계치를 산출한 후, 확률이론을 적용하여 전집의 특성에 관해 추론' 하는 것이라고 배웠다. 독자는 단일표본에 대한 가설검증에서 「표본은 전집에서 무작위로 추출해야 한다」라는 가정이 전집의 특성을 추론하는 기초가 된다는 사실을 기억해 낼 수 있을 것이다. 이러한 무선표집(無選標集)은 두 표본 통계치에 관한 가설검증에서 전집으로부터 추출된 두 표본의 독립성(獨立性)을 유지하는데 기초가 된다.

두 표본의 독립성을 유지하기 위해 사용해 온 전통적인 방법은 실험연구의 경우 먼저 전집으로부터 무작위로 표본을 추출하고 이들을 실험집단(experimental group)과 비교집단(control group)에 각각 절반씩 무선배정(random assignment)하는 것이다. 여기에서 두 집단(실험, 비교)에 피험자를 무선 배정하는 이유는 '두 집단은 실험 전에 모든 조건(예 : 폐활량, 심폐지구력, 건강상태 등)에서 동질적(同質的)*이어야 한다.'는 전제 때문이다. 만일 실험 전에 두 집단이 동질적이지 못하고 몇 가지 조건에서 차이가 있다면 실험 후 실험집단의 기록(또는 성적)이 높게 나타났다 할지라도 처치효과(處置効果: 예, 음주) 때문인지, 아니면 몇 가지 조건의 차이 때문인지 전집의 특성에 대한 확실한 결론을 내릴 수 없게 된다. 연구과정에서 무선표집과 무선배정 방법을 이용하여 표본(標本: sample)을 추출하고 배정하는 경우에만 통계적 검증결과에 의해 전집(全集)의 특성을 추론할 수 있다.

전통적으로 추리통계에서는 무선표집 방법의 사용을 강조해 왔다. 그러나 조사 혹은 실험에서 피험자를 전적으로 무선표집 방법을 적용하여 선정하는 데는 어려움이 있다. 왜냐하면 선정된 대상자가 실제 실험에서 피험자로 반드시 응한다는 보장이 없기 때문이다. 이와 같은 이유로 근래에 수행되고 있는 연구에서는 실험에 자발적으로 참여하겠다는 피험자(volunteers)들로 구성된 집단을 이용하고 있는 경우가 적지 않다.

따라서 이들 피험자를 두 개 혹은 그 이상의 실험처치 집단에 무선배정했다 할지라도, 이들이 전집에서 추출된 것이 아니며 또한 극히 한정된 표본이기 때문에 전집을 대표하기가 어렵다. 그러나 이러한 상황에서도 우리는 서로 다른 실험처치를 받은 집단의 실험결과를 통계적 추론(統計的 推論: statistical inference)을 통하여 상호 비교할 수 있다. 다만 실험결과를 전집에 어느 정도 일반화(一般化)시킬 것인가는 연구자의 논리적 분석과 판단에 달려있다.

예를 들어 농구의 자유투 학습에 관한 실험을 수행한다고 가정해 보자. 연구자는 서로 다른 두 가지 학습방법이 자유투 성공률에 미치는 효과를 검증하기 위해 피험자를 두 실험처치 조건에 무선배정하였다. 피험자는 대학생으로서 교양체육 과목을 수강한 132명이라고 가정하자. 이들 피험자는 두 실험조건에 각각 66명씩 무선배정하였다. 그러나 이들 132명의 피험자는 전집(대학생 전체)에서 무선표집된 것이 아니다. 이들은 교양체육 과목을 수강함으로써 불가피하게 피험자가 된 것이다.

이와 같이 피험자의 선정이 무선표집이 아니고 단지 실험처치 조건에 무선배정한 경우에 대해서도 우리는 통계적 추론을 통하여 실험처치 효과가 있는지의 여부를 검증할 수 있다. 실험처치 효과가 있는지의 여부는 두 집단의 평균치 간에 차이가 있는지에 대한 통계적 추론을 통하여 검증할 수 있다. 두 평균치의 차이에 관한 검증과정은 앞장의

---

* 여기에서 동질적이란 모든 조건이 두 집단 피험자 간에 동일(同一)해야 한다는 것이 아니라 **'피험자 간에 존재하는 차이가 두 집단에 고르게 분포되어야 한다'**는 것이다. 예를 들어 여러 조건 중의 하나를 신장(身長)이라고 한다면, 신장이 똑같은 피험자만 두 집단에 배정되어야 한다는 것이 아니라 피험자 간에 신장의 차이가 있는 것은 불가피하므로 두 집단에 배정된 피험자들의 신장 평균과 표준편차에 차이가 없어야 한다는 뜻이다.

단일평균에 관한 검증과정과 동일하다.

※ 두 집단의 평균치 간에 차이가 있는지의 여부를 검증하기 위해서는

① 먼저 두 표본집단의 전집 평균치(μ_1, μ_2) 간에는 차이가 있다는 상대가설(相對假說: alternative hypothesis: H_A)이 필요하다.

② 두 표본집단의 전집에서 일정한 사례수를 계속 무작위로 표집하여 평균치를 계산하고 차이($\overline{X}_1 - \overline{X}_2$)를 산출한다. 이 값들은 0을 중심으로 $\sigma_{\overline{X}_1 - \overline{X}_2}$의 표준오차(標準誤差: standard error)를 가진 정상분포가 된다.

③ 다음으로 실제 두 표본집단에서 얻은 평균치 간의 차이 값을 표집분포(標集分布: sampling distribution)에서 얻을 가능성(確率)이 어느 정도인가를 확인한다.

④ 표집분포 상에서 두 표본집단으로부터 얻은 평균치 간의 차이 값을 얻을 가능성이 5%(혹은 1%) 이하일 경우에는 영가설(H0)을 부정하고 그러한 평균치의 차이는 표집과정에서 생길 수 있는 우연적 오차 때문이 아니라 실험처치 효과 때문인 것으로 추론할 수 있다.

무선표집이 아닌 무선배정에 의해 얻은 실험처치 결과는 전집 혹은 다른 전집에 일반화가 가능한가? 이 문제는 통계적으로 보다는 논리적(論理的)으로 해결해야 한다. 즉, 농구의 자유투는 연령에 의해 영향을 받는가? 또한 공적인 체육 교과과정에 따라서 혹은 성별에 따라 차이가 있는가? 등에 대한 문헌분석이 필요하다. 만일 문헌분석 결과, 농구의 자유투 성공률에서 남 · 여 간에 차이가 없다면, 그리고 고등학교 이후의 학교 체육은 농구의 자유투 성공률에 거의 혹은 전혀 영향을 미치지 않는다면, 또한 농구의 자유투 성공률은 35세까지는 일반적으로 변화 없이 안정되어 있다는 연구결과가 있다면, 연구자는 위의 연구결과를 논리적 추론에 의해 전집에 일반화시킬 수 있다. 예를 들어 위의 연구결과는 남자와 여자 모두에게 적용할 수 있을 것이다. 이와 같은 결론은 통계적 추론이 아니라 논리적 추론에 근거를 둔 것이다.

연구에서는 연구대상으로 반드시 무선표집에 의해 선정된 피험자가 아니라도 사용할 수 있다. 만일 피험자를 실험처치 조건에 무선배정(random assignment) 했다면, 검증결과는 통계적(統計的)으로는 피험자 집단에만 일반화시킬 수 있다. 그러나 검증결과는 통계적이 아닌 논리적(論理的) 추론을 통하여 다른 전집에도 일반화시킬 수 있다.

그렇다면 우리는 실제 통계적 분석을 통해 얻은 검증결과를 일반화시킬 수 있다고 생각할 수 있을 것이다. 그러나 통계적 분석은 그 자체가 목적(目的)이 아니라 수단(手段)임

을 알아야 한다. 통계적 분석은 연구자료에 포함된 정보의 내용을 명확하게 이해시키는 데 도움을 주기 위해 사용된다. 연구자는 통계적 분석을 통해 얻은 연구결과가 함축하고 있는 의미(意味)를 해석하고 전달해야 한다. 그러나 그러한 해석을 할 때 통계적인 숫자에 전적으로 의존해서는 안 된다.

1.2 분산의 동질성(homogeneity of variance; 등분산성) 가정

단일 평균치에 대한 영가설(H_0) 검증에서 우리는 전집의 분산(σ^2)을 아는 경우, 검증통계치의 표집분포는 정상분포(정규분포: Z분포)가 된다는 사실을 중앙집중한계정리(central limit theorem)를 통해 알고 있다. 또한 전집의 분산을 모르는 경우, s^2을 전집분산의 불편파 추정치(unbiased estimate)로 사용할 때, 표집분포는 $(n-1)$의 자유도를 가진 t분포가 된다는 점도 기억해 낼 수 있을 것이다.

그런데 두 표본 통계치의 차에 대한 가설검증의 경우, 표집분포는 두 표본집단의 평균치의 차($\overline{X}_1 - \overline{X}_2$)로 만들어진 분포가 된다. 마찬가지로 전집의 분산(σ^2)을 아는 경우, 검증통계치의 표집분포는 정상분포(Z분포)가 되며 σ^2을 모르고 s^2이 전집분산(σ^2)의 추정치로 사용될 때 표집분포는 t분포가 된다.

피험자를 하나의 전집(單一全集)에서 선정하여 두 개의 실험처치 집단에 무선배정한 경우, s^2은 σ^2의 추정치로 사용될 수 있다. 동시에 σ^2은 두 실험처치 집단의 표본자료를 이용하여 계산할 수 있다. 이것을 σ^2의 통합추정치(統合推定値: pooled estimate)라고 부른다. 또한 두 개의 서로 다른 전집에서 피험자가 각기 무선표집된 경우에도 s^2은 σ^2의 추정치로 사용할 수 있다. 동시에 σ^2은 두 표본집단의 자료에서 계산할 수 있다. 그러나 통합추정치를 사용하기 위해서는 「전집 1의 분산과 전집 2의 분산은 동일하다($\sigma_1^2 = \sigma_2^2$)」는 가정이 만족되어야 한다. 이러한 가정을 '분산의 동질성(등분산성)'이라고 부른다. 만일 이러한 가정이 만족되지 못할 경우 σ^2를 추정하기 위해서는 후속되는 2.2항에 제시된 절차를 이용해야 한다.

두 집단으로부터 수집된 자료의 등분산성(等分散性) 가정은 Fisher가 제안한 F검증, Levene의 검증, Brown-Forsythe의 검증, 그리고 Bartlett의 검증방법을 사용하여 검증할 수 있다. 이들 검증방법을 간략하게 비교, 기술하면 다음과 같다.

① Fisher(1920)의 F검증

- 두 집단의 분산 비율(큰 분산을 작은 분산으로 나눈 값)을 산출한 후 F분포를 기반으로 유의도를 판단
- 자료분포의 정상성(정규성)을 가정하기 때문에 자료분포의 정상성 가정이 만족되지 못할 경우, 검증결과의 신뢰도가 낮을 수 있음.

② Levene(1960)의 검증

- 두 집단의 절대편차(絶對偏差)를 이용하여 분산의 동질성을 검증. 절대편차는 각 집단에 속한 개개인의 점수(X_{ij})를 각 집단의 평균($\overline{X_j}$)에서 뺀 값의 절대치임. 절대치를 기반으로 분산분석(*ANOVA*)을 실행한 후, F값의 유의도를 판단.
- 자료분포의 정상성(정규성)을 덜 가정하기 때문에 비정상분포 자료에 비교적 항내성이 있음. F검증에 비해 이상치(異狀値: outliers)나 비정상분포 자료에 항내성이 있음. 두 집단 이상에서도 적용할 수 있음.

③ Brown-Forsythe(1974)의 검증

- Levene 검증방법의 변형으로, 각 집단에 속한 개개인의 점수(X_{ij})를 해당 집단의 중앙치(Mdn)에서 뺀 값의 절대편차를 계산. 각 집단으로부터 얻은 절대편차를 기반으로 *ANOVA*를 실행한 후, 산출된 F값의 유의도를 판단.
- 이상치와 비정상적인 자료분포에 대해 Levene 검증보다 항내성이 높음. 자료분포의 정상성 가정을 요구하지 않음

④ Bartlett(1937)의 검증

- 카이자승(Chi-square) 분포를 이용하여 두 집단(또는 다중 집단)의 등분산성을 검증.
- 분포의 정상성(normality of distribution)을 강하게 가정하기 때문에 비정상적인 자료분포에 대해서는 검증결과가 왜곡될 수 있어 사용이 부적합.

요약하면, 두 집단 간 분산의 동질성(等分散性)을 검증할 때 자료분포가 정상성 가정을 만족시킨다면 F검증방법이 주로 사용된다. 그러나 정상성 가정이 충족되지 않거나 자료에 이상치가 있다면 Levene의 검증 또는 Brown-Forsythe 검증방법을 사용하는 것이 적합하다. 실제 등분산 가정을 검증하는 방법으로서 가장 많이 사용하고 있는 방법은

Levene 검증이다. 이 방법은 *ANOVA*를 적용하여 분석하기 때문에 다음 장에 기술하였다. 이 장에서는 두 집단 간의 평균 차이를 비교할 때 주로 사용하는 *F*검증방법을 제시하고자 한다.

1.3 수집된 자료분포의 정상성(normality) 가정

수집된 자료분포의 정상성(正常性: 정규성) 가정은 두 집단의 자료를 비교할 때, 각 집단의 자료분포가 정상분포(normal distribution)를 이룬다는 것을 의미한다. 정상분포는 가운데가 가장 높고 양쪽으로 점차 낮아지는 종 모양의 대칭 분포로, 자료가 특정 평균치를 중심으로 고르게 퍼져 있는 상태를 나타낸다. 두 집단 간 평균 차이를 검정하는 t검증(예: 독립표본 t검증)은 이 가정이 만족될 때 정확한 통계적 검정결과를 얻을 수 있으며 그 결과도 신뢰할 수 있다.

분포의 정상성을 가정하는 이유는, t검증에서 사용되는 검증통계치(예: t값)가 정상분포를 기반으로 하는 표본집단의 점수분포에 의존하기 때문이다. 만일 자료가 정상분포에서 크게 벗어난다면, 검증결과가 왜곡될 수 있습니다. 예를 들어, 자료에 극단적인 값(이상치 : outlier)이 많거나 분포가 어느 한쪽으로 치우쳐 있을 경우, 평균이 자료를 정확하게 대표하지 못하게 된다. 분포의 정상성 가정이 위반되면 잘못된 결론에 도달할 위험이 높아지기 때문에, 수집된 자료분포의 정상성을 확인하고 적절한 조치를 취하는 것이 중요하다.

분포의 정상성을 확인하려면 통계적 검증(예: Shapiro-Wilk 검증, Kolmogorov-Smirnov 검증)이나 그래프(예: 히스토그램, Q-Q 플롯)를 사용할 수 있다*. 만일 정상성 가정이 위반되었을 경우, 대안을 사용할 수 있다. 예를 들어, 15장에 기술된 비모수 검증(예: Mann-Whitney U 검증)은 점수분포의 정상성을 요구하지 않는 검증방법이므로 적합한 방법이 될 수 있다. 또한, 표본 크기를 충분히 크게하면(보통 $n>30$), 중심집중한계정리에 따라 정상성 가정에 덜 민감해질 수 있다.

분포의 정상성 가정은 분석의 신뢰성을 높이는 중요한 기준이 되기 때문에, 이를 제대로 이해하고 검토하는 것은 자료분석의 핵심이라 할 수 있다.

---

* 이들 방법은 이 장의 범위를 벗어나기 때문에 통계프로그램(예: *SPSS*)을 이용하면 쉽게 접근할 수 있다. 대부분의 집단간 평균치 차이를 검증하는 통계 패키지프로그램에는 이들 검증방법이 제시되어 있다.

2. 두 평균치 간의 차이검증($H_0 : \mu_1 = \mu_2$): 독립표본인 경우

농구의 자유투 훈련을 서로 다른 조건에서 시킬 때 그 성공수에 차이가 있는지에 관심을 가진 연구자가 한 집단의 학생들에게는 한 손만으로 던지는 연습을 시키고 다른 집단의 학생들에게는 양손을 이용하여 던지는 연습을 시켰다. 연구자는 6주간의 훈련 후 두 집단에서 각각 학생들을 무선표집하여 100개의 자유투를 실시하였다. 다음의 표에는 실시 결과 얻은 집단별 피험자의 자유투 성공수와 산출된 평균치, 표준편차, 분산을 제시하였다.

집단1 한손 투구	집단2 양손 투구
37	52
53	87
68	76
44	62
39	81
48	71
62	55
57	67
55	
$n_1 =$ 9	$n_2 =$ 8
$\Sigma X_{i1} =$ 463	$\Sigma X_{i2} =$ 551
$\overline{X}_1 =$ 51.44	$\overline{X}_2 =$ 68.88
$\Sigma X_{i1}^2 =$ 24,681	$\Sigma X_{i2}^2 =$ 39,009
$s_1^2 =$ 107.78	$s_1^2 =$ 151.27
$s_1 =$ 10.38	$s_2 =$ 12.30

(1) 검증가설

연구자는 사전 경험을 기초로 「한손 투구와 양손 투구간의 자유투 성공수에 **차이가 있을 것이다**」라는 연구가설(research hypothesis) 또는 '두 유형의 자유투 성공수 평균 간에는 **차이가 있다**'라는 상대가설(H_A)을 설정한 후 이를 통계적으로 검증하기 위해 영가설(H_0)을 설정하고 $\alpha = .05$ 수준에서 검증하고자 한다. 이 문제는 '자유투 성공수가 어느 쪽이 높으냐에 관심이 있는 것이 아니라 차(差)의 방향과 관계없이 단순히 차이가 있는지의 여부에만 관심이 있으므로 상대가설(H_A)은 양방검증으로 설정'해야 한다.

$$H_0 : \mu_1 = \mu_2 \text{ or } \mu_1 - \mu_2 = 0$$
$$H_A : \mu_1 \neq \mu_2 \text{ or } \mu_1 - \mu_2 \neq 0$$

(2) 모수치와 표본 통계치

이 조사에서 가정된 모수치는 두 전집의 평균치 차 즉, $\mu_1 - \mu_2 = 0$이다. 그리고 이에 상응하는 표본 통계치는 산출된 $\overline{X}_1 - \overline{X}_2$ 즉 -17.44이다.

※ 여기에서 독자가 유의해야 할 점은 모수치와 표본 통계치를 계산할 때 뺄셈의 순서는 모두 같아야 한다는 점이다. 즉 μ_1에서 μ_2를 뺐다면 마찬가지로 $\overline{X}_1$에서 $\overline{X}_2$를 빼야 한다. 이 순서는 주어진 가설을 양방검증할 경우에는 문제가 되지 않으나 일방검증(一方檢證)을 할 때는 문제가 된다. 예를 들어 상대가설이 $\mu_1 - \mu_2 > 0$로 설정되었을 경우, 산출된 표본 통계치가 0보다 크지 않고 -값이 되면 가설검증은 할 필요가 없게 된다. 왜냐하면 상대가설이 $\mu_1 - \mu_2 > 0$로 설정되었을 때 가설검증을 위해서는 표본 통계치가 최소한 +값, 즉 μ_1이 μ_2보다 커야 하기 때문이다.

$$\mu_1 - \mu_2 = 0$$
$$\overline{X}_1 - \overline{X}_2 = 51.44 - 68.88 = -17.44$$

(3) 통계치의 표집분포와 추정의 표준오차

표본에서 얻은 통계치의 표준오차는 '평균치의 표집분포의 표준편차($\sigma_{\overline{X}}$)'와 같다고 하였다. 평균치의 표집분포란 n사례의 표본을 무선적으로 계속 뽑아 얻은 표본 평균치들의 분포를 의미한다. 그런데 연구에서 사용하고 있는 평균치의 표집분포는 실제적인 것이 아니라 이론적(理論的)인 것이며 또한 계산할 수도 없다. 따라서 평균치의 표준오차는 실제로는 알 수 없기 때문에 단일표본에서 얻은 표준편차(s)를 이용하여 수학적 이론을 바탕으로 $s/\sqrt{n}$에 의해 계산하게 된다고 하였다.

단일표본의 경우이든 두 표본의 경우이든 이론적인 표집분포는 중앙집중한계정리를 이용하여 설명할 수 있다. 두 표본의 경우에 대한 중앙집중한계정리는 다음과 같다.

두 전집 1과 2의 표본수(n_1과 n_2)를 증가시키면 μ_1과 μ_2의 평균치와 σ^2의 분산을 가진 전집으로부터 n_1과 n_2사례를 무선적으로 표집하여 얻은 두 표본 평균치의 차 $(\overline{X}_1 - \overline{X}_2)$의 표집분포(標集分布)는 다음과 같은 성질을 가진다.

1. 두 표본 평균치의 차의 표집분포는 정상적으로 분포된다.
2. 두 표본 평균치의 차의 표집분포의 평균치는 $\mu_1 - \mu_2$와 같다.
3. 두 표본 평균치의 차의 표준오차($\sigma_{\overline{X}_1 - \overline{X}_2}$)는 다음과 같다.

$$\sigma_{\overline{X}_1 - \overline{X}_2} = \sqrt{\frac{\sigma_1^2}{n_1} + \frac{\sigma_2^2}{n_2}}$$

4. 표집분포의 분산은 $\sigma^2_{\overline{X}_1 - \overline{X}_2} = (\frac{\sigma_1^2}{n_1} + \frac{\sigma_2^2}{n_2})$과 같다.

앞에서 두 표본 평균치 간의 차에 대한 '이론적 표집분포의 분산에 대한 정리(定理)'는「두 전집은 동일한 분산을 가지고 있다.$(\sigma_1^2 = \sigma_2^2 = \sigma^2)$」는 가정에 근거를 두고 있다. 즉 분산의 동질성(homogeneity of variance: 등분산) 가정이다. 만일 전집 1의 분산(σ_1^2)과 전집 2의 분산(σ_2^2)간에 상당한 차이가 있다면 위의 중앙집중한계정리는 그대로 적용할 수 없으며 σ^2을 추정하는 새로운 절차를 이용해야 한다. σ^2을 추정하는 절차는 후속되는 2.2항에 제시되어 있다.

앞장에서 우리는 전집의 분산(σ^2)을 모르고 s^2이 σ^2의 추정치로 사용될 때, 평균치의 표집분포의 분산($\sigma^2_{\overline{X}}$)은 $s^2_{\overline{X}} = s^2/n$에 의해 추정되었다. 단일표본의 경우와 마찬가지로 s_1^2은 σ_1^2의, s_2^2은 σ_2^2의 불편파 추정치(unbiased estimate)로 사용될 때 $s^2_{\overline{X}_1 - \overline{X}_2}$은 $\sigma^2_{\overline{X}_1 - \overline{X}_2}$의 불편파 추정치가 되며 동시에 다음과 같이 정의할 수 있다.

$$s^2_{\overline{X}_1 - \overline{X}_2} = \frac{s^2}{n_1} + \frac{s^2}{n_2} \tag{10.1}$$

여기에서 s^2은 '분산의 동질성' 가정하에서 σ^2의 불편파 추정치가 된다. 두 평균치의 차의 추정된 표준오차 산출 공식은 다음과 같다.*

$$s_{\overline{X}_1 - \overline{X}_2} = \sqrt{\frac{s^2}{n_1} + \frac{s^2}{n_2}} \tag{10.2}$$

공식 (10.1)과 (10.2)에서 s^2은 전집 분산의 통합추정치(統合推定値: pooled estimate

---

* 여기에서 유의해야 할 점은 평균치의 차의 표준오차 추정공식 (10.2)는「실제 산출된 두 표본 분산(s_1^2과 s_2^2)간에는 차이가 없다」는 가정이 만족되어야 적용할 수 있다. 만일 두 표본분산 간에 차이가 있을 경우, 후속되는 공식 (10.8)을 적용해야 한다.

of the population variance)라고 부르고 다음과 같이 정의한다.

$$s^2 = \frac{\Sigma(X_1 - \overline{X}_1)^2 + \Sigma(X_2 - \overline{X}_2)^2}{n_1 + n_2 - 2} \tag{10.3}$$

여기에서 s^2은 두 집단으로부터 각각 얻은 편차들의 자승화(제곱합)를 합한 후 두 집단 전체의 자유도(df)로 즉 $(n_1 - 1) + (n_2 - 1) = n_1 + n_2 - 2$로 나눈 것이다. 위의 공식 (10.3)은 제4장에 제시된 표본의 분산 산출 공식 (4.3)과 같다. 다시 원점수를 이용하여 전집 분산의 통합추정치(s^2)을 계산하면 다음과 같다.

$$s^2 = \frac{[\Sigma X_1^2 - \frac{(\Sigma X_1)^2}{n_1}] + [\Sigma X_2^2 - \frac{(\Sigma X_2)^2}{n_2}]}{n_1 + n_2 - 2} \tag{10.4}$$

$$= \frac{[24{,}681 - \frac{(463)^2}{9}] + [39{,}000 - \frac{(551)^2}{8}]}{9 + 8 - 2}$$

$$= 128.07$$

두 전집 분산이 동일한 경우(즉 $\sigma_1^2 = \sigma_2^2$일 경우) 영가설 $H_0 : \mu_1 = \mu_2$을 검증할 때 표본 평균치 간의 차의 표준오차($s_{\overline{X}_1 - \overline{X}_2}$)는 평균치의 차의 표집분포의 표준편차로 정의된다. 평균치의 차의 추정된 표준오차 산출 공식은 다음과 같다.

$$s_{\overline{X}_1 - \overline{X}_2} = \sqrt{\frac{s^2}{n_1} + \frac{s^2}{n_2}}$$

그리고 표본집단의 분산(s_1^2과 s_2^2)이 제시되었을 때 통합된 전집 분산추정치(s^2)를 계산하면 다음과 같다.

$$s^2 = \frac{(n_1 - 1)s_1^2 + (n_1 - 1)s_2^2}{n_1 + n_2 - 2} \tag{10.5}$$

$$= \frac{(9-1)(107.78) + (8-1)(151.27)}{9 + 8 - 2}$$

$$= 128.07$$

위의 예에 대한 표본 평균치의 차의 추정된 표준오차($s_{\overline{X}_1 - \overline{X}_2}$)는 공식 (10.2)를 이용하여 다음과 같이 산출할 수 있다.

$$s_{\overline{X}_1-\overline{X}_2} = \sqrt{\frac{s_1^{\ 2}}{n_1}+\frac{s_2^{\ 2}}{n_2}}$$

$$= \sqrt{\frac{128.07}{9}+\frac{128.07}{8}}$$

$$= 5.50$$

두 전집의 분산이 동일한 경우 영가설$(H_0):\mu_1=\mu_2$을 검증할 때 공식 (10.2)와 (10.5)는 하나로 조합하여 차의 표준오차$(s_{\overline{X}_1-\overline{X}_2})$를 한 번에 계산할 수 있다. 계산공식은 다음과 같다.

$$s_{\overline{X}_1-\overline{X}_2} = \sqrt{\left(\frac{(n_1-1)s_1^{\ 2}+(n_2-1)s_2^{\ 2}}{n_1+n_2-2}\right)\left(\frac{1}{n_1}+\frac{1}{n_2}\right)} \qquad (10.6)$$

단일표본의 경우 전집의 분산(σ^2)을 알고 있을 때 평균치의 표집분포는 정상분포와 같다고 하였다. 그러나 전집 분산을 모르고 또 표본수가 적을 경우, 평균치의 표집분포는 정상분포가 아니라 $n-1$의 자유도를 가진 t분포와 같다는 사실을 독자는 기억하고 있을 것이다.

그렇다면 두 표본의 경우는 단일표본과 비교할 때 어떠한 차이가 있을까? 두 표본의 경우는 자유도에서 차이가 있다. 단일표본의 경우 s^2은 σ^2의 추정치이고 $n-1$의 자유도를 갖게 된다. 그러나 두 표본의 경우 σ^2을 추정하기 위해서는 통합된 추정치를 사용하게 되는데 이때의 자유도는 $(n_1-1)+(n_2-1)=n_1+n_2-2$가 된다. 따라서 두 평균치 간의 차를 검증할 때는 n_1+n_2-2의 자유도를 가진 t분포가 평균치의 차의 표집분포가 된다.

(4) 통계적 검증

영가설$(H_0):\mu_1=\mu_2$을 검증하고자 할 때도 단일표본의 경우에 사용했던 절차를 그대로 사용할 수 있다. 즉, 가정된 전집치$(\mu_1-\mu_2)$, 이에 상응하는 표본 통계치$(\overline{X}_1-\overline{X}_2)$, 평균치의 차의 표준오차$(s_{\overline{X}_1-\overline{X}_2})$를 다음 공식에 적용하여 영가설$(H_0:\mu_1=\mu_2)$을 검증할 수 있다.

$$\text{검증통계치} = \frac{\text{통계치} - \text{모수치}}{\text{통계치의 표준오차}}$$

위의 예는 전집의 표준편차(σ)를 모르는 경우에 해당되기 때문에 평균치의 차의 표집분포는 (n_1+n_2-2)의 자유도를 가진 t분포와 같다. 영가설$(H_0):\mu_1=\mu_2$을 검증하기 위해 산출된 통계치들을 공식에 대입해 보면 다음과 같다.

$$t = \frac{(\overline{X}_1 - \overline{X}_2) - (\mu_1 - \mu_2)}{\sqrt{(\frac{(n_1 - 1)s_1{}^2 + (n_2 - 1)s_2{}^2}{n_1 + n_2 - 2})(\frac{1}{n_1} + \frac{1}{n_2})}} \tag{10.7}$$

$$= \frac{-17.44 - 0}{5.50} = -3.17$$

$$df = (n_1 + n_2 - 2) = (9 + 8 - 2) = 15$$

위의 예에 대한 영가설은 「한손 투구와 양손 투구 간의 자유투 성공수에 차이가 없다」이다. 앞에서 이 문제는 자유투 성공률이 어느 쪽이 높으냐에 관심이 있는 것이 아니라 차의 방향에 관계없이 단순히 차이가 있는지의 여부에만 관심이 있기 때문에 상대가설(H_A)은 양방검증으로 설정하였다. α가 .05이고 상대가설이 양방검증이며 자유도(df)가 15인 경우 가설 부정의 기준치는 ±2.131(〈수표 6〉 t분포 참조)이 된다. 앞에서 계산된 검증통계치는 −3.17로서 기준치(±2.131)의 범위를 벗어나고 있으므로 영가설은 부정된다.

(5) 신뢰구간

두 표본의 경우에 대한 신뢰구간의 설정은 단일표본의 경우와 동일하다. 앞장에 기술된 바와 같이 신뢰구간 설정을 위한 일반 공식은 다음과 같다.

$$CI = \text{통계치} \pm \left[\begin{matrix}\text{가설 부정의}\\ \text{기준치}: cv\end{matrix}\right] \times \left[\begin{matrix}\text{통계치의}\\ \text{표준오차}\end{matrix}\right]$$

앞에서 유의도 수준(α)은 .05로 설정하였기 때문에 신뢰구간은 (1 − .05) 즉 .95 혹은 95%가 된다. 따라서 우리는 전집의 두 평균치 간의 차에 대한 95%의 신뢰구간을 설정할 수 있다. 부록의 〈수표 6〉에서 $df = 15$인 경우 .95의 신뢰구간(혹은 .05의 α수준)에 대한 기준치는 2.131이므로 95%의 신뢰구간은 다음과 같다.

$$\begin{aligned} CI_{95} &= (\overline{X}_1 - \overline{X}_2) \pm (2.131)(s_{\overline{X}_1 - \overline{X}_2}) \\ &= -17.44 \pm (2.131)(5.50) \\ &= 17.44 \pm 11.72 \\ &= -29.16 \le (\mu_1 - \mu_2) \le -5.72 \end{aligned}$$

(6) 결론

앞에서 우리는 상대가설(H_A) : $\mu_1 \neq \mu_2$에 대한 영가설(H_0) : $\mu_1 = \mu_2$을 검증하고 95%의 신뢰구간을 설정하였다. 가설 검증결과 검증통계치(t)가 -3.17로서 영가설을 부정하는 데 요구되는 기준치인 ±2.131의 범위를 벗어나고 있기 때문에 .05 수준에서 영가설을 부정하고 상대가설을 받아 들였다. 즉, 한 손 투구와 양 손 투구 간의 자유투 성공수에 대한 전집의 평균치 간의 차이는 단순히 표집오차(標集誤差)로 보기에는 그 차가 너무 크다는 사실을 발견할 수 있다. 따라서 「영가설을 부정하고 한 손 투구와 양 손 투구의 자유투 성공수 간에는 $p<.05$ 수준에서 통계적으로 유의한 차이가 있다」고 할 수 있다. 이와 같은 자유투 결과를 기초로 「양 손으로 자유투할 때의 평균 성공수는 한 손으로 할 때의 평균 성공수보다 높다」라고 해석할 수 있다. 따라서 「양 손으로 자유투하는 것이 더 효과적인 방법이다」라는 결론을 내릴 수 있다.

95%의 신뢰구간 설정에서 우리는 $-29.16 \leq \mu_1 - \mu_2 \leq -5.72$라는 결과를 얻었다. 이와 같은 결과에 의하면「두 전집 평균치 간의 차($\mu_1 - \mu_2$)가 -29.16과 -5.72 사이에 들어있다고 추정해서 맞을 확률이 95%라는 결론을 내릴 수 있다. 여기에서 유의할 점은 '95%의 신뢰구간 범위 내에 영(0)이 포함되어 있지 않다'는 점이다. 즉 $\alpha = .05$에서 영가설이 부정되었을 경우 95%의 신뢰구간에는 0이 포함되지 않는다는 점이다. 이 말은 반대로 영가설이 긍정될 경우 설정된 신뢰구간에는 0이 포함된다는 뜻이 된다. 이러한 신뢰구간은 전집 평균치 간의 차가 어느 정도 될 것인가를 추정하는 데 도움을 준다.

전집 분산(σ^2)을 모를 때 영가설 (H_0) : $\mu_1 = \mu_2$을 검증하는 공식과 신뢰구간 설정 공식은 다음과 같다.

$$t = \frac{(\overline{X}_1 - \overline{X}_2) - (\mu_1 - \mu_2)}{\sqrt{\left(\frac{(n_1-1)s_1^2 + (n_2-1)s_2^2}{n_1+n_2-2}\right)\left(\frac{1}{n_1} + \frac{1}{n_2}\right)}}$$

$$df = (n_1 + n_2 - 2)$$

$CI = (\overline{X}_1 - \overline{X}_2) \pm$(가설 부정의 기준치 : cv)$(s_{\overline{X}_1 - \overline{X}_2})$

신뢰구간 설정에서 가설 부정의 기준치(cv)는 α값에 상응하는 t값이다. 신뢰구간 설정에서 가설 부정의 기준치는 상대가설(H_A)이 무엇이냐에 따라 다르다. 상대가설이 양방검증인 경우에는 앞의 예와 같으며, 일방검증인 경우에는 α를 2로 나눈 값($\alpha/2$), 예를 들면 α=.05일 경우 .05/2=.025에 해당하는 t값이 된다.

예시 문제 : 흡연과 음주가 평상시 맥박수 증가의 원인이 된다는 가정하에 연구자는 1개월 동안 집단 1에는 담배를 피우게 하고 집단 2에는 술을 마시도록 한 후 맥박수를 측정하여 다음과 같은 결과를 얻었다. 물론 두 집단의 피험자는 무선배정(無選配定)하였으므로 두 집단의 사전 맥박수 평균은 동일하다고 가정하였다. 연구자는 관련문헌 분석결과를 기초로 '흡연이 음주보다는 맥박수 증가에 더 큰 영향을 미칠 것'이라는 연구가설(혹은 상대가설)을 설정하고 이를 $\alpha = .01$수준에서 검증하고자 한다. 가설검증과 관련하여 산출된 통계치는 다음과 같다.

	집단1 (흡연집단)	집단2 (음주집단)
n	20	20
$\overline{X}$	47	43
s^2	14	12

이 문제는 집단1(흡연집단)의 맥박수가 집단 2보다 크게 증가할 것으로 기대하므로 상대가설은 일방검증($H_A : \mu_1 > \mu_2$)으로 설정해야 한다.

(1) 통계적 검증

$$t = \frac{(\overline{X}_1 - \overline{X}_2) - (\mu_1 - \mu_2)}{\sqrt{\left(\frac{(n_1 - 1)s_1^{\,2} + (n_2 - 1)s_2^{\,2}}{n_1 + n_2 - 2}\right)\left(\frac{1}{n_1} + \frac{1}{n_2}\right)}}$$

$$= \frac{(47 - 43) - 0}{\sqrt{\left(\frac{(19 \times 14) + (19 \times 12)}{20 + 20 - 20}\right)\left(\frac{1}{20} + \frac{1}{20}\right)}}$$

$$= \frac{4}{\sqrt{\left(\frac{494}{38}\right)\left(\frac{2}{20}\right)}} = \frac{4}{\sqrt{1.3}}$$

$$= 3.51$$

$$df = (n_1 + n_2 - 2) = (20 + 20 - 2) = 38$$

(2) 결론

$t = 3.51$이 통계적으로 유의한지의 여부를 확인하기 위해서는 부록 〈수표 6〉을 이용해야 한다. t분포 수표에서 자유도(df)가 38, α가 .01이고 상대가설이 일방검증인 경우 가설 부정의 기준치는 2.423이 된다. 위에서 계산된 검증통계치는 3.51로서 가설 부정을 위한 기준치(2.423)보다 크기 때문에 영가설(H_0)은 부정된다. 따라서 「흡연집단의 맥박수 평균은 음주집단의 맥박수 평균보다 $p < .01$수준에서 통계적으로 유의하게 높다」고 할 수 있으며 이와 같은 결과를 기초로「흡연은 음주보다 평상시 맥박수를 크게 증가 시킨다」는 결론을 내릴 수 있다.

(3) 신뢰구간

앞에서 α는 .01로 설정되었기 때문에 신뢰수준은 (1 - .01) 즉 99%가 된다. 가설 부정의 기준치는 **일방검증**이기 때문에 $\alpha/2$ 즉 $.01/2 = .005$에 해당하는 t값을 수표의 일방검증 칸에서 찾아야 한다. $df = 38$인 경우 t값은 2.704가 된다.

$$CI = \text{통계치} \pm \left[\begin{matrix}\text{가설 부정의}\\ \text{기준치}: cv\end{matrix}\right] \times \left[\begin{matrix}\text{통계치의}\\ \text{표준오차}\end{matrix}\right]$$

$$\begin{aligned} CI_{99} &= (47 - 43) \pm (2.704)(1.14) \\ &= 4 \pm 3.08 \\ &= .92 \leq (\mu_1 - \mu_2) \leq 7.08 \end{aligned}$$

2.1 영가설(H_0): $\mu_1 = \mu_2$의 검증방법에 대한 구체적 이해 : 독립표본의 경우

지금까지 기술된 내용을 이해했다면 중요한 고비는 거의 다 지나갔다. 이제 조금만 더 가면 차이 검증방법은 어렵지 않게 해결할 수 있다. 두 평균치 간의 차이에 대한 가설검증($H_0 : \mu_1 = \mu_2$)은 ① 전집 분산(σ^2)을 아는 경우와 모르는 경우, ② 두 전집 분산이 동일한 경우($\sigma_1^2 = \sigma_2^2$)와 다른 경우 ($\sigma_1^2 \neq \sigma_2^2$), ③ 두 표본 사례수가 동일한 경우($n_1 = n_2$)와 다른 경우($n_1 \neq n_2$)에 따라 검증공식이 다르다. 일반적으로 두 평균치 간의 차를 검증할 때 전집분산(σ^2)을 아는 경우는 거의 없다. 따라서 표본에서 추출한 분산(s^2)을 전집분산(σ^2)의 추정치로 사용할 수밖에 없다.

앞에서 표본수가 n_1과 n_2인 두 표본 평균치 간의 차의 표집분포에 대한 중앙집중한계정리는 「두 전집은 동일한 분산을 가지고 있다($\sigma_1^2 = \sigma_2^2$)는 가정에 근거를 두고 있다」고 하였다. 만일 '전집 1의 분산과 2의 분산 간에 상당한 차이가 있다면 중앙집중한계정리는 그대로 적용할 수 없고 σ^2을 추정하는 새로운 절차를 이용해야 한다'라고 하였음을 기억해 낼 수 있을 것이다.

두 표본의 크기는 분산의 동질성(homogeneity of variance, 즉, 등분산성)을 가정할 수 없을 때 σ^2을 추정하는 데 영향을 미친다. 만일 '두 표본의 크기가 같을 경우(즉 $n_1 = n_2$일 경우) 분산의 동질성 여하는 별로 중요한 문제가 되지 못한다'. 다시 말하면 $n_1 = n_2$일 경우에는 $\sigma_1^2 \neq \sigma_2^2$라 할지라도 중앙집중한계정리를 적용하는데 별 무리가 없다. 그러나 $n_1 \neq n_2$이고 $\sigma_1^2 \neq \sigma_2^2$일 경우에는 앞에 제시된 영가설($H_0$): $\mu_1 = \mu_2$을 검증하는 방법은 그대로 적용할 수 없으며 새로운 방법이 사용되어야 한다.

두 전집의 분산이 동일한 경우($\sigma_1^2 = \sigma_2^2$)와 다른 경우($\sigma_1^2 \neq \sigma_2^2$)의 차이점은 평균치의 차의 표준오차를 추정하는 방법에서 차이가 있다. 앞에서 $\sigma_1^2 = \sigma_2^2$일 경우 평균치의 차의 표준오차($s_{\overline{X}_1 - \overline{X}_2}$)의 산출 공식은 $\sqrt{\frac{s^2}{n_1} + \frac{s^2}{n_2}}$이라고 하였다. 그러나 $\sigma_1^2 \neq \sigma_2^2$일 경우에는 $\sqrt{\frac{s_1^2}{n_1} + \frac{s_2^2}{n_2}}$이 된다. 여기에서 전자는 평균치의 차의 표준오차를 추정하기 위해 전집 분산의 통합추정치(pooled estimate)를 사용하였으며 후자는 전집 분산의 분리추정치(separate estimate)를 사용한 것이 서로 다르다. 이외에 두 표본의 크기, 두 전집 분산이 동일한지의 여하에 따라 자유도(df)를 추정하는 방식에는 다음과 같은 차이가 있다.

두 전집 분산이 다른 경우($\sigma_1^2 \neq \sigma_2^2$), 평균치의 차의 표준오차($s_{\overline{X}_1 - \overline{X}_2}$)를 추정하기 위해서는 분리추정치(分離推定値)를 사용해야 하며 산출 공식은 다음과 같다.

$$\sqrt{\frac{s_1^2}{n_1} + \frac{s_2^2}{n_2}} \qquad (10.8)$$

표 10 · 1에서 우리는 두 평균치 간의 차를 검증하는 데 적합한 검증 공식을 선정하기 위해서는 먼저 두 집단의 분산이 동질적인지(등분산성)의 여부를 확인해야 한다. 두 집단의 분산 간에 차이가 있는지의 여부 검증은 후속되는 8절에 구체적으로 제시되어 있으나

평균 간의 차이검증을 위한 공식 결정을 위해서는 분산의 동질성 검증이 선결되어야 한다. 검증 공식(F비(比): ratio))을 제시하면 다음과 같다.

$$F = \frac{s_1^2}{s_2^2}$$

F = 분산의 동질성 여부를 검증하는 검증통계치
s_2^2 = 적은 쪽의 분산
s_1^2 = 큰 쪽의 분산

위의 F비*를 이용하여 $\sigma_1^2 = \sigma_2^2$인지의 여부를 검증한 예는 다음과 같다.

표 10 · 1 전집분산과 표본수의 동일성 여하에 따른 가설검증 공식

<table>
<tr><th>전집분산 / 표본사례수</th><th>$\sigma_1^2 = \sigma_2^2$</th><th>$\sigma_1^2 \neq \sigma_2^2$</th></tr>
<tr><td>$n_1 = n_2$</td><td rowspan="2">❶
$t = \frac{(\overline{X}_1 - \overline{X}_2) - (\mu_1 - \mu_2)}{\sqrt{\left(\frac{(n_1 - 1)s_1^2 + (n_2 - 1)s_2^2}{n_1 + n_2 - 2}\right)\left(\frac{1}{n_1} + \frac{1}{n_2}\right)}}$
$df = (n_1 + n_2 - 2)$</td><td>❷
$t = \frac{(\overline{X}_1 - \overline{X}_2) - (\mu_1 - \mu_2)}{\sqrt{\frac{s_1^2}{n_1} + \frac{s_2^2}{n_2}}}$
$df = (n_1 + n_2 - 2)$</td></tr>
<tr><td>$n_1 \neq n_2$</td><td>❸
$t = \frac{(\overline{X}_1 - \overline{X}_2) - (\mu_1 - \mu_2)}{\sqrt{\frac{s_1^2}{n_1} + \frac{s_2^2}{n_2}}}$
$df = \frac{(s_{\overline{X}_1}^2 + s_{\overline{X}_2}^2)^2}{(s_{\overline{X}_1}^2)^2/(n_1 + 1) + (s_{\overline{X}_2}^2)^2/(n_2 + 1)} - 2$</td></tr>
</table>

* F검증 방법을 이용한 분산의 동질성 검증통계치 F비는 Fisher가 1925년에 최초로 제안한 방법이다. 그러나 이 방법은 비교하고자 하는 두 집단의 자료분포가 정상분포(normal distribution)를 이루어야 한다는 가정을 전제로 하기 때문에 분포의 정상성 가정이 위반될 경우나 표본수가 클 경우, F검증 결과는 왜곡된 결과를 초래할 수 있다.

-이 방법은 컴퓨터 프로그램의 활용이 대중화되기 전까지 분포의 정상성 가정을 만족시키는 소규모의 자료에 대한 분산의 동질성 검증에 계산이 용이하다는 장점을 갖고 거의 절대적으로 활용되어 왔다. 그러나 현재는 컴퓨터 프로그램에 내정(default)된 통계치로 제시되고 있는 Levene 검증이나, Bartlett 검증, Brown-Forsythe 검증 방법을 사용하고 있다.

-이중 Levene 검증 방법은, F검증과 달리, 분포의 정상성에 민감하지 않으며, 특히 분석하고자 하는 자료가 비정상분포를 이룰 가능성이 있는 경우에 적절하게 활용할 수 있는, 항내성(robust)이 높은 검증통계치이다.

-F검증 방법을 이용한 분산의 동질성 검증은 두 집단의 분산(variance)만 비교할 수 있으나 Levene 검증 방법은 두 개 이상의 집단에서도 사용이 가능하기 때문에, 일반적인 상황에 적합하게 활용할 수 있다. Levene 검증 방법은 현재 활용되고 있는 대부분의 통계프로그램에 내정치로 제시되어 있다.

예를 들어 한 집단의 $n_1 = 25$, $s_1^2 = 10.5$이고 다른 집단의 $n_2 = 29$, $s_2^2 = 3.5$인 두 집단의 분산이 동일한지를 검증하기 위해 F비를 계산하면

$$F_{24,28} = \frac{10.5}{3.5} = 3.0$$

여기에서 유의할 것은 F밑에 표시된 24와 28은 두 집단의 자유도(df)이며 분산이 큰 쪽 집단의 자유도를 먼저 쓴다는 점이다. 산출된 $F = 3.0$이 통계적으로 유의한지의 여부를 검증하기 위해서는 부록의 〈수표 7〉을 찾으면 된다.

먼저 부록의 수표 7(F분포 표)을 읽는 방법을 제시하면 다음과 같다. 수표에는 분산이 큰 쪽의 df는 왼편에서 오른편으로, 분산이 적은 쪽의 df는 위에서 아래로 제시되어 있다. 예를 들면 분산이 큰 쪽의 df가 10이고 적은 쪽의 df가 15일 경우 $\alpha = .05$일 때의 가설 부정 기준치(F치)는 2.54이고 $\alpha = .01$일 때의 기준치는 3.80이 된다. 산출된 검증통계치가 이 기준치보다 크면 두 집단의 분산 간에는 차이가 있다고 해석한다.

F분포와 관련하여 독자는 다음 사항에 유의해야 한다. 즉 F분포는 양방검증 용으로 만들어진 것이 아니라 일방검증 용으로 만들어진 것이라는 점이다. 다시 말하면 수표에서 $\alpha = .05$ 혹은 .01에 해당하는 F치는 일방검증일 때의 가설 부정 기준치임을 알아야 한다. 그런데 분산의 동질성을 검증하고자 할 때 우리는「어느 집단의 분산이 클 것이다」라는 것을 자료수집 전에 미리 알 수는 없다. 따라서 어느 집단의 분산이 F비의 분자에 해당될지 모르기 때문에 F비를 설명하기 위해서는 양방검증 방법이 사용될 수밖에 없다. 그러나 다음 장에서 구체적으로 논의되겠지만, 만일 두 집단의 분산 중 어느 것이 F비의 분자에 해당된다는 것을 확실하게 안다면(예 : 다음 장의 F검증에서 언제나 집단내(集團內) 분산이 분모, 집단간(集團間) 분산이 분자가 되는 것처럼) F비를 설명하기 위해서는 일방검증 방법을 사용해야 한다.

분산의 동질성($\sigma_1^2 = \sigma_2^2$)을 검증할 때도 α수준은 사전에 결정되어야 한다. 그런데 분산의 동질성 검증은 양방검증을 해야 하는 경우인데 F분포는 일방검증 용으로 만들어져 있다. 따라서 F분포에서의 α값 .05와 .01은 일방검증 용으로 만들어졌기 때문에 양방검증을 할 경우에는 각각에 2를 곱한 값인 .10과 .02에 해당하는 값을 수표에서 찾아야 한다. 반대로 분산의 동질성을 검증하기 위해 α수준을 .05로 설정했다면 F분포에서는 α를 2로 나눈 값 즉, $\alpha/2 = .05/2 = .025$에 해당하는 F치를 수표에서 찾아야 한다. 그리고 실제 계산된 F치가 수표에서 찾은 가설 부정의 기준치보다 적으면 두 분산 σ_1^2과 σ_2^2간에는 차이가 없다 즉, 동질적이라는 결정을 내리게 된다.

위의 예에 의하면 분산이 큰 쪽의 자유도는 24, 작은 쪽의 자유도가 28인 상황에서 α를 .10 수준에 설정하였다면 F수표에서는 $\alpha/2 = .10/2 = .05$에 해당하는 F치(가설 부정의 기준치)를 찾으면 된다. 수표에서 찾은 가설 부정의 기준치(F치)는 1.91이 된다. 실제 산출된 F치(3.0)는 가설 부정의 기준치(1.91)보다 크므로 영가설(H_0): $\sigma_1^2 = \sigma_2^2$을 부정하고 두 집단의 분산은 차이가 있다고 해석할 수 있다. 즉 $\sigma_1^2 \neq \sigma_2^2$이라는 결론을 내릴 수 있다.

이와 같이 집단 간 평균치의 차이를 검증하기 위해서는 먼저 두 분산의 동질성 여부를 검증하고 n_1과 n_2가 동일한지의 여부를 확인한 후 표 10 · 1에서 적합한 가설검증 공식을 택하면 된다. 표 10 · 1을 보면 두 전집 분산이 동질적($\sigma_1^2 = \sigma_2^2$)인 경우에는 두 집단의 사례수가 동일한지의 여부와 관계없이 공식은 앞에 예를 든 것과 동일하다는 것을 알 수 있다. 그러나 $\sigma_1^2 \neq \sigma_2^2$일 때의 공식은 사례수가 동일한지의 여부에 따라 다르다. t산출공식은 두 집단 사례수의 차이 여부에 관계없이 동일하지만, 자유도(df) 산출방법은 서로 다르다. 표에서 ❷에 해당하는 검증자료의 df는 $n_1 + n_2 - 2$을 사용해야 하지만 ❸에 해당하는 검증자료의 df는 복잡한 절차를 밟아 계산해야 한다.

한편 표에서 ❷에 해당하는 자료($\sigma_1^2 \neq \sigma_2^2$, $n_1 = n_2$)에 대한 차이검증 방법이 전문서적에 소개된 것은 Guilford (1978)의 *Fundamental statistics in psychology and education*에서 확인할 수 있다. 앞에서 두 표본의 크기가 같다면, 분산의 동질성 여하는 중앙집중한계정리(central limit theorem)를 적용하는 데 문제가 되지 못한다고 언급한 바 있다. 이러한 사실을 고려할 때 $\sigma_1^2 \neq \sigma_2^2$일 경우, 두 표본 사례수가 동일할 때($n_1 = n_2$)가 동일하지 못할 때($n_1 \neq n_2$)보다는 분석 결과의 항내성(抗耐性: robustness)* 이 높다고 판단할 수 있다.

요약하면, 실제 분석에서 **'두 표본집단 분산 간의 차이를 검증한 후 차이가 없을 경우 표에서 ❶의 공식을, 분산 간에 차이가 있을 때는 두 표본 사례수가 동일한지의 여부를 확인하고 사례수가 동일하면 ❷, 사례수에 차이가 있다면 Welch (1947)가 제안한 ❸의 공식을 적용하여 검증한다.'** 다양한 통계분석 패키지프로그램(예: SPSS 등)에서는 검증하고자 하는 자료가 등분산 가정을 만족시키는지의 여부별로 분석결과를 제시

* 항내성이란 '어떠한 통계방법의 가정이 어느 정도까지 위배되어도 산출된 통계치의 타당성에 영향을 받지 않는 정도'를 의미한다. 즉, 두 표본집단 간 평균치의 차이검증에서 분산 간에는 차이가 없다는 '등분산 가정'이 어느 정도 위배되어도 두 집단 간 표본수가 동일하다면 산출된 통계치의 타당성에는 별 영향을 미치지 않는다는 뜻이다.

하고 있다. 따라서 컴퓨터를 이용하여 ❷에 해당하는 검증자료를 분석할 경우에는 $\sigma_1^2 \neq \sigma_2^2$인 상황에서 산출된 t값의 유의수준은 자유도 n_1+n_2-2를 이용하여 수표에서 확인해야 한다.

$\sigma_1^2 \neq \sigma_2^2$인 경우, $n_1 = n_2$일 때와 $n_1 \neq n_2$일 때의 t계산공식은 동일하나 자유도는 다르다. $n_1 = n_2$일 때는 $n_1 + n_2 - 2$를 자유도로 사용해야 한다.

2.2 독립표본에서 $\sigma_1^2 \neq \sigma_2^2$, $n_1 = n_2$일 때 평균치 간의 차이검증($H_0 : \mu_1 = \mu_2$)

	남자	여자
n	50	50
$\overline{X}$	47.5	38.2
s^2	100.5	35.5

이 자료는 무선표집 방법에 의해 표집된 남 · 여 두 집단에 악력검사를 실시하여 얻은 결과이다. 남 · 여 두 집단의 악력 평균치 간에 유의한 차가 있는지의 여부를 α=.05수준에서 검증하고자 한다. 이 문제는 악력이 어느 쪽이 크냐에 관심이 있는 것이 아니라 단순히 차이가 있느냐에 관심이 있기 때문에 상대가설(H_A)은 양방검증이 된다. 따라서 영가설은 $\mu_1 = \mu_2$, 상대가설은 $\mu_1 \neq \mu_2$이 된다.

(1) 분산의 동질성 검증($H_0 : \sigma_1^2 = \sigma_2^2,\ \alpha = .10$)

$$F_{49,49} = \frac{100.5}{35.5} = 2.83$$

〈수표 7〉에서 $F_{49.49}$일 때 α=.10/2=.05에 해당하는 가설 부정의 기준치는 1.60이다. 따라서 실제 산출된 F치(2.83)가 가설 부정의 기준치(1.60)보다 크므로 영가설(H_0) : $\sigma_1^2 = \sigma_2^2$을 부정하고 두 집단 간의 분산은 차이가 있다고 해석할 수 있다. 즉 $\sigma_1^2 \neq \sigma_2^2$이 된다. 이와 같은 결과에 의하면 위의 자료는 $\sigma_1^2 \neq \sigma_2^2$, $n_1 = n_2$의 경우에 해당된다. 표의 자료에 대한 검증통계치와 자유도를 계산하면 다음과 같다.

(2) 통계적 검증

$$t=\frac{(\overline{X}_1-\overline{X}_2)-(\mu_1-\mu_2)}{\sqrt{\frac{s_1^{\,2}}{n_1}+\frac{s_2^{\,2}}{n_2}}}$$

$$t=\frac{(47.5-48.2)=0}{\sqrt{\frac{100.5}{50}+\frac{35.5}{50}}}=\frac{9.3}{\sqrt{\frac{136}{50}}}=\frac{9.3}{\sqrt{2.72}}=\frac{9.3}{1.65}=5.64$$

$$df=(n_1+n_2-2)=(50+50-2)=98$$

(3) 결론

자유도가 98인 t분포에서 $\alpha=.05$이고 상대가설이 양방검증인 경우 가설 부정의 기준치는 1.99이다. 위에서 계산된 검증통계치(5.64)는 가설 부정을 위한 기준치(1.99)보다 크기 때문에 영가설을 부정한다. 따라서 「남 · 여 집단의 악력 평균치 간에는 $p<.05$수준에서 통계적으로 유의한 차이가 있다」고 할 수 있으며 이와 같은 결과를 기초로 「남자집단은 여자집단보다 악력이 크다」는 결론을 내릴 수 있다.

(4) 신뢰구간

$$CI=\text{통계치}\pm\left[\begin{matrix}\text{가설부정의}\\ \text{기준치}:cv\end{matrix}\right]\times\left[\begin{matrix}\text{통계치의}\\ \text{표준오차}\end{matrix}\right]$$

$$\begin{aligned}CI_{95}&=(47.5-38.2)\pm(1.99)(1.65)\\&=9.3\pm3.28\\&=6.02\le(\mu_1-\mu_2)\le12.58\end{aligned}$$

2.3 독립표본에서 $\sigma_1^{\,2}\neq\sigma_2^{\,2}$, $n_1\neq n_2$일 때 평균치의 차이검증 : $(H_0:\mu_1=\mu_2)$

	불안 상	불안 하
n	15	20
$\overline{X}$	27.2	19.6
s^2	33.4	10.3

이 자료는 불안이 낮은 집단과 높은 집단에 턱걸이 검사를 실시해서 얻은 결과이다. 불안 상, 하 집단의 평균치 간에 차이가 있는지의 여부를 $\alpha=.01$ 수준에서 검증하고자

한다. 이 문제는 평균 턱걸이 횟수가 어느 쪽이 크냐에 관심이 있는 것이 아니라 단순히 차이가 있느냐에 관심이 있기 때문에 상대가설(H_A)은 양방검증이 된다. 따라서 영가설은 $H_0 : \mu_1 = \mu_2$, 상대가설은 $H_A : \mu_1 \neq \mu_2$이 된다.

(1) 분산의 동질성 검증($H_0 : {\sigma_1}^2 = {\sigma_2}^2$, α = .02)

$$F_{14,19} = \frac{33.4}{10.3} = 3.24$$

수표에서 $F_{14,19}$일 때 $\alpha = .02/2 = .01$에 해당하는 가설 부정의 기준치는 3.19이다. 따라서 실제 산출된 F치(3.24)가 가설 부정의 기준치(3.19)보다 크므로 영가설(H_0) $: {\sigma_1}^2 = {\sigma_2}^2$을 부정하고 두 집단 간의 분산은 차이가 있다고 해석할 수 있다. 즉 ${\sigma_1}^2 \neq {\sigma_2}^2$이 된다. 이와 같은 결과에 의하면 위의 자료는 ${\sigma_1}^2 \neq {\sigma_2}^2$, $n_1 \neq n_2$의 경우에 해당된다. 표의 자료에 대한 검증통계치와 자유도를 계산하면 다음과 같다.

(2) 통계적 검증

$$t = \frac{(\overline{X}_1 - \overline{X}_2) - (\mu_1 - \mu_2)}{\sqrt{\frac{{s_1}^2}{n_1} + \frac{{s_2}^2}{n_2}}}$$

$$= \frac{(27.2 - 19.6) - 0}{\sqrt{\frac{33.4}{15} + \frac{10.3}{20}}} = \frac{7.6}{\sqrt{2.74}} = 4.59$$

$$df = \frac{({s_{\overline{X}_1}}^2 + {s_{\overline{X}_2}}^2)^2}{({s_{\overline{X}_1}}^2)^2/(n_1+1) + ({s_{\overline{X}_2}}^2)^2/(n_2+1)} - 2 \tag{10.9}$$

여기에서${s_{\overline{X}_1}}^2$(평균치의 표준오차 분산)은 ${s_1}^2/n_1$이므로 33.4/15 = 2.23이 된다. ${s_{\overline{X}_2}}^2$도 마찬가지로 계산하면 된다.

$$df = \frac{(2.23 + 0.52)^2}{(2.23)^2/16 + (0.52)^2/21} - 2$$
$$= \frac{7.56}{0.31 + 0.01} - 2 = 23.63 - 2$$
$$= 21.63$$

(3) 가설 부정의 기준치

df	t(가설 부정의 기준치)

1 : 0.012=0.63 : x

즉 자유도 1증가할 때 t는 0.012 감소되었다. 자유도가 0.63증가할 때 t는 어느 정도 감소할까를 계산하면 된다.

$$\begin{aligned} t &= 2.831-(0.012\times0.63)/1 \\ &= 2.831-0.008 \\ &= 2.823 \end{aligned}$$

$\sigma_1^2 \neq \sigma_2^2$, $n_1 \neq n_2$인 경우 자유도는 정수로 나타나는 예가 드물다. 즉, 위의 사례처럼 대부분 소수로 나타난다. 따라서 수표에서 위의 통계치에 대한 가설 부정의 기준치를 직접 찾기는 어렵고 보간법(補間法)을 이용하여 계산해야 한다. 수표에서 $\alpha = .01$이고 양방검증인 경우, 자유도 21.63에 해당하는 가설 부정의 기준치를 보간법을 이용하여 계산하면 다음과 같다. 계산에 시간이 많이 소모되어 효율성은 떨어지지만, 컴퓨터 분석결과에 제시되고 있는 이들 값이 어떠한 절차를 밟아 산출되었다는 것을 이해하는 데 도움이 되기를 바라는 마음으로 제시하였다.

(4) 결론

$\alpha = .01$이고 양방검증인 위의 자료에 대한 가설 부정의 기준치는 따라서 2.823이 된다. 위에서 계산된 검증통계치(4.59)는 가설 부정을 위한 기준치(2.823)보다 크기 때문에 영가설(H_0)은 부정된다. 따라서 「불안이 높은 집단과 낮은 집단의 턱걸이 검사 평균치 간에는 $p<.01$수준에서 통계적으로 유의한 차이가 있다」고 할 수 있으며 이와 같은 결과로 기초를 「불안이 높은 집단은 낮은 집단보다 턱걸이를 잘 한다」라는 결론을 내릴 수 있다.

(5) 신뢰구간

$$CI = (\overline{X}_1 - \overline{X}_2) \pm (\text{가설부정의 기준치})(s_{\overline{X}_1 - \overline{X}_2})$$

$$\begin{aligned} CI_{99} &= (27.2 - 19.6) \pm (2.823)(1.66) \\ &= 7.6 \pm 4.69 \\ &= 2.91 \leq (\mu_1 - \mu_2) \leq 12.29 \end{aligned}$$

$\sigma_1^2 \neq \sigma_2^2$이고 $n_1 \neq n_2$일 때 영가설($\mu_1 = \mu_2$)을 검증할 경우, Welch(1947)가 제안한 평균치의 차의 표준오차와 자유도, 통계적 검증 공식은 다음과 같다.

$$t = \frac{(\overline{X}_1 - \overline{X}_2) - (\mu_1 - \mu_2)}{\sqrt{\dfrac{s_1^2}{n_1} + \dfrac{s_2^2}{n_2}}}$$

$$df = \frac{(s_{\overline{X}_1}{}^2 + s_{\overline{X}_2}{}^2)^2}{(s_{\overline{X}_1}{}^2)^2/(n_1+1) + (s_{\overline{X}_2}{}^2)^2/(n_2+1)} - 2$$

---

3. 두 평균치 간의 차이검증($H_0 : \mu_1 = \mu_2$): 종속표본의 경우

앞에 제시된 예는 두 표본집단의 피험자가 서로 다른 경우인 독립표본(獨立標本: independent sample)에 해당한다. 다시 말하면 피험자가 두 개의 전집에서 각각 무선표집 되었거나 혹은 두 개의 실험처치 조건에 무선배정된 경우이다. 실험설계를 할 때 두 집단의 피험자를 이와 같이 무선표집하거나 무선배정 하는 이유는 실험이 시작되기 전에 두 집단은 실험처치 변수를 제외하고는 동질적이어야 한다는 전제 때문이다. 실험이 시작되기 전에 두 집단이 동질적일 때 우리는 안심하고 처치효과(treatment effect)의 유무를 판단할 수 있게 된다.

그런데 두 표본집단의 피험자가 동일한 경우가 있다. 예를 들면 특정 약물복용이 근력에 미치는 영향을 분석하기 위해 일단의 피험자 집단을 선정한 후 근력(사전검사)을 측정하고 약물(즉 실험처치)을 복용시킨 후 다시 근력(사후검사)을 측정하는 경우이다. 또 다른 예를 들면 어떤 훈련방법의 효과를 검증하기 위해 한 집단의 선수들에게 훈련 전과 후의 경기력을 측정하는 방법이다. 이 경우 실험 전과 후, 약물복용 전과 후 집단의 피험자는 동일한 사람들이며 따라서 상호 독립적이지 못하고 관련이 있는 종속적(從屬的)인 것을 알 수 있다. 즉, 위의 방법은 실험 전에 높은 점수를 받은 사람은 실험 후에도 높은 점수를 받는 경향이 있으므로 실험 전과 후의 각 피험자 점수는 독립적이 아니라 상호 관련이 있는 종속적이다.

종속표집에 의한 연구의 가장 큰 장점은 독립변수 이외의 불필요한 잡음변수가 종속변수에 미치는 영향을 제거(혹은 최소화)함으로써 오차(誤差)를 줄여준다는 점이다. 즉, 비교하고자 하는 두 집단구성원이 동일하므로 두 집단구성원이 서로 다를 때 생기는 불필요한 변수의 작용을 제거할 수 있기 때문에 오차는 상대적으로 줄어들고 따라서 두 집단 간의 차는 그만큼 신뢰할 수 있다. 이 말은 전집의 두 평균치 간에 진짜 차가 있을 때 이 차를 찾아낼 가능성이 종속표집(從屬標集)의 경우가 더 크다는 것을 의미한다. 전집에서 두 평균치 간에 진짜 차가 있을 때 이 차를 찾아낼 가능성이 크다는 말은 제2종 오류(β)를 범할 가능성이 적다는 것을 의미한다. 따라서 독립표집보다는 높은 통계적 검증력(statistical power)을 보장 받게 된다.

그러나 종속표집에 의한 연구설계에는 다음과 같은 문제점 또는 단점이 있다. 동일한 집단을 두 개의 다른 실험조건에 사용하는 경우, 실험대상을 두 실험조건에 무작위로 할당하지 못할 때는 첫 번째 실험처치로 인해 생기는 연습, 피로, 학습 등이 다음 실험처치에 영향을 줌으로써 두 개의 다른 실험처치가 독립적(獨立的)으로 종속변수에 영향을 준다는 보장을 할 수 없게 된다. 이것을 흔히 순서효과(order effect)라고 부른다. 순서효과를 없애기 위해서는 실험대상의 일부는 제1의 실험처치를 먼저 받고난 후 제2의 실험처치를 받게 한다. 그리고 나머지 실험대상은 제2의 실험처치를 받고난 후 제1의 실험처치를 받도록 하여 실험대상을 서로 다른 실험조건에 무작위로 할당하는 방법을 사용하면 된다.

이 방법을 사용할 때 우리는 또 다른 문제를 예상할 수 있다. 즉 순서효과가 있을 수 있는 경우, 이를 없애기 위해 실험대상을 무선적으로 할당하는 과정은 오히려 종속변수에 새로운 추가적인 영향을 줌으로써 표준오차(標準誤差: $\sigma_{\overline{X}_1 - \overline{X}_2}$)를 크게 하는 역효과를 가져올 수도 있다. 또한 첫 번째 실험처치 영향의 크기가 두 번째의 것과 그 정도에서 차이가 있는 경우에는 불필요한 변산(점수 차이)의 추가뿐만 아니라 한 실험처치의 순서효과가 일정한 방향으로 더 작용하게 되므로 실험결과의 해석상에 또 다른 문제를 일으킬 수가 있다(임인재, 2002).

이와 같이 두 표본집단의 피험자가 서로 동일할 때 영가설$\mu_1 = \mu_2$의 검증을 종속표본(從屬標本)에 대한 가설검증이라고 한다. 독립표본에서 얻은 두 평균치 간의 차를 검증할 때와 마찬가지로 종속표본에서 얻은 두 평균치 간의 차의 표준오차(standard error)는 다음과 같은 중앙집중한계정리(central limit theorem)에 의해 설명할 수 있다.

종속표본에서 표본수(n)를 증가시키면 평균치가 $\delta = \mu_1 - \mu_2 = 0$이고 분산이 $\sigma_d{}^2$인 전집으로부터 n사례를 무작위로 표집하여 얻은 표본 평균치의 차($\bar{d} = \overline{X}_1 - \overline{X}_2$)의 표집분포는 다음과 같은 성질을 가진다.

1. 두 표본 평균치의 차의 표집분포는 정상분포가 된다. (형태)
2. 차의 표집분포의 평균치(δ)는 $\delta = \mu_1 - \mu_2 = 0$과 같다. (위치)
3. 차의 표집분포의 표준오차($\sigma_{\bar{d}}$)는 다음과 같다.

$$\sigma_{\bar{d}} = \frac{\sigma_d}{\sqrt{n}}$$ (변산)

4. 차의 표집분포의 분산은 다음과 같다.

$$\sigma_{\bar{d}}{}^2 = \frac{\sigma_d{}^2}{n}$$

두 평균치의 차의 전집분산($\sigma_d{}^2$)을 모를 때 $\sigma_d{}^2$의 추정치 $s_d{}^2$과 $s_{\bar{d}}$ (추정된 차의 표준편차)는 다음과 같다.

$$s_d{}^2 = \frac{\Sigma(d-\bar{d})^2}{n-1} = \frac{\Sigma d^2 - \frac{(\Sigma d)^2}{n}}{n-1} \tag{10.10}$$

$$s_d = \sqrt{\frac{\Sigma(d-\bar{d})^2}{n-1}} = \sqrt{\frac{\Sigma d^2 - \frac{(\Sigma d)^2)}{n}}{n-1}} \tag{10.11}$$

그리고 표본추정치의 차의 추정된 표준오차($s_{\bar{d}}$)는 다음과 같다.

$$s_{\bar{d}} = \frac{s_d}{\sqrt{n}} \tag{10.12}$$

예를 들어 보자. 인삼 한 뿌리 섭취가 근력에 미치는 영향을 검증하기 위하여 대학생 9명을 대상으로 실험을 실시하였다. 실험은 피험자 9명에게 인삼 한 뿌리를 먹기 전과 후(정확하게는 체내에 흡수된 후)의 악력을 각각 측정하는 방법을 택하였다. 피험자는 대학생 집단에서 무선표집 되었고 측정결과는 표 10 · 2와 같다. $\alpha = .05$수준에서 섭취 전과 후의 근력 간에 차이가 있는지의 여부를 검증하면 다음과 같다.

이 문제는 인삼 섭취 전과 후의 악력 평균이 어느 쪽이 크냐에 관심이 있는 것이 아니라 단순히 차이가 있느냐에 관심이 있으므로 상대가설(H_A)은 양방검증이 된다. 따라서 영가설은 $\mu_1 = \mu_2$, 상대가설은 $\mu_1 \neq \mu_2$이 된다. 여기에서 μ_1은 인삼 섭취 전 악력 평균치, μ_2은 섭취 후 악력 평균치이다.

표 10·2 인삼 한 뿌리 섭취 전과 후의 악력검사 결과

피험자	섭취 전 ($\overline{X}_1$)	섭취 후 ($\overline{X}_2$)	차(d) ($\overline{X}_2 - \overline{X}_1$)	d^2
1	35	29	-6	36
2	41	49	8	64
3	64	73	9	81
4	28	27	−1	1
5	39	45	6	36
6	50	61	11	121
7	56	65	9	81
8	71	77	6	36
9	29	33	4	16
Σ			46	472
평균치($\overline{X}$)	45.89	51.00	5.11	$\bar{d}$
표준편차(s)	15.30	18.97	5.44	s_d
평균치의 차의 표준오차($s_{\bar{d}}$)			1.81	

(1) 모수치와 표본 통계치

위의 예에서 연구자는 인삼 섭취 전과 후의 악력 평균치간의 차이는 0 즉 $\delta = \mu_1 - \mu_2 = 0$이라고 가정하였다. 그리고 실제 표본에서 산출된 인삼 섭취 전과 후의 악력 평균치 간의 차이는 $\bar{d} = \overline{X}_1 - \overline{X}_2$ 즉, 5.11로 산출되었으므로 모수치와 표본 통계치는 다음과 같다.

δ (전체 평균치 간의 차) = 0
$\bar{d}$ (표본 평균치 간의 차) = 5.11

(2) 통계치의 표준오차

$$S_d = \sqrt{\frac{\Sigma d^2 - \frac{(\Sigma d)^2}{n}}{n-1}} = \sqrt{\frac{472 - \frac{(46)^2}{9}}{9-1}} = 5.44$$

$$S_{\bar{d}} = \frac{S_d}{\sqrt{n}} = \frac{5.44}{\sqrt{9}} = 1.81$$

(3) 통계적 검증

$$t = \frac{\overline{d} - \delta}{s_{\overline{d}}} = \frac{5.11 - 0}{1.81} = 2.82$$

$$df = n - 1 = 9 - 1 = 8$$

전집의 σ_d를 알고 있을 때 영가설$(H_0):\delta = 0$의 검증통계치는 Z가 되며 평균치 차의 표집분포는 정상적으로 분포된다. 그러나 전집의 σ_d를 모를 때 평균치 차의 표집분포는 자유도가 $n-1$인 t분포가 된다.

(4) 결과

짝진 표본 즉, 종속표본에서 $\alpha = .05$이고 상대가설이 양방검증이며 자유도(df)가 8인 경우 가설 부정의 기준치는 2.306이다. 위에서 계산된 검증통계치는 2.82로서 가설 부정의 기준치(2.306)보다 크기 때문에 영가설은 부정된다. 따라서 「인삼 섭취 전, 후 간의 악력 평균치는 $p<.05$수준에서 통계적으로 유의한 차이가 있다」고 할 수 있다. 이와 같은 결과를 기초로 한다면 「인삼 한 뿌리를 섭취한 후가 섭취 전보다 악력평균치가 높다. 따라서 인삼 한 뿌리를 섭취하면 근력을 증강시킬 수 있다」라는 결론을 내릴 수 있다.

(5) 신뢰구간

$$CI_{95} = (\overline{X}_2 - \overline{X}_1) \pm (\text{가설 부정의 기준치})(s_{\overline{d}})$$

$$\begin{aligned} CI_{95} &= 5.11 \pm (2.306)(1.81) \\ &= 5.11 \pm 4.17 \\ &= 0.94 \le (\mu_1 - \mu_2) \le 9.28 \end{aligned}$$

종속표본(동일표본)에서 영가설$(H_0):\mu_1 = \mu_2$ 혹은 $\delta = 0$을 검증하고자 할 때 평균치간의 차의 추정된 표준오차($s_{\overline{d}}$)는 다음과 같이 정의된다.

$$s_{\overline{d}} = \frac{S_d}{\sqrt{n}}$$

---

4. 두 비율 간의 차이검증($H_0 : P_1 = P_2$): 독립표본의 경우

독자는 단일표본에서 얻은 비율(比率)에 대한 차이검증 방법을 기억할 것이다. 이 절에서는 독립표본에서 얻은 통계치를 근거로 하여 두 전집의 비율 P_1과 P_2 간에 차이가 있는지의 여부를 검증하는 방법을 제시하고자 한다. 독립표본에서 얻은 두 비율 간의 차의 표준오차 혹은 표집분포는 중앙집중한계정리에 의해 설명할 수 있다.

두 표본집단의 크기 즉 n_1과 n_2가 상당히 크고 비교하려는 두 집단의 n_1p_1(혹은 n_1q_1)과 n_2p_2(혹은 n_2q_2)가 5보다 클 때* ① 두 독립표본에서 얻은 비율 간의 차의 표집분포는 거의 정상적으로 분포되며 ② 두 표본 비율 간의 차의 표집분포의 평균치는 $p_1 = p_2$ 혹은 $p_1 = p_2 = 0$과 같다. 그리고 두 표본 비율 간의 차의 표준오차(s_{p1-p2})는 다음 공식과 같다.

$$s_{p_1 - p_2} = \sqrt{pq(\frac{1}{n_1} + \frac{1}{n_2})} \qquad (10.13)$$

여기에서

$$p = \frac{f_1 + f_2}{n_1 + n_2}$$

q = $1 - p$
f_1 = 제1표본집단의 빈도
f_2 = 제2표본집단의 빈도

독립표본에서 영가설(H_0) : $P_1 = P_2$ 혹은 $P_1 - P_2 = 0$을 검증하고자 할 때 두 비율 간의 차의 추정된 표준오차(s_{p1-p2})는 다음과 같이 정의된다.

$$s_{p_1 - p_2} = \sqrt{pq(\frac{1}{n_1} + \frac{1}{n_2})}$$

예를 들어 보자. 음악을 좋아하는 비율이 남 · 여 운동선수 간에 유의한 차가 있는지의 여부를 알아보기 위해 남 · 여 운동선수 각각 400명씩을 표집하여 조사한 결과, 남자는

* 만일 n_1p_1 혹은 n_1p_1과 n_2p_2 혹은 n_2q_2가 5보다 적을 때 독립성(獨立性: independence)에 대한 χ^2(카이자승) 검증이 수행되어야 한다.

351명, 여자는 348명이 음악을 좋아한다는 반응을 보였다. $\alpha = .01$수준에서 남 · 여 운동선수 간에 음악을 좋아하는 비율에 차이가 있는지의 여부를 검증해 보자.

이 문제는 남 · 여 운동선수의 음악을 좋아하는 비율이 어느 쪽이 높으냐에 관심이 있는 것이 아니라 단순히 차이가 있느냐에 관심이 있기 때문에 상대가설(H_A)은 양방검증이 된다. 따라서 영가설은 $P_1 = P_2$, 상대가설은 $P_1 \neq P_2$이 된다.

표 11 · 3 남 · 여 운동선수의 음악에 대한 선호 비율

	표본수 (n)	선호 반응수 (f)	선호 비율수 (p)
남	400	351	0.878
여	400	348	0.870

(1) 모수치와 표본 통계치

$$P_1 - P_2 = 0$$

$$p_1 - p_2 = 0.878 - 0.870 = 0.008$$

(2) 통계치의 표준오차

$$s_{p_1 - p_2} = \sqrt{pq\,(\frac{1}{n_1} + \frac{1}{n_2})}$$

여기에서

$$p = \frac{f_1 + f_2}{n_1 + n_2}$$

$$q = 1 - p$$

$$\therefore\ p = \frac{351 + 348}{400 + 400} = 0.874$$

$$q = 1 - 0.874 = 0.126$$

$$s_{p_1 - p_2} = \sqrt{(0.874)(0.126)(\frac{1}{400} + \frac{1}{400})} = 0.023$$

(3) 통계적 검증

n_1과 n_2가 크고 n_1p_1(혹은 n_1q_1)과 n_2p_2(혹은 n_2q_2)가 5보다 클 경우, 두 비율 간의 차의 표집분포는 정상분포(Z분포)와 거의 같으므로

$$Z = \frac{(p_1 - p_2) - (P_1 - P_2)}{s_{p_1 - p_2}} = \frac{0.008 - 0}{0.023} = 0.348$$

(4) 결론

$\alpha = .01$이고 양방검증인 경우 가설 부정의 기준치는 2.58이 된다. 위에서 계산된 검증통계치는 0.348로서 가설 부정의 기준치 2.58보다 적기 때문에 영가설(H_0)을 부정할 수 없게 된다. 따라서 「남 · 여 운동선수 간에 음악을 좋아하는 비율은 $p>.01$수준에서 통계적으로 유의한 차이는 없다」고 할 수 있다. 위와 같은 비율 차이는 표집오차에 의해 우연히 얻어진 것에 불과하다. 이와 같은 결과를 기초로 「음악을 좋아하는 것은 운동선수의 경우 성차와 관계가 없다」는 결론을 내릴 수 있다.

(5) 신뢰구간

$$CI = (p_1 - p_2) \pm (\text{가설부정의 기준치})(s_{p1-p2})$$

$$\begin{aligned} CI_{99} &= 0.008 \pm (2.58)(0.023) \\ &= 0.008 \pm 0.059 \\ &= -0.051 \le (P_1 - P_2) \le 0.067 \end{aligned}$$

5. 두 비율 간의 차이검증($H_0 : P_1 = P_2$): 종속표본의 경우

비교하고자 하는 두 비율(比率)이 짝진 표본이나 같은 표본(동일한 피험자)에서 얻어진 것일 때의 차이 검증은 앞에 제시된 방법과는 다르다. 종속표본에 해당하는 사례는 예를 들면 ① 두 개 종목의 경기지도자 자격시험에 패스한 학생들의 비율 간 차이를 검증할 경우(동일표본), ② 걷기운동 프로그램을 시청하기 전 후의 신체활동 참여비율 간 차이를 검증할 경우(동일표본), ③ 걷기운동에 대한 부부간의 선호비율에 차이가 있는지를 검증

할 경우(짝진 표본) 등이 이에 해당한다.

위에서 두 비율은 모두 동일한 피험자 혹은 짝진(paired) 표본에서 얻어진 것이기 때문에 상호 독립적이지 못하고 상관을 갖게 된다. 따라서 이들 비율 간의 차를 검증하고자 할 때는 두 비율 간의 상관도가 고려되어야 한다. 종속표본에서 두 비율 간 차이를 검증하고자 할 때 표준오차를 계산하기 위해서는 상관계수(相關係數)를 산출하는 경우와 그렇지 않는 경우로 대별된다. 여기에는 상관계수를 산출하지 않고도 간단히 표준오차를 계산하는 방법을 제시하기로 한다.

예를 들어 보자. 운동선수가 음악과 미술을 좋아하는 비율 간에 차이가 있는지의 여부를 알아보기 위해 운동선수 200명을 무선 표집하여 음악과 미술을 좋아하는지의 여부를 조사한 결과 다음과 같은 반응을 얻었다. 200명 중 음악을 좋아하는 선수의 비율은 60%, 미술을 좋아하는 비율은 70%로 나타남으로써 음악과 미술을 좋아하는 비율에 차이가 있음을 짐작할 수 있다.

표 10 · 4 종속표본에서 $H_0 : p_1 = p_2$ 검증을 위한 사간표(운동선수의 음악과 미술 선호비율)

1. 빈도표

		미술		
		NO	*YES*	계
음악	*YES*	10	110	120
	NO	50	30	80
	계	60	140	200

2. 비율표

		미술		
		NO	*YES*	계
음악	*YES*	.05	.55	.60
	NO	.25	.15	.40
	계	.30	.70	1.00

3. 기호표

		미술		
		NO	*YES*	계
음악	*YES*	a	b	p_1
	NO	c	d	q_1
	계	q_2	p_2	1.00

기호표에서 a와 d 칸은 음악과 미술에 대한 선호가 반드시 일치하지 않는 것이어야 한다.

이 문제를 해결하기 위해서는 표 10 · 3과 같은 사간표 (2×2 contingency table)를 만드는 것이 필요하다. 위에서 무선 표집된 전체 운동선수(n)는 200명인데 그중 음악을 좋아하는 사람(*YES*)이 120명이고, 120명 중 미술을 좋아하지 않는 사람(*NO*)이 10명, 좋아하는 사람(*YES*)이 110명이다. 또한 음악을 좋아하지 않는 80명 중 미술도 좋아하지 않는 사람(*NO*)이 50명, 미술을 좋아하는 사람은 30명이다.

이 사간표를 종, 횡으로 합하면 전체 운동선수 중 음악을 좋아하는 선수와 좋아하지 않는 선수 수 그리고 미술을 좋아하는 선수와 좋아하지 않는 선수 수를 알 수 있다. 그리고 각각의 빈도를 전체 선수 수($n = 200$)로 나누면 비율을 얻을 수 있다. 또한 p_1은 음악을 좋아하는 비율(.60)이고 p_2는 미술을 좋아하는 비율(.70)임을 알 수 있다. 종속표본에서 두 비율 간 차의 표준오차(s_{p1-p2})는 다음 공식과 같다.

$$s_{p_1 - p_2} = \sqrt{\frac{a+d}{n}} \tag{10.14}$$

여기에서

a = 사간표의 좌상(左上) 칸의 비율
d = 사간표의 우하(右下) 칸의 비율
n = 전체 빈도수

위의 표준오차 산출 공식을 종속표본에서 얻은 두 비율 간 차이를 검증하기 위해 사용할 경우 최소한 다음과 같은 조건이 만족되어야 한다. 즉, 사간표에서 대각선의 빈도수 합은 10보다 커야 한다는 조건이다. 예를 들면 a와 d칸의 빈도수 합($a+d$) 혹은 b와 c칸의 빈도수 합($b+c$)은 10보다 커야 한다. 만일 이 조건이 만족되지 못할 경우에는 15장에 기술된 χ^2검증을 해야 한다.

종속표본에서 영가설(H_0) : $P_1 = P_2$ 혹은 $P_1 - P_2 = 0$을 검증하고자 할 때 두 비율 차의 추정된 표준오차(s_{p1-p2})는 다음과 같이 정의된다.

$$s_{p_1 - p_2} = \sqrt{\frac{a+d}{n}}$$

이제 $\alpha = .05$수준에서 운동선수의 음악과 미술을 좋아하는 비율 간에 차이가 있는지의 여부를 검증하면 다음과 같다. 이 문제는 음악과 미술을 좋아하는 비율이 어느 쪽이 높으냐에 관심(關心)이 있는 것이 아니라 단순히 차이가 있느냐에 관심이 있기 때문에 상대가설(H_A)은 양방검증이 된다. 따라서 영가설은 $P_1 = P_2$, 상대가설은 $P_1 \neq P_2$이 된다.

(1) 모수치와 표본 통계치

$$P_1 - P_2 = 0$$
$$p_1 - p_2 = 0.60 - 0.70 = -0.10$$

(2) 통계치의 표준오차

표준오차의 계산은 a와 d칸의 빈도수 합(10+30=40)이 10보다 크므로 공식 (10.14)를 적용할 수 있다.

$$s_{p_1-p_2} = \sqrt{\frac{a+d}{n}} = \sqrt{\frac{0.05+0.15}{200}} = 0.032$$

(3) 통계적 검증

표본수가 크고 $(a+d)$의 빈도수가 10보다 큰 경우에는 두 비율 간의 차의 표집분포는 정상분포(Z분포)와 같으므로

$$Z = \frac{(p_1 - p_2) - (P_1 - P_2)}{s_{p_1-p_2}}$$
$$= \frac{(0.60 - 0.70) - 0}{0.032} = \frac{-0.10}{0.032} = -3.125$$

종속표본에서 두 비율 간의 차에 대한 영가설 검증은 공식 (10.14) 이외에도 다음과 같은 간편 공식을 이용할 수 있다.

$$Z = \frac{A - D}{\sqrt{A + D}}$$

여기에서

A = 사간표의 좌상(左上) 칸의 빈도수
D = 사간표의 우하(右下) 칸의 빈도수

위의 공식에 표 10·4의 빈도를 대입하면

$$Z = \frac{10 - 30}{\sqrt{10 + 30}} = \frac{-20}{\sqrt{40}} = -3.162$$

(4) 결론

$\alpha = .01$이고 양방검증인 경우 가설 부정의 기준치는 ±2.58이다. 위에서 계산된 검증 통계치는 -3.125로서 가설 부정의 기준치 ±2.58을 초과하기 때문에 영가설을 부정하게 된다. 따라서 「운동선수의 음악과 미술을 좋아하는 비율 간에는 $p<0.1$수준에서 통계적으로 유의한 차이가 있다」고 할 수 있으며 이와 같은 결과를 기초로 「운동선수는 음악보다 미술을 좋아한다」라는 결론을 내릴 수 있다.

(5) 신뢰구간

$$CI = (p_1 - p_2) \pm (\text{가설부정의 기준치})(s_{p1-p2})$$

$$\begin{aligned} CI_{99} &= 0.10 \pm (2.58)(0.032) \\ &= 0.10 \pm 0.083 \\ &= 0.017 \le |P_1 - P_2| \le 0.183 \end{aligned}$$

6. 두 상관계수 간의 차이검증($H_0 : \rho_1 = \rho_2$): 독립표본의 경우

앞장에서 상관계수의 표집분포는 계수의 크기와 방향(+, -)에 따라 그 모양이 달라진다고 하였다. 상관계수가 커지면 표집분포는 편포되며 이러한 현상은 표본수가 적을 때 더욱 심하게 나타난다고 하였다. 이와 같이 상관계수의 이론적(理論的) 표집분포는 계수가 커짐에 따라 점증적으로 편포되기 때문에 영가설을 검증할 때 정상분포를 사용하는 것은 부적절하다. 이러한 문제를 해결하기 위해서는 상관계수의 크기에 따라 표집분포가 거의 변동이 없는 통계치(Fisher의 Z환산 방법)로 상관계수를 환산하는 방법을 적용해야 한다고 하였다.

이 절에서는 독립표본에서 얻은 상관계수를 근거로 두 전집의 상관계수 ρ_1과 ρ_2간에 차이가 있는지($H_0 : \rho_1 = \rho_2$)를 검증하는 방법을 제시하고자 한다. 두 상관계수의 차의 표집분포 역시 계수가 커지면 분포는 편포된다. 그러나 독립표본에서 얻은 두 상관계수를 Fisher의 Z로 환산하면 두 상관계수의 차의 표집분포는 중앙집중한계정리에 의해 설명할 수 있다. 즉, 독립표본에서 얻은 두 상관계수 간의 차의 표집분포는 거의 정상적으로 분포되며 표집분포의 평균치는 $Z\rho_1 = Z\rho_2$ 혹은 0과 같다. 표집분포의 추정된 표준오차

($s_{z_{r1}-z_{r2}}$)는 다음 공식과 같다.

$$s_{Zr_1-Zr_2} = \sqrt{\frac{1}{n_1-3}+\frac{1}{n_2-3}} \tag{10.15}$$

예를 들어 보자. 2022년과 2023년 체육대학 신입생 모집단으로부터 각각 85명씩 무작위로 표집하여 운동능력검사와 지능검사를 실시한 후 이 두 검사 간의 상관계수를 산출하였다. 2022년 신입생 집단으로부터 산출된 상관계수(r)는 0.635로 나타났으며 2023년 신입생 집단으로부터 산출된 r은 0.505로 나타났다. $\alpha = .05$수준에서 2022년 신입생과 2023년 신입생의 운동능력과 지능 간의 상관계수 간에 차이가 있는지를 검증하면 다음과 같다.

이 문제는 2022년과 2023년 신입생 집단 간 운동능력과 지능 간의 상관계수가 어느 쪽이 크냐에 관심이 있는 것이 아니라 단순히 차이가 있느냐에 관심이 있기 때문에 상대가설은 양방검증이 된다. 따라서 영가설은 $\rho_1 = \rho_2$, 상대가설은 $\rho_1 \neq \rho_2$이 된다.

(1) 모수치와 표본 통계치

$$\rho_1 - \rho_2 = 0 \qquad Z_{\rho_1} - Z_{\rho_2} = 0$$

$$r_1 - r_2 = 0.635 - 0.505 = 0.130 \qquad Z_{r1} - Z_{r2} = 0.750 - 0.556 = 0.194$$

(2) 통계치의 표준오차

$$s_{Zr_1-Zr_2} = \sqrt{\frac{1}{n_1-3}+\frac{1}{n_2-3}} = \sqrt{\frac{1}{85-3}+\frac{1}{85-3}} = 0.156$$

(3) 통계적 검증

독립표본에서 $Z_{r1} - Z_{r2}$의 표집분포는 0.156의 표준오차를 가진 정상분포(Z분포)로 볼 수 있기 때문에 검증통계치는 다음 공식에 의해 산출될 수 있다.

$$Z = \frac{(Z_{r1}-Z_{r2})-(Z_{\rho1}-Z_{\rho2})}{s_{Zr_1-Zr_2}} = \frac{(0.750-0.556)-0}{0.156} = 1.244$$

(4) 결론

$\alpha = .05$이고 양방검증인 경우 가설 부정의 기준치는 1.96이 된다. 위에서 산출된 검증통계치는 1.244로서 가설 부정의 기준치 1.96보다 적기 때문에 영가설을 부정할 수 없게 된다. 따라서 「2022년 신입생과 2023년 신입생의 운동능력과 지능 간의 상관계수 간에는 $p<.05$수준에서 통계적으로 유의한 차가 없다.」 이와 같은 상관계수의 차이는 표집오차에 의해 우연히 얻어진 것에 불과하다고 할 수 있다. 이와 같은 결과를 기초로 「운동능력과 지능과의 상관도는 연차(2022년과 2023년)에 따라 변화가 없다」라는 결론을 내릴 수 있다.

(5) 신뢰구간

$$CI = (Z_{r1} - Z_{r2}) \pm (\text{가설부정의 기준치})(s_{Z_{r1}-Z_{r2}})$$

$$\begin{aligned} CI_{95} &= 0.194 \pm (1.96)(0.156) \\ &= 0.194 \pm 0.306 \\ &= -0.112 \le (Z_{\rho 1} - Z_{\rho 2}) \le 0.500 \end{aligned}$$

위의 CI 값은 $r_1 - r_2$를 $Z_{r1} - Z_{r2}$로 환산한 것이다. 따라서 이 값은 다시 r로 환원해야 한다. 이 값을 다시 환원하기 위해서는 부록의 〈수표 11〉을 이용하면 된다. 환원된 $r_1 - r_2$에 대한 CI_{95}는 다음과 같다.

$$CI_{95} = -0.112 \le (\rho_1 - \rho_2) \le 0.463$$

7. 두 상관계수 간의 차이검증($H_0 : \rho_1 = \rho_2$): 종속표본의 경우

종속표본에서 얻은 두 상관계수 간의 표집분포는 $n-3$의 자유도를 가진 t분포와 같다. 그리고 영가설 $\rho_{xy} = \rho_{xz}$를 검증하기 위한 검증통계치는 다음과 같다.

$$t = \frac{(r_{xy} - r_{xz})\sqrt{(n-3)(1+r_{yz})}}{\sqrt{2(1-r_{xy}^2 - r_{xz}^2 - r_{yz}^2 + 2r_{xy}r_{xz}r_{yz})}} \tag{10.16}$$

예를 들어 보자. 김 코치는 근력과 균형성 중 어느 변수가 양궁의 경기력을 가장 잘 예언하는지에 관심을 갖고 양궁선수 50명을 무작위로 표집한 후 근력과 균형성 검사를 실시하고 경기력 점수로서 더블라운드 기록을 택하여 상관계수를 산출한 결과 다음과 같은 자료를 얻었다. $\alpha = .05$수준에서 r_{xy}와 r_{xz}간에 차이가 있는지의 여부를 검증하면 다음과 같다.

경기력(x)×근 력(y)= r_{xy} =0.655
경기력(x)×균형성(z)= r_{xz} =0.505
근 력(y)×균형성(z)= r_{yz} =0.448

이 문제는 r_{xy}와 r_{xz}간에 어느 쪽이 크냐에 관심이 있는 것이 아니라 차의 방향에 관계없이 단순히 차이가 있느냐에 관심이 있기 때문에 상대가설은 양방검증이 된다. 따라서 영가설은 $\rho_{xy} = \rho_{xz}$ 상대가설은 $\rho_{xy} \neq \rho_{xz}$이 된다.

(1) 모수치와 표본 통계치

$$\rho_{xy} - \rho_{xz} = 0$$

$$\begin{aligned} r_{xy} - r_{xz} &= 0.655 - 0.505 \\ &= 0.150 \end{aligned}$$

종속표본 자료에 대한 영가설을 검증할 때는 Fisher의 Z계수로 환산하지 않고 실제 상관계수를 통계적 검증에 그대로 사용한다.

(2) 통계적 검증

$$t = \frac{(r_{xy} - r_{xz})\sqrt{(n-3)(1+r_{yz})}}{\sqrt{2(1 - r_{xy}{}^2 - r_{xz}{}^2 - r_{yz}{}^2 + 2r_{xy}r_{xz}r_{yz})}}$$

$$= \frac{(0.655 - 0.505)\sqrt{(50-3)(1+0.448)}}{\sqrt{2[1-(0.655)^2-(0.505)^2-(0.448)^2+2(0.655)(0.505)(0.448)]}}$$

$$= \frac{(0.150)(8.250)}{\sqrt{2(0.411)}} = 1.365$$

$$df = n - 3 = 50 - 3 = 47$$

(3) 결론

$\alpha=.05$이고 양방검증이며 자유도가 47인 경우 가설 부정의 기준치는 2.014이다. 그런데 자유도 47에 해당하는 t값은 〈수표 6〉에는 없다. 따라서 이 값은 보간법에 의해 산출된 것이다. 위에서 계산된 검증통계치는 1.365로서 가설 부정의 기준치보다 적기 때문에 영가설은 부정할 수 없다. 따라서 「r_{xy}와 r_{xz}간에는 $p>.05$수준에서 통계적으로 유의한 차가 없다」라고 할 수 있으며 위와 같은 상관계수의 차이는 표집오차에 기인한 것에 불과하다고 할 수 있다. 이와 같은 결과를 기초로 「근력과 균형성 변수는 양궁의 경기력 결정에 동등한 예언력을 가지고 있다」는 결론을 내릴 수 있다.

종속표본 자료에서 얻은 두 상관계수 간의 차의 표집분포는 $n-3$의 자유도를 가진 t분포와 같다. 그리고 영가설 $\rho_{xy}=\rho_{xz}$를 검증하기 위한 검증통계치는 다음과 같다.

$$t=\frac{(r_{xy}-r_{xz})\sqrt{(n-3)(1+r_{yz})}}{\sqrt{2(1-r_{xy}^2-r_{xz}^2-r_{yz}^2+2r_{xy}r_{xz}r_{yz})}}$$

---

8. 두 분산 간의 차이검증($H_0:\sigma_1^2=\sigma_2^2$): 독립표본의 경우*

앞에서 여러 가지 전집의 모수치 간 차이검증에서 우리는 정상분포와 t분포가 표집분포(標集分布)로 사용되고 있음을 알았다. 그러나 독립표본에서 얻은 두 전집분산 간에 차이가 있는지의 여부($H_0:\sigma_1^2=\sigma_2^2$)를 검증하기 위한 표집분포는 정상분포나 t분포가 아닌 F분포라는 점에 유의해야 한다.

두 전집분산 간에 차이가 있는지의 여부를 검증하기 위한 검증통계치의 공식은 두 분산 간의 차이가 아니라 두 표본분산 s_1^2과 s_2^2의 비(比)로 표시된다. 마찬가지로 신뢰구간 역시 두 표본분산의 차(difference)의 범위가 아니라 비(ratio)의 범위로 설정된다.

독립표본에서 영가설 $\mu_1=\mu_2$를 검증하기 위해서는 전집분산의 동질성(同質性, 등분산

---

* 이 부분은 앞에 제시된 2.1항의 반복이다. 독자는 두 집단 평균치 간의 차이를 검증할 때 두 집단 분산 간의 동질성 여하에 따라 적용 공식이 다르다는 것을 기억하고 있을 것이다. 분산의 동질성 여부를 검증한 2.1항의 사례를 참고하기 바란다.

성)이 가정되어야 한다. 이러한 가정은 영가설 $\sigma_1{}^2 = \sigma_2{}^2$를 검증함으로써 확인될 수 있다. 만일 검증결과 영가설이 긍정되면 전집분산의 동질성 가정은 만족되고 있는 것으로 해석할 수 있다. 영가설 $\sigma_1{}^2 = \sigma_2{}^2$을 검증하기 위한 공식은 다음과 같다.

$$F_{df_1,\, df_2} = \frac{s_1{}^2}{s_2{}^2} \tag{10.17}$$

F = 분산의 동질성 여하를 검증해 주는 수치
$s_1{}^2$ = 큰 쪽의 분산
$s_2{}^2$ = 적은 쪽의 분산
df_1 = 큰 쪽 분산의 자유도
df_2 = 적은 쪽 분산의 자유도

예를 들어 보자. 초등학교 3학년 남 · 여 각각 60명, 40명을 무선표집한 후 악력검사를 실시한 결과 아래와 같은 자료를 얻었다. 먼저 초등학교 3학년 남 · 여 학생들의 악력 평균치 간에 차이가 있는지의 여부를 검증하기에 앞서 두 전집분산의 동질성 여부를 $\alpha = .02$ 수준에서 검증해 보면 다음과 같다. 이 문제는 $\sigma_1{}^2$과 $\sigma_2{}^2$간에 어느 쪽이 크냐에 관심이 있는 것이 아니라 단순히 차이가 있느냐에 관심이 있기 때문에 상대가설은 양방검증이 된다. 따라서 영가설은 $\sigma_1{}^2 = \sigma_2{}^2$ 혹은 $\sigma_1^2/\sigma_2^2 = 1$, 상대가실은 $\sigma_1{}^2 \neq \sigma_2{}^2$ 혹은 $\sigma_1^2/\sigma_2^2 \neq 1$이 된다.

	n	$\overline{X}$	s^2
남학생	60	27.8	62.41
여학생	40	26.9	29.16

(1) 모수치와 표본 통계치

$$F = \frac{s_1{}^2}{s_2{}^2}$$

통계적 검증공식은 두 표본분산의 비(比)이며 표집분포는 F분포이다. 만일 두 표본분산이 $s_1^2 = s_2{}^2$이면 $\sigma_1{}^2 = \sigma_2{}^2$가 되고 $F = 1$이 된다. 그리고 영가설을 검증하기 위한 F분포는 두 개의 자유도 $n_1 - 1$과 $n_2 - 1$을 갖게 된다. 앞에 예로 제시한 두 집단의 등분산성을 검증하기 위해 F비를 계산하면 다음과 같다.

$$F_{59,\, 39} = \frac{62.41}{29.16} = 2.140$$

(2) 결론

독립표본에서 $\alpha = .02$이고 양방검증이며 큰 쪽 분산의 자유도가 59, 작은 쪽 분산의 자유도가 39인 경우, 가설 부정의 기준치(F)는 〈수표 7〉에서 2.02이다. 독자는 수표에서 $\alpha = .02$가 아니라 이 값의 절반인 $\alpha = .01$에 해당하는 F값을 읽어야 한다는 점에 다시 한번 유의해야 한다. 왜냐하면 F분포는 일방검증 용으로 제시된 것인 반면, 등분산성 검증은 양방검증이기 때문이다. 이점에 대해서는 앞의 2.1항에 자세히 기술하였다.

위에서 계산된 검증통계치는 2.140으로서 가설 부정의 기준치(2.02)보다 크기 때문에 영가설을 부정하고 상대가설을 받아들이게 된다. 따라서 「σ_1^2과 σ_2^2간에는 $p < .02$수준에서 통계적으로 유의한 차가 있다」라고 할 수 있다. 이와 같은 결과를 기초로 「초등학교 3학년 남 · 여 학생의 악력분산은 서로 다르다」라는 결론을 내릴 수 있다.

독립표본 자료에서 얻은 두 전집분산 간에 차이가 있는지의 여부에 대한 영가설 $\sigma_1^2 = \sigma_2^2$ 검증공식은 두 표본분산의 비(比: ratio)이며 표집분포는 F분포이다.

$$F_{df_1, df_2} = \frac{s_1^2}{s_2^2}$$

F분포는 일방검증 용으로 만들어진 것이다. 따라서 상대가설이 일방검증 ($\sigma_1^2 > \sigma_2^2$)이 아닌 양방검증($\sigma_1^2 \neq \sigma_2^2$)으로 진술되었을 경우, α수준을 .10으로 설정했다면 F분포에서는 α를 2로 나눈 값(.10/2)인 .05에 해당하는 F값을 수표에서 찾아야 한다.

---

9. 두 분산 간의 차이검증($H_0 : \sigma_1^2 = \sigma_2^2$): 종속표본의 경우

종속표본 자료에서 얻은 두 분산 간의 차의 표집분포는 $n-2$의 자유도를 가진 t분포와 같다. 영가설 $\sigma_1^2 = \sigma_2^2$을 검증하기 위한 검증통계치는 다음과 같다.

$$t = \frac{s_1^2 - s_2^2}{\sqrt{\frac{4s_1^2 s_2^2}{n-2}(1 - r_{12}^2)}} \tag{10.18}$$

예를 들어 보자. 김 교수는 팔의 신근의 지구력을 측정하고 있는 팔굽혀펴기(push-ups)와 평행봉 위에서 팔굽혀펴기(dips) 검사의 분산 간에 차이가 있는지의 여부를 검증하기 위해 50명의 학생을 무작위로 표집하여 두 검사를 실시하여 다음과 같은 결과를 얻었다. 두 전집분산의 동질성 여부를 $\alpha = .05$수준에서 검증해 보면 다음과 같다.

	Push-ups	*Dips*
n	50	50
s^2	78.66	60.25
r_{12}	.64	

위의 자료는 50명의 학생에게 두 검사를 모두 실시하였기 때문에 검사 간의 상관계수(r_{12})가 산출되었다는 점에 유의해야 한다. 이 문제 역시 σ_1^2과 σ_2^2간에 단순히 차이가 있느냐에 관심이 있기 때문에 상대가설은 양방검증이 된다. 따라서 영가설은 $\sigma_1^2 = \sigma_2^2$, 상대가설은 $\sigma_1^2 \neq \sigma_2^2$이 된다.

(1) 모수치와 표본 통계치

$$s_1^2 - s_2^2 = 78.66 - 60.25 = 18.41$$

(2) 통계적 검증

$$t = \frac{s_1^2 - s_2^2}{\sqrt{\frac{4s_1^2 s_2^2}{n-2}(1 - r_{12}^2)}}$$

$$= \frac{78.66 - 60.25}{\sqrt{\frac{4(78.66)(60.25)}{50-2}(1 - .64^2)}} = \frac{18.41}{15.27} = 1.206$$

$$df = n - 2 = 50 - 2 = 48$$

(3) 결론

$\alpha = .05$이고 양방검증이며 자유도가 48인 경우 가설 부정의 기준치는 2.013이다. 위에서 계산된 검증통계치는 1.206으로서 가설 부정의 기준치보다 적기 때문에 영가설은

부정할 수 없다. 따라서 「팔굽혀펴기 검사와 평행봉 위에서 팔굽혀펴기 검사의 전집분산 간에는 $p > .05$수준에서 통계적으로 유의한 차가 없다」라고 할 수 있으며 위와 같은 표본분산 간의 차는 표집오차에 기인한 것이라고 할 수 있다. 이와 같은 결과를 기초로 「팔의 신근 지구력을 측정하는 팔굽혀펴기 검사와 평행봉 위에서 팔굽혀펴기 검사는 동일한 분산을 가지고 있다」는 결론을 내릴 수 있다.

10. 통계적 검증력(statistical power)

가설검증에서 '상대가설(H_A)이 사실일 때 영가설(H_0)을 부정함으로써 올바른 결정을 내릴 수 있는 확률을 통계적 검증력(統計的 檢證力)이라 부른다'고 하였다. 실제로 사실이 아닌 영가설을 높은 확률수준에서 부정할 수 있을 때 통계적 검증력은 높다.

연구문제 상황에서 상대가설(H_A)이 실제로 사실일 때 우리는 두 가지 중 어느 하나의 결정을 내릴 수 있다. 즉, 실제로는 H_A가 사실인데 H_0를 사실인 것으로 받아들이는 오류(β)와 다른 하나는 정확하게 H_0을 부정하는 경우이다. 통계적 검증력은 1에서 제2종 오류를 범할 확률(β)을 뺀 $(1-\beta)$로 표시한다. 예를 들어 다음과 같은 두 가지 가설 중 어느 하나를 선택해야 한다고 생각해 보자.

$$H_0 : \mu = \mu_1$$
$$H_A : \mu = \mu_2$$

여기에서 우리는 도 10 · 1과 같이 μ_1을 중심으로 한 표집분포와 μ_2를 중심으로 한 표집분포를 가정할 수 있다. 먼저 그림 중 μ_1표집분포에서 실제로 μ는 μ_1과 같은데(즉, H_0이 사실(眞)인데) H_0를 부정하고 μ는 μ_2와 같다는 H_A를 받아들임으로써 오류를 범할 가능성 정도는 α이다. 그리고 μ가 μ_1과 같을 때 H_0를 받아들임으로써 정확한 결정을 내릴 가능성은 $(1-\alpha)$이다. $(1-\alpha)$는 그림에서 두 분포 사이에 설정된 수직선을 중심으로 왼쪽의 면적비율에 해당한다.

그렇다면 'μ는 μ_1과 같다'라는 H_0를 α수준에서 검증하고자 할 경우, 실제로는 μ는 μ_1이 아니라 μ_2와 같을 때 (즉 H_A가 사실일 때) H_0를 받아들임으로써 오류를 범할 가능성 정도(β)는 그림의 표집분포에서 어느 부분에 속할까? 그리고 H_A가 사실일 때 H_0를 부정함으로써 정확한 결정을 내릴 가능성 정도$(1-\beta)$는 어느 부분에 해당할까?

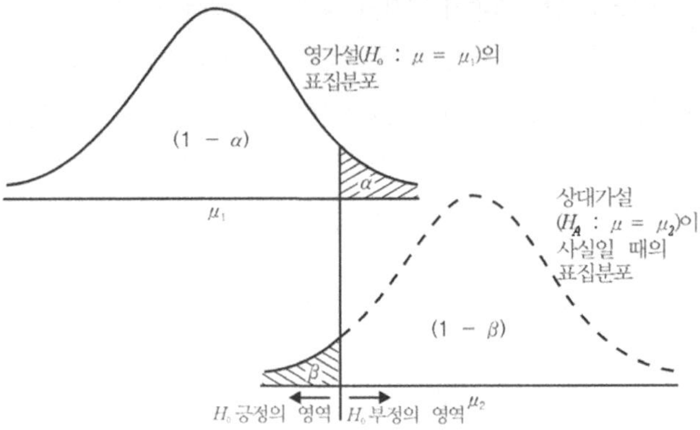

$(1-\alpha)$: H_0가 사실일 때 H_0를 긍정하는 정확한 판정을 내릴 확률
α : H_0가 사실일 때 H_0를 부정하는 오류를 범할 확률
β : H_A가 사실일 때 H_0를 긍정하는 오류를 범할 확률
$(1-\beta)$: H_A가 사실일 때 H_0를 부정하는 정확한 판정을 내릴 확률

도 10·1 제1종, 제2종 오류와 통계적 검증력$(1-\beta)$의 예시

β와 (1 - β)는 H_A가 사실일 경우에만 해당하는 것이기 때문에 즉, $\mu=\mu_2$일 경우에 해당하기 때문에 그림에서 μ_2를 중심으로 한 표집분포(標集分布)에서 찾을 수 있다. 점선으로 표기된 μ_2의 표집분포에서 사선으로 표시된 부분은 바로 2종 오류를 범할 확률, 즉 H_A가 사실일 때 H_0를 받아들임으로써 범할 오류의 가능성 정도(β)를 의미한다. 그리고 사선 부분의 오른쪽 면적비율은 $H_A : (\mu=\mu_2)$가 사실일 때 $H_0 : (\mu=\mu_1)$를 부정하고 H_A를 받아들임으로써 정확한 결정을 내리는 확률(1 - β)을 뜻한다.

10.1 통계적 검증력에 영향을 미치는 요인

앞에서 여러 번 설명했지만 다시 한번 제시한다. 가설검증에서 영가설에 관한 판단을 내릴 때 사실인 영가설을 부정하는 오류를 제1종 오류(α)라고 하였다. 그리고 상대가설이 사실(眞)일 때 영가설을 긍정하는 오류를 제2종 오류(β)라고 하였다. 그런데 제2종 오류인 β 혹은 통계적 검증력(1 - β)의 크기는 다음과 같은 몇 가지 요인에 의해 영향을 받는다.

❶ α(제1종 오류, 유의수준)의 크기
❷ H_A가 사실일 때 H_A와 H_0에 설정된 평균치 간의 차
❸ 표본수

❹ 분산 혹은 표준오차의 크기

❺ 일방검증 혹은 양방검증 여하

❶ 일반적으로 α(제1종 오류)를 적게 잡으면 β(제2종 오류)는 커지며, 반대로 α를 크게 잡으면 β는 적어진다. 다시 말하면 α수준을 .10에서 .05 또는 .01로 낮추면 제1종 오류를 범할 확률은 감소되지만 상대적으로 제2종 오류를 범할 가능성은 커진다. 따라서 제2종 오류를 범할 확률(β)을 줄일 수 있는 하나의 방법은 제1종 오류(α)를 크게 설정하는 것이다.

❷ 통계적 검증력($1-\beta$) 혹은 β의 크기는 H_A가 사실일 때 H_0와 H_A에 설정된 두 평균치의 차이와 관계가 있다. 두 평균치 간의 차가 적으면 적을수록 H_0와 H_A 각각의 표집분포는 상당 부분이 중복됨으로써 H_A표집분포의 많은 부분이 H_A가 실제로 사실인데 H_0를 잘못 받아들이는 결과를 가져오게 된다. 다음 그림(10.2)는 H_A가 사실일 때 H_0와 H_A에 설정된 두 평균치(平均値) 간의 차이가 클 때와 작을 때의 경우를 각각 예시하고 이들 간의 β값이 어떻게 달라지는가를 표시한 것이다. 일반적으로 H_A가 사실일 때 μ_1과 μ_2간의 차이가 적으면 적을수록 H_0를 오류로 받아들일 가능성(β)은 커지며, 반대로 μ_1과 μ_2간의 차이가 크면 클수록 H_0를 오류로 받아들일 가능성은 적어진다.

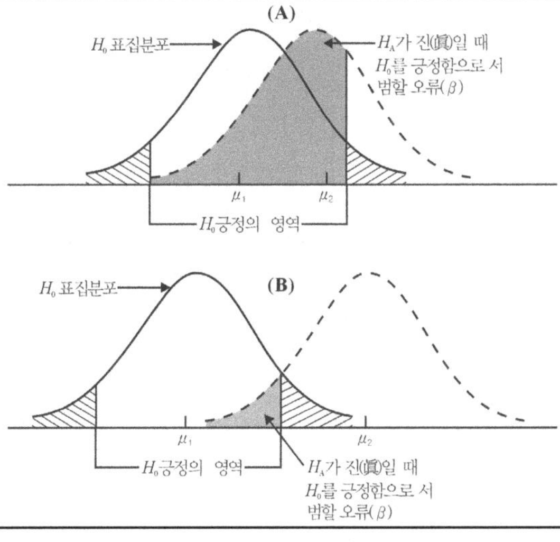

도 10·2 H_A가 사실일 때 H_0와 H_A에 설정된 평균치의 크기와 제2종 오류(β)의 크기

❸ 통계적 검증력을 높일 수 있는 또 다른 방법은 표본수를 크게 하는 것이다. **α수준은 자료를 수집하기 전에 결정하기 때문에 표본수는 제1종 오류를 범할 확률에 영향을 미치지는 않는다.** 그러나 표본수의 증가는 평균치의 표준오차($s_{\overline{X}}$)를 감소시키는 결과를 초래한다. 예를 들면 표본수가 $n = 100$일 때의 $s_{\overline{X}}$는 $s/\sqrt{100} = s/10$이지만 n=400일 때의 $s_{\overline{X}}$는 $s/\sqrt{400} = s/20$이 되어 $n = 100$일 때 보다 절반이 적다. 즉 표본수가 크면 클수록 평균치의 표준오차는 작아져서 결과적으로 제2종 오류(β)를 범할 가능성이 줄어든다.

❹ 통계적 검증력을 높일 수 있는 네 번째 방법은 분산(σ^2, s^2)의 크기를 줄이는 것이다. 분산의 크기를 줄이기 위해서는 자료수집 과정에서 변수를 보다 신뢰롭고 타당하게 측정해야 한다. 측정된 변수의 s^2이 커지는 것은 표본으로 선정된 피험자들의 개인차(個人差)가 크기 때문뿐만 아니라 측정 과정에 영향을 미칠 수 있는 잡다한 잡음변수(雜音變數: nuisance variable)를 충분히 통제하지 못했기 때문일 수도 있다. 또한 실험설계 과정에서보다 동질적인 표본을 선정한다면 s^2의 크기를 줄일 수 있게 되고 결과적으로 β를 줄일 수 있다. 동질적dls 표본을 선정하는 하나의 방안은 가능하다면 실험설계에서 종속표집(從屬標集)을 하는 것이다. 종속표집을 하게 되면 불필요한 잡음변수가 종속변수에 작용하는 영향을 최소화함으로써 s^2을 줄일 수 있다.

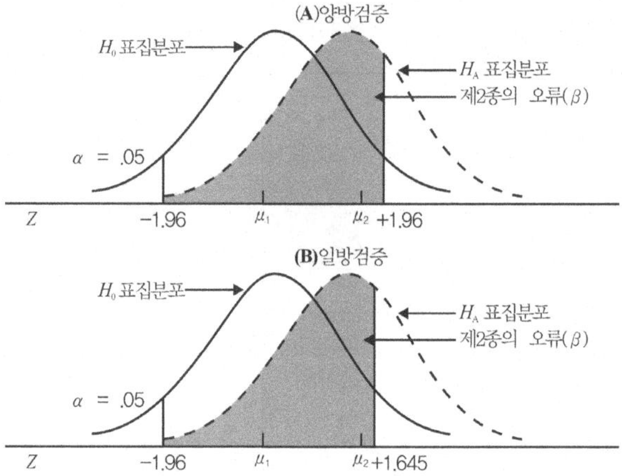

도 10 · 3 일방검증과 양방검증일 경우 제2종 오류(β)의 크기

❺ 통계적 검증력을 증가시킬 수 있는 다섯 번째 방법은 양방검증보다는 일방검증(一方檢證)을 하는 것이다. 연구에서 일방검증을 할 것인가 양방검증을 할 것인가는 자료수

집 훨씬 이전에 설정된 연구가설(研究假說)과 관련하여 결정되기 마련이다. 따라서 단순히 β를 줄이기 위해서 일방검증으로 바꾸어야 한다는 것을 뜻하는 것은 아님을 독자는 알아야 한다. 예를 들어 $\alpha = .05$일 때 일방검증의 경우 $Z = 1.645$이상이면 H_0를 부정할 수 있는 반면, 양방검증의 경우에는 ±1.96이상이어야 H_0를 부정하게 된다. 따라서 도 10 · 3에서 볼 수 있는 바와 같이 일방검증과 양방검증에서 흑색 부분에 해당하는 제2종 오류(β)를 범할 가능성은 일방검증일 때가 적다. 즉, 동등한 조건에서 제2종 오류(β)를 범할 가능성은 양방검증일 때 보다는 일방검증일 때 더 적다.

통계적 검증력과 관련하여 연구자는 전집의 모수치를 모르면 통계적 검증력($1 - \beta$) 또는 β를 계산할 수 없다는 점을 알아야 한다. 즉 전집의 모수치를 모를 때 β는 이론적 개념(理論的 槪念)으로 남아있을 수밖에 없다. 실제 자료를 분석하는 과정에서 연구자가 영가설을 받아들일 때는 전집의 모수치가 어느 정도인지 모르기 때문에 제2종 오류를 범할 확률(β 수준)이 어느 정도인지 결코 알 수 없게 된다. 또한 실제로는 상대가설(H_A)이 사실인데 영가설(H_0)이 사실인 쪽으로 보다 가깝게 있으면 영가설을 부정하기가 매우 어려우며, 따라서 β값은 더 커지게 된다. 반대로 실제로 사실인 상대가설(H_A)이 영가설(H_0)이 사실인 쪽으로부터 멀리 떨어져 있으면 영가설은 쉽게 부정할 수 있으며 β값도 더 적어진다고 가정할 수 있다. 우리가 전집의 모수치를 모르면서 β값을 계산하는 이유는 상대가설(H_A)이 사실이라는 가정하에서 영가설(H_0)을 받아들일 때 범할 수 있는 오류가 어느 정도인가를 밝히려는 것이다.

통계적 검증력의 크기에 영향을 미치는 요인은

1. α(제1종 오류, 유의수준)의 크기
2. H_A가 사실일 때 H_A와 H_0에 설정된 평균치 간의 차
3. 표본수
4. 분산 혹은 표준오차의 크기
5. 일방검증 혹은 양방검증 여하 등이다.

10.2 통계적 검증력($1 - \beta$)의 계산

[1] 다음 예는 H_A**가 사실일 때** H_A와 H_0에 설정된 평균치 간의 차이가 통계적 검증력에 어떠한 영향을 미치는가를 비교하기 위하여 제시한 것이다. 한 연구자가 전집의 평균

치를 추정하기 위하여 $n = 25$명을 주어진 전집에서 무선 표집하여 $\alpha = .05$수준에서 다음 가설을 검증한다고 하자. 이때 상대가설(H_A)의 실제 전집 평균치가 84일 때와 90일 때의 통계적 검증력은 어떻게 될까? 여기에서 전집의 표준편차는 $\sigma = 20$이라고 하자.

$$H_0 : \mu \leq 80$$
$$H_A : \mu > 80$$

이 문제를 해결하기 위해서는 먼저 설정된 가설에 근거하여 그림을 그려보는 것이 필요하다. 그리고 설정된 가설은 '일방검증'에 해당한다는 점에 유의해야 한다. 먼저 상대가설의 실제 전집 평균치가 84일 때 다음 문제를 해결해 보자.

1) $\mu_1 = 84$일 경우 통계적 검증력 계산

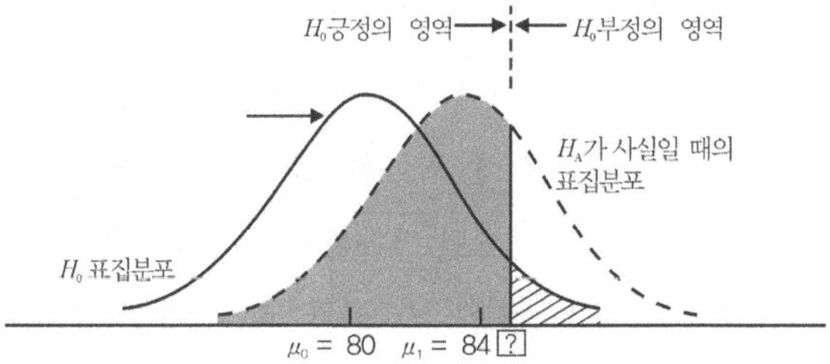

- $\alpha = .05$이고 일방검증임.
- $\sigma = 20$: 전집의 표준편차는 이미 알고 있는 것으로 가정함.
- $n = 25$: 전집에서 무선 표집한 것임.
- 따라서 $\sigma_{\overline{X}}$(평균의 표준오차)$= \sigma / \sqrt{n} = 20 / \sqrt{25} = 4$

○ 계산과정

1 H_0분포에서 α에 해당하는 Z값 산출

H_0가 사실일 때 일방검증일 경우 $\alpha = .05$에 해당하는 Z값은 $Z_{.95} = 1.64$가 된다.

2 Z값에 해당하는 점수(평균점수)산출 [$Z = (\overline{X} - \mu_0) / \sigma_{\overline{X}}$이용]

H_0가 사실인 표집분포에서 $Z_{.95} = 1.64$에 해당하는 평균점수($\overline{X}_{.95}$)는 공식[$Z = (\overline{X} - \mu) / \sigma_{\overline{X}}$]을 이용하여 산출하면 된다.

$$\overline{X}_{.95} = 80 + (1.64)(4) = 86.56$$

3 H_A분포에서 위의 $\overline{X}$에 해당하는 Z값 산출

β 혹은 $(1-\beta)$는 H_A가 사실일 때 한해서 나타나는 확률이므로, 이들은 H_A 즉, $\mu_1 = 84$의 표집분포에서 계산해야 한다. 따라서 β 혹은 $(1-\beta)$는 H_A 표집분포 하에서 86.56에 해당하는 Z값을 구하고 그에 해당하는 면적비율(확률)을 수표에서 찾으면 된다.

$$Z = \frac{(\overline{X} - \mu_1)}{\sigma_{\overline{X}}} = \frac{86.56 - 84}{4} = .64$$

4 산출된 Z값에 해당하는 면적비율$(1-\beta)$을 수표에서 찾음

따라서 β값은 Z점수로 .64이하의 면적비율에 해당하므로 〈수표 1〉에서 찾으면 .739가 된다. 그리고 통계적 검증력$(1-\beta)$은 $(1-.739)$ 즉 $(Z>.64)$에 해당하는 .261이다.

✍ 산출결과를 요약, 정리하면

① $(1-\alpha)$의 확률은?	.95
② α (제1종 오류를 범할 확률)은?	.05
③ μ_0 표집분포에서 ?에 해당하는 Z값은?	1.64
④ μ_1 표집분포에서 ?에 해당하는 Z값은?	.64
⑤ ?에 해당하는 평균점수는?	86.56
⑥ β(제2종 오류를 범할 확률)은?	.739
⑦ $(1-\beta)$의 확률은?	.261

2) $\mu_1 = 90$일 경우의 통계적 검증력 계산

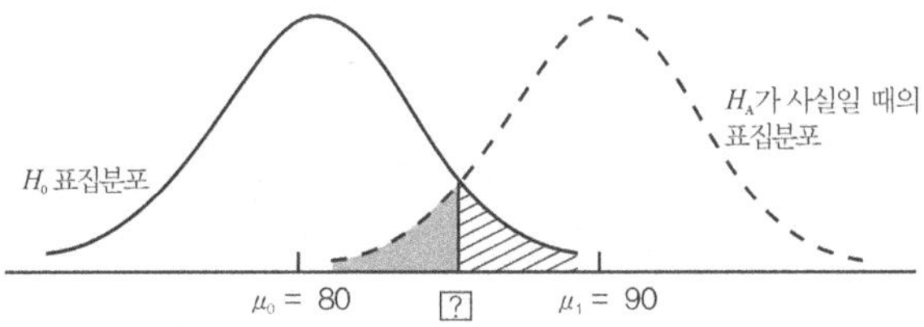

- $\alpha = .05$이고 일방검증임.
- $\sigma = 20$: 전집의 표준편차는 이미 알고 있는 것으로 가정함.
- $n = 25$: 전집에서 무선 표집한 것임.
- 따라서 $\sigma_{\overline{X}}$(평균의 표준오차)$= \sigma/\sqrt{n} = 20/\sqrt{25} = 4$

○ 계산과정

1 H_0가 사실일 때 일방검증일 경우 $\alpha = .05$에 해당하는 Z값은 $Z_{.95} = 1.64$가 된다.

2 H_0가 사실인 표집분포에서 $Z_{.95} = 1.64$에 해당하는 평균점수($\overline{X}_{.95}$)는 공식[$Z = (\overline{X} - \mu) / \sigma_{\overline{X}}$]을 이용하여 산출하면 된다.

$$\overline{X}_{.95} = 80 + (1.64)(4) = 86.56$$

3 H_A 표집분포 하에서 86.56에 해당하는 Z값은

$$Z = \frac{(\overline{X} - \mu_1)}{\sigma_{\overline{X}}} = \frac{86.56 - 90}{4} = -.86$$

4 β값은 Z점수로는 -.86이하의 면적비율에 해당하므로 〈수표 1〉에서 찾으면 .195가 된다. 그리고 통계적 검증력($1 - \beta$)은 ($Z > -.86$) = .805. 그러므로 통계적 검증력은 .805이다.

앞에서 $\mu_1 = 84$일 때와 $\mu_1 = 90$일 때의 통계적 검증력을 비교해 보면 μ_0과의 평균치 차이가 큰 $\mu_1 = 90$일 때의($1 - \beta$)가 크다는 사실을 발견할 수 있다.

✍ 산출결과를 요약, 정리하면

① ($1 - \alpha$)의 확률은?	.95
② α (제1종 오류를 범할 확률)은?	.05
③ μ_0 표집분포에서 ?에 해당하는 Z값은?	1.64
④ μ_1 표집분포에서 ?에 해당하는 Z값은?	-.86
⑤ ?에 해당하는 평균점수는?	86.56
⑥ β(제2종 오류를 범할 확률)은?	.195
⑦ ($1 - \beta$)의 확률은?	.805

2 다음 예는 **표본의 크기가 서로 다를 때** 통계적 검증력에 어떠한 영향을 미치는가를 비교하기 위한 것이다. 한 연구자가 전집의 평균치를 추정하기 위하여 $n_1 = 25$와 $n_2 = 100$을 주어진 전집에서 무작위로 표집한 후 $\alpha = .05$수준에서 일방검증으로 다음 가설을 검증한다고 하자. 전집의 표준편차는 $\sigma = 20$이라고 하자. 상대가설의 실제 전집 평균치가 84일 경우 $n_1 = 25$일 때와 $n_2 = 100$일 때의 통계적 검증력을 계산해 보자.

$$H_0 : \mu \leq 80$$
$$H_A : \mu > 80 \ (\mu_1 = 84)$$

이 문제는 $n_1 = 25$일 경우 앞에 제시된 문제 [1]의 (가)와 동일하다. 여기에서는 $\alpha = .05$이고 일방검증(一方檢證)이라는 사실을 유념하면 된다. 앞에서 $n_1 = 25$일 경우의 통계적 검증력(1 - β)은 .261로 나타났다. 그렇다면 $n_2 = 100$일 경우의(1 - β)는 얼마나 될까?

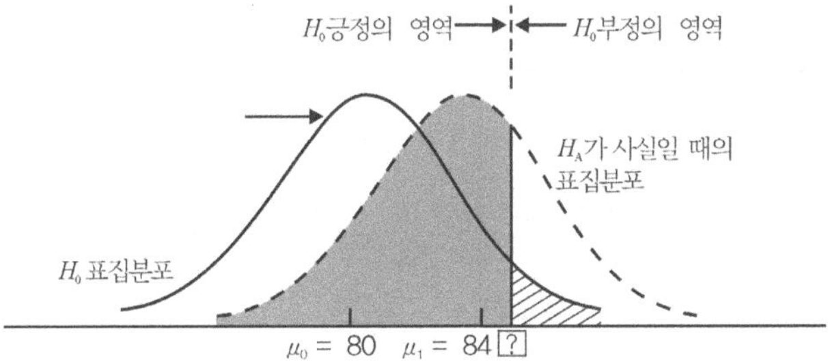

- $\alpha = .05$이고 일방검증임.
- $\sigma = 20$: 전집의 표준편차는 이미 알고 있는 것으로 가정함.
- $n = 100$: 전집에서 무선 표집한 것임.
- 그러므로 $\sigma_{\overline{X}}$(평균의 표준오차)$= \sigma/\sqrt{n} = 20/\sqrt{100} = 2$. 이 값이 바로 $n = 25$일 때와 차이가 있다는 점에 유의할 것.

○ 계산과정

❶ H_0가 사실일 때 일방검증일 때 $\alpha = .05$에 해당하는 Z값은 $Z_{.95} = 1.64$이다.

❷ H_0가 사실인 표집분포에서 $Z_{.95} = 1.64$에 해당하는 평균점수($\overline{X}_{.95}$)는

$$\overline{X}_{.95} = 80 + (1.64)(2) = 83.28$$

❸ H_A표집분포 하에서 83.28에 해당하는 Z값은

$$Z = \frac{(\overline{X} - \mu_1)}{\sigma_{\overline{X}}} = \frac{83.28 - 84}{2} = -.36$$

❹ β값은 Z점수로는 $-.36$이하의 면적비율에 해당하므로 〈수표 1〉에서 찾으면 .359가 된다. 따라서 통계적 검증력(1 - β)은 $(Z > -.36) = .641$이다.

위의 결과에 의하면 $n_1 = 25$일 때의 (1 - β)는 .261이며 $n_2 = 100$일 때의 (1 - β)는 .641로 나타났다. 따라서 통계적 검증력은 표본수가 클수록 상대적으로 커진다는 사실을 확인할 수 있다. 표본수와 관련하여 우리는 전집의 표준편차(標準偏差) 크기 여하가 (1 -

β)의 크기에 영향을 미친다는 점을 알 수 있을 것이다. 모든 조건이 같을 때 전집의 표준편차가 클 경우와 작을 경우, 통계적 검증력 (1 - β)는 어떻게 될까? 통계적 검증력을 높이기 위해서는 어떠한 노력이 필요한가? 그리고 평균의 표준오차($\sigma_{\overline{X}}$)를 줄이기 위해서는 연구과정에서 어떠한 노력이 필요한가?

✍ 산출결과를 요약, 정리하면

① (1 - α)의 확률은?	.95
② α (제1종 오류를 범할 확률)은?	.05
③ μ_0 표집분포에서 ?에 해당하는 Z값은?	1.64
④ μ_1 표집분포에서 ?에 해당하는 Z값은?	-.36
⑤ ?에 해당하는 평균점수는?	83.28
⑥ β(제2종 오류를 범할 확률)은?	.359
⑦ (1 - β)의 확률은?	.641

3 다음 예는 α**의 크기가 서로 다를 때** 통계적 검증력에 어떠한 영향을 미치는가를 비교하기 위한 것이다. 한 연구자가 전집의 평균치를 추정하기 위하여 $n = 25$를 해당 전집에서 무선 표집한 후 $\alpha = .05$와 $\alpha = .01$수준에서 일방검증(一方檢證)으로 앞에 제시된 문제 1의 가설을 검증하고자 한다. 전집의 표준편차는 $\sigma = 20$이며 따라서 평균의 표준오차($\sigma_{\overline{X}}$)는 4이다. 상대가설의 전집 평균치가 84일 경우, $\alpha = .05$일 때와 $\alpha = .01$일 때의 통계적 검증력을 계산해 보자.

이 문제에서 $\alpha = .05$일 때의 통계적 검증력(1-β)은 문제 1의 (가)에 제시된 바와 같이 .261이다. 그렇다면 α의 값을 .01로 낮게 설정할 경우 (1 - β)는 어떻게 될까? 즉 α의 값을 낮게 설정하면 (1 - β)는 커질까 작아질까? $\alpha = .01$일 때의 (1 - β)계산과정은 다음과 같다.

○ 계산과정

❶ H_0가 사실일 때 일방검증일 경우 $\alpha = .01$에 해당하는 Z값은 $Z_{.99} = 2.33$이 된다.

❷ H_0가 사실인 표집분포에서 $Z_{.99} = 2.33$에 해당하는 평균점수($\overline{X}_{.99}$)는

$$\overline{X}_{.99} = 80 + (2.33)(4) = 89.32$$

❸ H_A 표집분포 하에서 89.32에 해당하는 Z값은

$$Z = \frac{(\overline{X} - \mu_1)}{\sigma_{\overline{X}}} = \frac{89.32 - 84}{4} = 1.33$$

❹ β값은 Z점수로는 1.33 이하의 면적비율에 해당하므로 〈수표 1〉에서 찾으면 .908이 된다. 따라서 통계적 검증력(1 - β)은 (Z>1.33) = .092

위의 결과에 의하면 α = .05일 때(1 - β)는 .261이며 α = .01일 때(1 - β)는 .092로 나타났다. 따라서 통계적 검증력은 α의 크기가 작을수록 상대적으로 적어진다는 사실을 확인할 수 있다.

그러나 앞에서 언급한 바와 같이 통계적 검증력을 높이기 위해서는 α의 값을 무작정 크게 할 수는 없다. 왜냐하면 α값을 크게 한다는 것은 제1종 오류 즉, H_0가 사실인데 H_0를 부정하는 오류를 크게 범하기 때문이다. 우리는 체육학 분야에서의 α수준은 .05이하로 설정하는 것이 관례라는 점에 유의할 필요가 있다.

✍ 산출결과를 요약, 정리하면

① (1 - α)의 확률은?	.99
② α (제1종 오류를 범할 확률)은?	.01
③ μ_0 표집분포에서 ?에 해당하는 Z값은?	2.33
④ μ_1 표집분포에서 ?에 해당하는 Z값은?	1.33
⑤ ?에 해당하는 평균점수는?	89.32
⑥ β(제2종 오류를 범할 확률)은?	.908
⑦ (1 - β)의 확률은?	.092

4 다음 예는 **일방검증일 때와 양방검증일 때**의 통계적 검증력을 비교하기 위한 것이다. 한 연구자가 전집의 평균치를 추정하기 위하여 n = 25를 전집에서 무선 표집한 후 α = .05수준에서 문제 1의 가설을 검증한다고 하자. 전집의 표준편차는 σ = 20이며 n = 25이기 때문에 평균의 표준오차(標準誤差)는 $\sigma_{\bar{X}}$ = 4이다. 상대가설의 실제 전집 평균치가 84일 경우, 일방검증일 때와 양방검증일 때의 통계적 검증력을 계산해 보자.

이 문제에서 α = .05 수준에서 일방검증일 때의 통계적 검증력(1 - β)은 문제 1의 (가)에 제시된 바와 같이 .261이다. 그렇다면 양방검증일 때의 (1 - β)는 이보다 커질까 아니면 작아질까? 양방검증일 때의 계산과정은 다음과 같다.

○ 계산과정

❶ H_0가 사실일 때 양방검증일 경우, α = .05에 해당하는 Z값은 $Z_{.025}$ = -1.96과 $Z_{.975}$ = 1.96이다. 여기에서 $Z_{.025}$와 $Z_{.975}$로 표기한 것은 양방검증이므로 α값은 분포의 양쪽으

로 분할되기 때문이다. 따라서 양방검증인 경우, α값은 2로 나누어야 한다. 즉 양방검증에서 α = .05에 대응하는 Z값은 α를 2로 나눈 값에 해당하는 $Z_{.025}$ = -1.96과 이 값을 1에서 뺀 $Z_{.975}$ = 1.96으로 분할된다.

❷ 그런데 $Z_{.025}$ = -1.96 즉, Z값으로 -1.96 이하에 해당하는 부분은 실제 H_A가 사실인 표집분포에서는 무시할 정도로 적기 때문에 통계적 검증력 계산에서는 제외해도 무방하다. 따라서 H_0가 사실일 때 양방검증 경우 α = .05에 해당하는 Z값은 표집분포의 오른쪽에 해당하는 $Z_{(1-\alpha/2=1-0.5/2=1-0.25=.975)}$ = 1.96이다.

❸ H_0가 사실인 표집분포에서 $Z_{.025}$ = -1.96에 해당하는 평균점수($\overline{X}_{.975}$)는 공식 [$Z=(\overline{X}-\mu_0)/\sigma_{\overline{X}}$]를 변형한 [$\overline{X}=\mu_0+Z \cdot \sigma_{\overline{X}}$]을 이용하여 산출하면 된다.

$$\overline{X}_{.975} = 80 + (1.96)(4) = 87.84$$

❹ H_A 표집분포 하에서 87.84에 해당하는 Z값은

$$Z = \frac{(\overline{X}-\mu_1)}{\sigma_{\overline{X}}} = \frac{87.84-84}{4} = .96$$

❺ β값은 Z점수로는 .96 이하의 면적비율에 해당하므로 〈수표 1〉에서 찾으면 .831이 된다. 따라서 통계적 검증력(1 - β)은 (Z>.96) = .169이다.

✍ 산출결과를 요약, 정리하면

① (1 - α)의 확률은?	.95
② α (제1종 오류를 범할 확률)은?	.05
③ μ_0 표집분포에서 ?에 해당하는 Z값은?	1.96
④ μ_1 표집분포에서 ?에 해당하는 Z값은?	.96
⑤ ?에 해당하는 평균점수는?	87.84
⑥ β(제2종 오류를 범할 확률)은?	.831
⑦ (1 - β)의 확률은?	.169

위의 결과에 의하면 일방검증일 때의 (1 - β)는 .261이며 양방검증일 때의 (1 - β)는 .169로 나타났다. 따라서 통계적 검증력은 양방검증(兩方檢證: two tailed-test)을 할 때보다는 일방검증(一方檢證: one tailed-test)을 할 때 더 커진다는 사실을 확인할 수 있다. 즉, 통계적 검증력을 높이려면 모든 조건이 같을 때 양방검증보다는 일방검증 방법을 택

하는 것이 좋다고 할 수 있다.

그러나 일방검증을 할 것이냐 아니면 양방검증을 할 것이냐는 가설을 설정하는 단계에서 연구문제(硏究問題)의 성격과 이론적 배경(理論的 背景: theoretical background)을 기초로 결정해야 하기 때문에 통계적 검증력을 고려해야 할 이유는 없다. 일반적으로 연구문제(硏究問題)가 두 모집단 간에 차의 방향에는 관계없이 차이가 있느냐의 여부에 관심이 있을 때는 양방검증을 해야 한다. 반면 두 모집단 간의 차가 어느 쪽이 크냐에 관심이 있을 때는 일방검증을 해야 한다.

통계적 검증력(statistical power)을 최초로 제안한 Cohen (1969, 1988)은 심리학을 포함한 사회과학 연구에서 통계적 검증력(1 - β)의 중요성을 강조하고, 그 수용기준(受容基準: acceptable threshold)으로 0.80을 제안하였다. 통계적 검증력(1 - β)은 후속되는 표본수를 결정하는 통계치로 사용된다.

11. 효과크기(effect size : *ES*)

앞에서 우리는 표본수가 크면 클수록 표집분포의 표준오차($s_{\overline{X}}$)는 적어진다는 사실을 알았다. 단일 평균치에 관한 검증이든, 두 평균치의 차에 관한 검증이든 동일한 조건에서 표준오차(標準誤差)가 상대적으로 적다면 어떠한 현상이 일어날까? 두 전집의 평균치 간에 차이가 있는지의 여부는 수집된 자료를 처리한 후 검증통계치에 대입하여 얻은 결과를 근거로 판단하게 된다. 우리는 검증통계치에서 분모(分母)가 바로 표집분포의 표준오차($s_{\overline{X}}$ 혹은 $s_{\overline{X}_1 - \overline{X}_2}$)임을 알고 있다. 따라서 표준오차가 상대적으로 적어지면 표본집단으로부터 얻은 두 평균치 간에 '차이가 작다고 할지라도 통계적으로는 유의한 차이가 있게' 나타나게 된다.

좀 더 구체적으로 설명하면 그동안 통계적 유의도(統計的 有意度) 검증에 대한 연구자의 신뢰에도 불구하고 실제 이 방법은 몇 가지 제한점을 가지고 있다. ① 영가설(H_0)이 사실로 나타나는 경우가 실제로는 거의 없다. ② 유의도 검증결과는 표본수의 크기에 따라 좌우된다. 즉, H_0를 부정하려면 통계적 검증력 값을 높이면 될 것이고 이를 위해서는 표본수의 크기를 증가시키면 된다. ③ 통계적 유의도는 단지 H_0가 사실일 때 표본자료와 같은 결과를 얻지 못할 가능성을 확률적으로 제시할 뿐 **"연구결과가 '실제적(practically)으로'**

중요하고 의미 있다"는 정보를 제공해 주지는 못한다. ④ 유의도 검증은 영가설의 부정 혹은 긍정(reject or do-not-reject decision) 중 하나를 택하게 함으로써 비록 두 연구자가 동일한 처치효과를 얻었다고 해도 그들 연구의 표본수 차이로 인해 '상이한 결론(結論)'을 내릴 수도 있는 비현실적인 문제를 초래할 수 있다는 것이다.

이러한 문제점 때문에 통계적 유의도 검증 결과만으로는 연구결과가 실제로 유의한지의 여부를 판단하는데 불충분하다는 비판이 제기되어 왔다. 이러한 문제를 해결하기 위한 보완적 자료분석 방법으로서 제안된 방법이 효과크기(ES: effect size)이다. 효과크기는 "어떤 현상이 전집에서 나타난 정도" 혹은 "영가설이 사실이 아닌 정도" (Cohen, 1988)를 의미한다.

효과크기는 두 집단 간의 차이점수 혹은 한 집단의 변화점수를 일종의 표준점수(Z) 단위로 나타낸 것이기 때문에 상호 비교할 수 있다. 다시 말하면 서로 상이한 측정척도를 사용하여 얻은 측정치라 할지라도 공통의 기준(비교집단의 표준편차 혹은 통합 추정치)에 의해 평균치 간의 변화 차이를 나타내기 때문에 효과크기 값들은 의미 있게 서로 비교, 해석할 수 있다.

평균치 간의 차이 크기와 관련된 효과크기 추정치는 영국의 통계학자 William Sealy Gosset가 1908년 "Student t-test"라는 이름으로 제안한 t검증 공식 (10.7)에 근거를 두고 있다. 효과크기를 체계적으로 정리하고 표준화된 효과크기(예: Cohen's d)를 통해 연구설계와 연구결과의 해석에서 그 중요성을 부각시킨 Cohen (1969)은 공식 d (10.19)를 제안하였다. 여기에서 우리는 Cohen(1969)이 제안한 효과크기 d공식 (10.19)가 t검증공식 (10.7)의 분모인 표준오차에서 끝부분에 해당하는 $(1/n_1+1/n_2)$를 제거한 공식이라는 사실과 이러한 공식을 제안하기까지 무려 61년이라는 세월이 흘렀다는 사실을 기억해 둘만하다.

효과크기의 추정치는 두 집단 간에 어느 정도 차이가 있는가(평균치 간의 차이 크기)와 둘 또는 그 이상의 변수들이 어느 정도 관련되어 있는가(관계강도)를 나타내 주는 통계치로 분류할 수 있다.

11.1 평균치 간의 차이 크기(ES 혹은 d)

평균치 간의 차이 크기와 관련된 추정치는 Cohen (1988)이 제안한 효과크기 d이다. d의 산출 공식은

$$d = \frac{\overline{X}_1 - \overline{X}_2}{S_p} \tag{10.19}$$

여기에서

$$S_p = \sqrt{\frac{(n_1 - 1)S_1^2 + (n_2 - 1)S_2^2}{n_1 + n_2 - 2}}$$

s_p = 표준편차의 통합추정치
n_1 = 집단 1의 사례수
n_2 = 집단 2의 사례수
s_1^2 = 집단 1의 분산
s_2^2 = 집단 2의 분산

효과크기 d는 두 집단 간의 평균치 차이 점수를 표준편차의 통합추정치(統合推定値: pooled standard deviation)로 나눈 값이다. 공식 중 분모에 해당하는 표준편차는 보편적으로 비교집단이 있는 경우에는 비교집단의 표준편차를 사용하고 비교집단이 없는 경우에는 통합추정치를 사용해야 한다는 견해가 지배적이다(Thomas & Nelson, 2001). 그러나 어느 경우이든 통합추정치의 사용을 권장하는 학자도 적지 않음을 기억해 둘 필요가 있다. 참고로 위의 통합추정치 공식은 두 전집의 분산이 동일할 경우, 평균치 차의 표준오차 산출공식(10.6)에서 사례수(n)가 차지하는 부분이 제외된 것임을 잊지 말기 바란다.

표 10·4 효과크기(Effect size: ES)의 해석

	The d Family[a]	The r Family[b]		
	d	r and ∅	R	η(eta)[d]
⑦ 아주 큰 정도	≥ | 1.00 | [c,e]	≥ | .70 |	≥ | .70 | +	| .45 | +
⑦ 큰 정도	| .80 |	| .50 |	| .51 |	| .37 |
⑦ 중 정도	| .50 |	| .30 |	| .36 |	| .24 |
⑦ 작은 정도	| .20 |	| .10 |	| .14 |	| .10 |

Leech, N. C., Barrett, K. C., & Morgan, G. A.(2008). *SPSS for intermediate statistics, Use and interpretation,* New York: Psychology Press.

Cohen(1988)은 사회과학 분야의 연구에서 d값을 해석하기 위한 기준을 다음과 같이 제안하였다. 0.8 혹은 그 이상의 효과크기 값은 큰(large) 효과크기로, 0.5 수준은 중정도(moderate) 효과크기로, 0.2 혹은 그 이하는 작은(small) 효과크기로 해석한다. 예를 들어 산출된 d값이 .31로 나타났다면 처치효과는 비교적 작은 것으로 해석할 수 있다. Leech 등(2008)은 Cohen(1988)이 제시한 기준을 세분하여 1.00 이상의 효과크기 값을 아주 큰 정도의 효과크기로 해석할 것을 제안하였다.

효과크기(d)의 통계적 의미를 좀 더 구체적으로 살펴보자. d에 대한 해석은 정상분포 하에서의 표준점수에 대한 해석과 동일하다. 예를 들어 근력훈련의 효과를 알아보기 위해 악력검사를 실시한 결과 근력훈련을 실시한 실험집단($n = 20$)의 평균치와 표준편차는 각각 43과 10, 비교집단($n = 20$)의 평균치와 표준편차는 30과 10으로 나타났다고 가정하고 효과크기를 계산하면 다음과 같다.

$$d = \frac{43 - 30}{10} = 1.3$$

여기에서 d=1.3은 두 집단의 평균치 차이를 표준편차의 통합추정치로 나누어 얻은 값이다. 이 값은 평균이 30, 표준편차가 10인 비교집단의 분포를 평균이 0, 표준편차가 1인 단위 정상분포(單位 正常分布)로 바꾸었을 때 이 분포에서 실험집단으로부터 얻은 원점수 43을 표준점수(Z)로 환산한 것이다. 정상분포 하에서 Z점수로 1.3이상에 해당하는 면적비율은 .0968(약 10%)이며 1.3이하에 해당하는 면적비율은 .9032(약 90%)이다. 그림 10 · 4에 제시된 바와 같이 $d = 1.3$을 기준으로 할 때 비교집단의 점수분포에서 이 점수 이상을 받은 사람은 약 10%가 되며 이 점수 이하를 받은 사람은 약 90%가 된다고 해석한다. 다시 말하면 실험집단의 평균치에 해당하는 점수를 받은 사람은 비교집단 사람들의 약 90%보다 더 좋은 점수를 받은 것으로 해석한다.

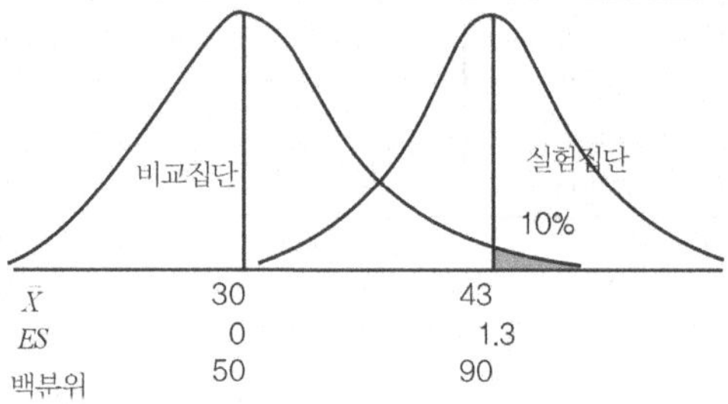

도 10 · 4 실험처치 효과를 나타낸 정상분포곡선

11.2 관계강도(strength of association)

변수 간의 관계강도를 측정하기 위한 효과크기를 최초로 개념화한 학자는 상관계수(Pearson's correlation coefficient)를 개발한 Karl Pearson (1896)이다. 그가 초기 형태의 효과크기라 볼 수 있는 방법을 제안한 후, 표 10·4에 제시된 다양한 상관계수에 대한 효과크기가 개발되고 그 해석기준이 설정되었다.

두 전집의 평균치 간에 통계적으로 유의한 차이가 있다는 것은 두 개의 하위범주로 나누어진 독립변수와 평균치가 산출된 종속변수 간에는 어느 정도 유의한 상관관계(相關關係)가 있다는 것을 의미한다. 예를 든다면 남녀의 악력 평균치 간에 통계적으로 유의한 차이가 있다는 것은 성차(性差: 독립변수)와 악력(종속변수) 간에 유의한 관계가 있음을 의미한다. 그러나 실제 우리가 사용하는 t검증 결과는 두 전집의 평균치 간에 차이가 있는지의 여부를 제시해 줄 뿐 어느 정도 상관이 있는지에 관한 정보는 제시해 주지 못하고 있다.

아래에 제시된 ω^2(omega자승)과 η^2(이타자승)은 바로 위와 같은 두 변수[예: 성차(X)와 악력(Y)] 간의 **관계강도를 나타내 주는 지수(指數)**이다. 이들 지수는 두 평균치 간의 차이 검증에서 표본의 크기가 t값의 크기에 미치는 영향을 제거해 주는 장점을 가지고 있다.

1) $\hat{\omega}^2$(omega 자승)

독립변수를 X, 종속변수를 Y라고 할 때 ω^2은 Y의 전체 분산 중 X가 차지하는 비중 즉, X가 Y의 분산(分散)을 설명해 주는 정도를 뜻한다. 일반적으로 ω^2은 X와 Y간의 결정계수(r^2)와 동일한 의미를 갖고 있다. 따라서 ω^2은 $0 < \omega^2 < 1$의 값을 갖는다.

$$\omega^2 = \frac{{\sigma_y}^2 - {\sigma_{y/x}}^2}{{\sigma_y}^2} \qquad (10.20)$$

ω^2 = 관계강도
σ_y^2 = Y변수의 분산
$\sigma_{y/x}^2$ = X집단내의 Y분산(즉, 오차분산)

앞에서 t검증 결과 통계적으로 유의한 차이가 있다는 것은 반드시 두 변수 간에 상당한 상관(相關)이 있다는 것을 의미하지는 않는다고 하였다. 이 말은 통계적으로 유의한 차이가 없다고 할지라도 두 변수 간에는 상당한 상관이 있을 수 있다는 것을 뜻하기도 한다. 따라서 평균치 간의 차이를 검증할 때는 ω^2(관계강도)를 동시에 보고하는 것이 바람직하다. 그 이유는 평균치 간의 차이 검증결과는 표본수의 크기에 따라 크게 영향을 받기 때문이다.

물론 차이 검증의 목적이 '전집의 평균치를 정확하게 추정'하는 것이라면 표본수는 가능한 한 크게 하여 t검증 결과를 제시하는 것으로 충분하며 ω^2을 반드시 제시해야 할 필요는 없다. 그러나 차이 검증의 목적이 '두 전집 평균치 간의 차이'뿐만 아니라 두 변수(독립변수와 종속변수) 간의 관계를 알고자 하는 것이라면 t검증 결과와 ω^2을 동시에 보고하는 것이 바람직하다. $\hat{\omega}^2$는 t검증 결과 얻은 t값에 의해 다음 공식을 이용하여 계산할 수 있다.*

$$\hat{\omega}^2 = \frac{t^2 - 1}{t^2 + n_1 + n_2 - 1} \tag{10.21}$$

예를 들어 남녀학생 각각 30명을 무선 표집하여 악력을 측정한 결과 다음과 같은 자료를 얻었다. 남녀학생 전집 간의 악력 차를 $\alpha = .01$ 수준에서 양방검증한 후 ω^2을 계산해 보자. 설정된 영가설은 $H_0 : \mu_1 = \mu_2$, 상대가설은 $H_A : \mu_1 \neq \mu_2$이다. 이 문제를 통계적 검증절차를 이용하여 풀면 다음과 같다.

남학생	여학생
$\overline{X}_1 = 50$	$\overline{X}_2 = 45$
$s_1^2 = 20$	$s_2^2 = 25$
$n_1 = 30$	$n_2 = 30$

❶ 통계적 검증

$$F_{29,29} = \frac{s_2^2}{s_1^2} = \frac{25}{20} = 1.25$$

그러므로 $\sigma_1^2 = \sigma_2^2$을 가정할 수 있음.
따라서 $n_1 = n_2$이고 $\sigma_1^2 = \sigma_2^2$이므로

* $\hat{\omega}^2$은 전집의 ω^2을 표본을 통하여 추정한 추정치이다. 이 공식에서 t값이 1보다 적을 경우에 $\hat{\omega}^2$은 -값을 얻게 된다. 이 경우 $\hat{\omega}^2$은 -값을 취할 수 없으므로 0으로 간주한다.

$$t = \frac{(\overline{X}_1 - \overline{X}_2)}{\sqrt{(\frac{(n_1-1)s_1^2 + (n_2-1)s_2^2}{n_1+n_2-2})(\frac{1}{n_1}+\frac{1}{n_2})}}$$

$$= \frac{50-45}{\sqrt{(\frac{(29 \times 20) + (29 \times 25)}{30+30-2})(\frac{1}{30}+\frac{1}{30})}}$$

$$= \frac{5}{\sqrt{(\frac{1305}{58})(.067)}} = 4.08$$

$$df = n_1 + n_2 - 2 = 30 + 30 - 2 = 58$$

❷ 가설 부정의 기준치

수표에서 $\alpha = .01$ 양방검증, $df = 58$일 때 가설 부정의 기준치는 2.66이다.

$$\hat{\omega}^2 = \frac{(4.08)^2 - 1}{(4.08)^2 + 30 + 30 - 1} = \frac{15.65}{75.65} = .207$$

❸ 결론

산출된 t값(4.08)은 가설 부정의 기준치인 2.66보다 크므로 H_0를 부정하고 H_A를 받아들인다. 즉, 남녀학생 간의 악력은 $p < .01$수준에서 통계적으로 유의한 차이가 있다. 또한 성차(X)는 악력(Y) 분산의 약 20.7%를 설명해 주고 있어 관계강도 역시 적지 않다.

종속변수(Y)의 전체 분산 중 독립변수(X)가 차지하는 비중, 혹은 X가 Y의 분산을 설명해 주는 정도를 ω^2(omega 자승; 관계강도)라고 한다. ω^2은 두 평균치 간의 차이 검증에서 표본수가 t값의 크기에 미치는 영향을 제거해 주는 장점이 있다. ω^2은 두 변수 간의 관계를 설명할 경우 양류(兩類)상관계수의 자승 즉, r_{pb}^2와 같다. ω^2의 계산 공식은 다음과 같다.

$$\hat{\omega}^2 = \frac{t^2 - 1}{t^2 + n_1 + n_2 - 1}$$

---

2) η^2(eta 자승)

독자는 앞의 제 6장에서 상관계수의 하나로 소개된 상관비(η)를 기억할 수 있을 것이다. η^2은 공식(6.11)을 이용하여 얻은 값 즉, η를 자승(제곱)하면 된다. 여기에서 η^2은 설명(독립)변수의 자승화(제곱합; SS: sum of squares)를 전체 자승화(自乘和)로 나눈 것이다. η^2은 종속변수의 전체 분산 중 선정된 설명변수가 차지하는 분산 비율을 뜻한다.

앞에 기술된 몇 가지 관계강도(關係强度: strength of association)를 나타내는 효과크기에 대한 해석 기준은 표 10 · 4에 세분하여 제시하였다.

12. 표본수의 추정

연구를 수행할 때 표본수(標本數: sample size)*를 어느 정도로 하는 것이 바람직한가에 대한 질문은 많지만 이에 대한 정답은 없다. 왜냐하면 일정한 기준이 없기 때문이다. 따라서 연구비용, 시간 등 주어진 상황을 고려하고, 가설검증(假說檢證)이 요구되는 것인가 아니면 신뢰구간(信賴區間) 설정에 의해 전집 평균치를 추정하는 것인가를 고려하여 적절히 결정할 수밖에 없다.

그러나 우리는 가설검증 혹은 신뢰구간 설정 과정에서 표본수가 크면 클수록 상대적으로 표준오차(標準誤差)는 적어진다는 사실을 알았다. 표준오차가 적어진다는 것은 그만큼 전집의 모수치에 가깝게 접근한다는 것을 의미한다. 따라서 표본수가 적으면 상대적으로 표준오차가 커져서 두 전집의 평균치 간에는 실제로 차이가 있는 것도 통계적 검증결과는 유의한 차이가 없는 것으로 나타날 수 있다.

추리통계(推理統計: inference statistics)가 바로 '표본에서 얻은 통계치에 의해 전집의 모수치를 추정하는 것'임을 고려할 때, 표본의 크기가 전집의 크기에 가까울수록 표준오차도 적어져서 우리는 좀 더 안정되고 타당한 결론을 내릴 수 있다. 이와 같이 전집의 사례수에 가까운 표집을 하는 것이 이상적이라는 사실에도 불구하고, 우리는 투자하는 비용과 시간, 노력을 고려할 때 무턱대고 많은 표집을 할 수는 없다. 따라서 전집의 사례수

---

* 표본수의 추정과 관련하여 9쪽 분량의 내용이 제시되었다. '이런 방법이 있구나' 하는 생각으로 읽기를 바란다. 다음 절에는 우리가 쉽게 컴퓨터 프로그램을 이용하여 표본수와 통계적 검증력을 산출하는 방법이 제시되어 있다는 점을 참작하여 이 절을 소화해 주기 바란다.

를 전부 조사하지 않는 이상, 우리는 검증된 결과를 신뢰롭고 타당하게 해석하는 데 어려움이 있다는 것을 짐작할 수 있다.

다시 말하면, 실제로 차이가 있는 것도 없는 것으로 받아들이는 오류를 알게 모르게 범할 수도 있다는 것이다. 그렇다면 어느 정도의 오차범위(誤差範圍)를 인정하는 수준에서 가설을 검증하고 그 결과를 해석할 수 있다면, 그리고 그러한 해석을 내리는 데 필요한 표본수를 결정할 수 있다면, 우리는 무턱대고 표집하여 결과를 해석하는 것보다는 합리적인 결정을 내릴 수 있을 것이다.

12.1 가설검증의 경우

앞에서 언급한 바와 같이 표본수를 결정하는 방법은 '가설검증을 할 경우와 신뢰구간을 설정할 경우'에 따라 각각 다르다. 가설검증에 필요한 표본수(標本數)를 결정하기 위해서는 다음과 같은 몇 가지 조건이 선결되어야 한다.

❶ 두 전집의 평균치 간의 차($\mu_1 - \mu_2$)가 이런 정도는 되어야 차이가 있는 것으로 볼 수 있다는 차의 정도를 사전에 결정해야 한다. 예를 들면 연구자가 일반인과 운동선수 간의 악력 차가 최소한 5㎏ 정도는 되어야 차이가 있다고 보는 경우에 해당한다. 이러한 차의 크기는 선행 연구결과를 고려하거나 혹은 선험적으로 결정할 수 있다.

❷ 전집의 분산(σ^2)을 추정할 수 있어야 한다.

❸ α(제1종 오류를 범할 확률)의 수준을 결정해야 한다. 즉 H_0가 사실일 때 착오로 이를 부정하고 H_A를 받아들이는 오류의 정도를 결정해야 한다.

❹ β(제2종 오류를 범할 확률)의 수준을 결정해야 한다. 즉 H_A가 사실일 때 착오로 H_0를 받아들이는 오류의 정도를 결정해야 한다. 다시 말하면 실제로 두 전집의 평균치 간의 차이가 위의 ❶에서 결정한 차이와 같거나 그보다 클 때 이를 차이가 없다고 판단하는 오류의 정도를 사전에 결정하는 것이다.

위의 네 가지 값이 결정되면 다음 공식에 대입하여 표본수(N)를 결정할 수 있다. 이 공식은 일방검증일 때와 양방검증일 때 그리고 단일평균에 대한 가설검증일 때와 두 평균치 간의 차이에 대한 가설검증일 때 서로 다르다. 또한 두 평균치 간의 차이 검증일 경우에는 두 전집분포의 표준편차가 같을 경우와 다를 경우에 따라 다르다. 각각의 조건에 적용될 수 있는 공식은 표 11 · 4와 같다.

표 10·5 $(\mu_0-\mu_1)$혹은 $(\mu_1-\mu_2)$, α, β, σ^2을 알고 표본수(N)를 결정하는 방법

		양방검증	일방검증
단일평균에 대한 검증		$N=\dfrac{\sigma^2(Z_{1-\frac{\alpha}{2}}+Z_{1-\beta})^2}{(\mu_0-\mu_1)^2}$	$N=\dfrac{\sigma^2(Z_{1-\alpha}+Z_{1-\beta})^2}{(\mu_0-\mu_1)^2}$
두 평균치 간의 차 검증	$\sigma_1=\sigma_2$를 가정할 수 있을 때	$N=\dfrac{2\sigma^2(Z_{1-\frac{\alpha}{2}}+Z_{1-\beta})^2}{(\mu_1-\mu_2)^2}$	$N=\dfrac{2\sigma^2(Z_{1-\alpha}+Z_{1-\beta})^2}{(\mu_1-\mu_2)^2}$
	$\sigma_1=\sigma_2$를 가정할 수 없을 때	$N_1=\dfrac{(\sigma_1^2+\sigma_1\sigma_2)(Z_{1-\frac{\alpha}{2}}+Z_{1-\beta})^2}{(\mu_1-\mu_2)^2}$ $N_2=\dfrac{(\sigma_2^2+\sigma_1\sigma_2)(Z_{1-\frac{\alpha}{2}}+Z_{1-\beta})^2}{(\mu_1-\mu_2)^2}$	$N_1=\dfrac{(\sigma_1^2+\sigma_1\sigma_2)(Z_{1-\alpha}+Z_{1-\beta})^2}{(\mu_1-\mu_2)^2}$ $N_2=\dfrac{(\sigma_2^2+\sigma_1\sigma_2)(Z_{1-\alpha}+Z_{1-\beta})^2}{(\mu_1-\mu_2)^2}$

N = 표본수
σ^2 = 전집의 분산
$Z_{1-\alpha}$ = $(1-\alpha)$의 면적비율에 해당하는 Z점수
$Z_{1-\frac{\alpha}{2}}$ = $(1-\frac{\alpha}{2})$의 면적비율에 해당하는 Z점수
$Z_{1-\beta}$ = $(1-\beta)$의 면적비율에 해당하는 Z점수

※ 단일 평균치에 대한 차이를 검증할 때

❶ 예를 들어 $H_0 : \mu = 50$, $H_A : \mu = 53$이라는 가설을 $\alpha = .05$와 $\beta = .10$수준에서 검증하고자 할 때 이를 만족시키는 표본수는 어느 정도 되어야 할까? 전집의 표준편차(σ)는 5로 나타났다고 하자. 다시 말하면 이 문제는 「$\alpha = .05$ 수준에서 $H_0 : \mu = 50$을 검증하고자 하는데 $\mu = 50$과 차이의 방향과 관계없이 3점차 이상으로 나타날 경우, 90%의 확신(통계적 검증력을 뜻하므로 $\beta = 1 -.90 = .10$이 됨)을 갖고 이를 진짜 차이가 있는 것으로 결정하고자 한다. 이러한 조건을 만족시키는 표본수는 어느 정도 되어야 할 것인가」를 묻는 것이다.

이 문제를 해결하기 위해서는 먼저 양방검증인지 일방검증인지를 확인해야 한다. 가설의 진술 형태를 보면 μ_0와 μ_1간의 차이가 방향에 관계없이 3점차 $(50-53=3)$ 이상이면 되는 것으로 진술되었으므로 양방검증에 해당한다. 따라서 이 문제는 단일평균에 관한 가설의 양방검증에 해당하는 다음 공식을 사용해야 한다.

$$N = \frac{\sigma^2 (z_{1-\frac{\alpha}{2}} + z_{1-\beta})^2}{(\mu_0 - \mu_1)^2} \tag{10.22}$$

여기에서

$\alpha = .05,\ \beta = .10$이므로

$z_{1-\frac{\alpha}{2}} = z_{1-\frac{.05}{2}} = z_{.975} = 1.96$

$z_{1-\beta} = z_{1-.10} = z_{.90} = 1.28$

$$= \frac{5^2(1.96 + 1.28)^2}{(50 - 53)^2}$$

$$= \frac{25 \times 10.50}{(-3)^2} = \frac{262.5}{9}$$

$$= 29.17$$

∴ 위의 조건을 만족시키기 위한 표본수는 최소 30명 이상이어야 한다.

※ 두 평균치 간의 차이를 검증할 때

❷ $H_0 : \mu_1 - \mu_2 = 7,\ H_A : \mu_1 - \mu_2 \neq 7$이라는 가설을 $\alpha = .01$과 $\beta = .05$수준에서 검증하고자 할 때 이를 만족시키는 표본수는 어느 정도 되어야 할까? $\mu_1,\ \mu_2$의 표집분포 분산은 각각 36으로 나타났다고 가정하자. 이 문제는 두 평균치 간의 차 검증에서 $\sigma_1 = \sigma_2$를 가정할 수 있는 조건에 해당하며 또한 양방검증에 해당한다. 따라서 이 문제를 해결하기 위해서는 표 10·5에 제시된 다음 공식을 사용해야 한다.

$$N = \frac{2\sigma^2 (z_{1-\frac{\alpha}{2}} + z_{1-\beta})^2}{(\mu_0 - \mu_1)^2} \tag{10.23}$$

여기에서

$\alpha = .01,\ \beta = .05$이므로

$z_{1-\frac{\alpha}{2}} = z_{1-\frac{.01}{2}} = z_{.995} = 2.58$

$z_{1-\beta} = z_{1-.05} = z_{.95} = 1.64$

$$= \frac{2 \times 36(2.58 + 1.64)^2}{(7)^2}$$

$$= \frac{72 \times 17.81}{49}$$

$$= 26.17$$

∴ 위의 조건을 만족시키기 위한 표본수는 두 집단 각각 최소한 27명 이상이어야 한다.

❸ $H_0 : \mu_1 - \mu_2 \geq 7$, $H_A : \mu_1 - \mu_2 < 7$이라는 가설을 $\alpha = .01$과 $\beta = .05$수준에서 검증하고자 할 때 이를 만족시키는 표본수는 어느 정도 되어야 할까? μ_1, μ_2의 표집분포 분산은 각각 36으로 나타났다고 가정하자. 이 문제는 두 평균치 간의 차 검증에서 $\sigma_1 = \sigma_2$를 가정할 수 있는 조건에 해당하며 일방검증에 해당한다. 이 문제를 해결하기 위해서는 표 10·5에 제시된 다음 공식을 사용해야 한다.

$$N = \frac{2\sigma^2 (z_{1-\alpha} + z_{1-\beta})^2}{(\mu_0 - \mu_1)^2} \tag{10.24}$$

여기에서

$\alpha = .01$, $\beta = .05$이므로

$$z_{1-\alpha} = z_{1-.01} = z_{.99} = 2.33$$

$$z_{1-\beta} = z_{1-.05} = z_{.95} = 1.64$$

$$= \frac{2 \times 36(2.33 + 1.64)^2}{(7)^2}$$

$$= \frac{72 \times 15.76}{49}$$

$$= 23.16$$

∴ 위의 조건을 만족시키기 위한 표본수는 두 집단 각각 최소한 24명 이상이어야 한다. 위의 두 문제 예에서 우리는 동일한 조건일 경우 일방검증을 할 때 보다는 양방검증을 할 때 많은 표본수가 요구됨을 알 수 있다.

12.2 신뢰구간 설정의 경우

우리는 공식 (10.23)과 (10.24)에서 표본수가 크면 클수록 평균치의 표준오차($s_{\overline{X}}$)는 적어진다는 사실을 알았다. 그렇다면 표준오차가 상대적으로 적어진다면 신뢰구간(信賴區

間)은 어떻게 될까? 표본수가 크면 클수록 표준오차($s_{\overline{X}}$)는 적어지고 따라서 신뢰구간도 좁아진다. 여기에서 신뢰구간의 범위가 좁다는 의미는 무엇일까? 신뢰구간의 범위가 좁다는 것은 그만큼 표준오차가 적어지기 때문에 추정(推定)의 정확도(正確度)가 높아진다는 것을 뜻한다.

그렇다면 신뢰구간의 범위(정확도)를 어느 한 값으로 설정해 놓고 전집의 평균치를 추정하려면 위의 공식 중 무엇을 고려해야 할까? 공식에서 표본수(N)와 표준오차($s_{\overline{X}}$) 중 표준오차는 연구자의 의도대로 변화시킬 수 없으므로 표본수(N)를 늘리거나 줄일 수 밖에 없다. 예를 들어 전집의 표준편차(σ)가 30인 집단으로부터 $N = 36$을 무작위로 표집하여 평균치를 산출한 결과 50을 얻었다고 하자. 95% 신뢰구간을 설정하면 다음과 같다.

$$CI = \text{통계치} \pm \left[\begin{matrix} \text{가설부정의} \\ \text{기준치} : cv \end{matrix} \right] \times \left[\begin{matrix} \text{통계치의} \\ \text{표준오차} \end{matrix} \right]$$

$$\begin{aligned} CI_{95} &= 50 \pm (1.96)(30/\sqrt{36}) \\ &= 50 \pm (1.96)(5) \\ &= 50 \pm 9.80 \\ &= 40.20 \le \mu \le 59.80 \end{aligned}$$

위의 결과에 의하면 95% 신뢰구간의 범위는 평균치를 중심으로 ±9.80임을 알 수 있다. 여기에서 표본을 추출하기 전에 표본집단에서 얻을 $\overline{X}$가 전집의 μ로부터 ±5(신뢰구간의 범위) 이내가 되리라는 것을 95% 확신($1-\alpha$)을 갖고 전집의 평균치(μ)를 추정하려고 한다면, 표본수는 최소한 몇 명 이상이어야 할까? 이 문제를 해결하기 위해서는 다음 공식을 이용해야 한다.

$$N = \frac{\sigma^2 z^2_{(1-\frac{\alpha}{2})}}{d^2} \qquad (10.25)$$

N = 표본수
$z_{(1-\frac{\alpha}{2})}$ = 설정된 신뢰구간에 해당하는 Z값
σ = 표준편차
d = 신뢰구간의 범위 또는 정확도(신뢰구간을 ±3으로 잡을 경우, 전체 범위는 6이 되므로 이 구간의 절반인 3이 d임. 만일 신뢰구간을 5로 잡았다면 이 값의 절반인 5/2=2.5가 d가 됨)

위의 문제를 공식에 대입하면

$$N = \frac{30^2 \times 1.96^2}{5^2} = \frac{900 \times 3.84}{25} = 138.24$$

따라서 위의 자료에 대한 신뢰구간의 범위를 ±5(전체범위 = 10) 이내로 하여 전집의 평균치를 추정할 경우, 표본수는 최소한 139명 이상이어야 한다.

위의 공식은 **단일 평균에 대한 신뢰구간**을 설정할 때 표본수를 결정하기 위한 것이다. **두 전집 평균치의 차**($\mu_1 - \mu_2$)에 대한 신뢰구간을 설정할 때 표본수를 결정하는 공식은 표 10.6과 같다.

표 10·6 두 전집 평균치의 차($\mu_1 - \mu_2$)에 대한 신뢰구간 설정시 표본수(N)의 결정 방법

	독립표집일 때	종속표집일 때
$\sigma_1 = \sigma_2$을 가정할 수 있을 때	$N - \frac{2\sigma^2 Z^2_{(1-\frac{\alpha}{2})}}{d^2}$	$N = \frac{2\sigma^2 Z^2_{(1-\frac{\alpha}{2})}}{d^2}(1-\rho)$
$\sigma_1 = \sigma_2$을 가정할 수 없을 때	$N_1 = \frac{2{\sigma_1}^2\sigma_1\sigma_2 Z^2_{(1-\frac{\alpha}{2})}}{d^2}$ $N_2 = \frac{2\sigma^2{}_2\sigma_1\sigma_2 Z^2_{(1-\frac{\alpha}{2})}}{d^2}$	$N_1 = \frac{2{\sigma_1}^2\sigma_1\sigma_2 Z^2_{(1-\frac{\alpha}{2})}}{d^2}(1-\rho)$ $N_2 = \frac{2\sigma^2{}_2\sigma_1\sigma_2 Z^2_{(1-\frac{\alpha}{2})}}{d^2}(1-\rho)$

N = 표본수
$z_{(1-\frac{\alpha}{2})}$ = 설정된 신뢰구간에 해당하는 Z값
σ = 표준편차
d = μ_1과 μ_2의 차($\mu_1 - \mu_2$)
ρ = 전집의 상관계수

❶ 어느 중학교 교사가 3학년 학생들의 악력을 추정하기 위해 $n = 49$를 무선 표집하여 악력검사를 실시한 결과 $\overline{X} = 40$, $s = 14$를 얻었다. 전집의 악력분포는 정상분포를 이루고 있다고 가정하였다. 95%의 신뢰구간을 설정하고 신뢰구간의 오차범위를 3으로 설정했을 때 요구되는 표본수를 계산하면 다음과 같다.

$$CI = \text{통계치} \pm \left[\begin{matrix} \text{가설부정의} \\ \text{기준치} : cv \end{matrix} \right] \times \left[\begin{matrix} \text{통계치의} \\ \text{표준오차} \end{matrix} \right]$$

$$\begin{aligned} CI_{95} &= 40 \pm (1.96)(14 / \sqrt{49}) \\ &= 40 \pm (1.96)(2) \\ &= 40 \pm 3.92 \\ &= 36.08 \leq \mu) \leq 43.92 \end{aligned}$$

$$\begin{aligned} N &= \frac{1.96^2 \times 14^2}{1.5^2} = \frac{752.95}{2.25} \\ &= 334.64 \end{aligned}$$

❷ 어느 중학교 교사가 3학년 남녀 학생들의 악력 차이를 검증하기 위하여 남녀 학생 각각 50명씩을 무선 표집하여 악력검사를 실시한 결과 남학생으로부터 $\overline{X} = 40$, $s = 14$, 여학생으로부터는 $\overline{X} = 36$, $s = 14$를 얻었다. 남녀 전집의 악력분포는 정상분포를 이루며 남녀 전집의 표준편차는 동일하다고 가정하였다. 95%의 신뢰구간을 설정하고 남녀 두 전집의 평균치 간의 차이를 추정하고자 할 때 신뢰구간의 오차범위는 5로 하고 이를 95% 확신을 갖고 추정할 경우, 요구되는 표본수를 계산하여 보자. 이 문제를 해결하기 위해서는 먼저 통계치의 표준오차($s_{\overline{X}_1 - \overline{X}_2}$)를 계산해야 한다.

$$CI = \text{통계치} \pm \left[\begin{matrix} \text{가설부정의} \\ \text{기준치} : cv \end{matrix} \right] \times \left[\begin{matrix} \text{통계치의} \\ \text{표준오차} \end{matrix} \right]$$

$$CI_{95} = (\overline{X}_1 - \overline{X}_2) \pm (z_{\alpha/2})(s_{\overline{X}_1 - \overline{X}_2})$$

여기에서

$$s_{\overline{X}_1 - \overline{X}_2} = \sqrt{\frac{s^2}{n_1} + \frac{s^2}{n_2}} = \sqrt{\frac{14^2}{50} + \frac{14^2}{50}} = 2.80$$

$$\begin{aligned} CI_{95} &= (40 - 36) \pm 1.96 \times 2.80 \\ &= 4 \pm 5.49 \\ &= -1.49 \leq \mu_1 - \mu_2 \leq 9.49 \end{aligned}$$

표본수 결정과 관련하여 고려해야 할 조건은 $\sigma_1 = \sigma_2$를 가정할 수 있느냐의 여부와 표집의 독립성 여부이다. 이 문제는 남녀 학생들의 표집결과 s(표준편차)가 동일하므로 $\sigma_1 = \sigma_2$를 가정할 수 있으며 또한 표집집단이 다른 독립표집이기 때문에 다음 공식을 사용해야 한다.

$$N = \frac{2\sigma^2 z^2_{(1-\frac{\alpha}{2})}}{d^2}$$

$$= \frac{2\times14^2\times1.96^2}{5^2} = \frac{1505.91}{25}$$

$$= 60.24$$

∴ 위의 조건을 만족시키기 위한 표본수는 남녀 각각 최소한 61명 이상이어야 한다.

※ 12절을 읽고 이해하는데 혹여 어려움을 느꼈다면, '한 세대 전의 학생들은 표본수를 결정하기 위해 이와 같은 방법을 이용하였구나'라고 생각하기를 바란다. 체육, 운동과학 분야에서 측정평가를 전공하지 않는 학생들이라면, 다음 13절을 학습하면 컴퓨터 프로그램을 이용하여 쉽게 표본수(標本數) 혹은 통계적 검증력(統計的 檢證力: statistical power)을 산출해 낼 수 있다.

13. G*Power를 이용한 통계적 검증력, 표본수 추정

통계적 검증력(statistical power)과 표본수(標本數)의 계산은 그 과정이 다소 복잡하여 컴퓨터 프로그램의 도움이 필요하다. 그중 G*Power는 통계적 검증력을 산출하기 위해 Erdfelder, Faul, & Buchner(1996, 2007)가 개발한 컴퓨터 프로그램으로 Macintosh와 IBM(Windows용) 버전이 있다. G*Power는 행동과학 분야의 연구에서 사용되고 있는 대부분의 통계분석 방법에 대한 통계적 검증력 값을 제공해 준다. G*Power의 최근 버전은 2024년 9월에 출시한 G*Power 3.1.9.7이다.

※ G*Power는 다음 세 가지 접근방법을 이용하여 통계적 검증력과 표본수를 결정할 수 있다.

1. 효과크기(ES), α수준과 통계적 검증력에 의한 표본수 추정(통계적 검증력의 사전설계)
2. 표본수, 효과크기(ES)와 α수준에 의한 통계적 검증력 추정(통계적 검증력의 사후분석)
3. 표본수, 효과크기(ES) 및 [제2종 오류(β)/제1종 오류(α)] 비에 의한 제1종 오류와 제2종 오류 크기 추정

※ 통계적 검증력과 표본수 추정과 관련하여 G*Power가 제공하고 있는 통계적 방법은

1. t검증(독립표본, 종속표본 및 기타 t검증)
2. F검증(분산분석, 중다상관, 회귀분석 및 기타 F검증)
3. 카이자승 검증(적합도 및 일치도) 등이다.

13.1 G*Power 사용 방법

G*Power는 크게 통계적 검증력의 사전설계(事前設計)와 사후분석(事後分析)으로 구분된다. 각각의 사용 방법은 다음과 같다.

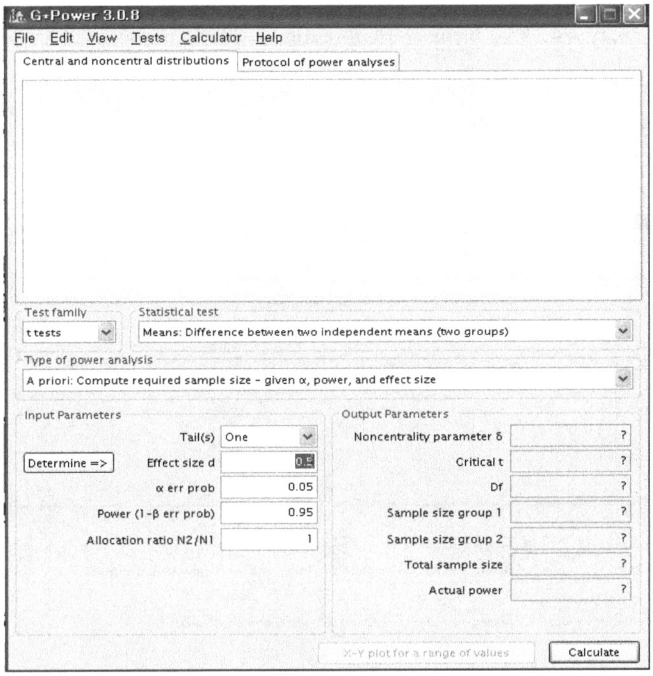

도 10 · 7 G*Power 실행 후 초기화면

1) 통계적 검증력의 사전설계 (A prior Power Analysis)

이 방법은 연구 과정에서 실험을 시행하기 전에 통계적 검증력을 결정함으로써 그러한 조건을 만족시키는 표본수를 결정하고자 할 때 사용한다. 사전설계(事前設計)를 위해서는 다음 사항을 결정해야 한다.

❶ α수준(제1종 오류를 범할 확률: 유의수준)
❷ 해석하고자 하는 통계적 검증력($1-\beta$) 수준
❸ 선행연구로부터 추정된 효과크기(ES)
❹ 일방검증(one) 혹은 양방검증(two) 인지의 여부

❒ 사전설계 방법의 적용 예 (t검증)

연구자가 두 집단 간의 평균치 차이를 검증하기 위한 실험을 계획하고 있다고 가정해 보자. 이때 연구자는 α수준(제1종 오류)을 .05로 설정하고 통계적 검증력은 .95의 수준 (Cohen은 .80을 수용기준(受容基準: acceptable threshold)으로 제안하였다. 따라서 이보다 큰 값을 기준으로 설정하는 데는 문제가 없다)에서 연구결과를 해석하고자 한다. 선행연구를 검토한 결과 두 집단간 효과크기는 $d = .80$ [프로그램에 내정된 효과크기 d의 내정치(default 값)는 .50임] 정도의 "큰(large)" 수준으로 가정하고 '양방검증'을 실시한다면, 이 연구를 위해 몇 명의 표본수(標本數)가 필요할까?

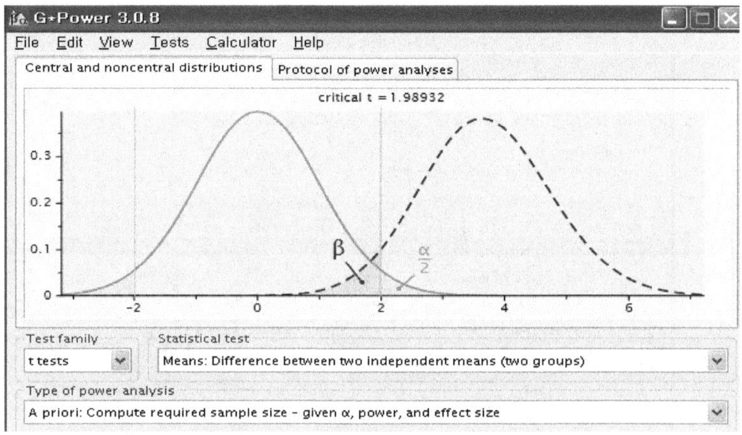

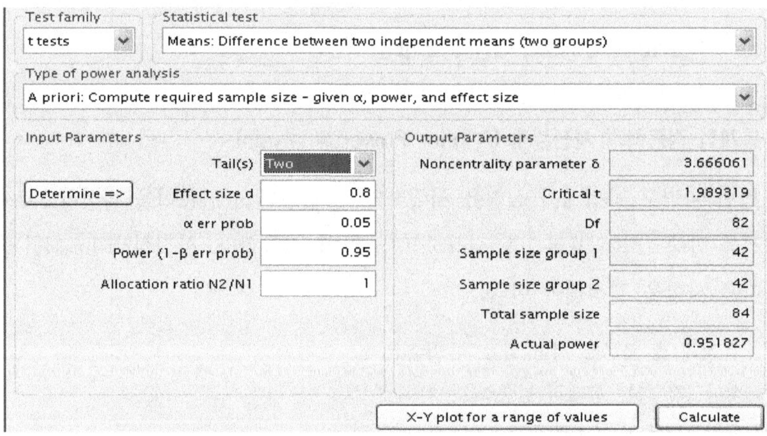

이 사례는 사전설계 방법을 이용하여 추정할 수 있다. 사전설계를 위해서는

1 Tests 메뉴(Test family)에서 t-tests를 선택하고 통계적 검증(Statistical test) 메뉴에서 분석에 적합한 메뉴를 선택한다. 아래의 예에서는 두 집단의 평균치 간 차이를 검증하는 방법을 선택하였다.

2 분석형태를 선택하는 창 [Type of power analysis]에서 「A priori」를 선택한 후,

3 이 분석 사례에서는 효과크기는 .80(large로 가정), α수준은 .05 그리고 통계적 검증력은 .95로 입력하고

4 검증방법(Tails)은 아래 표와 같이「양방검증(Two)」을 선택한 후 'Calculate' 키를 누른다.

5 이 연구를 위해 요구되는 전체 표본수(Total sample size)는 84명이며 따라서 두 집단에는 각각 42명씩의 피험자를 배정하여야 한다. 이 과정은 아래 그림에서 확인할 수 있다.

2) 통계적 검증력의 사후분석(Post-Hoc Power Analysis)

이 방법은 실험 실행 후 얻어진 연구결과를 어떤 수준의 통계적 검증력으로 해석할 수 있는지를 확인하고자 할 때 사용한다. 사후분석(事後分析)을 위해서는 다음 사항을 결정해야 한다.

❶ α수준(제1종 오류를 범할 확률)
❷ N(전체 표본수)
❸ 효과크기(ES)

❐ 사후분석 방법의 적용 예(*ANOVA*)*

연구자가 세 집단 간 평균치의 차이를 검증하기 위한 실험을 시행하였다고 가정하자. 각 집단별 평균치 차이로부터 산출된 효과크기는 .40(중정도 수준)으로 나타났고 연구자는 α수준을 .05로 설정하였다. 전체 표본수는 90명으로 세 집단 각각에 30명씩 배정하였다. 이 연구결과는 어떤 수준의 통계적 검증력으로 해석할 수 있는가?

이 경우는 사후분석 방법을 통하여 추정할 수 있다. 사후분석을 위해서는

---

* 이 부분은 다음 장 일원분산분석(*ANOVA*)을 학습한 수 다시 읽어보기를 바란다.

[1] 좌측 상단의 Tests 메뉴[Test family]에서 F-tests를 선택하고 통계적 검증(Statistical test) 메뉴에서 분석에 적합한 메뉴를 선택한다. 아래의 예에서는 「*ANOVA* 고정효과, 일원분석 방법」을 선택하였다.

[2] 분석형태를 선택하는 창 [Type of power analysis]에서 Post hoc(사후분석)을 선택한 후,

[3] 이 분석사례에서 효과크기는 .40, α수준은 .05, 전체 표본수는 90명 그리고 집단은 세 집단이기 때문에 각각 해당되는 값을 입력한다.

[4] 이 연구결과의 통계적 검증력은 .9264로 나타났다. 따라서 각 집단의 평균치 간에 차이가 있을 때 약 92.6%의 확신을 가지고 차이가 있다고 판단할 수 있다.

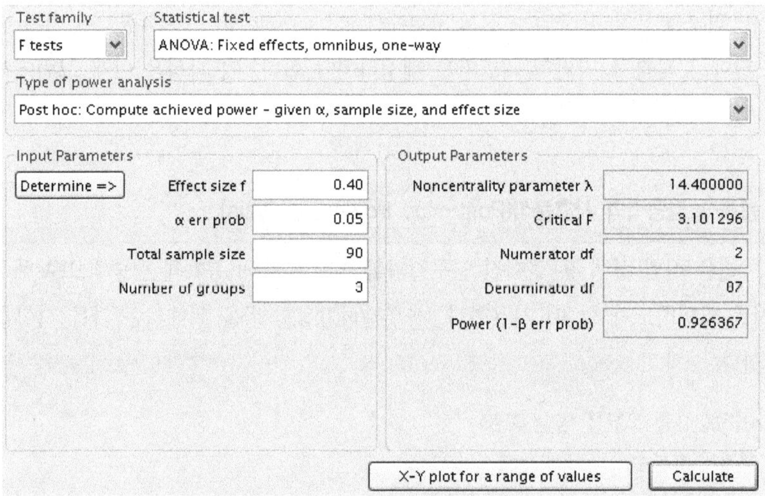

G*Power는 아래의 웹사이트에서 무료로 다운로드가 가능하다.

http://www.psycho.uni-duesseldorf.de/aap/projects/gpower/binaries/gpowerdos/GPOWER2I.EXE

http://www.psycho.uni-duesseldorf.de/aap/projects/gpower/binaries/gpsetup/GP-setup.exe

요약

흔히 방법론 책에는 통계적 유의도를 검증할 때 η^2, ω^2가 효과크기의 추정치로서 제안되고 있다. 그러나 η^2은 사례수가 적거나 독립변수의 하위수준(下位水準)이 많을 때 전집의 효과크

기를 편파적으로 추정하는 경향이 있다. ω^2는 이러한 편파성에 대한 교정치를 제공해 준다. 그런데 이들 중 체육학 연구자들이 보편적으로 선호하고 있는 효과크기 추정치는 η^2이다.

양적 연구결과를 분석하기 위해서는 통계적 유의도검증과 효과크기 추정치가 동시에 필요하다. Fan(2001)은 통계적 유의도검증과 효과크기는 동전의 양면과 같은 것이어서 어느 한쪽 통계치에 대한 과신은 연구결과를 오도(誤導)할 수 있음을 지적하고 연구결과에 대한 합리적인 결론을 내리기 위한 방안을 다음 표 10 · 7과 같이 제안하였다.

표 10 · 7 통계적 유의도검증과 효과크기 산출결과의 해석

		효과크기(ES)		
		Small (.20~.49)	Medium (.50~.79)	Large (≥.80)
통계적 유의도	No	• 통계적, 실제적으로 처치 효과가 없는 것으로 나타남. • 추후연구의 필요성이 제기되지 않는 한, 영가설을 통계적으로 뿐만 아니라 실제적으로도 받아들임.	• 처치효과는 의미 있어 보이지만 ES의 해석은 주의해야. 왜냐하면 중정도 크기의 ES 는 실제적으로(practically) 의미있는 것이라 할지라도 우연히 나타날 수 있기 때문. • 만일 연구자가 제2종 오류를 범할 확률이 염려스럽다면 통계적 검증력(power)을 확인할 것. 왜냐하면 표본수가 적을 경우, 통계적 검증력은 낮을 수 있기 때문.	• 처치효과가 존재한다는 증거는 확보되어 있음. 그러나 큰 ES라 할지라도 표본수가 적을 때 우연히 얻을 수도 있기 때문에 해석할 때 약간의 주의가 필요. • 만일 연구자가 제2종 오류를 범할 확률이 염려스럽다면 통계적 검증력(power)을 확인할 것. 왜냐하면 표본수가 적을 경우, 통계적 검증력은 낮을 수 있기 때문. • 후속연구 결과에 주목하면서, 처치효과의 실제적 유의도에 관심을 두고 해석할 것.
	Yes	• 통계적으로 유의한 차이는 큰 표본수 때문에 나타남 • 통계적으로 유의한 차이를 설명할 때 주의 • 무엇인가 실제적으로 의미있다는 것을 뜻하는 해석을 해서는 안 됨	• 관찰된 처치효과가 통계적으로 우연히 나타날 가능성은 거의 없음 • 효과크기는 사회과학, 행동과학 분야에서 실제적 의미를 가짐 • 처치효과는 통계적, 실제적으로 의미 있다는 결론을 내릴 수 있음.	• 관찰된 처치효과가 통계적으로 우연히 나타난 것이 아니라는 확신 정도가 높음. • 처치효과는 통계적, 실제적으로 의미 있다는 결론을 확신을 가지고 내릴 수 있음.

앞 장에서처럼 대부분 표본 통계치 간 차이의 표집분포는 중앙집중한계정리에 의해 정의되었다. 일반적으로 각종 표본 통계치의 차이에 대한 가설검증은 ① 검증가설의 진술 ② 유의수준 결정 ③ 모수치와 표본 통계치 산출 ④ 표집분포 ⑤ 통계적 검증방법의 결정 ⑥ 가설 부정의 기준치 결정 ⑦ 결론(결과의 해석)의 과정을 거치게 된다. 모든 표본 통계치의 차이에 대한 가설검증 방법은 독립표본인 경우와 종속표본인 경우 간에 각기 다르다. 지금까지 제시한 두 표본 통계치 간의 차에 대한 가설검증 방법을 요약하면 다음 표 10 · 8과 10 · 9와 같다.

표 10·8 두 표본 통계치의 차에 대한 가설검증 : 독립표본의 경우

검증가설	모수치	통계치	통계치의 표준오차	통계적 검증공식	자유도	표집분포
$H_0 : \mu_1 = \mu_2$	$\mu_1 - \mu_2$	$\overline{X}_1 - \overline{X}_2$	$s_{X1-X2} = \sqrt{\frac{(n_1-1)s_1^2 + (n_2-1)s_2^2}{n_1+n_2-1}(\frac{1}{n_1}+\frac{1}{n_2})}$	$t = \frac{(\overline{X}_1 - \overline{X}_2)(\mu_1 - \mu_2)}{s_{\overline{X}1-\overline{X}2}}$	$n_1 + n_2 - 2$	t분포
$H_0 : \rho_1 = \rho_2$	$Z_{p1} - Z_{p2}$	$Z_{r1} - Z_{r2}$	$s_{zr1-zr2} = \sqrt{\frac{1}{n_1-3}+\frac{1}{n_2-3}}$	$z = \frac{(z_{r1} - z_{r2}) - (z_{p1} - z_{p2})}{s_{zr1-zr2}}$	—	정상분포(Z)
$H_0 : P_1 = P_2$	$P_1 - P_2$	$P_1 - P_2$	$s_{p1-p2} = \sqrt{pq(\frac{1}{n_1}+\frac{1}{n_2})}$	$z = \frac{(P_1 - P_2) - (P_1 - P_2)}{s_{p1-p2}}$	—	정상분포(Z)
$H_0 : \sigma_1^2 = \sigma_2^2$	$\sigma_1^2 - \sigma_2^2$	$s_1^2 - s_2^2$	—	$F = s_1^2 / s_2^2$	$n_1 - 1, n_2 - 1$	F분포

표 10·9 두 표본 통계치의 차에 대한 가설검증 : 종속표본의 경우

검증가설	모수치	통계치	통계치의 표준오차	통계적 검증공식	자유도	표집분포
$H_0 : \mu_1 = \mu_2$	δ	$\overline{d}$	$S_d = \sqrt{\frac{\Sigma(d-\overline{d})^2}{(n-1)(n)}}$	$t = \frac{\overline{d} - \delta}{S_d}$	$n-1$	t분포
$H_0 : \rho_{xy} = \rho_{xz}$	$\rho_{xy} - \rho_{xz}$	$r_{xy} - r_{xz}$	—		$n-3$	t분포
$H_0 : P_1 = P_2$	$P_1 - P_2$	$\rho_1 - \rho_2$	$s_{p1-p2} = \sqrt{\frac{a+d}{n}}$	$z = \frac{(P_1 - P_2) - (P_1 - P_2)}{s_{p1-p2}}$	—	정상분포(Z)
$H_0 : \sigma_1^2 = \sigma_2^2$	$\sigma_1^2 - \sigma_2^2$	$s_1^2 - s_2^2$	—	$F = s_1^2 / s_2^2$	$n-2$	t분포

※ t검증할 때 짚고 넘어가야 할 또 하나의 문제

☼ 표본집단에 이탈치(**Outliers**)가 존재한다면?

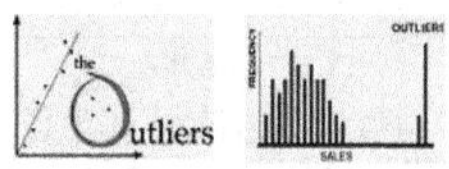

☼표본수가 큰 경우라 할지라도

표본집단에 이탈치(*outliers*)가 있다면 ***t*를 적용하는 것은 위험**

☼ ***n<15*** 이고 전집분포가 정상분포에 가깝다면, ***t*** 를 계산

☼ ***15< n <30*** 이고 전집분포가 대칭적이고 이탈치가 없다면, ***t*** 를 계산

☼ ***30 < n*** 이면 전집분포가 다소 편포되었다 할지라도 이탈치가 없다면, ***t*** 를 계산

연습문제

1. 가설검증에서 오류(誤謬)의 종류를 들고 설명하시오.

풀이 가설검증에서 영가설을 부정하든 받아들이든 적극적으로 판단을 내릴 때는 다음의 두 가지 오류 중 어느 한 가지를 범할 위험성이 있다. 즉, 제1종 오류(α)와 제2종 오류(β)가 있다. 여기서 제1종 오류는 영가설이 사실일 경우 이를 부정하는 오류이고, 제2종 오류는 영가설이 허위인 경우 이를 받아들이는 오류이다. 이를 표로 나타내면 다음과 같다.

		연구문제의 상황	
		H_0가 진인 경우	H_0가 허위인 경우
두가지 중의 결정	H_0의 긍정	정확한 결론 $(1-\alpha)$	제2종 오류 β
	H_0의 부정	제1종 오류 α	정확한 결론 $(1-\beta)$

영가설을 언제나 받아들인다면, 사실인 것을 부정할 오류를 범하는 일은 없겠지만, 반면 허위인 가설을 받아들일 위험률은 높아진다. 이와는 반대로 영가설을 언제나 부정하면, 허위인 가설을 받아들일 위험은 없지만, 사실인 것을 부정할 확률은 높아진다. 요컨대, 가설의 검증 방법으로서는 제2종 오류를 최소로 하는 것이 좋은 방법이다.

2. 가설검증에서 유의수준(有意水準; p)에 대해 설명하시오.

풀이 통계적 추리는 언제나 단정적이 아니라 확률적이다. 추리하려는 전집의 특성은 알기 어렵다. 통계적 추리는 연구자가 미리 가정한 전집의 특성으로부터 현재 관찰된 통계치를 얻을 가능성을 확률적으로 따지는 과정이다. 이 때 어느 확률수준을 유의하다고 판단할 것인가가 문제가 된다. 유의수준(有意水準; p)이란 곧 통계적으로 유의하다고 판정할 근거가 되는 확률수준이다. 제1종 오류를 범할 확률로서의 유의수준(α)으로는 .05(5%)와 .01(1%)을 많이 사용하지만 연구의 성격에 따라서는 .1% 수준 혹은 10% 수준을 설정할 수도 있다.

한 예로 가설검증을 위해 5%의 유의수준이 설정되었다면, 영가설을 긍정해야 할 때 부정하게 되는 경우가 100번 중 5번은 있게 된다는 것을 의미한다. 즉, 95%의 신뢰수준에서 올바른 결정을 내리게 된다는 일종의 판정에 대한 신뢰수준이다. 마찬가지로 1%의 유의수준은 올바른 판정을 내릴 확률이 99%임을 뜻한다. 이론적으로 말해서 유의수준(p)이란 제1종 오류를 범할 가능성의 확률인 α수준이다.

3. 영가설(혹은 귀무가설; null hypothesis)에 대한 설명으로서 틀린 것은?

① 통계적 가설이다.
② 두 모집단의 통계치 간에 차이가 있다고 보는 가설이다.
③ 영가설의 긍정과 부정은 일정한 확률에 의해서 결정된다.
④ 영가설이 사실일 때에 이를 부정하는 것을 제1종 오류라고 한다.

풀이 ① 표본으로부터 수집된 정보에 근거하여 전집에 대한 통계적 결정을 내리기 위해서는 미리 전집에 대해 어떤 가정이나 추측을 할 수 있는데 그런 가정을 통계적 가설이라고 한다. 예를 들면 한 훈련방법이 다른 훈련방법보다 효과적이라는 결정을 내리려 한다면, 통계적 가설은 "두 방법 간에는 차이가 없다. 즉, 관찰된 차이는 표집오차에 의해 우연히 얻어진 것에 불과하다"라고 표현한다. 이러한 가설을 흔히 영가설(또는 귀무가설)이라 하고 주어진 가설과는 다른 가설을 설정할 때 그 가설을 상대가설이라고 한다.
② 두 모집단의 통계치 간에 차가 없다고 보는 가설이다.
③ 영가설의 긍정과 부정은 일정한 확률에 의해 결정되는데 이것을 유의수준(p)이라고 한다.
④ 영가설이 사실일 때에 이를 부정하는 것을 제1종 오류라고 한다.

4. 판단의 유보(suspension of judgment)에 대하여 설명하시오.

풀이 판단의 유보란 H_0를 부정할 수 없는 경우에 H_0를 그대로 받아들이기보다는 결정을 유보함으로써 후속연구의 가능성을 열어놓는 것을 말한다. 가설검증에서 연구자가 H_0를 부정하는 경우, H_0가 사실일 때 얼마만큼의 오류를 범할 것인가 하는 것은 연구자가 선택한 α에 의해 결정된다. 그러나 H_A가 사실일 때 H_0를 오류로 받아들이는 β는 일반적으로 가상적인 경우 이외에는 알 수가 없다.
따라서 H_0를 부정할 수 없을 때는 H_0를 받아들이기보다는 판단을 보류하는 것이 더 적절한 태도라고 할 수 있다. 가설검증에서 H_0를 부정할 수 없을 때 "H_0를 부정할 수 없다"하고 표현하는 이유가 여기에 있다.
H_0가 사실일 때 이를 오류로 부정하는 경우는 다음에 계속하는 연구를 통해서 오류가 있음이 지적될 가능성이 크지만, H_A가 사실인데 이를 찾아내지 못하고 H_0를 받아들이는 제2종 오류는 "유의한 차가 없다"라는 결론을 내림으로써 다른 연구자에 의하여 다음에 계속될 연구의 가능성을 막아 버릴 우려가 있다.

5. 두 평균치의 차이 검증에서 일방검증과 양방검증에 관해 설명하시오.

풀이 두 평균치의 차이 검증에서 연구자의 관심에 따라 양방검증 또는 일방검증을 하게 된다. 양방검증의 경우에 영가설과 상대가설은 다음과 같다.

$$H_0 : \mu_1 = \mu_2$$
$$H_A : \mu_1 \neq \mu_2$$

두 전집 평균인 μ_1과 μ_2가 차의 방향(方向)에 상관없이 하여간 차이가 있는가에 관심이 있을 때는 양방검증이 된다. 반면에 μ_1과 μ_2가 차의 크기 방향(方向)에 문제가 될 때는 일방검증을 해야 할 것이다. 주어진 영가설을 부정하고 μ_1이 μ_2보다 크다는 것을 검증하고자 할 때에는 다음과 같은 가설을 설정하게 된다.

$$H_0 : \mu_1 \leq \mu_2$$
$$H_A : \mu_1 > \mu_2$$

반대로 μ_2가 μ_1보다 큰가에 관심이 있을 때는 다음과 같다.

$$H_0 : \mu_1 \geq \mu_2$$
$$H_A : \mu_1 < \mu_2$$

6. 자유도가 16일 때 t분포의 오른쪽 끝부분의 면적비율이 5%가 되도록 면적을 나누는 t값은?

① 1.96 ② ±2.120 ③ 1.746 ④ 1.645

풀이 t분포의 수표를 읽는 법에 관한 문제이다. 이 문제를 해결하기 위해서는 t분포의 수표에서 일방검증을 위한 유의수준 .05와 자유도(df)가 교차하는 부분의 t값을 찾으면 된다. 따라서 정답은 $t = 1.746$이다.

① Z와 t의 면적비율이 같다고 생각했을지 모른다. 만약 그렇다면 정상분포 수표와 t분포 수표를 좀 더 정확히 이해할 필요가 있다.
② 한쪽 끝부분의 면적비율이 대상이므로 일방검증 칸을 보아야 한다. 양방검증란을 본 것 같다.
③ 정답이다.
④ Z분포라면 맞다. t분포에서 찾아보라.

7. 어떤 교사가 남녀 학생들의 교사에 대한 태도를 알아보기 위해 "학생은 장차 교사가 되기를 희망합니까?"라는 질문을 통하여 다음과 같은 결과를 얻었다. 남녀 학생의 교사 희망정도에 유의한 차가 있는지를 검증하시오.

성별 \ 구분	희망한다		희망 안한다		계	
	N	%	N	%	N	%
남	150	42.9	200	57.1	350	100.0
여	150	60.0	100	40.0	250	100.0
계	300	50.0	300	50.0	600	100.0

풀이 이 문제의 영가설은 "남녀 학생 간의 교사희망 비율은 같다"라고 말할 수 있다. 즉,

$$H_0 : P_1 = P_2$$
$$H_A : P_1 \neq P_2$$

이러한 영가설을 검증하기 위해서는 두 비율 차의 검증공식을 적용하여야 한다. 공식은 다음과 같다.

$$Z = \frac{p_1 - p_2}{\sqrt{pq(\frac{1}{n_1} + \frac{1}{n_2})}}$$

여기에서

$$p = \frac{f_1 + f_2}{n_1 + n_2}, \ q = 1 - p$$

$$p = \frac{150 + 150}{350 + 250} = .50, \ q = 1 - .50 = .50$$

$$Z = \frac{.429 - .60}{\sqrt{.50 \times .50(\frac{1}{150} + \frac{1}{150})}} = \frac{-.171}{\sqrt{.25 \times .013}} = \frac{-.171}{.057} = -3.00$$

$\alpha = .05$수준에서 H_0를 부정하기 위해서는 $Z > \pm 1.96$이어야 하며 $\alpha = .01$수준에서 H_0를 부정하기 위해서는 $Z > \pm 2.58$이 되어야 한다. 산출된 Z값은 -3.00이므로 H_0를 부정할 수 있다. 따라서 남녀 간의 교사희망 비율은 차이가 있다고 말할 수 있다.

8. **식이요법이 효과적인가를 알아보기 위해서 9명이 선정되었다. 다음 자료는 3주 동안 식이요법을 시행하기 전과 후의 체중이다. α = .10수준에서 검증하시오.**

	A	*B*	*C*	*D*	*E*	*F*	*G*	*H*	*I*
전	205	134	179	285	121	193	125	208	150
후	197	128	182	274	119	187	136	204	149

풀이 종속표집에서 전집의 표준편차를 모르는 경우의 소표집이다. α = .10수준에서 식이요법 전과 후의 체중에 차이가 있는지를 검증한 결과는 다음과 같다.

	전	후	d	d^2
A	205	197	8	64
B	134	128	6	36
C	179	182	3	9
D	285	274	11	121
E	121	119	2	4
F	193	187	6	36
G	125	136	-11	121
H	208	204	4	16
I	150	149	1	1
$n = 9$			$\Sigma d = 24$	$\Sigma d^2 = 408$

$H_0 : \mu_1 = \mu_2$
$H_A : \mu_1 \neq \mu_2$

$$t = \frac{\Sigma d}{\sqrt{\frac{\Sigma d^2 - \frac{(\Sigma d)^2}{n}}{n-1}}} = \frac{24}{\sqrt{\frac{408 - \frac{(24)^2}{9}}{9-1}}} = \frac{24}{\sqrt{43}} = \frac{24}{6.56} = 3 = 3.66$$

t = 3.66이 통계적으로 유의한 값인가를 확인하기 위해 자유도를 먼저 계산하면 $df = n - 1 = 9 - 1 = 8$이다. $df = 8$인 분포에서 α = .10수준의 양방검증일 때 $t > 1.86$이면 H_0를 부정한다. t = 3.66이므로 H_0를 부정한다. 따라서 α = .10수준에서 식이요법 전과 후의 몸무게는 차이가 있다고 할 수 있다.

9. **습관성 범죄인과 비습관성 범죄인 간에 MMPI 성격검사의 반사회적 심리특성에서 차이가 있는지의 여부를 알아보기 위하여 수집한 자료가 다음과 같다. 두 집단의 평균치 간에 유의한 차이가 있는지를 α = .05수준에서 검증하라. 또한 Cohen의 효과크기(d)를 계산하고 분산의 동질성을 α = .10수준에서 검증하시오(※11절을 학습한 후 풀어볼 것).**

특성	n	$\overline{X}$	s
비습관성	50	85.9	9.7
습관성	50	75.7	10.3

10. 연구자는 흡연자보다 비흡연자의 VO_2max가 클 것이라는 연구가설을 검증하기 위해 α=.05로 설정하고 비흡연자와 흡연자 중에서 무선표집 방법에 의해 각각 30, 15명씩을 표집하여 다음과 같은 결과를 얻었다. 이를 검증하라. 분산의 동질성은 α = .10수준에서 검증하시오.

집단	n	$\overline{X}$	s^2
비흡연	30	50	15
흡연	15	45	5

11. 지도방법(민주적, 전제적) 여하가 경기력에 미치는 영향을 조사하기 위하여 무선배정 방법에 의해 각각 50명씩 배정한 후 한 집단에는 민주적 방법으로 다른 집단은 전제적 방법으로 지도한 결과 다음과 같은 측정치를 얻었다. 두 집단의 경기력 평균치 간에 차이가 있는지의 여부를 α = .10수준에서 검증하라. 분산의 동질성은 α = .10수준에서 검증하라.

지도방법	n	$\overline{X}$	s
민주적 방법	50	35	2
전체적 방법	50	32	2

12. 체육통계학의 학습효과를 증진시키기 위한 방안의 하나로 전통적인 교수방법과 PPT를 이용한 교수방법 간의 효과를 비교하였다. 이 연구를 위해 통계강좌를 신청한 학생 중에서 비교집단과 실험집단에 무선 배정하였다. 53명의 학생(비교집단)에게는 종전처럼 강의를 진행하였고 52명의 학생(실험집단)은 PPT를 이용한 강의를 진행하였다. 3주간 실시된 강의내용에 대한 시험을 실시한 결과 비교집단의 평균은 72.20점 표준편차는 7.10이었다. 실험집단의 경우는 평균이 75.90점 표준편차가 6.80이었다.
이 정보를 이용하여 다음 물음에 답하시오.

(1) 두 집단 각각의 표준오차(평균의 표준편차)를 계산하라.

(2) 평균치의 차의 표준오차를 계산하라.

(3) 두 집단 분산의 동질성을 검증하고 α = .10수준에서 검증하라.

(4) 검증통계치를 계산하라.

(5) 양방검증을 한다고 할 때 ④의 검증통계치를 가지고 α = .10수준에서의 통계적 결정은 다음 중 어느 것인가?

ⓐ 영가설을 긍정한다. ⓑ 영가설을 부정한다.
ⓒ 이 정보로는 결정을 내리기 어렵다.

(6) 일방검증을 한다고 할 때 (4)의 검증통계치를 가지고 α = .05수준에서의 통계적 결정은?

ⓐ 영가설을 긍정한다. ⓑ 영가설을 부정한다.
ⓒ 영가설과 상대가설을 모두 긍정한다.
ⓓ 영가설과 상대가설을 부정한다.

(7) Cohen의 효과크기(d)를 계산하고 해석하시오.
(※11절을 학습한 후 풀어볼 것).

13. 효과크기(effect size)에 대한 설명으로 가장 적절한 것은?

① 연구에서 모집단의 크기를 나타내는 값이다.
② 두 변수 간 상관관계의 크기를 나타내는 지표이다.
③ 통계적 유의성 여부를 판단하는 값이다.
④ 연구 결과의 실제적 중요성을 측정하는 값이다.

14. 다음 중 효과크기를 나타내는 지표에 해당하지 않는 것은?

① Cohen의 d ② Pearson의 r
③ p값 ④ 오즈비(Odds ratio)

15. 두 집단 간 평균 차이를 효과크기인 Cohen의 d로 계산한 결과, 0.8로 나타났다. 이 값을 바르게 해석한 것은?

① 두 집단 간 차이가 크다.
② 두 집단 간 차이가 없다.
③ 두 집단 간 차이가 작다.
④ 두 집단 간 차이가 중간 정도이다.

16. 효과크기와 통계적 유의수준(p)과의 관계에 대한 설명으로 옳지 않은 것은?

① 효과크기가 클수록 통계적으로 유의할 가능성은 높다.
② 효과크기가 작더라도 표본수가 크면 통계적으로 유의할 수 있다.
③ 통계적 유의수준이 높으면 항상 효과크기가 크다.
④ 효과크기는 연구 결과의 실제적 중요성을 나타낸다.

17. 효과크기가 연구에서 중요한 이유로 가장 적절한 것은?

① 연구자가 가설을 설정하는 데 도움을 준다.
② 표본의 크기를 결정하는 데 영향을 미친다.
③ 자료의 통계적 유의성을 높이는 역할을 한다.
④ 연구 결과의 임상적 또는 실질적 중요성을 평가할 수 있다.

18. 통계적 검증력(statistical power)이란 무엇인가?

① 영가설이 사실일 때 이를 부정할 확률
② 상대가설이 사실일 때 영가설을 부정하고 이를 올바르게 받아들일 확률
③ 표본수를 결정하는 기준
④ 통계적 유의성을 판단하는 기준

19. 다음 중 통계적 검증력에 영향을 미치는 요소가 아닌 것은?

① 표본수 ② 효과크기(ES: effect size)
③ 제1종 오류를 범할 확률(α) ④ 유의수준(p)

20. 통계적 검증력이 높아질수록 발생 가능성이 낮아지는 오류는?

① 제1종 오류(α) ② 제2종 오류(β)
③ 표본 추출 오류 ④ 측정 오류

21. 어떤 연구에서 통계적 검증력이 0.8로 나타났을 때, 이를 바르게 해석한 것은?

① 연구 결과가 유의미할 확률이 80%이다.
② 상대가설이 사실일 때 이를 올바르게 받아들일 확률이 80%이다.
③ 표본수가 부족할 확률이 20%이다.
④ 영가설이 사실일 때 이를 부정할 확률이 20%이다.

22. 다음 중 연구설계 단계에서 통계적 검증력을 산출, 확인하는 주요 이유는?

① 유의수준(p값)을 낮추기 위해
② 모집단 평균을 예측하기 위해
③ 충분한 표본수를 결정하기 위해
④ 효과크기를 증가시키기 위해

23. 표본수(sample size)란 무엇을 의미하는가?

① 모집단 전체의 수
② 연구자가 선택한 자료(data)의 수
③ 연구에서 사용된 변수의 수
④ 통계분석에서 사용된 표준오차의 크기

24. 다음 중 표본수 결정에 영향을 미치지 않는 요인은?

① 효과크기(effect size)
② 제1종 오류를 범할 확률(α)
③ 통계적 검증력(statistical power)
④ 모집단의 평균

25. 표본수를 증가시키면 일반적으로 어떤 결과를 기대할 수 있는가?

① 제1종 오류(α)의 감소
② 제2종 오류(β)의 감소
③ 효과크기의 증가
④ 유의수준(p)의 증가

26. 연구설계 단계에서 표본수 계산이 중요한 이유로 가장 적절한 것은?

① 연구 비용을 절감하기 위해
② 효과크기를 정확히 측정하기 위해
③ 통계적 유의성을 보장하기 위해
④ 모집단의 크기를 추정하기 위해

27. 표본수가 부족할 경우 연구 결과에 가장 큰 영향을 미칠 수 있는 무엇인가?

① 효과크기가 과대 평가된다.
② 제1종 오류가 발생할 가능성이 높아진다.
③ 통계적 검증력이 낮아져 상대가설을 받아들이기 어렵다.
④ 모집단과 표본의 평균이 동일해진다.

28. 신뢰구간(confidence interval)이란 무엇인가?

① 모집단의 평균이 확실히 포함된 범위
② 특정 확률수준에서 모집단의 평균이 포함될 것으로 추정되는 범위
③ 표본 평균치가 항상 위치하는 범위
④ 자료의 변동성을 측정하는 지표

29. 신뢰수준(confidence level)이 95%에서 99%로 증가하면 신뢰구간은?

① 더 좁아진다. ② 변하지 않는다.
③ 더 넓어진다. ④ 신뢰수준에 따라 변화하지 않는다.

30. 다음 중 신뢰구간을 계산하는 데 필요한 요소가 아닌 것은?

① 표본 평균 ② 표준오차
③ 모집단 크기 ④ 신뢰수준

31. 어떤 표본에서 계산된 95% 신뢰구간이 [50, 60]일 때 이를 올바르게 해석한 것은?

① 모집단 평균은 반드시 50과 60 사이에 있다.
② 모집단 평균이 50과 60 사이에 들어있다고 추정해서 맞을 확률이 95%이다.
③ 95%의 표본 평균이 50과 60 사이에 있을 것이다.
④ 모집단 평균이 50과 60 사이에 포함되지 않을 확률이 95%이다.

32. 표본수를 증가시키면 신뢰구간은 어떻게 변하는가?

① 더 좁아진다. ② 변하지 않는다.
③ 더 넓어진다. ④ 표본수와는 관계가 없다.

33. 다음 중 두 집단 간 평균치 차이를 검증하기 위한 가정 중의 하나인 분포의 정상성(normality of distribution)을 확인하는 방법으로 적절하지 않은 것은?

① Shapiro-Wilk검증 ② Kolmogorov-Smirnov
③ 히스토그램(Histo-gram) ④ 카이자승(χ^2)

34. 두 집단 간 평균치 차이를 검증하는데 요구되는 분산의 동질성(등분산성) 가정을 위반했을 때, 다음 중 어떤 방법을 사용하는 것이 적절한가?

① Welch의 t검증 ② 독립표본 t검증
③ Shapiro-Wilk검증 ④ 비모수검증

35. 다음 중 두 집단 간 평균치 차이를 검증하는데 요구되는 분산의 동질성(등분산성) 가정을 검증하는 방법은?

① Kolmogorov-Smirnov검증 ② Levene검증
③ Mann-Whitney U검증 ④ Welch의 t검증

36. 다음 중 두 집단 평균 차이를 검증하는데 요구되는 "독립성" 가정을 위반할 가능성이 높은 상황은 무엇인가?

① 두 집단의 표본이 각각 무작위로 선정되었다.
② 동일한 집단에서 시간 경과에 따라 반복 측정된 자료이다.
③ 두 집단의 자료가 서로 다른 환경에서 수집되었다.
④ 두 집단의 자료가 서로 영향을 주지 않도록 독립적으로 수집되었다.

37. 두 집단의 자료가 정상분포의 가정을 만족시키지 못한 것으로 확인되었을 경우, 다음 중 적절한 대안 방법은?

① Levene검증
② Welch의 t검증
③ 비모수 검증방법의 하나인 Mann-Whitney U검증
④ 표본수를 줄여 자료분포를 정상분포로 만든다.

정답표

1. ~ 8. 풀이 참고

9. 분산의 동질성 검증결과, $F_{49,49} = 10.32/9.72 = 1.13$으로서 이 값은 $\alpha = .10/2 = .05$에 해당하는 가설 부정의 기준치인 1.60보다 작으므로 두 집단의 분산 간에는 차이가 없다. 따라서 위의 자료는 $\sigma_1^2 = \sigma_2^2$, $n_1 = n_2$의 사례에 해당한다. 산출된 검증통계치(t)=5.10, 자유도(df) = 100 - 2 = 98로 확인되었다. $\alpha = .05$, 양방검증일 때 가설 부정을 위한 기준치인 1.98보다 산출된 t값이 크기 때문에 영가설을 부정한다. Cohen의 d는 1.02로 산출되었다. 이와 같은 검증결과를 기초로 "비습관성 범죄인과 습관성 범죄인의 반사회적 심리특성 간에는 $t = 5.10$으로서 $p<.01$ (※수표에 제시된 정보만으로는 정확한 유의수준(p) 확인은 불가능. 통계프로그램을 이용하여 확인된 유의수준은 .0000으로 나타남으로써 결과는 $p<.001$로 보고; APA 지침 참조) 수준에서 통계적으로 유의한 차이가 있다. 그리고 $d = 1.02$로서 실제적으로 '매우 큰 차이'가 있는 것으로 나타났다. 범죄유형이 습관적일 때 보다는 비습관적일 때 반사회적 특성을 보일 가능성이 크다"는 결론을 내릴 수 있다.

10. 분산의 동질성 검증결과, $F_{29,14} = 15/5 = 3.0$으로서 이 값은 $\alpha = .10/2 = .05$에 해당하는 가설 부정의 기준치인 1.60보다 크므로 두 집단의 분산 간에는 차이가 있다. 따라서 위의 자료는 $\sigma_1^2 \neq \sigma_2^2$, $n_1 \neq n_2$의 사례에 해당한다. 산출된 검증통계치(t)는 5.49, 자유도(df)는 18.29로 확인되었다. $\alpha = .05$, 일방검증일 때 수표에서 확인된 가설 부정을 위한 기준치인 1.728보다 산출된 t값이 크기 때문에 영가설을 부정한다. 이와 같은 검증결과를 기초로 "흡연자보다 비흡연자의 VO_2max가 $p<.01$(※수표에 제시된 정보만으로는 정확한 유의수준 (p)을 확인이 불가능. 통계프로그램을 이용하여 확인된 유의수준은 .0000으로 나타남으로써 결과는 $p<.001$로 보고) 수준에서 통계적으로 유의하게 크다"는 결론을 내릴 수 있다.

11. 분산의 동질성 검증은 두 집단의 표준편차가 동일하므로 불필요하다. 따라서 위의 자료는 $\sigma_1^2 = \sigma_2^2$, $n_1 = n_2$의 사례에 해당한다. 산출된 검증통계치(t) = 7.50, 자유도(df) = 100 - 2 = 98로 확인되었다. $\alpha = .01$, 양방검증일 때 가설 부정을 위한 기준치인 2.68보다 산출된 t값이 크기 때문에 영가설을 부정한다. 이와 같은 검증결과를 기초로 "민주적 방법과 전제적 방법으로 지도한 집단 간의 경기력 평균치 간에는 $p<.01$(※수표에 제시된 정보만으로는 정확한 유의수준(p)을 확인이 불가능. 통계프로그램을 이용하여 확인된 유의수준은 .0000으로 나타남으로써 결과는 $p<.001$로 보고) 수준에서 통계적으로 유의한 차이가 있다. 민주적 방법이 전제적 방법보다 경기력을 향상시키는데 효과적이다"라는 결론을 내릴 수 있다.

12. 분산의 동질성 검증결과, $F_{52,51} = 7.102/6.802 = 1.09$로서 이 값은 $\alpha = .10/2 = .05$에 해당하는 가설 부정의 기준치인 1.54보다 작으므로 두 집단의 분산 간에는 차이가 없다. 따라서 위의 자료는 $\sigma_1^2 = \sigma_2^2$, $n_1 \neq n_2$의 사례에 해당한다. 산출된 검증통계치(t) = 1.57, 자유도(df) = 53 + 52 - 2 = 103으로 확인되었다. $\alpha = .01$에 설정했다고 가정하고 양방검증일 때 가설 부정을 위한 기준치인 2.63보다 산출된 t값이 적기 때문에 영가설을 긍정한다. 이와 같은 검증결과를 기초로 "PPT를 이용한 체육통계학 강의성적 평균과 전통적 방법에 의한 강의성적 평균 간에는 $p>.01$ 수준에서 통계적으로 유의한 차이가 없는 것으로 나타났다. PPT를 이용한 체육통계학 학습은 성적을 향상시키는데 영향을 미치지 못한다."는 결론을 내릴 수 있다.

12-(1) 두 집단 각각의 표준오차(평균의 표준편차): 비교집단 = 0.98, 실험집단 = 0.94

12-(2) 평균치의 차의 표준오차: 0.191

12-(3) 두 집단의 분산의 동질성 검증결과: $F_{52,51} = 7.102/6.802 = 1.09$. 위의 해석에 제시됨

12-(4) 검증통계치: $t = 1.57$, $df = 53 + 52 - 2 = 103$

12-(5) ⓐ

12-(6) ⓐ

12-(7) Cohen의 효과크기(d) = 0.53으로서 두 집단의 평균치 간에는 실제적으로 '중간 정도'의 차이가 있다고 해석

13. ④	14. ③	15. ①	16. ③	17. ④	18. ②
19. ④	20. ②	21. ②	22. ③	23. ②	24. ④
25. ②	26. ③	27. ③	28. ②	29. ③	30. ③
31. ②	32. ①	33. ④	34. ①	35. ②	36. ②
37. ③					

11 일원분산분석

1. 분산분석에서의 독립변수와 종속변수
2. 분산분석의 기본개념
3. 일원분산분석의 수리적 모형
4. 자승화의 분할
5. 전집 분산의 추정치
6. 영가설 검증
7. 분산분석의 기본가정
8. 분산분석과 t검증의 관계
9. 관계강도($\hat{\omega}^2$)

앞에서 우리는 두 개의 표본집단에서 얻은 통계치 간에 차이가 있는지의 여부에 대한 가설을 검증하거나 전집치를 추정하는 방법에 대해 살펴보았다. 이 장에서는 둘 이상의 표본에서 얻은 자료들에 대한 가설을 검증하는 방법인 분산분석(혹은 변량분석: analysis of variance : *ANOVA*)방법을 소개하고자 한다. 분산분석(分散分析) 방법은 체육분야의 연구논문에서 흔히 발견되고 있는 방법 중의 하나로서 그 사용빈도가 크게 증가하고 있다. 분산분석 방법은 두 집단 혹은 그 이상의 집단 평균 간에 차이가 있는지의 여부를 검증하는 어느 통계적 방법보다도 안정된 방법으로 평가되고 있다.

예를 들어 세 개의 독립표본으로부터 얻은 세 집단의 윗몸 일으키기 평균 간에 차이가 있는지의 여부를 밝히는데 관심을 가지고 있다고 가정해 보자. 연구자는 이들 세 집단의 표본 평균치가 같은 전집의 평균치에서 나온 것인지의 여부를 검증하기 위해 *ANOVA*를 사용하는 것 보다 세 번의 t검증을 할 수도 있을 것이다. 즉 A B C 세 집단 중 어느 두 집단의 평균치 간에 차가 있는지를 검증하기 위해 집단 A와 B, A와 C, 그리고 B와 C를 비교 분석할 수 있을 것이다. 그러나 많은 집단 평균 간의 차를 검증하고자 할 때 t검증은 실제로 계산에 과중한 부담을 주기 때문에 효과적인 방법이 못된다.

t검증의 문제점을 좀 더 구체적으로 살펴보자. 예를 들어 6개 집단 중 어느 두 집단 평균치 간에 차이가 있는지의 여부를 검증하기 위해 t검증방법을 사용한다면 자그마치 ${}_6C_2$ 즉 15번의 t검증을 해야 한다. 이와 같이 6개 집단의 평균치를 t검증방법에 의해 상호비교 하는 것은 계산량이 방대하기 때문에 효과적인 방법이 못된다. 그뿐만 아니라 15쌍의 평균치 간의 차 검증을 끝냈다고 해도 15개 각각의 평균치 차에 대한 정보만을 얻을 뿐 독립변수와 종속변수 간의 관계에 관한 전반적인 정보는 얻지 못한다.

이보다 더 심각한 문제는 여러 개 평균치 간의 차이를 t검증방법으로 검증할 경우 제 1종 오류(α: 실제로는 차이가 없는데 있다고 판단하는 오류)가 엄청나게 커져 버린다는 점이다. 만일 앞의 예에서처럼 6개 집단 간의 평균치 차를 t검증방법으로 검증한다면, 15번의 평균치 개별비교를 해야 하는데, 이때 15개의 t검증 각각이 상호 독립적이고 α수준을 .05에 설정하여 검증한다면 제1종 오류를 범할 확률은 다음 공식에 의해 결정된다.

$$1-(1-\alpha)^c$$

여기에서

α = 사전에 정한 의의도 수준
c = t검증 수 즉, 평균치의 개별비교 수

위의 예에서 제1종 오류를 범할 확률은 $1-(1-.05)^{15}=.54$가 된다. 따라서 $\alpha=.05$ 수준에서 6개 평균치 간의 차이를 t검증으로 비교할 때 15의 평균치 개별비교 중 최소한 어느 하나가 제1종 오류를 범할 확률은 우리가 처음 설정한 .05가 아니라 .54다 된다. 바로 이러한 문제점 때문에 휘셔(Fisher)는 제1종 오류를 범할 확률(α)을 변동시키지 않고 모든 평균치들의 차이를 한꺼번에 검증할 수 있는 분산분석이라는 통계적 방법을 창안하였다.

여러 개의 표본으로부터 평균치 간의 차이를 t검증방법으로 검증할 경우, 제1종 오류(α)를 범할 확률은 변한다. 평균치 간의 개별비교 수(t검증 수)가 많으면 많을수록 제 1종 오류를 범할 확률은 사전에 설정한 α수준(유의수준)보다 훨씬 커진다. 따라서 연구자가 설정한 α수준 이상으로 유의한 결과를 얻을 가능성은 커진다.

---

1. 분산분석에서 독립변수와 종속변수

분산분석을 하기 위해서는 두 가지 변수 즉, 독립변수와 종속변수가 있어야 한다. 예를 들어 연구자가 영어, 수학, 체육 전공학생들의 체력 간에 유의한 차가 있는지의 여부를 검증하는 데 관심을 가지고 있다고 가정해 보자. 여기에서 독립변수(獨立變數 혹은 예언변수)는 학생들의 전공교과이며 종속변수(從屬變數 혹은 준거변수)는 학생들의 체력이다. 또한 이 연구의 대상은 다시 전공교과 이외의 독립변수 예를 들면 학년, 연령, 성별 등에 따라 체력에 유의한 차가 있는지의 여부를 검증하기 위해 재조직될 수도 있다. 다시 말하면 두 개 이상의 변수를 독립변수로 한 분산분석을 계획할 수 있다.

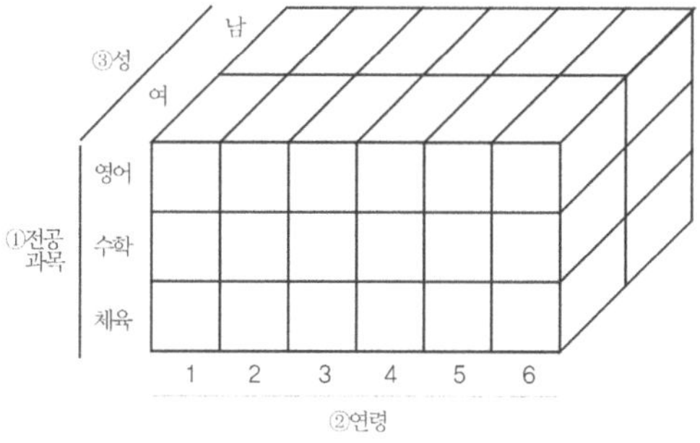

위의 그림을 살펴보자. 만일 연구자가 전공교과 하나만 선정하여 이들 전공교과별 학생들의 체력 간에 차이가 있는지의 여부에 관심을 갖고 분석을 시도한다면 일원분산분석(一元分散分析 : one-way *ANOVA*)이 된다. 즉 연구자가 단지 하나의 독립변수에 의해 종속변수의 특징을 파악하고자 할 때 일원분산분석이 된다. 그리고 전공교과와 성(性)의 두 가지 변수를 선정하여 체력 차이를 분석한다면 이원분산분석이 된다. 마찬가지로 위의 세 가지 변수를 모두 선정할 때는 삼원분산분석이 된다.

한편 독립변수는 명명 혹은 서열, 동간, 비율척도 중 어느 하나일 수 있으나 그 수준은 앞의 예에서처럼 최소한 2개(예, 성별일 경우 남녀와 같이 둘로 구분)에서부터 무한대의 수로 분류할 수 있다. 위에서 연령 변수는 6개로 분류되어 있다. 그러나 분산분석에서 '종속변수는 전집분포가 정상적으로 분포되어야 하고 최소한 동간, 비율척도'이어야 한다.

일원분산분석은 최소한 2개 이상의 하위수준을 가진 하나의 독립변수에 의해 종속변수의 특성을 분석하는 것이다.

분산분석을 설명하기 위해서는 간략한 기호를 사용하는 것이 필요하다. J개의 모집단에서 각각 n개의 표본을 무작위로 추출하여 얻은 j개의 표본집단이 있다고 가정하자. 각 집단과 집단내의 사례를 기호로 표시하면 다음과 같다.

표 11 · 1 일원분산분석을 위한 자료구조

1	2	3	j
X_{11}	X_{12}	X_{13}	X_{1j}
X_{21}	X_{22}	X_{23}	X_{2j}
X_{31}	X_{32}	X_{33}	X_{3j}
⋮	⋮	⋮	⋮
X_{i1}	X_{i2}	X_{i3}	X_{ij}
⋮	⋮	⋮	⋮
X_{n1}	X_{n2}	X_{n3}	X_{nj}
$\overline{X}_{.1}$	$\overline{X}_{.2}$	$\overline{X}_{.3}$	$\overline{X}_{.j}$

개개인이 얻은 점수 X는 두 개의 하위 기호를 가지고 있다. 첫 번째 것(i)은 집단내(集團內)의 소속을, 두 번째 것(j)은 집단간(集團間)의 소속을 나타내 준다. 따라서 X_{23}은 제3집단에 속한 두 번째 피험자의 종속변수 점수를 뜻한다. 그리고 X_{12}는 제2집단의 첫

번째 피험자의 점수이다. 일반적으로 X_{ij}는 j집단에 속한 i번째 피험자의 점수를 나타내준다. 각 집단의 점수 평균은 $\overline{X}_{.1}$ $\overline{X}_{.2}$ $\overline{X}_{.3}$ $\overline{X}_{.j}$로 나타낸다. 하위 기호에 표시된 점(dot ·)은 관련 집단의 모든 피험자를 의미한다. 예를 들어 $\overline{X}_{.1}$은 첫 번째 집단에 포함되어 있는 모든 피험자의 점수 평균을 의미하며 $\overline{X}_{.3}$은 세 번째 집단에 포함된 모든 피험자의 점수 평균을 의미한다.

그리고 $\overline{X}_{..}$는 집단내뿐만 아니라 집단간 피험자까지도 모두 포함한 점수의 평균이므로 전체 평균(grand mean)을 뜻한다. 그러나 일원분산분석에서는 하나의 독립변수에서 분류된 몇 개 집단 간의 평균치를 비교하는 것이기 때문에 각 집단 간의 평균치를 점(·)을 빼고 $\overline{X}_1$, $\overline{X}_2$, $\cdots\overline{X}_j$로 표시해도 무방하다. 그러나 후속되는 이원분산분석에서는 두 개의 독립변수에서 각기 분류된 집단 간의 평균치를 구분해야 하므로 점(·) 기호를 반드시 표시해야 한다.

2. 분산분석의 기본개념

평균치 간의 차이를 검증하기 위하여 분산(分散 variance)을 분석한다는 것은 무엇인가 석연치 않은 의문을 제기해 줄 만하다. 사실 우리는 기초통계 부분에서 평균치는 집중경향치(central tendency)를 대표하는 통계치이고 분산(σ^2)은 변산도(variability)를 대표하는 하나의 통계치라고 배웠다. 따라서 변산도(분산) 분석을 통하여 집중경향치(평균치)에 관한 사항을 알려고 한다는 것은 당장 이해하기 어려울 수도 있다.

그러나 우리는 분산의 평방근(√)인 표준편차는 집단구성원 개개인의 점수(X)가 집단의 평균치($\overline{X}$)로부터 떨어져 있는 거리(편차, x)의 평균이라는 사실을 상기할 필요가 있다. 이러한 사실에서 우리는 분산과 평균치 간에는 분명한 관계가 있음을 알 수 있으며 평균치 간의 차를 분산(分散)에 의해 분석하는 이유도 바로 이러한 사실에 근거를 두고 있다.

분산분석 방법은 기본적으로 차를 검증하고자 하는 각 하위집단(예를 들면 세 수준으로 분류된 전공교과)의 분산 평균과 모든 피험자를 대상으로 한 전체집단의 분산을 계산한 후 이들을 상호비교하는 것이다. 만일 전체집단의 분산이 각 하위집단의 분산 평균과 거의 유사하다면 각 하위집단의 평균치 간에는 통계적으로 유의한 차가 없음을 의미한다. 그러나 전체집단의 분산이 각 하위집단의 분산 평균보다 상당히 크다면 둘 혹은 그 이상의 하위집단의 평균치 간에는 통계적으로 유의한(significant) 차가 있음을 의미한다.

이러한 기본개념을 그림으로 제시하면 도 11 · 1과 도 11 · 2와 같다. 도 11 · 1은 "두 집단 혹은 그 이상의 하위집단 평균치 간에는 유의한 차가 없다"라는 영가설 ($H_0 : \mu_1 = \mu_2 = \mu_3$)을 받아들이는 예이며, 도 11 · 2는 영가설을 부정하고 "두 집단 혹은 그 이상의 하위집단 평균치 간에는 유의한 차가 있다"라는 상대가설($H_A : H_0$는 사실이 아니다)을 받아들이는 예이다.

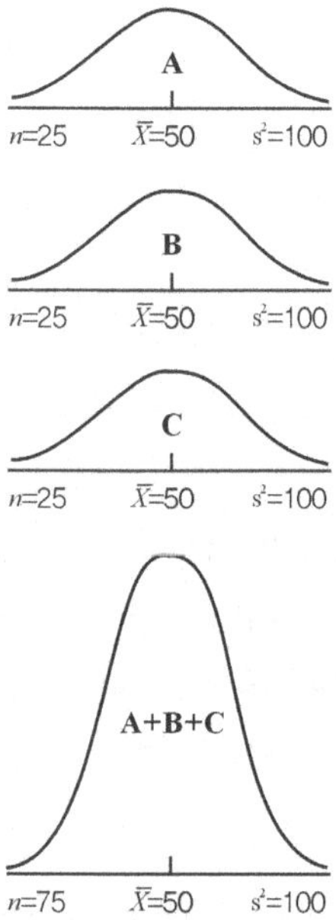

도 11 · 1 세 집단(A, B, C)의 분산 평균과 전체집단의 분산이 동일한 경우

도 11 · 1에는 네 집단의 점수분포가 제시되어 있다. 위로부터 세 개의 점수분포는 평균치의 차를 검증하려는 집단의 분포이다. 그리고 마지막 네 번째 분포는 세 집단의 점수를 합한 전체집단의 점수분포이다. 이제 세 집단의 점수분포에 어떤 유사점과 차이점이 있는지를 살펴볼 필요가 있다. 도 11 · 1에 의하면 세 집단의 평균치($\overline{X} = 50$)는 모두 동일하며 분산($s^2 = 100$) 역시 동일하다는 것을 알 수 있다. 또한 각 집단의 표본수는 각각 25명이고 전체집단의 표본수는 75명이다.

이와 같은 결과에 의하면 처음 세 집단의 점수분포와 세 집단의 점수를 합한 전체집단의 점수분포는 동일한 형태를 보이고 있을 뿐만 아니라 점수범위 역시 동일하다는 점을 확인할 수 있다. 다시 말하면 도 11 · 1에서 전체집단의 분산은 세 집단 분산의 평균과 같다는 사실을 쉽게 확인할 수 있다. 따라서 위의 예는 세 집단의 평균치 간에 통계적으로 차이가 없는 예로 볼 수 있다.

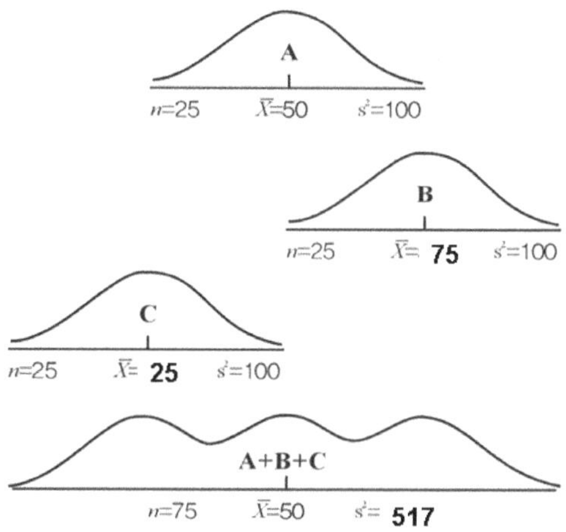

도 11 · 2 세 집단(A, B, C)의 분산 평균과 전체집단의 분산이 서로 다른 경우

도 11 · 2는 도 11 · 1과는 상황이 다른 네 집단의 점수분포가 제시되어 있다. 도 11 · 2는 세 집단의 평균치 간에 상당한 차이가 있음을 나타내 주는 예로 볼 수 있다. 따라서 영가설을 부정하는 자료의 본보기로 삼을 수 있다. 도 11 · 1의 설명에서 알 수 있는 바와 같이 위로부터 세 개의 점수분포는 평균치의 차를 검증하려는 집단의 분포이다. 그리고 네 번째 분포는 세 집단의 점수를 합한 전체집단의 점수분포이다. 도 11 · 2에 의하면 위로부터 세 집단의 분산은 $s^2 = 100$으로서 모두 동일하다. 따라서 세 집단의 분산 평균 역시 100이 된다.

이제 전체집단의 점수분포를 살펴보자. 전체집단의 점수분포는 도 11 · 1에서 본 것과 상당히 다른 변산도를 보인다. 다시 말하면 도 11 · 1의 전체집단 분산은 각 집단 분산의 평균과 동일하였으나 도 11 · 2의 전체집단 분산은 각 집단 분산의 평균과 차이가 있다. 즉, 도 11 · 2의 경우 각 집단 분산(A, B, C집단 모두 100으로 동일)의 평균은 100인데 비해 전체집단의 분산은 517로 나타남으로써 세 집단의 분산 평균보다 확연하게 크다는 것을 알 수 있다. 이와 같은 결과는 평균치가 각기 다른 하위집단의 점수분포를 하나로 통합할 때 전체집단의 변산도가 상대적으로 커지기 때문이다.

위의 예를 통하여 독자는 각 집단의 평균치 간 차와 전체집단의 분산 사이에 어떠한 관계가 있는가를 이해할 수 있을 것이다. 즉, 각 집단의 평균치 간에 차가 없을 때는「각 집단의 분산 평균과 전체집단의 분산은 서로 유사하거나 일치」하지만 차가 있을 때는「각 집단의 분산 평균과 전체집단의 분산 간에는 차이가 있다」는 점을 알 수 있을 것이다. 이러한 관계를 이해한다면 독자는 이제 '분산분석이 무엇인가'에 상당히 접근하고 있다고 할 수 있다. 동시에 분산분석이라는 통계적 방법이 집단의 평균치 간에 차가 있는지의 여부를 어떠한 통계적 형식으로 나타내 줄 것인가를 짐작할 수 있을 것이다.

각 하위집단의 분산 평균과 각 하위집단을 전부 합한 전체집단의 분산이 서로 유사하거나 일치하면 각 집단의 평균치 간에는 통계적으로 차이가 없다. 그러나 각 하위집단의 분산 평균과 전체집단의 분산 간에 차이가 있으면 각 집단의 평균치 간에도 통계적으로 차이가 있다.

이제 분산분석의 개념을 좀 더 구체적으로 살펴보자. 분산분석은 차를 검증하고자 선정된 'J개 집단이 상호 독립적이고 표본은 무선 표집된 것이라는 가정'을 전제로 한다. 분산분석에서 영가설(H_0)은 J개 집단의 평균을 대표하는 전집을 각각 μ_1, μ_2, $\mu_3 \cdots\cdots \mu_j$라고 할 때 "J개 전집의 평균들은 서로 같다"로 표시한다. 그리고 상대가설(H_A)은 "전집의 평균들은 서로 같지 않다"로 표시하거나, 좀 더 구체적으로 말하면 "최소한 하나의 전집 평균은 나머지 전집 평균들과 차이가 있다"로 표시한다.* 이를 기호로 표시하면 다음과 같다.

$$H_0 : \mu_1 = \mu_2 = \mu_3 \cdots\cdots \mu_j$$

$$H_A : \mu_i \neq \mu_j \text{ (여기에서 } i, j\text{는 어느 전집집단)}$$

이러한 상대가설에 대한 영가설의 검증은 "분산분석"이라는 용어가 말해 주듯이 종속변수의 **분산**을 분석함으로써 가능해진다. 구체적으로 말하면 종속변수의 전체 분산을 첫째,「k개 집단내의 분산」과 둘째,「전체집단 평균과 k개 집단 평균 간의 차의 분산」으로

---

* 세 전공(A, B, C)집단의 체력 간에 통계적으로 유의한 차가 있는지를 검증하기 위해 분산분석 방법을 적용한 결과, 영가설이 부정되었다고 가정해 보자. 이 결과를 해석할 때 유의해야 할 점은 집단 A, B, C중 '최소한 어느 두 집단 간에 차이가 있을 때 분산분석 결과는 유의한 차를 나타내 준다'는 사실이다. 즉, A, B, C 세 집단 간에 상호 유의한 차가 있을 때뿐만 아니라 세 집단 중 어느 '두 집단 간'만이라도 차가 있다면 통계적으로 유의한 차가 있는 것으로 나타난다.

크게 둘로 나눈 후(partitioning) 영가설은 이들 두 분산을 비교하여 검증한다.

전체 분산을 두 개의 부분으로 분할하여 이들 두 분산을 비교한다는 것은 무슨 뜻일까? 예를 들어 연구자가 네 가지 상이한 훈련방법이 학생들의 경기력에 어떤 영향을 미치는가를 알아보기 위해 400명의 학생을 표집한 후 100명씩 네 집단에 무선배정(random assignment) 하였다고 가정해 보자. 이 경우 독립변수는 훈련방법이며 종속변수는 학생들의 경기력 점수이다. 네 집단에 상이한 훈련방법을 실시하여 얻은 집단별 경기력 점수가 아래 그림과 같이 분포되었다고 가정하고 전체 분산이 어떻게 분할되는가를 알아보자.

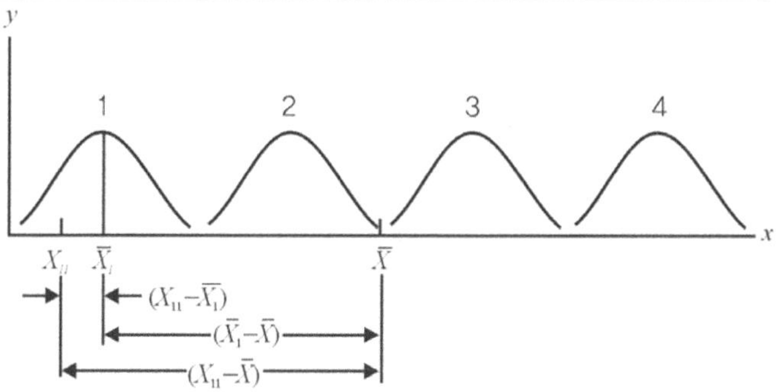

도 11 · 3 집단내 변산과 집단간 변산의 분할

먼저 400명으로부터 얻은 점수의 전체 분산을 계산해 보자. 분산은 개개인의 점수(X)를 집단 평균($\overline{X}$)에서 뺀 편차(x)를 자승(제곱)하여 합한 후 (n − 1)로 나눈 $\Sigma(X-\overline{X})^2/399$가 된다. 그런데 집단①에 있는 X_{11}의 편차인 $X_{11}-\overline{X}$은 도 11 · 3에서 확인할 수 있는 바와 같이 두 부분으로 분할 될 수 있다. 즉 ① 집단①의 평균으로부터 산출된 편차인 $(X_{11}-\overline{X}_1)$과 ② 전체 평균으로부터 집단①의 평균의 편차인$(\overline{X}_1-\overline{X})$로 나눌 수 있다. 그런데 첫 번째 편차 $(X_{11}-\overline{X}_1)$는 같은 집단에 속한 피험자들의 개인차에 기인한 편차이므로 이 편차를 이용하여 산출된 분산을 집단내 분산(集團內 分散: within-group variation)이라 부르고 $s_w{}^2$로 표시한다. 집단내 분산은 표집오차 때문에 존재하며 동시에 집단 간에 유사한 크기로 나타난다.

두 번째 편차 $(\overline{X}_1-\overline{X})$는 집단 평균치 간의 차이에 기인한 편차로서 이 편차를 이용하여 산출된 분산을 집단간 분산(集團間 分散 : between-group variation)이라 부르고

s_b^2로 표시한다. 실제 실험에서 처치효과(훈련방법의 효과)는 전혀 없다고 하더라도 집단의 평균치 간에는 '표집오차 (즉, 무선표집 혹은 무선배정 과정에서 생기는 오차) 때문'에 차이가 있을 수 있다. 그리고 처치효과가 있을 때는 집단간의 평균치 차이는 이보다 더 커지게 된다. 집단간 분산(s_b^2)은 '표집오차에 기인한 분산(오차분산)과 처치효과에 기인한 분산'이 합해진 것임을 알 수 있다.

집단내 분산과 간 분산에 대해 좀 더 설명해 보자. 집단내 분산은 흔히 오차분산(error variance), 집단간 분산은 체계적 분산(systematic variance)이라고 부르기도 한다. 집단내 분산을 오차분산이라고 부르는 데는 다음과 같은 이유가 있다. 우리가 실제 어떤 연구를 수행하기 위해 전집에서 피험자를 표집할 때 아무리 주의 깊은 표집계획에 의거하여 표집을 하더라도 표집오차(標集誤差)를 완전히 떨쳐 버릴 수는 없다. 그리고 실제 표집된 집단내(集團內)에 오차가 존재하는 것은 하나도 이상 할 것이 없다. 왜냐하면 연구자가 각 집단을 구성하고 있는 피험자들의 개인차를 의도적으로 통제하지 않는 한, 또한 실험설계(實驗設計: experimental design)에서 연구하고자 하는 변수 이외의 다른 변수를 모두 통제하지 않는 한, 오차는 항상 생기기 마련이기 때문이다.

예를 들어 근지구력을 증강시키기 위해 세 가지 다른 훈련방법(A, B, C)에 따라 훈련한 후 훈련방법의 효과는 윗몸일으키기(sit - ups) 검사를 실시하여 검증하였다고 가정하자. 이 연구에서 독립변수는 훈련방법이며 종속변수는 근지구력이다. 그리고 윗몸일으키기 검사는 근지구력을 측정하기 위해 선정된 검사이다. 여기에서 윗몸일으키기 검사 결과의 차이가 단순히 훈련방법의 차이 때문에 생긴 것이라고 가정한다면 각 집단내의 개개인은 동일한 훈련방법에 의해 지도(혹은 처치)를 받았으므로 이론적으로는 윗몸일으키기 점수에 차이가 없어야 한다.

그러나 실제로는 여러 변수(예를 들면, 윗몸일으키기 수준, 근력, 순발력, 유연성 등)들의 영향을 받거나 그러한 변수가 개인 간에 서로 다르기 때문에 집단내 변산이 생기게 된다. 이러한 이유 때문에 집단내 분산을 오차분산이라고 부른다. 실제 연구에서 이들 외적변수(extraneous variables)를 통제하는 것은 거의 불가능하기 때문에 집단내 분산은 언제나 존재한다고 보아야 한다. 집단내 분산(오차분산)을 줄일 수 있는 최선의 방법은 일란성 쌍생아(만일 가능하다면)를 수십 명씩 두 실험조건에 무선 배정하는 방법일 것이다.

집단간 분산은 체계적 분산(體系的 分散)이라고도 부르는데 이는 두 가지 다른 변산원(變散源)에 기인한다. 위의 예를 들어 설명하면, 하나는 독립변수인 훈련방법 간의 차이에 기인된 변산과 다른 하나는 독립변수 외의 다른 외적 변수(예: 사전 윗몸일으키기 수준, 근력, 순발력 등)들이 종속변수에 미치는 영향 때문에 생기는 변산(즉, 오차분산)이다. 다시 말하면, 집단간 분산은 실험처치 효과와 오차분산의 두 변산이 통합된 것이다. 따라서 집단간 분산과 집단내 분산이 비슷하다면, 즉, 실험처치 효과에 의한 분산과 오차요인에 기인한 분산이 같다면 실험처치 효과는 유의하지 못한 것으로 판정한다.

일원분산분석(one-way *ANOVA*)에서 전체 분산은 집단내 분산과 집단간 분산으로 분할된다. 집단내 분산(s_w^2)은 같은 집단내에 속한 피험자들의 개인차에 기인한 분산으로서 표집오차 때문에 생기며 오차분산이라고 부른다. 집단간 분산(s_b^2)은 집단 평균치 간의 차이에 기인한 분산으로서 실험처치 효과가 있을 때 생기며 체계적 분산이라고 부른다.

앞에서 J개 집단의 평균을 대표하는 전집을 각각 μ_1, μ_2, $\mu_3, \cdots$, μ_j라고 할 때 영가설(H_0)은 "J개의 전집 평균은 서로 같다" 그리고 상대가설(H_A)은 "최소한 하나의 전집 평균은 나머지 전집 평균과 차이가 있다"로 표시한다고 하였다. 그리고 이를 기호로 다음과 같이 표시하였다.

$$H_0 : \mu_1 = \mu_2 = \mu_3 = \cdots\cdots = \mu_j$$
$$H_A : \mu_i \neq \mu_j \text{ (여기에서 } i, j\text{는 어느 전집 집단)}$$

영가설$(H_0) : \mu_1 = \mu_2 = \mu_3 = \cdots\cdots = \mu_j$가 사실인 경우를 생각해 보자, 집단내 분산(s_w^2)은 개인차와 표집오차 때문에 생긴 불가피한 분산이다. 따라서 우리는 이 분산을 전집 분산의 추정치로 간주할 수 있으므로 이를 오차분산(σ_e^2)이라고 부를 수 있다.

우리는 영가설이 사실인 경우라 할지라도 집단의 평균치 간에는 약간의 차이가 있음을 예상할 수 있다. 왜냐하면 집단간 분산(s_b^2)은 표집오차에 기인한 오차분산과 처치효과에 기인한 분산이 합해진 것이기 때문이다. 따라서 영가설이 사실이라면 실험처치 효과가 없다는 뜻이므로 집단간 분산(s_b^2)은 오차분산(σ_e^2)과 같게 된다. 즉 두 분산의 비(F) : s_b^2 / s_w^2는 거의 1.00이 된다. 실제로는 표집오차 때문에 정확히 1.00이 되지는 않는다.

반대로 영가설이 거짓이라면, 즉 상대가설$(H_A) : \mu_i \neq \mu_j$이 사실이라면, 집단내 분산은 오차분산(σ_e^2)이 되지만, 집단간 분산은 오차분산에 처치효과에 기인한 분산을 추가한 것이 된다. 즉 실험처치 효과에 기인한 분산을 σ_t^2이라고 하면 두 분산의 비(F)인 s_b^2 / s_w^2은 다음과 같이 되어 1.00보다 커진다.

$$F = \frac{간분산(s_b^{\,2})}{내분산(s_w^{\,2})}$$

$$= \frac{오차분산(\sigma_e^{\,2}) + 처치효과\ 분산(\sigma_t^{\,2})}{오차분산(\sigma_e^{\,2})}$$

분산분석에서 영가설은 집단간 분산($s_b^{\,2}$)과 집단내 분산($s_w^{\,2}$)의 비에 의해 검증된다.

$$F = \frac{간분산(s_b^{\,2})}{내분산(s_w^{\,2})}$$

---

3. 일원분산분석의 수리적 모형

앞에서 우리는 표본집단에서 얻은 점수의 전체 분산을 집단내 분산과 집단간 분산으로 분할함으로써 분산분석의 의미를 살펴보았다. 그런데 분산분석은 다음과 같이 개인 점수에 영향을 미치는 변산원(source of variation)에 의해 설명할 수 있다. 즉, j집단에 속해있는 어떤 피험자 i의 종속변수 점수를 X_{ij}라고 할 때 그의 실제 점수는 다음과 같이 직선적 관계로 나타낼 수 있다고 가정한다.

$$X_{ij} = \mu + \alpha_j + e_{ij} \tag{11.1}$$

여기에서

i = 1, 2, 3,……, N
j = 1, 2, 3,……, N
X_{ij} = j집단에 있는i의 점수
μ = 전체 모집단의 평균
α_j = $(\mu_j - \mu)$: j집단의 처치효과
e_{ij} = 표집오차

어떤 j집단에 속해있는 피험자 i의 종속변수 점수는 위와 같이 세 개의 요인으로 구성되며 이것은 직선적 관계로 나타낼 수 있다고 가정한 것이다. 위 식에서 j집단의 처치효과 (α_j)는 j의 모집단 평균(μ_j)과 전체 모집단 평균(μ)의 편차(偏差: deviation)와 같고 전체 모집단의 평균(μ)은 다음과 같이 표시할 수 있다.

$$\alpha_j = \mu_j - \mu \qquad \mu = \frac{\Sigma \mu_j}{J}$$

그런데 편차의 합은 0이 되므로 $\Sigma\alpha_j = 0$이 된다. 만일 실험처치 효과가 없다고 가정한다면, 각 집단별 모집단 평균(μ_j)과 전체집단 평균(μ)의 편차는 $\alpha_j = 0$이 된다. 따라서 실험처치 효과가 없다는 것은 "J개 집단의 전집 평균들은 서로 같다"라는 것과 동일하므로 $H_0 : \mu_1 = \mu_2 = \mu_3 = \cdots\cdots = \mu_j = \mu$가 된다. 바로 이 식이 일원분산분석의 영가설이다.

다른 추리통계와 마찬가지로 분산분석에서도 전집의 모수치는 알 수 없으므로 표본통계치에 의해 추정된다. 오차(e_{ij})는 피험자 개개인이 가지고 있는 개인차(個人差)와 실험처치(實驗處置) 조건과의 상호작용 때문에 생긴 것으로서 모든 집단에서 0을 평균으로 하여 정상분포를 이루고 있다고 가정할 수 있다. 그리고 오차(e_{ij})는 앞의 식을 유도하면 집단내 변산 즉 $(X_{ij} - \mu_j)$와 같다. 집단 전체를 통틀어 생기는 이러한 오차의 분산을 앞에서 오차분산(σ_e^2)이라 하였다.

분산분석은 이와 같은 직선적(直線的) 관계 모형을 이용하여 α_j(j집단의 실험처치 효과)가 있느냐 없느냐의 여부를 검증하는 것이다. 즉, '집단 간 평균치 차이에 기인된 분산이 표집오차에 기인된 분산보다 크냐'를 검증하는 것이다. 만일 집단의 평균치 간 차이가 통계적으로 유의한 것으로 나타나면 우리는 "최소한 하나의 전집 평균은 나머지 전집 평균과 차이가 있다"고 결론지을 수 있다.

위의 직선적 모형을 이용하여 실험처치 효과의 여부를 검증해 보자. 예를 들어 $J = 3$이고, $\mu_1 = 6$, $\mu_2 = 12$, $\mu_3 = 9$라고 가정해 보자. 이 자료를 이용하여 우리는 전체 모집단 평균치(μ)를 계산할 수 있다.

$$\mu = \frac{\Sigma \mu_j}{J} = \frac{6 + 12 + 9}{3} = 9$$

따라서

$$\alpha_1 = \mu_1 - \mu = 6 - 9 = -3$$
$$\alpha_2 = \mu_2 - \mu = 12 - 9 = 3$$
$$\alpha_3 = \mu_3 - \mu = 9 - 9 = 0$$

그리고

$$\Sigma \alpha_j = (-3) + (3) + (0) = 0$$

이 된다. 따라서 편차의 합은 항상 영(0)이 된다. 그러나 $\Sigma\alpha_j^2$은 항상 0이 되지는 않는다. 위의 예에 의하면 $\Sigma\alpha_j^2 = (-3)^2+(3)^2+(0)^2 = 18$이 된다. 이 예에서 우리는 $\Sigma\alpha_j^2$이 0이 되는 유일한 경우는 영가설(H_0)이 사실일 때, 즉 실험처치 효과가 없을 때, 다시 말하면 실험처치 효과(α_j)가 모두 0일 때뿐이라는 점을 알 수 있다. 예를 들어 만일 $\mu_1 = \mu_2 = \mu_3 = 9$라면 $\mu = 9$가 되고 $\alpha_1 = \alpha_2 = \alpha_3 = 0$이 되며, 따라서 $\Sigma\alpha_j$ 뿐만 아니라 $\Sigma\alpha_j^2$ 역시 0이 됨을 알 수 있다. 요약하면 H_0이 사실일 때만 $\Sigma\alpha_j^2 = 0$이 된다. 이외에 $\Sigma\alpha_j^2$은 항상 0보다 크다. 따라서 직선적 모형에서 영가설(H_0)은 다음과 같이 기술하기도 한다.

$$H_0 : \alpha_1 = \alpha_2 = \cdots\cdots = \alpha_j = 0$$

실험처치 효과의 합($\Sigma\alpha_j$)은 항상 0이 된다. 그러나 실험처치 효과의 자승화($\Sigma\alpha_j^2$: 편차 $(\mu_j - \mu)$의 자승화)는 영가설(H_0)이 사실일 때만 즉, 실험처치 효과가 없을 때만 0이 되며 그 이외의 경우에는 항상 0보다 크다. 즉

- **H_0가 사실일 때 $\Sigma\alpha_j^2 = 0$**
- **H_0가 사실이 아닐 때 $\Sigma\alpha_j^2 > 0$**

---

4. 자승화의 분할

분산분석은 앞에 기술한 바와 같이 전체 분산을 집단내 분산과 집단간 분산으로 나누는 과정이라고 하였다. 그러나 실제로는 각 점수(X_{ij})들이 전체 평균($\overline{X}$)으로부터 떨어져 있는 편차의 자승화(sum of squares, $\Sigma(X_{ij}-\overline{X})^2$) 즉, 전체자승화(全體 自乘和 : total sum of squares, SS_t)를 ① 집단간의 차에 기인한 간자승화(間自乘和: between group sum of squares, SS_b)와 ② 집단내의 차에 기인한 내자승화(內自乘和: within group sum of squares, SS_w)로 분할하는 과정에서부터 시작한다. 자승화의 분할을 예를 들어 설명해 보자. 처치집단의 수(J)가 2이고 각 집단별로 2명의 사례수(n)를 대상으로 얻은 자료가 다음과 같다고 가정해 보자.

사례 \ 집단	I	II	
1	4	2	
2	6	4	
평균	$\overline{X}_1=5$	$\overline{X}_2=3$	$\overline{X}=4$

$\overline{X}_1$ = 집단 I의 표본 평균치
$\overline{X}_2$ = 집단 II의 표본 평균치
$\overline{X}$ = 전체집단의 표본 평균치

먼저 개개인의 점수(X_{ij})를 전체 평균($\overline{X}$)에서 빼면

I	II
4-4=0	2-4=-2
6-4=2	4-4= 0

빼서 얻은 값(편차)을 자승하여 모두 합하면, $0+(2)^2+(-2)^2+0=8$이 된다. 이 값을 전체 자승화(SS_t)라고 부른다. 그리고 이를 식으로 표시하면 다음과 같다.

$$SS_t = \sum_j \sum_i (X_{ij} - \overline{X})^2$$

다시 각 집단에 속한 개개인의 점수(X_{ij})를 해당 집단의 평균($\overline{X}_j$)에서 빼면

I	II
4-5=-1	2-3=-2
6-5= 1	4-3= 1

빼서 얻은 값(편차)을 자승하여 모두 합하면 $(-1)^2+(1)^2+(-1)^2+(1)^2=4$ 가 된다. 이 값을 우리는 내자승화(SS_w)라고 부른다. 그리고 이를 식으로 표시하면 다음과 같다.

$$SS_w = \sum_j \sum_i (X_{ij} - \overline{X_j})^2$$

다음 각 집단에 속한 개개인의 점수를 해당 집단의 평균($\overline{X}_j$)으로 대체하고, 해당 집단의 평균을 전체 평균($\overline{X}$)에서 빼면,

I	II
5-4=1	3-4=-1
5-4=1	3-4=-1

빼서 얻은 값(편차)을 자승하여 전부 합하면 $(1)^2+(1)^2+(-1)^2+(-1)^2=4$가 된다.

이 값을 간자승화(SS_b)라고 부르며 식으로 표시하면 다음과 같다.

$$SS_b = \sum_j \sum_i (\overline{X}_j - \overline{X})^2 \quad or \quad \sum_j n_j (\overline{X}_j - \overline{X})^2$$

이상을 종합하면

전체 자승화 = 내자승화 + 간자승화

$$SS_t = SS_b + SS_w$$

$$\sum_j \sum_i (X_{ij} - \overline{X})^2 = \sum_j \sum_i (X_{ij} - \overline{X}_j)^2 + \sum_j \sum_i (\overline{X}_j - \overline{X})^2 \tag{11.5}$$

$$\boxed{8} = \boxed{4} + \boxed{4}$$

위의 예에서 전체 자승화(SS_t)는 $SS_b = 4$, $SS_w = 4$로 분할됨을 알 수 있다. 집단의 수가 J개이고 각 집단별로 n명의 사례를 표집하였다고 하면, 전체 사례수는 nJ가 될 것이다. 그리고 j번째 집단의 표본 평균치를 $\overline{X}_j$, 전체 평균치를 $\overline{X}$라고 하면

$$\overline{X}_j = \frac{\sum_i X_{ij}}{n}$$

$$\overline{X} = \frac{\sum_j \sum_i X_{ij}}{nJ}$$ 가 된다.

이제 좀 더 구체적으로 자승화의 분할을 설명해 보자. 독자는 도 11 · 3에서 집단 1에 속한 피험자 X_{11}의 편차점수가 어떻게 분할되었는가를 기억할 수 있을 것이다. 피험자 X_{11}의 점수가 전체 평균으로부터 떨어져 있는 편차($X_{11} - \overline{X}$)는 다음과 같이 나눌 수 있음을 알 수 있었다.

$$(X_{11} - \overline{X}) = (X_{11} - \overline{X}_1) + (\overline{X}_1 - \overline{X})$$

이 공식을 일반화하면

$$\left[\text{개인 점수} - \text{전체 평균}\right] = \left[\text{개인 점수} - \text{집단 평균}\right] + \left[\text{집단 평균} - \text{전체 평균}\right]$$

$$(X_{ij} - \overline{X}) = (X_{ij} - \overline{X}_j) + (\overline{X}_j - \overline{X}) \tag{11.6}$$

위 공식의 양변을 각각 자승하면

$$\begin{aligned}(X_{ij} - \overline{X})^2 &= [(X_{ij} - \overline{X}_j) + (\overline{X}_j - \overline{X})]^2 \\ &= (X_{ij} - \overline{X}_j)^2 + 2(X_{ij} - \overline{X}_j)(\overline{X}_j - \overline{X}) + (\overline{X}_j - \overline{X})^2\end{aligned}$$

위 공식처럼, 어느 한 집단에 속한 어느 개인(i)의 점수에 대한 편차점수의 자승뿐만 아니라 모든 집단(j)의 모든 사례(즉nj)의 점수에 대한 편차점수를 자승하여 합하면

$$\sum_j\sum_i(X_{ij}-\overline{X})^2=\sum_j\sum_i(X_{ij}-\overline{X}_j)^2+2\sum_j\sum_i(X_{ij}-\overline{X}_j)(\overline{X}_j-\overline{X})$$
$$+\sum_j\sum_i(\overline{X}_j-\overline{X})^2 \quad \text{이 된다. 그런데} \qquad (11.7)$$

$$2\sum_j\sum_i(X_{ij}-\overline{X}_j)(\overline{X}_j-\overline{X}) = 2\sum_i(X_{ij}-\overline{X}_j)\sum_j(\overline{X}_j-\overline{X}) =$$
$$2(\sum_i X_{ij}-n\overline{X}_j)\sum_j(\overline{X}_j-\overline{X}) = 2(\sum_i X_{ij}-\Sigma X_{ij})\sum_j(\overline{X}_j-\overline{X}) =$$
$$2(0)\sum_j(\overline{X}_j-\overline{X}) = 0 \quad \text{이므로}$$

위의 식 (11.7)은*

$$\sum_j\sum_i(X_{ij}-\overline{X})^2=\sum_j\sum_i(X_{ij}-\overline{X}_j)^2+\sum_j\sum_i(\overline{X}_j-\overline{X})^2 \qquad (11.8)$$

공식 (11.8)에서 알 수 있는 바와 같이 전체 자승화(SS_t)는 결국 내자승화(SS_w)와 간자승화(SS_b)로 나누어진다.

일원분산분석에서 전체 자승화(SS_t)는 내자승화(SS_w)와 간자승화(SS_b)로 구분된다.

[전체 자승화] = [내자승화] + [간자승화]

$$\sum_j\sum_i(X_{ij}-\overline{X})^2=\sum_j\sum_i(X_{ij}-\overline{X}_j)^2+\sum_j\sum_i(\overline{X}_j-\overline{X})^2$$

---

5. 전체 분산의 추정치

분산분석에서 영가설은 $H_0:\mu_1=\mu_2=\cdots\cdots=\mu_j$ 혹은 $H_0:\alpha_1=\alpha_2=\cdots=\alpha_j=0$으로 진술할 수 있다는 것을 알았다. 즉 J개의 전집 평균 간에는 차이가 없다는 것을 의미한다. 그리고 영가설(H_0)은 집단 간의 차이가 단지 표집오차로 간주할 수 있을 때만 긍정된다.

분산분석에서 영가설은 두 분산추정치(mean square; 평균자승이라고도 부른다)†의

---

* 복잡하다고 느끼면 넘어가도 좋다. 통계학과 학생들이 아니라면 말이다. 그러나 기억해 둘 것은 전체 자승화(SS_t)는 결국 내자승화(SS_w)와 간자승화(SS_b)로 나누어지며 이들의 합과 같다는 사실이다.

비 즉, [집단간 분산(s_b^2)/집단내 분산(s_w^2)]에 의해 검증한다. 그런데 지금까지 우리는 간 자승화(SS_b)와 내자승화(SS_w)만을 알고 있다. 집단간 분산추정치(MS_b)와 집단내 분산추정치(MS_w)는SS_b와 SS_w를 각각의 자유도로 나눔으로서 계산할 수 있다. 집단간 분산추정치(MS_b)는 집단간 자승화(SS_b)를 그에 해당하는 자유도[집단수 (J)에서 1을 뺀 나머지 수]로 나누어 구할 수 있다.

$$MS_b = \frac{SS_b}{J-1} = \frac{\text{집단간 자승화}}{\text{집단수} - 1}$$

내 분산추정치(MS_w)는 집단내 자승화(SS_t)를 그에 해당하는 자유도 [전체사례수(N)에서 집단수(J)를 뺀 나머지 수]로 나누어 구할 수 있다.

$$MS_w = \frac{SS_w}{N-J} = \frac{\text{집단내 자승화}}{\text{전체 사례수} - \text{집단수}}$$

전체 분산추정치(MS_t)는 전체 자승화(SS_t)를 그에 해당하는 자유도[전체 사례수(N)에서 1을 뺀 나머지 수]로 나누어 구할 수 있다.

$$MS_t = \frac{SS_t}{N-1} = \frac{\text{전체 자승화}}{\text{전체 사례수} - 1}$$

6. 영가설 검증

분산분석에서 영가설은 두 분산추정치의 비(比)에 의해 검증한다고 하였다. 즉 집단간 분산추정치(MS_b)를 집단내 분산추정치(MS_w)로 나눈 값(이 값을 F값이라고 한다)을 계산한 후 산출된 F값이 통계적으로 유의한지의 여부를 부록의 〈수표 7〉 F분포 표에서 찾아 확인한다. 만일 산출된 F값이 통계적으로 유의하게 크다면 영가설($H_o : \mu_1 = \mu_2 = \ldots\ldots = \mu_j$ 즉, J개 전집 평균치 간에는 차이가 없다)을 부정하고 상대가설($H_A : \mu_i \neq \mu_j$ 혹은 H_o는 사실이 아니다)을 받아들임으로써 '최소한 둘 혹은 그 이상의 전집의 평균치 간에는 유의한 차가 있다'는 결론을 내릴 수 있다.

† '분산추정치'라고 부르는 이유는 전집의 모든 사례를 연구대상으로 선정하는 것이 불가능하며 또한 통계적인 의미에서 이러한 노력은 비경제적이기도 하므로 전집을 가장 잘 대표하는 표본(sample)을 무선적으로 표집하여 전집의 특성(분산)을 추정하기 때문이다.

검증결과의 해석에서 한 가지 명심해야 할 것은 영가설을 부정하는 자료라 할지라도, 즉 둘 혹은 그 이상의 평균치 간에 통계적으로 유의한 차가 발견되었다고 할지라도, 연구자는 구체적으로 어떤 집단의 평균치 간에 통계적으로 유의한 차가 있는지를 분산분석 결과만으로는 결정할 수 없다는 점이다. 왜냐하면 분산분석 결과 얻은 F치는 '많은 집단 중 최소한 어느 두 집단 간에 통계적으로 유의한 차가 있을 때' 유의한 값으로 나타나기 때문이다. 따라서 연구자가 어느 특정집단 간의 평균치 차이를 분석하고자 할 경우에는 다음 장에 제시된 투키(Tukey), 뉴만쿨(Newman-Keuls), 쉐페(Scheffé), 본페르니(Bonferroni) 등이 제시한 방법을 적용해야 한다.

이상에 제시된 일원분산분석 방법을 요약하면 다음과 같다.

표 11·2 일원분산분석의 요약

변산원	자승화(SS)		자유도	분산추정치	F비
	정의	계산공식			
집단간 (Between)	$\sum_j n_j(\overline{X}_j-\overline{X})^2$	$\Sigma\frac{(\Sigma X)^2}{n_j}-\frac{(\Sigma\Sigma X)^2}{N}$	$J-1$	$MS_b=\frac{SS_b}{J-1}$	$\frac{MS_b}{MS_w}$
집단내 (Within)	$\sum_j\sum_i(X_{ij}-\overline{X}_j)^2$	$\Sigma\Sigma X^2-\Sigma\frac{(\Sigma X)^2}{n_j}$	$N-J$	$MS_w=\frac{SS_w}{N-J}$	
전체 (Total)	$\sum_j\sum_i(X_{ij}-\overline{X})^2$	$\Sigma\Sigma X^2-\frac{(\Sigma\Sigma X)^2}{N}$	$N-1$		

위의 정의와 계산공식을 이용하여 F비를 계산해 보면 다음과 같다. 아래에 제시된 자료는 세 가지 다른 훈련방법(A, B, C)이 선수들의 양궁기록에 어떤 영향을 미치는지를 분석하기 위해 집단별로 3명씩을 무선 표집하여 조사된 자료이다. 즉 $J=3$, $n=3$인 자료이다.

표 11·3 훈련방법별(A, B, C) 양궁기록

대상	A	B	C	
1	2	9	3	
2	4	7	5	
3	6	5	4	
$\overline{X}_j$	4	7	4	$\overline{X}=5$

1 먼저 자승화를 정의에 의해 계산하면 다음과 같다.

$$SS_t = \Sigma\Sigma(X_{ij} - \overline{X})^2$$

$$= (2-5)2 + (4-5)2 + (6-5)2 + (9-5)2 + (7-5)2 + (5-5)2 + (3-5)2 + (5-5)2 + (4-5)2$$

$$= 9 + 1 + 1 + 16 + 4 + 0 + 4 + 0 + 1 = 36$$

$$SS_b = \Sigma n_j(X_j - \overline{X})^2$$

$$= 3(4-5)2 + 3(7-5)2 + 3(4-5)2$$

$$= (3)(1) + (3)(4) + (3)(1) = 3 + 12 + 3 = 18$$

$$SS_w = \Sigma\Sigma(X_{ij} - \overline{X}_j)^2$$

$$= (2-4)2 + (4-4)2 + (6-4)2 + (9-7)2 + (7-7)2 + (5-7)2 + (3-4)2 + (5-4)2 + (4-4)2$$

$$= 4 + 0 + 4 + 4 + 0 + 4 + 1 + 1 + 0 = 18$$

	A	B	C		
1	2	9	3		
2	4	7	5		
3	6	5	4		
n	3	3	3		$N=9$
ΣX	12	21	12		$\Sigma\Sigma X=45$
ΣX^2	56	155	50		$(\Sigma\Sigma X)^2/N=(45)^2/9=225$
$\overline{X}_j$	4	7	4	$\overline{X}=5$	$\Sigma\Sigma X^2=261$
$\frac{(\Sigma X)^2}{n_j}$	48	147	48		$\Sigma\frac{(\Sigma X)^2}{n_j}=243$

위 자료를 공식 (11.5)에 대입해 보면 표 11 · 4와 같다.

표 11 · 4 훈련방법별(A, B, C) 양궁기록에 대한 분산분석

	전체 자승화 $\Sigma\Sigma(X_{ij}-\overline{X})^2$	=	내자승화 $\Sigma\Sigma(X_{ij}-\overline{X}_j)^2$	+	간자승화 $\Sigma\Sigma(\overline{X}_j-\overline{X})^2$
X_{11}	$(2-5)^2$	=	$(2-4)^2$	+	$(4-5)^2$
X_{21}	$(4-5)^2$	=	$(4-4)^2$	+	$(4-5)^2$
X_{31}	$(6-5)^2$	=	$(6-4)^2$	+	$(4-5)^2$
X_{12}	$(9-5)^2$	=	$(9-7)^2$	+	$(7-5)^2$
X_{22}	$(7-5)^2$	=	$(7-7)^2$	+	$(7-5)^2$
X_{32}	$(5-5)^2$	=	$(5-7)^2$	+	$(7-5)^2$
X_{13}	$(3-5)^2$	=	$(3-4)^2$	+	$(4-5)^2$
X_{23}	$(5-5)^2$	=	$(5-4)^2$	+	$(4-5)^2$
X_{33}	$(4-5)^2$	=	$(4-4)^2$	+	$(4-5)^2$
$\Sigma\Sigma$	36	=	18	+	18

② 자승화를 공식에 대입하여 계산하면 아래와 같다. 피험자 수가 비교적 많을 경우에는 정의 공식보다는 계산 공식을 이용하는 것이 편리하다.

$$SS_t = \Sigma\Sigma X^2 - \frac{(\Sigma\Sigma X)^2}{N}$$
$$= 261 - \frac{(45)^2}{9} = 261 - 225$$
$$= 36$$

$$SS_b = \Sigma\frac{(\Sigma X)^2}{n_j} - \frac{(\Sigma\Sigma X)^2}{N}$$
$$= [\frac{(12)^2}{3} + \frac{(21)^2}{3} + \frac{(12)^2}{3}] - \frac{(45)^2}{9}$$
$$= (48 + 147 + 48) - 225$$
$$= 18$$

$$SS_w = \Sigma\Sigma X^2 - \Sigma\frac{(\Sigma X)^2}{n_j}$$
$$= 261 - (48 + 147 + 48)$$
$$= 18$$

③ 집단간(MSb), 집단내(MSw) 분산추정치를 계산하기 위해서는 자유도를 확인해야 한다. 앞에서 산출된 집단내, 집단간, 전체 변산원별 자유도와 분산추정치는 다음과 같다.

$$df_b = J - 1 = 3 - 1 = 2$$
$$df_w = N - J = 9 - 3 = 6$$
$$df_t = N - 1 = 9 - 1 = 8$$

따라서

$$MS_b = \frac{SS_b}{J-1} = \frac{18}{2} = 9.00$$

$$MS_w = \frac{SS_w}{N-J} = \frac{18}{6} = 3.00$$

$$F = \frac{MS_b}{MS_w} = \frac{9.00}{3.00} = 3.00$$

4 위의 계산결과를 분산분석 표로 요약하면 다음과 같다. 이 표는 APA가 제안하고 있는 분산분석(*ANOVA*) 결과의 제시 형식이다.

표 11·5 훈련방법별 양궁기록 간 차이에 대한 분산분석

변산원 (SV)	자승화 (SS)	자유도 (df)	분산추정치 (MS)	F
집단간	18	2	9.00	3.00
집단내	18	6	3.00	
전 체	36	8		

위의 *ANOVA* 분석결과를 가설검증 절차를 이용하여 검증해 보자.

❶ 검증가설

$H_0 : \mu_A = \mu_B = \mu_c$

$H_A : \mu_i \neq \mu_j$ (i, j는 어느 두 전집집단)

❷ 유의수준: $\alpha = .05$

❸ 통계적 검증

검증통계치(F)는 MS_b / MS_w 이므로 위의 예에 의하면 $F = (9.00/3.00) = 3.00$이 된다.

❹ 가설 부정의 기준치

부록의 F검증에 관한 〈수표 7〉에 의하면 분자의 자유도 즉, 집단간의 자유도(df) = 2이고 분모의 자유도 즉, 집단내의 자유도(df) = 6일 때 $\alpha = .05$ 수준에서 영가설(H_0)을 부정하기 위한 기준치(critical value)는 5.14이다. 만일 α를 .01로 설정하였다면 가설 부정을 위한 기준치는 10.92가 된다.

❺ 결론

$\alpha = .05$수준에서 실제 검증결과 얻은 $F_{2,6} = 3.00$은 가설 부정을 위한 기준치(F_{cv})인 5.14보다 훨씬 적으므로 H_0를 부정할 수 없다. 위의 결과에 의하면 세 가지 훈련방법은 양궁선수의 기록에 영향을 미치지 못한다는 결론을 내릴 수 있다.

7. 분산분석의 기본가정

분산분석 방법을 적용하기 위해서는 사전에 만족되어야 할 몇 가지 조건이 있다. 왜냐하면 분산분석의 수리적(數理的) 모형은 바로 그러한 몇 가지 기본가정 아래에서 만들어졌기 때문이다. 그러나 실제로 우리는 수집된 표본자료가 기본가정에 맞지 않는 경우에도 분산분석을 하는 경우가 있는데 이 경우 실제 분석결과에 어떠한 영향을 줄 수 있는지를 아는 것은 중요한 의미가 있다.

① 각 집단의 사례수는 그 집단과 일치하는 모집단에서 무선적이고 독립적인 방법을 이용하여 표집해야 한다. 이 말은 집단간 혹은 집단내 모든 사례수의 표집은 무선적이면서 상호 독립적이어야 한다는 것을 뜻한다. 따라서 두 개 이상의 실험조건에 동일한 집단 혹은 사례를 사용했을 경우(즉, 종속표집 혹은 반복측정은 경우)에는 위의 분산분석 방법을 사용할 수 없다. 이 경우에는 종속표집(從屬標集: dependent sample)에 의한 분산분석 방법을 적용해야 한다.

② 종속변수의 측정치는 최소한 동간척도(interval scale) 이상이어야 한다. 만일 측정치가 명명척도나 서열척도인 경우에는 분산분석에서의 평균치 계산이 불가능하기 때문이다. "J개의 전집 평균치는 서로 같다"는 영가설을 검증하기 위해서는 최소한 동간척도(同間尺度) 이상이어야 한다.

③ 표본이 추출된 각 집단의 전집은 정상분포(正常分布)를 이루고 있어야 한다. 이 가정은 두 가지 조건을 요구하는데 첫째는 각 집단의 전집은 모양이 서로 같아야 하며 둘째 종속변수는 정상분포를 이루고 있어야 한다는 것이다.

④ 모든 전집의 분산은 동일해야 한다. 이 가정은 앞장의 등분산(동변량: homogeneity of variance) 가정에서 이미 언급한 바 있다. 이 가정은 정상성(正常性) 가정과 마찬가지로 전집은 동일한 모양과 평균치, 분산을 가지고 있어야 함을 시사해 준다.

※ 분산분석을 적용하기 위해 사전에 요구되는 기본가정은

1. 각 집단의 사례수는 그 집단과 일치하는 모집단에서 무선적이고 독립적인 방법으로 표집해야 한다.
2. 종속변수의 측정치는 최소한 동간척도(interval scale) 이상이어야 한다.
3. 표본이 추출된 각 집단의 전집은 정상분포를 이루고 있어야 한다.
4. 모든 전집의 분산은 동일해야 한다.

그렇다면 실제 이러한 가정이 만족되고 있는지의 여부를 어떻게 알 수 있을까? 우리는 하나 혹은 그 이상의 조건이 실제 맞지 않는다는 의심이 가지 않는 한, 이러한 가정이 정확하게 맞는지 아닌지를 보통 확인하지는 않는다. 첫째 가정인 무선적이고 독립적인 표집은 표집방법과 관련된 기술적 문제에 속하는 것이다. 그리고 종속변수가 최소한 동간척도이어야 한다는 둘째 가정 역시 기술적인 문제에 속한다. 셋째, 전집분포의 정상성 가정은 적합성 검증(適合性 檢證: goodness of fit)을 통하여 검증할 수 있다. 이 검증방법은 표집분포가 표집오차(random sampling fluctuation) 범위 내에서 정상적으로 분포되어 있는지를 검증하는 것이다. 그러나 정상성을 가정할 수 없는 경우에는 표본수를 크게 하면 중앙집중한계정리에 의해 정상분포를 가정할 수 있게 된다. 전집의 정상성을 가정할 수 없는 경우에는 각 집단의 표본수(n)를 20명보다 크게 표집하면 이러한 가정이 불필요하다.

넷째, 모든 전집의 등분산 가정은 표본자료를 이용하여 검증할 수 있다. 앞장에 두 분산 간의 차이 즉, $H_0 : \sigma_1^2 = \sigma_2^2$ 검증방법을 제시하였다. 그러나 '두 개 이상의 여러 전집이 동일한 분산을 가지고 있는가?' 즉, $H_0 : \sigma_1^2 = \sigma_2^2 \cdots\cdots \sigma_j^2$를 검증하고자 할 경우에는 최초로 제안된 바트랫(Bartlett, 1937)의 검증이나 하트리(Hartley)의 F_{max}검증, 레빈(Levene)의 F검증, 브라운-포스티(Brown-Forsythe)의 F검증방법을 적용해야 한다.

Hartley의 F_{max}검증방법은 여러 집단 간 등분산 가정을 검증할 때 계산기 사용에 제한이 있던 초기에 계산이 간편하다는 장점 때문에 활용되었다. 이 방법은, 두 집단 간 등분산성을 검증할 때 사용된 Fisher의 F와 같이, 가장 큰 분산과 가장 작은 분산의 비율(比率)을 계산하여 등분산성(等分散性)을 검증하였다. 그러나 각 집단의 점수분포는 정상분포를 이룬다는 정상성(定常性) 가정과 집단의 표본수가 동일해야 한다는 제한 때문에, 실제 연구에서의 활용도는 낮다.

Bartlett의 검증 방법은 여러 집단간 분산 비교에 유용하지만 계산이 다소 복잡하다는 단점과 이상치(outliers)가 포함된 자료이거나 각 집단의 점수분포가 정상분포를 이루지 않을 때, 왜곡된 결과를 나타낼 수 있다. 그럼에도 분포의 정상성을 만족하는 자료에 대한 검증에서는 활용되고 있다

Levene의 검증방법은 분포의 정상성을 완벽하게 가정하지 않아도 되기 때문에 모든 학문분야에서 주로 사용되고 있다. Levene의 F검증방법은 통계 패키지프로그램(예; *SPSS*, *R*, Python)에 내정치로 탑재될 만큼 가장 많이 사용되고 있다. 이 방법은 자료의

정상성 가정을 엄격히 따르지 않아 연구상황에서 수집된 자료에 대한 적합성이 높다. 그러나 자료가 정상분포를 이루지 않거나 이상치가 있을 경우에는 이상치에 덜 민감한 Brown-Forsythe 검증방법이 더 적합한 대안이 될 수 있다. 제안된 검증방법들의 주요 특징을 비교하면 다음과 같다.

※등분산 가정 검증방법별 주요 특징 비교

•계산 절차의 간편성 간편→복잡	Fisher's *F*	Bartlett	Levene	Brown-Forsythe
•점수분포의 비정상성에 대한 항내성 강함→약함	Brown-Forsythe	Levene	Fisher's *F*	Bartlett
•극단치에 대한 항내성 강함→약함	Brown-Forsythe	Levene	Bartlett	Fisher's *F*
•집단간 표본수 차이에 대한 민감성 덜 민감→크게민감	Levene	Brown-Forsythe	Bartlett	Fisher's *F*
•표본 크기(대, 소)의 영향 정도 적게 받음→많이 받음	Brown-Forsythe	Levene	Fisher's *F*	Bartlett
•검증방법의 활용빈도 높음→낮음	Levene	Brown-Forsythe	Fisher's *F*	Bartlett

7.1 세 집단 이상의 등분산성 검증

여러 개 분산 간의 차이를 검증하는 데 가장 보편적으로 사용되고 있는 Levene 검증과 Brown-Forsythe 검증방법을 적용하기 위해서는

① 먼저 절대편차(absolute deviation: d_{ij})를 계산해야 한다. 절대편차(絶對偏差)는 각 집단에 속한 개개인의 점수(X_{ij})를 각 집단의 평균($\overline{X}_j$) 또는 중앙치(Mdn)에서 뺀 값이다. ② 각 집단별 피험자들의 절대편차를 산출한 후, 집단별로 얻은 피험자들의 절대편차 값에 대한 $ANOVA$를 실행한다. ③ 계산해서 얻은 'F값이 통계적으로 유의한 차가 있는지를 확인하기 위해 부록의 〈수표 14〉를 이용한다. 계산해서 얻은 F값이 설정한 α수준에서 수표에 제시된 가설 부정을 위한 기준치보다 클 때에는 영가설을 부정하고 분산 간에는 차이가 있다고 결정한다.

예를 들어 보자. 각각의 사례수(n)가 5인 세 집단에서 얻은 원점수가 다음과 같다고 가정하자. 분산 간에 차이가 있는지를 $\alpha = .05$수준에서 검증하는 절차와 결과를 제시하면 다음과 같다.

(1) Levene의 등분산 가정 검증(이상치가 포함되어 있지 않을 때 적용)

❶ 검증가설

$H_0 : \sigma_1^{\ 2} = \sigma_2^{\ 2} = \sigma_3^{\ 3} = \sigma^2$

H_A : (분산은 서로 같지 않다)

❷ 유의수준: $\alpha = .05$

❸ 각 집단의 평균치 계산

- 평균치(mean)를 계산한 후 절대편차 계산: $d_{ij} = |X_{ij} - \overline{X_j}|$

여기에서

d_{ij} = 절대편차(絶對偏差)
X_{ij} = 개개인의 점수
$\overline{X_j}$ = 각 집단의 평균치

표 11 · 6 집단별 피험자들의 평균치와 중앙치를 사용한 절대편차 계산

집단	점수 (X_{ij})	Levene 검증		Brown-Forsythe 검증	
		평균치 ($\overline{X_j}$)	절대편차 (d_{ij})	중앙치 (Mdn)	절대편차 (d_{ij})
1	12	12.8	0.8	13.0	1.0
	15		2.2		2.0
	14		1.2		1.0
	10		2.8		3.0
	13		0.2		0.0
2	22	21.8	0.2	22.0	0.0
	25		3.2		3.0
	20		1.8		2.0
	18		3.8		4.0
	24		2.2		2.0
3	32	32.0	0.0	32.0	0.0
	35		3.0		3.0
	30		2.0		2.0
	29		3.0		3.0
	34		2.0		2.0

❹ 통계적 검증

- 각 집단별 피험자들로부터 산출된 절대편차를 새로운 종속변수로 설정한 후 집단간 분산분석(*ANOVA*)을 실행한다.

- 검증통계치(F)는MS_b/MS_w 이므로 〈표 11 · 7〉에서 확인할 수 있는 바와 같이 $F=(0.84/1.51)=0.56$이 된다.

표 11 · 7 Levene 검증을 위한 분산분석 결과(절대편차: $d_{ij}=|X_{ij}-\overline{X_j}|$)

변산원 (SV)	자승화 (SS)	자유도 (df)	분산추정치 (MS)	F	p
집단간	1.68	2	0.84	0.56	.59
집단내	18.14	12	1.51		
전 체	19.82	14			

*표에 제시된 유의수준 p값은 통계 패키지 프로그램(Python)을 이용하여 산출한 것이다.

❺ 가설 부정의 기준치

〈수표 7〉에서 분자의 자유도 즉, 집단간의 자유도(df) = 2이고 분모의 자유도 즉, 집단내의 자유도(df) = 12일 때 $\alpha=.05$수준에서 영가설(H_0)을 부정하기 위한 기준치(critical value)는 3.89이다.

❻ 결론

$\alpha=.05$수준에서 실제 검증결과 얻은 $F_{2,12}=0.56$은 가설 부정을 위한 기준치(F_{cv})인 3.89보다 훨씬 적으므로 H_0를 부정할 수 없다. 따라서 세 집단간 절대편차의 분산은 통계적으로 유의미한 차이가 없으므로 집단간 분산은 동질적이다. 즉, 등분산 가정은 만족되었다고 할 수 있다.

(2) Brown-Forsythe의 등분산 가정 검증(이상치가 포함되어 있을 때 적용)

❶ 검증가설

$H_0:\sigma_1^2=\sigma_2^2=\sigma_3^3=\sigma^2$

H_A :(분산은 서로 같지 않다)

❷ 유의수준: $\alpha=.05$

❸ 각 집단의 중앙치 계산

- 중앙치(median: Mdn) 계산 후 절대편차 계산: $d_{ij}=|X_{ij}-Mdn|$

여기에서

d_{ij} = 절대편차(絶對偏差)
X_{ij} = 개개인의 점수
Mdn = 중앙치

❹ 통계적 검증

- 각 집단별 피험자들로부터 중앙치를 이용하여 산출된 절대편차(〈표 11.6〉 참조)를 새로운 종속변수로 설정한 후 집단간 분산분석(*ANOVA*)을 실행한다.

- 검증통계치(F)는 〈표 11 · 8〉에서와 같이 $F=(0.87/1.67)=0.52$가 된다.

표 11 · 8 Brown-Forsyth 검증을 위한 분산분석 결과($d_{ij}=|X_{ij}-Mdn|$)

변산원 (SV)	자승화 (SS)	자유도 (df)	분산추정치 (MS)	F	p
집단간	1.73	2	0.87	0.52	.61
집단내	20.00	12	1.67		
전 체	21.73	14			

*표에 제시된 유의수준 p값은 통계 패키지 프로그램(Python)을 이용하여 산출한 것이다.

❺ 가설 부정의 기준치

〈수표 7〉에서 집단간의 자유도(df) = 2이고 집단내의 자유도(df) = 12일 때 $\alpha=.05$ 수준에서 영가설(H_0)을 부정하기 위한 기준치는 3.89이다.

❻ 결론

$\alpha=.05$수준에서 실제 검증결과 얻은 $F_{2,12}=0.52$은 가설 부정을 위한 기준치(F_{cv})인 3.89보다 훨씬 적으므로 H_0를 부정할 수 없다. 따라서 세 집단간 절대편차의 분산은 통계적으로 유의미한 차이가 없으므로 집단간 분산은 동질적이다. 즉, 등분산 가정은 만족되었다는 결론을 내릴 수 있다.

7.2 기본가정이 어긋났을 때의 문제

분산분석의 기본가정들이 만족되지 못했을 경우 예상되는 문제는 무엇일까? 일반적으로 말하면 사전에 설정한 α수준이 부정확해진다고 할 수 있다. 즉, 어떠한 가정이 위배되었느냐에 따라 실제 제1종 오류를 범할 확률이 사전에 설정한 α수준보다 커지기도 적어지기도 한다. 위의 기본가정이 어긋났을 때 예상되는 문제점은 다음과 같다.

[1] 표본이 추출된 전집의 분포가 정상분포가 아니면 제1종 오류(α)를 범할 확률 즉, '차이가 없는 것을 차이가 있다고 잘못 결정할 확률'은 최소가 된다.

[2] 종속변수의 측정치가 양분(兩分: dichotomous)된 것이거나 서열척도인 경우, 유의수준에는 별 심각한 영향을 미치지 않는다.

[3] 표본 분산(variance)들 간의 차이가 너무 커 전집 분산들이 서로 다르다고 볼 수밖에 없는 경우에는 문제가 심각하다. 표본수가 집단마다 서로 다른 경우, 큰 분산이 사례수가 많기 때문에 기인된 것이라면, F검증은 보수적(conservative)이 된다. 즉, 실제 제1종 오류를 범할 확률은 사전에 설정한 α수준보다 적어진다. 반면, 작은 분산이 사례수가 많아서 생긴 것이라면 F검증은 반대로 진보적(liberal)이 된다. 즉 실제 제1종 오류를 범할 확률은 사전에 설정한 α수준보다 커진다. 만일 표본수가 동일하면 집단 간의 분산 차이가 제1종 오류에 미치는 영향은 최소가 된다.

만일 자료가 등분산 가정을 만족시키지 못할 경우에는 Welch의 *ANOVA*와 같은 방법을 사용하는 것이 안전하다.

분산분석은 표본수의 차이 때문에 집단 간의 분산이 차이가 있는 경우를 제외하고는 다른 어떠한 기본가정이 어긋났다고 하더라도 별 문제가 되지 않는다. 그러나 등분산 가정이 만족되지 못한 자료에 대해서는 Welch의 *ANOVA*를 적용하는 것이 안전하다.

---

8. 분산분석(*ANOVA*)과 t검증과의 관계

독립표본이면서 양방검증인 경우, 두 평균치 간의 차이를 검증할 때 *ANOVA*와 t검증은 동일한 결과를 나타낸다. 즉, $F=t^2$의 관계가 성립된다. 예를 들어 보자. 골프의 스윙 동작을 학습하는데 전습법(全習法)과 분습법(分習法)의 두 학습방법 간에 차이가 있는가를 알아보기 위해 20명의 학생을 두 집단에 10명씩 무선배정한 후 실험을 시행한 결과 다음과 같은 자료를 얻었다. 이 자료를 $\alpha = .05$수준에서 *ANOVA*와 t검증 방법으로 검증해 보자.

표 11·9 *ANOVA*와 t검증의 관계 예시자료

	전습법	분습법		
	2	4		
	6	6		
	3	4		
	2	2		
	4	12		
	0	16		
	2	4		
	15	10		
	1	0		
	0	5		
n	10	10	$N=$	20
ΣX	35	63	$\Sigma\Sigma X=$	98
ΣX^2	299	613	$(\Sigma\Sigma X)^2/n=$	480.2
$\frac{(\Sigma X)^2}{n_j}$	122.5	396.9	$\Sigma\Sigma X^2=$	912
			$\overline{X}=$	4.9
S^2	19.61	24.01	$\Sigma\frac{(\Sigma X)^2}{n_j}=$	519.4

독립표본에서 영가설$(H_0): \mu_1 = \mu_2$의 검증은 t검증이나 *ANOVA* 어느 것이든 사용할 수 있다. 먼저 공식 (10.7)을 이용하여 t검증을 하면 다음과 같다. 즉, 위의 자료는 두 집단의 사례수가 같고($n_1 = n_2$) 전집분산이 같은 경우($\sigma_1^2 = \sigma_2^2$)에 해당하므로

$$t = \frac{(\overline{X}_1 - \overline{X}_2) - (\mu_1 - \mu_2)}{\sqrt{(\frac{(n_1-1)s_1^2 + (n_2-1)s_2^2)}{n_1+n_2-2})(\frac{1}{n_1}+\frac{1}{n_2})}}$$

$$= \frac{(3.50 - 6.30) - (0)}{\sqrt{(\frac{(10-1)(19.61) + (10-1)(24.01)}{10+10-2})(\frac{1}{10}+\frac{1}{10})}}$$

$$= \frac{-2.80}{\sqrt{4.36}} = \frac{-2.80}{2.09} = -1.34$$

$$df = (n_1 + n_2 - 2) = (10 + 10 - 2) = 18$$

자유도가 18인 t분포에서 $\alpha = .05$이고 양방검증인 경우, 가설 부정의 기준치(t_{cv})는 ±2.101이다. 따라서 위에서 계산된 검증통계치(-1.34)는 기준치(±2.101)보다 적기 때문에 영가설(H_0)은 긍정된다. 다음 위의 자료를 *ANOVA*를 위해 각각의 자승화를 계산하면 다음과 같다.

$$SS_t = \Sigma\Sigma X^2 - \frac{(\Sigma\Sigma X)^2}{N} = 912 - \frac{(98)^2}{20}$$
$$= 912 - 480.20$$
$$= 431.80$$
$$SS_b = \Sigma\frac{(\Sigma X)^2}{n_j} - \frac{(\Sigma\Sigma X)^2}{N} = [\frac{(35)^2}{10} + \frac{(63)^2}{10}] - \frac{(98)^2}{20}$$
$$= 519.40 - 480.20$$
$$= 39.20$$
$$SS_w = \Sigma\Sigma X^2 - \Sigma\frac{(\Sigma X)^2}{n_j} = 912 - 519.40$$
$$= 392.60$$

위의 계산결과를 분산분석 표로 요약하면 다음과 같다.

표 11 · 10 분산분석 요약

변산원 (SV)	자승화 (SS)	자유도 (df)	분산추정치 (MS)	F
집단간	39.2	1	39.20	1.797
집단내	392.6	18	21.81	
전체	431.8	19		

수표에서 집단간 $df = 1$, 집단내 $df = 18$일 때 $\alpha = .05$수준에서 영가설을 부정하기 위한 기준치(F_{cv})는 4.41이다. 이제 두 방법을 적용하여 얻은 검증결과를 요약하면 다음과 같다.

❶ 검증통계치 : $t^2 = F$

$$-1.34^2 = 1.797$$

❷ 가설 부정의 기준치 : $t^2_{cv} = F_{cv}$

$$2.101^2 = 4.41$$

독립표집이면서 양방검증인 경우, 두 평균치 간의 차이를 검증할 때 *ANOVA*와 t검증은 동일한 결과를 나타낸다. 즉 가설 부정을 위한 기준치가 $t^2 = F$, $t^2_{cv} = F_{cv}$의 관계를 갖는다.

9. 관계강도($\hat{\omega}^2$)

앞에서 우리는 종속변수(Y)의 전체 분산 중 독립변수(X)가 차지하는 비중을 나타내는 주는 $\hat{\omega}^2$(omega 자승)에 대해 배웠다. 다시 기억을 되살리면 $\hat{\omega}^2$는 두 평균치 간의 차 검증에서 표본의 크기가 t값의 크기에 미치는 영향을 제거해 주는 장점이 있다고 하였다. $\hat{\omega}^2$는 두 평균치 간뿐만 아니라 여러 개 평균치 간의 차 검증에서도 표본수의 크기가 F값의 크기에 미치는 영향을 제거하기 위해 확대 적용할 수 있다. 집단수(J)가 2이상일 때 $\hat{\omega}^2$계산공식은 다음과 같다.

$$\hat{\omega}^2 = \frac{SS_b - (J-1)MS_w}{SS_t + MS_w} \tag{11.12}$$

앞에 제시된 표 11 · 10 분산분석 표를 근거로 $\hat{\omega}^2$를 계산해 보면

$$\hat{\omega}^2 = \frac{39.2 - (2-1)(21.81)}{431.8 + 21.81} = \frac{17.39}{453.61} = .038$$

$\hat{\omega}^2 = .038$은 독립변수는 종속변수 분산의 3.8%를 설명해 주고 있음을 뜻한다. 앞에서 언급한 바와 같이 t검증이나 F검증을 할 경우, 표본수의 크기는 t값과 F값의 크기에 영향을 미친다. 따라서 단순한 통계적 검증결과만을 제시하기 보다는 관계강도(關係强度: $\hat{\omega}^2$)를 동시에 제시하는 것이 바람직하다. F검증 결과 통계적으로 유의한 차는 없으나 $\hat{\omega}^2$값이 상당히 클 경우, 후속되는 연구에서는 단순히 표본수를 증가시켜 통계적으로 유의한 F값을 얻으려는 통계적 조작보다는 실험설계와 통제에 주의를 기울일 필요가 있다.

변산원 (SV)	자승화 (SS)	자유도 (df	분산추정치 (MS)	F
집단간	340	4	85	17
집단내	225	45	5	
전 체	565	49		

분산분석 결과 위와 같은 결과를 얻었을 때 $\hat{\omega}^2$를 계산하면 다음과 같다.

$$\begin{aligned}\hat{\omega}^2 &= \frac{SS_b - (J-1)MS_w}{SS_t + MS_w} \\ &= \frac{340 - (5-1)(5)}{565 + 5} = \frac{320}{570} \\ &= .561\end{aligned}$$

이상에서 기술한 분산분석 방법을 기초로 다음 문제를 해결해 보자. 흡연량이 근지구력에 미치는 영향을 검증하기 위해 흡연하지 않는 피험자 30명을 선정하여 세 집단(비 흡연집단, 1일 10개비 이하 흡연집단, 1일 11개비 이상 흡연집단)에 10명씩 무선배정하였다. 연구자는 각 집단의 피험자들을 무선 배정하였기 때문에 각 집단의 사전 근지구력 수준은 평균치뿐만 아니라 분산 역시 동일하다고 간주하였다. 연구자는 이 연구를 위해 실험기간을 어느 정도로 하는 것이 타당한지를 조사한 결과 1개월의 기간을 설정하여 수행한 연구가 적지 않다는 사실을 문헌분석을 통해 확인하고 1개월로 선정하였다.

근지구력을 측정하기 위한 검사로서는 턱걸이(pull-ups) 검사를 선정하였다. 이 검사를 선정한 이유는 선행연구에서 이 검사의 신뢰도는 .95, 윗몸일으키기(sit-ups) 검사와의 타당도는 .94로 나타남으로써 타 검사보다는 신뢰도와 타당도가 높고 객관도와 실용도 또한 높기 때문이다. 연구자는 제1종 오류를 범할 확률(α)은 .05에 설정하였다. 실험 후 얻은 집단별 턱걸이 검사결과는 다음과 같다. 이 자료를 분산분석(*ANOVA*)하여 표로 정리하고 결과, 해석, 시사점을 간략하게 기술해 보고자 한다.

비 흡연집단	1일 10개비 이하 흡연집단	1일 11개비 이상 흡연집단
19	11	8
18	12	9
11	4	9
15	9	5
10	10	4
9	10	8
8	11	3
16	14	10
12	9	9
9	5	7

표 11·11 집단별 턱걸이 횟수의 $\overline{X}$, S

	n	$\overline{X}$	s
비 흡연집단	10	12.70	4.00
1일 10개비 이하 흡연집단	10	9.50	3.03
1일 11개비 이상 흡연집단	10	7.20	2.39

표 11 · 12 집단별 턱걸이 횟수의 분산분석 결과

변산원 (*SV*)	자승화 (*SS*)	자유도 (*df*)	분산추정치 (*MS*)	*F*
집단간	152.60	2	76.30	7.405**
집단내	278.20	27	10.30	
전 체	430.80	29		

**……1% 수준에서 통계적으로 유의한 차

※이제는 *표를 이용하여 *F*값과 *t*값의 유의수준을 제시하는 방법은 더 이상 사용하지 않는다. APA는 이 문제를 1990년도에 제기하였다. 지금은 컴퓨터를 이용하여 분석된 실제 유의수준을 *F*값 옆에 제시하는 것이 절대적이다.

이 책에 고전적인 방법 그대로 제시한 이유는 독자 중 컴퓨터 프로그램 활용에 제한이 있을 가능성과 **프로그램의 활용은 제시된 통계적 방법의 기초를 학습한 후 이용하는 것이 순서이기 때문이다.** *t*검증 결과제시 또한 이와 마찬가지이다.

컴퓨터 프로그램(예: *SPSS*)의 사용이 가능한 독자라면 위의 원자료를 이용하여 실제 *ANOVA*를 실행해 보라. 이때 유의수준은 어느 수준으로 나왔는지 확인한 후 표 11 · 11의 *F*값 옆에 *p*를 표기하고 그 밑에 유의수준 값을 제시하면 완벽한 표가 된다. 실제 컴퓨터를 이용하여 분석한 결과 유의수준(*p*)은 .003으로 나타났다. 이 결과를 표에 기술해 보라.

연구과정에서 분산분석(*ANOVA*)을 시도했을 때 일반적으로 제시하는 정보와 표는 위와 같다. 실제 분산분석 방법을 적용할 경우 참고하기 바란다.

- **결과 :** 집단별 턱걸이 횟수의 평균치 간에는 $p<.01$(정확하게는 $p=.003$)수준에서 통계적으로 유의한 차가 있다.
- **해석 :** 턱걸이 평균 횟수는 비 흡연집단(12.70)이 흡연집단보다 많다.
- **결론 :** 흡연량은 근지구력에 영향을 미친다. 흡연을 하거나 많이 하면 근지구력은 낮아진다.
- **시사점 :** 근지구력이 요구되는 경기종목 선수들은 흡연을 삼가야 한다.
- **제언 :** 이 연구결과는 "어느 정도 흡연하면 근지구력에 영향을 주지 않는가? 혹은 흡연량을 어느 정도로 하고 어느 기간 정도 피우면 근지구력에 영향을 주지 않는가?"에 대한 해답을 주지 못하고 있다. 따라서 앞으로 흡연량과 흡연기간을 독립변수로 한 연구가 후속되어야 할 것이다.

여기에서 유의해야 할 점은 *ANOVA* 결과 $p<.01$수준에서 집단 간의 턱걸이 평균 횟수 간에 통계적으로 유의한 차가 나타났다 할지라도 *ANOVA*는 '최소한 두 집단 간에 차이가 있으면 유의한 차를 나타내기 때문에' 위의 분석결과로 확실하게 판단할 수 있는 것은 비 흡연집단(12.70)과 1일 11개비 이상 흡연집단(7.20) 간의 턱걸이 평균 횟수 차이다. 이외 비 흡연집단과 1일 10개비 흡연집단 간 혹은 1일 10개비 이하 흡연집단과 1일

11개비 이상 흡연집단 간의 턱걸이 평균 횟수의 차이 여부는 후속되는 평균치의 개별비교(個別比較)에 의해 다시 검증해야 한다. 따라서 평균치의 개별비교를 하지 않는 한 해석에 유의해야 한다.

바로 이러한 이유 때문에 어떤 코치가 하루 5개비 정도 피우면 어떠냐는 질문을 했을 때 분명한 답을 못하게 된다. 다시 말하면 이 연구결과는 흡연을 하면 그리고 많이 하면 근지구력에 영향을 미친다는 일반적 정보를 제공할 뿐 어느 정도를 어느 기간 동안 피우면 근지구력에 영향을 미치느냐에 대한 구체적 정보는 제공하지 못하고 있다.

요약

분산분석은 영가설$(H_0) : \mu_1 = \mu_2 \cdots\cdots \mu_j$ 즉, "J개의 전집평균들은 서로 같다"는 것을 검증하는 통계적 방법이다. t검증은 집단수(J)가 2개인 경우의 분산분석 방법이라고 할 수 있다. 일원분산분석 방법을 사용함으로써 우리는 사전에 설정한 제1종 오류(α)의 수준을 그대로 유지한 채 "모든 전집평균이 서로 같다"는 영가설을 동시에 검증할 수 있다. *ANOVA*의 검증통계치(F)는 두 개의 분산추정치(MS) 즉, 집단간 분산(MS_b)을 집단내 분산(MS_w)으로 나눈 것이 된다. MS_b는 [오차분산+실험처치 효과에 따른 분산]이며 MS_w는 오차분산이다. MS_b와 MS_w를 계산하려면 자승화(自乘和: sum of square)를 계산한 후 자유도(df)로 나누어야 한다. 이를 간단히 제시하면 다음과 같다.

$$MS_b = \frac{\text{집단간 자승화}}{\text{집단수}-1} = \frac{SS_b}{J-1} = \frac{\Sigma\Sigma(\overline{X}_j - \overline{X})^2}{J-1}$$

$$MS_w = \frac{\text{집단내 자승화}}{\text{전체사례수}-\text{집단수}} = \frac{SS_w}{N-J} = \frac{\Sigma\Sigma(X_{ij} - \overline{X}_j)^2}{N-J}$$

$$MS_t = \frac{\text{전체자승화}}{\text{전체사례수}-1} = \frac{SS_t}{N-1} = \frac{\Sigma\Sigma(X_{ij} - \overline{X})^2}{N-1}$$

분산분석 결과 얻은 검증통계치(test statistics)인 F비의 분포는 $J-1$(집단간)과 $N-J$(집단내)의 자유도를 가진 F분포를 이룬다. 계산해서 얻은 F비가 가설 부정을 위한 기준치(F_{cv})보다 크면 영가설을 부정하고 우리는 전집에서의 평균들은 서로 같지 않다는 상대가설을 받아들인다. 그리고 전집의 평균치들 중 최소한 한 쌍 혹은 그 이상의 평균치 간에 통계적으로 유의한 차이가 있음을 알게 된다. 앞에서 언급한 바와 같이 분산분석 결과 F값이 통계적으로 유의한 것으로 나타났다면 우리는 최소한 두 전집의 평균치(즉, 평균치가 가장 높은 집단과 가장 낮은 집단) 간에 차이가 있다는 것을 확인할 수 있다. 그러나 그 외의 집단 간에 차이가 있는지의 여부는 새로운 검증절차를 거치지 않는 한 알 수가 없다. 이 문제를 해결하는 방법이 바로 다음 장에 제시되어 있다. 즉, 여러 집단의 평균치 간의 차이를 분산분석한 결과 유의한 F값을 얻었을 경우 구체적으로 어떤 집단의 평균치(平均値) 간에 차이가 있는지를 검증하는 방법(평균치 간의 개별비교)을 다음 장에서 다루게 될 것이다.

연습문제

1. 각각의 사례수가 20인 두 집단 간의 평균치 차를 검증하려고 한다. 집단간 df와 집단내 df는 각각 얼마인가?

① 1, 39　② 1, 38　③ 2, 39　④ 2, 38

2. 각각의 사례수가 14인 4개 집단간의 평균치 차를 검증하려고 한다. 집단간 df와 집단내 df는 각각 얼마인가?

① 2, 13　② 2, 53　③ 3, 52　④ 3, 55

3. 표본수가 10, 16, 18, 11인 4개 집단간의 평균치 차를 검증하려고 한다. 집단간 df와 집단내 df는 각각 얼마인가?

① 3, 51　② 3, 53　③ 3, 54　④ 3, 55

4. 3개 집단의 평균치 간에 차가 있는지를 검증하기 위해서 3집단에 각각 $n_1 = 17$, $n_2 = 7$, $n_3 = 9$의 피험자를 무선배정하였다. 다음 표의 빈칸에 해당하는 값은 각각 얼마인가?

변산원 (SV)	자승화 (SS)	자유도 (df)	분산추정치 (MS)	F
집단간	240	___	___	___
집단내	___	___	___	
전　체	600	___		

1)	SS_w	① 280	② 360	③ 840
2)	간 df	① 2	② 3	③ 4
3)	내 df	① 6	② 28	③ 30
4)	전체 df	① 6	② 28	③ 32
5)	MS_b	① 120	② 200	③ 360
6)	MS_w	① 9.33	② 12.86	③ 12
7)	F	① 8.25	② 9.33	③ 10
8)	$\hat{w}^2$	① 0.234	② 0.353	③ 0.591

5. SS_b **= 1,000,** SS_t **= 2,500, 내집단** df **= 100, 전체** df **= 105인 자료에 의해 6개 집단의 평균치 간에 차가 있는지를 검증하려 한다.** F**는 얼마인가?**

① 11.50　　② 13.33　　③ 25.00

6. 통계적 검증결과 다음과 같은 F**값을 얻었다.** α **= .05수준에서 각각의** F**값이 통계적으로 유의한지를 수표를 이용하여 결정하라(예,** $F_{7,24}$**에서 7은 간 자유도를 의미한다).**

1) $F_{7,24} =$ 3.46　① 유의함　② 유의하지 못함

2) $F_{6,100} =$ 2.49　① 유의함　② 유의하지 못함

3) $F_{7,500} =$ 1.12　① 유의함　② 유의하지 못함

4) $F_{10,24} =$ 2.11　① 유의함　② 유의하지 못함

5) $F_{14,15} =$ 1.89　① 유의함　② 유의하지 못함

7. 다음 자료를 가지고 네 집단의 평균치 간에 차이가 있는지를 검증하라.

A	*B*	*C*	*D*
10	15	14	8
9	14	12	6
8	13	11	6
8	13	10	5
7	12	9	2

1) 검증하려는 가설(영가설, 상대가설)을 진술하라.

2) $\alpha. = 05$수준에서 가설 부정을 위한 기준치는 얼마인가?

3) 네 집단의 분산 간에 차이가 있는지를 검증하라.

4) 네 집단 간의 차를 검증하고 그 결과를 분산분석 표로 정리하고 간단히 해석하라.

8. **음주량이 근지구력에 미치는 영향을 검증하기 위해 음주에 경험이 없는 30명을 선정하여 세 개의 집단(비 음주집단, 소주 반병, 소주 1병)에 10명씩 무선배정 하였다. 실험기간은 1개월로 설정하였고 근지구력은 윗몸일으키기 검사에 의해 측정하였다. 실험결과 얻은 집단별 윗몸일으키기 검사결과는 다음과 같다. α = .05수준에서 분산분석 하여 표의 빈칸을 완성하고 결과, 해석, 결론, 시사점을 간략하게 기술하라.**

비 음주 집단	소주반병 집단	소주1병 집단
16	10	5
10	11	4
11	13	7
9	12	10
7	4	3
14	5	9
10	9	8
8	13	11
17	10	4
18	9	5

(a) 다음 빈칸을 완성하라.

집단 \ 통계치	n	$\overline{X}$	S
비 음주집단	10	____	____
소주 반병 집단	10	9.60	____
소주 1병 집단	10	____	2.80

1) 비 음주집단 $\overline{X}$ ① 6.60 ② 9.60 ③ 12.00

2) 1병 집단 $\overline{X}$ ① 6.60 ② 9.60 ③ 12.00

3) 비 음주집단 s ① 2.80 ② 3.06 ③ 3.94

4) 반병 집단 s ① 2.39 ② 3.06 ③ 4.00

(b) 집단 윗몸일으키기 횟수의 분산분석

변산원 (SV)	자승화 (SS)	자유도 (df)	분산추정치 (MS)	F
집단간	__1)__	__3)__	__5)__	__7)__
집단내	294.80	__4)__	__6)__	
전 체	__2)__	29		

1) SS_b ① 73.20 ② 146.40 ③ 441.20

2) SS_t ① 1 ② 368.00 ③ 441.20

3) 간df ① 1 ② 2 ③ 3

4) 내df ① 26 ② 27 ③ 28

5) MS_b ① 10.92 ② 50.20 ③ 73.20

6) MS_w ① 10.92 ② 50.20 ③ 73.20
7) F ① 4.95 ② 6.70 ③ 10.92
8) F_{cv}(α = .05일 때 가설 부정의 기준치) ① 3.35 ② 5.49
9) $\hat{w}^2$ ① 0.115 ② 0.276 ③ 0.590

10) 위 F값의 정확한 유의수준(p)은?
① .05 ② .01 ③ .004 ④ .001

11) 세 집단 간 분산의 동질성 결과 Levene의 F와 p값은 각각 얼마인가?

(c) 결과 : 집단별 윗몸일으키기 횟수의 __________ 간에는 __________수준에서 통계적으로 유의한 차가 있다.
해석 : 윗몸일으키기 평균횟수는 ________이 ________보다 높다.
결론 : 음주량은 ________에 영향을 미친다. 음주를 하거나 많이 하면 근지구력은 ________.
시사점: ________이(가) 요구되는 경기종목 선수들은 ________를 삼가야 한다.

평균치, 표준편차, p<.05, p<.01, 음주집단, 비 음주집단, 반병 집단, 1병 집단, 윗몸일으키기 횟수, 근지구력, 높아진다. 낮아진다, 음주, 흡연, 소주

※ 다음 각 문제를 읽고 정답이면 ○, 오답이면 ×를 _____에 표시하시오.

____ **9. 등분산 가정의 검증은 여러 집단의 자료가 반드시 정상분포를 이루고 있는지를 검증하는 것이다.**

____ **10. Levene 검증은 등분산 가정을 검증하는 데 사용된다.**

____ **11. 등분산 가정이 만족되지 않으면 *ANOVA*를 수행할 수 없다.**

____ **12. Bartlett 검증은 점수분포의 정상성을 강하게 가정하기 때문에, 자료가 정상분포를 이루지 않을 때 사용하면 부적합하다.**

____ **13. 등분산 가정의 검증은 집단 간 평균 차이를 검증하기 위해 필수적으로 요구되는 조건이다.**

____ **14. F검증은 두 집단 간의 분산이 동일한지를 검증하기 위해 사용한다.**

____ **15. 두 집단의 자료가 등분산 가정을 만족시키지 못할 경우, Welch의 t검증방법을 사용해야 한다.**

____ **16. 여러 집단의 자료가 등분산 가정을 만족시키지 못할 경우, Welch의 *ANOVA* 검증방법을 사용해야 한다.**

17. 등분산 가정에 대한 설명으로 올바른 것은?

① 여러 집단의 평균이 동일하다는 가정
② 여러 집단의 분산이 동일하다는 가정
③ 여러 집단의 표본 크기가 동일하다는 가정
④ 여러 집단의 자료가 정상분포를 이루고 있다는 가정

18. 여러 집단의 평균 간 차이를 검증할 때, 등분산 가정은 다음 중 어떤 경우에 필요한가?

① 모든 집단이 정상분포를 이루고 있을 때
② 모든 집단의 평균이 동일할 때
③ *ANOVA*를 적용할 때
④ 회귀분석(regression analysis)을 적용할 때

19. 여러 집단의 등분산 가정을 검증할 때 주로 사용하는 검증방법은?

① 카이자승 검증 ② Levene의 검증
③ Welch의 *ANOVA* ④ t검증

20. 여러 집단의 평균 차이를 검증할 때 등분산 가정이 만족되지 않은 자료일 경우, 사용하는 분석 방법은?

① 독립표본 t검증 ② Welch의 *ANOVA*
③ F검증 ④ Kruskal-Wallis 검증

21. 다음 중 등분산 가정이 충족되지 않았을 때의 자료 특징은?

① F치의 유의확률이 낮아진다.
② 집단 간 분산의 차이가 커진다.
③ 집단 간 평균 차이가 더 명확히 나타난다.
④ 등분산 검정 결과에서 나타난 p값이 0.05보다 크다.

22. 여러 집단의 평균 간 차이를 검증하는 *ANOVA*에서 등분산 가정이 필요한 이유는?

① 각 집단의 평균을 정확히 비교하기 위해
② 자료가 정상분포를 이루고 있는지 확인하기 위해
③ F값이 정확하게 계산되도록 하기 위해
④ 표본 중 이상치를 확인하기 위해

정답표

1. ②	2. ③	3. ①	4-1. ②	4-2. ②	4-3. ③
4-4. ③	4-5. ①	4-6. ③	4-7. ③	4-8. ②	5. ②
6-1. ①	6-2. ①	6-3. ②	6-4. ②	6-5. ②	

7.

통계치 / 집단	n	$\overline{X}$	s
A	5	8.4	1.1
B	5	13.4	1.1
C	5	11.2	1.9
D	5	5.4	2.2

변산원 (*SV*)	자승화 (*SS*)	자유도 (*df*)	분산추정치 (*MS*)	*F*	*p**
집단간	180.40	3	60.13	21.67	.000
집단내	44.40	16	2.78		
전 체	224.80	19			

*위의 *ANOVA*결과는 *SPSS*를 이용하여 분석된 것임

① 검증가설: $H_0 : \mu_A = \mu_B = \mu_c = \mu_d$

$H_A : \mu_i \neq \mu_j$ (i, j는 어느 두 전집집단)

② $\alpha = .05$수준에서 가설 부정을 위한 기준치: 3.24

③ Levene의 $F = 0.66$, $p = .59$(*SPSS*를 이용하여 분석한 것임)로 나타남으로써 네 집단의 분산 간에는 차이가 없다. 따라서 등분산 가정은 만족되었다고 할 수 있다.

④ 결과: 집단별 평균치 간에는 $p < .01$(정확하게는 $p < .001$)수준에서 통계적으로 유의한 차가 있다. 집단별 평균치에 의하면 집단 B가 집단 D보다 높다.

8.-(a)

통계치 / 집단	n	$\overline{X}$	s
비 음주집단	10	12.0	3.9
소주 반병 집단	10	9.6	3.1
소주 1병 집단	10	6.6	2.8

8.-(b)

변산원 (*SV*)	자승화 (*SS*)	자유도 (*df*)	분산추정치 (*MS*)	*F*	*p*
집단간	146.40	2	73.20	6.70	.004
집단내	294.80	27	10.92		
전 체	441.20	29			

b-1. ②	b-2. ③	b-3. ②	b-4. ②	b-5. ③	b-6. ①
b-7. ②	b-8. ①	b-9. ②	b-10. ③	b-11. $F = 1.47$, $p = .25$	

8-C

결과 : 집단별 윗몸일으키기 횟수의 **평균치** 간에는 $p<.01$수준에서 통계적으로 유의한 차가 있다 (※정확하게는 $p=.004$ **수준**)

해석 : 윗몸일으키기 평균 횟수는 **비 음주집단**이 **소주 1병 집단**보다 높다.

결론 : 음주량은 **근지구력**에 영향을 미친다. 음주를 하거나 많이 하면 근지구력은 **낮아진다.**

시사점 : **근지구력**이 요구되는 경기종목 선수들은 **음주**를 삼가야 한다.

9. ×	10. ○	11. ×	12. ○	13. ○	14. ○
15. ○	16. ○	17. ②	18. ③	19. ②	20. ②
21. ②	22. ③				

12 평균치의 개별비교

1. 사후비교
2. 사전비교

앞장에서 우리는 두 개 또는 그 이상 집단의 전집 평균치들이 서로 같은지의 여부를 동시에 검증하는 일원분산분석 방법을 배웠다. 산출된 F값이, 사전에 설정한 α수준을 토대로, 가설 부정의 기준치보다 크면 영가설을 부정하고 각 집단의 평균치 간에 차이가 있다는 결론을 내렸다. 그러나 분석결과 영가설이 부정되었다 하더라도 우리는 여러 개의 평균치 중 구체적으로 어떤 평균치 간에 차이가 있는지는 알 수가 없다. 왜냐하면 분석결과 얻은 F값은 여러 개 집단의 평균치 중 최소한 어느 두 집단의 평균치 간에 차이가 있으면 통계적으로 유의한 차가 있는 것으로 나타나기 때문이다. 따라서 연구자는 F 검증 결과 통계적으로 유의한 차가 있을 때, 필요에 따라서는 어떤 집단의 평균치들 간에 유의한 차가 있는지를 검증해야 한다. 이와 같은 이유로 *ANOVA*를 흔히 자료를 분석하는 첫 단계 검증방법으로 간주하기도 한다.

이 장에서는 *ANOVA*결과 통계적으로 유의한 F값을 얻었을 때 여러 집단의 평균치 중 어떤 평균치 간에 서로 차이가 있는지를 결정하는 통계적 방법을 배우게 될 것이다. 이 과정을 사후비교(事後比較: post hoc comparison)라 부른다. 뿐만 아니라 우리는 자료수집 전에 수립된 연구계획에 따라 영가설이 아닌 다른 특수한 가설을 검증할 때가 있다. 예를 들어 세 개 실험집단의 평균치가 하나의 비교집단의 평균치와 차이가 있는지를 검증하고자 할 때 또는 다양한 수준의 실험처치 효과가 어떤 경향(傾向 또는 추세: trend)을 보이는가를 알고 싶을 때가 있다. 이와 같이 분산분석 방법을 적용하는 대신에 사전에 계획된 실험집단의 평균치들을 비교 검증하는 과정을 사전비교(事前比較: a priori 혹은 planned comparison)라 부른다.

이 장에서는 평균치의 개별비교(個別比較: multiple comparison 혹은 다중비교라고도 부른다) 방법으로 5가지 검증방법을 소개하려고 한다. 그런데 각각의 방법은 각기 다른 조건에서 사용된다. 이들 방법은 가설을 *ANOVA*를 시행하기 전에 검증할 것인가 아니면 *ANOVA*를 시행 후에 검증할 것인가에 따라 구분되며, 다음으로는 독립변수의 사례수(n)가 같으냐, 같지 않으냐에 따라 달라진다. 이를 그림으로 표시하면 다음과 같다.

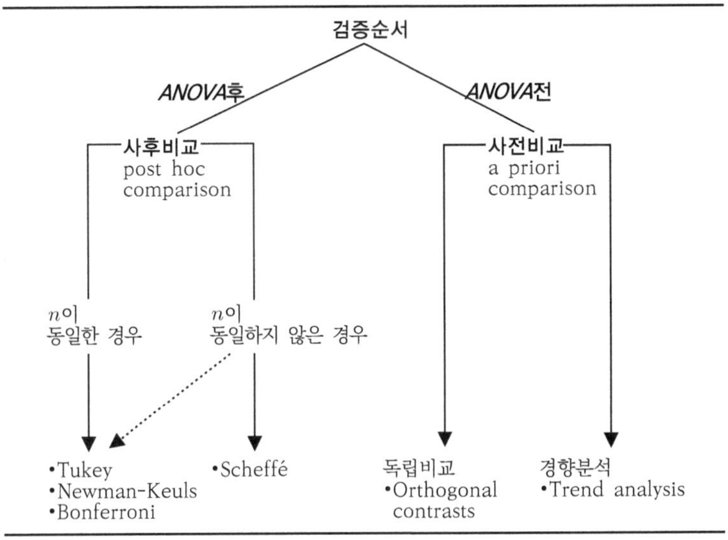

도 13 · 1 평균치의 개별비교 절차

1. 사후비교(Post hoc comparison)

사후비교는 *ANOVA*결과 통계적으로 유의한 *F*값을 얻었을 때 즉, 영가설(H_0)이 부정되었을 때 여러 집단의 평균치 중 어떤 평균치 간에 서로 차이가 있는지를 알고 싶을 때 사용한다. 앞장에서 우리는 여러 집단 평균치 간의 차이를 t검증방법을 이용하여 검증할 경우 제1종 오류(H_0가 사실일 때 이를 부정하는 오류)를 범할 확률이 커진다는 것을 배웠다. 예를 들어 6개 집단의 평균치를 t검증 방법에 의해 집단 간의 차를 검증할 경우 ${}_6C_2$ 즉 15번의 t 검증을 해야 한다. 그리고 α수준을 .05에 설정하여 검증할 경우, 제1종 오류를 범할 확률은 $[1-(1-.05)^{15}=0.54]$가 되어 15개의 평균치 개별비교 중 최소한 어느 하나가 제1종 오류를 범할 확률(α)은 처음 설정한 .05가 아니라 이 보다 훨씬 큰 .54가 된다고 하였다.

다시 말하면 여러 집단 평균치 간의 개별비교 수(t검증 수)가 많으면 많을수록 제1종 오류를 범할 확률은 사전에 설정한 α수준 이상으로 유의한 결과를 얻을 가능성이 많다고 하였다. 사후비교는 바로 이러한 문제를 해결해 준다. 즉, 사전에 설정한 α수준을 그대로 유지한 채 여러 평균치 간의 차를 검증하는 방법이다.

사후비교(Post hoc comparison)는 사전에 설정한 α수준을 그대로 유지한 채 여러 평균치 간의 차를 검증하는 방법이다.

평균치 간에 차를 검증(비교)할 때 우리의 관심사 중의 하나는 사전에 설정한 α수준은 비교 후 그 수준이 그대로 유지되느냐 아니면 그 수준보다 커지느냐의 두 가지 경우로 나눌 수 있다. 다시 말하면 '사전에 설정한 α수준을 그대로 유지하면서 평균치 간의 개별비교를 할 수 있느냐'에 있다. 이만큼 제1종 오류를 범할 확률은 평균치의 차 검증에서 중요한 의미가 있다. 그런데 일정한 α수준에서 제1종 오류를 범할 확률은 「매 비교를 기준으로 할 때의 오류율(comparison - wise error rate)」 즉, **비교별 오류율**과 「가능한 모든 비교를 기준으로 할 때의 **오류율**(experimental - wise error rate)」 즉, **실험별 오류율**로 나누어진다.

일정한 α수준에서 제1종 오류를 범할 확률을 「**매 비교를 기준**으로 할 때의 오류율 즉, 비교별 오류율」로 볼 경우, 이 오류는 유의수준 혹은 단순히 α로 표시한다. 이 오류를 범할 확률을 사전에 설정한 대로 유지하기 위해서는 각각의 평균치 간의 비교를 별개로 생각하고 t검증을 하는 것이다. 예를 들면 앞에서 6개 집단의 평균치를 개별비교 할 경우 우리는 ${}_6C_2 = 15$개의 가능한 t검증을 할 수 있는데 이때 15개 각각의 t검증이 제1종 오류를 범할 확률은 사전에 설정한 α수준(예: .05)과 같게 된다.

이와 반대로 일정한 α수준에서 제1종 오류를 범할 확률을 「주어진 실험에서 **가능한 모든 비교를 기준**으로 할 때의 오류율 즉, 실험별 오류율」로 볼 경우 이 오류는 α_E로 표시한다. 주어진 상황에서 모든 가능한 평균치의 개별비교를 할 때 범할 수 있는 제1종 오류(α_E)는 다음 공식과 같다.

$$\alpha_E = 1 - (1 - \alpha)^c \qquad (12.1)$$

c = t검증 수, 평균치의 개별비교 수

예를 들어 6개 집단의 평균치를 모두 개별 비교할 때 α_E를 .05 수준으로 유지하려면 .05보다 훨씬 적은 α수준을 설정해야 한다. 다시 말하면 15개 각각의 평균치는 $[1 - (1 - \alpha)^{15} = .05]$ 즉 $\alpha = .0033$수준으로 설정하고 각각의 평균치 간의 차를 검증해야 한다.

$$\alpha_E = 1-(1-\alpha)^c$$

이 식에서 가능한 모든 비교를 기준으로 할 때의 실험별 오류율(experiment - wise error rate : α_E)을 .05로 설정하였으므로

$$.05 = 1-(1-\alpha)^{15}$$

α를 계산하면 $\alpha = .0033$이 된다.

만일 15개 각각의 평균치 차를 $\alpha = .05$수준에서 검증했다면, α_E는 .05보다 훨씬 큰 .54 수준이 되어 버린다. 그런데 α가 .01이나 이보다 적을 때에는 공식 (12.1)은 다음과 같아진다.

$$\alpha'_E = c(\alpha) \tag{12.2}$$

공식 (12.2)를 이용하여 우리는 사전에 설정한 의의도 수준과 같은 수준으로 α_E를 유지시키는데 필요한 α수준을 간단히 계산해 낼 수 있다. α_E를 평균치의 개별비교 수(c)로 나누면 매 비교(每 比較)를 기준으로 할 때의 오류(α)를 계산해 낼 수 있다. 위의 예처럼 $\alpha_E = .05$를 가능한 모든 비교(15개 비교 모두)에 그대로 유지하고 싶으면 $.05 = 15\alpha$, $\alpha = .05/15 = .0033$이 되어야 한다. 즉 α를 .0033으로 설정해야 한다. 그러나 이 방법은 너무 신중한(conservative) 설정이기 때문에 *ANOVA*에서 *F*값이 유의한 것으로 나타났어도 평균치 간의 개별비교 과정에서 유의한 개별비교 값을 찾지 못할 가능성도 있다.

정리해 보자. 예를 들어 6개 집단의 평균치를 모두 개별 비교할 때, 즉 15개 각각의 평균치 차를 검증할 때 $\alpha = .05$에 설정했다면, 실험별 오류율(α_E)은 .05보다 훨씬 큰 .54 수준이 되어 버린다. 이 말은 15개 평균치 간의 개별비교 중 최소한 어느 하나는 실제로 .05 수준에서는 차이가 없음에도 불구하고 차이가 있는 것으로 나타날 확률이 높다는 것이다.

제1종 오류를 범할 확률(α)은 「가능한 모든 비교를 기준」으로 할 때의 실험별 오류율(experiment-wise error rate)과「매 비교를 기준」으로 할 때의 비교별 오류율(comparison-wise error rate)로 구분된다. 「가능한 모든 비교」를 기준으로 할 때의 실험별 오류율은 실험 전체에서 가능한 모든 개별비교 중 최소한 어느 하나가 사전에 설정한 α보다 크게 나타난 제1종 오류를 범할 확률(α_E)을 의미한다. 「매 비교를 기준」으로 할 때의 비교별 오류율은 평균치 간의 차를 개별비교 단위로 검증할 때 제1종 오류를 범할 확률을 의미한다.

요약하면 주어진 J개의 평균에 대해 가능한 모든 비교를 할 경우 이들 비교는 서로 중복되는 부분이 있기 때문에 사전에 설정한 α수준 보다 제1종 오류를 범할 확률은 실제로 더 커지는 약점을 가지게 된다. 즉, 각 평균치 간의 비교가 서로 중복된 경우(다시 말하면 독립비교가 아닐 때)에는 사전에 설정한 α수준보다 제1종 오류를 범할 가능성이 커진다. 학자들은 바로 이러한 문제점을 방지하기 위한 여러 가지 방법을 제안했으나 적지 않은 의견 차를 보이고 있다. 앞에서처럼 일정한 α수준에서 제1종 오류를 범할 확률은 「매 비교」를 기준으로 보느냐 아니면 「가능한 모든 비교」를 기준으로 보느냐에 따라서도 차이가 있음을 알 수 있다.

이러한 문제를 해결하기 위해 적지 않은 검증방법이 제시되었다. 최초로 발표된 검증방법은 투키(Tukey)가 1977년에 제시한 "진짜로 유의한 차의 검증"(Honestly Significant Difference: HSD) 방법이다. 이후 모두 열거하기 어려울 정도로 많은 검증방법이 제안되어 연구 현장에서 활용되었다.

제안된 사후비교 방법들은 제1종 오류(α)를 통제하는 정도에 따라 보수적(conservative)인 방법과 진보적(liberal)인 방법으로 구분할 수 있다. 보수적인 방법일수록 제1종 오류를 철저하게 통제하지만 제2종 오류(β)가 커질 가능성 즉, 차이가 있는데 없는 것으로 나타날 가능성이 높다. 반대로 진보적 방법일수록 제1종 오류를 덜 엄격하게 통제하지만 제2종 오류(β)가 적어질 가능성 즉, 차이가 없는데 있는 것으로 나타날 가능성은 높다.

(1) 보수적(保守的) 방법

① Scheffé 방법

- 가장 보수적인 방법으로 제1종 오류를 철저하게 통제해 줌.
- 표본의 크기가 차이가 있는 집단 간을 비교할 때 적합한 결과를 제공.
- 개별비교가 복잡한 연구에서 사용되지만, 보수성으로 인해 다른 방법보다 덜 사용.
- 비교 결과의 통계적 검증력이 낮아지는 단점이 있음.

② Bonferroni 방법

- 계산이 간단하고 명확하여 다양한 학문분야에서 광범위하게 사용.
- 개별비교의 수에 따라 유의수준을 조정하여 제1종 오류를 범할 확률을 낮춰줌.
- 표본의 크기가 동일한 집단의 평균 간 비교에서 더 적합한 결과를 제공.
- 개별비교의 수가 많아질수록 통계적 검증력이 낮아지는 단점이 있음.

③ Tukey's HSD

- 모든 가능한 개별비교에 대해 보수적인 방법으로 제1종 오류를 통제해 줌.
- 표본 크기가 동일한 경우에 특히 적합.

(2) 진보적(進步的) 방법

④ Dunnett 방법

- 실험집단과 비교집단 간의 차이를 비교하기 위해 특화된 방법.
- 개별비교의 수를 줄여주기 때문에 Bonferroni 방법보다 덜 보수적임.

⑤ Newman-Keuls 방법

- Tukey의 HSD보다 상대적으로 덜 보수적이지만, 다수의 집단을 비교하는 데 사용.
- 집단간 차이가 크지 않으면 유의한 차이를 얻을 가능성이 높음.

⑥ Fisher의 LSD (Least Significant Difference)

- 매우 진보적인 방법으로, 다른 방법들에 비해 제1종 오류를 더 허용하면서도 통계적 검증력도 높음.
- *ANOVA* 결과 전체적으로 유의미한 차이가 있다고 판단된 경우에만 개별비교 수행.
- 제1종 오류의 통제가 상대적으로 약하다는 단점이 있음.

이들 사후검증 방법을 보수적 방법에서 진보적 방법 순으로 정리하면 Scheffé 〉 Bonferroni 〉 Tukey's HSD 〉 Dunnett 〉 Newman-Keuls 〉 Fisher's LSD이다. 이들 방법은 실험의 목적과 자료의 특성(표본 크기, 비교 횟수 등)에 따라 적합성이 달라지기 때문에 상황에 맞게 선택하는 것이 중요하다. 이 책에서는 이 중 활용빈도가 높은 몇 가지 방법을 소개하려고 한다.

1.1 Tukey 방법

투키(Tukey) 방법은 t분포가 아닌 Studentized range(Q: 표준화 범위) 분포를 사용함으로써 사전에 설정한 유의수준(α)과 같은 수준으로 α_E를 유지해 준다. Q분포는 동일한 전집에서 무선 표집된 J개의 표본 평균치 중에서 가장 높은 평균(최대 평균치)과 가장 낮은 평균(최소 평균치) 간의 차를 $\sqrt{MS_w/n}$로 나눈 분포이다. 여기에서 MS_w는 집단내의 분산추정치이고 n은 표본수이다. Q분포를 사용하기 위해서는 각 집단의 표본수는 동일해야 한다. 부록의 〈수표 10〉에는 비교하고자 하는 집단수(J)와 집단내 자유도($df = N - J$)하에서 유의수준(α) .05와 .01 별로 가설 부정을 위한 기준치가 제시되어 있다. Q분포에서 가설 부정을 위한 기준치는 비교하려는 집단수와 집단내의 자유도에 따라 달라진다.

Tukey 검증방법은 흔히 "진짜로 유의한 차의 검증" (Honestly Significant Difference)이라고 부르고 간단히 Tukey의 HSD라고도 한다. 이 방법은 집단의 사례수가 동일하고 모든 평균 간에 1대 1의 단순한 비교가 목적일 때 가장 통계적 검증력이 높다. 영가설은 $H_0 : \mu_i = \mu_j$ 혹은 "비교하려는 전집의 두 평균치는 서로 같다"로 진술된다. 검증통계치는 Q이며 계산 공식은 다음과 같다.

$$Q = \frac{\overline{X}_i - \overline{X}_j}{\sqrt{MS_w / n}} \tag{12.3}$$

여기에서

$\overline{X}_i$ = 집단 i의 평균치
$\overline{X}_j$ = 집단 j의 평균치
MS_w = $ANOVA$에서 집난내 분산추성치
n = 각 집단의 표본수

이 공식을 이용한 예를 들어 보자. 네 가지 동기유발 방법이 학생들의 운동기능(농구 슛) 향상에 어떤 영향을 미치는 지를 규명하기 위해 20명의 학생을 무선표집하여 네 가지 실험조건에 무선배정한 후 실험을 실시하여 얻은 결과는 표 12 · 1과 같다. $ANOVA$검증 결과 산출된 F값은 $p<.05$수준에서 통계적으로 유의한 차가 있는 것으로 나타났다. 따라서 영가설($H_0 : \mu_1 = \mu_2 = \mu_3 = \mu_4$)을 부정하고 상대가설($H_A$)을 받아들일 수 있다. Tukey 방법은 이와 같이 $ANOVA$결과 통계적으로 유의한 F값을 얻었을 때 적용된다.

표 12·1 집단별 농구 슛 검사 결과

집단	1	2	3	4
	10	6	16	9
	16	12	18	12
	12	9	14	14
	12	8	20	11
	18	7	17	16
ΣX	68	42	85	62
$\overline{X}$	13.60	8.40	17.00	12.40

분산분석결과

변산원	*SS*	*df*	*MS*	*F*	$F_{cv(.05)}$
집단간	188.95	3	62.98	8.87**	3.24
집단내	113.60	16	7.10		
전 체	302.55	19			

$F_{cv(.05)}$는 $\alpha = .05$에서 가설 부정의 기준임.

모든 평균치 간의 개별비교를 위한 Q계산방법은 표 12·2에 제시하였다. 첫째, 각 집단의 평균치($\overline{X}$)를 작은 것부터 크기순으로 제시한다. 이 절차는 Tukey 방법에서는 반드시 필요하지는 않으나 다음에 소개될 Newman-Keuls 방법에서는 필요하다. 둘째, 각 집단의 평균치 간의 차를 계산하여 제시한다. 이 값은 Q의 분자에 해당한다. 예를 들어 $(\overline{X}_4 - \overline{X}_2)$는 12.40-8.40=4.00이 되고$(\overline{X}_1 - \overline{X}_2)$는 13.60-8.40=5.20이 된다. 이 값은 집단 ④와 집단 ②의 종렬(column)에 각각 제시한다. 마지막으로 앞에서 산출된 두 평균치 간의 차들은 분모$[\sqrt{MS_w/n}]$ 즉, $[\sqrt{7.10/5} = 1.19]$로 나눈다. 예를 들면 4.00/1.19=3.36, 5.20/1.19=4.37이 된다.

$$Q = \frac{\text{집단④}\,\overline{X} - \text{집단②}\,\overline{X}}{\sqrt{MS_w/n}} = \frac{12.40 - 8.40}{\sqrt{7.10/5}} = 3.36$$

여기에서 산출된 Q의 유의도 검증은 부록의 〈수표 10〉을 이용하면 된다. 즉 수표에서 비교하고자 하는 집단수(J)와 집단내 자유도($df = N - J$), 그리고 사전에 설정한 α수준(예 .05 혹은 .01)에 해당하는 값을 찾으면 가설 부정의 기준치(critical value: cv)를 확인할 수 있다. 공식 (12.3)의 Q값이 기준치 값(Q)보다 크면 해당 α수준별로 통계적으로 유의한 차이가 있다는 결론을 내릴 수 있다.

표 12·2 Tukey 방법에 의한 Q계산

집단	2	4	1	3
$\overline{X}$	8.40	12.40	13.60	17.00
$\overline{X}_i - \overline{X}_j$		4.00	5.20 1.20	8.60 4.60 3.40
$Q = \frac{\overline{X}_i - \overline{X}_j}{\sqrt{MS_w/n}}$		3.36	4.37* 1.01	7.23** 3.87 2.86

* $p<.05$, $df=16$에 대한 $Q_{cv(.05)}=4.05$
**$p<.01$, $df=16$에 대한 $Q_{cv(.01)}=5.19$

위의 예에 의하면 집단수(J)는 4이고 집단내 df는 16이다. 이러한 조건에서 $\alpha=.05$와 .01에 해당하는 가설 부정을 위한 Q 기준치(Q_{cv})는 각각 4.05와 5.19임을 알 수 있다. α를 사전에 .05로 설정했다면 영가설(H_0) $\mu_1=\mu_2$와 $\mu_2=\mu_3$는 $p<.05$수준에서 부정되고 나머지 4개의 영가설(즉, $\mu_2=\mu_4$, $\mu_1=\mu_4$, $\mu_3=\mu_4$, $\mu_1=\mu_3$)은 긍정된다. 이와 같은 분석결과를 기초로 농구 슛과 관련하여 동기유발 방법 [1]과 [3]의 전집 평균치는 [2]의 전집 평균치와 차이가 있다는 결론을 내릴 수 있다.

Tukey 방법은 "진짜로 유의한 차 검증(HSD)"라고도 부르며 집단의 사례수(n)가 같고 평균치 간의 단순한 1대1 비교가 목적일 때 통계적 검증력이 가장 높다.

한편 어떤 두 평균치 간의 차를 일정한 α수준(예: .05 혹은 .01)에서 부정하기 위한 최소의 차$(\overline{X}_i - \overline{X}_j)$를 HSD라고 하면 공식 (12.3)을 변형시켜 평균치 간의 비교를 편리하게 할 수 있다.

$$HSD = Q_{1-\alpha}(J,\ N-J)\sqrt{MS_w/n} \tag{12.4}$$

여기에서 $Q_{1-\alpha}(J,\ N-J)$는 집단수 = 4, 자유도 = 16, $\alpha=.05$일 때의 가설 부정의 기준치(Q_{cv})를 의미한다. 따라서 부록의 〈수표 10〉에서 찾으면 4.05가 된다. 이 값을 대입하여 HSD를 계산하면

$$HSD = (4.05)\sqrt{7.10/5} = 4.82$$

따라서 어떤 두 평균치 간의 차$(\overline{X}_i - \overline{X}_j)$가 4.82와 같거나 이보다 크면. 05수준에서 통계적으로 유의한 차가 있다고 판단한다.

1.2 Newman-Keuls 방법

Newman-Keuls 방법 역시 Studentized range(Q) 분포를 사용함으로써 사전에 설정한 유의수준(α)과 같은 수준으로 α_E를 유지해 준다. 이 방법은 F검증 결과 통계적으로 유의한 차가 있고 집단의 사례수(n)가 동일할 때 흔히 사용되는 검증방법으로서 단계적 근접방법(段階的 近接方法: stairstep approach)에 근거를 두고 있다.

이 방법은 각 집단의 평균치를 작은 것부터 크기순으로 배열했을 때 배열순으로 보아 가까이 근접해 있는 평균치들에 대해서는 작은 가설 부정의 기준치(smaller critical Q values)를 적용하고 멀리 떨어져 있는 평균치들에 대해서는 큰 기준치(large critical Q values)를 적용한다. 따라서 가설 부정을 위한 Q의 기준치는 평균치를 크기순으로 배열했을 때 비교하고자 하는 집단의 근접 순서에 따라 달라진다. 그리고 Tukey 방법에서 J는 집단수를 의미하지만 Newman-Keuls 방법에서는 근접 위치를 의미한다. 즉 평균치를 크기순으로 배열했을 때 비교하고자 하는 집단이 두 번째에 있으면 J는 2가 되고 세 번째에 있으면 J는 3이 된다.

앞에서 Tukey 검증방법을 적용할 때 사용한 자료인 표 12·1을 이용하여 Newman-Keuls 방법을 적용해 보자. Q는 Tukey 방법과 동일한 방법으로 계산하며 계산결과는 표 12·3에 제시하였다. 표에는 실제 산출된 Q값과 부록의 〈수표 10〉에서 찾은 Newman-Keuls 방법에 대한 가설 부정의 기준치(Q_{cv})가 제시되어 있다.

표 12·3 Newman-Keuls 방법에 의한 Q계산

집단	2	4	1	3
$\overline{X}$	8.40	12.40	13.60	17.00
$\overline{X}_i - \overline{X}_j$		4.00	5.20 1.20	8.60 4.60 3.40
$Q = \frac{\overline{X}_i - \overline{X}_j}{\sqrt{MS_w / n}}$		3.36*	4.37* 1.01	7.23* 3.87* 2.86
$df = 16$일 때 $Q_{cv(.05)}$		3.00	3.65 3.00	4.05 3.65 3.00

* $p < .05$

표 12 · 2의 Tukey 방법과 표 12 · 3의 Newman - Keuls 방법을 비교해 보면 Tukey 방법에서는 사전에 설정한 α수준에 대한 가설 부정의 기준치(Q_{cv})는 오직 하나지만 [예 : $\alpha = .05$일 때 $Q = 4.05$], Newman - Keuls에서는 비교하는 집단수에 따라 달라짐을 알 수 있다. 표 12 · 3에서 우리는 집단 2의 평균은 집단 4, 1, 3의 평균과 .05 수준에서 차이가 있고 또 집단 4의 평균은 집단 3의 평균과 .05 수준에서 차이가 있음을 알 수 있다. 그러나 집단 4의 평균과 집단 1의 평균 간에 또 집단 1의 평균과 집단 3의 평균 간에는 차이가 없음을 알 수 있다.

앞에서 Newman-Keuls 방법을 적용할 때 J는 비교하려는 집단과의 근접 위치라고 하였다. 예를 들어 표 12 · 3에서 집단 2와 비교하고자 하는 집단 중 집단 4는 두 번째에 있기 때문에 J는 2가 된다. 따라서 부록의 〈수표 10〉에서 $J = 2$, $df = 16$, $\alpha = .05$일 때 Q_{cv}는 3.00이 된다. 다음 집단 2와 비교하고자 하는 집단 중 집단 1은 세 번째에 있기 때문에 J는 3이 되고 따라서 Q_{cv}는 3.65가 된다. 이와 같은 방법으로 확인된 Q_{cv}가 표 12 · 3에 제시되어 있다. 자유도가 16이고 사전에 설정한 α가 .05일 때

집단 2와 4를 비교할 때 $J = 2 \therefore Q_{cv} = 3.00$
집단 2와 1을 비교할 때 $J = 3 \therefore Q_{cv} = 3.65$
집단 2와 3을 비교할 때 $J = 4 \therefore Q_{cv} = 4.05$

부록의 〈수표 10〉은 Tukey 방법과 Newman-Keuls 방법 모두에 적용된다. 이 두 가지 방법에 대한 가설 부정의 기준치(Q_{cv})를 찾는 방법은 단지 J를 무엇으로 보느냐에 차이가 있다.

집단 4와 1을 비교할 때 $J = 2 \therefore Q_{cv} = 3.00$
집단 4와 3을 비교할 때 $J = 3 \therefore Q_{cv} = 3.65$
집단 1과 3을 비교할 때 $J = 2 \therefore Q_{cv} = 3.00$

비교하고자 하는 집단별로 실제 산출된 Q값이 Q_{cv}보다 크면 사전에 설정한 유의수준(α)에서 통계적으로 유의한 차가 있는 것으로 결정한다. 예를 들어 집단 1의 평균과 3의 평균 간의 비교에서 산출된 Q값(2.86)은 가설 부정의 기준치(Q_{cv}) 3.00보다 적으므로 영가설(H_0)을 받아들이고 실제의 평균치 차는 표집오차(標集誤差) 때문인 것으로 해석할 수 있다.

Newman-Keuls 방법에서 Q분포는 평균치를 크기 순으로 배열했을 때 비교하고자 하는 집단의 근접위치에 따라 다르다. 이 방법 역시 F검증 결과 통계적으로 유의한 차가 있고 집단의 사례수(n)가 동일할 때 사용한다.

Tukey와 Newman-euls 방법은 모두 F검증결과 통계적으로 유의한 차이가 있고 집단의 사례수(n)가 동일할 때 집단 간의 평균치를 개별 비교하는데 적합한 방법이다. 앞에서 확인한 것처럼 통계적으로 유의한 차이는 Tukey 방법보다는 Newman-euls 방법에서 더 잘 나타난다. 이러한 이유로 Newman-Keuls 방법은 Tukey 방법보다 통계적 검증력(統計的 檢證力: statistical power)이 높다고 간주한다. 한편 Newman-Keuls 방법에서는 α_E(가능한 모든 비교를 기준으로 할 때 범할 수 있는 제1종 오류)가 사전에 설정한 α보다 약간 커진다는 약점이 있다. 그러나 이러한 α_E는 각 집단의 평균치를 t검증할 때보다는 훨씬 적다. Tukey 방법에서 α_E는 사전에 설정한 α수준을 그대로 유지한다.

앞에서 언급한 바와 같이 Tukey와 Newman-Keuls 방법은 집단의 사례수(n)가 동일할 때 사용하는 것이 적합하다. 그러나 사례수(n)가 다를 때에도 이 두 검증방법을 쓸 수는 있다. 사례수가 다를 경우에는 다음과 같이 조화 n(調和 :$harmonic\ n$)을 산출하여 Q공식의 n대신 사용하면 된다.

$$\hat{n} = \frac{J}{\frac{1}{n_1} + \frac{1}{n_2} + \cdots\cdots \frac{1}{n_j}} \tag{12.5}$$

J = 집단수
n_j = J집단의 사례수

예를 들어 세 집단의 사례수가 각기 10, 8, 12라고 한다면

$$\hat{n} = \frac{3}{\frac{1}{10} + \frac{1}{8} + \frac{1}{12}} = 9.74$$

그러나 이 방법은 집단의 사례수가 큰 차이가 없을 때는 별 문제가 없으나 집단 간의 사례수가 크게 다를 경우에는 Scheffé 방법을 사용해야 한다.

Tukey와 Newman-Keuls 방법은 Q분포를 사용함으로써 사전에 설정한 의의도 수준(α)과 같은 수준으로 α_E(가능한 모든 비교를 기준으로 할 때 1종 오류를 범할 확률)를 유지해 준다. 분산분석 결과 통계적으로 유의한 F값을 얻고 또 집단의 사례수(n)가 동일할 때 사후검증을 할 경우 Tukey와 Newman-Keuls 방법은 모두 적합한 방법들이다. 두 방법의 검증통계치는 Q이며 표집분포는 Studentized range distribution이다. 둘 중 Newman-Keuls 방법의 통계적 검증력이 더 높다. 그러나 Tukey 방법은 사전에 설정한 α수준을 각 집단의 평균치 개별비교 과정에서 그대로 유지한다.

1.3 Scheffé 방법

Scheffé 방법은 *ANOVA* 결과 유의한 *F*값을 얻고 각 집단의 사례수(n)가 동일하지 않을 때 적절하게 사용할 수 있는 방법이다. 물론 집단의 사례수가 동일할 때에도 사용할 수 있으나 이때는 Tukey와 Newman-Keuls 방법만큼 통계적 검증력이 높지는 않다. 다시 말하면 Scheffé방법은 다른 방법 보다 각 집단의 평균치 개별비교에서 통계적으로 유의한 차가 나타나는 경향이 적기 때문에 보수적(保守的: conservative)인 사후검증 방법으로 불린다.

Scheffé 방법은 각 집단의 평균치를 개별비교 할 경우 어떠한 비교도 *F*검증할 때 사전에 설정한 α수준 이상의 제1종 오류를 범하지 않는 특징을 갖고 있다. 따라서 어떤 하나의 비교에서 제1종 오류를 범할 확률은 사전에 설정한 α수준보다 상당히 적게 된다. Scheffé 방법은 단순히 두 평균 간의 개별비교뿐만 아니라 몇몇의 평균을 조합한 비교(組合比較)도 가능하다. 예를 들어 집단 ①과 ②를 합한 것과 집단 ③과 ④를 합한 것 간에 차이가 있는지를 검증할 수 있다. Tukey 방법에 의해서도 몇몇의 평균을 조합한 비교가 가능하지만 Scheffé 방법의 통계적 검증력이 더 높다.

Scheffé 방법은 집단의 사례수(n)가 동일하지 않을 때, 그리고 몇 개의 평균을 조합하여 비교하고자 할 때 타당한 방법이다. 이 방법은 사전에 설정한 α수준 이상의 제1종 오류를 범하지 않는 특징이 있다.

---

❶ 두 평균을 (1대1)로 비교할 때의 Scheffé 검증

두 평균 간의 개별비교를 Scheffé 방법으로 검증하기 위한 기초자료로서 *ANOVA* 검증 예를 먼저 제시해 보자. 선수들의 공격성이 투기종목 간에 차이가 있는지를 검증하기 위해 네 개의 투기종목 집단(권투, 레슬링, 유도, 태권도)을 선정하고 각 집단으로부터 각각 7, 9, 7, 10명을 무선표집하여 공격성검사를 실시하였다. 독립변수는 투기종목이며 종속변수는 공격성이다. 종목별 공격성 점수의 평균($\overline{X}$)과 사례수(n), *ANOVA* 결과는 표 12·4에 제시되어 있다.

ANOVA 결과 산출된 *F*값(10.49)은 $\alpha = .05$, 집단간 $df = 3$, 집단내 $df = 29$일 때 가설 부정을 위한 기준치(F_{cv}) 2.93보다 크므로 영가설(H_0) : $\mu_1 = \mu_2 = \mu_3 = \mu_4$을 부정하고 투기종목의 전집평균 간에는 차이가 있다는 결론을 내릴 수 있다. 그러나 우리는 이 결과만으로는 구체적으로 어떤 종목 간에 통계적으로 유의한 차이가 있는지를 모른다. 이를 알기 위해서는 Scheffé 검증을 해야 한다.

표 12·4 투기종목별 공격성에 관한 자료

집단	권투	레슬링	유도	태권도
$\overline{X}$	21.86	23.00	17.29	16.80
n_j	7	9	7	10

분산분석결과

SV	SS	df	MS	F	$F_{cv(.05)}$
집단간	255.45	3	85.15	10.49	2.93
집단내	235.89	29	8.13		
전 체	491.34	32			

$F_{cv(.05)}$는 $\alpha = .05$수준에서 가설 부정의 기준치임

Scheffé 방법을 구체적으로 기술하기에 앞서 간단한 개념을 설명하고자 한다. 평균치의 상호비교는 다음과 같이 일정한 비중치(weight)를 준 평균치 합으로 표기할 수 있다. 예를 들어 4개의 평균이 있을 경우 $\overline{X}_1$과 $\overline{X}_2$만을 비교하고 싶을 때 $\overline{X}_1$, $\overline{X}_2$, $\overline{X}_3$, $\overline{X}_4$에 비중치를 각각 1, -1, 0, 0으로 곱해 주면 즉,

$$(1)\overline{X}_1 + (-1)\overline{X}_2 + (0)\overline{X}_3 + (0)\overline{X}_4 = \overline{X}_1 - \overline{X}_2 \quad ①$$

가 된다. 마찬가지로 $(\overline{X}_1 + \overline{X}_2)$와 $(\overline{X}_3 + \overline{X}_4)$를 비교하고 싶으면

$$(1)\overline{X}_1 + (1)\overline{X}_2 + (-1)\overline{X}_3 + (-1)\overline{X}_4 = (\overline{X}_1 + \overline{X}_2) - (\overline{X}_3 + \overline{X}_4) \quad ②$$

가 되고, $\overline{X}_1$과 $\overline{X}_2$를 더하여 $\overline{X}_3$과 비교하고 싶으면

$$(\frac{1}{2})\overline{X}_1 + (\frac{1}{2})\overline{X}_2 + (-1)\overline{X}_3 + (0)\overline{X}_4 = (\frac{\overline{X}_1 + \overline{X}_2}{2}) - \overline{X}_3 \quad ③$$

이 된다. 이러한 비중치를 각각 C_j라고 하면 J개 평균의 직선적 합은 다음과 같이 나타낼 수 있다.

$$C_1\overline{X}_1 + C_2\overline{X}_2 + C_3\overline{X}_3 + \cdots\cdots C_j\overline{X}_j \quad (12.6)$$

그리고 비중치 C_j는 모두가 0이 되어서는 안 되지만 그 합은 반드시 0이어야 한다. $\Sigma C_j = 0$일 때 우리는 평균치 간의 비교가 가능하다고 말하고 이때의 C_j를 비교계수(比較係數: C_j)라고 부른다. 위의 1에서 비중치는 각각 $C_1 = 1$, $C_2 = -1$, $C_3 = 0$, $C_1 = 0$으로 주어졌는데 이를 합하면 $\Sigma C_j = 0$이 된다.

이와 같이 Scheffé 방법을 사용할 때 영가설은 비교하고자 하는 전집평균(μ)과 비교계수(coontrast; C_j)의 직선적 합으로 진술한다. 그리고 비교계수의 합(ΣC_j)은 0이 되어야 한다. 몇 가지 비교하고자 하는 영가설(H_0)은 다음과 같다.

$$
\begin{aligned}
H_{01} &= (1)\mu_1 + (-1)\mu_2 + (\ \ 0)\mu_3 + (\ \ 0)\mu_t = 0 \\
H_{02} &= (1)\mu_1 + (\ \ 0)\mu_2 + (-1)\mu_3 + (\ \ 0)\mu_t = 0 \\
H_{03} &= (1)\mu_1 + (\ \ 0)\mu_2 + (\ \ 0)\mu_3 + (-1)\mu_t = 0 \\
H_{04} &= (0)\mu_1 + (\ \ 1)\mu_2 + (-1)\mu_3 + (\ \ 0)\mu_t = 0 \\
H_{05} &= (0)\mu_1 + (\ \ 1)\mu_2 + (\ \ 0)\mu_3 + (-1)\mu_t = 0 \\
H_{06} &= (0)\mu_1 + (\ \ 0)\mu_2 + (\ \ 1)\mu_3 + (-1)\mu_t = 0
\end{aligned}
$$

위의 영가설(H_0)을 공식으로 정리해 보면

$$H_0 : \sum_{j=1} C_j \mu_j = 0 \tag{12.7}$$

위의 영가설 중 H_{03}은 4개의 전집평균에 비중치가 각각 1, 0, 0, - 1로 배정되었는데 0이 배정된 집단 ②와 ③을 제외하면 H_{03}은 결국 $\mu_1 - \mu_4 = 0$ 혹은 $\mu_1 = \mu_4$를 의미한다. Scheffé 방법의 검증통계치는 다음과 같다.

$$F = \frac{(\Sigma C_j \overline{X}_j)^2}{(MS_w)(\Sigma \frac{C_j^2}{n_j})} \tag{12.8}$$

$\Sigma C_j \overline{X}_j$ = 비교하고자 하는 집단평균 간의 차
[예: H_{03}일 경우($\mu_1 - \mu_4$)의 값]
MS_w = 집단내 분산추정치
C_j^2 = 비교하려는 집단의 비중치²
n_j = 비교하려는 집단의 사례수

Scheffé 방법의 검증통계치 분포는 F분포이지만 가설 부정의 기준치는 F분포 표에 제시된 F_{cv}와 같지 않다. Scheffé 방법에서 가설 부정의 기준치는 *ANOVA*에서 사용한 F_{cv}에 $(J - 1)$을 곱한 값이 된다. J는 집단수이다. 따라서 Scheffé 방법에서의 F_{cv}는 *ANOVA*에서 사용한 F_{cv}보다 항상 큰 값이 되는데 바로 이러한 이유 때문에 Scheffé 방법을 보수적(conservative)인 방법이라고 부른다. 표 12 · 4의 자료에 의해 $\alpha = .05$ 수준에서 가설 부정의 기준치(F_{cv})를 계산하면

$$F_{cv} = (4-1)2.93 = 8.79$$

표 12 · 5 Scheffé 방법을 이용한 검증통계치의 계산

집단	권투	레슬링	유도	태권도
$\overline{X}$	21.86	23.00	17.29	16.80
n_j	7	9	7	10
$C_1 = \mu_1 - \mu_2$	1	-1	0	0
$C_2 = \mu_1 - \mu_3$	1	0	-1	0
$C_3 = \mu_1 - \mu_4$	1	0	0	-1
$C_4 = \mu_2 - \mu_3$	0	1	-1	0
$C_5 = \mu_2 - \mu_4$	0	1	0	-1
$C_6 = \mu_3 - \mu_4$	0	0	1	-1

$$F_1 = \frac{(21.86 - 23.00)^2}{8.13\left(\frac{1}{7} + \frac{1}{9}\right)} = .63 \qquad F_4 = \frac{(23.00 - 17.29)^2}{8.13\left(\frac{1}{9} + \frac{1}{7}\right)} = 15.79^*$$

$$F_2 = \frac{(21.86 - 17.29)^2}{8.13\left(\frac{1}{7} + \frac{1}{7}\right)} = 8.99^* \qquad F_5 = \frac{(23.00 - 16.80)^2}{8.13\left(\frac{1}{9} + \frac{1}{10}\right)} = 22.40^*$$

$$F_3 = \frac{(21.86 - 16.80)^2}{8.13\left(\frac{1}{7} + \frac{1}{10}\right)} = 12.97^* \qquad F_6 = \frac{(17.29 - 16.80)^2}{8.13\left(\frac{1}{7} + \frac{1}{10}\right)} = .12$$

*$p>.05$ $F_{cv(.05)} = 8.79$는 $\alpha = .05$, $df = (3,\ 29)$에서 Scheffé 검증할 때 가설 부정의 기준치임.

표 12 · 4의 투기종목별 공격성에 관한 자료의 *ANOVA* 결과를 기초로 검증통계치를 계산한 결과는 표 12 · 5에 제시되어 있다. 앞에 제시된 6개 가설의 비교계수는 각각 C_1, C_2,……, C_6로 표시하였다. 그리고 표에서 F_1, F_2,……, F_6는 각각 C_1, C_2,……, C_6에 대한 검증통계치이다.

*ANOVA*와 Scheffé 검증결과에 의해 얻을 수 있는 결론은 다음과 같다.

1 권투선수의 공격성 전집평균은 유도, 태권도선수의 공격성 전집평균과 $p<.05$ 수준에서 통계적으로 유의한 차가 있다($\mu_1 \neq \mu_3$, $\mu_1 \neq \mu_4$).

2 레슬링 선수의 공격성 전집평균은 유도, 태권도선수의 공격성 전집평균과 $p<.05$ 수준에서 통계적으로 유의한 차가 있다($\mu_2 \neq \mu_3$, $\mu_2 \neq \mu_4$).

3 권투선수와 레슬링선수 간의 공격성 표본평균 간의 차($\overline{X}_1 - \overline{X}_2$), 유도선수와 태권도선수 간의 차($\overline{X}_3 - \overline{X}_4$)는 표집오차에 기인한 것으로 해석할 수 있다.

2 조합된 평균을 비교할 때의 Scheffé 검증

앞에서 Scheffé 방법은 단순히 두 평균 간의 비교만이 아니라 연구자의 관심에 따라 몇 몇의 평균을 조합한 비교도 가능하다고 하였다. 예를 들어 위의 자료에서 레슬링 집단과 나머지 세 집단(권투, 유도, 태권도)을 합한 것과 비교하고 싶으면 영가설(H_0)은 다음과 같은 비교 형식으로 진술할 수 있다.

$$H_0 : (1)\mu_1 + (-3)\mu_2 + (1)\mu_3 + (1)\mu_4 = 0$$

여기에서 비교계수(C_j)의 합은 0이 되어야 하므로 각 집단의 비교계수는 1, -3, 1, 1로 설정하였다. 조합된 평균을 비교할 때에도 공식 (12.8)을 그대로 적용하면 된다. 산출된 검증통계치(F)는 표 12 · 6과 같다.

표 12 · 6 집단별 $\overline{X}$, n, 비교계수(C_j)와 F값

집단	$\overline{X}_j$	n_j	C_j
권투	21.86	7	1
레슬링	23.00	9	-3
유도	17.29	7	1
태권도	16.80	10	1

$$F = \frac{[21.86 - (3)(23.00) + 17.29 + 16.80]^2}{8.13\left(\frac{1}{7} + \frac{9}{9} + \frac{1}{7} + \frac{1}{10}\right)} = 15.12$$

위의 검증통계치에 대한 가설 부정의 기준치는 $\alpha = .05$이고 자유도가 (3, 29)일 때의 $F_{cv} = 2.93$에 $(J-1)$ 즉 3을 곱하여 8.79가 된다. 그런데 계산된 F값은 15.12로서 기준치($F_{cv} = 8.79$)보다 크므로 영가설(H_0)은 $\alpha = .05$ 수준에서 부정하게 된다. 따라서 집단 [2]의 평균은 집단 [1] [3] [4]의 조합평균과 차이가 있다는 결론을 내릴 수 있다.

요약하면 Scheffé 방법은 두 평균 간의 비교뿐만 아니라 조합평균 간의 비교, 그리고 각 집단의 사례수(n)가 같을 때나 같지 않을 때도 사용될 수 있는 가장 용도가 다양한 사후비교 방법이다. 그러나 이 방법은 조합된 평균 간의 비교를 제외하고는 통계적 검증력이 약하기 때문에 사례수가 동일한 두 평균 간의 비교에는 사용하지 않는 것이 좋다.

Scheffé방법은 용도가 가장 다양하지만 동시에 사후비교 방법 중 통계적 검증력이 가장 낮다. 따라서 집단의 사례수(n)가 크게 차이가 날 때 그리고 조합된 평균 간을 비교하고자 할 때만 사용하는 것이 효과적이다.

1.4 Bonferroni 방법

Bonferroni 방법은 평균치의 개별비교 과정에서 발생할 수 있는 제1종 오류(α)를 통제하기 위해 사용되는 보수적인 사후비교(事後比較) 방법이다. 주로 *ANOVA*를 적용한 결과 유의한 차이가 나타난 경우, 어떤 집단 간에 차이가 있는지를 확인할 때 사용된다. 이 방법의 특징은 여러 집단 간의 평균치 차이를 개별비교(個別比較: multiple comparison) 할 때, 유의하지 않은 차이도 유의하다고 잘못 판단할 확률이 높아지는 문제를 해결하기 위해, 제1종 오류(α)를 조정하고 조정된 값에 의해 집단 간 평균 차이를 t검증방법을 통해 확인한다는 것이다.

Bonferroni 방법의 검증절차는 다음과 같다. ① 먼저 *ANOVA*를 이용하여 여러 집단의 평균 간에 차이가 있는지를 검증한다. 예를 들어, 3개 집단(A, B, C)이 있을 때, *ANOVA*를 적용하여 이들 집단의 평균 간의 차이가 통계적으로 유의한지를 확인한다. $\alpha = .05$로 설정했을 때 검증결과 얻은 F의 유의수준(p)이 .05 이하라면, 3개 집단 간에 통계적으로 유의한 차이가 있다는 결론을 내린다.

② *ANOVA* 결과 평균 간에 유의한 차이가 발견되면, 각 집단 간 개별비교를 통하여 어떤 집단들 간에 통계적으로 유의한 차이가 있는지를 확인한다. 그러나 집단 간 개별비교 과정에서 각 집단은 여러 번 비교 대상이 된다. 예를 들면 집단수가 4개일 경우, 각 집단은 다른 집단과 3번 비교 대상이 된다(아래 표 12·6 참조). 이러한 문제를 해결하기 위해 제1종 오류(α)를 조정한다. Bonferroni가 제안한 제1종 오류(α)의 조정공식은 다음과 같다.

$$\alpha' = \frac{\alpha}{m} \tag{12.9}$$

여기에서

α' = Bonferroni 검증에서 조정된 유의수준
α = 제1종 오류를 범할 확률(사전에 설정된 유의수준, 예; .05)
m = 평균치의 개별비교 총수
m = $\frac{k(k-1)}{2}$
k = 비교하고자 하는 집단수

예를 들어 $\alpha = .05$ 수준에서 3개 집단(A, B, C)의 평균을 비교한다면, 가능한 개별비교 수(m)는 $k(k-1)/2 = 3(3-1)/2 = 3$으로서 3개(집단 A와 B, 집단 A와 C, 그리고 집단 B와 C의 비교)가 된다. 따라서 전체 개별비교 수(m)는 3이고 조정된 유의수준(α')은

$$\alpha' = \frac{\alpha}{m} = \frac{0.05}{3} = 0.0167 \text{이 된다.}$$

③ 마지막으로 각 집단 간 평균치의 개별비교는 t검증 방법을 적용한다. 예를 들어 집단 A와 B간의 평균 차이를 t검증한 결과, 검증통계치의 유의수준(p)이 .02로 나타났다면, $p = .02 > \alpha' = .0167$이므로 우리는 영가설$(H_0): \mu_A = \mu_B$을 받아들이고 전집의 두 평균치 A와 B간에는 유의한 차이가 없다는 결론을 내릴 수 있다.

앞에서 Tukey와 Newman-Keuls 검증방법에 사용된 표 12 · 1의 '학생들의 농구슛 관련' 자료를 이용하여 Bonferroni 사후검증 방법을 적용해 보자.

이와 같은 분석결과*를 기초로 농구 슛과 관련하여 집단 [2]의 전집 평균치는 집단 [3]의 전집 평균치와만 통계적으로 유의한 차이가 있다는 결론을 내릴 수 있다. 나머지 집단 간의 차이는 표집오차에 기인한 것으로 해석할 수 있다.

Bonferroni 검증방법은 단순하면서도 강력한 방법으로 제1종 오류를 효과적으로 통제해 주지만 보수적이기 때문에 통계적으로 유의한 결과를 얻기가 어려울 수 있다. 개별비교의 수가 많아질수록 이러한 문제가 두드러지게 나타나기 때문에, 상황에 따라서는 다른 개별비교 방법(Tukey, Newman-Keul 방법과 아래에 제시된 방법 등)을 사용하는 것도 고려해야 한다.

---

* *SPSS*, R, Python 등과 같은 Computer software를 이용하여 Bonferroni 검증을 수행한 결과와 간단한 계산기를 이용하여 손으로 계산한 결과 간에는 차이가 있을 수 있다. 이 문제에 대해 ChatGPT는 다음과 같이 답한다. 왜냐하면, t검증의 계산방법 차이(Welch 공식에 의한 수정 등), 자유도 계산 차이, 정확한 p값 산출, 조정된 유의수준의 적용 방법 등의 차이 때문에 발생할 수 있다. SPSS 등은 이러한 복잡한 계산을 더 정확하게 처리할 수 있도록 다양한 수리적 방법을 사용하여 결과를 도출한다. 따라서 독자는 중급수준의 통계방법을 이해하기 시작하면서 Computer software에 관한 관심과 함께 이를 사용하게 될 것이기 때문에 SPSS의 결과를 신뢰하는 것이 바람직하다.

표 12·7 집단별 농구 슛 검사결과(표 12·1)를 이용한 Bonferroni 검증

집단	1	2	3	4
	10	6	16	9
	16	12	18	12
	12	9	14	14
	12	8	20	11
	18	7	17	16
$\overline{X}$	13.60	8.40	17.00	12.40
s	3.29	2.30	2.24	2.70

분산분석 결과

변산원	SS	df	MS	F	$F_{cv(.05)}$
집단간	188.95	3	62.98	8.87**	3.24
집단내	113.60	16	7.10		
전 체	302.55	19			

• $F_{cv(.05)}$는 $\alpha = .05$에서 가설 부정의 기준치임.

Bonferroni 검증을 위한 비교집단별 t검증결과

비교	t	df	p	α'
• 집단 1과 2	2.90	8	.020	.0083
• 집단 1과 3	1.91	8	.092	
• 집단 1과 4	0.63	8	.546	
• 집단 2와 3	5.99*	8	.000	
• 집단 2와 4	2.52	8	.036	
• 집단 3과 4	2.93	8	.019	

• 4개 집단을 대상으로 $\alpha = .05$일 때 유의수준 조정치$((\alpha') = \frac{\alpha}{m} = \frac{0.05}{6} = 0.0083$

• 평균치 개별비교 결과, $p < \alpha'$일 때 영가설을 부정하고 두 평균치 간에 통계적으로 유의한 차이가 있다고 결정.

Bonferroni 방법은 평균치의 개별비교 과정에서 발생할 수 있는 제1종 오류(α)를 통제하기 위해 사용되는 보수적인 사후비교 방법이다. *ANOVA*를 적용한 결과 유의한 차이가 나타난 경우, 어떤 집단 간에 차이가 있는지를 확인할 때 사용된다. 이 방법은 여러 집단 간의 평균치 차이를 개별비교할 때, 유의하지 않은 차이도 유의하다고 잘못 판단할 확률이 높아지는 문제를 해결하기 위해, 제1종 오류(α)를 조정하고 조정된 값에 의해 집단 간 평균 차이를 t검증방법을 적용하여 확인한다.

SPSS 등의 Computer software에는 앞에 기술된 검증방법 이외에도 다음과 같은 사후검증 방법이 탑재되어 있다. Field(2009)는 사후검증 방법의 적용 조건을 다음과 같이 제안하고 있다. 참고하기 바란다.

사후검증(Post hoc comparison)

Field (2009, p. 375)

❶ 실험전에 구체적인 연구 가설을 설정하지 못했을 때 적용
❷ 집단간 표본수가 동일하고 분산(variance)이 유사할 때
  - **Ryan, Einot, Gabriel and Welsch Q (REGWQ)**
  - **Turkey**
❸ 제1종 오류율(α)을 확실하게 통제하고 싶을 때 - **Bonferroni**
❹ 집단간 표본수에 약간 차이가 있을 때 - **Gabriel**
❺ 집단간 표본수에 큰 차이가 있을 때 - **Hochberg의 GT2**
❻ 집단간 등분산 가정에 의문이 있을 때-**Games-Howell**

2. 사전비교(A priori comparisons)

연구자는 연구의 계획단계에서 검증하고자 하는 가설을 사전에 설정하게 된다. 이러한 가설의 검증을 사전비교(事前比較 : a priori 혹은 planned comparisons)라고 한다. 사전비교는 분산분석 방법을 적용하여 전반적인 영가설을 검증하는 대신에 연구자가 사전에 설정한 특정한 가설을 검증하는 방법이다. 사전비교 방법으로 가장 많이 쓰이는 방법은 사전 독립비교(獨立比較: planned orthogonal contrasts)와 경향분석(혹은 추세분석; 傾向分析: trend analysis) 방법이다.

2.1 사전 독립비교(planned orthogonal contrasts)

앞에서 소개한 Scheffé 방법은 전반적인 *ANOVA* 검증 후 두 평균 간 혹은 조합된 평균 간을 비교하기 때문에 서로 중복되는 비교가 이루어지는 경우가 있다. 다시 말하면 J개 집단에서 두 평균 간의 비교 수는 $J(J-1)/2$로 한정되어 있지만 조합된 평균 간의 비교는 무한정 많아서 Scheffé 방법(사후비교)은 독립적인 정보를 주지 못한다. 독립비교(獨立比較: orthogonal comparison)란 주어진 평균치 간의 비교가 다른 평균치 간의 비교와 상호 중복되지 않는 독립적인 정보를 주는 것을 의미한다.

따라서 독립비교는 서로 중복되는 가설검증이 없기 때문에 사전에 설정한 α수준과 제1종 오류를 범할 확률은 동일하다. 독립비교의 검증통계치는 공식 (12.8)과 같다. 검증통계치의 표집분포는 F분포이며 가설 부정의 기준치(F_{cv}) 역시 F분포표와 같다. 즉, Scheffé 검증에서는 *ANOVA*에서 사용한 F_{cv}에 $(J-1)$을 곱했지만, 독립비교에서는

$ANOVA$에서 사용한 F_{cv}를 그대로 사용한다. 따라서 독립비교는 Scheffé 방법보다 통계적 검증력이 높다.

사전 독립비교(planned orthogonal contrasts)는 연구자에 의해 사전에 설정된다. 사전에 설정된 가설은 상호 독립적이며 따라서 제1종 오류를 범할 확률은 사전에 설정한 α수준을 그대로 유지하게 된다.

Scheffé 방법에서 상호비교(contrast)는 평균($\overline{X}$)과 비교계수(C_j)의 직선적 합으로 정의하였다. 그리고 비교계수의 합(ΣC_j)은 0이 되었다. 그런데 독립비교(獨立比較: orthogonal contrasts)일 때는 어떻게 될까? 두 비교가 독립적이 되기 위해서는 두 비교계수 C_{1j}와 C_{2j}의 교적화(交積和: cross products)가 0이 되어야 한다. 즉

$$\sum_{j=1} C_{1j}C_{2j} = 0 \tag{12.10}$$

표 12 · 5에 제시된 6가지 비교를 예로 들어 보자.

표 12 · 8 집단별 $\overline{X}$, n, 비교계수(C_j)와 F값

집단	권투	레슬링	유도	태권도
$\overline{X}$	21.86	23.00	17.29	16.80
n_j	7	9	7	10
$C_1 = \mu_1 - \mu_2$	1	−1	0	0
$C_2 = \mu_1 - \mu_3$	1	0	−1	0
$C_3 = \mu_1 - \mu_4$	1	0	0	−1
$C_4 = \mu_2 - \mu_3$	0	1	−1	0
$C_5 = \mu_2 - \mu_4$	0	1	0	−1
$C_6 = \mu_3 - \mu_4$	0	0	1	−1

먼저 C_1과 C_2가 독립적인지 아닌지를 공식 (12.10)를 이용하여 계산해 보자. 그런데 C_1과 C_2의 비교계수는 공식 (12.10)의 조건을 만족시키지 못하기 때문에 독립비교(獨立比較)가 되지 못한다. 즉,

$$(1)(1)+(-1)(0)+(0)(-1)+(0)(0)=1$$

이 되어 독립비교가 되지 못한다. 그렇다면 C_1과 C_3는 어떨까?

$$(1)(1)+(-1)(0)+(0)(0)+(0)(-1)=1$$

역시 독립비교가 되지 못한다. 위에 제시된 비교 중 단 하나 C_6는 C_1과 독립적인 비교 관계를 가지고 있음을 알 수 있다. 즉

$$(1)(0)+(-1)(0)+(0)(1)+(0)(-1)=0$$

여기에 C_1과 C_6 모두에 상호 독립적 관계를 가지고 있는 또 다른 비교가 있을 수 있는데 이에 해당하는 비교계수는 (1, 1, -1, -1)이며 이에 대한 영가설은

H_0 : $(1)\mu_1+(1)\mu_2+(-1)\mu_3+(-1)\mu_4=0$ 즉,

H_0 : $(\mu_1+\mu_2)-(\mu_3+\mu_4)=0$이다.

일반적으로 독립비교의 수는 제한되어 있다. J개의 집단이 있는 경우, 독립비교를 할 수 있는 수는 $(J-1)$이 된다. 예를 들어 $J=3$인 경우, 2개의 독립비교가 가능하다.

C_1 :1 -1 0 $H_0:\mu_1=\mu_2$

C_2 :1 1 -2 $H_0:(\mu_1+\mu_2)=\mu_3$

다음 $J=4$인 경우를 생각해 보자. 이때 독립비교가 가능한 수는 3개가 된다.

C_1 :1 -1 0 0 $H_0:\mu_1=\mu_2$

C_2 :0 0 1 -1 $H_0:\mu_3=\mu_4$

C_3 :1 1 -1 -1 $H_0:(\mu_1+\mu_2)=(\mu_3+\mu_4)$

여기에서 유의해야 할 점은 비교계수의 유형은 일정한 J에 대해 하나만 있는 것이 아니라 $\Sigma C_{1j}C_{2j}=0$의 관계가 성립되는 한 여러 유형으로 만들 수 있다. 예를 들어 위의 $J=4$인 경우 비교계수의 다른 유형을 제시해 보자.

C_1 :3 -1 -1 -1 $H_0:\mu_1=(\mu_2+\mu_3+\mu_4)$

C_2 :0 2 -1 -1 $H_0:\mu_2=(\mu_3+\mu_4)$

C_3 :0 0 1 -1 $H_0:\mu_3=\mu_4$

그리고

C_1 :1 0 0 -1 $H_0:\mu_1=\mu_4$

C_2 :0 1 -1 0 $H_0:\mu_2=\mu_3$

C_3 :1 -1 -1 1 $H_0:(\mu_1+\mu_4)=(\mu_2+\mu_3)$

일반적으로 집단수가 J개인 경우 독립비교가 가능한 수는 $(J-1)$이 된다. 두 비교계수 C_{1j}와 C_{2j}의 교적화(交積和)가 0이 되면 두 비교는 독립비교가 된다.

독립비교에서 영가설(H_0)은 Scheffé 검증에서와 마찬가지로 전집평균과 비교계수(C_j)의 직선적 합으로 진술된다. 영가설의 공식은 공식 (12.7)과 같다.

$$H_0 : \sum_{j=1} C_j \mu_j = 0$$

독립비교의 검증통계치는 공식 (12.8)과 같으며 이때의 자유도는 1과 $(N-J)$이다. 검증통계치(F)의 표집분포는 F분포이며 가설 부정의 기준치(F_{cv})는 F분포에 나타난 것을 그대로 쓴다.

$$F = \frac{(\Sigma C_j \overline{X}_j)^2}{(MS_w)(\Sigma C_j^2 / n_j)}$$

$(J-1)$개의 독립비교에 대한 자유도는 1과 $(N-J)$이다. 검증통계치 F의 가설 부정 기준치 (F_{cv})는 부록의 F분포표에서 직접 찾을 수 있다.

예를 들어보자. 불안수준이 농구의 자유투 성공률에 미치는 영향을 검증하기 위해 연구자는 60명을 전집에서 무선표집하여 네 개의 집단(불안 하, 불안 중하, 불안 중상, 불안 상)에 각각 15명씩 무선배정하였다. 연구자는 피험자가 농구의 자유투를 수행할 때 집단마다 각기 다른 강도의 불안을 유발하는 자극을 주었다. 실험결과 얻은 집단별 $\overline{X}$, n 그리고 *ANOVA* 결과는 표 12 · 9와 같다. 연구자가 설정한 영가설(H_0)은 다음과 같다. 그리고 가설을 검증하기 위한 α수준은 .05로 설정하였다.

---

1 불안 상집단과 불안 하집단의 자유투 성공률에는 차이가 없다 ($\mu_1 = \mu_4$).
2 불안 중하집단과 불안 중상집단의 자유투 성공률에는 차이가 없다 ($\mu_2 = \mu_3$).
3 불안 중간집단과 양극집단의 자유투 성공률에는 차이가 없다 ($\mu_1 + \mu_4 = \mu_2 + \mu_3$).

위의 가설은 독립비교 방법으로 검증하였다. 검증결과 처음 두 개의 가설은 긍정되었으며 세 번째 가설은 $p<.05$수준에서 통계적으로 유의한 차가 있는 것으로 나타남으로써 부정되었다. 아래의 분석결과에 의하면 중간정도의 불안수준은 극단적 불안수준 보다 높은 자유투 성공률을 보이고 있음을 알 수 있다.

표 12 · 9 독립비교에 의한 검증통계치의 계산

집단	1	2	3	4
$\overline{X}_j$	16.47	23.73	25.27	15.80
n_j	15	15	15	15
$C_1 : \mu_1 = \mu_4$	1	0	0	−1
$C_2 : \mu_2 = \mu_3$	0	1	−1	0
$C_3 : \mu_1 + \mu_4 = \mu_3 + \mu_2$	1	−1	−1	1

분산분석결과

변산원	SS	df	MS	F	$F_{cv(.05)}$
집단간	1071.00	3	357.00	44.4	2.78
집단내	450.00	56	8.04		
전 체	1521.00	59			

$F_{cv(.05)} = 2.78$은 $\alpha = .05$일 때 가설 부정의 기준치

$$F_1 = \frac{(16.47 - 15.80)^2}{8.04\left(\frac{1}{15} + \frac{1}{15}\right)} = .42$$

$$F_2 = \frac{(23.73 - 25.27)^2}{8.04\left(\frac{1}{15} + \frac{1}{15}\right)} = 2.21$$

$$F_3 = \frac{(16.47 - 23.73 - 25.27 + 15.80)^2}{8.04\left(\frac{1}{15} + \frac{1}{15} + \frac{1}{15} + \frac{1}{15}\right)} = 130.55^*$$

* $p<.05$, $\alpha = .05$, $df = (1,\ 56)$일 때 가설 부정의 기준치 $F_{cv(.05)} = 4.02$

1 독립비교와 간 자승화(SS_b)와의 관계

이미 지적한 바와 같이 독립비교는 주어진 평균치 간의 비교가 다른 평균치 간의 비교와 서로 중복되지 않는 독립적인 가설을 검증하는 것이다. *ANOVA*와 독립비교는 서로 밀접한 관계가 있다. *ANOVA*에서 독립변수의 실험조건에 해당하는 집단간 자유도는 독립비교(獨立比較)의 수를 나타낸다. 즉, 집단간 분산(또는 평균자승 MS_b)의 자유도는 평균치에 관한 모든 가능한 독립비교의 수를 나타낸다. 동시에 *ANOVA*에서 집단간 분산은 가능한 독립비교의 분산 합(分散 合)과 동일한 의미를 갖는다. 이를 구체적으로 설명하기 위해 독립비교의 자승화를 계산하는 공식을 제시하면 공식 (12.11)과 같다.

$$SS_{cj} = \frac{(\Sigma C_j \overline{X}_j)^2}{\Sigma C_j^{\,2}/n_j} \tag{12.11}$$

각 독립비교는 자유도가 1이므로 $SS_{cj} = MS_{cj}$이다. 즉 독립비교의 자승화(SS_{cj})와 분산추정치(MS_{cj})는 같다. 따라서 각 독립비교의 검증통계치(F)는 공식 (12.8)에 의해 다음과 같다.

$$F_j = \frac{(\Sigma C_j \overline{X}_j)^2 / (\Sigma C_j^{\,2}/n_j)}{MS_w} = \frac{MS_{cj}}{MS_w} \tag{12.12}$$

따라서

$MS_{cj} = SS_{cj} = (F_j)(MS_w)$

각각의 독립비교에 대한 자승화를 계산해 보면

$SS_{c1} = (F_1)(MS_w) =$ (.42)(8.04) = 3.38

$SS_{c2} = (F_2)(MS_w) =$ (2.21)(8.04) = 17.77

$SS_{c3} = (F_3)(MS_w) =$ (130.55)(8.04) = 1049.62

이를 전부 합하면

$SS_b =$ 3.38 + 17.77 + 1049.62 = 1070.77

각 독립비교에 대한 자승화(自乘和)와 표 12 · 9에 제시된 값과의 차이는 반올림 과정에서 생긴 차이다. 표 12 · 9의 자료를 가지고 독립비교(獨立比較)를 한 결과를 표로 제시하면 표 12 · 10과 같다.

표 12 · 10에서 전반적인 F검증은 $F_{3,\,56} = 44.4$로서 $\alpha = .05$에서 유의한 차가 있으나 이것은 결국 비교 ③에서 얻은 유의한 차의 결과라고 볼 수 있다. 독자는 표 12 · 10에 의해 독립비교가 전반적인 *ANOVA*와 어떤 관계가 있으며 그리고 독립비교의 자료는 어떻게 정리해야 하는가를 이해할 수 있을 것이다. 집단간 자승화(SS_b)는 다음 식과 같이 독립비교 각각의 자승화(自乘和: sum of square)의 합과 동일하다는 점을 기억해 두기 바란다.

$$SS_b = \sum_{j=1} SS_{cj}$$

표 12·10 표 12·9의 자료를 이용한 독립비교

변산원	SS	df	MS	F
집단간 독립비교	1071.00	3	357.00	44.40*
비교[1]	3.38	1	3.38	0.42
비교[2]	17.77	1	17.77	2.21
비교[3]	1049.62	1	1049.62	130.55*
집단내	450.00	56	8.04	
전체	1521.00	59		

[2] 독립비교를 이용한 일방검증(one-tailed test)

사전 독립비교의 장점은 F값을 t값으로 환산함으로써 일방검증(一方檢證)이 가능하다는 점이다. 두 집단 간의 *ANOVA*는 t 검증과 같다는 것은 이미 11장에서 배운 바 있다. 즉 자유도가 1일 경우 $t=\sqrt{F}$가 된다. 따라서 각각의 독립비교를 $df=(1, N-J)$인 F로 검증할 때는 F에 $\sqrt{\ }$를 씌워 t로 바꾸는 것이 좋다. 왜냐하면 α수준이 같다면 일방검증이 양방검증보다 가설 부정의 기준치(critical value)가 더 작으므로 평균 간 차이가 있게 나타날 가능성이 커져 그만큼 통계적 검증력이 커지기 때문이다.

2.2 경향분석(trend analysis)

*ANOVA*에서 독립변수는 명명, 서열, 동간, 비율척도 중 어느 것이나 된다고 하였다. 또 명명, 서열척도인 경우에는 (즉, 질적 변수일 때에는) 분산분석과 사후비교 또는 사전 독립비교만 할 수 있다. 그러나 독립변수가 동간 혹은 비율척도인 경우에는 (즉, 양적 변수일 때에는) 독립변수의 각 수준과 종속변수의 집단 평균 간에 어떠한 함수관계를 가지고 있는가를 분석할 수 있다. 예를 들어 독립변수의 각 수준이 음주량, 흡연량, 연습기간 등과 같이 양적(量的)으로 그 수준을 구분할 수 있을 때 우리는 다음과 같은 경향(傾向 혹은 추세 : trend)을 분석할 수 있다.

[1] 독립변수의 수준이 증가함에 따라 종속변수의 점수는 직선적(直線的: linear)으로 증가하는가?

[2] 그러한 경향은 직선적인가 아니면 비직선적인가?

[3] 만일 경향이 비직선적이라면 몇 차식으로 설명할 수 있는가?

*ANOVA*에서 독립변수가 양적 변수일 경우 독립변수와 종속변수 간의 함수관계는 경향분석(傾向分析 : trend analysis)을 통하여 규명해 낼 수 있다.

도 12 · 2는 여러가지 다항식 경향(多項式 傾向: Polynomial trends)을 예시한 것이다. 네 그림의 X축을 독립변수의 수준(예, 연습량), Y축을 종속변수의 점수(예, 경기기록)라고 할 때 도(a)는 독립변수의 수준이 증가할수록 종속변수의 점수는 감소하는 직선적(1차식) 경향을 나타내고 있다. 이러한 직선적 경향(linear trend)을 1차식이라고 부르고 $Y=bX+a$로 표기할 수 있다. 도(b)는 독립변수의 수준이 증가할수록 Y도 증가하지만, 4번째 수준에서는 오히려 감소한다. 이러한 비직선적 경향(nonlinear trend)을 2차식(quadratic) 또는 2차 다항식(second - degree polynomial)이라 부르고 $Y=b_1X^2+b_2X+C$로 표기한다.

도(c)와 (d)는 3차식과 4차식 경향을 예시한 것이다. 이러한 경향은 각기 3차와 4차 다항식으로 정의된다. 이와 같이 경향(傾向)은 다항식으로 나타낼 수 있기 때문에 독립변수와 종속변수가 모두 동간 혹은 비율척도일 경우, 두 변수 간의 함수관계는 경향분석(傾向分析: trend analysis)을 통하여 규명할 수 있다. 경향분석에서 연구자의 관심은 처음부터 독립변수와 종속변수가 정확하게 어떤 관계(예, 1차식 혹은 2차식)를 이루고 있느냐를 찾아내는 데 있는 것이 아니다. 오히려 두 변수 간의 경향이 직선적(直線的)인지의 여부를 밝혀내고 만일 아니라면 2차, 3차, 4차 중 어떤 경향을 이루고 있는지를 찾아내는 데 있다. 경향분석의 가정은 「**독립변수의 각 수준은 동간적이고 각 집단의 사례수(事例數)는 같아야 한다.**」는 것이다. 이러한 가정은 경향분석을 위해 필수적인 조건은 아니지만 계산을 간편하게 하는 데 큰 도움을 준다.

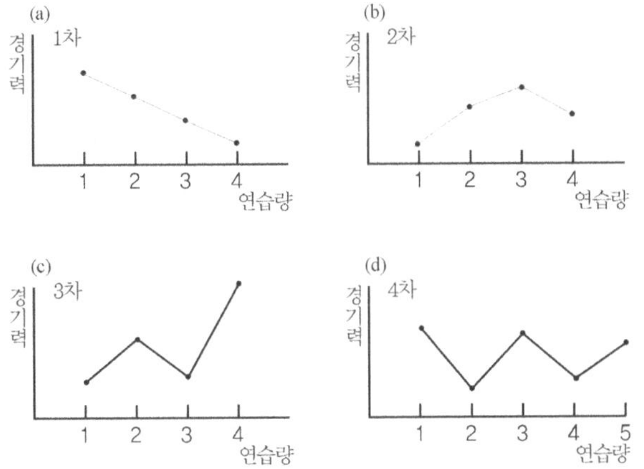

도 12 · 2 다양한 경향의 예시

■ 경향분석에서의 비교 : 독립다항식

경향분석 과정은 사전 독립비교 과정과 유사하다. 경향분석은 실제로 특수한 비교계수를 사용하는 독립비교의 한 형태라고 할 수 있다. 경향분석에서 사용하는 비교계수를 독립다항식계수(獨立多項式係數: coefficients for orthogonal polynomials)라고 부른다. 앞에 제시된 사전 독립비교와 마찬가지로 경향분석에서도 $(J-1)$개의 독립비교가 가능한 다항식이 있다. 독립변수의 수준 즉, 집단수가 3이라면 1차식(linear)경향과 2차식(quadratic)경향을 검증할 수 있으며 독립변수의 수준이 4라면 1차식, 2차식, 3차식(cubic)의 세 경향을 검증할 수 있다. 그러나 독립변수의 수준이 많다고 하더라도 4차식 경향까지만 검증하는 것이 보통이다.

독립다항식 비교계수는 표 12 · 11에 제시되어 있다. 독립다항식 비교의 검증통계치는 F이며 공식 12.8을 이용하여 계산하면 된다. 그리고 가설 부정의 기준치(F_{cv}) 역시 자유도가 1, $N-J$인 F분포표를 그대로 읽으면 된다.

$$F = \frac{(\Sigma C_j \overline{X}_j)^2}{(MS_w)(\Sigma C_j^{\,2}/n_j)}$$

경향분석의 검증절차는 먼저 독립변수와 종속변수 간의 관계가 직선적 경향(直線的傾向)을 갖는지의 여부를 검증한 후 만일 직선적이 아니라면 2차식 경향을 검증하게 된다. 2차식 경향이 통계적으로 유의하지 않은 것으로 나타났을 때 3차식 경향을 검증하는 과정을 밟는다.

표 12 · 11 독립다항식 계수

	집 단	1	2	3	4	5
$j=3$일 때	1차(linear)	−1	0	1		
	2차(quadratic)	1	−2	1		
$j=4$일 때	1차(linear)	−3	−1	1	3	
	2차(quadratic)	1	−1	−1	1	
	3차(cubic)	−1	3	−3	1	
$j=5$일 때	1차(linear)	−2	−1	0	1	2
	2차(quadratic)	2	−1	−2	−1	2
	3차(cubic)	−1	2	0	−2	1
	4차(quartic)	1	−4	6	−4	1

불안수준이 농구의 자유투 성공률에 미치는 영향을 검증한 앞의 예로 다시 돌아가자. 여기에서는 이 자료를 이용하여 경향분석 방법을 예시하고자 한다. 예에서 독립변수인

불안의 네 수준(하, 중하, 중상, 상)은 동간성을 유지하고 있는 것으로 가정할 수 있기 때문에 경향분석을 위한 기본조건은 만족되었다고 할 수 있다. 표 12 · 13에는 실험결과 얻은 $\overline{X}$, n 그리고 독립다항식 계수, 계산된 검증통계치가 제시되어 있다. 여기에서 독자는 집단수(n)가 4이기 때문에 독립다항식 비교수는 3이 된다는 점에 유의하기 바란다. 각각의 검증통계치에 대한 기준치(F_{cv})는 $\alpha = .05$, $df = (1,\ 56)$일 때 4.02이다.

표 12 · 12 독립다항식 비교에 의한 경향분석의 검증통계치 계산

집단	1	2	3	4
$\overline{X}_j$	16.47	23.73	25.27	15.80
n_j	15	15	15	15
1차	−3	−1	1	3
2차	1	−1	−1	1
3차	−1	3	−3	1

$$F_{1차} = \frac{[(-3)(16.47)+(-1)(23.73)+(1)(25.27)+(3)(15.80)]^2}{8.04\left(\frac{9}{15}+\frac{1}{15}+\frac{1}{15}+\frac{9}{15}\right)} = .02$$

$$F_{2차} = \frac{[(1)(16.47)+(-1)(23.73)+(-1)(25.27)+(1)(15.80)]^2}{8.04\left(\frac{1}{15}+\frac{1}{15}+\frac{1}{15}+\frac{1}{15}\right)} = 130.55^*$$

$$F_{3차} = \frac{[(-1)(16.47)+(3)(23.73)+(-3)(25.27)+(1)(15.80)]^2}{8.04\left(\frac{1}{15}+\frac{9}{15}+\frac{9}{15}+\frac{1}{15}\right)} = 2.61$$

$^*p<.05$, $\alpha = .05$, $df = (1,\ 56)$일 때 가설 부정의 기준치는 $F_{cv(.05)} = 4.02$

표 12 · 13 표 12 · 12의 독립다항식 비교에 의한 경향분석의 검증결과

변산원	SS	df	MS	F
집단간 경향분석	1071.00	3	357.00	44.40*
①차식 경향	0.16	1	0.16	0.02
②차식 경향	1049.62	1	1049.62	130.55*
③차식 경향	20.98	1	20.98	2.61
집단내	450.00	56	8.04	
전체	1521.00	59		

표 12 · 13에서 전체적인 F검증은 $F_{3,56} = 44.4$로서 $\alpha = .05$에서 통계적으로 유의한 차가 있다. 이러한 차는 경향분석 결과 ②차 경향에서 유의한 차의 결과라고 볼 수 있다. 표 12 · 13에서 독립다항식 비교에 대한 자승화, 분산추정치의 계산은 앞의 독립

비교에 대한 자승화, 분산추정치의 계산과 같으며 공식 12.12를 이용하면 된다. 독립다항식 비교를 통한 경향분석에 의하면 직선경향(linear trend)에 대한 검증은 통계적으로 유의하지 않은 것($F = .02$)으로 나타났다. 따라서 2차식과 3차식 경향을 분석한 결과 2차식 경향에 대한 검증은 통계적으로 유의한 것($F = 130.55$)으로 나타났다. 이와 같은 결과에 의하면 이 자료는 2차식 경향을 보이고 있으며 독립변수와 종속변수 간의 관계는 2차 다항식으로 설명할 수 있다. 2차식 경향을 보이는 불안수준별 평균치를 그림으로 나타내면 도 12 · 3과 같다.

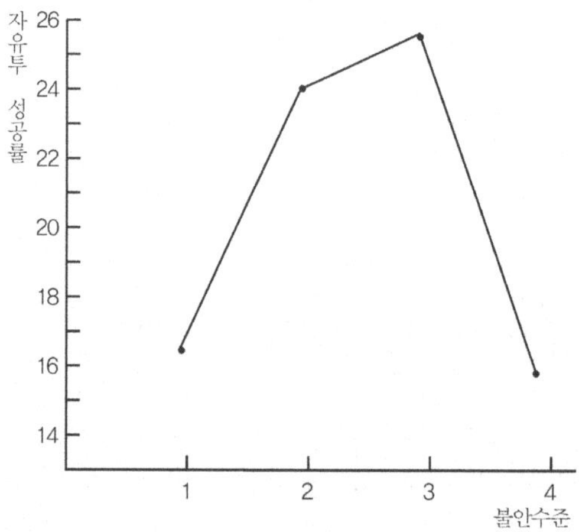

도 12 · 3 2차 다항식 경향

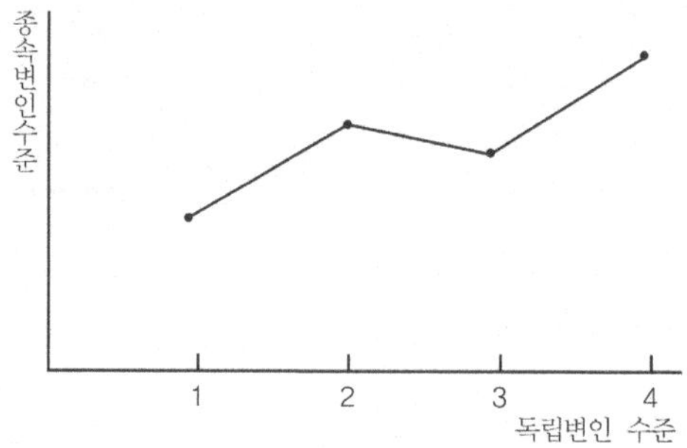

도 12 · 4 1차와 3차식 경향을 나타내는 자료 예

경향분석에서 유의해야 할 점은 하나 이상의 유의한 경향이 나타날 수 있다는 점이다. 도 12 · 4에 제시된 예는 1차식과 3차식 경향이 통계적으로 유의한 경우에 해당한다. 따라서 경향분석을 시도할 때 검증통계치(F)의 계산 못지않게 독립변수의 수준별 평균치 그래프를 검토하는 것도 중요하다.

요약

이 장에서는 평균치의 개별비교를 위한 5가지 검증방법 [1] Tukey, [2] Newman-Keuls, [3] Scheffé, [4] Bonferroni, [5] 사전 독립비교(planned orthogonal contrast), [6] 경향분석(trend analysis)에 관해 배웠다. 이들 방법의 적용 조건은 서로 다르다. 각 검증방법의 선택절차를 요약 제시하면 다음과 같다.

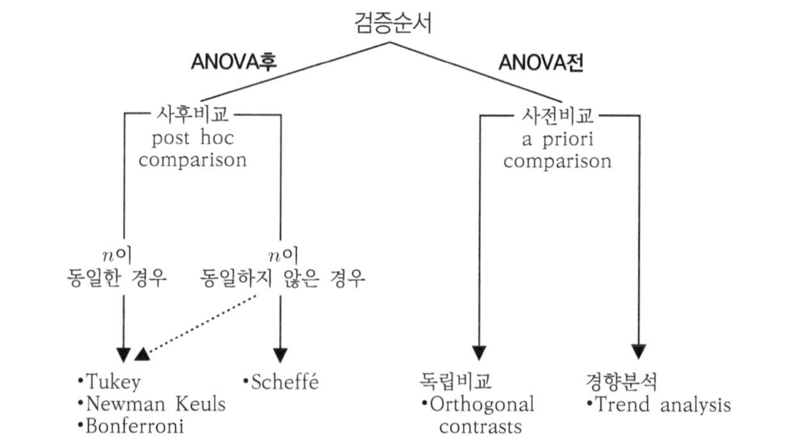

도 12 · 5 평균치의 개별비교 방법의 선택 절차

연습문제

1. Tukey와 Newman - Keuls 방법에 사용하는 표집분포는?

   ① t분포　② F분포　③ Q분포

2. 집단의 사례수(n)가 같고 평균치 간의 단순한 1대1의 비교가 목적일 때 통계적 검증력이 가장 큰 방법은?

   ① Tukey　② Newman - Keuls　③ Scheffé

3. 집단의 사례수가 같지 않고 몇 개의 평균치를 조합하여 비교하고자 할 때 타당한 방법은?

   ① Tukey　② Newman - Keuls　③ Scheffé

4. 비교계수의 합(ΣC_j)은?

   ① 1　② 0　③ 여러 값을 취함

5. 사후비교 방법 중 통계적 검증력이 가장 낮은 방법은?

   ① Tukey　② Newman - Keuls　③ Scheffé

6. 사전비교 방법 중 독립변수와 종속변수 간의 함수관계를 규명해 낼 수 있는 방법은?

   ① 사전 독립비교　② 경향분석　③ Scheffé

7. 독립비교에서 집단의 수가 5일 경우 독립비교가 가능한 수는?

   ① 3　② 4　③ 5

8. 다음 4개의 비교개수 중 독립비교가 가능한 것은?

C_1:	1	-1	0	0
C_2:	0	0	1	-1
C_3:	1	1	-1	-1
C_4:	3	-1	-1	-1

   ① C_1과 C_2

   ② C_1과 C_4

   ③ C_2과 C_4

9. 다음에 제시된 방법 중 검증통계치가 서로 다른 방법은 어느 것인가?

① Tukey ② Scheffé ③ 경향분석

10. F 분포에서 찾은 가설 부정의 기준치를 F_{cv}라고 할 때 다음 중 Scheffé 방법의 가설 부정을 위한 기준치는?

① F_{cv} ② $(J-1) \cdot F_{cv}$ ③ $(N-1)F_{cv}$

11. 다음 자료는 5개 운동부 선수들을 무선표집한 후 각 피험자들의 주의집중도를 조사하여 얻은 결과이다. 다음 각 물음에 답하라.

	1	2	3	4	5
	3.2	3.0	7.2	3.1	5.3
	4.1	3.9	7.1	2.8	4.3
	5.3	5.2	8.2	2.4	4.7
	6.7	6.4	6.8		5.2
	4.8	5.1			6.7
	3.9	3.7			
	4.4	4.4			
$\overline{X}$	___	___	___	___	___
n_j	7	7	4	3	5

(1) 각 집단별(운동부)로 주의집중도의 $\overline{X}$를 계산하여 위의 빈칸에 적어라.

(2) α = .05일 때 검증통계치(F)의 가설 부정을 위한 기준치(F_{cv})는 얼마인가?

① 2.45 ② 2.84 ③ 3.40

(3) 위의 자료를 α = .05 수준에서 *ANOVA*검증결과 다음과 같은 표를 얻었다. 알맞은 답을 골라라.

변산원	*SS*	*df*	*MS*	*F*
집단간	[1.]	4	[4.]	10.33
집단내	20.05	[3.]	.95	
전체	[2.]	25		

[1] SS_b ① 25.45 ② 39.23 ③ 59.28

[2] SS_t ① 45.50 ② 59.28 ③ 79.33

[3] df ① 7 ② 21 ③ 24

[4] MS_b ① 6.36 ② 9.81 ③ 14.82

[5] 결론 ① H_0긍정 ② H_0부정

(4) 위의 자료를 α = .05수준에서 Tukey방법을 이용하여 평균치를 개별비교하면 다음과 같다. 빈칸에 알맞은 값을 넣어라.

집단	4	2	1	5	3
$\overline{X}$	2.77	4.53	1.___	5.24	2.___
$\overline{X}_i - \overline{X}_j$		1.76	1.86	3.___	4.56
			.10	4.___	2.80
				.61	5.___
					2.09
$Q = \dfrac{\overline{X}_i - \overline{X}_j}{\sqrt{MS_w/n}}$		6.___	4.13	7.___	10.13
			.22	1.58	8.___
				1.36	6.00
					9.___

$\alpha = .05$일 때 $Q_{cv} = 4.22$

1 앞에서 조화 $\hat{n}$은 몇인가?

① 4.68 ② 5.20 ③ 6.40

2 Newman-Keuls방법을 적용할 경우 위의 자료에서 df는?

① 4 ② 16 ③ 21

(5) 위의 자료를 Newman-Keuls 방법을 적용하여 검증할 경우 α = .05수준에서

1 집단 4와 집단 2를 비교할 때 Q_{cv}(가설 부정의 기준치)는?

① 2.94 ② 3.57 ③ 3.95

2 집단 4와 집단 1을 비교할 때 Q_{cv}는?

① 2.94 ② 3.57 ③ 3.95

3 집단 4와 집단 5를 비교할 때 Q_{cv}는?

① 3.57 ② 3.95 ③ 4.22

4 집단 4와 집단 3을 비교할 때 Q_{cv}는?

① 3.57 ② 3.95 ③ 4.22

5 집단 2와 집단 1을 비교할 때 Q_{cv}는?

① 2.94 ② 3.57 ③ 3.95

6 집단 1과 집단 3을 비교할 때 Q_{cv} 는?

① 2.94　　② 3.57　　③ 3.95

7 위의 자료에서 집단 2와 집단 5를 비교할 때 얻은 검증통계치(Q)는?

① .22　　② 1.36　　③ 1.58

12. 다음 자료는 경기종목별 운동선수의 직무만족도를 조사한 것이다. 각 종목별 직무만족도의 $\overline{X}$, n, 그리고 분산분석 결과는 다음과 같다.

집단	야구	육상	축구	배구
$\overline{X}$	35.2	42.6	39.1	36.7
n_j	20	15	12	18

변산원	SS	df	MS	F
집단간	517.5	3	172.51	22.43
집단내	469.1	61	7.69	
전　체	986.6	64		

위 자료를 Scheffé방법을 이용하여 .01 수준에서 다음 가설을 검증하라.

(1) 야구선수는 축구선수와 직무만족도에서 차이가 있다.

(2) 배구선수는 야구, 축구선수와 직무만족도에서 차이가 있다.

(3) 육상선수는 모든 구기종목선수와 직무만족도에서 차이가 있다.

13. 문제 12의 자료를 사전 독립비교 방법을 이용하여 다음 가설을 $\alpha = .01$수준에서 일방검증하라. 아래의 가설에서 집단 1은 야구, 2는 육상, 3은 축구, 4는 배구집단을 의미한다 (이 문제를 해결하기 위해서는 "독립비교를 이용한 일방검증"을 참고하기 바란다).

(1) $H_0 : \mu_1 = \mu_2,\ H_A : \mu_1 < \mu_2$

(2) $H_0 : \mu_3 = \mu_4,\ H_A : \mu_3 < \mu_4$

(3) $H_0 : (\mu_1 + \mu_2) = (\mu_3 + \mu_4),\ \ H_A : (\mu_1 + \mu_2) < (\mu_3 + \mu_4)$

14. 4개 집단 간의 평균치 차를 검증할 때 제1종 오류를 .01수준으로 유지하기 위해서는 사전에 α를 어느 정도로 설정해야 하느냐?

15. 세 가지 훈련방법이 실기능력에 미치는 효과를 검증하기 위해 훈련방법 별로 5명씩의 피험자를 선정하고 훈련한 결과 다음과 같은 결과를 얻었다. $\alpha = .05$수준에서 훈련방법 간 실기능력에 차이가 있는지를 검증하고 차이가 있을 경우, 사후검증 방법으로 Bonferroni 방법을 적용하여 훈련방법 간 평균치를 개별비교해 보라.

훈련방법	1	2	3
	17	6	16
	16	12	18
	12	9	16
	14	8	22
	18	7	17
$\overline{X}$	13.60	8.40	17.00
s	3.29	2.30	2.24

16. 집단의 사례수(n)가 각각 12, 10, 9, 15, 12, 13인 6개 집단 간의 평균치 차를 *ANOVA*로 검증한 결과 유의한 차가 있는 것으로 나타났다. 6개 평균치 간의 개별비교를 위해 Tukey 혹은 Newman-Keuls방법을 적용하고자 한다. 조화 $\hat{n}$을 구하여라.

17. 김 코치는 역도선수를 위한 훈련 프로그램을 4단계 과정으로 작성하여 선수들에게 실시하였다. 각 단계는 2주로 설정하였다. 프로그램을 실시하는 과정에서 김 코치는 선수들의 피로도를 측정하였다. 각 단계별로 측정한 선수들의 피로도는 다음과 같다.

단계	1	2	3	4
$\overline{X}$	82.5	63.4	91.2	75.7
n_j	12	12	12	12

독립다항식 계수를 이용하여 1차식, 2차식, 3차식 경향을 검증하라. 집단내 분산추정치(MS_w)는 14.36이다.

정답표

1. ③ 2. ② 3. ③ 4. ② 5. ③ 6. ②

7. ② 8. ③ 9. ① 10. ②

11-1.

	1	2	3	4	5
$\overline{X}$	4.63	4.53	7.33	2.77	5.24
s	1.13	1.13	0.61	0.35	0.91

11-2. ②

11-3.

변산원 (*SV*)	자승화 (*SS*)	자유도 (*df*)	분산추정치 (*MS*)	*F*	*p**
집단간	**39.23**	4	**9.81**	10.33	.000
집단내	20.25	**21**	0.95		
전 체	**59.28**	25			

11-3-5 - ②

* 위의 *ANOVA* 결과는 *SPSS*를 이용하여 분석된 것임

11-4.

집단	4	2	1	5	3
$\overline{X}$	2.77	4.53	4.63	5.24	7.33
$\overline{X}_i - \overline{X}_j$		1.76	1.86	2.47	4.56
			.10	0.71	2.80
				.61	2.70
					2.09
$Q = \dfrac{\overline{X}_i - \overline{X}_j}{\sqrt{MS_w / n}}$		3.91	4.13	5.48	10.13
			.22	1.58	6.22
				1.36	6.00
					4.64

$\alpha = .05$일 때 $Q_{cv} = 4.22$

11-4-1. ① 11-4-2. ③ 11-5-1. ② 11-5-2. ② 11-5-3. ③ 11-5-4. ①

11-5-5. ② 11-5-6. ① 11-5-7. ②

12. Scheffé 검증

Scheffé 검증에서 가설 부정을 위한 기준치(F_{cv})는 분석자료의 *ANOVA*검증결과에 대해 수표에서 확인한 F_{cv}에 $(J-1)$ 즉, (집단수 - 1)을 곱한 값이 된다. 따라서 $\alpha=.01$ 수준에서 가설 부정을 위한 기준치(F_{cv})는 4.13이기 때문에 이 값에 (4-1)=3을 곱한 값 4.13 × 3 = 12.39가 Scheffé 검증에서 F_{cv}가 된다. Scheffé 검증결과 평균치 개별비교별로 추정된 F값이 12.39보다 크면 영가설을 부정하고 통계적으로 유의한 차이가 있다고 결정한다.

집단	야구(1)	육상(2)	축구(3)	배구(4)
$\bar{X}$	35.2	42.6	39.1	36.7
n_j	20	15	12	18
$C_1 : \mu_1 = \mu_3$	1	−1	0	0
$C_2 : (\mu_1 + \mu_3) = \mu_4$	1	0	1	−2
$C_3 : (\mu_1 + \mu_3 + \mu_4) = \mu_2$	1	−3	1	1

변산원	SS	df	MS	F	$F_{cv(.01)}$
집단간	525.8	3	175.27	12.30**	4.13
집단내	869.1	61	14.25		
전 체	1394.9	64			

$F_{cv(.01)}=4.13$은 $\alpha=.01$일 때 가설 부정을 위한 기준치임

$$F_1=\frac{(35.2-39.1)^2}{14.25(\frac{1}{20}+\frac{1}{12})}=\frac{15.21}{1.90}=8.01$$

$$F_2=\frac{(35.2+39.1-(2\times36.7))^2}{14.25(\frac{1}{20}+\frac{1}{12}+\frac{4}{18})}=\frac{0.81}{5.06}=0.16$$

$$F_3=\frac{(35.2-(3\times42.6)+39.1+36.7)^2}{14.25(\frac{1}{20}+\frac{9}{15}+\frac{1}{12}+\frac{1}{18})}=\frac{282.24}{11.24}=25.11^{**}$$

• Scheffé 검증에서 $\alpha=.01$, $df=(3,\ 61)$일 때 가설 부정을 위한 기준치는 $F_{cv(.01)}=(4-1)\ 4.13=12.39$임. 따라서 F_1에서만 $p<.01$수준에서 유의한 차이가 있음.

• 산출된 각종 통계치는 소수 3자리에서 2자리로 반올림하여 계산한 것임. 독자가 계산한 값과 차이가 있다면 반올림 과정에서 생긴 차이임.

(1) 야구선수와 축구선수의 직무만족도 평균 간에는 가설 부정을 위한 기준치(F_{cv}) = 12.39보다 적은 F=8.01로 나타남으로써 (영가설을 긍정하고*) $p>.01$수준에서 통계적으로 유의한 차이가 없다. 축구선수와 야구선수의 직무만족도 간에는 차이가 없다.

(2) 배구선수와 야구, 축구선수의 직무만족도 평균 간에는 가설 부정을 위한 기준치(F_{cv}) = 12.39보다 적은 F = 0.16으로 나타남으로써 (영가설을 긍정하고) $p>.01$ 수준에서 통계적으로 유의한 차이가 없다. 배구선수와 야구, 축구선수의 직무만족도 간에는 차이가 없다.

(3) 육상선수와 구기종목(야구, 축구, 배구) 선수의 직무만족도 평균 간에는 가설 부정을 위한 기준치(F_{cv}) = 12.39보다 큰 F = 25.11로 나타남으로써 (영가설을 부정하고) $p<.01$ 수준에서 통계적으로 유의한 차이가 있다. 육상선수의 직무만족도는 구기종목선수보다 높다.

*실제 연구에서는 연구가설을 검증하는 것이기 때문에 논문에는'영가설을 긍정 혹은 부정하고'라는 표현은 쓰지 않는 것이 관례이다. 여기에서는 통계적 가설검증에 주안점을 두고 기술한 것이다.

13. 사전 독립비교-일방검증

집단	야구(1)	육상(2)	축구(3)	배구(4)
$\overline{X}$	35.2	42.6	39.1	36.7
n_j	20	15	12	18
$C_1 : \mu_1 = \mu_2$	1	-1	0	0
$C_2 : \mu_3 = \mu_4$	0	0	1	-1
$C_3 : \mu_1 + \mu_2 = \mu_3 + \mu_4$	1	1	-1	-1

변산원	SS	df	MS	F	$F_{cv(.01)}$
집단간	525.8	3	175.27	12.30**	4.13
집단내	869.1	61	14.25		
전 체	1394.9	64			

$F_{cv(.01)} = 4.13$은 $\alpha = .01$일 때 가설 부정을 위한 기준치임

$$F_1 = \frac{(35.2-42.6)^2}{14.25(\frac{1}{20}+\frac{1}{15})} = \frac{54.76}{1.71} = 32.02^{**}$$

$$F_2 = \frac{(39.1-36.7)^2}{14.25(\frac{1}{12}+\frac{1}{18})} = \frac{5.76}{2.00} = 2.88$$

$$F_3 = \frac{(35.2+42.6-39.1-36.7)^2}{14.25(\frac{1}{20}+\frac{1}{15}+\frac{1}{12}+\frac{1}{18})} = \frac{4.00}{3.71} = 1.08$$

변산원	SS	df	MS	F	t
집단간 독립비교	525.83	3	175.27	12.30**	
비교[1]	456.29	1	456.29	32.02**	5.66**
비교[2]	41.04	1	41.04	2.88	1.70
비교[3]	28.50	1	28.50	1.08	1.04
집단내	869.10	61	14.25		
전 체	1394.93	64			

** $p<.01$, $\alpha = .01$, $df = (1, 61)$일 때 가설 부정을 위한 기준치는 $F_{cv(.01)} = 7.08$임
$\alpha = .01$, $df = 64$, 일방검증일 때 t의 가설 부정을 위한 기준치는 $t_{cv(.01)} = 2.39$임

• 운동선수 집단을 대상으로 직무만족도에 차이가 있는지를 사전 독립비교에 의한 t검증 결과, $\alpha = .01$, $df = 64$, 일방검증일 때 야구선수와 육상선수의 직무만족도 간에 $t = 32.02$로서 $p<.01$ 수준에서 통계적으로 유의한 차이가 있는 것으로 나타났다. 육상선수의 직무만족도는 야구선수보다 높다.

14. 공식 (12.2) $\alpha'_E = c(\alpha)$을 이용하여 답을 구하면 된다. 여기에서 $\alpha'_E = .01$, 4개 집단간 가능한 개별비교 수$(c) = n(n-1)/2 = 4(4-1)/2 = 6$을 공식에 대입하면 $.01 = 6\alpha$이고, $\alpha = .01/6 = .0017$이다. 따라서 제1종 오류(α)를 .01로 유지하기 위해서는 사전에 .0017로 설정해야 한다.

15. Bonferroni 검증

집단	1	2	3
	17	6	16
	16	12	18
	12	9	16
	14	8	22
	18	7	17
$\overline{X}$	15.40	8.40	17.80
s	2.41	2.30	2.49

분산분석 결과

변산원	SS	df	MS	F	$F_{cv(.01)}$
집단간	238.53	2	119.27	20.68**	6.93
집단내	69.20	12	5.77		
전 체	307.73	14			

•수표에서 확인된 $\alpha = .05$에서의 가설 부정을 위한 기준치($F_{cv(.05)}$)는 3.89임. 위의 자료를 Computer software를 이용하여 분석하면 유의수준(p)은 .0000으로 나타남. 다시 말하면, $p<.001$ 수준에서 유의한 차이가 있는 것임. 따라서 위의 결과를 연구논문에 보고할 때는 Computer software를 이용하여 보다 정확하게 분석된 유의수준($p<.001$)을 보고해야 함.

Bonferroni 검증을 위한 비교집단별 t검증결과

비교	t	df	p	α'
•집단 [1]과 [2]	4.70*	8	.002	
•집단 [1]과 [3]	1.50	8	.160	.017
•집단 [2]와 [3]	6.20*	8	.000	

•3개 집단을 대상으로 $\alpha = .05$일 때 유의수준 조정치 $(\alpha') = \frac{\alpha}{m} = \frac{0.05}{3} = 0.017$

•평균치 개별비교 결과, $p < \alpha'$일 때 영가설을 부정하고 두 평균치 간에 통계적으로 유의한 차이가 있다고 결정.

16. 조화 $\hat{n}$

$$\hat{n} = \frac{J}{\frac{1}{n_1} + \frac{1}{n_2} + \cdots\cdots \frac{1}{n_j}} = \frac{6}{\frac{1}{12} + \frac{1}{10} + \frac{1}{9} + \frac{1}{15} + \frac{1}{12} + \frac{1}{13}} = 11.54$$

17. 경향분석

단계	1	2	3	4
$\overline{X}$	82.5	63.4	91.2	75.7
n_j	12	12	12	12
1차	-3	-1	1	3
2차	1	-1	-1	1
3차	-1	3	-3	1

$$F_1 = \frac{[(-3)(82.5)+(-1)(63.4)+(1)(91.2)+(3)(75.7)]^2}{14.36(\frac{9}{12}+\frac{1}{12}+\frac{1}{12}+\frac{9}{12})} = \frac{54.76}{23.84} = 2.30$$

$$F_2 = \frac{[(1)(82.5)+(-1)(63.4)+(-1)(91.2)+(1)(75.7)]^2}{14.36(\frac{1}{12}+\frac{1}{12}+\frac{1}{12}+\frac{1}{12})} = \frac{12.96}{4.60} = 2.82$$

$$F_3 = \frac{[(-1)(82.5)+(3)(63.4)+(-3)(91.2)+(1)(75.7)]^2}{14.36(\frac{1}{12}+\frac{9}{12}+\frac{9}{12}+\frac{1}{12})} = \frac{8136.04}{23.84} = 341.28^{**}$$

• 경향분석에서 $\alpha = .01$, $df = (1,\ 44)$일 때 가설 부정을 위한 기준치는 $F_{cv(.01)} =$ 7.46임. 따라서 F_1에서만 $p<.01$수준에서 유의한 차이가 있음.

• 경향분석 결과 3차식 경향에서 $F = 341.28$로서 $p<.01$수준에서 통계적으로 유의한 차이가 있는 것으로 나타났다.

13

이원분산분석

11장에서 우리는 독립변수가 하나인 경우의 분산분석 방법을 배웠다. 이 장에서는 독립변수가 둘 이상인 경우의 *ANOVA* 방법을 소개하고자 한다. 독립변수가 2개 이상인 연구설계를 요인방안(要因方案: factorial design)이라고 한다. 독립변수가 2개인 경우의 *ANOVA*를 이원분산분석(二元分散分析: two-way *ANOVA*), 3개인 경우 삼원분산분석(three-way *ANOVA*)이라고 한다. 이장에서는 이원분산분석만을 소개하려고 한다. 삼원 이상의 분산분석은 Computer software를 이용하면 쉽게 해결할 수 있다.

1. 이원분산분석의 의미

이원 *ANOVA*는 독립변수가 한 개 추가된 것을 제외하고는 일원 *ANOVA*와 크게 다르지 않다. 예를 들어 연구자가 우승경험과 관중존재 여부가 선수들의 경기력에 어떠한 영향을 미치는가를 분석하는 데 관심을 가지고 있다 하자. 여기에서 독립변수은 「우승경험」과 「관중존재」이며 종속변수는 경기력이다. 이때 두 개의 독립변수를 동시에 분석하지 않고 「우승경험」이 경기력에 미치는 영향과 「관중존재」가 경기력에 미치는 영향을 별개로 히여 분석한다면 이러한 분석은 일원분산분석이 된다.

표 13 · 1 (우승경험과 관중존재) 2 요인실험 방안

		우승경험		
		하	중	상
관중존재여하	YES			
	NO			

독립변수 중 우승경험의 정도는 상 · 중 · 하의 세 개 수준(levels)으로 나누고 관중존재 여부는 *YES*, *NO* 두 개 수준으로 나누었다고 가정하자. 그리고 운동선수 120명을 무선표집하여 두 개 독립변수에 의해 형성된 6개 하위집단에 각각 20명씩 무선배정(無選配定 : random assignment) 하였다면 표 13 · 1과 같이 정리할 수 있다.

위와 같이 「우승경험 정도와 관중존재 여하가 선수의 경기력에 미치는 영향」에 관한 연구에서 두 개의 독립변수(우승경험과 관중존재)이 종속변수(경기력)에 미치는 영향을 이원분산분석을 통해 검증할 경우, 우리는 다음과 같은 세 가지 정보를 얻을 수 있다.

첫째, 우승경험 정도는 경기력에 영향을 주는가?

둘째, 관중존재 여하는 경기력에 영향을 주는가?

셋째, 우승경험이나 관중존재가 각기 독자적으로 경기력에 미치는 영향 이외에 이 두 변수의 상호작용(相互作用: interaction: 두 변수가 같이 작용할 때 경기력에 영향을 미치는 효과)이 경기력에 영향을 주는가? 예를 들면 관중이 존재할 경우, 선수가 어느 정도의 우승경험을 했을 때 경기력 향상에 효과적인가에 관한 정보를 제공해 준다.

일원분산분석은 하나의 독립변수(예, 우승경험 정도)가 종속변수에 미치는 영향을 검증할 때 사용하며 이원분산분석은 두 개의 독립변수(예, 우승경험 정도, 관중존재여부)가 종속변수에 미치는 영향을 동시에 검증할 때 사용한다.

그런데 독립변수가 두 개일 경우에도 각각을 따로 분석하면 두 개의 일원분산분석이 된다고 하였다. 그러나 일원분산분석이 가능하다 할지라도 다음과 같은 장점 때문에 이원분산분석 또는 요인방안(factorial design)을 적용하는 것이 효과적이다. 첫째, 이원 *ANOVA*는 일원 *ANOVA*보다 경제적이라는 장점이 있다. 두 개의 독립변수가 종속변수와 각각 어떠한 관계가 있는가를 분석하고자 할 경우 일원분산분석 보다는 이원분산분석을 할 때 같은 수의 사례수만으로도 동등한 효과를 얻을 수 있기 때문에 경제적이다.

둘째, 이원 *ANOVA*는 하나 이상의 독립변수를 통제할 수 있다는 장점이 있다. 예를 들어 관중존재 여하가 선수의 경기력에 미치는 영향을 알고 싶을 때「운동경험 정도」를 연구설계에 포함시킴으로써 운동경험이 경기력에 미치는 영향을 통제할 수 있다. 셋째, 두 독립변수의 상호작용효과(相互作用效果)에 관한 정보를 얻을 수 있다는 장점이다. 이것은 이원 *ANOVA*가 갖는 최대의 장점이다. 독립변수만의 효과는 일원 *ANOVA*에서와 마찬가지로 주효과(主效果 : main effect)라고 하며 두 독립변수의 동시적인 작용에 의한 효과를 상호작용효과*(相互作用效果 : interaction effect)라고 부른다.

---

* 상호작용효과에 관한 구체적인 설명은 후속되는 7절 상호작용효과를 참고하기 바란다.

2. 이원분산분석의 자료구조

앞에서 언급한 바와 같이 분산분석은 두 변수 즉, 독립변수와 종속변수 간의 관계를 분석하는 것이다. 이원 *ANOVA*는 두 개의 독립변수가 하나의 종속변수와 어떠한 관계가 있는가를 분석할 때 사용한다. 일원 *ANOVA*와 마찬가지로 종속변수의 전집은 **정상분포(正常分布)**를 이루어야 한다. 그리고 평균($\overline{X}$)과 분산(s^2)을 계산해야 하므로 종속변수의 측정치는 최소한 **동간척도(同間尺度)** 이상이어야 한다.

두 독립변수는 여러 개의 처치수준(treatment levels) 혹은 유목(categories)으로 나눌 수 있는데 각 처치수준에 배치된 사례의 점수를 기호로 표시하면 표 13 · 2와 같다. 표에서 X_{111}은 독립변수 ①의 첫째 수준과 독립변수 ②의 첫째 수준에 배치된 n개의 사례 중 첫 번째 피험자의 종속변수 점수를 의미한다. 두 개의 독립변수 중 제 ① 독립변수는 횡렬(가로; 橫列: row : r)에 제 ② 독립변수는 종렬(세로; 縱列: column : c)에 배치하는 것이 관례이다. 따라서 X_{irc}는 r번째 횡렬과 c번째 종렬 칸에 있는 i번째 피험자의 점수를 의미한다. 예를 들어 X_{824}는 2번째 횡렬과 4번째 종렬 칸에 있는 8번째 피험자의 점수가 된다.

X_{irc}·········r번째 횡렬과 c번째 종렬 칸에 있는 i번째 피험자의 점수
i = 하위집단내 i번째 피험자의 점수
r = r번째 횡렬
c = c번째 종렬

두 개의 독립변수로 만들어진 하위집단(칸)의 사례수는 n, 전체 하위집단의 사례수는 N으로 표시된다. 독자는 종렬과 횡렬의 점수평균을 나타낸 아래첨자 기호에서 · (점 : dot)을 발견할 수 있을 것이다. 예를 들어 $\overline{X}_{1.}$은 횡렬 첫 번째 칸에 포함되어 있는 모든 피험자의 점수평균을 뜻하며 $\overline{X}_{.1}$은 종렬 첫 번째 칸에 포함되어 있는 모든 피험자의 점수평균을 뜻한다. $\overline{X}_{11}$은 횡렬 첫 번째 칸과 종렬 첫 번째 칸에 포함되어 있는 피험자들의 점수평균이 된다. 요약하면 $\overline{X}_{rc}$는 r번째 횡렬(row)과 c번째 종렬(column)칸에 포함되어 있는 피험자들의 점수평균이고 $\overline{X}_{r.}$은 r번째 횡렬 칸의 평균, $\overline{X}_{.c}$는 c번째 종렬 칸의 평균을 나타낸다.

표 13·2 이원분산분석의 자료구조

독립변수 ②의 수준

독립변수 ①의 수준		b_1	b_2	$\cdots$	b_c	
	a_1	X_{111} X_{211} · · X_{n11}	X_{112} X_{212} · · X_{n12}	$\cdots$ $\cdots$ $\cdots$ $\cdots$ $\cdots$	X_{11c} X_{21c} · · X_{n1c}	$\overline{X}_{1.}$
	a_2	X_{121} X_{221} · · X_{n21}	X_{122} X_{222} · · X_{n22}	$\cdots$ $\cdots$ $\cdots$ $\cdots$ $\cdots$	X_{12c} X_{22c} · · X_{n2c}	$\overline{X}_{2.}$
		· · · · ·	· · · · ·	$\cdots$ $\cdots$ $\cdots$ $\cdots$ $\cdots$	· · · · ·	
	a_r	X_{1r1} X_{2r1} · · X_{nr1}	X_{1r2} X_{2r2} · · X_{nr2}	$\cdots$ $\cdots$ $\cdots$ $\cdots$ $\cdots$	X_{1rc} X_{2rc} · · X_{nrc}	$\overline{X}_{r.}$
		$\overline{X}_{.1}$	$\overline{X}_{.2}$	$\cdots$	$\overline{X}_{.c}$	$\overline{X}$

$\overline{X}_{r.}$ …… r번째 횡렬(row) 칸의 점수평균
$\overline{X}_{.c}$ …… c번째 종렬(column) 칸의 점수평균
$\overline{X}_{rc}$ …… r번째 횡렬과 c번째 종렬 칸의 점수평균
$\overline{X}$ …… 전체 점수평균

3. 이원분산분석에서 분산의 분할

일원 *ANOVA*에서 전체분산은 크게 집단내 분산(S_w^2)과 집단간 분산(S_b^2)으로 나누어진다. 그러나 이원 *ANOVA*에서 전체분산은 네 부분으로 나누어진다. 첫째 분산은 집단내 분산(within cell S_w^2)으로서 일원 *ANOVA*의 집단내 분산(within group S_w^2)과 유사하다. 이 분산은 개인차와 표집오차 때문에 생긴 불가피한 분산이다. 따라서 우리는 이 분산을 전집분산의 추정치 즉, 오차분산(誤差分散: σ_e^2)으로 간주할 수 있다.

나머지 세 분산은 집단간(between group) 분산과 유사한 것으로 ① 횡렬 평균치 간의 분산 ② 종렬 평균치 간의 분산 ③ 두 독립변수 간의 상호작용에 기인한 분산이다. 먼저 횡렬 평균 간의 분산(S_r^2)에 대해 살펴보자. 횡렬의 전집 평균치에 대한 영가설(H_0)은 다음과 같다.

$$H_0 : \mu_{1.} = \mu_{2.} = \mu_{3.} = \cdots\cdots = \mu_{r.}$$

즉 "r개의 횡렬 전집 평균치 간에는 차이가 없다"이다. 영가설(H_0)이 사실인 경우, S_r^2의 해석은 일원 *ANOVA*에서 S_b^2과 정확하게 같고 S_r^2은 오차분산(σ_e^2)의 추정치가 된다. 따라서 횡렬 표본 평균치 간의 분산과 집단내 분산 간의 비(比) 즉 (S_r^2/S_w^2)는 거의 1.00이 된다. 반면 영가설이 사실이 아니라면, S_r^2은 오차분산(σ_e^2)에 횡렬의 처치효과에 기인한 분산을 합한 것이 된다. 따라서 S_r^2/S_w^2의 비는 다음과 같이 되어 1.00보다 커진다.

$$F = \frac{\text{횡렬 평균치 간의 분산}}{\text{집단내 분산}} = \frac{\text{오차분산 }(\sigma_e^2) + \text{횡렬 처치효과 분산 }(\sigma_r^2)}{\text{오차분산}(\sigma_e^2)}$$

종렬의 전집 평균치에 대한 영가설(H_0) 역시 횡렬과 마찬가지로 진술된다.

$$H_0 : \mu_{.1} = \mu_{.2} = \mu_{.3} = \cdots\cdots = \mu_{.c}$$

영가설이 사실인 경우, 종렬 평균치 간의 분산 S_c^2의 해석은 횡렬 평균치 간의 분산 S_r^2과 마찬가지이며 S_c^2는 오차분산(σ_e^2) 중 하나의 추정치가 된다. 따라서 S_c^2/S_w^2의 비는 거의 1.00이 된다. 반면 영가설이 사실이 아니라면, S_c^2은 오차분산(σ_e^2)에 종렬의 처치효과에 기인한 분산(σ_c^2)을 합한 것이 된다. 따라서 S_c^2/S_w^2의 비는 1.00보다 커진다. 마지막으로 상호작용에 대한 영가설은 다음과 같이 진술된다.

$$H_0 : \text{전체}(\mu_{rc} - \mu_{r.} - \mu_{.c} + \mu) = 0$$

즉 "하위집단의 전집 평균치 간에는 차이가 없다"는 가설이다. 그래서 영가설이 사실인 경우(즉, 상호작용효과가 없다면) 횡렬 평균치 간에 통계적으로 유의(有意)한 차이가 있다면 종렬 평균치 간에도 같은 차이가 있게 된다. 반면, 영가설이 사실이 아닌 경우(상호작용효과가 있다면) 횡렬 평균치나 종렬 평균치 또는 이 두 평균치 간의 차이로는 설명할 수 없는 하위집단의 평균치 간에 차이가 있게 된다. 즉 H_0가 사실인 경우 S_{rc}^2은 σ_e^2의 추정치가 되지만 H_0가 사실이 아닌 경우에 S_{rc}^2은 오차분산(σ_e^2)에 두 변수로 설명되지 않는 하위집단(칸 : cell) 평균치 간의 차이에 기인한 분산(σ_{rc}^2)을 합한 것이 된다. H_0가 사실인 경우 S_{rc}^2/S_w^2의 비는 1.00에 가까우나 H_0가 사실이 아닌 경우 $S_{rc}^2/S_w^2 = (\sigma_e^2+\sigma_{rc}^2/\sigma_e^2)$이 되어 1.00보다 커진다.

이원 *ANOVA*에서 전체분산은 다음과 같이 네 개의 분산으로 구분된다.

① 집단내 분산(S_w^2)
② 횡렬 평균치 간의 분산(S_r^2)
③ 종렬 평균치 간의 분산(S_c^2)
④ 두 독립변수 간의 상호작용에 의한 분산(S_{rc}^2)

---

4. 자승화의 분할

이원 *ANOVA*에서 전체 자승화(SS_t)가 어떻게 분할되는지를 알아보자. 횡렬변수를 r, 종렬변수를 c라고 하면 X_{irc}는 r번째 횡렬과 c번째 종렬 칸에 있는 i번째 사례의 점수를 나타낸다. 일원 *ANOVA*와 마찬가지로 전체 평균을 $\overline{X}$라고 하면 $\overline{X}$에서 한 피험자 X_{irc}의 편차점수(偏差點數)는 다음과 같이 나타낼 수 있다.

$$(X_{irc}-\overline{X}) = (X_{irc}-\overline{X}_{rc}) + (\overline{X}_{rc}-\overline{X}) \tag{13.1}$$

오른쪽 항의 앞부분은 하위집단(cell)에 속한 개인의 점수(X_{irc})를 해당 하위집단의 평균($\overline{X}_{rc}$)에서 뺀 것이고 뒷부분은 하위집단의 평균($\overline{X}_{rc}$)을 전체평균($\overline{X}$)에서 뺀 것이다. 즉, 앞부분은 하위집단내(內)의 편차점수이고 뒷부분은 하위집단간(間)의 편차점수이다. 하위집단간(between - cell) 편차점수는 다시 다음과 같이 세 부분으로 나눌 수 있다.

$$\begin{aligned}(\overline{X}_{rc}-\overline{X}) &= (\overline{X}_{r.}-\overline{X}) + (\overline{X}_{.c}-\overline{X}) \\ &\quad + [(\overline{X}_{rc}-\overline{X}) - [(\overline{X}_{r.}-\overline{X}) + (\overline{X}_{.c}-\overline{X})]] \\ &= (\overline{X}_{r.}-\overline{X}) + (\overline{X}_{.c}-\overline{X}) + (\overline{X}_{rc}-\overline{X}_{r.}-\overline{X}_{.c}+\overline{X})\end{aligned} \tag{13.2}$$

위 세 부분은 ① 횡렬간 편차점수 ② 종렬간 편차점수 ③ 하위점수간 편차점수이다. 따라서 전체평균 $\overline{X}$에서 어느 한 피험자 X_{irc}의 편차점수는 다음과 같이 4 부분으로 나타낼 수 있다.

$$(X_{irc}-\overline{X})=(X_{irc}-\overline{X}_{rc})+(\overline{X}_{r.}-\overline{X})+(\overline{X}_{.c}-\overline{X})+(\overline{X}_{rc}-\overline{X}_{r.}-\overline{X}_{.c}+\overline{X}) \tag{13.3}$$

이 공식의 양변을 제곱하고 모든 사례를 합한 다음 오른쪽 항을 전개하면 다음과 같게 된다.

$$\sum_{c=1}^{C}\sum_{r=1}^{R}\sum_{i=1}^{n}(X_{irc}-\overline{X})^2=\sum_{c=1}^{C}\sum_{r=1}^{R}\sum_{i=1}^{n}[(\overline{X}_{irc}-\overline{X}_{rc})+(\overline{X}_{r.}-\overline{X})+(\overline{X}_{.c}-\overline{X})+(\overline{X}_{rc}-\overline{X}_{r.}-\overline{X}_{.c}+\overline{X})]^2 \tag{13.4}$$

오른쪽의 각 항을 차례로 살펴보면 다음과 같다.

$\sum_{c=1}^{C}\sum_{r=1}^{R}\sum_{i=1}^{n}(X_{irc}-\overline{X})^2$	전체 자승화(SS_t)
$=\sum_{c=1}^{C}\sum_{r=1}^{R}\sum_{i=1}^{n}(X_{irc}-\overline{X}_{rc})^2$	=집단내 자승화(SS_w)
$+nC\sum_{r=1}^{R}(\overline{X}_{r.}-\overline{X})^2$	+횡렬간 자승화(SS_r)
$+nR\sum_{r=1}^{C}(\overline{X}_{.c}-\overline{X})^2$	+종렬간 자승화(SS_c)
$+n\sum_{c=1}^{C}\sum_{r=1}^{R}(\overline{X}_{rc}-\overline{X}_{r.}-\overline{X}_{.c}+\overline{X})^2$	+상호작용의 자승화(SS_{rc})
$\therefore SS_t=SS_w+SS_r+SS_c+SS_{rc}$	

분산추정치는 내(within-cell) 분산추정치와 간(between-cell) 분산추정치로 나누어진다. 간 분산추정치는 다시 횡렬간, 종렬간, 상호작용의 분산추정치로 세분된다. 분산추정치(mean square: MS)는 각각의 자승화(SS)를 자유도(df)로 나누면 된다.

횡렬간 분산추정치(MS_r) $=\dfrac{SS_r}{R-1}=\dfrac{\text{횡렬간 자승화}}{\text{횡렬의 실험조건수}-1}$

종렬간 분산추정치(MS_c) $=\dfrac{SS_c}{C-1}=\dfrac{\text{종렬간 자승화}}{\text{종렬의 실험조건수}-1}$

상호작용분산추정치(MS_{rc}) $=\dfrac{SS_{rc}}{(R-1)(C-1)}=\dfrac{\text{상호작용의 자승화}}{(\text{횡렬수}-1)(\text{종렬수}-1)}$

집단내 분산추정치(MS_w) $=\dfrac{SS_w}{RC(n-1)}=\dfrac{\text{집단내 자승화}}{\text{횡렬수}\times\text{종렬수}(\text{하위집단 사례수}-1)}$

피험자 X_{irc}의 편차점수는 ① 하위집단내 ② 횡렬간 ③ 종렬간 ④ 하위집단간 편차점수로 세분된다.

$$(X_{irc}-\overline{X})=(X_{irc}-\overline{X}_{rc})+(\overline{X}_{r.}-\overline{X})+(\overline{X}_{.c}-\overline{X})+(\overline{X}_{rc}-\overline{X}_{r.}-\overline{X}_{.c}+\overline{X})$$

이원 *ANOVA*에서 분산추정치(MS)는 각각의 자승화(SS)를 자유도(df)로 나눈 것이다.

5. 영가설의 검증

이원 *ANOVA*에서 검증하게 될 영가설은 앞에서 설명한 바와 같은 셋이다. 그중 두 개의 영가설은 두 독립변수의 처치효과에 관한 것이고 나머지 하나는 두 독립변수의 상호작용효과(相互作用效果)에 관한 것이다. 앞에서 진술한 두 독립변수에 대한 영가설은 다음과 같다.

$$H_{01}:\mu_{1.}=\mu_{2.}=\mu_{3.}=\cdots\cdots\ \mu_{r.}$$
$$H_{02}:\mu_{.1}=\mu_{.2}=\mu_{.3}=\cdots\cdots\ \mu_{.c}$$

즉 H_{01} :"횡렬의 전집 평균치들은 서로 같다" H_{02} :"종렬의 전집 평균치들은 서로 같다"는 가설이다. 이 두 가설의 검증을 우리는 주효과(主效果: main effect)검증이라 하고 다음 검증통계치에 의해 계산한다.

$$F_r=MS_r/MS_w$$
$$F_c=MS_c/MS_w$$

이 검증통계치의 표집분포는 각각 $(R-1), RC(n-1)$ 그리고 $(C-1)$, $RC(n-1)$의 자유도를 가진 F분포이다. 산출된 F값이 부록의 〈수표 7〉에 제시된 가설부정의 기준치(F_{cv})보다 크면 영가설(H_0)을 부정하고 상대가설(H_A)을 받아들인다. 앞에서 진술한 상호작용의 영가설과 검증통계치 F비는 다음과 같다.

$$H_{03}:\text{전체}(\mu_{rc}-\mu_{r.}-\mu_{.c}+\mu)=0$$

$$F_{rc}:MS_{rc}/MS_w$$

상호작용효과를 검증하기 위한 검증통계치의 표집분포는 $(R-1)(C-1)$과 $RC(n-1)$의 자유도를 가진 F분포이다. 이원 *ANOVA* 결과를 보고하는 방법은 일원 *ANOVA*와 유사하다. 일반적으로 사용하고 있는 형식은 표 13·3과 같다.

표 13 · 3 이원분산분석 결과의 요약

	자승화(SS)	자유도(df)	분산추정치(MS)	F
주효과				
A(횡렬)	$nC\sum_{r=1}^{R}(\overline{X}_{r.}-\overline{X})^2$	$R-1$	$\frac{SS_R}{R-1}=MS_R$	$\frac{MS_r}{MS_w}$
B(종렬)	$nR\sum_{c=1}^{C}(\overline{X}_{.c}-\overline{X})^2$	$C-1$	$\frac{SS_C}{C-1}=MS_C$	$\frac{MS_c}{MS_w}$
상호작용효과 AxB	$n\sum_{c=1}^{C}\sum_{r=1}^{R}(\overline{X}_{rc}-\overline{X}_{.c}-\overline{X}_{.c}+\overline{X})^2$	$(R-1)(C-1)$	$\frac{SS_{RC}}{(R-1)(C-1)}=MS_{RC}$	$\frac{MS_{rc}}{MS_w}$
집단내	$\sum_{c=1}^{C}\sum_{r=1}^{R}\sum_{i=1}^{n}(X_{irc}-\overline{X}_{rc})^2$	$RC(n-1)$	$\frac{SS_W}{RC(n-1)}=MS_W$	
전　체	$\sum_{c=1}^{C}\sum_{r=1}^{R}\sum_{i=1}^{n}(X_{irc}-\overline{X})^2$	$N-1$		

6. 계산공식과 적용 예

분산분석의 실제 계산과정에서는 표 13 · 3에 제시된 자승화(sum of square: SS)의 정의 공식을 사용하지 않고 이를 유도한 다음 공식을 사용한다.

$$SS_t=\sum_r\sum_c\sum_i X_{irc}{}^2-\frac{(\sum_r\sum_c\sum_i X_{irc})^2}{N} \qquad (13.5)$$

$$SS_r=\frac{\sum_r(\sum_c\sum_i X_{irc})^2}{nC}-\frac{(\sum_r\sum_c\sum_i X_{irc})^2}{N} \qquad (13.6)$$

$$SS_c=\frac{\sum_c(\sum_r\sum_i X_{irc})^2}{nR}-\frac{(\sum_r\sum_c\sum_i X_{irc})^2}{N} \qquad (13.7)$$

$$SS_{re}=\frac{\sum_r\sum_c(\sum_i X_{irc})^2}{n}-\frac{\sum_c(\sum_r\sum_i X_{irc})^2}{nR}-\frac{\sum_r(\sum_c\sum_i X_{irc})^2}{nC}+\frac{(\sum_r\sum_c\sum_i X_{irc})^2}{N} \qquad (13.8)$$

$$SS_w=\sum_r\sum_c\sum_i X_{irc}{}^2-\frac{\sum_r\sum_c(\sum_i X_{irc})^2}{n} \qquad (13.9)$$

표 13·4 이원분산분석을 위한 자료

성별	훈련 Program의 실시기간							
	1주		2주		3주			
	X	X^2	X	X^2	X	X^2		
여자	32	1024	28	784	36	1296		
	27	729	31	961	47	2209		
	22	484	24	576	42	1764		
	19	361	25	625	35	1225		
	28	784	26	676	46	2116		
	23	529	33	1089	39	1521		
	25	625	27	729	43	1849		
	21	441	25	625	40	1600		
	197 ΣX_{11}	4977 ΣX^2_{11}	219 ΣX_{12}	6065 ΣX^2_{12}	328 ΣX_{13}	13580 ΣX^2_{13}	744 $\Sigma\Sigma X_{1.}$	24622 $\Sigma\Sigma X^2_{1.}$
남자	18	324	27	729	24	576		
	22	484	31	961	27	729		
	20	400	27	729	33	1089		
	25	625	25	625	25	625		
	16	256	25	625	26	676		
	19	361	32	1024	30	900		
	24	576	26	676	32	1024		
	31	961	24	576	29	841		
	175 ΣX_{21}	3987 ΣX^2_{21}	217 ΣX_{22}	5945 ΣX^2_{22}	226 ΣX_{23}	6460 ΣX^2_{23}	618 $\Sigma\Sigma X_{2.}$	16392 $\Sigma\Sigma X^2_{2.}$
	372 $\Sigma\Sigma X_{.1}$	8964 $\Sigma\Sigma X^2_{.1}$	436 $\Sigma\Sigma X_{.2}$	12010 $\Sigma\Sigma X^2_{.2}$	554 $\Sigma\Sigma X_{.3}$	20040 $\Sigma\Sigma X^2_{.3}$	1362 $\Sigma\Sigma\Sigma X$	41014 $\Sigma\Sigma\Sigma X^2$

위의 계산공식을 이용하여 F비를 계산해 보면 다음과 같다. 훈련 프로그램의 실시기간이 남·여대학생의 유연성에 미치는 효과를 검증하기 위해 남·여대학생 각각 24명을 무선표집하여 세 수준의 훈련기간(1주, 2주, 3주)에 8명씩 무선배정하였다고 가정하자. 이 연구에서 두 개의 독립변수는 훈련기간과 피험자 성별이며 종속변수는 유연성(flexibility)이다. 유연성은 윗몸앞으로굽히기 검사(Sit & Reach)로 측정하였다. 그리고 영가설 검증을 위한 유의수준(α)은 .05에 설정하였다. 실험결과 얻은 자료는 표 13·4와 같다. 검증하려는 영가설(H_0)은 다음과 같다.

$H_{01} : \mu^{남자} = \mu^{여자}$
$H_{02} : \mu_1^{주} = \mu_2^{주} = \mu_3^{주}$
$H_{03} : \mu_{11} - \mu_{21} = \mu_{12} - \mu_{22} = \mu_{13} - \mu_{23}$

〈전체〉

$$SS_t = \sum_r \sum_c \sum_i X_{irc}{}^2 - \frac{(\sum_r \sum_c \sum_i X_{irc})^2}{N}$$

$$= 41014 - \frac{(1362)^2}{48} = 41014 - 38646.75$$

$$= 2367.25$$

〈횡렬간〉

$$SS_r = \frac{\sum_r (\sum_c \sum_i X_{irc})^2}{nC} - \frac{(\sum_r \sum_c \sum_i X_{irc})^2}{N}$$

$$= [\frac{(744)^2}{24} + \frac{(618)^2}{24}] - \frac{(1362)^2}{48} = [23064 + 15913.50] - 38646.75$$

$$= 330.75$$

〈종렬간〉

$$SS_c = \frac{\sum_c (\sum_r \sum_i X_{irc})^2}{nR} - \frac{(\sum_r \sum_c \sum_i X_{irc})^2}{N}$$

$$= [\frac{(372)^2}{16} + \frac{(436)^2}{16} + \frac{(554)^2}{16}] - \frac{(1362)^2}{48}$$

$$= [8649.00 + 11881.00 + 19182.25] - 38646.75$$

$$= 1065.50$$

〈상호작용〉

$$SS_{rc} = \frac{\sum_r \sum_c (\sum_i X_{irc})^2}{n} - \frac{\sum_c (\sum_r \sum_i X_{irc})^2}{nC} - \frac{\sum_r (\sum_c \sum_i X_{irc})^2}{nR} + \frac{(\sum_r \sum_c \sum_i X_{irc})^2}{N}$$

$$= [\frac{(197)^2}{8} + \frac{(219)^2}{8} + \frac{(328)^2}{8} + \frac{(175)^2}{8} + \frac{(217)^2}{8} + \frac{(226)^2}{8}]$$

$$[\frac{(744)^2}{24} + \frac{(618)^2}{24}] \quad [\frac{(372)^2}{16} + \frac{(436)^2}{16} + \frac{(554)^2}{16}] + \frac{(1362)^2}{48}$$

$$= [4851.125 + 5995.125 + 13448.00 + 3828.125 + 5886.125 + 6384.50] -$$

$$[23064.00 + 15913.50] - [8649.00 + 11881.00 + 19182.25] + 38646.75$$

$$= 40393.00 - 38977.50 - 39712.25 + 38646.75$$

$$= 350.00$$

〈집단내〉

$$SS_w = \sum_r\sum_c\sum_i X_{irc}^2 - \frac{\sum_r\sum_c(\sum_i X_{irc})^2}{n}$$

$$= 41014 - [\frac{(197)^2}{8} + \frac{(219)^2}{8} + \frac{(328)^2}{8} + \frac{(175)^2}{8} + \frac{(217)^2}{8} + \frac{(226)^2}{8}]$$

$$= 44014 - 40393.00$$

$$= 621.00$$

표 13 · 5 이원분산분석 결과의 요약

변산원 (SV)	자승화 (SS)	자유도 (df)	분산추정치 (MS)	F	$F_{cv}{}^a$
주효과					
성별 (R)	330.75	1	330.75	22.36**	4.07
훈련기간(C)	1065.50	2	532.75	36.02**	3.22
상호작용효과	350.00	2	175.00	11.83**	3.22
집단내	621.00	42	14.79		
전　체	2367.25	47			

**……1% 수준에서 통계적으로 유의한 차. 앞에서도 언급했지만, 유의수준(p)을 *표를 이용하여 보고하는 형식은 지금은 사라졌다. Computer software의 사용이 활성화됨에 따라 APA는 보다 정확한 유의수준을 요구하고 있다. 여기에서는 Software를 사용하지 않은 상황에서 유의수준이 과거에 어떠한 형식으로 보고되었는지를 이해하는 데 도움을 주기 위해 전형적인 방법을 택하였다.
a ……F_{cv}는 실제 분산분석 결과를 보고할 때 표에는 제시하지 않는다. 여기에서는 단지 설명의 편의를 위해 제시하였다.

표 13 · 5는 앞에서 산출된 결과를 *ANOVA*표로 요약한 것이다. 세 가지 영가설을 검증하기 위해 산출된 검증통계치는 각각 $F_r = 22.36$, $F_c = 36.02$, $F_{rc} = 11.83$으로 나타났다. 먼저 성별 간(횡렬간) 검증통계치(F_r)의 표집분포는 자유도가 1과 42인 F분포이다. F분포 표에서 분자 $df = 1$, 분모 $df = 42$이고 $\alpha = .05$일 때 영가설 부정을 위한 기준치는 4.07이다. 따라서 $\alpha = .05$수준에서 실제 검증결과 얻은 $F_{1,42} = 22.36$은 가설부정을 위한 기준치(F_{cv}) 4.07보다 훨씬 크므로 H_0를 부정하고 남 · 여 간의 유연성검사 전집 평균치는 다르다는 결론을 내릴 수 있다.

마찬가지로 훈련기간 간(종렬간) 검증통계치의 표집분포는 자유도가 2와 42인 F분포이다. $\alpha = .05$수준에서 실제 검증결과 얻은 $F_{2,42} = 36.02$는 가설부정을 위한 기준치(F_{cv}) 3.22보다 훨씬 크므로 H_0를 부정하고 훈련기간 간의 유연성검사 전집 평균치는 서로 다르다는 결론을 내릴 수 있다. 여기에서 독자는 세 가지 훈련기간 중 구체적으로 어떤 훈련기간의 평균치 간에 차이가 있는지를 알려면 앞장에서 배운 평균치의 개별비교(個別比較) 방법을 적용해야 한다. 이에 대한 적용 예는 이 장의 후반부를 참고하기 바란다.

이상의 두 가지(성별 간, 훈련기간 간) 가설검증을 우리는 앞에서 주효과(main effect) 검증이라고 하였다. 그렇다면 주효과 검증결과 통계적으로 유의한 차가 있다는 것은 무엇을 의미하는가? 먼저 성별(性別) 간에 통계적으로 유의한 차가 있다는 것은 훈련기간에 관계없이 여자의 유연성검사 평균($\overline{X}=31.0$)과 남자의 유연성검사 평균($\overline{X}=25.75$)간에는 단순히 표집오차로 볼 수 있는 차보다는 훨씬 큰 차를 보이고 있다는 것을 뜻한다. 따라서 [영가설(H_0) : μ남자= μ여자]을 부정하고 남 · 여 간의 유연성검사 평균치는 서로 다르다는 결론을 내리게 된다.

마찬가지로 훈련기간 간에 통계적으로 유의한 차가 있다는 것은 성별(남 · 여)에 관계없이 훈련기간별 유연성검사 평균($\overline{X}_1=23.25$, $\overline{X}_2=27.25$, $\overline{X}_3=34.36$)간에는 표집오차로 볼 수 있는 차보다는 훨씬 큰 차를 보이고 있다는 것을 뜻한다. 따라서 [영가설(H_0) : $\mu_1=\mu_2=\mu_3$]을 부정하고 훈련기간 간의 유연성검사 평균치는 서로 다르다는 결론을 내리게 된다.

끝으로 성별과 훈련기간 간의 상호작용효과를 검증하는 검증통계치(F_{rc})의 표집분포는 자유도가 2와 42인 F분포이다. $\alpha=.05$수준에서 실제 검증결과 얻은 $F_{2,42}=11.83$은 가설부정을 위한 기준치(F_{cv}) 3.22보다 크므로 H_0를 부정하고 성별과 훈련기간 간에는 상호작용효과가 있다는 결론을 내릴 수 있다. 위의 통계적인 분석결과를 근거로 내릴 수 있는 일반적인 결론은 다음과 같다.

❶ 유연성 정도는 성별에 따라 차이가 있다.
❷ 유연성 정도는 훈련기간에 따라 차이가 있다.
❸ 훈련기간(혹은 성별) 간 유연성 정도의 차이는 성별(훈련기간)에 따라 다르다.

이러한 결론은 성별과 훈련기간 간에는 상호작용효과가 있기 때문이다. 그렇다면 상호작용효과가 있다는 것은 무엇을 의미하는가? 상호작용효과가 구체적으로 어떻게 나타나고 있는가를 알기 위해서는 도 13 · 1과 같은 그림표를 작성해야 한다. 상호작용효과에 대해 구체적으로 설명하면 다음과 같다.

7. 상호작용효과

이원 *ANOVA*에서 두 독립변수 간에 상호작용효과가 있다는 것은 "한 독립변수의 효과가 다른 독립변수의 실험조건(또는 실험수준)에 따라 그 효과의 정도가 달라지는 경우"를 의미한다. 상호작용효과가 있는지를 검토하는 가장 좋은 방법은 종속변수를 Y축, 두 독립변수 중 하나를 X축으로 한 그림표를 작성하는 것이다. 표 13 · 6의 하위집단별 유연성검사의 평균치를 가지고 그림표를 작성해 보면 도 13 · 1과 같다. 앞의 분석결과에 의하면 $\alpha = .05$수준에서 두 독립변수 간에는 통계적으로 유의한 상호작용효과(相互作用效果)가 있는 것으로 나타났다.

표 13 · 6 표 13 · 4 자료의 하위집단별 유연성검사 $\overline{X}$

	1주	2주	3주	전체
여자	24.63	27.38	41.00	31.00
남자	21.88	27.13	28.25	25.75
전체	23.25	27.25	34.63	28.38

*각 하위집단(cell)별 $n = 8$

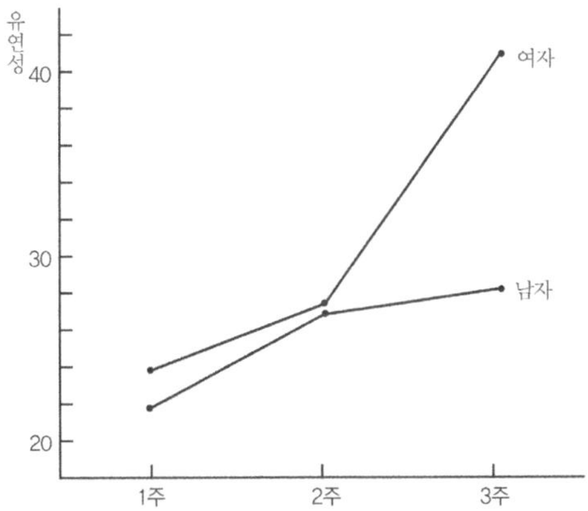

도 13 · 1 훈련기간과 성별 간의 상호작용 검토

도 13 · 1은 종속변수(유연성검사 결과)를 Y축으로 하고 두 독립변수 중 훈련기간을 X축으로 한 것이다. 만일 두 독립변수 간에 상호작용효과가 없다면 하위집단의 평균치를 이은 선은 평행이거나 평행에 가까워야 한다. 그런데 위의 그림은 평행하지 않다. 각 하위집단의 평균치에 의하면 여자집단의 종속변수 점수는 1주보다 2주에서 약간 증가하였고 3주에는 훨씬 많은 증가를 보이고 있다. 반면 남자집단은 2주와 3주 각각에서 약간의 증가를 보이고 있을 뿐이다. 즉, 이 자료는 훈련기간의 효과는 남 · 여 집단에 따라 다르게 나타나고 있음을 보이고 있다. 만일 두 독립변수 간에 상호작용효과가 없다면 훈련기간의 효과는 남 · 여 집단에 각각 동일한 형태(pattern)로 나타나야 한다.

상호작용효과에 관해 좀 더 살펴보자. 예를 들어 「농구의 자유투를 연습시킬 때 성별에 따라 어떤 훈련방법이 효과적인가」를 알아보기 위해 남 · 여대학생 각 60명씩을 무선표집하여 두 가지(A, B) 다른 훈련방법에 무선배정한 후 일정기간 연습시킨 결과, 다음과 같은 네 가지 사례를 얻었다고 가정하자.

		훈련방법		
		A	B	
성별	남	30	40	35
	여	40	30	35
		35	35	

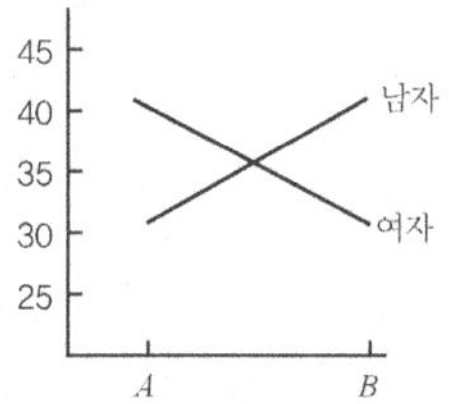

도 13 · 2 상호작용효과가 있는 경우

도 13 · 2는 횡렬(성별)이나 종렬(훈련방법)의 평균은 다 같이 35로서 훈련방법 간, 성별 간의 주효과는 통계적으로 유의한 차이가 없는 경우에 해당한다. 그러나 종렬(훈련방법)의 각 범주(A, B)에서 남 · 여 간의 평균 또는 횡렬(성별)의 각 범주(남, 여)에서 훈련방법 A, B간의 평균은 차이가 있다. 오른쪽 그림과 같이 A방법은 여자에게 더 효과가 있는 반면에 B방법은 남자에게 더 효과가 있음을 알 수 있다. 이와 같이 하위집단의 평균치를 이은 선이 상호 교차할 때 상호작용효과가 있음을 나타낸다.

상호작용효과를 검토하는 또 하나의 방법은 훈련방법 A에서 남 · 여 간의 평균치 차와 B방법에서 남 · 여 간의 평균치 차를 비교하는 것이다. 이들 평균치의 차가 서로 비슷하고 차의 부호(+, -)가 같으면 상호작용효과는 없다. 위의 예를 들면 A방법에서 남 · 여 간의 차는 [30 - 40 = -10]이고 B방법에서 남 · 여 간의 차는 [40 - 30 = 10]으로서 부호가 반대이기 때문에 상호작용효과가 있는 경우가 된다.

상호작용효과와 관련하여 유의해야 할 점은 「※상호작용효과가 있을 때는 주효과 검증결과에 대한 해석을 유보해야 한다」는 점이다. 즉 상호작용효과가 있을 때 주효과 검증은 무의미하다. 따라서 두 독립변수의 주효과가 없고 상호작용효과만 있을 때는 두 독립변수의 처치수준별로 다른 독립변수의 하위집단 간 평균을 사후검증(事後檢證) 방법으로 비교해야 한다.

		훈련방법		
		A	B	
성별	남	28	40	34
	여	25	28	26.5
		26.5	34	

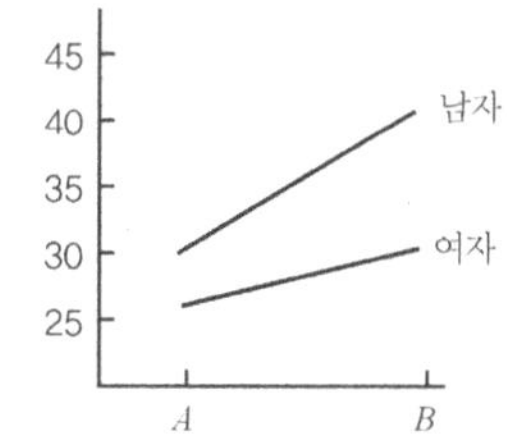

도 13 · 3 주효과와 상호작용효과가 있는 경우

도 13 · 3은 주효과와 상호작용효과가 모두 통계적으로 유의한 경우에 해당한다. A에 대한 남 · 여 차 [28 - 25=3]와 훈련방법 B에 대한 남 · 여 차 [40 - 28=12]는 차의 부호는 같으나 평균치의 차(差) 간에는 어느 정도 차가 있다. 그러나 하위집단의 평균을 비교해 보면 성별에 관계없이 B의 훈련방법이 높은 것으로 나타나고 있다. 다시 말하지만 상호작용효과가 있을 경우에는 그림표를 작성하고 주효과(主效果)의 검증결과에 대한 해석은 유보해야 한다. 상호작용효과가 있을 경우에는 사후검증 방법에 의해 하위집단 간의 평균을 개별비교 해야 한다.

도 13 · 4는 주효과는 있으나 상호작용효과는 없는 경우에 해당한다. 일반적으로 훈련방법 B의 평균이 A의 평균보다 높고 여자의 평균이 남자의 평균보다 높아 주효과는 있으나, 남 · 여 하위집단의 평균치를 이은 선이 평행을 이루고 있기 때문에 상호작용효과는 없다.

		훈련방법		
		A	B	
성별	남	25	35	30
	여	35	45	40
		30	40	

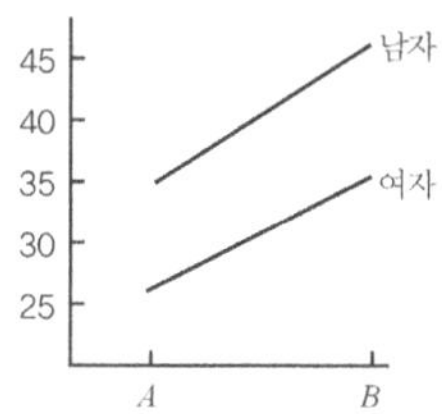

도 13 · 4 상호작용효과가 없는 경우

요약하면, 두 변수 이상의 독립변수가 종속변수에 미치는 영향에 관한 연구에서 얻을 수 있는 정보는 크게 종속변수에 대한 독립변수 A의 주효과, B의 주효과, $A \times B$ 간의 상호작용효과 유무로 구분할 수 있음을 알았다. 가설검증과 관련하여 반드시 유의해야 할 점은 독립변수 A, B 각각의 종속변수에 대한 순수한 영향 유무는 독립변수 $A \times B$의 상호작용효과가 통계적으로나 실제적으로 유의한 효과가 없다는 전제에서만 가능한 것이다. 만일 이러한 전제가 성립되지 않는 한 주효과의 검증결과에 대한 해석은 유보되어야 한다.

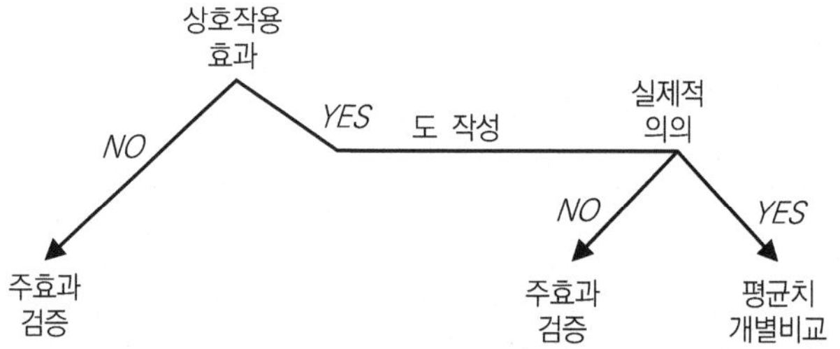

도 13 · 5 상호작용효과의 검증순서

따라서 이원 *ANOVA*에서의 가설검증은 도 13 · 5와 같이 상호작용($A \times B$) 효과의 검증결과 통계적으로 유의한 차가 나타났다면 상호작용 그림표를 작성할 필요가 있다. 그림표 작성의 목적은 상호작용효과의 실제적 의의(實際的 意義: practical significance)를 검토하기 위한 것이다. ※실제적 의의란 상호작용효과를 확인하기 위한 그림표에서 두 독립변수의 선이 교차하거나 최소한 접선이 된 경우를 의미한다. 만일 실제적인 상호작용효과 역시 유의한 것으로 나타났다면 독립변수의 주효과는 검증할 필요가 없으며 연구자가 설정한 가설에 따라 평균치의 개별비교 방법을 적용하여 분석해야 한다.

그러나 ※통계적으로 유의하지 않은 상호작용효과가 발견되었거나 유의한 상호작용효과가 발견되었다고 할지라도 실제적인 의의가 없을 때는 바로 주효과(主效果: main effect)를 검증할 수 있다.

이원 *ANOVA*에서 상호작용효과란 "한 독립변수의 효과가 다른 독립변수의 실험조건(또는 실험 수준)에 따라 그 효과의 정도가 달라지는 경우"를 의미한다. 만일 두 독립변수 간에 상호작용효과가 없다면 하위집단의 평균치를 이은 선은 평행이거나 평행에 가깝다. 반면 상호작용효과가 있다면 하위집단의 평균치를 이은 선은 상호 교차한다.

8. 이원분산분석에서 오차분산의 감소

앞에서 이원 *ANOVA*는 하나 이상의 독립변수를 통제할 수 있다는 장점을 가지고 있다고 하였다. 예를 들어 관중존재 여하가 선수의 경기력에 미치는 영향을 알고 싶을 때 「운동경험 정도」를 연구설계에 포함시켜 관중존재 여하가 경기력에 미치는 영향을 좀 더 정확하게 검증할 수 있다. 이 말은 *ANOVA* 과정에서 보면 오차분산(誤差分散: error variance : MS_w)을 줄일 수 있다는 뜻이다.

오차분산에 대해 좀 더 구체적으로 알아보자. 먼저 집단내 피험자의 점수가 비교적 이질적(異質的)인 일원 *ANOVA*를 생각해 보자. 이러한 이질적인 (즉, 개인차가 심한) 자료를 가지고 일원 *ANOVA*를 할 경우 집단내 분산(MS_w 혹은 오차분산)은 피험자의 점수가 동질적인 자료보다 커진다. 그래서 검증통계치(F비$= MS_b/MS_w$)를 계산할 경우, 집단내 분산(MS_w)이 크면 F값은 상대적으로 적어지기 때문에 MS_w가 적을 때 보다 영가설을 부정하기 어렵고 그 결과 제2종 오류(β: H_A가 사실일 때 H_0를 받아들임으로써 생기는 오류)를 범할 확률이 커지게 된다. 따라서 만일 제2의 독립변수를 연구설계에 포함시켜 이를 근거로 피험자를 두 개 이상의 범주로 분류하면 하위집단 내의 피험자 점수는 그만큼 동질적이 되어 일원 *ANOVA*에서보다는 집단내 분산(MS_w)이 축소됨으로써 독립변수의 효과를 좀더 진실에 가깝게 검증할 수 있다.

앞의 「훈련기간과 성별이 유연성에 미치는 효과(표 13 · 5 참조)」에 관한 검증에서 성별 요인을 제외시키고 「훈련기간이 유연성에 미치는 효과」만을 검증한다고 가정하자. 이 경우 독립변수는 하나(훈련기간)이기 때문에 일원 *ANOVA*를 적용해야 한다. 일원 *ANOVA* 분석결과를 요약해서 제시하면 표 13 · 7과 같다.

표 13 · 7을 표 13 · 5와 비교해 보면 훈련기간 간의 분산추정치(MS)는 동일하지만 오차분산인 MS_w는 일원 *ANOVA*의 경우 28.73인데 비해 이원 *ANOVA*인 경우는 14.79로

거의 절반으로 적어졌음을 확인할 수 있다. 따라서 제2의 독립변수를 연구설계에 포함시킬 경우, 오차분산은 상당히 축소됨으로써 일원 *ANOVA*에서 유의하지 않은 것도 이원 *ANOVA*에서는 유의한 것으로 나타날 가능성이 크다. 그리고 훈련기간의 효과는 일원과 이원 *ANOVA*에서 모두 통계적으로 유의한 것으로 나타났으나 검증통계치(F)는 일원 *ANOVA* (18.42)보다는 이원 *ANOVA* (36.02)에서 훨씬 큰 값을 보이고 있다.

표 13 · 7 일원분산분석 결과의 요약

변산원	자승화 (SS)	자유도 (df)	분산추정치 (MS)	F
간(훈련기간)	1065.50	2	532.75	18.42
내	1301.75	45	28.73	
전체	2367.25	47		

이와 같이 제2의 독립변수를 연구설계에 포함시킴으로써 오차분산(MS_w)을 줄이는 효과를 그림으로 제시하면 도 13 · 6과 같다. 그림에는 훈련기간 간의 차에 기인한 분산, 성별에 기인한 분산과 두 독립변수의 상호작용에 의한 분산의 비율이 제시되어 있다. 종속변수의 전체분산 중 주효과와 상호작용효과가 차지하는 분산의 비율은 전체 자승화(SS_t) 중 각각의 자승화(SS_r, SS_c, SS_{rc})가 차지하는 비율로 계산한다. 이 값을 우리는 η^2(eta 자승 혹은 제곱)이라고도 부른다. 이원 *ANOVA*인 경우의 각 효과별 비율은 다음과 같다.

1. 종렬효과 [훈련기간(A)] $= \dfrac{SSr}{SS_t} = \dfrac{1065.50}{2367.25} = .450$
2. 횡렬효과 [성별(B)] $= \dfrac{SSc}{SS_t} = \dfrac{330.75}{2367.25} = .140$
3. 상호작용효과 [A x B] $= \dfrac{SSrc}{SS_t} = \dfrac{350.00}{2367.25} = .148$
4. 집단내 변산 [오차]* $= \dfrac{SS_w}{SS_t} = \dfrac{621.00}{2367.25} = .262$

* 일원 *ANOVA*인 경우에는 집단간(훈련기간)과 집단내(오차)로 구분된다. 집단내 자승화(SS_w)는 위에서 [횡렬효과의 SS(330.75) + 상호작용효과의 SS(350.00) + 집단내SS(621.00)를 합한 1301.75가 되고 전체변량 중 집단내 변량이 차지하는 비율(1301.75/2367.25)은 .550이 된다. 따라서 제2의 독립변인(성별)을 연구설계에 포함시키기 전과 후의 오차변량이 차지하는 비율은 .550에서 .262로 축소되었음을 알 수 있다.

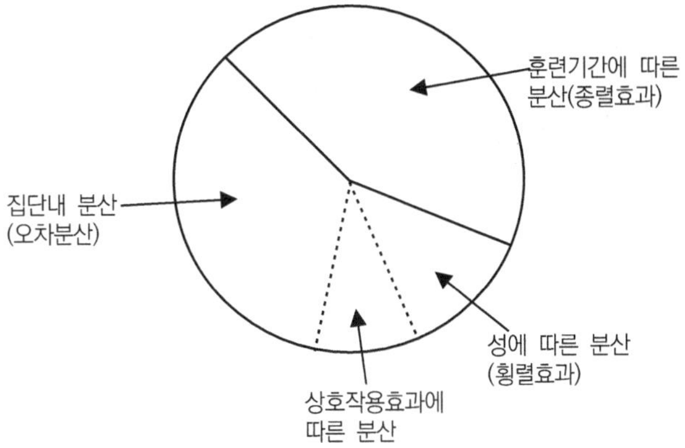

도 13·6 분산의 분할

제2의 독립변수를 연구설계에 포함시키면(즉, 이원 *ANOVA*를 적용하면) 오차분산(MS_w)을 줄일 수 있고 그 결과로 제2종 오류(β)를 범할 확률을 적게 함으로써 통계적 검증력($1-\beta$)을 높일 수 있다. 따라서 연구설계를 할 경우 가능한 한 일원 *ANOVA*보다는 이원 *ANOVA* [혹은 요인방안(要因方案 : Factorial design)]을 적용하는 것이 바람직하다.

9. 이원분산분석의 기본가정

이원 *ANOVA*를 적용하기 위한 기본가정(假定) 역시 일원 *ANOVA*의 경우와 거의 동일하다.

[1] 각 집단의 사례수는 그 집단과 일치하는 모집단에서 무선적(無選的)이고 독립적(獨立的)인 방법으로 표집되어야 한다. 즉 한 표본(標本)의 선정이 다른 표본의 선정에 영향을 주어서는 안 된다. 만일 한 표본의 선정이 다른 표본의 선정과 관계가 있는 반복측정(反復測定: repeated measure)과 같은 종속표집(從屬標集: dependent sampling)일 때에는 앞에서 제시한 *ANOVA* 방법은 사용할 수 없으며 후속되는 특수한 분석모형을 적용해야 한다.

[2] 종속변수의 측정치는 최소한 동간척도(同間尺度: interval scale) 이상이어야 한다. 왜냐하면 *ANOVA*에서는 평균치와 분산을 계산해야 하기 때문이다.

③ 표본이 추출된 각 집단의 전집은 정상분포(正常分布: normal distribution)를 이루고 있어야 한다. 그러나 각 집단의 사례수가 비교적 크면 정상성의 가정은 거의 요구되지 않는다. 따라서 전집의 종속변수 점수분포가 정상분포를 이룬다는 가정이 의심스러울 때는 피험자의 수를 늘리는 것이 좋다.

④ 모든 전집의 분산(分散: varianc)은 동일해야 한다. 그러나 이러한 등분산(等分散: homogeneity of variance) 가정은 각 집단의 사례수가 같으면 거의 문제가 되지 않는다. 따라서 연구설계에서 각 집단의 사례수를 동일하게 선정하는 것은 다음과 같은 두 가지 이점이 있기 때문에 특히 중요한 의미가 있다. 첫째는 등분산 가정이 불필요하고, 둘째는 각 변산원(變散源: source of variation; SV)에 대한 분산 추정이 각각 독립적 관계(orthogonality)를 갖게 된다는 점이다.

10. 이원분산분석의 수리적 모형

일원 *ANOVA*에서와 마찬가지로 이원 *ANOVA*에서도 한 개인의 종속변수 점수 X_{irc}는 다음과 같이 실험처치에 의한 효과와 표집오차에 의한 효과로 구성된다는 직선적(直線的) 관계를 가정하고 있다.

$$X_{irc} = \mu + \alpha_{r.} + \beta_{.c} + \alpha\beta_{rc} + e_{irc} \tag{13.10}$$

X_{irc} = r번째 횡렬과 c번째 종렬 칸에 있는 i번째 피험자의 점수
μ = 전체 모집단의 평균
$\alpha_{r.}$ = $(\mu_{r.} - \mu)$, 제1 독립변수(횡렬변수)의 실험처치 효과
$\beta_{.c}$ = $(\mu_{.c} - \mu)$, 제2 독립변수(종렬변수)의 실험처치 효과
$\alpha\beta_{rc}$ = $(\mu_{rc} - \mu_{r.} - \mu_{.c} + \mu)$, 상호작용 효과
e_{irc} = 표집오차

공식 (13.10)의 오른쪽 부분에는 전집의 모수치 μ, $\alpha_{r.}$, $\beta_{.c}$, $\alpha\beta_{rc}$가 포함되어 있다. 따라서 직선적 관계 모형은 전집의 점수들로 구성된다. 일원 *ANOVA*에서와 마찬가지로 표집오차 e_{irc}는 평균이 0이고 분산이 σ_e^2인 정상분포를 이루고 있다고 가정한다.

11. 이원분산분석의 특수모형

앞에 제시한 *ANOVA* 방법은 고정효과모형(固定效果模型: fixed effect model)에 해당한다. 고정효과모형은 연구에서 독립변수의 **하위수준**이 연구자의 관심(혹은 의도)에 따라 선정되기 때문에 조사결과에 대한 결론은 실제 조사에 포함된 **하위수준에 한정**하여 내릴 수밖에 없다. 구체적으로 '전통 강팀과 약팀의 경기성적은 어떤 차이가 있는가?'라는 연구문제가 설정되었다고 가정하자. 이때 고정효과모형은 **연구의 대상을 관심있는 특정 팀(예: 축구리그 팀)들로 국한하고** 이들 팀 선수의 고유한 특성(예: 팀 전통수준)별로 경기성적의 차이를 비교, 분석하고 결론을 내리는 것이다. 예를 들면, 팀 전통수준을 '전통 강팀, 중상팀, 중하팀, 약팀' 등 네 개 하위수준*으로 조작적으로 정의하고 축구 1부리그의 팀들을 대상으로 이들 하위수준에 해당하는 팀을 각각 2개 팀씩, 총 8개 팀을 선정하고 이들 팀 선수의 경기성적을 분석한 후 이들 팀에 국한하여 결론을 내리는 것이다.

위에서 '팀 전통수준' 변수의 하위수준은 **연구자의 관심에 따라 사전에 의도적으로 선정(고정)되었기 때문**에 고정변수(fixed variable)에 해당한다. 그리고 **조사결과는 선정된 특정 팀(대상)에 한정하여 결론을 내릴 수밖에 없으며 선정된 팀 이외의 리그에는 일반화시킬 수 없다.** 이와 같이 실험결과에 대한 결론을 선정된 독립변수의 하위수준에 한정(고정)시켜 내리기 때문에 고정변수로 구성된 *ANOVA* 모형을 고정효과모형이라고 부른다.

ANOVA 모형은 고정효과모형 이외에도 무선효과모형(無選效果模型: random effect)이 있다. 만일 독립변수의 하위수준이 가능한 **전체 하위수준에서 무선적으로 선정되었거나 하위수준 전체가 선정된 것**이라면 이러한 *ANOVA* 모형을 무선효과모형이라고 한다. 고정효과모형에서는 독립변수의 **하위수준**을 특정 집단(팀)에 한정하여 연구자의 의도에 따라 선정하지만, 무선효과모형에서는 특정집단에 한정되지 않고 전체 모집단에서 무선적으로 선정되기 때문에 조사결과에 대한 결론은 모집단에 일반화할 수 있다.

구체적으로 무선효과모형은 '팀 전통은 축구리그 전체에서 선수들의 성적분포에 어떤 영향을 미치는가?'라는 문제에 답을 줄 수있다. 무선효과모형은 연구의 대상을 관심있는 특정 팀(예: 축구 1부리그 팀)들로 국한하는 것이 아니라 **전체 축구 리그의 팀 중에서 무선적으로 선정**한다. 예를 들어 축구 리그의 모든 팀을 포함하거나 리그 전체에서 무선적으로

---

* 이때 연구자에 따라서는 팀 전통수준을 전통 강팀, 보통 팀, 약팀의 세 개 범주로 구분하여 연구를 수행할 수도 있다.

팀을 선정한다. 이때 중요한 것은 앞에서 예시한 **팀 전통수준**('전통 강팀, 중상팀, 중하팀, 약팀' 등 네 개 하위수준) 각각이 편향 없이 추출될 수 있도록 팀을 선정하는 것이다. 즉, 어느 특정 수준(예: 전통 강팀)이 과도하게 선정되지 않도록 팀을 선정하는 것이 중요하다.

위에서 '팀 전통수준' 변수의 하위수준은 연구자의 관심에 따라 사전에 의도적으로 선정(고정)된 것이 아니라 **무선적으로 선정되었기 때문에** '팀 전통' 변수는 무선변수(random variable)에 해당한다. 그리고 **조사결과는 선정된 팀 이외의 리그 전체 팀에** 일반화할 수 있다. 이와 같이 실험결과에 대한 결론을 특정 팀에 국한하지 않고 독립변수의 전체 하위수준에 확대해 내리기 때문에 무선변수로 구성된 *ANOVA* 모형을 고정효과모형이라고 부른다.

그렇다면 연구대상 선정과 관련하여 특정 변수(예: 팀 전통)에 대해 고정효과모형과 무선효과모형 중 어느 모형을 선정하는 것이 적절한가? 첫째, 연구 결론의 적용범위를 특정 팀 혹은 종목들에 한정하고 싶다면 고정효과모형을, 그러나 경기종목 전체 혹은 리그 전체에 대해 일반화를 원한다면 무선효과모형을 적용한다. 둘째, 팀 전통 변수와 또 다른 독립변수(예: 선수의 성별) 간 **상관관계가 중요**하다면 고정효과모형을, 그러나 이들 두 변수가 독립적(서로 상관이 없는 관계; independent)이라고 가정할 수 있다면 무선효과모형을 적용한다. 셋째, 특정 팀 혹은 경기종목들이 주 관심 대상일 경우에는 고정효과모형을, 그러나 팀 혹은 경기종목의 모집단을 무선표집하여 분석하고자 할 경우에는 무선효과모형을 적용한다.

한편 이원 *ANOVA*에서 두 독립변수 중 한 독립변수의 하위수준은 무선적(無選的)으로 선정되고 다른 독립변수의 하위수준은 의도적(意圖的)으로 선정된 것이라면 이러한 *ANOVA* 모형을 혼합모형(混合模型: mixed model)이라고 한다. 예를 들어 「팀 전통과 선수의 성취동기 수준이 경기성적에 미치는 영향」을 검증하는 연구에서 성취동기의 하위수준은 의도적으로 선정되고 팀 전통의 하위수준은 무선적으로 선정된 것이라면 이러한 *ANOVA* 모형은 혼합모형이 된다. 일반적으로 사회과학 분야의 연구에서 순수한 무선효과모형을 설정하기는 쉽지 않으며 고정효과 혹은 혼합모형을 사용하는 것이 보통이다.

11.1 무선효과모형과 혼합모형의 수리적 모형

앞에서 우리는 고정효과모형의 수리적 관계를 살펴보았다. 무선효과모형과 혼합모형에서도 고정효과모형과 마찬가지로 한 개인의 종속변수점수 X_{irc}는 다음과 같이 실험처치에 의한 효과와 표준오차에 의한 효과로 구성된다는 직선적 관계를 가정한다. 그러나 각각의 모형 간에는 기호에 약간의 차이가 있다는 점에 유의하기 바란다. 먼저 무선효과모형(random effect model)을 제시하면 다음과 같다.

$$X_{irc} = \mu + a_{r.} + b_{.c} + ab_{rc} + e_{irc} \tag{13.11}$$

X_{irc} = r번째 횡렬과 c번째 종렬 칸에 있는 i번째 피험자의 점수
μ = 전체 모집단의 평균
$a_{r.}$ = 표집된 횡렬변수(r)의 실험처치 효과를 나타내는 동시에 a변수는 무선변수임
$b_{.c}$ = 표집된 종렬변수(c)의 실험처치 효과를 나타내는 동시에 b변수는 무선변수임
ab_{rc} = rc집단의 상호작용을 나타내는 무선변수
e_{irc} = 오차를 나타내는 무선변수

무선효과모형에서는 상수인 전집평균 μ를 제외하고는 모두 무선변수(無選變數; random variable)이다. 이 직선적 모형의 기본가정은 다음과 같다.

① $a_{r.}$은 평균이 0이고 분산이 σ_r^2인 무선변수로서 정상분포를 이룬다.

② $b_{.c}$는 평균이 0이고 분산이 σ_c^2인 무선변수로서 정상분포를 이룬다.

③ ab_{rc}는 평균이 0이고 분산이 σ_{rc}^2인 무선변수로서 정상분포를 이룬다.

④ e_{irc}는 평균이 0이고 분산이 σ_e^2인 무선변수로서 정상분포를 이룬다.

⑤ $a_{r.}$ $b_{.c}$ ab_{rc} e_{irc}는 상호 독립적이다.

여기에서 우리는 앞의 고정효과모형과 무선효과모형의 직선적 관계 모형 간에 기호의 차이가 있다는 것을 확인할 수 있다. 즉 A, B 두 개의 독립변수 중 A를 횡렬변수, B를 종렬변수라 할 때 고정효과모형(공식 13.10 참조)에서는 A변수의 효과를 $\alpha_{r.}$ B변수의 효과를 $\beta_{.c}$라고 표기했지만, 무선효과모형에서는 각각 $a_{r.}$ $b_{.c}$ 라고 표기하였다. 이와 같은 표기는 고정효과모형에서는 A, B 독립변수의 하위수준 선정이 의도적(意圖的)인 반면, 무선효과모형에서는 무선적(無選的)인 것을 구분하기 위해서이다.

그렇다면 혼합모형에서 한 개인의 종속변수 점수 X_{irc}는 어떠한 직선적 관계로 나타낼 수 있을까? 횡렬(row)변수의 하위수준이 의도적으로 선정되고 종렬(column)변수의 하위수준이 무선적으로 선정되었다고 하면 다음과 같은 직선적 관계로 나타낼 수 있다.

$$X_{irc} = \mu + \alpha_{r.} + b_{.c} + \alpha b_{rc} + e_{irc} \tag{13.12}$$

$\alpha_{r.}$ = 횡렬변수(r)의 실험처치효과, α는 고정변수임
$b_{.c}$ = 종렬변수(c)의 실험처치효과, b는 무선변수임
αb_{rc} = rc집단의 상호작용을 나타내는 무선변수
e_{irc} = 오차를 나타내는 무선변수

이 직선적 모형의 기본가정은 다음과 같다.

① $b_{.c}$와 αb_{rc}는 평균이 각각 0이고 분산이 σ_c^2, σ_{rc}^2인 정상분포를 이룬다.

② e_{irc}는 평균이 0이고 분산이 σ_e^2인 정상분포를 이룬다.

③ $\alpha_{r.}$ $b_{.c}$ αb_{rc} e_{irc}는 상호 독립적이다.

한편 앞에서 이원 *ANOVA*의 영가설은 다음과 같이 진술하였다.

$H_{01} : \mu_{1.} = \mu_{2.} = \mu_{3.} = \cdots\cdots\cdots = \mu_{r.}$ (횡렬효과)

$H_{02} : \mu_{.1} = \mu_{.2} = \mu_{.3} = \cdots\cdots\cdots = \mu_{.c}$ (종렬효과)

$H_{03} :$ 전체 $(\mu_{rc} - \mu_{r.} - \mu_{.c} + \mu) = 0$ (상호작용효과)

이 영가설을 직선적 관계 모형으로 나타내면 다음과 같다.

$H_{01} : \alpha_{1.} = \alpha_{2.} = \alpha_{3.} = \cdots\cdots\cdots = \alpha_{r.} = 0$ (횡렬효과)

$H_{02} : \beta_{.1} = \beta_{.2} = \beta_{.3} = \cdots\cdots\cdots = \beta_{.c} = 0$ (종렬효과)

$H_{03} : \alpha\beta_{11} = \alpha\beta_{21} = \alpha\beta_{13} = \cdots = \alpha\beta_{rc} = 0$ (상호작용효과)

위에 진술된 가설에 의하면 각 영가설이 사실이라면 주효과나 상호작용효과는 없다(0)는 뜻이 되므로 *MSr*, *MSc*, *MSrc*는 모두 σ_e^2의 추정치가 된다. 이들 분산추정치는 보통 표본자료에서 계산하게 되는데 전집의 분산추정치를 우리는 기대치(期待値: expected mean square : *E*(*MS*))라고 한다. 각 유형별 횡렬, 종렬, 상호작용효과의 *E*(*MS*)산출 공식은 표 13 · 8에 제시되어 있다.

표에서 이론적 *F*비의 분자에는 처치효과에 대한 *E*(*MS*), 분모에는 특정한 효과를 검증하기 위해 사용된 오차분산의 *E*(*MS*)가 제시되어 있다. 고정효과모형의 경우 분자의 *E*(*MS*)에는 σ_e^2에다 해당 주효과 혹은 상호작용효과에 기인된 분산이 추가되어 있다. 이와 같이 고정효과모형의 분자에는 오차분산(σ_e^2)에 각각의 변산원에 해당하는 분산이 추가되기 때문에 주효과와 상호작용효과를 검증하기 위한 오차항(誤差項)은 MS_w가 된다.

무선효과모형과 혼합모형에 대한 이원 *ANOVA* 계산은 고정효과모형과 동일하다. 즉 자승화의 계산은 동일하다. 그러나 분산추정치의 기대치(E)는 고정효과모형과는 상당히 다르다. 다시 말하면 실제 F비 계산에서 오차분산(誤差分散)을 지정하는 방법에 차이가 있다. 먼저 무선효과모형의 경우, 주효과(종렬과 횡렬변수)에 대한 분자의 $E(MS)$에는 σ_e^2 이외에 두 가지 분산이 포함되어 있다. 그중 하나는 종렬(혹은 횡렬)효과에 기인된 분산과 다른 하나는 상호작용에 기인된 분산이다. 따라서 $E(MS)$(상호작용효과의 분산추정치)는 무선효과모형에서 주효과를 검증할 때 적절하게 사용할 수 있는 오차항이 된다. 그러나 상호작용효과에 대한 분자의 $E(MS)$에는 σ_e^2에 상호작용효과에 기인된 분산만 추가되어 있다. 따라서 상호작용효과를 검증할 때 사용될 수 있는 오차항은 MS_w(오차분산)가 된다.

표 13·8 이원분산분석의 특수모형별 F비 및 $E(MS)$

	고정효과모형		혼합효과모형		무선효과모형	
변수별 실험조건	횡렬(r) 의도적 종렬(c) 의도적		횡렬(r) 의도적 종렬(c) 무선적		횡렬(r) 무선적 종렬(c) 무선적	
	실제적 F비	이론적 F비	실제적 F비	이론적 F비	실제적 F비	이론적 F비
주효과						
횡렬	$\frac{MS_R}{MS_W}$	$\frac{\left(\sigma_e^2 + nC\sum_{r=1}^{R}\alpha_{r.}^2\right)/(R-1)}{\sigma_e^2}$	$\frac{MS_R}{MS_{RC}}$	$\frac{\sigma_e^2 + n\sigma_{rc}^2 + \frac{nC\sum_{r=1}^{R}\alpha_{r.}^2}{R-1}}{\sigma_e^2 + n\sigma_{rc}^2}$	$\frac{MS_R}{MS_{RC}}$	$\frac{\sigma_e^2 + n\sigma_{rc}^2 + nC\sigma_r^2}{\sigma_e^2 + n\sigma_{rc}^2}$
종렬	$\frac{MS_C}{MS_W}$	$\frac{\sigma_e^2 + nR\sum_{c=1}^{C}\beta_{.c}^2}{\sigma_e^2}$	$\frac{MS_C}{MS_W}$	$\frac{\sigma_e^2 + nR\sigma_c^2}{\sigma_e^2}$	$\frac{MS_R}{MS_{RC}}$	$\frac{\sigma_e^2 + n\sigma_{rc}^2 + nR\sigma_c^2}{\sigma_e^2 + n\sigma_{rc}^2}$
상호작용 효과	$\frac{MS_{RC}}{MS_W}$	$\frac{\sigma_e^2 + n\sum_{c=1}^{C}\sum_{r=1}^{R}(\alpha\beta)_{rc}^2}{\sigma_e^2}$	$\frac{MS_{RC}}{MS_W}$	$\frac{\sigma_e^2 + n\sigma_{rc}^2}{\sigma_e^2}$	$\frac{MS_{RC}}{MS_W}$	$\frac{\sigma_e^2 + n\sigma_{rc}^2}{\sigma_e^2}$
분석결과의 해석	• 실험에 사용된 하위수준 (실험조건)에만 국한하여 해석		• 의도적으로 선정된 변수(r)의 효과를 무선적으로 선정된 변수(c)에 대해 일반화. • 종렬변수(c)가 무선변수인데 횡렬변수(r)를 MS_{rc}로 나누는 것에 유의		• 실제 실험에 포함되지 않은 모든 실험조건에 일반화. • 실험조건이 무선표집되었다고 가정하는 효과모형에서만 MS_{rc}로 나누는 것이 가능	

마지막으로 횡렬변수(r)가 의도적으로 선정되고 종렬변수(c)가 무선적으로 선정된 혼합효과모형의 경우를 생각해 보자. 먼저 횡렬효과에 대한 분자의 $E(MS)$에는 σ_e^2 이외에 상호작용에 기인된 분산과 횡렬효과에 기인된 분산이 포함되어 있다. 따라서 의도적으로 선정된 횡렬효과(r)를 검증하기 위한 오차항은 MS_{rc}가 된다. 그러나 종렬효과와 상호작

용효과에 대한 분자의 $E(MS)$에는 σ_e^2외에 단지 해당 변산원에 기인된 분산 하나만 포함되어 있다. 따라서 무선적으로 선정된 종렬효과(c)와 상호작용효과를 검증하기 위한 오차항은 MS_w가 된다.

요약해 보자. 독립변수가 두 개 이상인 경우, 우리는 두 변수가 어떠한 조건에서 선정되었는가를 아는 것이 중요하다. 예를 들어 한 독립변수의 실험조건(하위수준)이 모든 가능한 전집으로부터 무선표집된 것인가 아니면 연구자가 의도적으로 선정한 것인가에 따라 *ANOVA* 모형은 고정효과(固定效果)와 무선효과(無選效果)모형으로 구분된다. 두 독립변수 모두가 무선적으로 선정되었을 때 무선효과모형으로 분류된다. 그리고 두 독립변수 모두가 의도적으로 선정되었을 때는 고정효과모형, 한 쪽이 의도적으로 다른 한 쪽이 무선적으로 선정되었을 때는 혼합모형으로 분류된다.

이들 세 가지 모형은 분석결과의 해석과 실제 F값 계산에서 오차분산을 지정하는 방법에 차이가 있다. 고정효과모형의 경우 분석결과는 실험에 사용된 조건에 국한하여 해석하지만 무선효과모형에서는 실제 연구에 포함되지 않은 실험조건(實驗條件)에 대해서도 해석을 일반화시킬 수 있다. 그리고 혼합모형에서는 고정변수를 무선변수에 대해 일반화시킬 수 있다*. 예를 들면 두 개의 독립변수가 훈련방법(고정변수)과 코치특성(무선변수)일 때, 훈련방법의 효과를 코치 전체에 일반화시킬 수 있음을 의미한다. 각 *ANOVA* 모형별 F치 계산방법 및 해석을 예시하면 다음과 같다.

표 13 · 9 팀 전통과 선수의 성취동기 각 하위집단별 경기성적

		팀 전통(팀의 역사적 경기실적 자료에 의해 분류)							
		하		중하		중상		상	
성취동기	상	1	2	6	9	5	8	7	9
		1	4	7	10	6	9	8	10
		2	3	8	10	7	10	9	10
	하	1	3	5	8	0	2	2	4
		1	4	6	9	1	3	3	5
		2	5	8	10	1	4	3	6

하위집단별 $n=6$, $N=48$

---

* 앞에 제시된 몇 개의 절을 읽으면서 독자는 머리가 적지 않게 아프다고 느낄 수 있다. 그럼에도 이들 내용은 이원 *ANOVA*를 큰 틀에서 이해하는 데 필요한 과정으로 보았으면 한다. 이들 내용에 대한 전체적인 이해는 단언컨대 앞으로 독자가 Computer software를 효과적으로 적용하는 기초가 된다는 점을 기억해 두기를 바란다.

선수의 성취동기와 팀 전통이 경기성적에 미치는 영향을 검증하기 위해 팀 전통은 팀의 과거 경기력으로 정의하고 지난 5년 동안 팀이 거둔 승수로 측정하였다. 팀 전통의 하위수준은 4개 수준(상, 중상, 중하, 하)으로 구분하고 선수의 성취동기 수준은 상, 하 두 개의 범주로 구분하였다. 4개 수준의 팀 전통 하위수준별로 각각 2개 팀을 선정하고 이들 팀에서 12명의 선수를 무작위로 선정한 후, 성취동기 검사 결과를 토대로 선수들을 성취동기 상, 하 집단으로 구분하였다. 선수들의 경기성적은 그동안 시합에서 얻은 승수로 정의하였다. 수집된 자료는 표 13 · 9와 같다. 그리고 이 자료를 기초로 산출된 자승화(SS), 자유도(df), 분산추정치(MS)는 표 13 · 10과 같다. 표에는 두 독립변수가 첫째, 모두 의도적으로 선정된 경우 둘째, 횡렬변수(성취동기 수준)가 의도적이고 종렬변수(팀 전통)가 무선적으로 선정된 경우 셋째, 두 변수 모두 무선적으로 선정된 경우에 해당하는 F값과 각 변산원의 통계적 유의수준을 함께 제시하였다.

표 13 · 10 분산분석 결과표

변산원	자승화 (SS)	자유도 (df)	변산추정치 (MS)	F비		
				고정효과	혼합모형	무선효과
주효과						
횡렬(성취동기)	80.08	1	80.08	33.93*	2.61	2.61
종렬(팀 전통)	221.17	3	73.72	31.26*	31.26*	2.40
상호작용효과	92.08	3	30.69	13.02*	13.02*	13.02*
집단내(오차)	94.33	40	2.36			
전 체	487.66	48				

- 고정효과모형(fixed effect model) : 주효과와 상호작용효과를 검증하기 위한 오차항은 MS_w(내분산추정치 : 오차분산)이다.
- 무선효과모형(random effect model) : 두 독립변수의 주효과 검증을 위한 오차항은 MS_{RC}이며 상호작용효과를 검증하기 위한 오차항은 MS_w이다.
- 혼합효과모형(mixed model) : 의도적으로 선정된 변수의 주효과를 검증하기 위한 오차항은 MS_{RC}이며 무선적으로 선정된 변수의 주효과와 상호작용효과를 검증하기 위한 오차항은 MS_w이다.

12. 이원분산분석에서 평균치의 개별비교

일원 *ANOVA*에서와 마찬가지로 이원 *ANOVA*에서도 *F*검증 자체는 자료분석의 첫 단계에 불과한 것이다. *F*검증 결과, 통계적으로 유의한 차가 있을 때는 구체적으로 어떤 독립변수의 평균치 간에 차이가 있는지를 검증하는 절차를 밟아야 한다. 이원 *ANOVA*에서 평균치의 개별비교(個別比較)는 일원 *ANOVA*에서 소개한 6가지 검증방법을 모두 사용할 수 있다. 그러나 여기에는 평균치의 개별비교 방법으로 Tukey 검증방법만 소개하려고 한다. 다른 검증방법은 Tukey 방법과 같은 방식으로 조정하여 이원 *ANOVA* 결과에 사용하면 된다.

앞의 「훈련기간과 성별이 유연성에 미치는 효과」에 관한 연구(표 13 · 5)에서 두 독립변수(훈련기간과 성별)의 하위수준은 의도적으로 선정된 것이기 때문에 고정효과모형이 된다. 표 13 · 5의 검증결과에 의하면 성별, 훈련기간 간에는 모두 통계적으로 유의한 차가 있는 것으로 나타났다. 이 중 성별 변수는 단지 두 개의 하위수준(남과 여)으로 분류되어 있기 때문에 연구자는 세 수준의 훈련기간을 통틀어 여자가 남자보다 더 유연하다는 결론을 내릴 수 있다.

그러나 훈련기간 변수는 세 개의 하위수준(1주, 2주, 3주)으로 분류되어 있기 때문에 구체적으로 어떤 하위수준 간에 차이가 있는지를 알기 위해서는 Tukey 방법과 같은 평균치의 개별비교 방법을 적용해야 한다. 이 예에서 훈련기간 변수는 종렬변수이기 때문에 남·여를 합쳐 종렬 평균치 간에는 다음과 같은 세 가지 평균치 간의 개별비교가 가능하다. 이를 영가설(H_0) 형태로 제시하면 다음과 같다.

$$H_{01} : \mu_{.1} = \mu_{.2}$$
$$H_{02} : \mu_{.1} = \mu_{.3}$$
$$H_{03} : \mu_{.2} = \mu_{.3}$$

이원 *ANOVA*에서 평균치의 개별비교를 위한 Tukey의 검증통계치(Q)는 다음과 같다. 이 공식은 일원 *ANOVA*에서와 같다.

$$Q = \frac{\overline{X}_i - \overline{X}_j}{\sqrt{MS_w / n'}}$$

여기에서

$\overline{X}_i$ = 집단i의 평균치
$\overline{X}_j$ = 집단j의 평균치
MS_w = 이원 *ANOVA*에서 집단내 분산추정치
n' = 비교하고자 하는 각 집단의 표본수

위의 세 가지 영가설 각각에 대한 Q검증결과는 표 13 · 11에 제시되어 있다. 표에는 훈련기간 변수의 하위수준별 평균치($\overline{X}$)가 크기순으로 배열되어 있고 비교하고자 하는 평균치 간의 차가($\overline{X}_i - \overline{X}_j$)항에 제시되어 있다. 그리고 비교하고자 하는 하위수준별 ($\overline{X}_i - \overline{X}_j$)를 $\sqrt{MS_w/n'}$로 나눈 Q값이 제시되어 있다. 예를 들면 훈련기간 변수의 하위수준별 표본수는 각각 16명(남 8, 여 8)이고 MS_w는 표 13 · 5에 의하면 14.79로 나타났으므로 $\sqrt{MS_w/n'}$는 $\sqrt{14.79/16}=0.96$이 된다. 산출된 각각의 Q값에 대한 유의도 검증은 부록의 〈수표 10〉을 이용하면 된다.

수표에서 비교하고자 하는 집단수가 3(1주, 2주, 3주)이고 집단내 df가 42일 때 $\alpha =$ .05와 .01에 해당하는 Q의 기준치는 각각 3.44와 4.37이 된다. $\alpha = .05$를 가정했을 때 위의 세 가지 영가설(H_0)은 모두 부정된다. 즉 세 하위수준(1주, 2주, 3주) 각각의 유연성 간에는 $\alpha = .05$수준에서 통계적으로 유의한 차가 있음을 알 수 있다. 따라서 연구자는 1주보다는 2주, 2주보다는 3주의 훈련기간이 유연성을 증가시키는 데 보다 효과적이라는 결론을 내릴 수 있다.

표 13 · 11 Tukey 검증방법에 의한 Q계산

훈련기간	1주	2주	3주
$\overline{X}$	23.25	27.25	34.63
$\overline{X}_i - \overline{X}_j$		4.00	11.38 7.38
$Q=\dfrac{\overline{X}_i - \overline{X}_j}{\sqrt{MS_w/n'}}$		4.17*	11.85** 7.69*

$*p<.05,\ df=42$에 대한 $Q_{cv(.05)}=3.44$
$**p<.01,\ df=42$에 대한 $Q_{cv(.01)}=4.37$

고정효과모형이 아닌 무선효과 또는 혼합효과모형에서 통계적으로 유의한 F값을 얻었을 경우, **무선변수의 하위수준 평균치 간 개별비교는 실제 관심의 대상이 되지 못한다.** 왜냐하면 각각의 하위수준이 무선적(無選的)으로 선정되었기 때문에 반복연구를 할 때 그들 하위수준이 다시 나타날 가능성은 적기 때문이다. 따라서 어떤 하위수준 간에 차이가 있느냐를 결정하는 것은 별 의미가 없다. 그러나 **혼합모형에서 고정변수의 하위수준 간 평균치 개별비교는 의미가 있다.** 그런데 혼합모형에서 고정변수에 대한 오차분산은 상호작용(相互作用) 분산추정치(MS_{rc})이다. 따라서 평균치를 개별비교할 경우, 분모의

MS_w는 MS_{rc}로 대치 사용해야 한다. 요약하면 혼합모형에서 고정변수의 하위수준 간 평균치 개별비교를 Tukey 방법으로 검증할 때 검증통계치(Q)와 자유도(df)는 다음과 같다.

$$Q = \frac{\overline{X}_i - \overline{X}_j}{\sqrt{MS_{rc}/n'}} \tag{13.13}$$

$$df = (r-1)(c-1)$$

이원 *ANOVA*에서 평균치 개별비교는 일원 *ANOVA*와 같다. 고정효과모형에 대한 Tukey의 검증통계치(Q)는 $Q = \overline{X}_i - \overline{X}_j / \sqrt{MS_w/n'}$ 이다. 여기에서 n'은 비교하고자 하는 해당변수의 하위수준별 표본수이다. 혼합모형에서 고정변수에 대한 Q검증방법을 적용할 경우 MS_w는 MS_{rc}로 대체 사용해야 한다.

---

13. 관계강도($\hat{w}^2$)

11장에서와 마찬가지로 이원 *ANOVA*에서도 독립변수가 종속변수에 영향을 주는 정도, 다시 말하면 독립변수가 종속변수의 분산(分散)을 어느 정도 설명해 주고 있는가는 $\hat{w}^2$을 통하여 확인할 수 있다. 그러나 이원 *ANOVA*에서는 두 독립변수의 주효과와 상호작용효과 등 세 가지로 나누어 분석할 수 있다. 횡렬변수가 종속변수에 영향을 주는 정도를 $\hat{w}_r^2$이라 하고 종렬변수와 두 변수의 상호작용이 종속변수에 영향을 주는 정도를 각각 $\hat{w}_c^2$, $\hat{w}_{rc}^2$이라고 하면,

$$\hat{w}_r^2 = \frac{SS_r - (R-1)\hat{\sigma}_e^2}{\hat{\sigma}_e^2 + SS_t} \tag{13.14}$$

$$\hat{w}_c^2 = \frac{SS_c - (C-1)\hat{\sigma}_e^2}{\hat{\sigma}_e^2 + SS_t} \tag{13.15}$$

$$\hat{w}_{rc}^2 = \frac{SS_{rc} - (R-1)(C-1)\hat{\sigma}_e^2}{\hat{\sigma}_e^2 + SS_t} \tag{13.16}$$

가 된다. 앞의 「훈련기간과 성별이 유연성에 미치는 효과」를 분석한 표 13·5의 *ANOVA* 결과에 $\hat{w}^2$을 적용해 보자.

$$\hat{w}_r^2 = \frac{330.75 - (2-1)14.79}{14.79 + 2367.25} = .133$$

$$\hat{w}_c^2 = \frac{1065.50 - (3-1)14.79}{14.79 + 2367.25} = .435$$

$$\hat{w}_{rc}^2 = \frac{350.00 - (1)(2)14.79}{14.79 + 2367.25} = .135$$

위의 결과에 의하면 횡렬변수(성별)는 종속변수(유연성) 전체분산의 13.3%를 설명해 주고 있다. 그리고 종렬변수(훈련기간)는 종속변수 전체분산의 43.5%, 상호작용은 13.5%를 설명해 주고 있다. 한편 *ANOVA* 결과 *F*값이 1.0보다 적을 경우, $\hat{w}^2$를 계산하면 '－'값이 산출된다. 그러나 $\hat{w}^2$는 '－'값을 취할 수 없으므로 그러한 경우는 '0'으로 간주한다.

14. 각 집단의 표본수가 동일하지 않은 경우

지금까지 설명한 이원분산분석 방법은 각 집단(cell)의 표본수가 같다는 것을 가정한 것이다. 일원 *ANOVA*에서 *F*값을 계산할 때 각 집단의 표본수가 같지 않을 경우에도 전혀 문제가 없지만, 이원 *ANOVA*에서는 각 집단의 표본수가 같지 않을 경우 산출된 *F*값은 과소 혹은 과대 추정되기 때문에 문제가 된다. 따라서 이원 *ANOVA*를 적용할 경우 연구자는 연구계획 단계에서 반드시 각 집단의 사례수(n)가 동일하도록 실험계획(實驗計劃)을 수립해야 한다.

그러나 각 집단의 사례수가 동일하지 않다고 하더라도 다음과 같이 비례적(比例的: proportional)인 관계가 있을 때는 앞에 기술한 이원 *ANOVA* 방법을 그대로 적용할 수 있다. 여기에서 사례수가 비례적이라는 것은 각 집단(cell)의 사례수는 서로 다르지만 각 횡렬(또는 종렬)별로 하위 집단간의 비율이 각각 같다는 것을 의미한다. 예를 들면,

$n_{11}=20$	$n_{12}=15$	$n_{1.}=35$
$n_{21}=40$	$n_{22}=30$	$n_{2.}=70$
$n_{.1}=60$	$n_{.2}=45$	

이 자료에서 횡렬에 대한 사례수의 비율은 20/40 = 15/30 = 1/2로 서로 같고 종렬에 대한 사례수의 비율 역시 20/15 = 40/30 = 4/3으로 서로 같다. 따라서 각 집단은

비례적(比例的)이므로 앞에 제시된 이원 *ANOVA* 방법을 그대로 적용할 수 있다. 그러나 아래의 예는 30/10≠40/20, 30/40≠10/20으로 그 비율이 서로 비례적이 아니다. 이 경우, 위의 이원 *ANOVA* 방법을 적용하면 그 결과는 믿을 만한 것이 못 된다. 왜냐하면 사례수가 많은 집단(cell)의 효과가 상대적으로 커지기 때문이다. 그리고 각 독립변수가 종속변수에 미치는 효과의 정도를 구분할 수 없게 되기 때문이다.

$n_{11}=30$	$n_{12}=40$	$n_{1.}=70$
$n_{21}=10$	$n_{22}=20$	$n_{2.}=30$
$n_{.1}=40$	$n_{.2}=60$	

이와 같이 앞에 기술한 이원 *ANOVA*를 적용하기 위해서는 각 집단의 사례수가 동일하거나 최소한 비례적이어야 한다. 그러나 실제 연구에서는 사례수를 동일하게 설계하였다 할지라도 뜻하지 않은 일로 각 집단의 사례수가 같지 않거나 비례적 관계를 갖지 못하는 경우가 흔히 발생한다. 이 같은 경우에는 충분한 사례수를 표집하여 실험한 후 사례수가 가장 적은 집단을 기준으로 다른 많은 집단에서 난수표(亂數表: random table)를 이용하여 무선적으로 사례들을 제외하는 방법을 사용할 수 있다. 그러나 이 방법은 한 집단의 사례수가 극히 적을 경우에는 신뢰성이 낮아지기 때문에 항상 문제는 안고 있는 셈이다. 또 다른 방법은 통계적인 통제방법으로서 최소자승 회귀분석방법(least squares regression procedure)과 무비중(無比重) 평균분석(unweighted-mean analysis) 방법이 있다. 이 장에서는 무비중 평균분석 방법을 소개하고자 한다.

이 방법은 이원 *ANOVA*에서 각 집단(cell)의 평균에 모두 동일한 비중을 주는 방법이다. 이 방법을 적용하기 위해서는 먼저 자승화(*SS*)를 계산한 다음 횡렬, 종렬, 상호작용의 분산추정치(혹은 평균자승화 : mean square)를 계산하는데 이때 각 집단의 평균치(cell mean)를 사용한다. 다음으로 집단내 분산추정치를 각 집단의 사례에 대한 조화평균(調和平均: harmonic mean) n과 곱하여 조정된 분산추정치를 얻는다. 조화평균 n은 $\hat{n}$으로 표기하며 산출 공식은 다음과 같다.

$$\hat{n}=\frac{\frac{1}{n_{11}}+\frac{1}{n_{12}}+\cdots+\frac{1}{n_{21}}+\cdots\frac{1}{n_{rc}}}{RC}=\frac{\sum_{c=1}\sum_{r=1}\frac{1}{n_{rc}}}{RC} \tag{13.17}$$

조정된 집단내 분산추정치($MS_w{}'$) 공식은 다음과 같다.

$$MS_w{}' = MS_w{}' \left(\frac{\sum_{c=1}\sum_{r=1} \frac{1}{n_{rc}}}{RC} \right)$$

예를 들어 보자. 어느 교수가 근력과 운동경력이 양궁기록과 어떤 관계가 있는가를 조사하고자 한다고 가정하자. 이 연구를 위해 연구자는 근력변수를 한국 대표급 선수의 평균치를 기준으로 하여 상 · 하 집단으로 구분하였고 운동경력은 5년을 기준으로 5년 이상, 이하로 구분하였다. 15명의 선수를 무선 표집하여 근력, 운동경력을 측정 · 조사하고 그들의 기록을 평가한 결과, 표 13 · 12와 같은 자료를 얻었다. 이 연구의 영가설(H_0)은 다음과 같다.

H_{01}: 「근력 상집단과 하집단의 양궁기록 간에는 차이가 없다」

H_{02}: 「운동경력 5년이상 선수와 5년미만 선수의 양궁기록 간에는 차이가 없다」

표 13 · 12 무비중 평균방법 적용을 위한 예시자료

❶ *ANOVA*의 일반공식 적용을 위한 자료

	5년 이하		5년 이상		
근력 상	12 9 13	$\Sigma X_{11} = 34.00$ $\overline{X}_{11} = 11.33$ $\Sigma X^2 = 394.00$	10 14	$\Sigma X_{12} = 24.00$ $\overline{X}_{12} = 12.00$ $\Sigma X^2 = 296.00$	
근력 하	8 10 14 6 10	$\Sigma X_{21} = 48.00$ $\overline{X}_{21} = 9.60$ $\Sigma X^2 = 496.00$	12 10 8 14 11	$\Sigma X_{22} = 55.00$ $\overline{X}_{22} = 11.00$ $\Sigma X^2 = 625.00$	
					$\Sigma\Sigma\Sigma X_{irc} = 161$ $\Sigma\Sigma\Sigma X^2_{irc} = 1811$

❷ 각 집단(cell)별 평균치(T)

	5년이하	5년이상	
근력 상	$T_{11} = 11.33$	$T_{12} = 12.00$	$T_{1.} = 23.33$
근력 하	$T_{21} = 9.60$	$T_{22} = 11.00$	$T_{2.} = 20.60$
	$T_{.1} = 20.93$	$T_{.2} = 23.00$	$T = 43.93$

여기에서는 무비중 평균방법에 의한 *ANOVA*방법을 앞에서 소개한 *ANOVA*방법과 구분하기 위해 평균치를 $\overline{X}$가 아니라 편의상 T로 기술하였다.

표 13 · 12의 자료는 각 집단(cell)의 사례수가 동일하지 않고 비례적이지 못하다. 따라서 이 자료는 무비중 평균분석(無比重 平均分析) 방법을 적용해야 한다. 앞에서 근력(횡렬), 운동경력(종렬), 이 두 변수의 상호작용효과에 대한 자승화(SS) 계산은 각 집단에 대한 단일 관찰치로서 집단평균치(cell mean)를 사용한다고 하였다. 각 집단별로 계산된 평균치는 표 13 · 12의 ❷항에 제시되어 있다. 표의 자료를 이용하여 각각의 자승화를 계산해 보면 다음과 같다.

$$SS_R = \frac{1}{C}\sum_{r=1} T_{r.}^{\ 2} - \frac{T^2}{RC}$$

$$= \frac{1}{2}[(23.33)^2 + (20.60)^2] - \frac{(43.93)^2}{4} = 1.86$$

$$SS_C = \frac{1}{R}\sum_{c=1} T_{.c}^{\ 2} - \frac{T^2}{RC}$$

$$= \frac{1}{2}[(20.93)^2 + (23.00)^2] - \frac{(43.93)^2}{4} = 1.07$$

$$SS_{RC} = \sum_{c-1}\sum_{r-1} T_{rc}^{\ 2} - \frac{1}{C}\sum_{r=1} T_{r.}^{\ 2} - \frac{1}{R}\sum_{r=1} T_{.c}^{\ 2} + \frac{T^2}{N}$$

$$= [(11.33)^2 + (12.00)^2 + (9.60)^2 + (11.00)^2]$$

$$- 484.32 - 483.53 + \frac{(43.93)^2}{4}$$

$$= 0.14$$

공식 (13.9)를 이용하여 집단내 자승화(SS)를 계산하면

$$SS_w = \sum_{c=1}\sum_{r=1}\sum_{i=1} X_{irc}^{\ 2} - \sum_{c=1}\sum_{r=1} \frac{(\Sigma X_{rc})^2}{n_{rc}}$$

$$= 1811 - [\frac{(34)^2}{3} + \frac{(24)^2}{2} + \frac{(48)^2}{5} + \frac{(55)^2}{5}]$$

$$= 71.87$$

집단내 분산추정치(MS_w)의 자유도(df)는

$$df = (n_{11} - 1) + (n_{12} - 1) + (n_{21} - 1) + (n_{22} - 1)$$

$$= (3 - 1) + (2 - 1) + (5 - 1) + (5 - 1) = 11$$

따라서

$MS_w = SS_w / df_w = 71.87/11 = 6.53$

조정된 집단내 분산추정치($MS_w{}'$)는

$$MS_w{}' = MS_w \frac{\sum_{c=1} \sum_{r=1} \frac{1}{n_{rc}}}{RC}$$

$$= 6.53(\frac{\frac{1}{3}+\frac{1}{2}+\frac{1}{5}+\frac{1}{5}}{4})$$

$$= 2.02$$

두 독립변수가 모두 고정효과 변수라 가정하고 α를 .05 수준에 설정하였을 때 무비중 평균방법을 적용한 이원 *ANOVA* 결과는 다음과 같이 요약, 정리할 수 있다.

표 13 · 13 무비중 평균방법에 의한 이원 *ANOVA*결과표

변산원	SS	df	MS	F	F_{cv}
근력(A)	1.86	1	1.86	.92	4.84
운동경력(B)	1.07	1	1.07	.53	4.84
상호작용(AxB)	0.14	1	0.14	.07	4.84
집단내		11	2.02		

$\alpha = .05$수준에서 계산된 F값이 가설부정의 기준치(F_{cv})보다 작기 때문에 영가설(H_0)을 긍정한다. 따라서 각 독립변수별로 표본 평균치 간의 차이는 표집오차에 기인한 것으로 해석할 수 있다. 이 조사결과를 기초로 할 때 「근력뿐만 아니라 운동경력은 양궁기록에 영향을 미치지 않는다」는 결론을 내릴 수 있다.

15. 무선구획 실험설계(Randomized block design)

실험연구에서 우리의 관심은 독립변수가 종속변수에 미치는 순수한 영향을 밝혀내는 것이다. 그런데 실제 연구과정에서 독립변수 이외에 종속변수에 영향을 미칠 수 있는 요인이 적지 않은데, 이러한 요인을 우리는 잡음요인(雜音要因: nuisance factor)이라고 한다. 실험설계의 목적은 바로 이러한 잡음요인을 의도적으로 통제하거나 혹은 그렇게 할 수 없을 경우 그러한 요인을 실험조건에 무선배정함으로써 실험결과에 일정하게 작용하도록 하는 데 있다. 잡음요인을 통제하는 방법은 실험적(實驗的: experimental control) 통제방법과 통계적(統計的 : statistical control) 통제방법이 있다.

실험적 통제방법으로는 세 가지 방법이 있다. 첫째 방법은 연구결과에 중요한 영향을 줄 수 있다고 판단되는 잡음요인을 모든 피험자에게 일정하게 유지하도록 하여 어느 한 실험집단에 편중되지 않은 실험결과를 얻도록 하는 것이다. 예를 들어 운동경험이 경기력에 영향을 미칠 것으로 판단되면 운동경험이 없는 사람(혹은 경험이 있는 사람)만을 대상으로 하여 운동경험 요인을 통제할 수 있다. 둘째 방법은 연구대상 피험자를 무선표집하고 실험집단에 무선배정(無選配定)하는 것이다. 이 방법을 통하여 잡음요인을 모든 실험집단(實驗集團)에 고르게 분산시킴으로써 어느 한 실험집단에 편중되지 않은 실험결과를 얻도록 하는 것이다.

셋째 방법은 연구결과에 중요한 영향을 줄 수 있다고 판단되는 잡음요인을 하나의 실험변수로 실험설계에 포함시킴으로써 오차분산(誤差分散)을 작게 하는 것이다. 일원 *ANOVA*에서 우리는 종속변수의 전체분산 중 독립변수(처치효과) 이외에는 모두 오차분산이 된다는 것을 알았다. 그러나 종속변수에 영향을 줄 수 있다고 판단되는 잡음요인을 또 하나의 독립변수와 같이 취급하여 분석하면 종속변수의 전체분산 중 잡음변수가 차지하는 분산이 일원 *ANOVA* 때의 오차분산에서 제외되기 때문에 이원 *ANOVA*에서의 오차분산은 상대적으로 작아지게 된다. 오차분산이 작아지면 독립변수의 영향을 상대적으로 정확하게 찾아내고 통계적 검증력도 커지게 된다. 여기에 제시될 무선구획설계는 잡음요인에 구획(block)을 설정함으로써 독립변수와 같이 취급하여 통제하는 실험설계 방법이다.

일원 *ANOVA*의 오차 자승화	$(SS_e) = SS_t - SS_b$
이원 *ANOVA*의 오차 자승화	$(SS_e) = SS_t - (SS_r + SS_c + SS_{rc})$
∴ 일원 *ANOVA* 오차 자승화	〉 이원 *ANOVA* 오차 자승화

통계적 통제방법으로는 자료분석 과정에서 잡음요인을 통제하는 공분산분석(共分散分析: *ANCOVA*) 방법이 있다. 이 방법은 다음 장에 소개하였다.

앞에서 실험적 통제의 세 번째 방법인 잡음변수를 실험변수(독립변수)에 포함시킴으로써 오차분산을 줄이는 목적으로 사용되는 실험설계를 우리는 무선구획 설계(無選區劃設計: randomized block design)라고 하였다. 이 설계는 앞에서 소개한 혼합효과모형(mixed effect model)과 유사하다. 무선구획설계는 A, B 두 개의 독립변수를 가진 이원 $ANOVA$의 형태를 취한다. 이때 A변수는 실험변수이고 B변수는 잡음변수이다.

잡음변수의 실험조건별 피험자 수는 실험변수의 실험조건별로 동일하며 구획 내에서 피험자는 무선배정된다. 따라서 실험변수 A에 C개의 실험조건이 있고 잡음변수 B에 R개의 실험조건이 있다면, 전체 피험자 수는 RC가 되고 실험변수와 잡음변수의 실험조건별로 교차하는 각 하위집단(cell)의 피험자 수는 1명이다. 다시 말하면 **무선구획설계는 각 하위집단의 수와 피험자의 수가 같은 경우**가 된다. 잡음변수의 실험조건 각각을 우리는 구획(block)이라고 하는데 실험조건이 3개면 구획도 3개가 된다. 잡음변수는 구획변수(區劃變數)라고도 부른다. 무선구획설계는 종속변수(준거변수)와 잡음변수 간의 상관이 .40보다 적을 경우 적용할 때 가장 정확(precise)한 결과를 얻을 수 있다. 그리고 종속변수와 잡음변수 간의 상관이 .60보다 클 경우에는 공분산분석($ANCOVA$) 방법을 적용하는 것이 더 정확하다.

무선구획설계(randomized block design)는 두 개의 독립변수 중 하나는 고정변수, 다른 하나는 무선변수로 보는 혼합효과모형(混合效果模型: mixed effect model)을 변형시킨 실험설계이다. 무선구획설계에서는 실험변수(A)를 고정변수, 잡음변수(B)을 무선변수로 간주한다. 무선구획설계와 혼합효과모형 간의 차이는 무선구획 설계의 경우 각 하위집단의 피험자 수(n)가 1명이기 때문에 집단내 분산(오차분산, MS_w)을 계산할 수 없다는 점이다. 따라서 오차분산(誤差分散, MS_w)을 계산할 수 없으므로 잡음변수의 효과는 검증할 수 없다.

표 13 · 14 무선구획설계의 *ANOVA* 모형

변산원 (SV)	자승화 (SS)	자유도 (df)	분산추정치 (MS)	F
구획간(R)	SS_r	$R-1$	MS_r	
구획내				
처치간(C)	SS_c	$C-1$	MS_c	MS_c/MS_{rc}
상호작용(RC)	SS_{rc}	$(R-1)(C-1)$	MS_{rc}	
전체	SS_t	$RC-1$		

무선구획설계의 수리적 모형은 $X_{rc}=\mu+\alpha_c+b_r+e_{irc}$이며 자승화의 분할은 $SS_t=SS_r+SS_c+SS_{rc}$가 된다. 무선구획설계에 관한 *ANOVA*의 일반모형은 다음 표 13 · 14와 같다. 제시된 모형에 의하면 '실험처치 효과가 없다'는 영가설 하에서 처치간 변수(종렬변수: *C*)의 효과만을 상호작용(*RC*) 분산으로 검증할 수 있다는 점에 독자는 유의하기 바란다. 만일 잡음변수(이 경우 횡렬변수 : 구획변수)의 효과를 검증하려면 오차분산(MS_w)을 구할 수 있어야 하는데 오차분산을 구하기 위해서는 **각 하위집단내의 피험자가 2명 이상**이어야 한다.

네 가지 훈련방법이 근력에 미치는 영향을 분석하기 위한 실험을 예로 들어보자. 이 연구가 잘 계획된 실험연구가 되기 위해서는 훈련방법 이외의 변수가 근력에 미치는 영향이 배제된 실험계획을 수립해야 한다. 그런데 그동안의 연구에서 체중은 실제로 근력에 영향을 미치는 것으로 나타났고 또한 피험자마다 체중에 상당한 차이가 있는 것으로 나타났다. 연구자는 체중이 근력에 미치는 영향을 배제하기 위해 무선배정에 의한 일원 *ANOVA*보다는 사전에 체중을 조사하여 이를 몇 개의 구획으로 나눈 구획변수(區劃變數)로 설정함으로써 체중이 근력에 미치는 영향을 계획적으로 제거하고자 하였다.

표 13 · 15에는 사전에 피험자의 체중을 조사하여 그 수준을 5로 나누고 각 수준에서 4명씩을 표집한 후 4개의 실험처치 조건에 무선배정하고 실험실시 결과 얻은 개인별 근력이 제시되어 있다.

표 13 · 15 무선구획설계의 예시자료

구획수준	훈련방법(*C*)				
R	I	II	III	IV	$\Sigma X_{r.}$
1	8	9	11	10	38
2	8	7	6	5	26
3	12	15	17	19	63
4	9	13	12	15	49
5	12	10	10	8	40
$\Sigma X_{.c}$	49	54	56	57	216
ΣX^2	$(8^2+8^2+12^2+\cdots\cdots 15^2+8^2)$				2586

SS_t(전체) $=2586-\dfrac{(216)^2}{20}=2586-2332.8=253.2$

SS_r(구획간) $=\dfrac{(38)^2+(26)^2+(63)^2+(49)^2+(40)^2}{4}-2332.8=189.7$

$$SS_c(\text{방법간}) \quad = \frac{(49)^2 + (54)^2 + (56)^2 + (57)^2}{5} - 2332.8 = 7.6$$

$$SS_{rc}(\text{상호작용}) \quad = SS_t - SS_r - SS_c = 253.2 - 189.7 - 7.6 = 55.9$$

$$MS_r(\text{구획간}) \quad = \frac{SS_t}{R-1} = \frac{189.7}{5-1} = 47.43$$

$$MS_c(\text{방법간}) \quad = \frac{SS_c}{C-1} = \frac{7.6}{4-1} = 2.53$$

$$MS_{rc}(\text{상호작용}) \quad = \frac{SS_{rc}}{(R-1)(C-1)} = \frac{55.9}{(4)(3)} = 4.66$$

$$F(\text{방법간 차}) \quad = \frac{MS_c}{MS_{rc}} = \frac{2.53}{4.66} = 0.54$$

무선구획설계에서 실험변수의 처치효과에 대한 F비는 앞에 제시된 혼합효과모형과 마찬가지로 MS_c/MS_{rc}이다. 이 검증통계치(F)는 $df_1 = (C-1)$과 $df_2 = (C-1)(R-1)$의 자유도를 가진 F분포를 이룬다. $\alpha = .05$이고 $df_1 = 3$, $df_2 = 12$일 때 가설부정을 위한 기준치(F_{cv})는 3.49이다. 따라서 산출된 F값(0.54)이 기준치보다 작으므로 영가설을 긍정하고 훈련방법 간에는 차이가 없다는 결론을 내린다.

표 13 · 16 표 13 · 15의 자료에 대한 *ANOVA*결과

SV	*SS*	*df*	*MS*	*F*
구획간(*R*)	189.7	4	47.43	
구획내				
훈련방법간(*C*)	7.6	3	2.53	0.54
상호작용(*RC*)	55.9	12	4.66	
전체	253.2	19		

16. 반복측정 실험설계(Repeated measure design)

무선구획설계는 각 구획 내에서 피험자 수를 실험변수의 실험조건(하위수준)만큼 표집하여 각 실험조건에 무선배정하는 실험설계라고 하였다. 그런데 반복측정설계(反復測定設計)는 동일한 피험자를 실험변수의 각 실험조건에 반복하여 사용하는 실험설계이다. 따라서 반복측정설계에서 각 피험사는 무선구획설계에서 구획변수의 각 수준과 같은 의미를 갖는다.

반복측정설계를 사용하기 위해서는 동일한 피험자에 대해 사전에 제시한 실험처치(實驗處置)가 후속되는 실험처치에 영향을 주어서는 안 된다. 또한 실험효과를 측정하는 검사 역시 후속되는 검사에 영향을 주어서도 안 된다. 이러한 문제를 해결하기 위한 실험설계 방법 중의 하나가 평형설계(counter-balanced design: 平衡設計)이다. 독자는 연구방법 책을 이용하여 이에 관한 정보를 얻기를 바란다.

반복측정설계는 체육측정 연구에서 흔히 적용된다. 예를 들면 근력검사를 3회 반복 측정하였을 때 시행 간에 통계적으로 유의한 차가 있는지를 검증하는 경우이다. 이러한 연구는 근력검사를 몇회 시행할 때 가장 신뢰로운 결과를 얻을 수 있는가에 대한 답을 줄 수 있다. 우리는 반복측정설계를 피험자내 설계(被驗者內 設計: within subject design)라고도 부른다. 반복측정설계의 분석과정은 무선구획설계와 동일하다. 이 두 실험설계는 종속표본일 때 두 평균의 차에 대한 t검증을 여러 평균의 차 검증으로 연장시킨 것과 동일하다.

반복측정설계는 동일한 피험자를 실험변수의 각 실험조건에 반복하여 사용하는 실험설계이다. 반복측정설계의 분석 과정은 무선구획 실험설계의 분석과정(표 13 · 15 참조)과 동일하다. 반복측정설계에서 우리는 내적 합치도를 측정하는 Cronbach의 α계수(신뢰도 계수)를 얻을 수 있다. Cronbach의 α계수 산출공식은 다음과 같다.

$$\alpha = 1 - \frac{MS_{rc} \text{ (상호작용의 분산추정치)}}{MS_r \text{ (피험자간의 분산추정치)}}$$

반복측정설계의 분산분석 일반모형은 다음과 같다. 이 모형을 무선구획설계와 비교해 보면 동일하다는 것을 알 수 있다.

표 13 · 17 반복측정설계의 *ANOVA*모형

변산원 (SV)	자승화 (SS)	자유도 (df)	분산추정치 (MS)	F
피험자간(R)	SS_r	$R-1$	MS_r	
피험자내				
처치간(C)	SS_c	$C-1$	MS_c	MS_c/MS_{rc}
상호작용(RC)	SS_{rc}	$(R-1)(C-1)$	MS_{rc}	
전체	SS_t	$RC-1$		

예를 들어보자. 근력검사를 할 경우 몇 번 시행하는 것이 검사의 신뢰도를 높이는 데 효과적이며 또한 시행 간에 차이가 있는지를 검증하기 위해 5명의 피험자를 대상으로 3번 시행한 결과 다음과 같은 자료를 얻었다. 이 자료를 분산분석하고 3번 시행에 대한 Cronbach의 α계수(신뢰도 산출을 위해 가장 많이 사용하고 있는 내적합치도 계수)를 산출하면 다음과 같다. 연구자가 실제로 이러한 연구를 계획한다면 피험자 수는 200명보다 많아야 한다. 제시된 자료는 단지 간편한 방법으로 예를 든 것에 불과하다.

표 13·18 반복측정설계의 예시자료

피험자	검사시행 간(C)			
R	I	II	III	$\Sigma X_{r.}$
1	0	0	1	1
2	1	1	2	4
3	3	2	3	8
4	2	3	4	9
5	3	4	4	11
$\Sigma X_{.c}$	9	10	14	33
ΣX^2	$(1^2+3^2+2^2+\cdots\cdots 4^2+4^2)$			99

$$SS_t(\text{전체}) = 99-\frac{(33)^2}{15}=99-72.6=26.4$$

$$SS_r(\text{피험자간}) = \frac{1^2+4^2+8^2+9^2+11^2}{3}-72.6=21.7$$

$$SS_c(\text{시행간}) = \frac{9^2+10^2+14^2}{5}-72.6=2.8$$

$$SS_{rc}(\text{상호작용}) = 26.4-21.7-2.8=1.9$$

$$MS_r(\text{피험자간}) = \frac{SS_r}{R-1}=\frac{21.7}{5-1}=5.43$$

$$MS_c(\text{시행간}) = \frac{SS_c}{C-1}=\frac{2.8}{3-1}=1.40$$

$$MS_{rc}(\text{상호작용}) = \frac{SS_{rc}}{(R-1)(C-1)}=\frac{1.9}{(4)(2)}=0.24$$

$$F(\text{시행간 차}) = \frac{MS_c}{MS_{rc}}=\frac{1.40}{0.24}=5.83.$$

$$\text{Cronbach의 } \alpha\text{계수} =1-\frac{MS_{rc}}{MS_r}=1-\frac{0.24}{5.43}=0.96$$

표 13·19 표 13·18의 자료에 대한 *ANOVA* 결과

변산원	*SS*	*df*	*MS*	*F*
피험자간(R)	21.7	4	5.43	
피험자내				
처치간(C)	2.8	2	1.40	5.83*
상호작용(RC)	1.9	8	0.24	
전체	26.4	14		

*……$p<.05$수준에서 통계적으로 유의한 차

$\alpha = .05$수준에서 $df_1 = 2$, $df_2 = 8$일 때 가설부정을 위한 기준치(F_{cv})는 4.46이다. 계산된 F값(5.83)이 기준치보다 크므로 영가설을 부정하고 세 검사시행 간에는 차이가 있다는 결론을 내릴 수 있다. 그리고 세 검사시행 간의 내적 합치도(內的 合致度 : 신뢰도)는 0.96으로서 매우 높다고 할 수 있다.

요약

이 장에서는 독립변수가 둘 이상인 경우의 *ANOVA* 방법을 소개하였다. 독립변수가 둘 이상인 연구설계를 요인방안(要因方案: factorial design)이라 하고 이를 분석하는 방법을 이원 *ANOVA*라고 하였다. 요인방안의 장점은 첫째, 경제적이며 둘째, 하나 이상의 독립변수를 통제할 수 있고 셋째, 두 독립변수의 상호작용효과를 얻을 수 있다는 점이다. 이원 *ANOVA*에서 전체분산의 분할과 그 계산과정은 일원 *ANOVA*와 논리적으로 같다. 전체분산은 첫째, 종렬 주효과에 기인한 분산 둘째, 횡렬 주효과에 기인한 분산 셋째, 상호작용효과에 기인한 분산 넷째, 오차분산으로 나누어진다.

이원 *ANOVA*에서 검증되는 영가설은 제1독립변수(종렬), 제2독립변수(횡렬) 그리고 상호작용효과에 관한 것이다. 각각의 영가설에 대한 검증통계치는 F비이다. 이원 *ANOVA*에서는 *ANOVA* 모형이 고정효과(fixed effect), 무선효과(random effect), 혼합효과(mixed effect) 모형 중 어느 것이냐에 따라 F비의 검증공식이 달라진다. 그리고 계산된 F값이 가설부정의 기준치(F_{cv})보다 크면 영가설은 부정된다. 통계적으로 유의한 F값이 얻어지면 일원 *ANOVA*에서처럼 평균치의 개별비교(multiple comparison)를 하게 된다. 각 하위집단의 사례수(n)가 같지 않거나 비례적이 아닌 경우에는 별도로 제안된 *ANOVA* 방법(예를 들면 무비중 평균방법)을 적용해야 한다.

*ANOVA*는 통계적 방법 중 가장 광범위하게 적용하고 있는 항내성(抗耐性: robustness)이 강한 통계적 방법이다. 그러나 독립변수가 3개 이상인 경우 *ANOVA*의 계산은 매우 복잡하여 실제 컴퓨터 프로그램의 도움 없이는 계산이 불가능하다. 따라서 현재 개발되어 있는 많은 컴퓨터 프로그램 중 *SPSS*와 *SAS*, *R*, *PYTHON*은 실제 간편하고 쉽게 이용할 수 있으므로 독자는 이 프로그램에 친숙해질 필요가 있다.

연습문제

1. 김 교수는 세 가지 서로 다른 훈련방법을 적용했을 때 남 · 여학생 간의 사격 경기력에 차이가 있는지의 여부를 검증하기 위해 36명의 남 · 여학생을 세 가지 훈련방법에 무선배정 하여 훈련시킨 결과 다음과 같은 기록을 얻었다.

	훈련방법					
	I		II		III	
남	32	30	34	40	40	35
	36	38	36	31	42	38
	38	35	39	33	36	41
여	25	29	40	38	43	36
	27	26	29	34	41	39
	28	24	33	37	37	45

1) 검증가설은?

2) $\alpha = .05$일 때 가설부정의 기준치는?

3) 주효과, 상호작용효과의 검증통계치는?

4) 각 집단별 평균치($\overline{X}$)를 계산하고 상호작용효과를 검토할 수 있는 그림과 표를 작성하라.

2. 서로 다른 세 가지 교수방법을 적용했을 때 지능이 높은 학생과 낮은 학생 간에 학업성적이 어떻게 달라지는가에 관심을 갖고 실험을 실시한 결과 다음과 같은 자료를 얻었다. 각 하위집단의 피험자 수(n)는 각각 4명씩이었다.

각 집단별 학업성적의 평균

	방법1	방법2	방법3	
지능 상	55.4	59.6	63.0	59.3
지능 하	45.2	41.3	38.3	41.6
	50.3	50.3	50.7	

변산원	SS	df	MS	F
집단간				
지능	1.	2.	1176.840	9.
방법	8.466	3.	6.	.08
지능×방법	412.842	4.	7.	10.
집단내	923.796	5.	8.	

1) 위의 자료를 이용하여 빈칸에 맞는 값을 선정하라.

① 지능 변수의 자승화(SS) ?

① 588.420 ② 1176.840 ③ 2353.680

② 지능변수의 df ?

① 1 ② 2 ③ 3

③ 방법변수의 df ?

① 1 ② 2 ③ 3

④ (지능×방법)상호작용효과의 df ?

① 2 ② 3 ③ 6

⑤ 집단내의 df ?

① 6 ② 18 ③ 23

⑥ 방법변수의 MS ?

① 2.822 ② 4.233 ③ 8.466

⑦ (지능×방법)상호작용효과의 MS ?

① 68.807 ② 137.614 ③ 206.421

⑧ 집단내 MS ?

① 40.165 ② 51.322 ③ 153.966

⑨ 지능변수에 대한 F비는 ?

① 7.64 ② 22.93 ③ 29.30

⑩ (지능×방법)상호작용효과에 대한 F비는 ?

① 1.34 ② 4.02 ③ 8.04

2) 검증가설은?

3) $\alpha = .05$수준에서 가설부정의 기준치(F_{cv})는?

4) 상호작용효과를 검토할 수 있는 그림과 표를 작성하고 실제적인 상호작용효과가 있는지의 여부를 확인하라.

5) 결론은?

3. **경기종목(육상, 수영, 체조, 농구)간, 남 · 여선수 간 '운동 만족도'에 차이가 있는지를 검증하기 위해 종목별로 4명씩의 남 · 여선수를 무선표집 하여 만족도를 조사한 결과 다음과 같은 자료를 얻었다.**

경기종목

	육상	수영	체조	농구
남	32	34	34	32
	36	35	38	39
	32	36	40	38
	30	34	39	44
여	28	35	36	35
	27	38	37	45
	30	33	40	48
	26	36	38	44

1) 검증가설은?
2) $\alpha = .05$수준에서 가설부정의 기준치(F_{cv})는?
3) 상호작용효과를 검토할 수 있는 그림과 표를 작성하고 실제적인 상호작용효과가 있는지의 여부를 확인하라.
4) 결론은?

4. **도시와 농촌에 거주하는 남 · 여운동선수의 심폐지구력에 차이가 있는지의 여부를 검증하기 위해 남 · 여선수를 표집하여 조사한 결과 다음과 같은 자료를 얻었다. 그러나 실제 집단별 표본수에는 차이가 있었다. 이 자료를 F검증하고 다음 물음에 답하라.**

	도시	농촌
남	10 17 15	19 21
여	12 18 17 20	9 14 13

1) 검증가설은?
2) $\alpha = .05$수준에서 가설부정의 기준치(F_{cv})는?
3) 상호작용효과를 검토할 수 있는 그림과 표를 작성하고 실제적인 상호작용효과가 있는지의 여부를 확인하라.
4) 결론은?

5. 다음 자료는 10명의 학생에게 턱걸이 검사를 3회 반복측정 하여 얻은 결과이다. 3회 시행 간에 통계적으로 유의한 차가 있는지의 여부를 검증하라. 그리고 신뢰도(Cronbach의 α)를 산출하라.

피험자	턱걸이		
	I	II	III
1	3	5	6
2	6	6	7
3	5	8	7
4	10	11	13
5	4	5	5
6	18	16	18
7	1	2	2
8	6	6	8
9	8	7	8
10	5	6	5

6. 네 가지 지도방법이 학생들의 지구력에 미치는 효과를 검증하기 위한 실험을 계획하였다. 그런데 학생들의 지구력은 심장의 크기와 상관이 .35로 나타났다는 연구보고를 고려하여 심장크기 요인을 잡음요인으로 보고 이를 통제하였다. 잡음요인을 통제하기 위해 먼저 24명의 학생을 무선표집하고 그들의 심장크기를 조사한 후 크기 순으로 배열하였다. 지도방법의 하위수준이 네 가지이므로 심장크기의 순으로 피험자 4명을 한 구획(block) 지도방법에 무선배정한 후 실험처치를 한 결과 다음과 같은 자료를 얻었다. 이 자료에 대해 분산분석하고 지도방법 간의 차를 검증하라.

구획수준	지도방법			
	I	II	III	IV
1	8	13	13	15
2	7	8	8	8
3	6	6	6	5
4	11	9	9	10
5	7	7	7	10
6	4	7	7	8

정답표

1-1)

$H_{01}:\mu$남자 $=\mu$여자

$H_{02}:\mu_1$훈련방법I$=\mu_2$훈련방법II$=\mu_3$훈련방법III

$H_{03}:\mu_{11}-\mu_{21}=\mu_{12}-\mu_{22}=\mu_{13}-\mu_{23}$

• 실제 연구상황에서는 다음과 같이 연구가설(research hypothesis)로 진술한다.

1.1 사격 기록은 남·녀 학생 간에 차이가 있을 것이다.

1.2 사격 기록은 훈련방법 간에 차이가 있을 것이다.

※ H_{03}에 해당하는 상호작용효과에 관한 연구가설은 제시하지 않는다. 왜냐하면 연구의 관심은 독립변수 각각이 종속변수에 미치는 영향을 검증하는 것이기 때문이다. 이원 *ANOVA*는 분석결과 중 상호작용효과가 통계적, 실제적으로 유의한 차이가 있는지를 먼저 검증한 후 상호작용효과가 없다면 주효과(즉, 위의 1.1과 1.2에 대한 가설)를 검증하게 된다. 그러나 상호작용효과가 있다면 성별(혹은 훈련방법)에 따라 훈련방법(혹은 성별)이 사격 기록에 미치는 영향에 차이가 있기 때문에 연구가설 1.1과 1.2는 의미가 없는 가설이 된다(※ 이 내용은 7절 상호작용효과에서 충분히 설명하였다).

따라서 위의 연구가설은 다음과 같이 평균치 간의 개별비교 형식으로 제시되어야 한다. 즉, 연구가설 1.1은

1.1.1 훈련방법 I일 때, 사격 기록은 남 · 녀 학생 간에 차이가 있을 것이다.

1.1.2 훈련방법 II일 때, 사격 기록은 남 · 녀 학생 간에 차이가 있을 것이다.

1.1.3 훈련방법 III일 때, 사격 기록은 남 · 녀 학생 간에 차이가 있을 것이다.

그리고 연구가설 1.2는

1.2.1 남자의 사격 기록은 훈련방법 간에 차이가 있을 것이다.

1.2.2 여자의 사격 기록은 훈련방법 간에 차이가 있을 것이다.

와 같이 진술하는 것이 옳다.

1-2) $\alpha=.05$일 때 가설 부정을 위한 기준치

• 주효과 - 성별 = 4.17

• 주효과 - 훈련방법 = 5.39

• 상호작용효과 - (성별×훈련방법) = 5.39

1-3) 주효과, 상호작용효과의 검증통계치

• 주효과 - 성별 = 4.62

• 주효과 - 훈련방법 = 21.35

• 상호작용효과 - (성별×훈련방법) = 8.19

1-4) 이원 *ANOVA* 결과, 집단별 평균치, 상호작용효과 그림

표 1-4) 이원 *ANOVA* 결과의 요약

변산원 (*SV*)	자승화 (*SS*)	자유도 (*df*)	분산추정치 (*MS*)	F	p^*	$F_{cv}{}^{a}$
주효과						
성별(R)	47.49	1	47.49	4.62	.040	4.07
훈련방법(C)	439.43	2	219.72	21.35	.000	3.22
상호작용효과	168.46	2	84.23	8.19	.001	3.22
집단내	308.72	30	10.29			
전 체	964.10	35				

*……Computer software를 이용하여 분석한 결과의 유의수준.
a……$\alpha = .05$수준에서의 가설 부정 기준치. F_{cv}는 실제 *ANOVA* 결과를 보고할 때 표에는 제시하지 않는다. 여기에서는 단지 설명의 편의를 위해 제시하였다.

Descriptive Statistics

Dependent Variable: performance

gender	method	Mean	Std. Deviation	N
1	1	34.83	3.251	6
	2	35.50	3.507	6
	3	38.40	3.050	5
	Total	36.12	3.444	17
2	1	26.50	1.871	6
	2	35.17	3.971	6
	3	40.14	3.185	7
	Total	34.26	6.522	19
Total	1	30.67	5.033	12
	2	35.33	3.576	12
	3	39.42	3.118	12
	Total	35.14	5.308	36

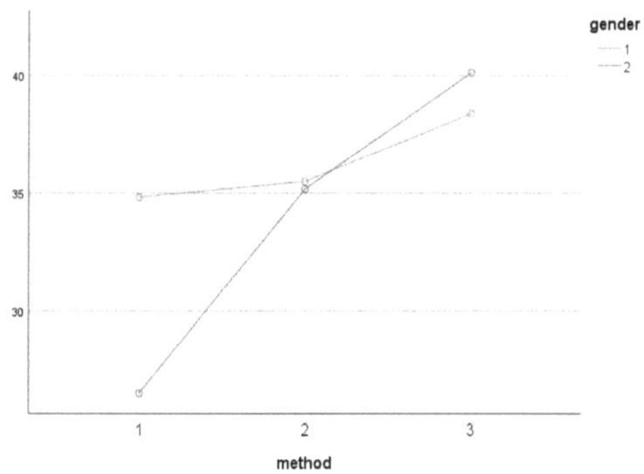

2-1), 2-3) 이원 *ANOVA* 결과

변산원	*SS*	*df*	*MS*	F	F_{cv}
집단간					
지능	1176.840	1	1176.840	22.93***	4.41
방법	8.466	2	4.233	.08	3.55
지능×방법	412.842	2	206.421	4.02*	3.55
집단내	923.796	18	51.322		

2-2) 검증가설

H_{01} : μ지능상$=\mu$지능하

H_{02} : μ_1교수방법1$=\mu_2$훈련교수방법2$=\mu_3$교수방법3

H_{03} : $\mu_{11}-\mu_{21}=\mu_{12}-\mu_{22}=\mu_{13}-\mu_{23}$

2-4) 상호작용효과 그림

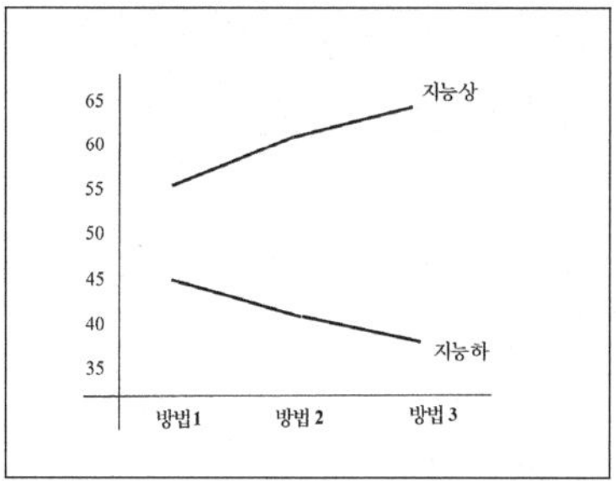

• 분석결과에 의하면 두 독립변수 간에는 $p<.05$수준에서 통계적으로 유의한 상호작용효과가 있는 것으로 나타났다. '지능 상' 집단은 교수방법 3에서 높은 학업성적을 보이는 반면, '지능 하' 집단은 교수방법 1에서 상대적으로 높은 성적을 보이고 있다. 그러나 두 독립변수 간의 선은 교차하거나 접선이 발견되지 않음으로써 실제적으로 유의한 상호작용효과는 없는 것으로 나타났다.

2-5) 결론

• 분석결과에 의하면 학생들의 학업성적은 지능수준 간에 $p<.001$수준에서 통계적으로 유의한 차이가 있는 것으로 나타났다. 지능이 높은 집단이 낮은 집단보다 학업성적이 높다. 교수방법 간에는 $p>.05$ 수준에서 통계적으로 유의한 차이는 없는 것으로 나타났다.

3-1)

H_{01} : μ남자 $=$ μ여자

H_{02} : μ_1육상 $=$ μ_2수영 $=$ μ_3체조 $=$ μ_4농구

$H_{03} : \mu_{11} - \mu_{21} = \mu_{12} - \mu_{22} = \mu_{13} - \mu_{23} = \mu_{14} - \mu_{24}$

3-2), 3-3) 이원 *ANOVA*결과, 집단별 평균치, 상호작용효과 그림

변산원 (*SV*)	자승화 (*SS*)	자유도 (*df*)	분산추정치 (*MS*)	F	p*	$F_{cv}{}^{a}$	부분η^2
주효과							
성별(R)	.28	1	.28	.03	.868	4.26	.001
훈련방법(C)	477.59	3	159.20	15.94	.000	3.01	.666
상호작용효과	91.09	3	30.37	3.04	.048	3.01	.275
집단내	239.75	24	9.99				
전 체	808.72	31					

*……Computer software를 이용하여 분석한 결과의 유의수준.

a ……$\alpha = .05$수준에서의 가설 부정 기준치. F_{cv}는 실제 *ANOVA* 결과를 보고할 때 표에는 제시하지 않는다. 여기에서는 단지 설명의 편의를 위해 제시하였다.

※ 부분η^2(Partial eta-square) = 관계강도를 나타내는 효과크기(*ES*)의 하나로서 *SPSS*를 포함한 다양한 software에서 제공하고 있다.

Descriptive Statistics

Dependent Variable: 운동만족도

성별	경기종목	Mean	Std. Deviation	N
남자	육상	32.50	2.517	4
	수영	34.75	.957	4
	체조	37.75	2.630	4
	농구	38.25	4.924	4
	Total	35.81	3.674	16
여자	육상	27.75	1.708	4
	수영	35.50	2.082	4
	체조	37.75	1.708	4
	농구	43.00	5.598	4
	Total	36.00	6.356	16
Total	육상	30.13	3.227	8
	수영	35.12	1.553	8
	체조	37.75	2.053	8
	농구	40.63	5.502	8
	Total	35.91	5.108	32

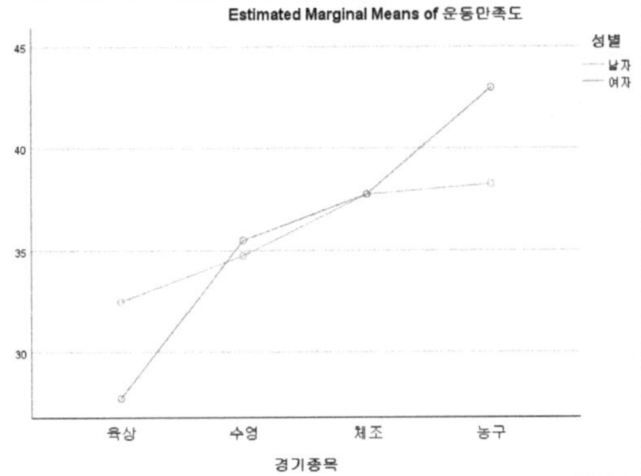

3-4) 결론

• 분석결과에 의하면 두 독립변수(성별, 경기종목) 간에는 p<.05수준에서 통계적으로뿐만 아니라 실제적으로도 유의한 상호작용효과가 있는 것으로 나타났다. 독립변수의 주 효과 검증결과 경기종목 간 운동 만족도는 p<.001수준에서 유의한 차이가 있는 것으로 나타났다. 농구선수의 운동 만족도가 육상선수보다 통계적으로 유의하게 높다. 평균치의 개별비교에 따르면 육상선수의 경우, 남자선수의 운동 만족도가 여자선수보다 상대적으로 높은 반면, 농구선수는 여자선수의 운동만족도가 남자선수보다 높다.

4-1)

H_{01} : μ남자=μ여자

H_{02} : μ_1도시=μ_2농촌

H_{03} : $\mu_{11}-\mu_{21}=\mu_{12}-\mu_{22}$

4-2), 4-3) 이원 *ANOVA* 결과, 집단별 평균치, 상호작용효과 그림

변산원 (*SV*)	자승화 (*SS*)	자유도 (*df*)	분산추정치 (*MS*)	*F*	$F_{cv}{}^{a}$
주효과					
성별(*R*)	6.89	1	6.89	2.03	5.32
지역(*C*)	0.39	1	0.39	0.11	5.32
상호작용효과	28.89	1	28.89	8.50***	5.32
집단내	76.75	8	3.40+		

a ……α = .05수준에서의 가설 부정 기준치. F_{cv}는 실제 *ANOVA* 결과를 보고할 때 표에는 제시하지 않는다. 여기에서는 단지 설명의 편의를 위해 제시하였다.

+ 사례수의 차이를 조정한 집단내 분산추정치(MSw')임. 따라서 자승화를 자유도로 나눈 값과는 차이가 있음을 알아두기 바란다(계산공식은 14절의 마지막 부분 참조).

※ Computer software(SPSS)에는 이원 *ANOVA*에서 집단간 사례수가 동일하지 않은 문제를 해결하기 위해 무비중 평균분석 방법을 제시하지 않고 있다. 그 대신 다중회귀분석 방법을 이용한 방법이 제시되고 있다. 이에 관한 사항은 17장에서 기술하기로 한다.

Descriptive Statistics

Dependent Variable: endurance

gender	area	Mean	Std. Deviation	N
남자	도시	14.00	3.606	3
	농촌	20.00	1.414	2
	Total	16.40	4.219	5
여자	도시	16.75	3.403	4
	농촌	12.00	2.646	3
	Total	14.71	3.817	7
Total	도시	15.57	3.505	7
	농촌	15.20	4.817	5
	Total	15.42	3.895	12

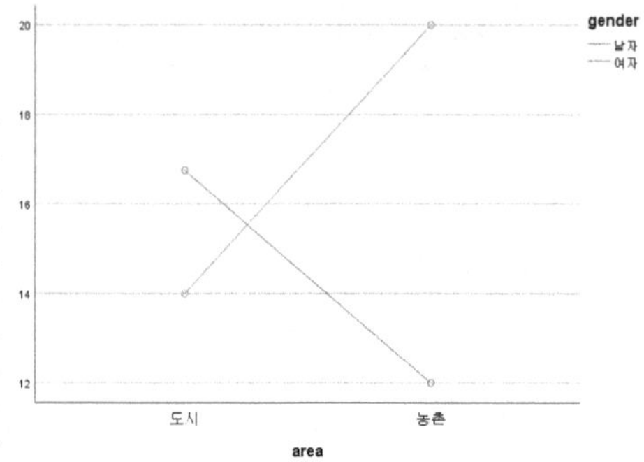

5.

턱걸이 반복측정 자료에 대한 *ANOVA* 결과

변산원	*SS*	*df*	*MS*	*F*	*p**
피험자간(*R*)	504.70	9	56.08		
피험자내					
턱걸이 시행간(*C*)	8.47	2	4.23	5.37	.015
상호작용(*RC*)	14.20	18	0.79		
전체	527.37	29			

*……Computer software를 이용하여 분석한 결과임

Cronbach의 내적 합치도$(\alpha) = 1 - \frac{MS_{rc}}{MS_r} = 1 - \frac{0.79}{56.08} = 0.99$

• 턱걸이 3회 시행 평균 간에는 $F(2,\ 18) = 5.27$로서 $p = .015$수준에서 통계적으로 유의한 차이가 있다. 학생들의 턱걸이 평균 횟수는 1차 = 6.6, 2차 = 7.2, 3차 = 7.9로 나타남으로써 시행 횟수가 많아질수록 턱걸이 횟수는 증가한다.

6.

무선구획설계에 의한 지도방법 자료에 대한 *ANOVA* 결과

변산원	*SS*	*df*	*MS*	*F*	*p**
구획간(*R*)	112.21	5	22.44		
구획내					
지도방법간(*C*)	14.13	3	4.71	2.16	.135
상호작용(*RC*)	32.63	15	2.18		
전체	527.37	29			

*……Computer software를 이용하여 분석한 결과임

• 심장크기 요인을 통제한 상태에서 네 가지 지도방법별로 얻은 학생들의 지구력 평균 간에는 $F(3,\ 15) = 2.16$으로 나타남으로써 $p = .135$수준에서 통계적으로 유의한 차이가 없다.

14 공분산분석

1. 그림을 이용한 *ANCOVA*의 이해
2. *ANCOVA*의 장, 단점
3. 공변량(covariate)의 선정방법
4. *ANCOVA*가 불가능할 때 어떠한 방법을 사용하는 것이 바람직한가?
5. *ANCOVA*를 위해 사전에 점검해야 할 사항
6. *ANCOVA*의 기본가정
7. 계산공식과 적용 예
8. 관계강도($\hat{w}^2$)
9. 조정평균
10. *ANCOVA* 결과의 기술 예

※ 공분산분석(共分散分析: *ANCOVA*)은, 종속변수에 영향을 미칠 가능성이 있는 외생변수(가외변수: extraneous variable)인, 공변량(共變量: covariate)을 분석에 투입함으로써 독립변수와 관계없이 종속변수에 영향을 줄 수 있는 변수를 통제하여 독립변수의 효과를 보다 정확하게 분석할 목적으로 사용한다.

공분산분석(共分散分析: *ANCOVA*)은 앞에서 공부한 분산분석(*ANOVA*)과 개념적으로 유사하다. *ANCOVA* 역시 둘 이상의 전집의 평균치 간에 차이가 없다는 영가설(H_0)을 검증하는 데 목적이 있다. 예를 들어 상이한 근력훈련 방법(예를 들면 등척성, 등장력성, 등속성 훈련)에 의해 훈련된 사람들의 높이뛰기 기록 간에 차이가 있는지에 관심을 가진 연구자라면 그 처치효과를 검증하기 위해 공분산분석 방법을 적용할 수 있다. 이를 위해 연구자는 "상이한 근력훈련 방법을 적용한 연구대상 전집의 높이뛰기 기록 평균치 간에는 차이가 있을 것이다"라는 연구가설을 설정하고 이를 검증할 수 있다.

그러나 *ANCOVA*는 독립변수 이외에 종속변수에 영향을 미칠 수 있는 또 다른 변수를 분석 과정에 고려한다는 점에서 *ANOVA*와 차이가 있다. 실험연구의 특징은 독립변수가 종속변수에 미치는 순수한 영향을 밝혀내는 것이다. 그런데 실제 연구 과정에서 우리는 독립변수 이외에 종속변수에 영향을 미칠 수 있는 변수[이러한 변수를 잡음변수(雜吟變數: nuisance variable) 또는 가외변수(加外變數: extraneous variable), 외생변수(外生變數: exogenous variable)라고 부름]가 적지 않다는 것을 발견하게 된다. 그러한 변수는 적절한 실험설계(예: 무선구획설계)를 통해서도 실제 완전하게 통제하는 것이 불가능한 경우가 생길 수 있다.

*ANOVA*를 적용하는 연구자는 '세 가지 상이한 훈련방법'을 적용하는 집단에 피험자들을 무선적으로 배정함으로써 각 집단에 속한 피험자들의 높이뛰기 수준은 모두 동등하다고 가정한다. 그뿐만 아니라 독립변수 이외에 종속변수에 영향을 미칠 수 있는 동기수준을 포함한 여타 잡음변수의 수준 역시 세 집단 간에 동등하다고 가정한다. 그러나 이러한 가정은 일반적으로 각 집단에 배정된 피험자 수가 충분히 클 때를 제외하고는 만족되는 경우가 극히 드물다. 또한 이러한 가정이 만족된다고 하더라도 세 집단에 배정된 피험자들의 평균이 동등할 뿐이지 세 집단에 배정된 각각의 피험자가 잡음변수(동기수준)에서 동등한 값을 가지고 있다는 것은 아니다.

따라서 연구자는 이러한 잡음변수를 통제할 수 있는 연구계획을 수립하는 것이 필요하다. *ANCOVA*는 바로 이러한 잡음변수를 통계적으로 통제하는 방법이다. 공분산분석에서 잡음변수는 공변량(共變量: covariate)이라고 부른다. 공변량은 연구자가 통제하고자 하는 변수로서 일반적으로 종속변수와 상관이 있는 다른 변수를 뜻하지만 때로는 동일한 종속변수의 사전검사 결과가 이용되기도 한다.

위에 예시된 "세 가지 상이한 근력훈련 방법이 높이뛰기 기록에 미치는 효과"를 검증하는 연구를 수행한다고 가정해 보자. 여기에서 독자는 '동기수준'은 독립변수인 근력훈련 방법 이외에 높이뛰기 기록에 영향을 미친다는 사실에 유의할 필요가 있다. 왜냐하면 동기수준이 높은 피험자일수록 높이뛰기 기록을 향상시키기 위한 성취목표가 높기 때문이다. 다시 말하면 동기수준이 세 집단에 배정된 피험자 집단간에 차이가 있다면 즉, 어떤 실험집단은 다른 집단보다 동기수준이 높은 피험자들로 구성되어 있다면, 연구결과를 순수하게 근력훈련 방법의 차이 때문에 기인한 것으로 해석하는 데는 문제가 있기 때문이다.

따라서 연구자는 이러한 사실을 고려하여 연구대상의 전집으로부터 무선표집방법에 의해 선정된 피험자들로부터 잡음변수로 고려된 동기수준을 측정한 후 이들을 세 집단에 무선 배정한다. 그리고 한 집단에는 등척성 훈련, 다른 집단에는 등장력성 훈련, 또 다른 집단에는 등속성 훈련 프로그램으로 훈련을 시킨다. 일정 기간 훈련을 시행한 후 연구자는 피험자들의 높이뛰기 기록을 측정한다. 이러한 연구계획은 바로 *ANCOVA*를 적용하여 자료를 분석할 수 있는 좋은 예가 된다. 이 연구에서 독립변수는 세 가지 상이한 근력훈련방법(등척성, 등장력성, 등속성 프로그램), 종속변수는 높이뛰기 기록 그리고 공변량(잡음변수)은 동기수준이다.

1. 그림을 이용한 *ANCOVA*의 이해

*ANCOVA*를 수리적으로 요약하면 *ANOVA*와 회귀분석(regression analysis) 방법이 조합된 것이라고 할 수 있다. *ANCOVA*를 위해서는 두 단계의 과정을 거치게 되는데, 위에 제시된 예를 이용하여 설명하면 다음과 같다. 먼저 세 가지 근력훈련 방법별 피험자의 높이뛰기 기록을 그들의 동기수준에 의해 조정하는 단계를 거친다. 왜냐하면 앞에서도 언급한 바 있지만 세 집단에 배정된 피험자들의 동기수준(공변량)이 동등한 값을 가지고 있지 않은 한, 비록 훈련방법 간 높이뛰기의 기록에 차이가 있게 나타났다 할지라도 훈련방법이 높이뛰기 기록에 영향을 미친다고 단언할 수는 없기 때문이다. 즉, 높이뛰기 기록은 피험자들의 동기수준 차이 때문에 차이가 생길 수도 있기 때문이다.

이러한 문제를 해결하기 위해서는 먼저 공변량으로 설정된 동기수준이 높이뛰기 기록(Y)에 어느 정도 영향을 미치는가를 확인하고 영향을 미친 정도를 제거하는 절차가 필요하다. '동기수준이 높이뛰기 기록에 어느 정도 영향을 미치고 있는지를 확인'하려면 동기수준과 높이뛰기 기록 간의 상관계수(r)를 산출한 후 예언식($Y = bX + a$: 높이뛰기 기록 = (b)동기수준 + a: 제16장을 참고하면 예언식은 쉽게 만들 수 있다)을 만들고 이 예언식에 의해 피험자 개개인의 예언된 높이뛰기 기록(Y)을 계산하면 된다.

다음으로 동기수준이 높이뛰기 기록에 미친 영향 정도를 제거하기 위해서는 피험자들의 실제 높이뛰기 기록(Y)과 예언된 높이뛰기 기록(Y) 간의 차이[이 값을 잔차(殘差: residuals)라고 부른다]를 계산하면 된다. 끝으로 세 집단 간 높이뛰기 기록의 차이검증은 바로 이 잔차를 종속변수로 하여 분산분석(*ANOVA*)을 하면 된다. 이때 집단내 자승화(SS_W)에 대한 자유도(df)는 상관계수 때문에 *ANOVA*일 때보다 하나 더 잃게 된다. 따라서 SS_W의 자유도는 $n - 2$가 된다. 이와 같은 방법으로 우리는 동기수준이 통제된 세 집단간 높이뛰기 기록 간의 차이를 검증한 결과를 얻게 된다.

도 14 · 1은 *ANCOVA*에서 공변량으로 설정된 동기수준이 어떠한 방법으로 조정되는가를 예시한 것이다. 도 14 · 1은 세 가지 상이한 근력훈련 방법으로 훈련된 피험자 집단 각각의 동기수준과 높이뛰기 기록의 상관도표를 나타낸 것이다. 독자는 제6장 상관도에서 두 변수 간의 상관이 존재할 경우, 이런 모양의 상관도표가 만들어진다는 것을 기억해 낼 수 있을 것이다. 여기에서 Y축은 높이뛰기 기록이며 X축은 동기수준이다. 타원형 모양의 훈련방법(독립변수)별 상관도표에는 각기 대각선이 드리워져 있는데 이 대각선은 앞에서 설명한 동기수준과 높이뛰기 기록간의 상관계수(r)를 산출한 후 얻은 예언식을 좌표에 옮겨 놓은 것과 같다. 훈련방법별 동기수준과 높이뛰기 기록의 평균치는 해당 집단의 상관도표 중심에 위치하게 된다. 훈련방법별로 확인된 평균치에 의하면 동기수준(공변량)의 평균치는 각각 20, 30, 70을 나타냄으로써 기본적으로 집단간에 차이가 있다는 것을 확인할 수 있다. 그뿐만 아니라 높이뛰기 기록(종속변수)의 평균치도 각각 25, 15, 65를 나타냄으로써 집단간에 차이가 있다는 것을 확인할 수 있다.

도 14 · 1에서 볼 수 있는 바와 같이 우리는 동기수준이 높을수록 높이뛰기 기록도 좋다는 것을 알 수 있다. 즉, 높이뛰기 기록은 세 가지 근력훈련 방법 이외에도 피험자의 동기수준 여하에 의해 영향을 받는다는 사실이다. 따라서 상이한 근력훈련 방법이 높이뛰기 기록에 미치는 비교적 순수한 영향을 검증하기 위해서는 높이뛰기 기록에 영향을 미치는 동기수준을 어떠한 방법으로든 통제할 필요가 있다. 만일 여기에서 세 집단의 동기수준을 고려함이 없이 세 집단으로부터 얻은 높이뛰기 평균치(25, 15, 65)간의 차이를 *ANOVA*를 통하여 검증한다면 어떠한 결과를 예상할 수 있을까? 이 결과에는 상이한 근력훈련 방법뿐만 아니라 동기수준의 효과가 혼재되어 나타나기 때문에 이 결과는 아무도 신뢰하지 않을 것이다.

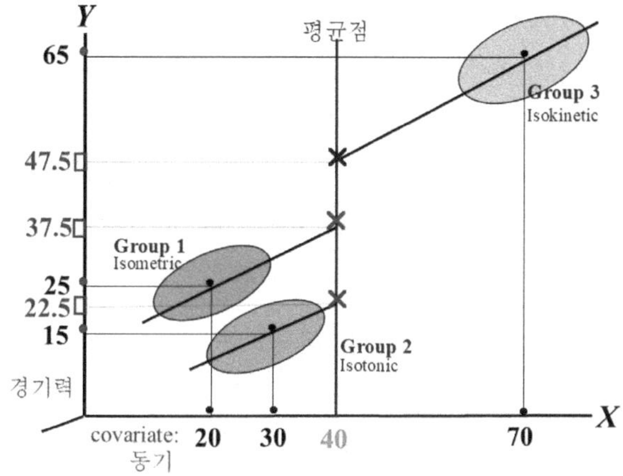

도 14 · 1 *ANOVA*에서 공변인에 의한 종속변인 점수의 조정 예

동기수준(공변량)을 통제하기 위한 가장 이상적인 실험조건은 동기수준이 동일한 피험자를 구하여 세 가지 실험처치 집단에 무선배정하는 것이다. 그러나 이 방법은 그저 이상적일 뿐 현실적으로는 불가능하다. 따라서 차선으로 세 가지 실험처치 집단에 동기수준의 평균과 분산이 동일하도록 피험자들을 배정하는 것이다. 이 문제는 흔히 피험자들을 각 처치 집단에 무선배정함으로써 해결할 수 있다. 그러나 실험 혹은 조사연구에서 피험자들을 실험처치 집단에 무선배정하는 것이 현실적으로는 불가능하기 때문에 현재 존재하는 집단(intact group)을 그대로 선정하는 경우가 적지 않다. 예를 들면 각급 학교에서 현재 구성된 학급들을 실험집단과 비교집단으로 배정하여 실험처치를 하는 경우이다. 이 경우 위와 같은 소위 독립변수 이외에 종속변수에 영향을 미치는 잡음변수가 생길 수 있으며 이를 통제하기 위해서는 불가피하게 통계적인 방법(*ANCOVA*)에 의존할 수밖에 없다.

동기수준을 통제하려면 회귀식을 이용하여 피험자들의 동기수준 점수를 특정 점수에 회귀시킬 필요가 있다. 도 14 · 1에서 집단 3은 동기수준이 높기 때문에 높이뛰기 기록 평균 65에는 그만큼 과대 추정된 점수가 포함되어 있는 반면, 집단 1은 동기수준이 낮기 때문에 높이뛰기 기록 평균은 그 만큼 과소 추정되었다고 할 수 있다. 따라서 동기수준의 차이로 인해 유발된 과소 혹은 과대 추정된 점수는 회귀식을 이용하여 조정해야 한다. 이를 위해서는 도 14 · 1에서처럼 전체 피험자의 동기수준 평균치(세 집단 평균치의 평균치: (20+30+70)/3=40)에 피험자들의 동기점수를 회귀시키면 집단(훈련방법)별로 동기수준의 평균치에 상응하는 높이뛰기 기록의 평균치를 산출할 수 있다.

이와 같은 방법으로 산출된 높이뛰기 기록 조정평균은 각각 37.5, 22.5, 47.5가 된다. 이 값이 바로 동기수준 차이가 조정된 각 집단별 높이뛰기 평균치가 된다. 이들 평균치 간의 차이를 *ANOVA*를 통하여 검증하면 '비교적 순수'한 세 가지 근력훈련 방법의 차이가 높이뛰기 기록에 미치는 효과를 검증할 수 있게 된다. 여기에서 "순수하다"는 말 대신 "비교적 순수하다"고 쓴 이유는 독립변수 이외에 종속변수에 영향을 미치는 잡음변수는 인간이 만든 아무리 훌륭한 실험설계를 사용한다고 할지라도 100% 제거할 수는 없기 때문이다.

다시 정리해 보자. *ANCOVA*는 하나 이상의 공변량(covariate)의 차이로 인해 야기된 종속변수의 점수 차이를 조정한 후 독립변수의 주효과와 상호작용효과를 검증하는 방법이다. *ANOVA*가 실험집단과 비교집단의 종속변수 점수 평균치 간에 차이가 있는가를 검증하는 데 관심이 있다면 *ANCOVA*는 공변량의 차이로 인해 야기된 종속변수의 점수 차이를 조정한 후, 실험집단과 비교집단의 종속변수 점수 평균치 간에 차이가 있는가를 검증하는 방법이다.

_ANCOVA_는 일차적으로 회귀분석(回歸分析: regression analysis) 방법을 적용하여 연구자가 구명하고자 하는 독립변수 이외에 종속변수에 영향을 미칠 수 있다고 판단되는 제2의 변수인 공변량(共變量: covariate; 외적변수, 잡음변수로 부르기도 함)이 종속변수에 미치는 영향을 제거한 후 _ANOVA_를 적용하여 독립변수의 하위집단 평균치 차이를 분석하는 방법이다.

Nonsense question : *ANOVA*와 *ANCOVA*의 차이점은 무엇인가?

☐ C자가 하나있고 없고의 차이다.
☐ Covariate이 있고 없고의 차이다.
☐ *ANCOVA*로 분석하면 *ANOVA*로 분석할 때보다 통계적 검증력이 높다.
☐ 통계적 검증력(statistical power)이 무슨 말인지 모르겠다.
☐ 왜 이런 분석을 해야 하는지 신경질 난다.

2. *ANCOVA*의 장, 단점

독자는 *ANOVA*에서 종속변수의 전체분산 중 독립변수(처치효과)가 차지하는 분산 이외에는 오차분산이 된다는 사실을 기억하고 있을 것이다. 다시 말하면 분석에 투입된 독립변수가 차지하고 있는 분산 이외에는 오차분산으로 간주되기 때문에 분석 과정에 투입된 독립변수 수가 적으면 적을수록 오차분산은 진짜 오차로부터 거리가 멀어지게 된다. 따라서 독립변수 수가 적을 때 F값을 산출하게 되면 진짜 오차보다도 부풀려져 있는 오차분산(MS_w)으로 나누어 얻은 F값도 그 만큼 진짜 값과는 거리가 멀어지게 된다.

*ANCOVA*는 바로 이러한 오차분산(誤差分散)을 줄임으로써 좀 더 진짜에 가까운 독립변수의 효과를 검증하는 것과 관계가 있다. 즉, 오차분산 가운데에서 공변량이 차지하는 분산만큼을 제거함으로써(결과적으로 오차분산을 줄임으로써) 투입된 독립변수들의 주효과와 상호작용효과의 통계적 검증력(statistical power)을 향상시키는데 목적이 있다. 또한 외적변수(공변량)들의 차이로 인해 발생한 모든 피험자의 종속변수 점수를 조정할 필요가 있거나, 종속변수가 여러 개 있을 경우 하나의 종속변수에 대해 나머지 종속변수들을 **공변량**으로 투입하여 그 관련정도 만큼을 조정한 후 독립변수가 종속변수에 미치는 순수한 효과를 검증하는데 적절하게 적용할 수 있다.

그러나 *ANCOVA*에서 독립변수의 하위범주별 조정평균(adjusted mean)을 사용할 때는 유의해야 한다. 왜냐하면 조정된 종속변수 점수는 실제 상황과 일치하지 않을 수 있기 때문이다. 특히 실험연구가 아닌 일반 상황에서 조정된 수치는 무의미하고 비현실적일 수가 있다.

*ANCOVA*가 가지고 있는 단점은 이 방법을 적용하기 위해 만족시켜야 할 가정이 매우 많다는 것이다. 분포의 정상성(normality), 직선성(linearity), 다중공선성과 단일성(multicollinearity & singularity), 등분산성(homogeneity of variance), **회귀선의 동등성(homogeneity of regression)**과 공변량의 신뢰도(reliability of covariate) 등 만족시켜야 할 가정이 다른 어떤 통계적 분석방법보다 많다. 분석 결과의 해석에 적지 않은 제약이 따른다는 점도 단점으로 지적되고 있다.

3. 공변량의 선정방법

연구과정에서 연구자는 현재 존재하는 집단(intact group)을 연구대상으로 삼을 때, 보통 한 개 이상의 공변량을 선정하게 된다. 공변량을 여러 개 선정해야 할 경우, 연구자는 상호상관이 높은 공변량들을 선정하게 되면 통계적 검증력이 감소된다는 점에 유의할 필요가 있다. 왜냐하면 상호상관이 높은 공변량들은 분석과정에서 오차항(error term)의 자유도(df)는 줄여주지만 오차자승화(SS_e)는 줄여주지 못하기 때문이다. 공변량을 선정할 때는 먼저 '이론적 배경 혹은 관련문헌의 분석 결과'를 기초로 '공변량 간에는 상관이 낮으면서 종속변수와는 상관이 높은 최소의 공변량'을 선정하는 것이 바람직하다.

만일 이용 가능한 이론 혹은 관련문헌이 없을 때는 '공변량 간의 상관을 확인한 후 상호상관은 높으면서 종속변수와의 상관이 가장 높은 하나의 공변량'을 선정하는 것이 좋다. 그리고 사례수(N)가 크고 통계적 검증력이 문제가 안될 경우에는, 최소의 공변량을 선정하는 것이 바람직하다. 이를 위해서는 다수의 공변량을 포함시킨 *ANCOVA*를 최소의 유용한 공변량이 발견될 때까지 실시하여 유의하지 않은 공변량을 제거하는 방법을 이용하면 될 것이다.

문제 1 : 공변량을 선정하기 위해서는 ______분석결과를 기초로 공변량 간에는 상관이 _____, 종속변수와는 상관이 ______, ______ 공변량을 선정하는 것이 바람직하다.

1. 이론적 배경 2. 최소의 3. 최대의 4. 높으면서
5. 관련문헌 6. 높은 7. 낮은 8. 낮으면서

---

4. *ANCOVA*가 불가능할 때 어떠한 방법을 사용하는 것이 바람직한가?

*ANCOVA*를 적용하기 위해서는 기본적으로 만족시켜야 할 가정이 있다. 자료가 그러한 가정을 만족시키지 못할 경우, *ANCOVA*의 적용은 불가능하게 된다. 예를 들면 도 14 · 1에서 동기수준과 높이뛰기 기록 간의 상관도표에 제시된 회귀선의 기울기가 세 집단 간에 평행하다는 가정을 만족시키지 못하면 이 자료에 대한 *ANCOVA*는 불가능하다. 따

라서 어떠한 이유로든 *ANCOVA*가 불가능할 때 우리는 그 대안이 필요하다. 그 대안은 크게 다음과 같은 두 가지 경우로 대별할 수 있다. 하나는 공변량과 종속변수의 측정척도가 동일한 경우와 다른 하나는 공변량이 연속변수(continuous variable)인 경우이다.

공변량과 종속변수의 측정척도가 동일한 경우(예를 들면 실험처치 효과를 검증하기 위해 실험처치 전 사전검사를 실시하고 실험처치 후 사후검사를 실시해서 얻은 점수) 사용할 수 있는 방법은 첫째, 종속변수 점수에서 공변량 점수를 뺀 차이점수를 사용하여 *ANOVA*를 하는 방법과 둘째, 사전검사와 사후검사 점수를 또 다른 독립변수로 설정하여 *ANOVA*를 하는 방법이다.

첫째 방법인 차이점수를 사용하여 *ANOVA*를 할 때 우리는 "*A* 훈련방법은 *B* 훈련방법보다 근력향상(변화: change)에 효과적인가?"라는 연구문제를 설정하고 그 연구가설을 검증할 수 있을 것이다. 그러나 차이점수를 사용할 때는 **천정효과**(ceiling effect) 문제가 야기될 수 있다는 점에 유의해야 한다. 즉, 사전검사 점수가 척도점수의 거의 끝에 위치할 경우(높을 경우) 사전, 사후검사 점수 간의 차이는 적을 수밖에 없다. 또한 차이점수를 사용하기 위해서는 공변량과 종속변수는 완전한 **신뢰도**(reliability)를 가지고 측정되었다는 가정이 필요하다. 둘째 방법인 사전검사와 사후검사 점수를 독립변수(예: 검사시기)로 전환하여 *ANOVA*를 실시할 경우에는 사전, 사후검사 점수에 대해 독립변수(검사시기)의 효과를 검증하는 것이 아니라 '원래 설정된 독립변수와 사전, 사후검사 점수에 대한 독립변수 간의 상호작용효과를 검증' 하는데 이용해야 한다는 점에 유의해야 한다.

변화점수 (change score) 또는 차이점수
(사후검사 점수 – 사전검사점수)

- 변화점수는 일반적으로 신뢰롭지 못하다(unreliable).
- 변화점수는 원래 점수와 보통 부적 상관을 나타낸다(negatively correlate).
  그 이유는 천정효과(ceiling effect)와 바닥효과 (floor effect)때문이다. 이러한 상황을 해결할 수 있는 방법은 자료를 주의 깊게 검토하고 해석하는 일 뿐이다(Wilder, 1957).
- 변화점수가 같다고 할지라도 원래 점수가 높고 낮음에 따라 변화점수의 단위가치는 차이가 있다 (different value of change score unit)."
- 우리는 아직도 원래 점수와 변화점수 간의 진짜 관계를 정확하게 측정할 수 없다 Bryk & Raudenbush ,1987).
- 진 일보 된 통계적 방법과 계산방법이 출현했음에도 불구하고 (학문현장에서는) 차이점수를 이용한 집단간 차이를 검증하는 등. 아직도 구태에서 벗어나지 못한 상태에 머물러 있다(Schutz, 1989, p. 208).

Schutz, R. W. (1989). Analyzing change. In M. J. Safrit and T. M. Wood (Eds.), *Measurement concepts in physical education and exercise science* (pp.207-228). Champaign, IL: Human Kinetics.

문제 2 : *ANCOVA*를 적용하고자 할 때, 공변량과 종속변수의 측정척도가 동일한 경우, 공변량의 하위수준과 종속변수 간의 회귀선의 동등성 가정이 만족되지 못할 때 사용할 수 있는 방법은?

- □ 그래도 *ANCOVA*
- □ 종속변수 점수에서 공변량 점수를 뺀 차이점수를 이용한 *ANOVA*
- □ 사전검사와 사후검사 점수를 독립변수로 설정한 *ANOVA*

공변량이 연속변수인 경우, 사용할 수 있는 방법은 무선구획(randomized block)과 구획화(blocking) 방법이 있다. 무선구획 방법은 공변량 점수에 근거를 두고 독립변수의 하위수준을 고려하여 구획(block) 수를 결정하는 방법이다. 이 방법은 13장 이원분산분석에서 비교적 자세하게 설명하였다. 동일구획 내에서 피험자는 독립변수의 하위수준별로 1명을 무선배정하게 되며 '이들 피험자는 반복측정설계에서 동일한 피험자로 간주'한다. 무선구획 방법은 피험자내 분석에서 공분산의 동질성(등공분산성: homogeneity of covariance) 가정이 크게 요구되는 단점이 있다.

반면 구획화(區劃化: blocking) 방법이란 공변량의 점수를 근거로 피험자를 몇 개의 하위집단으로 구분(예: 농기수준: 상, 중, 하)하여 또 다른 독립변수로 취급한다. 이때 몇 개의 하위집단으로 구분된 공변량은 독립변수의 하위수준과 서로 교차되게 설계하고 피험자들을 무선배정한다. 자료분석에서 공변량(여기에서는 또 다른 독립변수)과 독립변수 간의 상호작용효과가 유의한 것으로 나타난다면 회귀선의 동등성(homogeneity of regression) 가정은 위배된 것으로 간주한다.

구획화 방법의 장점은 피험자내 *ANOVA* 혹은 *ANCOVA*를 적용할 때 요구되는 가정이 불필요하고 공변량과 종속변수 간의 관계가 반드시 선형(線型: linear)일 필요가 없다는 것이다. 이들 관계가 선형일 때 분석결과의 통계적 검증력은 오히려 낮다. '선형일 때는 *ANCOVA*가 구획화 방법과 무선구획설계보다 통계적 검증력이 더 높다'. 구획화 방법은 상관연구보다는 실험연구 상황에서 *ANCOVA* 보다 효과적인 것으로 보고되고 있다. 그러나 유의할 점은 실험처치 후 구획화를 시도하면 하위집단(cell) 내의 피험자 수에 차이가 날 가능성이 크기 때문에 실험처치 전에 구획화하는 것이 바람직하다.

5. *ANCOVA*를 위해 사전에 점검해야 할 사항

5.1 비동등(unequal) 사례수와 누락치(missing data)

누락치는 하위집단(cell) 별로 동일하지 않은 사례수를 만들어 낼 수 있다. Cell별 사례수 (n)가 동일해야 한다는 점은 앞의 *ANOVA*에서 이미 언급한 바 있다. 만일 cell별 사례수가 동일하지 않으면 전체자승화 ≠ 주효과자승화 + 상호작용자승화 + 오차자승화 [$SS_t \neq SS_m + SS_i(SS_a + SS_b) + SS_e$]가 되어 주효과와 상호작용효과 검증은 독립성(orthogonality)을 가정할 수 없게 된다. 따라서 cell별 사례수가 동일하지 않을 경우, 최선의 방법은 각 cell별 n을 무선표집 방법에 의해 동일화시키는 것이다. Cell별 n을 동일화하는 것이 바람직하지 않을 때는 연구의 유형에 따라 다양한 전략을 사용할 수 있다.

여기에서 독립성(獨立性)이란 변수 간의 상관이 완전 무상관을 의미한다. 독립성은 통계적 방법의 적용에서 기본적으로 요구되는 가정이다. 예를 들어 요인방안(factorial design)의 경우, 둘 혹은 그 이상의 독립변수가 서로 교차하는 cells의 사례수가 동일할 때 독립적이 된다. 이때 주효과와 상호작용효과는 서로 독립적으로(무관하게) 검증된다. 피험자가 실험처치 집단에 무선배정되고 변수통제가 효과적으로 이루어진 독립적 실험설계(orthogonal experimental design)에서 비로소 우리는 인과관계 (causality)를 명확히 파악할 수 있다.

5.2 이탈치(outliers)

이탈치(離脫値)란 도 14 · 2에 제시된 바와 같이 하나의 변수 혹은 몇 개 변수의 조합점수 중 정상분포에서 이탈된 극단적인 수치를 갖는 사례를 의미한다. 이탈치는 다음과 같은 두 가지 측면 [단일변량(univariate)과 다변량(multivariate)] 에서 검색된다. 단일변량 이탈치란 하나의 변수(종속변수 혹은 어느 하나의 공변량)가 극단적인 값을 갖는 사례를 의미하며 다변량 이탈치란 둘 혹은 그 이상의 변수(종속변수 혹은 공변량)의 조합점수가 극단적인 값을 갖는 사례를 의미한다.

단일변량 이탈치는 하나 혹은 그 이상의 변수로부터 얻은 개개인의 관찰점수를 표준점수(standardized scores)로 환산하였을 때 매우 큰 값 즉, 표준점수 (Z) 로 ±3.00을 초과하는 사례로 정의된다. 그러나 n이 클 경우 ±3.00을 초과하는 사례는 극히 적어진다. 단일변량 이탈치 검색을 위한 Z점수는 통계 프로그램을 이용하면 쉽게 얻을 수 있다. 예를들어 *SPSS*의 분석메뉴 CONDESCRIPTIVE에서 box plots, normal probability plot 등을 이용하면 쉽게 확인할 수 있다.

다변량 이탈치는 회귀선의 이질성(heterogeneity)을 유발시키는 원인이 되기 때문에 이러한 이탈치를 포함시켜 *ANCOVA*를 적용해서는 안 된다. 만일 적용할 경우, 종속변수의 점수가 비합리적으로 조정되는 결과를 초래하게 된다는 점에 유의해야 한다. 변량 이탈치를 검색하기 위한 통계적 방법으로는 Mahalanobis 거리(M－D)가 있다. 이 값(Mahalanobis distance)은 각각의 사례가 나머지 전체 사례의 평균(centroid)으로부터 떨어져 있는 거리를 의미한다. *SPSS*의 하위프로그램 *REGRESSION*을 이용하면 다변량 이탈치를 검색할 수 있다.

6. *ANCOVA*의 기본가정

6.1 다중공선성(multicollinearity)과 단일성(singularity)

상관행렬(correlation matrix)에 포함된 변수 간의 상관이 매우 높을 때 유발되는 문제로서 다중공선성은 변수들 간의 상관이 .90 이상일 때 그리고 단일성은 변수들 간의 상관이 완전상관이고 변수들 중 어느 하나는 하나 이상의 다른 변수와 조합된 경우에 해당된다. 예를 들어 push-ups, pull-ups, flexed-arm hang 검사로 구성된 상완 근지구력 점수와 sit-ups와 curl-ups 검사로 구성된 복근 지구력 점수 간에는 중다공선적(multicollinearity)일 가능성이 크다. 그러나 전체 상완 근지구력 점수와 이 점수에 포함된 하위검사(예: push-ups)와는 단일적(singular)일 가능성이 크다. 왜냐하면 전체점수는 하위검사 점수가 조합된 것이기 때문이다. 변수들이 중다공선적이거나 단일적이면 그러한 변수들은 중복된(redundant) 정보를 포함하게 되고 따라서 동일한 분석에서 모두 필요하다고 볼 수는 없다.

이 문제를 해결하기 위해서는 공변량 수가 많을 경우, 공변량 간의 상관이 .90보다 크면 어느 한 공변량은 다른 공변량과 거의 동일한 정보를 제공하기 때문에 상관이 높은 공변량은 제외해야 한다. 실제 자료의 분석과정에서 다중공선성과 단일성은 각 변수에 대한 R^2(다중상관분산 또는 다중상관자승: *SMC*: squared multiple correlation)을 계산하여 확인할 수 있다. 다중상관자승(R^2)을 계산할 때 각각의 변수는 종속변수로 그리고 나머지 변수는 독립변수로 설정하여 분석하면 된다. 만일 R^2값이 .90보다 크면 해당변수는 다중공선적이고 1.00이면 단일적인 것으로 간주한다.

대부분의 Computer software에는 R^2 대신 허용오차 (tolerance: 1-SMC)를 사용하게 되는데 허용오차가 매우 적으면 해당 변수는 자동적으로 분석에 포함되지 않는다. Computer software에서 허용오차의 내정치(default) 범위는 .01~.001이다.

문제 3: Covariates(공변량) 간의 상관행렬(相關行列: correelation matrix)에서 다른 covariate과 상관이 .90 이상인 변수가 있다면 분석에서 제외해야 한다.

□ *YES* □ *NO*

6.2 분포의 정상성(正常性: normality)

통계적 유의도(有意度: significance)를 검증할 때 가장 중요한 단계는 분포의 정상성을 검토하는 것이다. 만일 분포가 정상적이면 잔차(residuals) 역시 정상적이고 독립적으로 분포된다. 따라서 잔차를 검토하는 것은 분포의 정상성을 검토하기 위한 하나의 방법이다. 변수의 정상성은 통계적 방법(statistical method)과 도해적 방법(graphical method)에 의해 검토하는 것이 일반적인 반면, 잔차의 정상성은 보통 도해적 방법을 이용하여 검토한다.

통계적 방법에 의한 정상성 검증은 편포도(遍布度: 혹은 왜도; skewness)와 첨도(尖度; kurtosis)를 이용하는 것이 보통이다. 여기에서 편포도(왜도)란 분포의 대칭성(symmetry) 정도를 나타내는 통계치이며 첨도는 분포의 봉우리가 뾰족한 정도(peakedness)를 나타내는 통계치이다. 분포가 정상적일 때 편포도와 첨도는 0의 값을 갖게 된다. 이들 통계치는 다음과 같이 해석한다.

- 분포가 정상적일 때 편포도(skewness)와 첨도(kurtosis) = 0
- 편포도 〈 0 = 부적 편포
- 편포도 〉 0 = 정적 편포
- 첨도 〈 0 = 분포의 봉우리가 평평함
- 첨도 〉 0 = 분포의 봉우리가 뾰족함

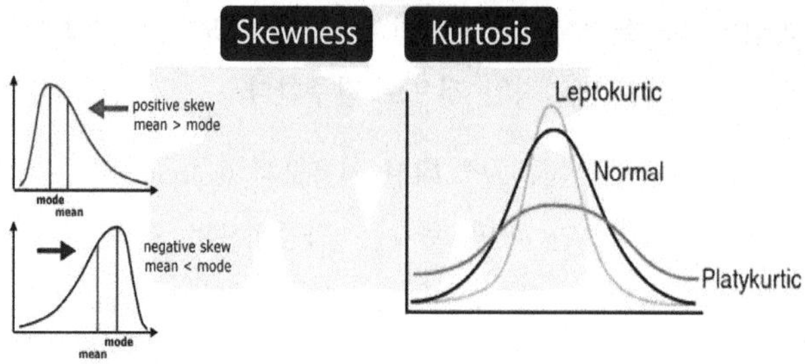

앞에서 *ANOVA*를 위해 기본적으로 요구되는 가정은 각 하위집단의 표집분포(標集分布; sampling distribution)는 정상적으로 분포되어야 한다는 것이었다. *ANCOVA*에서도 마찬가지로 표집분포의 정상성(定常性) 가정이 요구된다. 그러나 정상성이 요구되는 분포는 평균치의 표집분포이기 때문에 '전집의 모수치(母數値: parameter)를 알거나 평균치의 실제 표집분포를 계산'하지 않는 한 정상성 가정의 검증은 불가능하다. 따라서 우리는 중앙집중한계정리(中央集中限界定理: central limit theorem)에 의해 원점수의 분포가 정상적이 아니라도 표본수(標本數)가 크다면 표집분포는 정상적이라고 가정하고 자료를 분석하게 된다.

실제 자료를 분석할 때 각 cell별 n이 비슷하고 이탈치가 없으며 양방검증(兩方檢證: two-tailed)을 하는 연구일 경우에는 오차항의 df가 20 이상이면 이 가정은 불필요하다. 그리고 표본수가 적고 cell별 n에 차이가 있으며 이탈치가 있을 때는 점수분포의 특성을 고려하여 원점수 자료를 log, X^2, $\sqrt{\ }$ 등으로 전환하여 분석하는 것이 필요하다.

문제 4 : *ANCOVA*에서 정상성 가정을 만족시키기 위해서는?

- ☐ Cell별 n이 같아야 한다.
- ☐ Cell별 n이 20명 이상이어야 한다.
- ☐ 이탈치가 있다면 제외해야 한다.

6.3 등분산성(분산의 동질성 : homogeneity of variance)

*ANCOVA*에서 독립변수 하위집단(cell)별 종속변수 점수의 분산(variance)은 동일한 전집으로부터 분리 추정(separate estimate)된 것으로 가정한다. 이탈치가 없는 한 이 가정을 위배해도 *ANOVA*, *ANCOVA* 방법은 통계적으로 항내성(抗耐性: robustness)이 있

기 때문에, 표본수가 크고 다음 조건을 만족한다면 등분산(분산의 동질성) 가정은 검증이 불필요하다. 가설검증이 양방검증인 경우, 하위집단별 n은 동일해야 한다. 만일 하위집단별 n이 동일하지 않으면 가장 큰 집단의 n : 가장 적은 집단의 n비가 4 : 1보다 적어야 한다. 그리고 가장 큰 분산 : 가장 적은 분산의 비는 10 : 1보다 적어야 한다.

일방검증인 경우에는 더 보수적인 준거(conservative criteria)를 적용해야 한다. 이때 종속변수 점수의 정상성 가정 위배로 인해 원점수(原點數)를 log, X^2, $\sqrt{}$ 등으로 변환할 경우에는 변환된 점수와 조정된 평균치의 해석에 어려움이 생긴다는 점에 유의해야 한다. 그리고 α수준을 설정할 때도 보수적인 기준을 적용하는 것이 필요하다. 보통 $\alpha =$ .05에 설정할 경우, 중정도의 위배에 대해서는 $\alpha =$ .025, 심각한 위배에 대해서는 $\alpha =$ .01을 설정하는 것이 바람직하다. 또한 적절한 수준의 통계적 검증력(統計的 檢證力)을 유지하기 위해서는 cell별 n을 동일하게 해야 한다. 만일 n이 동일하지 않을 때는 동일하게 하기 위해 n이 많은 하위집단(cell)에서 무선적으로 제외해야 한다.

문제 5: 표본수가 크고 cell별 사례수가 유사하다면 이탈치(outliers)가 없는 한 분산의 동질성 검증은 불필요하다.

☐ *YES* ☐ *NO*

6.4 직선성(linearity)

*ANCOVA*에서 요구되는 또 다른 기본가정은 각 공변량과 종속변수 간, 공변량 간에는 직선적(直線的) 관계를 가져야 한다는 것이다. 변수 간의 관계가 직선으로부터 이탈할 경우에는 통계적 검증력이 낮아진다. 직선성을 검증하기 위해서는 *SPSS* MANOVA의 잔차도표(RESIDUAL), 산포도표(SCATTERPLOT) 혹은 *SAS*의 GLM을 이용하면 된다. 만일 위의 도표를 검토한 결과 심각한 비직선성(non-linearity)이 발견되면 독립변수의 하위집단별 종속변수와 각 공변량, 그리고 각 공변량과 나머지 공변량 간의 산포도표를 점검할 필요가 있다. 점검 결과 비직선성이 발견되면 해당변수의 점수를 'log, X^2, $\sqrt{}$ 등의 함수로 변환'하거나 '비직선성을 나타내는 공변량을 제외'하는 방법도 고려할 수 있다.

문제 6: 직선성 가정이 만족되지 못할 때 유발될 수 있는 문제는 무엇인가?

□ 1종 오류(α)의 증가
□ 2종 오류(β)의 감소
□ statistical power($1 - \beta$)의 감소

6.5 회귀선의 동등성(同等性: homogeneity of regression)

*ANCOVA*에서 공변량의 차이로 인해 발생한 하위집단별 종속변수 점수를 조정하기 위해서는 전체집단을 대상으로 산출된 평균 회귀식(average regression)을 사용하게 된다. 이를 위해서는 각 하위집단별 종속변수와 공변량 간 회귀선의 기울기(回歸線: slope of regression)는 동일한 전집 회귀계수로부터 추정된 것이라는 가정이 필요하다. 즉, 모든 하위집단별 회귀선의 기울기는 동등해야 한다는 것이다. 회귀선이 이질적(heterogeneous) 이면, 즉 평행하지 못하면, 독립변수와 공변량 간에는 상호작용효과(相互作用效果)가 있음을 뜻한다. 상호작용효과가 있다면 공변량과 종속변수 간의 관계는 독립변수의 하위수준에 따라 차이가 있게 나타난다.

도 14 · 2는 독립변수의 하위집단별 종속변수와 공변량 간의 회귀선이 동등한 경우와 동등하지 못한 이질적인 경우를 예시한 것이다. 연구자가 설정한 연구설계가 피험자간 설계(개체간: between-subject)인 경우, 회귀선의 동등성은 표 14 · 1에 제시된 *SPSS*의 명령어 *UNIVARIATE ANOVA*에 의해 검증할 수 있다. 만일 연구에서 독립변수와 공변량 간에 상호작용효과가 있다면 *ANCOVA*는 분석방법으로 부적합하다는 점에 유의할 필요가 있다.

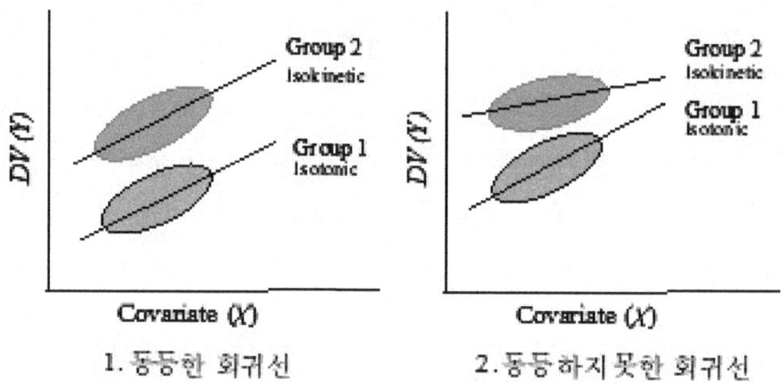

도 14 · 2 독립변수의 두 하위집단에 대한 공변량과 종속변수 간 회귀선 예

표 14·1 *SPSS UNIVARIATE ANOVA*에서 *ANCOVA*와 회귀선의 동등성 검증

SV	*SS*	*df*	*MS*	*F*	*p*
X(동기수준)	29.55	1	29.55	3.28	.108
GROUP(흡연여부)	9.25	1	9.25	1.03	.341
GROUP * *X*	**10.07**	**1**	**10.07**	**1.12**	**.321**
Error	72.10	8	9.01		
Total	189.67	11			

* 이 표는 회귀선의 동등성을 검증하기 위한 분석결과이다. 공변량(동기수준)이 종속변수에 미치는 영향정도와 독립변수(흡연여부)가 종속변수에 미치는 영향정도는 상호작용효과에 해당하는 자승화(*SS* : 10.07)값을 오차항에 더한 값(82.17)에 의해 재 분석해야 한다.

표 14·1은 표 14·4의 자료를 이용하여 *SPSS UNIVARIATE ANOVA*에서 회귀선의 동등성을 검증한 분석결과이다. 먼저 기본 창에 종속변수(근지구력)와 독립변수(흡연여부), 공변량(동기수준)을 입력하고 모형(Model) 창에서 Custum 모형을 선정한 후 공변량(*X*), 독립변수(group으로 지정), 마지막으로 독립변수와 공변량 간의 상호작용(group**X*) 순으로 기술한다. 그리고 자승화(*SS*) 산출을 위해 유형1인 계층적 모형(階層的 模型: sequential model)을 선정한다. 분석결과에 제시된 GROUP**X* 항이 회귀선의 동등성에 대한 유의도 검증결과를 나타낸다. 표 14·1의 분석결과에 의하면 독립변수와 공변량 간의 상호작용효과는 $F = 1.117$로서 $p = .321$ 수준에서 통계적으로 유의하지 않은 것으로 나타났다. 따라서 회귀선의 동등성 가정은 만족된 것으로 나타났으므로 표 14·4의 자료는 *ANCOVA*를 이용하여 독립변수의 하위집단 간 차이를 검증할 수 있다.

여기에서 독자는 위의 분석결과(표 14·1 참조)로부터 얻은 상호작용효과는 단지 회귀선의 동등성을 검증하기 위한 것이라는 점에 유의해야 한다. 상호작용효과가 통계적으로 유의한 것으로 나타났다면, 해당 자료에 대한 *ANCOVA* 검증은 불가능하며 그 대안으로 공변량을 새로운 독립변수로 투입한 이원 *ANOVA*를 적용해야 한다.

그렇다면 상호작용효과가 통계적으로 유의하지 않은 것으로 나타났을 때 즉, 회귀선이 동등한 것으로 나타났을 때 *ANCOVA* 결과는 어떻게 보고해야 할까? Computer software를 이용하여 분석된 *ANCOVA* 결과표(표 14.1)에는 공변량과 독립변수가 종속변수에 미치는 영향 정도가 상호작용효과와 함께 제시되어 있다.

다시 말하지만 *ANCOVA*에서 상호작용효과의 검증은 '회귀선이 동동한지를 확인하기 위한 것'이다. 이러한 목적이 달성되면 상호작용효과 검증은 소임을 다한 것이다. 따라서 목적을 다한 상호작용효과의 자승화 값은 오차자승화 값으로 편입되어야 한다. 즉, 위의 표에서 상호작용효과에 해당하는 자승화 값인 10.07은 공변량이 종속변수에 미치는 영향 정도가 제거된 '독립변수의 영향 정도를 검증하는 과정'에서는 오차자승화 72.10에 포함되어야 한다. 따라서 실제 오차자승화는 82.17이 되어야 한다. 이러한 사실을 간과하고 Computer software를 이용하여 분석된 *ANCOVA* 결과표를 그대로 제시하게 되면 오차자승화가 상대적으로 적은 값에 의해 공변량과 독립변수의 효과를 검증하는 결과를 초래할 수 있다.

요약하면 첫째, 공변량, 독립변수가 투입된 상황에서 상호작용효과를 검증한 후 상호작용효과가 있다면 이원 *ANOVA*를 적용한다. 둘째, 상호작용효과가 없다면 다시 공변량과 독립변수를 투입하고 공변량이 종속변수에 미치는 영향 정도를 배제한 후 상호작용효과 검증 없이 독립변수의 효과를 *ANCOVA*를 적용한다. 이러한 사실을 기초로 상호작용효과가 없는 자료(표 14 · 4)에 대한 *ANCOVA* 분석 결과를 제시하면 표 14 · 2와 같다. 독자는 표 14 · 1과 14 · 2의 *ANCOVA* 분석 결과에 어떤 변화가 있는지를 비교해 보기 바란다.

표 14 · 2 표 14 · 4 자료를 이용한 *ANCOVA* 검증 결과

SV	*SS*	*df*	*MS*	*F*	*p*
X(동기수준)	32.51	1	32.51	3.56	.092
GROUP(흡연여부)	4.38	1	4.38	.48	.506
Error	82.16	9	9.13		
Total	189.67	11			

또한 여기에 동일한 자료에 대한 *ANCOVA* 분석결과를 두 개의 표로 제시한 것은 첫째, 회귀선의 동등성 검증과 둘째, 공변량과 독립변수가 종속변수에 미치는 효과검증을 예시하기 위한 것이다. 따라서 Computer software를 이용하여 분석된 두 개의 분석결과는 다음과 같이 하나의 표로 제시하는 것이 적절하다.

표 14 · 3 표 14 · 1과 2를 병합한 *ANCOVA* 검증 결과

SV	*SS*	*df*	*MS*	*F*	*p*
X(동기수준)	32.51	1	32.51	3.56	.092
GROUP(흡연여부)	4.38	1	4.38	.48	.506
Error	82.16	9	9.13		
GROUP * *X*	10.07	1	10.07	1.12	.321
Error	72.10	8	9.01		

문제 7: 독립변수와 Covariate 간에 상호작용효과가 있다면 *ANCOVA*는?

□ 적합한 방법 □ 부적합한 방법

문제 8: 독립변수와 Covariate 간에 상호작용효과가 없다면 상호작용효과 검증을 제외한 *ANCOVA*를 실시한다.

□ 그렇다 □ 아니다

문제 9: 표 14 · 1과 비교해 볼 때 표 14 · 2의 오차항(error term)에는 어떤 변산원(sourse of variation)이 포함되어 있는가?

□ 공변량의 자승화 값 □ 상호작용효과의 자승화 값

6.6 Covariate의 신뢰도(信賴度: reliability)

공변량과 관련된 마지막 가정은 공변량은 '오차없이 측정된 것이어야 한다'라는 것이다. 즉, 공변량은 완전히 신뢰로워야 한다는 것이다. 예를 들어 성별, 연령과 같은 변수는 오차(誤差) 없이 확인할 수 있기 때문에 이 가정은 보통 만족될 수 있다. 그러나 피험자가 보고하는 인구통계학적 변수나 불안, 동기 등과 같은 심리측정 변수들은 오차 없이 측정하기가 쉽지 않기 때문에 이러한 가정은 좀처럼 충족되기 어렵다. 또한 태도와 같은 변수는 측정 당시에는 신뢰로울 수 있으나 단기간에도 변화되기 때문에 그 신뢰성에는 적지 않은 문제를 안고 있다.

*ANCOVA*에서 $\overline{X}$ 차이에 대한 F검증은 공변량이 신뢰로우면 검증력이 높다. 만일 공변량이 신뢰롭지 못할 경우 α 혹은 β오류가 증가되는 문제가 발생한다. 실험연구에서 신뢰롭지 못한 공변량은 오차항이 과소 조정되는 문제 때문에 보수적인 검증(conservative statistical test)이 되고 결과적으로 통계적 검증력을 낮추는 결과를 초래하게 된다. 그러나 비실험연구에서 신뢰롭지 못한 공변량은 평균치를 적게 혹은 크게 조정하는데 작용하기 때문에 오차 크기는 공변량이 어느 정도 신뢰롭지 못하느냐에 영향을 받는다. 일반적으로 비실험연구에서 공변량의 신뢰도는 .80보다 큰 값을 요구하고 있다.

문제 9 : Covariate의 신뢰도는 어느 정도 이상이어야 하는가?

□ .70 □ .80 □ .90

7. 계산공식과 적용 예

*ANCOVA*를 적용하기 위해서는 하나의 종속변수와 최소한 하나 이상의 독립변수(독립변수의 하위수준은 최소한 2개 이상) 그리고 최소한 하나의 공변량(共變數)가 필요하다. 종속변수(혹은 준거변수)는 보통 Y로 표시하고 공변량은 X로 표시한다. 공변량 수가 많을 때는 X_1, X_2, X_1으로 표시한다.

*ANCOVA*의 계산 절차를 표 14 · 4의 가상 자료를 이용하여 제시해 보자. 표 14 · 3은 흡연이 근지구력에 미치는 효과를 검증하기 위해 선정된 12명을 흡연집단과 비흡연집단에 각각 6명씩 무선배정(無選配定)하였다고 가정하자.

표 14 · 4 *ANCOVA*를 위한 자료: 흡연여하 집단간 근지구력(Y)과 동기수준(X) 점수

피험자	근지구력 (Y)	동기수준 (X)
비흡연집단		
1	59	68
2	58	69
3	58	64
4	54	63
5	53	65
6	50	61
Σ	332	390
흡연집단		
1	56	63
2	51	59
3	51	56
4	49	57
5	48	62
6	47	61
Σ	302	358
전체	634	748

이 연구에서 독립변수는 흡연이며 종속변수는 근지구력(Y)이다. 근지구력은 배근력 검사에 의해 측정하였다. 근지구력은 피험자의 동기수준에 따라 영향을 받는다는 선행연구 결과를 기초로 동기수준(X)을 공변량으로 선정하고 피험자들에게 동기검사를 실시하였다. 이 연구의 영가설(H_0)은 "동기수준(공변량)를 통제하였을 때 흡연여하 집단의 근지구력 간에는 차이가 없다"로 설정하고 가설검증을 위한 유의수준은 .05에 설정하였다. 여

기에서 위의 '표본수'는 단지 예시 목적으로 선정되었을 뿐 실제 '*ANCOVA*의 기본가정을 만족시키기 위해서는 매우 적다'라는 사실을 독자들이 잘 알고 있을 것이다.

표 14·5 흡연여하 집단간 근지구력(Y)과 동기수준(X) 점수의 합, 자승화, 평균

집단		근지구력			동기수준			교적
	n	ΣY	ΣY^2	$\Sigma Y/n$	ΣX	ΣX^2	$\Sigma X/n$	ΣXY
비흡연	6	332	18,434	55.33	390	25,396	65.00	21,623
흡연	6	302	15,252	50.33	358	21,400	59.67	18,029
전체	12	634	33,686	52.83	748	46,796	62.33	39,652

계산기를 이용하여 분석하려면 먼저 표 14·5와 같이 독립변수의 하위집단별로 각 변수의 점수 합과 자승화, 평균과 교적화(交積和: cross-products)를 계산한 표를 작성해야 한다. 이들 값은 핸디 계산기를 이용하여 쉽게 계산할 수 있다. 표 14·5를 이용하여 연구자는 앞의 *ANOVA*에서 산출한 다양한 자승화와 교적화(즉, 전체자승화, 간자승화, 내자승화)를 계산할 수 있을 것이다. 이들 값은 다음과 같은 공식을 이용하여 계산할 수 있다.

먼저 근지구력(Y) 검사결과에 대한 전체자승화(SS_t), 집단간자승화(SS_b), 집단내자승화(SS_W) 값을 계산하면

$$SS_t = \Sigma Y^2 - \frac{(\Sigma Y)^2}{N} = 33{,}686 - \frac{(634)^2}{12} = 189.67$$

$$SS_b = \Sigma\frac{(\Sigma Y)^2}{n_j} - \frac{(\Sigma Y)^2}{N} = [\frac{(332)^2}{6} + \frac{(302)^2}{6}] - \frac{(634)^2}{12} = 75.00$$

$$SS_w = \Sigma Y^2 - \Sigma\frac{(\Sigma Y)^2}{n_j} = 33{,}686 - [\frac{(332)^2}{6} + \frac{(302)^2}{6}] = 114.67$$

다음으로 공변량인 동기수준(X) 검사점수에 대한 전체자승화($SS_{t(X)}$), 집단간자승화($SS_{b(X)}$), 집단내자승화($SS_{W(X)}$) 값을 계산하면

$$SS_{t(x)} = \Sigma X^2 - \frac{(\Sigma X)^2}{N} = 46{,}796 - \frac{(748)^2}{12} = 170.67$$

$$SS_{b(x)} = \Sigma\frac{(\Sigma X)^2}{n_j} - \frac{(\Sigma X)^2}{N} = [\frac{(390)^2}{6} + \frac{(358)^2}{6}] - \frac{(748)^2}{12} = 85.33$$

$$SS_{w(x)} = \Sigma X^2 - \Sigma\frac{(\Sigma X)^2}{n_j} = 46{,}796 - [\frac{(390)^2}{6} + \frac{(358)^2}{6}] = 85.33$$

끝으로 근지구력 검사결과(Y)와 동기수준 검사점수(X)의 전체 교적자승화(SP_t), 집단

간 교적자승화(SP_b), 집단내 교적자승화(SP_W) 값을 계산하면

$$SP_t = \Sigma XY - \frac{(\Sigma X)(\Sigma Y)}{N} = 39{,}652 - \frac{(748)(634)}{12} = 132.67$$

$$SP_b = \Sigma\frac{(\Sigma X)(\Sigma Y)}{n_j} - \frac{(\Sigma X)(\Sigma Y)}{N} = [\frac{(390)(332)}{6} + \frac{(358)(302)}{6}] - \frac{(748)(634)}{12} = 80.00$$

$$SP_w = \Sigma XY - \Sigma\frac{(\Sigma X)(\Sigma Y)}{n_j} = 39{,}652 - [\frac{(390)(332)}{6} + \frac{(358)(302)}{6}] = 52.67$$

다음으로는 공변량이 종속변수에 작용한 정도를 제거하는 과정이 필요하다. 이를 위해서는 종속변수의 자승화 값에서 공변량이 작용한 정도만큼을 조정(제거)해야 한다. 종속변수에 대한 자승화 값을 조정하기 위해서는 다음 공식을 적용하면 된다.

$$SS'_b = SS_b - [\frac{(SP_b + SP_w)^2}{SS_{b(x)} + SS_{w(x)}} - \frac{(SP_w)^2}{SS_{w(x)}}] \tag{14.1}$$

$$SS'_w = SS_w - \frac{(SP_w)^2}{SS_{w(x)}} \tag{14.2}$$

조정된 자승화 값을 얻기 위해 앞에서 산출된 자승화 값을 위의 공식에 대입하면 다음과 같다.

$$SS'_b = 75.00 - [\frac{(80.00 + 52.67)^2}{85.33 + 85.33} - \frac{(52.67)^2}{85.33}] = 4.38$$

$$SS'_w = 114.67 - \frac{(52.67)^2}{85.33} = 82.16$$

*ANCOVA*에서 자유도(df)는 *ANOVA*에서와 유사하다. 다만 각 공변량별로 하나의 자유도를 갖게 된다는 점만 차이가 있을 뿐이다. 따라서 전체자유도(df_t)는 전체사례수에서 1을 뺀 후 공변량 수 만큼을 다시 뺀 수가 된다. 따라서 위의 예에 대한 전체자유도는 12 - 1 - 1 = 10이 된다. 위의 예에 대한 집단간, 집단내 자유도는 다음과 같다. 그리고 분산추정치(MS)는 *ANOVA*에서와 같이 자승화 값을 해당 자유도로 나누어 얻을 수 있다.

- 집단간 자유도(df_b) = 집단수(J) - 1 = 2 - 1 = 1
- 집단내 자유도(df_W) = N - 집단수(J) - 공변량 수(c) = 12 - 2 - 1 = 9
- 조정된 집단간 분산추정치(MS_b) = 4.38 / 1 = 4.38

• 조정된 집단내 분산추정치(MS_W) = 82.16 / 9 = 9.13

"동기수준(공변량)을 통제하였을 때 흡연여하 집단의 근지구력 간에는 차이가 없다"는 영가설은 조정된 집단간 분산추정치를 조정된 집단내 분산추정치로 나눈 F비에 의해 검증할 수 있다.

$$F = \frac{4.38}{9.13} = .48$$

산출된 각종 통계치를 수표로 정리하여 제시하면 표 14 · 2, 표 14 · 5와 같다. 〈수표 7〉의 F분포 표에 의하면 집단간, 집단내 자유도(df)가 각각 1, 9이고 $\alpha = .05$ 수준에서 영가설 부정을 위한 기준치는 5.12이다. 그러나 실제 검증결과 얻은 $F_{1,9}$= .48은 가설부정을 위한 기준치(F_{CV}) 5.12보다 적으므로 (H_0)를 부정할 수 없다. 위의 결과에 의하면 동기수준(공변량)을 통제하였을 때 흡연여하 집단의 근지구력 간에는 차이가 없다. 따라서 흡연여하는 근지구력에 영향을 미치지 못한다는 결론을 내릴 수 있다.

표 14 · 6 표 14 · 4의 자료에 대한 *ANCOVA* 결과

SV	조정된 *SS*	*df*	*MS*	*F*	*p*
집단간	4.38	1	4.38	.48	.506
집단내	82.16	9	9.13		

표 14 · 7 표 14 · 4의 자료에 대한 *ANOVA* 결과

SV	*SS*	*df*	*MS*	*F*	*p*
집단간	75.00	1	75.00	6.54	.028
집단내	114.67	10	11.47		

한편 표 14 · 7은 *ANCOVA*와 *ANOVA*간의 차이를 비교하기 위해 동일한 자료를 이용하여 *ANOVA*한 결과이다. 산출 결과에 의하면 *ANOVA*의 집단간(集團間) 자승화뿐만 아니라 집단내(集團內) 자승화(오차항) 값이 *ANCOVA* 값보다 크다. 그리고 *ANCOVA*에서는 하나의 공변량이 있기 때문에 오차항의 df가 *ANOVA*보다 하나 적다. 여기에서 독자는 *ANOVA*에서 "흡연여하 집단의 근지구력 간에는 차이가 없다"는 영가설은 $\alpha = .05$ 수준에서 부정된 반면, *ANCOVA*에서는 영가설은 부정할 수 없는 것으로 나타났다는 점에 유념할 필요가 있다. 이와 같은 결과는 공변량의 사용은 오차항에 포함되어 있는 "잡

음(noise)"을 줄여주고 있음을 확인시켜주고 있다.

위의 사례에서 독자는 공변량을 연구상황에 고려한 경우와 고려하지 않은 경우, 어떠한 결과가 나타나고 있는가에 대해 적지 않은 관심을 갖고 있을 것이다. 즉, 공변량을 연구상황에 고려하지 않았다면 흡연여하는 근지구력에 영향을 미친다는 결론을 얻게 되는 반면, 공변량을 연구상황에 고려하였다면 흡연여하는 근지구력에 영향을 미치지 못한다는 상반된 결론을 얻게 된다는 것이다. 우리는 연구에서 어떠한 변수를 선정하고 어떠한 분석방법을 적용할 것인가에 따라 연구결과가 달라질 수 있다는 사실을 확인한 셈이다.

8. 관계강도(關係强度: η^2)

만일 독립변수가 조정된 종속변수 점수에 통계적으로 유의한 영향을 미치는 것으로 나타났다면 전체분산 중 독립변수의 처치효과가 차지하는 비중(관계강도)은 다음 공식 η^2(상관비자승 : 에타자승, eta square)를 사용하여 산출할 수 있다. 여기에서 η^2는 독립변수(혹은 설명변수)의 자승화(SS: sum of squares)를 전체 자승화로 나눈 것이다. 독립변수의 수가 2개 이상인 모형에서 η^2는 종속변수의 전체분산 중 선정된 독립변수가 차지하는 분산비율을 확인하고자 할 때 사용한다. 반면, 종속변수의 전체분산 중 모형에 포함되어 있는 모든 독립변수가 차지하는 분산비율을 확인하고자 할 때는 17장에서 배우게 될 R^2(중다상관분산)를 사용하면 된다.

그런데 η^2를 사용할 경우, 연구자는 연구의 표본수가 적거나 측정변수의 수가 상대적으로 많을 때 표집오차 분산(標集誤差 分散: sampling error variance)은 과대하게 추정된다(Thompson, 2002)는 사실에 유념할 필요가 있다. 즉, η^2는 사례수가 적거나 독립변수의 하위수준이 많을 때 전집의 관련정도를 편파적으로 추정하는 경향이 있으며 특히 표본의 크기가 중 정도이거나 클 때 차이가 있는 것으로 보고되고 있다. 이러한 문제를 해결하기 위해 제안된 공식이 바로 앞에서 배운 ω^2(omega 자승)이다. 앞의 자료를 이용하여 η^2와 ω^2를 계산하면 다음과 같다.

$$\eta^2 = \frac{SS'_b}{SS'_b + SS'_w} = \frac{4.38}{4.38 + 82.16} = .05$$

$$\omega^2 = \frac{SS'_b - (J-1)MS_w}{SS_t + MS_w} = \frac{4.38-(2-1)\times 9.13}{86.54+9.13} = \frac{-4.75}{95.67} = -.01$$

η^2에 의하면 조정된 종속변수 점수(근지구력)의 전체분산(全體分散) 중 5%가 독립변수(흡연여하)과 관련되어있다고 할 수 있다. 반면 ω^2에 의하면 근지구력의 전체분산중 1%가 흡연여하와 관련되어 있는 것으로 나타났다. 위의 ω^2계산에서 비록 -값으로 산출된다고 할지라도 ω^2값 자체가 제곱한 값이기 때문에 -값은 제거하고 보고하면 된다.

9. 조정평균(調整平均)

*ANCOVA*의 마지막 단계는 공변량의 차이로 인해 야기된 집단간 종속변수의 점수 차이를 조정한 조정평균을 산출하는 것이다. 조정평균을 산출하기 위해서는 공변량의 차이로 인해 유발된 과소 혹은 과대 추정된 점수를 회귀식을 이용하여 조정해야 한다. 이를 위해서는 집단내 회귀계수(集團內 回歸係數 : b)와 공변량의 전체 표본평균치와 해당집단의 평균치 간의 차이 값을 이용하면 된다.

회귀계수는 공변량에 대한 집단내 회귀계수를 산출하면 된다. 앞의 예시자료에 대한 집단내 회귀계수 b는 공변량(동기수준)의 집단내 자승화($SS_{w(x)}$)와 공변량과 종속변수(근지구력) 간의 집단내 교적자승화(SP_w)를 이용한 다음 식에 의해 얻을 수 있다.

$$SP_w = b(SS_{w(x)})$$
$$52.67 = b(85.33)$$
$$\therefore b = .617$$

산출된 회귀계수(b)는 비흡연집단의 근지구력 조정평균치를 산출하는 데 필요한 조정치를 계산하는 데 이용된다. 계산공식과 산출결과는 다음과 같다.

$$\begin{aligned} \text{조정치(비흡연집단)} &= \text{b}\,(\overline{X}_{\text{전체}} - \overline{X}_{\text{비흡연집단}}) \\ &= .617(62.33-65.00) \\ &= -1.647 \end{aligned}$$

산출된 조정치는 비흡연집단의 근지구력 조정평균을 얻기 위해 원래의 근지구력 평균치에 더해 주면 된다. 위에서 조정치가 -값으로 나타난 것은 비흡연집단의 동기수준(공변량)이 흡연집단보다 상대적으로 높다는 것이다. 다시 말하면 비흡연집단의 공변량 점수가 흡연집단에 비해 상대적으로 높기 때문에 원래의 근지구력 평균치는 그만큼 과대 추정되었다고 볼 수 있다. 따라서 이를 조정하기 위해서는 원래의 근지구력 평균치에서 과대 추정된 만큼 즉, 1.647을 빼주면 된다. 산술적으로는 과대 추정된 것이 '－'로 나타났기 때문에 원래의 평균치에 산출된 조정치(−1.647)를 더해주면 된다. 비흡연집단의 근지구력 조정평균치는 55.33 + (−1.647) = 53.63이 된다.

마찬가지로 흡연집단의 근지구력 조정평균치를 산출하는 데 필요한 조정치를 산출하면 다음과 같다.

$$\begin{aligned} \text{조정치(흡연집단)} &= b\,(\overline{X}_{\text{전체}} - \overline{X}_{\text{흡연집단}}) \\ &= .617(62.33 - 59.67) \\ &= 1.647 \end{aligned}$$

흡연집단의 공변량 점수는 비흡연집단에 비해 상대적으로 낮기 때문에 원래의 근지구력 평균치는 그만큼 과소 추정되었다고 볼 수 있다. 따라서 이를 조정하기 위해서는 원래의 근지구력 평균치에 과소 추정된 만큼 즉, 1.647을 더해주면 된다. 흡연집단의 근지구력 조정평균치는 50.33 + (1.647) = 51.98이 된다.

여기에서 독자가 유념해야 할 사항은 공변량이 둘 이상일 경우 어떤 집단에서는 하나 이상의 공변량 점수가 다른 집단에 비해 상대적으로 높게 나타나는 반면, 다른 공변량 점수는 낮게 나타나기도 한다는 점이다. 이 경우 비록 가장 큰 차이를 나타내는 조정치가 종속변수(從屬變數)와 가장 높은 상관을 보이고 있는 공변량에서 나타난다고는 할지라도 조정치는 공변량 간에 상당한 정도 서로 상쇄되는 상황이 벌어지게 된다.

이 장에서는 독립변수가 하나, 공변량이 하나인 가장 단순한 *ANCOVA* 예를 제시하였다. 실제 연구상황에서는 이보다는 복잡한 설계, 예를 들면 독립변수가 2개 이상, 공변량이 2개 이상인 경우도 적지 않다. 그러나 이와 같은 설계는 계산과정이 복잡할 뿐 계산을 위한 논리는 이 장에서 소개한 예와 동일하다. 복잡한 설계는 *SPSS, SAS, PYTHON* 등의 컴퓨터 프로그램을 이용하여 쉽게 계산할 수 있다.

10. *ANCOVA* 결과의 기술 예

적지 않은 연구자는 *ANCOVA*를 적용하여 자료를 분석한 후 그 결과를 어떻게 해석하는가에 대해 어려움을 호소하고 있다. 이러한 문제는 *ANCOVA* 뿐만 아니라 모든 통계적 방법에서도 마찬가지일 것이다. 분석결과를 표로 정리하고 해석하는 데 절대적으로 이용할 수 있는 전형이 있는 것은 아니기 때문에 이 문제는 권위있는 학술지에 게재된 논문과 미국심리학회(APA)에서 출간된 출판요강을 참고함으로써 해결할 수 있을 것이다. 그러나 여기에서는 *ANCOVA* 결과표의 제시양식과 해석에 비록 절대적인 전형이 있는 것은 아니라 할지라도 연구자가 분석결과를 기술할 때 참고가 될 수 있는 결과기술 예를 제시하기로 한다.

이 연구는 성별(남, 여)과 운동프로그램 적용(유, 무)이 운동에 대한 태도에 미치는 효과를 검증하기 위한 것이다. 이러한 목적을 달성하기 위해 이 연구에서는 2×2(성별 X 운동프로그램 적용) 피험자간 요인적 *ANCOVA*설계가 적용되었다. 선정된 공변량은 운동에 대한 태도 사전검사 점수이다. 결과분석을 위해 적용된 프로그램은 *BMDP4V*이다.

표집분포의 정상성, 직선성, 분산의 동질성, 회귀선의 동질성, 다중공선성과 단일성, 공변량의 신뢰도 가정은 검증결과 모두 만족된 것으로 나타났다. 자료검색 결과 이탈치 역시 발견되지 않았다. 원래 선정된 피험자 수는 남녀 각각 15명씩 30명이었으나 실험과정에서 남자 1명이 탈락함으로써 하위집단별 사례수를 동등화시키기 위해 여자 피험자 15명 중 1명은 무선표집 방법을 이용하여 제외하였다. 따라서 최종적으로 선정된 피험자 수는 28명이다.

표 14 · 8 성별, 집단간 운동에 대한 태도의 공분산분석 결과

SV	*SS*	*df*	*MS*	*F*
공변량	864.97	1	864.97	35.861***
주효과				
성별	4.11	1	4.11	.170
집단	135.14	1	135.14	5.603*
상호작용효과				
성별×집단	4.35	1	4.35	.181
오차	554.76	23	24.12	
전체	1575.00	27	58.33	

표 14 · 8에 의하면 성별, 운동 프로그램 적용유무별 운동에 대한 태도 수준에 대한 공분산 분석결과, 공변량으로 투입된 사전 운동에 대한 태도 수준은 $F_{(1,23)} = 35.86$으로써 $p < .001$ 수준에서 종속변수에 통계적으로 유의한 영향을 미치는 것으로 나타났다. 따라서 공변량(운동에 대한 사전 태도 수준)에 의해 사후 운동에 대한 태도 수준을 조정한 후

두 변수의 주효과와 상호작용효과를 검증한 결과, 집단간 상호작용효과는 $p>.05$ 수준에서 통계적으로 유의한 차이가 없는 것으로 나타났다. 성별 간의 주효과 역시 $F_{(1,23)}=.17$로서 $p>.05$ 수준에서 통계적으로 유의한 차이가 없는 것으로 나타난 반면, 운동 프로그램의 적용유무 집단 간에는 $F_{(1,23)}=5.60$으로서 $p<.05$ 수준에서 통계적으로 유의한 차이가 있는 것으로 나타났다.

표 14·9 성별, 집단간 운동에 대한 태도 수준 ($\overline{X}$, η^2, R)

		미조정		공변량에 의한 조정	
	n	$\overline{X}$	η^2	$\overline{X}$	*beta*
성별					
남자	14	29.36		26.92	
여자	14	23.64		26.08	
			.38		.06
프로그램					
처치집단	14	26.36		24.11	
통제집단	14	26.64		28.89	
			.02		.32

표 14·9의 집단별로 조정된 사후 운동에 대한 태도수준 평균치에 의하면 처치집단($\overline{X}=24.11$)이 통제집단($\overline{X}=28.89$) 보다 낮은 결과를 보이고 있다. 또한 조정된 사후 운동에 대한 태도점수의 전체분산 중 운동 프로그램 적용유무가 차지하는 비중($\eta^2=.32$)은 32%로서 비교적 높은 관계가 있는 것으로 나타났다. 따라서 운동 프로그램의 적용은 운동에 대한 긍정적인 태도를 형성하는 데 영향을 미친다고 할 수 있다.

요약

*ANCOVA*는 독립변수가 2개 이상인 요인방안(要因方案: factorial design)에서 뿐만 아니라 통제변수(혹은 공변량)이 두 개 이상인 경우에도 가능하다. 분석결과는 하나 혹은 그 이상의 잡음변수가 통제되었다는 점을 제외하고는 *ANOVA*의 분석결과와 동일하게 해석한다. 또한 *ANCOVA*는 흔히 사전검사가 실시되고 실험처치가 가해진 다음 사후검사가 실시된 상황일 때 분석방법으로 사용될 수 있다. 이때 사전검사(事前檢査)는 공변량으로 사용된다. 여기에서 우리는 이와 동일한 상황일 때 '반복측정 *ANOVA*'를 적용하여

분석할 수 있다는 점을 앞에서 배웠음에 유의할 필요가 있다. 뿐만 아니라 *ANCOVA*는 무선배정에 의해 집단을 구분하지 않고 '있는 그대로의 집단(intact group)'을 이용하여 실험처치한 후 집단 간의 차를 검증하고자 할 때 적용할 수 있다. 왜냐하면 '있는 그대로의 집단'을 이용하여 실험을 할 경우 각 집단에서 얻은 종속변수의 검사결과는 실험처치 변수 이외의 여러 잡음변수에 의해 영향을 받을 수 있기 때문이다.

그러나 *ANCOVA*는 위와 같은 여러 가지 문제를 해결해 줄 수 있는 통계적 방법임에도 불구하고 적용상에 몇 가지 제한점을 가지고 있다. 특히 최종성적이 사전성적에 의해 조정될 경우 잘못된 해석을 초래할 수 있다는 것이다 (Lord, 1969). 또한 공변량과 종속변수 간의 상관계수가 실험처치 집단 간에 차이가 있을 경우 *ANCOVA*는 적절한 분석방법이 되지 못한다.

ANCOVA 분석결과는 하나 혹은 그 이상의 잡음변수가 통제되었다는 점을 제외하고는 *ANOVA*의 분석결과와 동일하게 해석한다. *ANCOVA*는 흔히 사전검사가 실시되고 실험처치가 가해진 다음 사후검사가 실시된 상황일 때 분석방법으로 사용될 수 있다. 이때 사전검사(事前檢査)는 공변량으로 사용된다.

그러나 *ANCOVA*는 여러 가지 문제를 해결해 줄 수 있는 통계적 방법임에도 불구하고 적용상에 몇 가지 제한점을 가지고 있다. 특히 최종성적이 사전성적에 의해 조정될 경우 잘못된 해석을 초래할 수 있다. 또한 공변량과 종속변수 간의 상관계수가 실험처치 집단 간에 차이가 있을 경우, *ANCOVA*는 적절한 분석방법이 되지 못한다.

연습문제

※ 다음 각 문제를 읽고 정답이면 ○, 오답이면 ×를 ____에 표시하시오.

____ 1. *ANCOVA*는 *ANOVA*와 회귀분석(regression analysis)의 개념을 결합한 분석 방법이다.

____ 2. *ANCOVA*에서는 반드시 두 개 이상의 독립변수가 있어야 한다.

____ 3. 공변량이 종속변수와 상관이 없다면 *ANCOVA*를 수행하는 것이 의미가 없다.

____ 4. *ANCOVA*에서 공변량을 추가로 분석에 투입하면 반드시 집단 간 평균 차이가 더 명확해진다.

____ 5. *ANCOVA*에서 공변량과 독립변수 간 상호작용효과가 존재하면, 해석에 주의해야 한다.

____ 6. *ANCOVA*는 종속변수가 명목형(nominal)일 때도 사용할 수 있다.

____ 7. *ANCOVA*에서는 일반적으로 독립변수의 하위수준(범주)별로 공변량의 효과가 동일하다고 가정한다.

____ 8. *ANCOVA*를 적용하기 위해서는 독립변수와 종속변수 간에 반드시 선형관계(linearity)가 존재해야 한다.

____ 9. *ANCOVA*를 통해 공변량의 영향을 제거하면 종속변수의 실제 변화를 완벽하게 설명할 수 있다.

____10. *ANCOVA*를 적용하기 전에 공변량 분포의 정상성(normality)을 확인하는 것이 필요하다.

※ 다음 각 문제의 지문을 읽고 적절한 답지를 선택하시오.

11. *ANCOVA*의 주요 목적은 무엇인가?

① 두 집단 간의 평균 차이를 검증하기 위해
② 공변량을 통제하여 집단 간 차이를 더 정확하게 비교하기 위해
③ 두 변수 간의 관계를 분석하기 위해
④ 군집을 탐색하기 위해

12. *ANCOVA*에서 공변량(Covariate)의 역할은 무엇인가?

① 종속변수의 분산을 증가시키기 위해
② 독립변수 간의 상관관계를 높이기 위해
③ 종속변수에 대한 외생(외적, 잡음)변수를 통제하기 위해
④ 종속변수의 평균을 변화시키기 위해

13. *ANCOVA*를 적용할 때 반드시 필요한 가정은 무엇인가?

① 공변량과 독립변수 간의 상호작용효과가 존재해야 한다.
② 공변량과 종속변수 간에 선형 관계가 있어야 한다.
③ 독립변수는 반드시 연속형 변수여야 한다.
④ 종속변수는 반드시 명목형 변수여야 한다.

14. *ANCOVA*가 *ANOVA*보다 유리한 이유는 무엇인가?

① 모든 외생변수를 통제할 수 있기 때문에
② 표본 크기에 영향을 받지 않기 때문에
③ 공변량을 통제함으로써 집단 간 차이를 더 정확하게 비교할 수 있기 때문에
④ 독립변수 간의 다중공선성 문제를 제거할 수 있기 때문에

15. *ANCOVA*에서 종속변수는 어떤 유형의 자료(data)여야 하는가?

① 명목형 변수　　② 서열형 변수
③ 연속형 변수　　④ 이분형 변수

16. 다음 중 *ANCOVA*의 기본가정이 아닌 것은?

① 공변량과 종속변수 간의 선형관계
② 집단 간 공변량의 등분산성
③ 독립변수 간의 다중공선성이 낮아야 함
④ 공변량과 독립변수 간의 상호작용효과가 없어야 함

17. *ANCOVA*에서 독립변수는 어떤 유형의 자료여야 하는가?

① 연속형 변수만 가능하다.
② 명목형 변수만 가능하다.
③ 명목형 또는 서열형 변수만 가능하다.
④ 명목형 변수와 연속형 변수가 모두 가능하다.

18. *ANCOVA*를 분석할 때 공변량과 독립변수 간에 상호작용효과가 존재할 경우, 발생할 수 있는 문제는?

① *ANCOVA*의 효과가 감소할 수 있다.
② 공변량을 통제하는 것이 무의미해질 수 있다.
③ 독립변수의 효과를 과대평가할 수 있다.
④ 통계적 검증력이 증가할 수 있다.

19. *ANCOVA* 결과에서 공변량의 효과가 유의하지 않다면 어떻게 해석할 수 있는가?

① 공변량이 종속변수에 미치는 영향이 크다는 의미이다.
② 공변량을 포함한 *ANCOVA* 분석이 잘못되었음을 의미한다.
③ 공변량을 제거하고 *ANOVA*를 수행하는 것이 더 적절할 수도 있다.
④ 공변량과 독립변수 간의 다중공선성이 높다는 의미이다.

20. 다음 중 *ANCOVA*를 사용할 수 없는 경우는?

① 독립변수가 범주형이고 공변량이 연속형일 때
② 공변량과 독립변수 간에 상호작용효과가 있을 때
③ 종속변수가 연속형일 때
④ 공변량이 종속변수와 선형관계가 있을 때

21. **흡연(yes, no)과 음주(yes, no)가 근력에 미치는 영향을 검증하기 위해 요인방안(要因方案: factorial design)을 이용하여 20명의 피험자를 각 실험조건에 5명씩 무선배정하였다. 연구자는 근력은 체중에 의해 영향을 받는다는 사실을 고려하여 공변량으로 체중을 선정하고 이를 통제했을 때 흡연과 음주가 근력에 미치는 영향을 *ANCOVA*에 의해 검증하고자 하였다. 실험결과 실험조건별로 얻은 근력(Y)과 체중(X)은 다음과 같다. ※아래에 제시된 기록은 단지 분석을 위해 가상적으로 작성된 것이며 실제와는 다르다는 점을 독자는 이해하기를 바란다.**

		음주			
		yes		*no*	
		Y	X	Y	X
흡연	*no*	69	65	67	58
		56	61	65	53
		61	56	64	57
		56	62	61	54
		63	65	67	62
	yes	55	67	68	54
		56	61	64	44
		56	54	57	53
		47	51	46	53
		45	46	55	43

1) 검증 연구가설은?

2) 회귀선의 동등성 여부?

3) α=.05일 때 가설부정을 위한 기준치는?

4) 공변량과 두 독립변수의 주효과와 상호작용효과의 검증통계치는?

5) 결론은?

22. 강 교수는 상이한 훈련방법(등척성 대 등속성)을 적용했을 때 학생들의 공던지기 기록에 차이가 있는지의 여부를 검증하기 위해 A, B반에서 각각 12명의 학생을 무선표집하여 각기 다른 방법으로 훈련시킨 결과 다음과 같은 자료를 얻었다. 강교수는 연구계획을 수립하는 과정에서 공던지기는 순발력에 의해 영향을 받는다는 선행연구 결과를 기초로 피험자들에게 순발력검사를 실시하였다. 강교수는 이 변수를 공변량으로 선정하고 이를 통제했을 때 상이한 훈련방법이 공던지기 기록에 미치는 영향을 *ANCOVA*에 의해 검증하고자 한다. 실험결과 얻은 훈련방법별 피험자들의 공던지기 기록(Y), 공변량으로 고려된 순발력 수준(X)은 다음과 같다.

집단	공던지기 (Y)	순발력 (X)
집단1(등척성)		
1	71	82
2	49	45
3	58	39
4	61	55
5	56	46
6	80	73
7	53	43
8	40	42
9	72	47
10	49	51
집단2(등속성)		
1	72	43
2	62	34
3	64	40
4	68	50
5	59	55
6	83	43
7	65	26
8	60	31
9	73	60
10	55	20

1) 검증 연구가설은?

2) 회귀선의 동등성 여부?

3) $\alpha = .05$일 때 가설부정을 위한 기준치는?

4) 공변량과 주효과의 검증통계치는?

5) 결론은?

정답표

1. ○	2. ×	3. ○	4. ×	5. ○	6. ×
7. ○	8. ×	9. ×	10. ○	11. ②	12. ③
13. ②	14. ③	15. ③	16. ③	17. ②	18. ②
19. ③	20. ②				

21.

1) 연구가설(research hypothesis)

1.1 체중을 통제하였을 때 근력은 흡연여하 집단의 근력 간에는 차이가 있을 것이다.

1.2 체중을 통제하였을 때 근력은 음주여하 집단의 근력 간에는 차이가 있을 것이다.

표 1.1 체중을 공변량으로 한 흡연과 음주여부간 근력 차이의 *ANCOVA* 결과

SV	*SS*	*df*	*MS*	*F*	*p*
공변량(체중: *W*)	68.48	1	68.48	2.14	.164
주효과					
흡연여부(*S*)	104.78	1	104.78	3.28	.090
음주여부(*D*)	190.80	1	190.80	5.97	.027
상호작용효과					
S×*D*	10.60	1	10.60	.33	.573
오차	479.12	15	31.94		
회귀선의 동등성 검증					
S×*W*	8.84	1	8.84	.26	.620
D×*W*	28.00	1	28.00	.85	.374
오차	445.49	13	34.27		

2) 회귀선의 동등성 여부? **표 1의 회귀선의 동등성 검증결과에 의하면 회귀선은 동등함.**

3) α=.05일 때 주효과 변수에 대한 가설부정을 위한 기준치는? 4.54

이 문제는 가설부정의 기준치를 알고자 하는 목적은 유의수준을 확인하기 위해서임. Computer software에서는 정확한 유의수준을 제공해 주기 때문에 Software를 사용하는 경우라면 꼭 필요한 문답은 아님. 여기에서는 Software를 사용하지 않고 수표를 이용하여 확인하고자 할 때 해당되는 문제임.

4) 공변량과 두 독립변수의 주효과와 상호작용효과의 검증통계치는? **표 1.1 참조**

5) 결론은?

※ 표 1.1의 분석결과에 의하면 공변량과 독립변수 간의 상호작용효과는 흡연여부와 체중의 경우 $F_{1,13}=.26$, $p=.620$ 그리고 음주여부와 체중의 경우 $F_{1,13}=.85$, $p=.374$ 수준에서 통계적으로 유의하지 않은 것으로 나타났다. 따라서 회귀선의 동등성 가정은 만족된 것으로 나타났으므로 *ANCOVA*를 이용하여 독립변수의 하위집단 간 차이를 검증하였다. *ANCOVA* 결과 체중(공변량)은 근력에 유의한 영향을 미치지 못하는 것으로 나타났다. 체중변수를 통제하였을 때 흡연(*S*)여부와 음주(*D*)여부 간의 상호작용효과 역시 $F_{1,15}=.33$, $p=.573$으로서 통계적으로 유의한 차이가 없는

것으로 나타났다. 따라서 주효과를 검증한 결과 음주여부 집단의 근력 간에서 $F_{1,15}=5.97$, $p=.027$ 수준에서 통계적으로 유의한 차이가 있는 것으로 나타났다. 따라서 체중을 공변량으로 통제하였을 때 음주여부는 근력에 영향을 미친다고 할 수 있다.

※ 표 1.2의 공변량에 의해 조정된 흡연, 음주여부간 평균치에 의하면 통계적으로 유의한 차이를 보이고 있는 비음주(no)집단($\overline{X}$=66.66)이 음주(yes)집단($\overline{X}$=56.14)보다 높은 근력수준을 나타내고 있다. 또한 조정된 근력점수의 전체분산 중 음주여부가 차지하는 비중(η_p^2= .285)은 28.5%로서 관계강도가 상당히 높은 것으로 나타났다. 따라서 음주는 근력수준에 큰 영향을 미친다고 할 수 있다.

표 1.2 체중을 공변량으로 한 흡연과 음주여부 집단 간 근력수준 ($\overline{X}$, η_p^2)

독립변수			n	미조정 $\overline{X}$	미조정 η_p^2	공변량에 의한 조정 $\overline{X}$	공변량에 의한 조정 η_p^2
흡연		yes	10	54.90		56.14	
		no	10	62.90	.369	66.66	.179
음주		yes	10	56.40		55.34	
		no	10	61.40	.185	62.46	.285
		음주					
흡연	yes	yes	5	51.80		51.86	
		no	5	58.00	.013	60.43	.022
	no	yes	5	61.00		58.83	
		no	5	64.80		64.49	

η_p^2 = 부분에타제곱(partial eta square). *SPSS*가 제공하고 있는 효과크기(*ES*) 중 관계강도를 나타나는 통계치 중의 하나임

22.

1) 연구가설(research hypothesis)

1.1 유연성과 순발력을 통제하였을 때 공던지기 기록은 훈련방법(등척성, 등속성)에 따라 차이가 있을 것이다.

표 2.1 유연성, 순발력을 공변량으로 한 훈련방법 간 공던지기 기록 차이의 *ANCOVA* 결과

SV	*SS*	*df*	*MS*	*F*	*p*
공변량					
유연성(X_1)	2.69	1	2.69	.04	.855
순발력(X_2)	629.36	1	629.36	8.07	.012
주효과					
훈련방법(M)	678.94	1	678.94	8.71	.009
오차	1247.39	16	77.96		
회귀선의 동등성 검증					
$X_1 \times M$	1.68	1	1.68	.02	.889
$X_2 \times M$	74.06	1	74.06	.89	.363
오차	1171.98	14	83.71		

2) 회귀선의 동등성 여부? **표 2.1의 회귀선의 동등성 검증결과에 의하면 회귀선은 동등함.**

3) α=.05일 때 주효과(훈련방법) 변수의 가설부정을 위한 기준치는? **3.74**

가설부정의 기준치를 알고자 하는 목적은 유의수준을 확인하기 위해서임.

Computer software에서는 정확한 유의수준을 제공해 주기 때문에 Software를 사용하는 경우라면 꼭 필요한 문답은 아님. 여기에서는 Software를 사용하지 않고 수표를 이용하여 확인하고자 할 때 해당되는 문제임.

4) 공변량과 두 독립변수의 주효과와 상호작용효과의 검증통계치는? **표 2.1 참조**

5) 결론은?

※ 표 2.1의 분석결과에 의하면 공변량과 독립변수 간의 상호작용효과는 유연성과 훈련방법의 경우 $F_{1,14}$=.02, p=.889 그리고 순발력과 훈련방법의 경우 $F_{1,14}$=.89, p=.363 수준에서 통계적으로 유의하지 않은 것으로 나타났다. 따라서 회귀선의 동등성 가정은 만족된 것으로 나타났으므로 *ANCOVA*를 이용하여 독립변수(훈련방법)의 하위집단 간 차이를 검증하였다. *ANCOVA* 결과 순발력(공변량)은 공던지기 기록에 $F_{1,16}$=8.07, p=.012 수준에서 통계적으로 유의한 영향을 미치는 것으로 나타났다. 그러나 유연성(공변량)은 공던지기 기록에 $F_{1,16}$=0.04, p=.855 수준에서 통계적으로 유의한 영향을 미치지 않는 것으로 나타났다. 주효과를 검증한 결과 공던지기 기록(종속변수)은 훈련방법(독립변수) 간에 $F_{1,16}$=8.71, p=.009 수준에서 통계적으로 유의한 차이가 있는 것으로 나타났다. 따라서 유연성과 순발력을 공변량으로 통제하였을 때 훈련방법는 공던지기 기록에 영향을 미친다고 할 수 있다.

표 2.2 유연성, 순발력을 공변량으로 한 훈련방법 간 공던지기 기록 ($\overline{X}$, η_p^2)

독립변수		n	미조정 $\overline{X}$	미조정 η_p^2	공변량에 의한 조정 $\overline{X}$	공변량에 의한 조정 η_p^2
훈련방법	등척성	10	58.90		56.05	
	등속성	10	66.10	.116	68.95	.352

η_p^2 = 부분에타제곱(partial eta square). *SPSS*가 제공하고 있는 효과크기(*ES*) 중 관계강도를 나타나는 통계치 중의 하나

※ 표 2.2의 공변량에 의해 조정된 훈련방법간 공던지기 기록 평균치에 의하면 등속성 훈련집단($\overline{X}$=68.96)이 등척성 훈련집단($\overline{X}$=56.05)보다 공던지기 기록을 통계적으로 유의하게 향상시키고 있는 것으로 나타났다. 또한 조정된 공던지기 기록의 전체분산 중 훈련방법 여하가 차지하는 비중(η_p^2= .352)은 35.2%로서 관계강도가 상당히 높은 것으로 나타났다. 따라서 등속성 훈련방법은 공던지기 기록을 통계적, 실제적으로 유의하게 향상시킨다.

15 비모수적 검증

1. χ^2분포
2. 명명자료(nominal data)의 검증
3. 서열자료(ordinal data)의 검증

앞에서 우리는 전집의 모수치에 관한 여러 가지 가설을 검증하면서 정상분포(정규분포), t분포, F분포의 용도에 관해 배웠다. 그리고 그러한 가설검증 방법을 일반적으로 모수적 검증(母數的 檢證 : parametric test)이라고 하였다. 모수적 검증방법을 적용하기 위해서는 몇 가지 기본가정이 만족되어야 하는데 그것은 표본(標本)이 추출된 전집분산은 동질적(homogeneity of variance, 즉 등분산성 가정)이고 표집분포는 정상분포(normality, 즉, 분포의 정상성)를 이루어야 하며 종속변수의 측정치는 반드시 동간척도(同間尺度) 이상이어야 한다는 것이었다. 이 가정은 여러 가지 통계적 검증을 하는 데 필요한 평균과 분산(分散: variance)을 계산하는 기초가 된다.

그러나 자료의 측정치가 명명척도나 서열척도와 같이 동간성이 유지되지 않거나 전집의 모수치에 대한 가정이 만족되지 않을 경우 혹은 모수치에 대한 가정이 요구되지 않을 경우에는 어떻게 할 것인가? 이러한 자료에 대한 영가설을 검증하기 위해서는 바로 비모수적 검증(非母數的 檢證: nonparametric test) 방법을 이용하게 된다. 비모수적 검증방법을 적용하는 데는 분산의 동질성이나 표집분포의 정상성이 요구되지 않으며 종속변수의 측정치가 명명 혹은 서열척도라도 가능하다. 이 장에서는 몇 가지 비모수적 검증방법을 소개하려고 한다. 먼저 측정치가 명명척도인 자료의 검증방법을 소개하고 다음으로 서열척도인 자료의 검증방법을 소개하기로 한다.

비모수적 검증(nonparametric test)은 명명척도와 서열척도로 측정된 자료에 대한 가설을 검증할 때 사용한다. 일반적으로 모수적 검증보다 전집분포에 대한 기본가정이 덜 요구된다. 그러나 추리통계의 통계적 검증절차는 모수적 검증과 마찬가지이다.

---

1. χ^2분포

비모수적 검증방법을 소개하기에 앞서 χ^2(카이자승, chi-square)분포에 대해 먼저 알아보기로 한다. χ^2분포는 제 8장에서 $H_0 : \sigma^2 = a$라는 영가설을 검증할 때 간단히 소개한 바 있다. χ^2분포는 명명척도로 측정한 자료를 분석할 때 가장 많이 사용된다. 여기에서 χ^2분포를 이용한 분석이란 '실제 관찰결과 얻은 빈도(觀察頻度: observed frequency)와 기대빈도(期待頻度: expected frequency)를 비교'하는 것이다. 관찰빈도란 연구자가 직접 관찰을 통하여 얻은 실제빈도이며 기대빈도(혹은 이론빈도)는 어떤 가설에 기초하여 얻은 빈도이다.

예를 들어보자. 동전을 200번 던졌을 때 앞면과 뒷면이 나올 수 있는 빈도는 각각 100번씩이라고 기대할 수 있다. 즉 기대빈도는 각각 100번이다. 그러나 실제로 앞면이 90번, 뒷면이 110번 나왔다면 어떠한 결정을 내릴 수 있겠는가? 관찰빈도는 우연히 얻어진 것이라고 해야 할 것인가, 아니면 실제 차이가 있다고 해야 할 것인가? 비슷한 다른 예를 들어보자. 「정확한 주사위가 있다고 가정하고 6면은 서로 같다」는 영가설을 검증하기 위해 300번을 던져 얻은 숫자의 빈도를 관찰하였다. 주사위가 정확하다고 가정했기 때문에 6면은 각각 50번씩 모두 같은 빈도를 얻을 것으로 기대할 수 있다. 그러나 실제로 얻은 관찰빈도는 다음과 같다.

표면숫자	관찰빈도
1	42
2	55
3	35
4	57
5	64
6	44
	300

이와 같은 결과를 근거로 우리는 어떤 결론을 내릴 수 있겠는가? 「주사위가 정확하지 못하다」라는 결론을 내릴 것인가 아니면, 「그러한 결과는 단지 우연히 얻은 것에 불과하다」라는 결론을 내릴 것인가?

세 번째 예를 들어보자. 한 체육교사가 자신이 수립한 새로운 훈련방법에 학생들의 90% 정도가 찬성할 것이라는 가설을 세웠다고 하자. 200명의 학생을 무선 표집한 결과 168명이 찬성하고 32명이 반대했다면 체육교사 자신이 기대했던 180명 찬성, 20명 반대라는 영가설을 부정해야 할 것인가? 아니면 그러한 결과는 우연히 얻어진 것에 불과하다는 결론을 내려야 할 것인가? 이 예에 대한 가설검증은 바로 χ^2이라는 통계적 검증방법을 사용하게 된다.

$$\chi^2 = \sum_{i=1}^{k} \frac{(O-E)^2}{E} \tag{15.1}$$

O = 관찰빈도
E = 기대빈도
k = 유목 또는 집단의 수

χ^2은 '비(比 : ratio)의 합(혹은 和)'로 정의된다. 여기서 비의 합이란 구체적으로 우리가 실제 관찰해서 얻은 관찰빈도와 기대빈도 간의 차의 자승평균의 합을 의미한다. χ^2분

포는 t분포와 마찬가지로 자유도(df)에 따라 분포 모양이 각기 다르다. 그리고 특정한 α 수준에 해당하는 χ^2값을 찾기 위해서는 하나의 자유도 값만 있으면 된다. 그러나 F검증에서는 두 개의 자유도(집단내와 집단간)가 필요했음을 기억할 수 있을 것이다. 동전 던지기 예의 자료를 가지고 χ^2값을 계산해 보면 표 15 · 1과 같다.

표 15 · 1 동전던지기 예의 χ^2계산

	O	E	$O-E$	$(O-E)^2$	$\frac{(O-E)^2}{E}$
앞면	92	100	-8	64	.64
뒷면	108	100	+8	64	.64
전체	200	200	0	-	$1.28 = \chi^2$

여기에서 독자는 두 유목(category: 앞면과 뒷면)의 빈도는 서로 독립적(獨立的)이 아니라는 점에 유의해야 한다. 왜냐하면 둘(앞면, 뒷면)중 한 면의 빈도만 알면 다른 면의 빈도는 저절로 알게 되기 때문이다. 즉, 뒷면의 빈도를 알려면 전체빈도에서 앞면의 빈도를 빼면 되기 때문이다. 위의 예에 의하면 뒷면의 빈도는 200 - 92 = 108이 된다. 따라서 한 쪽의 빈도만이 자유롭게 변할 수 있으므로 동전 던지기의 경우 자유도(df)는 1이 된다.

$$df = (k - 1) = (2 - 1) = 1$$

표 15 · 2 주사위 던지기 예의 χ^2계산

면	O	E	$O-E$	$(O-E)^2$	$\frac{(O-E)^2}{E}$
1	42	50	-8	64	1.28
2	55	50	5	25	.50
3	38	50	-12	144	2.88
4	57	50	7	49	.98
5	64	50	14	196	3.92
6	44	50	-6	36	.72
전체	300	300	0	-	$10.28 = \chi^2$

주사위의 예를 들어보자. 계산된 χ^2값은 표 15 · 2에 제시되어 있다. 이 예에서 자유도(自由度)는 (6 - 1)=5가 된다. 즉 6면 중 5면의 빈도(頻度)가 구해지면 나머지 하나의 면은 전체빈도(300)에서 빼면 저절로 결정된다.

분포가 대칭인 t분포와는 달리 자유도가 적은 χ^2의 이론적 표집분포(標集分布)는 정적

(+)으로 편포되어 있다. 그러나 자유도가 증가하면 χ^2의 이론적 표집분포는 대칭에 접근하게 된다. 도 15 · 1에는 자유도가 1, 3, 5와 10일 때의 χ^2분포가 제시되어 있다. 여기에서 독자는 χ^2의 모든 값은 0에서부터 무한대(∞)까지의 양수(+)라는 점에 유의하기 바란다.

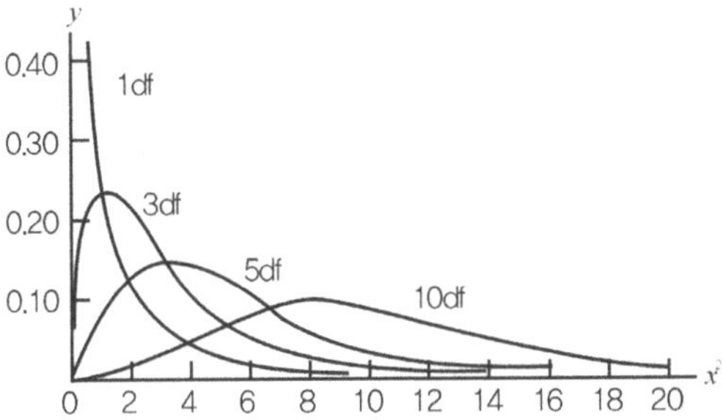

도 15 · 1 자유도가 1, 3, 5, 10인 χ^2분포

가설검증과 관련하여 앞에 제시된 t나 F에서는 언제나 둘 혹은 그 이상의 평균치 간에 차가 없다는 것이 영가설이었으나, χ^2에서는 어떠한 가설(혹은 이론)에서 나온 기대빈도의 배열과 관찰빈도의 배열 간에 차이가 없다는 것이 영가설이 된다. 다시 말하면 실제 얻은 자료가 우리가 이론적(理論的)으로 기대한 것에 들어맞는다는 것이 영가설이며 들어맞지 않는다는 것이 상대가설이다. 동전 던지기 예의 경우 영가설(H_0)은 「앞면과 뒷면의 빈도는 같다」이다. 일반적으로 모든 유목의 기대빈도는 반드시 같아야 하는 것은 아니지만 동전과 주사위 던지기의 예는 기대빈도(期待頻度)가 모든 유목 간에 같아야 하는 경우에 해당한다. 그러나 훈련방법에 대한 의견을 묻는 예는 이에 해당하지 않는다.

영가설을 검증하는 절차는 먼저 검증통계치(χ^2)를 계산하고 이 값을 특정한 자유도와 α수준에 해당하는 χ^2표집분포의 기준치와 비교한다. 계산된 χ^2이 가설부정을 위한 기준치보다 작으면 영가설을 긍정하고 관찰빈도(觀察頻度)는 단지 우연히 얻어진 것에 불과하다는 결론을 내린다. 반면 계산된 χ^2값이 기준치보다 크면 영가설을 부정하고 관찰빈도는 우연히 얻어진 것이 아닌 실제 차이가 있다는 결론을 내린다.

가설부정을 위한 χ^2분포의 기준치(critical value)는 부록의 〈수표 8〉에 제시되어 있다. 수표에는 1부터 30까지의 자유도(df)마다 몇 개의 α수준에 해당하는 χ^2기준치가 제시되어 있으나 이 장에서는 가장 일반적으로 사용하는 α=.05와 .01의 α수준만 다루기로 한다. $df=1$인 동전 던지기 예의 경우 $\alpha=.05$와 .01일 때 가설부정을 위한 기준치는 각각 3.84와 6.64이다. 그리고 $df=5$인 주사위 던지기의 경우 $\alpha=.05$와 .01일 때의 기준치는 각각 11.07과 15.09이다. 대부분의 χ^2검증 연구는 부록의 〈수표 8〉에 제시된 자유도 수준(1부터 30까지)으로 충분하지만 자유도가 30이 넘는 경우도 있다. 이러한 경우의 표집분포는 다음 공식과 같이 정상분포(正常分布)에 가깝다.

$$\sqrt{2\chi^2}-\sqrt{2df-1} \tag{15.2}$$

공식 (15.2)에 제시된 표집분포는 정상분포에 가깝기 때문에 α수준이 .05와 .01일 때의 가설부정을 위한 기준치는 각각 1.96과 2.58이 된다.

χ^2분포는 자유도에 따라 분포의 모양이 다르다. t분포에서와 마찬가지로 특정한 α수준에 해당하는 χ^2값을 찾기 위해서는 하나의 자유도 값만 있으면 된다. 그러나 자유도가 30이상일 경우 검증통계치의 표집분포는 정상분포(正常分布)가 된다.

이제 부록의 〈수표 8〉을 이용하여 앞에 제시된 세 가지 예에 대한 결론을 내려 보자. 각각의 예에 대한 유의수준(有意水準 : α)은 .05에 설정하였다고 가정하자. 먼저 동전 던지기의 예를 보면 산출된 검증통계치(χ^2)가 1.25로서 수표에 제시된 가설부정의 기준치 3.84보다 작다. 따라서 '영가설(H_0)을 긍정하고 관찰빈도는 우연히 얻어진 것에 불과하다'(다시 말하면 동전은 어느 면으로도 편파 되지 않았다)는 결론을 내릴 수 있다. 주사위 던지기의 경우도 동일한 방법으로 산출된 검증통계치(χ^2)가 10.28로서 기준치(11.07)보다 작기 때문에 위와 마찬가지의 결론을 내릴 수 있다. 즉 'H_0를 긍정하고 주사위는 어느 면으로도 편파 되지 않았다'는 결론을 내릴 수 있다.

체육교사의 훈련방법에 대한 의견의 예는 아직 χ^2값을 계산하지 않았으나 찬성과 반대라는 두 가지 유목밖에 없으므로 쉽게 결정할 수 있다. 실제 200명의 학생들을 무선표집하여 얻은 관찰빈도는 찬성 168명, 반대 32명이었고 체육교사는 '90%의 학생이 찬성할 것'이라 예측하였으므로 기대빈도(期待頻度)는 찬성 180(=200×90%), 반대 20이다. 따라서 χ^2값은 다음과 같이 8.00이 된다.

$$\chi^2=\frac{(168-180)^2}{180}+\frac{(32-20)^2}{20}=8.00$$

산출된 검증통계치(χ^2) 8.00은 자유도가 1일 때의 가설부정의 기준치 3.84보다 크므로 관련문헌을 기초로 설정된 '학생들의 90%가 자신의 훈련방법에 찬성할 것'이라는 영가설(H_0)은 $\alpha=.05$ 수준에서 부정된다.

2. 명명자료(nominal date)의 검증

측정치가 명명척도인 자료에 대한 가설 검증방법은 [1] 단일표본에 대한 χ^2검증 [2] 두 독립표본의 비교 [3] K개 독립표본의 비교로 구분된다. 이 절에서는 이들 세 가지 검증 방법을 예시하고 검증절차(檢證節次)를 이용하여 영가설을 검증하면 다음과 같다.

2.1 단일표본에 대한 χ^2검증 : 적합성 검증

측정치가 명명척도이고 단일표본인 경우는 앞에서 설명하였다. 단일표본에 대한 χ^2검증은 적합성 검증(適合性 檢證: goodness of fit test)이라고 한다. 적합성 검증이란 '관찰빈도가 기대빈도에 합치되는지를 나타내주는 검증'이라는 뜻이다. 관찰빈도가 표집오차의 범위 내에서 기대빈도와 유사할 때 그리고 산출된 χ^2값이 가설부정의 기준치보다 적을 때 적합하다고 한다.

표 15 · 3 운동선수의 희망직업 조사 자료에 대한 χ^2계산

직업	O	E	$O-E$	$(O-E)^2$	$\frac{(O-E)^2}{E}$
코치	145	172.80	-27.80	772.84	4.47
교사	310	259.20	50.80	2580.64	9.96
공무원	305	259.20	45.80	2097.64	8.09
군인	78	129.60	-51.60	2662.56	20.54
사업	26	43.20	-17.20	295.84	6.85
전체	864	864.00	0	-	$49.91=\chi^2$

예를 들어보자. 한 스포츠 사회학자가 운동선수들이 희망하는 직업분포는 코치 20%, 교사 30%, 공무원 30%, 군인 15%, 사업 5%일 것이라고 가정하고 무선표집에 의해 864명의 운동선수를 조사한 결과, 표 15 · 3과 같은 직업별 관찰빈도를 얻었다. 이 자료를 기초로 $\alpha=.05$에서 영가설을 검증해 보자.

❶ 검증가설 H_0

「운동선수들이 희망하는 직업비율은 코치 20%, 교사 30%, 공무원 30%, 군인 15%, 사업 5%일 것이다」

❷ 유의수준 : $\alpha=.05$

❸ 통계적 검증

위의 가설을 검증하는 데 적합한 검증통계치는 χ^2이다. χ^2값을 계산하기 위해서는 먼저 직업별 기대빈도를 산출해야 한다. 예를 들어 코치직에 대한 기대비율은 20%이므로 기대빈도는 전체 표본수 864명의 20%에 해당하는 172.80이 된다. 나머지 직업에 대한 기대빈도도 이와 같은 방법으로 산출하면 된다. 표 15 · 3에는 관찰빈도(O)와 기대빈도(E)가 제시되어 있다. 그리고 공식 (15.1)을 이용하여 계산된 검증통계치(χ^2)는 49.91이다.

❹ 가설부정의 기준치

위의 자료에 대한 자유도는 (5 - 1)=4이다. 왜냐하면 전체빈도를 알고 있을 때 5개 직업 중 4개 직업의 빈도만 알면 나머지 직업의 빈도는 저절로 알 수 있기 때문이다. 부록의 〈수표 8〉에서 $df=4$이고 $\alpha=.05$일 때 가설부정을 위한 χ^2기준치는 9.49이다. 따라서 산출된 검증통계치(χ^2)가 기준치(9.49)보다 크므로 영가설(H_0)을 부정한다.

❺ 결론

영가설이 부정되었으므로 「조사된 희망직업별 관찰빈도와 기대빈도 간에는 차이가 있다」라는 결론을 내릴 수 있다.

한편 χ^2값은 모든 유목을 대상으로 계산되기 때문에 아무리 통계적으로 유의한 χ^2값이 산출된다고 하더라도 어떤 유목 때문에 그러한 값이 나타났는지를 구체적으로 밝혀주지는 못한다. 그러나 χ^2값을 크게 하는 유목을 찾아보면 어느 정도는 도움이 된다. 즉, 각 유목의 $(O-E)^2/E$ 값을 살펴보면 된다. 위의 예에 의하면 χ^2값을 크게 하는 직업은 군인이며 이 직업은 다른 직업보다 두 배 이상 χ^2값에 공헌하고 있다. 군인에 대한 관찰빈도(O)와 기대빈도(E)를 조사해 보면 그 차가 가장 큼을 알 수 있다. 이와 같은 결과를 기초로 한다면 스포츠 사회학자는 전체 운동선수의 군인 직업에 대한 희망비율을 과다하게 추정한 반면, 교사와 공무원직에 대해서는 과소 추정하였음을 알 수 있다. 따라서 어떠한 직업에서도 표집결과는 사회학자가 가정한 직업의 기대분포(期待分布)에 잘 맞지 않고 있다고 할 수 있다.

통계적 검증결과 유의한 χ^2값이 나타났다 할지라도 χ^2 그 자체는 구체적으로 어느 유목에서 통계적으로 유의한 차가 있는지를 밝혀주지 못한다. 그러나 $(O-E)^2/E$ 값이 큰 유목을 조사하면 χ^2값을 크게 하는 유목을 찾는데 도움이 된다.

2.2 두 독립표본의 비교 : 독립성 검증

χ^2검증은 둘 이상의 유목으로 구성된 두 집단 간을 비교하는데도 흔히 사용한다. 체육교사가 새로운 훈련방법에 대한 학생들의 찬성여부를 알아보는 예를 다시 생각해 보자. 앞에서 이 예는 단일표본(單一標本)에 대한 χ^2검증을 예시하기 위해 사용하였다. 여기에서는 체육교사가 수립한 훈련방법에 대한 본교학생과 타교학생 간 찬성여부에 차이가 있는지를 알아보기 위해 본교학생 105명, 타교학생 95명을 무선 표집하였다고 가정하자. 이 예에서 본교학생과 타교학생은 각기 다른 두 개의 집단을 대표하는 것으로 간주할 수 있다. 이 연구의 영가설(H_0)은 「본교와 타교학생의 훈련방법(訓練方法)에 대한 찬성수준 간에는 차이가 없다」라고 진술할 수 있다. 가설검증을 위한 자료는 표 15 · 4와 같다.

표 15 · 4 학교별 훈련방법에 대한 찬반자료

	찬성	반대	
본교학생	88	17	105
타교학생	84	11	95
	172	28	200

이 자료는 영가설을 어떻게 진술하느냐에 따라 여러 가지 방법으로 분석할 수 있다. 첫째, 우리는 「학생유형(본교, 타교)과 훈련방법에 대한 찬성여하 간에는 관계가 없다」는 영가설(H_0)을 진술할 수 있다. 이 가설을 검증하기 위해서는 먼저 공식(6.6)를 이용하여 phi계수(ϕ)를 계산하고 산출된 계수는 공식(9.4)를 사용하여 그 유의수준(p)을 검증할 수 있다. 둘째, 우리는 「훈련방법에 대해 찬성하는 본교학생의 비율과 타교학생의 비율은 같다」라는 영가설을 진술하고 검증할 수 있다. 이 가설을 검증하기 위해서는 두 비율(比率) 간의 차를 검증하는 공식 (10.13)을 사용할 수 있다. 이 두 가지 방법 이외에 위의 자료를 검증할 수 있는 방법이 있는데 이 방법을 χ^2에 의한 독립성 검증(獨立性 檢證)이라고 부른다. χ^2검증에서 우리는 「훈련방법에 대한 찬성여부는 학생유형과 독립적이다」라

는 영가설(null hypothesis: H_0)을 설정할 수 있다.

독립성 검증방법을 설명하기에 앞서 두 표본에서 얻은 두 개 이상의 유목을 가진 명명변수를 비교하는 예를 들어보자. 어느 교수가 현재 수행하고 있는 훈련내용인 ① 유연성 ② 근지구력 ③ 근력 ④ 기술 중 어떤 것을 수정해야 할 필요가 있는지를 조사한다고 가정해 보자. 무선 표집된 선수들에게 어떤 내용을 수정해야 한다고 생각하는지를 조사한 결과, 표 15·5와 같은 2×4 유관표(類關表 혹은 이원빈도표)를 얻었다. 제시된 두 개의 표 중 위의 표는 관찰빈도(O)이고 아래 표는 기대빈도(E)이다. 단일표본의 경우 기대빈도(E)는 각 유목별로 설정된 기대비율(백분율)에 전체 표본수(n)를 곱하여 산출하였다. 그러나 두 표본집단의 경우 각 유목의 기대빈도는 해당유목의 횡렬(f_r)과 종렬(f_c)의 빈도를 곱한 후 이를 전체 표본수(n)로 나누면 된다. 즉, 기대빈도는

$$E = \frac{f_r f_c}{n} \tag{15.3}$$

예를 들어 육상팀의 유연성 유목 기대빈도는

$$E = \frac{105 \times 90}{200}$$

이 자료를 검증하기 위해서는 파이계수(ϕ)를 이용한 유의도 검증이나 두 비율 간의 차 검증방법은 사용할 수 없다. 왜냐하면 유목(category)이 셋 이상 있기 때문이다. 따라서 가장 적합한 분석방법은 χ^2에 의한 독립성 검증(獨立性 檢證) 방법이다. 이 자료의 영가설은 「수정해야 할 훈련내용은 경기종목과는 무관하다」 혹은 「수정해야 할 훈련내용은 경기종목 간에 차이가 없다」로 진술할 수 있다.

표 15·5의 자료에 대한 기대빈도를 계산해 보자. 유연성 훈련에 대한 육상팀의 기대빈도(E)만 알면, 유연성 훈련에 대한 전체 반응자 수가 90이므로 수영팀의 기대빈도는 (90 - 47.25)=42.75로 저절로 결정된다. 마찬가지로 근지구력과 근력 훈련에 대한 수영팀의 기대빈도(E)는 전체 반응자 수로부터 육상팀의 기대빈도를 빼면 각각 (26 - 13.65)= 12.35와 (52 - 27.30)=24.70이 된다. 이와 같이 세 가지 훈련에 대한 기대빈도(E)가 결정되면 나머지 하나인 기술훈련에 대한 기대빈도는 육상팀의 경우 해당 횡렬의 전체빈도로부터 처음 세 유목(훈련내용)의 기대빈도를 빼면 된다. 즉 [105 - (47.25 + 13.65 + 27.30)= 16.80]. 수영팀의 기대빈도 역시 같은 방법으로 계산하면 된다. 따라서 위의 예에서 첫 번째 횡렬의 세 유목에 대한 기대빈도만 알면 유관표(類關表)의 나머지 유목에 대한 기대빈도는 해당 횡렬과 종렬의 전체빈도에서 빼면 된다.

표 15 · 5 훈련내용에 대한 선수들의 평가자료

상: 관찰빈도, 하: 기대빈도

O	유연성	근지구력	근력	기술	
육상팀	68	17	8	12	105
수영팀	22	9	44	20	95
	90	26	52	32	200

E	유연성	근지구력	근력	기술	
육상팀	47.25 $\frac{105\times90}{200}$	13.65	27.30	16.80	105
수영팀	42.75 $\frac{95\times90}{200}$	12.35	24.70 $\frac{95\times52}{200}$	15.20	95
	90	26	52	32	200

영가설을 검증하기 위해서는 검증통계치(χ^2)와 자유도(df)가 필요하다고 하였다. 단일 표본의 경우 df는 아주 쉽게 얻었다. 즉 df는 유목 수에서 1을 뺀 수 $(k-1)$와 같았다. 예를 들어 유목이 5개면 df는 (5 - 1)=4가 된다. 두 표본집단의 df 역시 단일 표본집단의 경우와 마찬가지 방법으로 계산한다. 횡렬과 종렬의 유목수에서 각각 1을 뺀후 곱하면 된다. 어떤 유관표라 하더라도 검증통계치의 자유도를 결정하는 일반적인 공식은 다음과 같다. 따라서 이 자료의 χ^2값에 대한 자유도(df)는 3이 된다.

$$df = (\text{횡렬 유목수} - 1)(\text{종렬 유목수} - 1) \quad (15.4)$$

$$= (r-1)(c-1)$$

따라서 표 15 · 5의 자료에 대한 df는

$$df = (2-1)(4-1) = 3$$

1 2 × 4 유관표 [훈련내용에 대한 평가자료]

표 15 · 5의 자료를 영가설 검증절차를 이용하여 $\alpha=.10$수준에서 검증하면 다음과 같다. 그리고 표 15 · 5의 자료에 대한 χ^2값을 계산한 자료는 표 15 · 6과 같다.

표 15·6 표 15·5의 자료에 대한 χ^2 계산

O	E	$O-E$	$(O-E)^2$	$\frac{(O-E)^2}{E}$
68	47.25	20.75	430.56	9.11
22	42.75	-20.75	430.56	10.07
17	13.65	3.35	11.22	0.82
9	12.35	-3.35	11.22	0.91
8	27.30	-19.30	372.49	13.64
44	24.70	19.30	372.49	15.08
12	16.80	-4.80	23.04	1.37
20	15.20	4.80	23.04	1.52
200	200.00	0	-	$52.52=\chi^2$

❶ 검증가설 H_0 :

「수정해야 할 훈련내용 간에는 육상팀과 수영팀 간에 차이가 없다」 혹은 「수정해야 할 훈련내용은 경기종목과 무관(독립적)하다」

❷ 유의수준 : $\alpha=.10$

❸ 통계적 검증 : $\chi^2=52.52$ (계산과정 표 15·6 참조)

❹ 가설부정의 기준치

부록 〈수표 8〉에서 $\alpha=.10$이고 $df=3$일 때 가설부정을 위한 기준치는 6.25이다. 산출된 검증통계치(χ^2)가 기준치보다 크기 때문에 영가설을 부정한다.

❺ 결론

영가설이 부정되었으므로 「수정해야 할 훈련내용에 대한 선수들의 의견은 경기종목과 유관하다. 또는 수정해야 할 훈련내용에 대한 육상팀과 수영팀의 의견 간에는 차이가 있다」는 결론을 내릴 수 있다. 조사결과에 의하면 육상팀은 유연성 훈련내용의 수정에 관심을 두고 있는 반면, 수영팀은 근력 훈련내용의 수정에 더 많은 관심을 두고 있는 것으로 나타났다.

[2] 2×2 유관표 [학생유형별 훈련방법에 관한 찬반자료]

앞에서 파이계수(ϕ)를 이용한 유의도 검증이나 독립표본에서 얻은 두 비율 간의 차 검증방법은 두 변수가 각기 두 유목으로 분류된 자료(즉, 2×2유관표)일 때 적용 할 수 있다고 하였다. 2×2자료의 기대빈도는 공식 15.3을 이용하여 계산한다. 표 15·4의 자료를 이용하여 산출된 χ^2값은 표 15·7과 같다. 그런데 2×2유관표에 대한 χ^2값 계산은 공식 15.1보다는 다음 공식을 이용하면 간단하게 계산할 수 있다.

$$\chi^2 = \frac{n(AD-BC)^2}{(A+B)(C+D)(A+C)(B+D)} \tag{15.5}$$

표 15 · 7의 관찰빈도 자료에 공식 15.5를 대입하면

$$\chi^2 = \frac{200[(88)(11)-(17)(84)]^2}{(88+17)(84+11)(88+84)(17+11)}$$
$$= \frac{200(968-1428)^2}{(105)(95)(172)(28)} = 0.88$$

표 15 · 7 학교별 훈련방법에 대한 찬반자료의 χ^2계산

O	찬성	반대	
본교학생	88	17	105
타교학생	84	11	95
	172	28	200

E	찬성	반대	
본교학생	90.3	14.7	105
타교학생	81.7	13.3	95
	172	28	200

O	E	$O-E$	$(O-E)^2$	$\frac{(O-E)^2}{E}$
88	90.3	-2.3	5.29	0.06
84	81.7	2.3	5.29	0.06
17	14.7	2.3	5.29	0.36
11	13.3	-2.3	5.29	0.40
200	200			$0.88 = \chi^2$

표 15 · 8 2×2 유관표의 일반적 형태

A	B	$A+B$
C	D	$C+D$
$A+C$	$B+D$	n

공식 15.1과 15.5를 사용하여 산출된 χ^2값은 동일하다. 위의 자료를 통계적 검증절차를 이용하여 $\alpha=.05$수준에서 영가설을 검증하면 다음과 같다.

❶ 검증가설 H_0

「훈련방법에 대한 찬성여부는 학생유형(學生類型)과 무관하다」 혹은 「본교학생과 타교학생의 훈련방법에 대한 찬성비율 간에는 차이가 없다.」

❷ 유의수준 : α=.05

❸ 통계적 검증

공식 15.1이나 15.5 중 어느 것을 적용해도 χ^2값은 같다. 산출된 검증통계치(χ^2)는 0.88로서 상당히 작다. 이와 같은 결과는 2×2유관표의 각 유목 별로 관찰빈도(O)와 기대빈도(E) 간의 차가 상대적으로 작다는 것을 의미한다.

❹ 가설부정의 기준치

2×2유관표의 자유도(df)는 (2 - 1)(2 - 1)=1이다. 부록의 〈수표 8〉에서 α= .05이고 df=1일 때 가설부정을 위한 기준치는 3.84이다. 산출된 검증통계치(χ^2)가 기준치보다 작기 때문에 영가설을 긍정한다.

❺ 결론

영가설이 긍정되었으므로 「훈련방법에 대한 찬성여하는 학생유형과 무관하다」 혹은 「본교학생과 타교학생의 훈련방법에 대한 찬성비율 간에는 차이가 없다」는 결론을 내릴 수 있다.

3 비연속성의 교정

자유도가 1일 때 χ^2의 이론적 표집분포는 도 15 · 1에 제시된 바와 같이 연속적(連續的: continuous)으로 분포되어 있다. χ^2의 분포는 원래 이와 같이 연속적인 분포에 근거하여 작성된 것이기 때문에 실제 얻은 χ^2값이 연속적으로 분포될 때 적용이 가능해진다. 그러나 실제로 얻은 χ^2값은 비연속적으로 분포되는 것이 보통이다. 왜냐하면 빈도는 대부분 비연속적이기 때문이다.

또한 유관표에서 어느 칸(유목)의 빈도도 계속적으로 표집하면 그 칸의 기대빈도(E)를 중심으로 정상분포(正常分布)를 이루어야 한다는 조건이 있다. 그러나 실제 기대빈도(E)가 적을 경우에는 계속 표집한다고 할지라도 관찰빈도(O)가 기대빈도(E)를 중심으로 정상적으로 분포되는 것이 불가능해진다. 따라서 기대빈도(E)가 적을 때는 연속성(連續性)과 정상성(正常性)의 두 조건을 만족시키지 못하기 때문에 χ^2의 계산은 타당한 방법이 될 수 없다.

그렇다면 E의 크기가 어느 정도 이하일 때 χ^2검증방법이 제한을 받는가? 이에 대해서는 다소 견해 차이가 있다. 일반적으로 2×2 유관표(혹은 이원빈도표)에서 어느 한 유목의 기대빈도(E)가 5 이상이면 앞에 제시된 공식 15.5를 그대로 적용 할 수 있다. 그러나 어느 한 유목의 E가 5보다 적으면 그 자료의 χ^2분포는 연속성과 정상성에서 벗어나기 때문에 비연속성을 교정해야 한다. Yates는 바로 이러한 자료에 적용시키기 위해(즉 연속성을 유지할 수 있도록 하기 위해) 다음과 같은 비연속성의 교정(非連續性 矯正: Yates correction for continuity) 공식을 제안하였다.

$$\chi^2 = \frac{n(|AD-BC|-n/2)^2}{(A+B)(C+D)(A+C)(B+D)}$$

그러나 1978년 카밀리(Camilli)와 홉킨스(Hopkins)의 연구에 따르면 Yates 교정은 "통계적 검증력을 약하게 하는 결과를 낳기 때문에 (즉, 제 2종 오류(β)를 범할 가능성을 증가시키기 때문에)" 독립성 검증(χ^2)에는 적용하지 않는 것이 바람직하다고 보고하였다. 한편 2×2보다 큰 유관표일 경우 기대빈도가 적기 때문에 생기는 χ^2분포의 연속성 상실은 큰 문제가 되지는 않는다. 그러나 20% 이상의 유목이 5미만의 기대빈도를 갖고 있거나 또는 어느 유목이라도 기대빈도(期待頻度)가 1미만인 경우에는 자료의 내용을 크게 왜곡시키지 않는 범위 내에서 종렬과 횡렬의 이웃 유목끼리 묶는 것이 좋다.

2.3 K개 독립표본의 비교 : 독립성 검증

앞에서 독립성 검증(獨立性 檢證: test of independence)은 두 표본집단에서 얻은 명명자료를 검증할 때 가장 많이 쓰이는 χ^2검증의 하나라고 하였다. 그리고 독립성 검증은 2×2유관표(혹은 이원빈도표) 뿐만 아니라 $2\times C$유관표($C>2$)에도 적용된다고 하였다. 그런데 표본집단이 3개 이상인 경우에 대한 χ^2검증도 두 표본집단에 대한 독립성 검증 방법을 그대로 확대 적용하면 된다. 즉 두 표본집단을 K집단으로 늘리면 되는 것이므로 $k\times c$유관표가 된다. 기대빈도와 χ^2값을 산출하는 절차는 앞에서 소개한 것과 같다.

예를 들어보자. 김 교수는 「투기종목의 특성과 그들이 선호하는 직업과는 무관(독립적)하다」라는 가정하에 권투, 유도, 레슬링, 태권도 종목 선수 390명을 무선표집한 후 선호하는 직업을 조사한 결과, 표 15 · 9와 같은 자료를 얻었다. 가설검증을 위한 α수준은 .01에 설정하였다. 가설검증 절차를 이용하여 검증하면 다음과 같다.

표 15 · 9 투기종목별 직업선호 유형의 빈도

		투기종목				
		권투	유도	레슬링	태권도	
직업유형	코치	23(7.27)	40(30.32)	16(38.01)	2(2.40)	81
	교사	11(18.58)	75(77.49)	107(97.13)	14(13.80)	207
	학사장교	1(9.15)	31(38.19)	60(47.86)	10(6.80)	102
		35	146	183	26	390

O	E	$O-E$	$(O-E)^2$	$\frac{(O-E)^2}{E}$
23	7.27	15.73	247.43	34.03
11	18.58	-7.58	57.46	3.09
1	9.15	-8.15	66.42	7.26
40	30.32	9.68	93.70	3.09
75	77.49	-2.49	6.20	0.08
31	38.19	-7.19	51.70	1.35
16	38.01	-22.01	484.44	12.75
107	97.13	9.87	97.42	1.00
60	47.86	12.14	147.38	3.08
2	5.40	-3.40	11.56	2.14
14	13.80	.20	0.04	0.003
10	6.80	3.20	10.24	1.51
390	390	0	-	69.383 $=\chi^2$

❶ 검증가설 H_0

「투기종목의 특성과 그들이 선호하는 직업유형과는 무관하다」 또는 「투기종목 선수들이 선호하는 직업유형은 종목 간에 차이가 없다.」

❷ 유의수준 : $\alpha=.01$

❸ 통계적 검증

$\chi^2=69.383$(이 값의 산출은 표 15 · 9의 3×4유관표에 대한 기대빈도 산출 및 χ^2검증 과정을 참고할 것)

❹ 가설부정의 기준치

3×4유관표에 대한 df는 $(r-1)(c-1)$이므로 (3 - 1)(4 - 1)=6이다. 부록의 〈수표 8〉에서 $\alpha=.01$이고 $df=6$일 때 가설부정을 위한 χ^2의 기준치는 16.81이다. 산출된 검증통계치(69.39)가 기준치(16.81)보다 크므로 영가설을 부정한다.

❺ 결론

영가설을 부정하고 「투기종목의 특성과 투기종목 선수들이 선호하는 직업유형과는 유관하다」 혹은 「투기종목 선수들이 선호하는 직업유형은 종목 간에 차이가 있다」는 결론을 내릴 수 있다. 조사결과에 의하면 권투와 유도종목 선수들의 대부분은 코치직과 교사직을 선호하고 있으며 레슬링과 태권도 종목 선수들의 대부분은 교사직과 학사장교직을 선호하고 있는 것으로 나타났다.

K개의 독립적인 표본집단에서 얻은 명명자료(nominal data)의 χ^2검증은 두 표본집단의 경우와 마찬가지이다. 각 유목의 기대빈도는 횡렬과 종렬의 빈도수를 곱하여 전체빈도로 나누면 된다($f_r f_c / n$). 검증통계치(χ^2)는 공식 15.1과 같으며 자유도(df)는$(r-1)(c-1)$이다.

---

1 유관계수(contingency coefficient: c)

앞에서 투기종목과 직업선호 유형에 관한 독립성 검증 결과 「투기종목의 특성과 투기종목 선수들이 선호하는 직업과는 유관하다」는 결론을 얻었다. 그러나 이러한 χ^2검증결과는 「관련유무」에 대한 답은 줄 수 있지만 「어느 정도 관련이 있느냐」에 대한 구체적인 정보는 주지 못하고 있다. 따라서 관련 정도를 알기 위해서는 상관계수를 계산할 필요가 있다.

제6장에서 파이계수(ϕ)는 두 변수가 모두 비연속적인 명명변수이면서 두 유목으로 양분되었을 때 즉, 2×2유관표(이원빈도표)일 때의 상관도를 계산하는데 적절한 방법이라고 하였다. 그러나 2×2보다 큰 유관표인 경우에는 파이계수(ϕ)를 사용할 수가 없으며 χ^2값에 의해 직접 계산이 가능한 유관계수(類關係數: c)를 사용해야 한다. 계산공식은 다음과 같다.

$$C = \sqrt{\frac{\chi^2}{n+\chi^2}} \tag{15.6}$$

표 15·9의 자료를 공식 15.6에 적용시키면

$$C = \sqrt{\frac{69.383}{390 + 69.383}} = 0.389$$

유관계수의 공식에 의하면 $\sqrt{}$가 적용되고 있기 때문에 C는 항상 정적(+) 상관계수가 된다. 명명변수의 경우 상관의 방향은 의미가 없지만, 서열변수인 경우에는 상관의 방향이 문제가 된다. 따라서 '서열적인 특성을 가진 명명변수인 경우에는 유관표를 검토하여 상관의 방향을 결정'해야 한다.

일반적인 경험에 비추어 볼 때 앞의 유관계수(C) .389는 「투기종목의 특성과 그들이 선호하는 직업 간에는 상관관계가 낮다」라는 것을 가리킨다. 이러한 해석은 통상적으로 상관계수의 최댓값이 1.00일 때를 가정한 것이다. 그런데 유관계수의 최댓값은 1.00이 아니기 때문에 위와 같은 해석은 불가능하다. 제6장에서 이미 언급한 바 있지만 유관계수의 단점은 유목 수에 따라 그 크기가 제한을 받는다는 점이다. X 혹은 Y변수의 유목 수 중 작은 쪽의 유목 수를 K라고 한다면 기대되는 최대 C계수는 다음 공식에 의해 결정된다.

$$C_{\text{최댓값}} = \sqrt{\frac{K-1}{K}} \tag{15.7}$$

위의 예에서 투기종목은 4개의 유목으로 분류되었고 직업유형은 3개의 유목으로 분류되어 있기 때문에 위의 공식을 적용하여 최대 C계수를 추정해 보면 $\sqrt{(3-1)/3} = 0.816$과 같다. 따라서 산출된 C계수 0.389는 최댓값 1.00에 비교할 것이 아니라 0.816에 비교해야 한다. '투기종목의 특성과 그들이 선호하는 직업 간의 상관정도는 중 정도'라고 해석할 수 있을 것이다.

유관계수(C)는 $k \times C$ 이원빈도표의 상관계수를 계산하는데 적절한 방법이다. C계수가 커지면 두 명명변수 간의 관련정도도 커진다. 그러나 C계수는 유목 수에 따라 그 크기가 제한을 받는 단점이 있다. 즉 C계수의 최댓값은 1.00이 아니라 각 변수의 유목 수에 의해 결정된다.

2.4 두 종속표본의 비교 : McNemar 검증

동일한 피험자에게 명명변수의 자료를 2회 반복 측정하여 그 변화의 유의도(significance of change)를 검증하는 방법을 McNemar 검증이라고 한다. 다시 말하면 두 종속표본에서 얻은 반응을 각기 두 유목으로 분류하여 두 빈도의 차를 검증하는 방법을 McNemar 검증이라고 한다. 이 방법은 실험처치를 하기 전과 후에 일어나는 변화가 유의한 것인지의 여부를 검증할 때 사용된다. 예를 들어 지구력 훈련의 필요성을 높일 수 있는 영화를 제작하여 그 효과를 측정하려고 한다. 100명의 양궁선수를 무선표집하여 지구력 훈련에 관한 영화를 보기 전과 후에 지구력 훈련이 필요한지의 여부를 조사한 결과, 표 15·10과 같은 자료를 얻었다고 하자.

표 15 · 10 종속표본에 대한 χ^2검증 예

		관람 전		
		찬성	반대	
관람 후	찬성	30	40	70
	반대	10	20	30
		40	60	100

2×2유관표의 범 예

A	B
C	D

표 15 · 10에 의하면 영화를 보기 전에는 40%의 양궁선수가 지구력 훈련이 필요하다고 찬성하였으며 영화를 본 후에는 70%가 찬성하였다. 가설검증 절차를 이용하여 위의 자료를 α=.05수준에서 검증하면 다음과 같다.

❶ 검증가설 H_0 :

「영화를 보기 전과 후에 지구력 훈련의 필요성에 찬성한 전집비율은 같다.」

❷ 유의수준 :α=.05

❸ 통계적 검증

McNemar 검증은「변화된 의견에 대한 유의도(有意度)」를 검증하는 것이므로 영화를 보기 전과 후에 의견을 바꾼 것을 나타내고 있는 B와 C유목이 바로 우리의 관심사가 된다. 표 15 · 10에서 B는 반대에서 찬성으로 C는 찬성에서 반대로 의견을 바꾼 유목이다. 그런데「영화를 보기 전과 후에 의견의 변화가 없다」라는 영가설을 근거로 할 때 유목 B의 기대빈도와 유목C의 기대빈도는 같을 것($B=C$)이라고 가정할 수 있다. 따라서 유목 B와 C의 기대빈도는$(B+C)/2$가 된다. 이를 근거로 한 McNemar 검증공식은 다음과 같다.

$$\chi^2=\Sigma\frac{(O-E)^2}{E} \tag{15.8}$$

$$=\frac{(B-\frac{B+C}{2})^2}{\frac{B+C}{2}}+\frac{(C-\frac{B+C}{2})^2}{\frac{B+C}{2}}=\frac{(B-C)^2}{B+C}$$

표 15 · 10의 자료를 공식에 대입하면

$$\chi^2 = \frac{(40-10)^2}{40+10} = \frac{30^2}{50} = 18$$

❹ 가설부정의 기준치

검증통계치(χ^2)의 표집분포는 자유도가 1인 χ^2분포이다. 부록의 〈수표 8〉에서 $\alpha=.05$이고 $df=1$일 때 가설부정을 위한 χ^2의 기준치는 3.84이다. 산출된 χ^2값이 기준치보다 크므로 영가설(H_0)을 부정한다.

❺ 결론

영가설이 부정되었으므로 「영화를 보기 전과 후에 지구력 훈련의 필요성에 대한 의견은 통계적으로 유의한 변화가 있다」 다시 말하면 「지구력 훈련에 관한 영화는 선수들의 지구력 훈련에 대한 태도를 긍정적으로 변화시키는 데 효과가 있다」는 결론을 내릴 수 있다.

3. 서열자료(ordinal data)의 검증

단일표본 집단에서 얻은 서열자료(ordinal data)의 유의도를 검증하는 비모수적 방법은 크게 ① 단일표본의 기호검증방법(記號檢證方法) ② 만 · 켄달의 경향 검증방법(Mann-Kendall test of trends) ③ 콜로모그로브 · 스머노브(Kolomogrov-Smirnov)의 단일표본 검증방법 등이 있다. 그러나 이들 방법은 실제 사용되는 경우가 거의 없으므로, 이 책에서는 두 표본집단 이상의 서열자료에 대한 검증만 소개하려고 한다.

3.1 두 독립표본의 비교 : 중앙치(median) 검증

중앙치(中央値 : median) 검증방법은 두 집단의 점수가 최소한 서열척도일 때 사용할 수 있다. 이 검증방법은 두 평균치 간의 차에 대한 t검증이나 다음에 소개될 Mann-Whitney의 U검증의 적용이 적합하지 않을 경우, t검증의 대안으로 사용될 수 있는 방법이다. 일반적으로 가설은 다음과 같이 진술된다.

영 가 설(H_0) : 두 전집의 중앙치는 동일하다 ($M_{dn1} = M_{dn2}$).

상대가설(H_{A1}) : (양방검증) 두 전집의 중앙치는 차이가 있다($M_{dn1} \neq M_{dn2}$).

상대가설(H_{A2}) : (일방검증) 한 전집 중앙치는 다른 전집의 중앙치보다 크다
($M_{dn1} < M_{dn2}$ 혹은 $M_{dn1} > M_{dn2}$).

중앙치 검증을 위해서는 먼저 비교하고자 하는 두 집단의 전체점수(全體點數)에 대한 중앙치를 구한 후 각 집단의 개개점수를 이와 비교한다. 집단별로 개개인의 점수를 전체 중앙치보다 높은(上) 점수와 낮은(下) 점수로 양분하여 다음과 같은 2×2 유관표를 작성한다. 그리고 공식 (15.5)를 이 표의 자료에 적용하면 된다.

표 15 · 11 Median 검증을 위한 2×2 유관표

	집단 I	집단 II	
중앙치 상	A	B	$A+B$
중앙치 하	C	D	$C+D$
	$A+C$	$B+D$	n

$$\chi^2 = \frac{n(AD-BC)^2}{(A+B)(C+D)(A+C)(B+D)}$$

예를 들어보자. 직업을 가진 주부와 갖지 않은 주부 간의 운동에 대한 태도가 어떤지를 알아보기 위해 직업을 가진 주부(집단 1)와 가정주부(집단 2)를 각각 10명씩 무선표집하여 「운동에 대한 태도척도」를 실시하였다. 이 연구에 사용된 태도척도는 서열척도이며 점수가 높을수록 긍정적인 태도를 가진 것으로 평가된다. 측정결과 얻은 자료는 표 15 · 12와 같다. 이 자료를 Median 검증방법을 적용하여 $\alpha = .05$수준에서 일방검증하면 다음과 같다.

❶ 검증가설

H_0 : 직업을 가진 주부와 갖지 않은 주부 전집의 운동에 대한 태도(중앙치)는 같다 ($M_{dn1} = M_{dn2}$).

H_A : 직업을 가진 주부 전집의 운동에 대한 태도(중앙치)는 직업을 갖지 않은 주부 전집의 운동에 대한 태도(중앙치) 보다 긍정적이다($M_{dn1} > M_{dn2}$).

❷ 유의수준 : $\alpha=.05$

표 15 · 12 주부의 운동에 대한 태도 자료

직업을 가진 주부(집단1)		직업을 갖지 않은 주부(집단2)	
점수	등위	점수	등위
19	3	16	1
22	5	18	2
28	8	21	4
32	11	26	6
34	13	27	7
37	14	29	9
40	17	31	10
42	18	33	12
43	19	38	15
46	20	39	16
	$128=R_1$		$82=R_2$

두 집단을 합한 전체 중앙치 $=\dfrac{31+32}{2}=31.5$

❸ 통계적 검증

이 예의 검증통계치는 χ^2이다. 표 15 · 12 자료의 검증통계치를 구하기 위해서는 먼저 전체 중앙치를 산출하여야 한다. 중앙치를 구하기 위해서는 각 집단 개개인의 태도점수를 등위(等位: rank)로 바꾸이야 한다(표 15 · 12참조). 위 자료의 중앙치는 전체 사례수가 20명 이므로 등위로 10번과 11번째 사람의 태도척도 점수의 중간 점을 택하면 된다. 즉

$$M_{dn}=\frac{31+32}{2}=31.5$$

다음 이 중앙치를 기준으로 하여 각 집단의 점수를 중앙치 보다 높은 점수와 낮은 점수로 양분한 후 아래와 같은 2×2 유관표를 작성한다. 참고로 살펴보면 집단 1의 7명과 집단 2의 3명이 전체 중앙치보다 높은 태도점수를 얻고 있음을 알 수 있다. 공식 (15.5)를 적용하여 검증통계치(χ^2)를 산출하면 다음과 같다.

❹ 가설부정의 기준치

이 연구는 $\alpha=.05$이고 $df=1$일 때 일방검증이 요구되는 상대가설(H_A) : $M_{dn1}>M_{dn2}$에 대한 영가설(H_0) : $M_{dn1}=M_{dn2}$를 검증하는 것이다. 그런데 부록의 〈수표 8〉에 제시된 χ^2기준치는 양방검증일 때를 기준으로 한 것이기 때문에 그대로 적용할 수 없다. $\alpha=.05$수준에서 일방검증이 요구될 경우에는 .05의 유의수준이 아니라 .10에 해당하는

χ^2기준치를 적용해야 한다. 따라서 이 예의 기준치는 2.71이 된다. 산출된 검증통계치 (χ^2) 3.20이 기준치 2.71보다 크므로 영가설을 부정하고 상대가설을 받아들인다.

	직업을 가진 주부(집단1)	직업을 갖지 않은 주부(집단2)	
중앙치 상	7	3	10
중앙치 하	3	7	10
	10	10	

$$\chi^2 = \frac{20(7\times7-3\times3)^2}{(7+3)(3+7)(7+3)(3+7)}$$

$$= \frac{20(49-9)^2}{(10)(10)(10)(10)} = 3.20$$

❺ 결론

영가설이 부정되었으므로 「직업을 가진 주부와 갖지 않은 주부 전집의 운동에 대한 태도(중앙치) 간에는 차이가 있다」는 결론을 내릴 수 있다. 조사결과에 의하면 직업을 가진 주부의 운동에 대한 태도의 중앙치는 직업을 갖지 않는 주부의 운동에 대한 태도의 중앙치보다 높은 것으로 평가할 수 있다.

중앙치(Median) 검증방법의 영가설(H_0)은 표본이 추출된 두 전집의 중앙치는 같다는 것이다. 중앙치 검증은 두 집단의 점수가 최소한 서열척도일 때 사용할 수 있다.

3.2 두 독립표본의 비교 : Mann-Whitney U검증

Mann-Whitney U검증은 두 표본집단이 동일한 전집에서 추출되었는지를 검증할 때 사용할 수 있다. 이 방법은 t검증에서 요구되는 기본가정이 맞지 않아 실제 적용이 적합하지 않을 경우, t검증의 대안으로 사용할 수 있다. 이 방법은 '비모수적 방법 중 가장 유용한 방법 중의 하나'로서 t검증만큼 통계적 검증력이 높은 방법이다. 이 방법은 자료가 최소한 연속적인 서열자료(序列資料)일 때 사용이 가능하다.

앞에서 소개한 중앙치(median) 검증은 두 집단의 중앙치 간에 차이가 있는지를 검증하는 방법이다. 이에 비해 U검증은 두 집단 전체점수의 등위를 실제 계산과정에서 고려하기 때문에 Median 검증보다 통계적 검증력이 높다. 따라서 영가설도 보다 일반적인 용어로 진술된다. Mann - Whitney U검증을 위해서는 먼저 두 집단의 점수를 하나로 통합하여 낮은 점수로부터 등위를 정하고 다음 공식 (15.9)를 이용하여 검증통계치 U를 산출해야 한다. 검증통계치 U는 U_1과 U_2 중 작은 쪽 값이 된다.

$$U_1 = n_1 n_2 + \frac{n_1(n_1+1)}{2} - R_1$$

$$U_2 = n_1 n_2 + \frac{n_2(n_2+1)}{2} - R_2 \qquad (15.9)$$

여기에서

n_1 = 집단 1의 사례수
n_2 = 집단 2의 사례수
R_1 = 집단 1의 각 점수에 부여된 등위의 합
R_2 = 집단 2의 각 점수에 부여된 등위의 합

이 공식은 n_1과 n_2 중 큰 쪽의 사례수가 20보다 적을 경우에 적합하다. 큰 쪽 사례수가 20보다 큰 경우에 적합한 공식은 이 절의 공식 (15.12)에 제시되어 있다.

U의 표집분포는 t분포와 χ^2분포의 가설검증과 마찬가지로 사용된다. 부록의 〈수표 12〉에는 $\alpha=.05$와 .01 수준에서 일방검증과 양방검증일 때 가설부정의 기준치(U_{cv})가 제시되어 있다. 수표에는 사례가 큰 쪽을 m, 적은 쪽을 n으로 표시하였다. 예를 들어 일방검증일 때 $\alpha=.05$ 수준(양방검증일 때는 $\alpha=.10$)에서 영가설을 부정하려면 계산된 U값이 수표의 U값(기준치)과 같거나 적어야 한다.* 표 15 · 12의 자료를 Median 검증 때와 동일한 조건 ($\alpha=.05$ 수준에서 일방검증) 하에서 검증하면 다음과 같다.

❶ 가설검증

H_0 : 직업을 가진 주부와 갖지 않은 주부 전집의 운동에 대한 태도 간에는 차이가 없다(태도 [1] = 태도 [2]).

H_A : 직업을 가진 주부 전집의 운동에 대한 태도는 갖지 않은 주부 전집의 운동에 대한 태도보다 긍정적이다. (태도 [1] 〉 태도 [2]).

❷ 유의수준 : $\alpha=.05$

---

* 독자는 여기에서 다른 검증방법은 계산된 검증통계치가 수표에 제시된 기준치보다 커야 영가설을 부정할 수 있는데 U검증은 이와 반대라는 점에 유의해야 한다.

❸ 통계적 검증

표 15 · 12의 자료를 공식 15.9에 적용하기 위해서는 '두 집단의 점수를 낮은 점수로부터 등위를 매겨야 한다.' 그리고 집단별로 각 점수에 매겨진 등위의 합(R_1과 R_2)을 계산해야 한다. 이 값은 표 15 · 12에 제시되어 있다. 따라서 U_1과 U_2를 계산하면 다음과 같다.

$$U_1 = (10)(10) + \frac{(10)(10+1)}{2} - 128$$
$$= 100 + 55 - 128 = 27$$

$$U_2 = (10)(10) + \frac{(10)(10+1)}{2} - 82$$
$$= 100 + 55 - 82 = 73$$

U_1과 U_2중 U_1이 작으므로 검증통계치 U는 27이 된다. 여기에서 우리는 등위의 합이 큰 집단(혹은 점수를 얻은 집단)이 작은 U값을 나타낸다는 것을 알 수 있다(표 15 · 12 참조).

❹ 가설부정의 기준치

$n_1 = 10$, $n_2 = 10$인 U표집분포에서 $\alpha = .05$이고 일방검증일 때 가설부정의 기준치는 부록의 〈수표 12〉에서 찾으면 28이다. 따라서 계산된 U값(27)이 기준치(28)보다 작으므로 영가설을 부정한다.

❺ 결론

영가설이 부정되었으므로 「직업을 가진 주부와 갖지 않은 주부 전집의 운동에 대한 태도 간에는 차이가 있다」는 결론을 내릴 수 있다. 조사결과에 의하면 직업을 가진 주부가 갖지 않은 주부보다 운동에 대해 보다 긍정적 태도를 보이고 있다. 이러한 결론은 Median 검증방법으로 산출된 결과에 대한 결론과 같다.

1 n_1 혹은 $n_2 > 20$일 때의 Mann-Whitney U검증

두 표본집단의 표본수가 20보다 클 때 U표집분포는 정상분포(正常分布)에 가깝게 접근하며 이때 U표집분포의 평균과 표준편차는 다음과 같다.

$$\mu_u = \frac{n_1 n_2}{2} \tag{15.10}$$

$$\delta_u = \sqrt{\frac{(n_1)(n_2)(n_1+n_2+1)}{12}} \tag{15.11}$$

여기에서

n_1 = 집단 1의 사례수
n_2 = 집단 2의 사례수

따라서 n_1 혹은 n_2가 20보다 클 경우 Mann - Whitney의 U검증을 위한 검증공식은 다음과 같다.

$$z = \frac{U - \mu_u}{\sigma_u} \tag{15.12}$$

$$= \frac{U - \frac{n_1 n_2}{2}}{\sqrt{\frac{(n_1)(n_2)(n_1+n_2+1)}{12}}}$$

8장과 9장에서처럼 계산된 Z값이 사전에 설정한 α수준에 해당하는 가설부정의 기준치보다 크면 영가설(H_0)을 부정한다.

Mann - Whiney의 U검증은 두 표본이 동일한 전집에서 추출되었는지를 검증하는 방법이다. U검증은 Median 검증방법보다 통계적 검증력이 높다.

3.3 K개 독립표본의 비교 : Kruskal - Wallis 일원분산분석

Kruskal - Wallis 일원분산분석은 Mann-Whitney U검증을 K개 독립표본의 비교로 확대시킨 것이다. 이 방법은 일원분산분석의 기본가정을 만족시키지 못하는 자료에 대해 F검증 대안으로 사용된다. 이 방법은 두 개 이상의 독립표본이면 비교가 가능한데 두 독립표본을 비교할 때는 Mann - Whitney U검증방법을 사용하는 것이 좋다. 왜냐하면 U검증은 일방검증(一方檢證)도 가능하기 때문이다. 이 방법은 '자료가 최소한 연속적인 서열자료'일 때 사용할 수 있다. 그리고 이 방법은 일원분산분석의 F검증만큼 통계적 검증력이 있다. Kruskal - Wallis 검증 역시 각 표본의 등위를 계산과정에 반영한다. 일반적으로 가설은 다음과 같이 진술된다.

영 가 설(H_0) : K개 전집의 점수 간에는 차이가 없다.

상대가설(H_A) : K개 전집의 점수 간에는 차이가 있다.

Kruskal - Wallis 검증을 위해서는 Mann - Whitney U검증에서와 같이 '모든 집단을 하나로 통합하여 낮은 점수부터 크기순으로 등위를 결정'한다. 그런 다음 집단별로 등위의 합을 구한다. 만일 영가설(H_0)이 사실이라면 즉, K개 표본이 동일한 전집에서 추출되었다면 각 집단 내의 등위 합은 차이가 없어야 한다. 이러한 가정을 근거로 각 집단의 등위 합 R_j로부터 Kruskal - Wallis의 검증통계치 H를 산출하여 영가설을 검증한다. H의 표집분포(標集分布)는 '사례수가 최소한 5 이상일 때 자유도(df) $=k-1$을 가진 χ^2분포'를 이룬다.

$$H=\frac{12}{N(N+1)}\sum_{j=1}^{k}\frac{R_j^{\,2}}{n_j}-3(N+1) \tag{15.13}$$

여기에서

N = 모든 집단의 전체 사례수

n_j = j집단의 사례수

R_j = j집단의 등위 합

예를 들어보자. 어느 연구자가 중등학교팀 코치, 대학팀 코치, 대표팀 코치들의 권위의식 간에 차이가 있는지를 알아보기 위한 연구계획을 수립하였다고 하자. 연구자는 세 코치 집단의 전집으로부터 각각 6명, 5명, 6명을 무선표집 하여 권위의식 척도를 실시한 결과 표 15 · 13과 같은 자료를 얻었다. 영가설 검증을 위한 α수준은 .05로 설정하였다. 그런데 연구자는 권위의식을 측정하기 위해 사용된 권위의식척도는 척도의 동간성을 보장하기가 어렵다고 보고하였다. 따라서 이 자료는 *ANOVA*검증은 불가능하며 Kruskal - Wallis 일원분산분석(一元分散分析) 방법을 적용해야 한다.

표 15 · 13 중등, 대학 대표팀 코치의 권위의식척도에 대한 반응결과

중등학교 코치		대학교 코치		대표팀 코치	
점수	등위	점수	등위	점수	등위
52	4	66	13	63	10
46	1	49	3	65	12
62	9	64	11	58	8
48	2	53	5	70	15
57	7	68	14	71	16
54	6			73	17
	$29=R_1$		$46=R_2$		$78=R_3$

❶ 검증가설

H_0 : 중등학교, 대학교, 대표팀 코치 전집의 권위의식 점수 간에는 차이가 없다.

H_A : 3팀 코치 전집의 권위의식 점수 중 최소한 두 팀 코치 전집 간에는 차이가 있다.

❷ 유의수준 : $\alpha = .05$

❸ 통계적 검증

$$H = \frac{12}{N(N+1)} \sum \frac{R_j^{\,2}}{n_j} - 3(N+1)$$

$$= \frac{12}{(17)(17+1)} \left[\frac{(29)^2}{6} + \frac{(46)^2}{6} + \frac{(78)^2}{6} \right] - 3(17+1)$$

$$= \frac{2}{51} [1577.37] - 54 = 7.86$$

❹ 가설부정의 기준치

K개 표본집단에서 검증통계치 H의 표집분포는 각 표본집단의 n이 최소한 5 이상일 때 $df = K-1$을 가진 χ^2분포를 이룬다. 따라서 위의 예에 의하면 $df = 2$인 χ^2분포에서 $\alpha = .05$일 때 가설부정의 기준치(χ^2_{cv})는 수표에서 5.99이다. 계산된 H값이 기준치보다 크므로 영가설을 부정한다.

❺ 결론

영가설이 부정되었으므로 「중등학교, 대학교, 대표팀 코치 중 최소한 두 집단 코치의 권위의식 점수 간에는 차이가 있다」는 결론을 내릴 수 있다. 조사결과에 의하면 대표팀 코치들이 중등학교, 대학팀 코치보다 높은 권위의식을 갖고 있으며 대학 코치가 중등학교 코치보다 높은 권위의식을 갖고 있는 것으로 나타났다. 독자는 여기에서 *ANOVA*에서와 마찬가지로 Kruskal - Wallis 검증결과 영가설이 부정되었을 때 구체적으로 어느 집단의 중앙치 간에 차이가 있는지를 알기 위해서는 개별비교(**個別比較**: multiple comparison procedures) 절차를 이용해야 한다는 점에 유의해야 한다. 이에 대한 자세한 정보는 Hollander and Wolfe, Nonparametric Statistical Method(p.124~130)을 참고하기 바란다.

Kruskal - Wallis 일원분산분석은 둘 혹은 그 이상의 독립표본을 비교하는 데 이용된다. 이 방법은 자료가 최소한 연속적인 서열자료일 때 사용할 수 있다. 영가설은 「표본이 추출된 전집분포는 동일하다」는 것이며 이 방법의 통계적 검증력은 *ANOVA*의 F검증 만큼 높다.

한편 Kruskal - Wallis H검증이나 Mann - Whitney U검증을 하기 위해서는 전체집단의 개개 점수에 대해 등위를 배정해야 하는데 흔히 등위가 중복되는 경우가 발생한다. 동점등위(同點等位)가 있을 때 이를 교정하기 위한 교정공식이 제안되어 있다. 그러나 교정공식을 적용하여 얻은 값은 원래 계산된 검증통계치 U나 H값과 거의 차이가 없다. 그럼에도 불구하고 동점등위가 많으면 Kruskal - Wallis H검증이나 Mann - Whitney U검증결과는 의심스럽기 때문에 다른 비모수적 검증방법(예: Median 검증)을 사용하는 것이 적절하다.

3.4 K개 독립표본의 비교 : Median 검증

K개 독립표본에 대한 Median검증은 각 집단의 점수가 최소한 서열자료(序列資料)일 때 사용할 수 있다. 이 검증방법은 두 독립표본의 Median 검증을 확대 적용한 것이다. 이 검증방법은 Kruskal - Wallis 일원분산분석의 적용이 적합하지 않을 때 대안으로 사용될 수 있다. 일반적으로 가설은 다음과 같이 진술된다.

영 가 설(H_0) : K개의 전집의 중앙치는 동일하다.

상대가설(H_A) : K개의 전집의 중앙치 중 최소한 두 개는 차이가 있다.

두 독립표본에서와 같이 K개 집단의 전체사례(全體事例)를 대상으로 중앙치를 구한 후, 각 집단별로 개개인의 점수를 전체 중앙치보다 높은(上) 점수와 낮은(下) 점수로 양분하여 $2 \times K$유관표를 작성한다. $2 \times K$유관표에 대한 검증통계치(χ^2)는 다음과 같다.

$$\chi^2 = \sum\sum \frac{(f_{ojk} - f_{ejk})^2}{f_{ojk}} \qquad (15.14)$$

f_{ojk} = k번째 표본집단의 j번째 유목에 해당하는 관찰빈도
f_{ejk} = k번째 표본집단의 j번째 유목에 해당하는 기대빈도

$df = (k-1)$

예를 들어보자. 학부모의 운동에 대한 관심도는 학력수준과 어떠한 관계가 있는지를 알아보기 위해 국졸, 중졸, 대졸 학부모를 각각 5명씩 무선표집하여 「자녀운동에 대한 관심도」를 조사하였다. 자녀운동에 대한 관심도는 자녀의 운동시합에 대한 관전 횟수로 측정하였다. 측정결과 얻은 자료는 표 15 · 14와 같다. 이 자료를 α =.05수준에서 검증하면 다음과 같다.

표 15 · 14 학부모의 자녀운동에 대한 학력별 관심도 자료

국졸		중졸		고졸		대졸	
점수	등위	점수	등위	점수	등위	점수	등위
22	5	19	3	18	2	16	1
32	11	28	8	26	6	21	4
37	14	34	13	29	9	27	7
42	18	40	17	33	12	31	10
44	20	43	19	39	16	38	15

4집단을 전부 합한 전체 중앙치 $\frac{31+32}{2}=31.5$

❶ 검증가설

H_0 : 「4개 학부모 전집의 자녀운동에 대한 관심도(중앙치) 간에는 차이가 없다」

❷ 유의수준 : $\alpha=.05$

❸ 통계적 검증

표 15 · 14의 자료에 대한 검증통계치는 χ^2이다. 표에 제시된 자료의 전체 중앙치를 구하기 위해서는 각 집단 개개인의 점수를 등위(等位)로 바꾸어야 한다(표 참조). 위 자료의 중앙치는 전체 사례수가 20명이므로 등위 10번과 11번째 사람의 점수를 평균하면 된다. 즉, 전체 중앙치는 (31+32)/2=31.5가 된다. 다음으로 이 중앙치를 기준으로 각 집단의 점수를 중앙치보다 높은 점수와 낮은 점수로 양분하여 아래와 같은 2×4유관표(관찰빈도)를 작성하고 각 유목에 대한 기대빈도를 작성한다.

관찰빈도					
중앙치 상	1	2	3	4	10
중앙치 하	4	3	2	1	10
	5	5	5	5	20

기대빈도					
중앙치 상	2.5	2.5	2.5	2.5	10
중앙치 하	2.5	2.5	2.5	2.5	10
	5	5	5	5	20

$$\chi^2=\frac{(1-2.5)^2}{2.5}+\frac{(2-2.5)^2}{2.5}+\frac{(3-2.5)^2}{2.5}+\frac{(4-2.5)^2}{2.5}+\cdots\cdots+\frac{(1-2.5)^2}{2.5}$$
$$=0.9+0.1+0.1+0.9+0.9+0.1+0.1+0.9=4.0$$

$$df=K-1=4-1=3$$

❹ 가설부정의 기준치

부록의 〈수표 8〉에서 $\alpha=.05$이고 $df=3$일 때 가설부정의 기준치는 7.815이다. 산출된 검증통계치($\chi^2=4.0$)가 기준치(7.815)보다 작으므로 영가설을 부정할 수 없다.

❺ 결론

영가설을 부정할 수 없으므로 「4개 학부모 전집의 운동에 대한 관심도(중앙치) 간에는 차이가 없다」는 결론을 내릴 수 있다. 따라서 「학부모의 교육정도와 자녀운동에 대한 관심도 간에는 관계가 없다」고 할 수 있다.

3.5 두 종속표본의 비교 : Wilcoxon 검증

Wilcoxon 검증은 두 종속표본 평균치의 차에 대한 t검증의 대안으로 사용된다. Wilcoxon 검증은 동일한 피험자에게 최소한 연속적(連續的) 서열변수의 자료를 2회 반복 측정하여 그 변화를 검증하려 하거나 혹은 짝진 대상에게서 얻은 서열자료를 검증하려 할 때 사용한다. 이 검증방법은 실제 계산과정에서 '짝진 점수의 차의 부호와 차의 등위를 동시에 고려'한다. 즉 차의 방향(方向)과 크기(程度)를 동시에 고려하기 때문에 이 방법을 흔히 Wilcoxon 종속표본 기호 · 등위검증(Wilcoxon matched-pairs signed-rank test)이라고도 부른다.

표 15 · 15 초등학교 운동선수의 개인행동 변화에 관한 자료

선수	사전 점수	사후 점수	차	차의 등위	적은 부호 쪽 등위
1	36	21	15	11	
2	23	24	−1	−1	1
3	48	36	12	10	
4	54	30	24	12	
5	40	32	8	7	
6	32	35	−3	−3	3
7	50	43	7	6	
8	44	40	4	4	
9	36	30	6	5	
10	29	27	2	2	
11	33	22	11	9	
12	45	36	9	8	
					$4=T$

Wilcoxon 검증의 검증통계치는 T이다. T를 계산하는 과정은 다음과 같다. [1] 먼저 각 피험자별로 짝진 점수(예, 사전점수와 사후점수) 간의 차를 구한다. [2] 차의 방향(方向)을 나타내는 +와 -부호는 무시하고 절댓값의 크기에 따라 작은 것부터 큰 것 순으로 등위를 배정한 후 원래의 +, -부호를 붙인다. 이때 사전점수가 사후점수보다 크면 부호는 정적(+)이다. 참고로 표 15·15에서 차가 -1이란 등위가 1이고 부호는 -라는 뜻이다. [3] +등위와 -등위 중 적은 쪽 부호의 등위를 합한다. 표에서는 전체 12개 등위 중 +등위가 10개, -등위가 2개 있으므로 적은 쪽의 부호인 -부호 쪽 등위(等位)를 합하면 된다. 이 값(4)이 T가 된다. 영가설은 Mann-Whitney U검증과 Kruskal-Wallis H검증과 같이 일반적인 용어로 진술한다.

❶ 검증가설

H_0: 「합숙훈련 전·후 초등학교 운동선수 전집의 개인행동 간에는 차이가 없다」

H_A: 「초등학교 운동선수의 개인행동은 합숙훈련 후에 줄어들 것이다」

❷ 유의수준 : $\alpha=.01$

❸ 통계적 검증

표 15·15에 제시된 계산과정을 통하여 산출된 검증통계치(T)는 4이다.

❹ 가설부정의 기준치

Wilcoxon은 여러 α수준에 대해 일방검증과 양방검증일 때 요구되는 가설부정의 기준치를 나타낸 T표집분포(標集分布)를 개발하였는데 T분포는 부록의 〈수표 13〉에 제시되어 있다. 〈수표 13〉에 의하면 짝진 사례가 12이고 $\alpha=.01$수준에서 일방검증일 때 가설부정의 기준치(T_{cv})는 10이다. 계산된 T값(4)이 기준치(10)보다 작기 때문에 영가설을 부정한다. 여기에서 독자는 Mann-Whitney U검증과 마찬가지로 '검증통계치가 기준치보다 적을 때 영가설을 부정한다.'

❺ 결론

영가설이 부정되었으므로 「초등학교 운동선수의 개인행동(個人行動)은 합숙훈련을 통해 감소시킬 수 있다」는 결론을 내릴 수 있다.

Wilcoxon 검증은 두 종속표본 평균치의 차에 대한 t검증 대안으로 사용된다. 이 검증은 짝진 대상에게서 얻은 서열자료 혹은 반복측정(사전 · 사후검사 설계) 결과 얻은 서열자료를 비교할 때 사용한다. 이 방법은 영가설 : 「짝진 두 전집의 분포 간에는 차이가 없다」를 검증하기 위한 것이다.

위에 제시된 Wilcoxon 검증은 표본수가 25미만일 때 적용이 가능하다. 그러나 표본수가 25보다 크면 T표집분포는 정상분포(正常分布)에 접근하게 되어 Wilcoxon 검증은 Z 검증으로 대치할 수 있다. $n>25$일 경우 T표집분포의 평균치(μ_T)와 표준편차(σ_T), 검증통계치(Z)는 다음과 같다.

$$\mu_T = \frac{n(n+1)}{4} \tag{15.15}$$

$$\sigma_T = \sqrt{\frac{n(n+1)(2n+1)}{24}} \tag{15.16}$$

$$Z = \frac{T-\mu_T}{\sigma_T} \text{ 따라서}$$

$$Z = \frac{T - \frac{(n)(n+1)}{4}}{\sqrt{\frac{n(n+1)(2n+1)}{24}}} \tag{15.17}$$

표본수(n)가 클 경우에는 위의 공식을 이용하여 검증통계치(Z)를 산출하고 계산된 Z 값이 가설부정의 기준치(Z_{cv})보다 크면 영가설을 부정한다.

3.6 K개 종속표본의 비교 : Friedman의 이원분산분석

Kruskal - Wallis 검증이 K개 독립표본에 대한 Mann - Whitney U검증의 연장인 것처럼 Friedman 검증은 K개 종속표본에 대한 Wilcoxon검증의 연장이다. 이 방법은 N명의 동일한 실험대상을 K개의 다른 실험조건에 사용한(반복 측정한) 실험설계나 n조의 결합표집(結合標集)으로 구성된 실험설계에서 K개의 실험조건에 차이가 있는지의 여부를 분석하는 데 사용될 수 있다. 검증될 가설은 다음과 같이 진술된다.

H_0 : K개의 측정치 간에는 차이가 없다.

H_A : K개의 측정치 중 최소한 두 측정치 간에는 차이가 있다.

표 15 · 16 4명의 코치가 평정한 선수의 기술수준

사 례	I	II	III	IV
1	4(2)	5(3)	9(4)	3(1)
2	8(2)	9(3)	14(4)	7(1)
3	7(2)	13(3)	14(4)	6(1)
4	16(4)	12(2)	14(3)	10(1)
5	2(1)	4(2)	7(4)	6(3)
6	1(1)	4(3)	5(4)	3(2)
7	2(1)	6(2)	7(3)	9(4)
8	5(1)	7(2)	8(3)	9(4)
R_j	14	20	29	17

$\sum R_j = 80$

( )안은 등위

Friedman 검증을 위한 자료는 마치 한 칸이 하나의 사례로 구성된 이원분산분석(二元分散分析) 자료와 같다. 표 15 · 16에 제시된 자료와 같이 실험조건은 종렬에, 동일 피험자 혹는 결합 표집된 피험자는 횡렬에 배열되어 있다. Friedman 이원분산분석의 검증통계치는 χ^2이다. Friedman 검증을 하기 위해서는 N개의 각 피험자(집단)에 대해 횡렬별로 점수의 크기에 따라 등위를 매긴다. 그리고 K개 실험조건별로 등위 합(等位 合: R_j)을 산출한 후 다음 공식을 적용한다.

$$\chi^2 = \frac{12}{KN(K+1)} \sum R_j^{\,2} - 3N(K+1) \tag{15.18}$$

여기에서

N = 횡렬 사례수
K = 종렬 실험조건 수
R_j = 종렬(실험조건별)의 등위 합

$$df = (K-1)$$

예를 들어보자. 8명의 선수를 대상으로 4명의 코치가 평정한 기술수준이 표 15 · 16과 같다. 코치의 평점 간에 차이가 있는지의 여부를 $\alpha = .05$수준에서 검증하면 다음과 같다.

❶ 검증가설

H_0 : 4명 코치의 평정치 간에는 차이가 없다.

H_A : 4명 코치 중 최소한 두 코치의 평정치 간에는 차이가 있다.

❷ 유의수준 : $\alpha = .05$

❸ 통계적 검증

$$\chi^2 = \frac{12}{KN(K+1)}\sum R_j^{\ 2} - 3N(K+1)$$

$$= \frac{12}{(4)(8)(5)}(14^2 + 20^2 + 29^2 + 17^2) - (3)(8)(5) = 9.45$$

$$df = (K-1) = (4-1) = 3$$

❹ 가설부정의 기준치

부록의 〈수표 8〉에서 $df=3$, $\alpha=.05$일 때 가설 부정의 기준치($\chi^2_{\ cv}$)는 7.815이다. 산출된 검증통계치(χ^2)가 기준치보다 크므로 영가설을 부정한다.

❺ 결론

영가설이 부정되었으므로 「4명 코치 중 최소한 두 코치의 기술수준에 대한 평정치 간에는 차이가 있다」는 결론을 내릴 수 있다.

요약

이 장에서는 몇 가지 비모수적 검증방법을 배웠다. 이 장에서 설명한 통계적 방법은 표 15 · 17에 요약되어 있다. 이 방법들은 자료의 측정치가 명명척도나 서열척도와 같이 동간성(同間性)이 유지되지 않거나 전집분포의 정상성(正常性)과 분산의 동질성(同質性)이 요구되지 않을 경우 사용된다고 하였다. 비모수적 검증은 전집분포의 정상성에 대한 가정이 요구되지 않기 때문에 소표집을 사용할 수 있다. 그러나 통계적 정확도는 표본수가 클 때 더 커진다는 사실에 유의할 필요가 있다. 예컨대 표본수가 커지면 전집의 정상성에 대한 가정도 불필요하게 되므로 대표집이 적합할 때에는 소표집을 사용하지 않는 것이 좋다.

주어진 자료에 대해 어떤 통계적 방법을 적용할 것인가를 결정하는 것은 간단한 일은 아니다. 그러나 분명한 것은 항상 주어진 자료의 특성과 연구목적, 가설과 관련시켜 가장 합리적인 방법을 선택, 사용해야 한다는 것이다. 만일 모수적 방법을 적용할 수 있는 자료라면 비모수적 방법을 사용해서는 안 된다. 왜냐하면 비모수적 방법은 모수적 방법보다 통계적 검증력(統計的 檢證力: statistical power)이 비교적 낮기 때문이다. 따라서 측정 척도가 동간적이고 다른 가정이 만족될 경우에는 모수적 방법이 보다 복잡한 가설을 검증할 수 있기 때문에 자세한 정보를 제공해 준다. *ANOVA*의 상호작용효과(相互作用效果)가 바로 좋은 예가 된다. 따라서 모수적 방법과 비모수적 방법 중 어느 것을 택할 것이냐는 그 연구의 조건과 검증될 가설을 고려하여 결정해야 한다.

표 15·17 비모수적 검증 통계치의 요약

	검증방법	검증가설	검증통계치	표집분포
명명자료	단일표본 : 적합성검증	H_0 : 적합성	$\chi^2 = \sum \frac{(O-E)^2}{E}$	자유도가 $K-1$인 χ^2
	독립표본 : 독립성검증	H_0 : 독립성	$\chi^2 = \frac{n(AD-BC)^2}{(A+B)(C+D)(A+C)(B+D)}$	자유도가 1인 χ^2
	K개 독립표본 : 독립성검증	H_0 : 독립성	$\chi^2 = \sum \frac{(O-E)^2}{E}$	자유도가 $(r-1)(c-1)$인 χ^2
	두 종속표본 : (McNemar검증)	H_0 : $B=C$	$\chi^2 = \frac{(B-C)^2}{B+C}$	자유도가 1인 χ^2
서열자료	두 독립표본: 중앙치검증	H_0 : $Md_{n1} = Md_{n2}$	$\chi^2 = \frac{n(AD-BC)^2}{(A+B)(C+D)(A+C)(B+D)}$	자유도가 1인 χ^2
	Mann - Whitney U-Test(소표집)	H_0 : 전집분포는 동일	$U = U_1$, U_2중 적은 값 $U_1 = n_1n_2 + \frac{n_1(n_1+1)}{2} - R_1$ $U_2 = n_1n_2 + \frac{n_2(n_2+1)}{2} - R_2$	U 표집분포
	Mann - Whitney U-Test(대표집)	H_0 : 전집분포는 동일	$z = \frac{U - \frac{(n_1)(n_2)}{2}}{\sqrt{\frac{(n_1)(n_2)(n_1+n_2+1)}{12}}}$	정상분포
	K개 독립표본 : Kruskal - Wallis검증	H_0 : 전집분포는 동일	$H = \frac{12}{N(N+1)} \sum \frac{R_j^2}{n_j} - 3(N+1)$	$df = K-1$인 χ^2분포
	Median검증 : 두 종속표본	H_0 : 전집분포는 동일	$\chi^2 = \sum\sum \frac{(f_{ojk} - f_{ejk})^2}{f_{ejk}}$	$df = k-1$인 χ^2분포
	Wilcoxon검증 (소표집)	H_0 : 전집의 차 = 0	T=적은 부호 쪽 등위의 합	T표집 분포
	Wilcoxon검증 (대표집)	H_0 : 전집의 차 = 0	$z = \frac{T - \frac{n(n+1)}{4}}{\sqrt{\frac{n(n+1)(2n+1)}{24}}}$	정상분포
	k개 종속표본 : Friedman검증	H_0 : 전집분포는 동일	$\chi^2 = \frac{12}{KN(K+1)} \sum R_j^2 - 3N(K+1)$	$df = k-1$인 χ^2분포

연습문제

1. 한 연구자가 복잡한 운동과제를 학습하는데 코치가 제시하는 Feedback이 효과적인가를 알아보기 위해 40명을 선정하여 다음과 같은 네 집단에 10명씩 무선배정 하였다. 연구자는 네 집단을 크게 정적 Feedback, 부적 Feedback, 혼합(정적+부적) Feedback을 주는 집단과 Feedback을 주지 않는 집단으로 구분하였다. Feedback 유형별로 운동과제를 성공적으로 학습했는지의 여부를 조사한 결과 다음과 같은 자료를 얻었다. $\alpha=.05$수준에서 검증하라.

	성공적	비성공적
정적피드백	6	4
부적피드백	4	6
혼합피드백	8	2
NO	3	7

1) 검증가설?
2) 검증통계치의 값?
3) 가설부정을 위한 기준치?
4) 결론?

2. 다음 자료는 경기종목 특성과 취미와의 관계를 조사한 것이다. 적절한 검증방법을 선정하고 다음 문제에 답하라.

	음악감상	영화감상	독서
육상	18	4	3
수영	8	12	5
체조	10	7	8
탁구	6	15	4

1) 검증가설?
2) 검증통계치의 값?
3) $\alpha=.05$일 때 가설부정을 위한 기준치?
4) 결론?
5) 계산된 χ^2값을 이용하여 상관계수(C)를 계산하라.
6) 위의 자료에서 얻을 수 있는 C계수의 최대치는?
7) C계수와 Cmax(최대치)를 비교했을 때 경기종목 특성과 취미와의 상관은 높은가 아니면 낮은가?

3. 한 스포츠 심리학자가 공개토론이 합숙훈련에 대한 태도변화에 미치는 영향을 분석하기 위해 무선 표집된 선수 50명을 대상으로 합숙훈련에 관한 공개토론을 실시하였다. 토론 전과 후에 합숙훈련에 대한 찬성여부를 조사한 결과는 다음과 같다.

		토론회 전	
		찬성	반대
토론회 후	찬성	11	16
	반대	6	17

1) 검증가설?
2) 검증통계치의 값?
3) α=.05일 때 가설부정을 위한 기준치?
4) 결론?

4. 한 연구자가 운동을 하는 주부와 운동을 안 하는 주부 간에 자녀의 건강에 대한 관심에 차이가 있는지를 알기 위해 각각의 전집으로부터 10명씩을 무선 표집하여 관심도를 조사한 결과 다음과 같은 자료를 얻었다 그런데 관심도 측정치는 동간성이 의심스러운 것으로 나타났다. 중앙치(Median)검증과 Mann - Whitney U검증 방법을 이용하여 아래에 제시된 질문에 답하라.

운동을 하는 주부	운동을 안 하는 주부
10	7
13	8
15	9
16	11
19	12
21	14
22	17
23	18
25	20
26	24

1) 검증가설?
2) 검증통계치의 값?
3) α=.05일 때 가설부정을 위한 기준치?
4) 결론?

6. 운동선수의 주거환경과 정서적 적응간의 관계를 알아보기 위해 20명의 선수를 표집하여 그들의 정서적 적응상태를 평정척도에 의해 조사한 결과 다음과 같은 자료를 얻었다. 이 측정치는 서열적인 것으로 가정하였다.

주택가	상가	학교주변	유흥가
42	37	47	31
35	40	49	44
39	32	34	38
50	33	46	
45		41	
48		43	
36			

1) 검증가설?
2) 검증통계치의 값?
3) α=.05일 때 가설부정을 위한 기준치?
4) 결론?

7. 선수의 자신감을 증가시키기 위한 훈련프로그램을 작성한 후 12명의 초등학교 운동선수를 선정하여 사전검사로 자신감을 측정하고 10일 동안 자신감 증진훈련을 시킨 후 사후검사를 실시하여 얻은 결과는 다음과 같다. 자신감은 서열척도로 측정하였다.

사전검사	사후검사
10	17
13	11
8	18
10	9
13	16
14	10
10	22
11	20
10	23
13	24
6	14
9	23

1) 검증가설?
2) 검증통계치의 값?
3) α=.05일 때 가설부정을 위한 기준치?
4) 결론?

8. 7명의 선수를 대상으로 4명의 코치가 평정한 선수의 성실성은 다음과 같다. 코치 간의 평정결과에 차이가 있는지의 여부를 검증하라.

피험자	평정자			
	1	2	3	4
1	5	9	4	1
2	6	8	7	3
3	9	10	8	7
4	5	10	4	1
5	8	6	4	1
6	10	8	7	5
7	14	12	13	10

1) 검증가설?

2) 검증통계치의 값?

3) α=.05일 때 가설부정을 위한 기준치?

4) 결론?

정답표

1. 1) 검증가설 H_0: '운동과제의 성공적인 학습여부는 피드백 유형과 무관하다.'
   2) 검증통계치(χ^2) = 5.91
   3) 가설부정 기준치(χ^2_{cv}) = 7.82
   4) 결론: 영가설 긍정. '운동과제의 성공적 학습여부는 피드백 유형과 무관하다.'
2. 1) 검증가설 H_0: '경기종목 특성과 선수가 선호하는 취미와는 무관하다.'
   2) 검증통계치(χ^2) = 18.39
   3) $\alpha = .05$일 때 가설부정 기준치(χ^2_{cv}) = 12.59
   4) 결론: 영가설 부정. '경기종목 특성과 선수가 선호하는 취미와는 유관하다.' 혹은 '경기종목 선수들이 선호하는 취미는 종목에 따라 차이가 있다.'
   5) χ^2값을 이용하여 상관계수(유관계수: C) 계산 = .394
   6) C계수의 최대치 = .816
   7) C계수와 Cmax(최대치)를 비교했을 때 경기종목 특성과 취미와의 상관 = 중 정도 크기
3. 1) 검증가설 H_0: '공개토론 전과 후의 합숙훈련에 대한 찬성여부 간에는 차이가 없다(A = D).'
   2) 검증통계치(χ^2) = 4.55
   3) $\alpha = .05$일 때 가설부정 기준치(χ^2_{cv}) = 3.84
   4) 결론: 영가설 부정. '공개토론 전과 후의 합숙훈련에 대한 찬성여부 간에는 차이가 있다 (A ≠ D).'
4. • Median test
   1) 검증가설
   H_0: '운동을 하는 주부와 하지 않는 주부의 자녀 건강에 대한 관심도(중앙치) 간에는 차이가 없다.'
   H_A: '운동을 하는 주부가 하지 않는 주부보다 자녀 건강에 대한 관심도(중앙치)가 높다.'
   2) 검증통계치(χ^2) = .80
   3) $\alpha = .05$일 때 가설부정 기준치(χ^2_{cv}) = 2.71
   4) 결론: 영가설 긍정. '운동을 하는 주부와 하지 않는 주부의 자녀 건강에 대한 관심도(중앙치) 간에는 차이가 없다.'

   • Mann-Whitney U-test
   1) 검증가설
   H_0: '운동을 하는 주부와 하지 않는 주부의 자녀 건강에 대한 관심도 간에는 차이가 없다.'
   H_A: '운동을 하는 주부가 하지 않는 주부보다 자녀 건강에 대한 관심도가 높다.'
   2) 검증통계치(U_1) = 2.5
   3) $\alpha = .05$일 때 가설부정 기준치(U_{cv}) = 27
   4) 결론: 영가설 부정. '운동을 하는 주부와 하지 않는 주부의 자녀 건강에 대한 관심도 간에는

차이가 있다. 운동을 하는 주부가 하지 않는 주부보다 자녀 건강에 대한 관심도가 높다.'

5. 1) 검증가설 H_0: '운동선수의 주거환경별 정서적 적응상태 점수 간에는 차이가 없다.'
   2) Kruskal - Wallis 검증통계치(H) = 5.46
   3) $\alpha = .05$일 때 가설부정 기준치(H_{cv}) = 7.82
   4) 결론: 영가설 긍정. '운동선수의 주거환경별 정서적 적응상태 점수 간에는 차이가 없다.'

6. 1) 검증가설 H_0: '자신감 증진훈련 전, 후 초등학교 운동선수의 자신감 간에는 차이가 없다.'
   2) Wilcoxon 검증통계치(T) = 7
   3) $\alpha = .05$, 양방검증일 때 가설부정 기준치(H_{cv}) = 14
   4) 결론: 영가설 부정. '자신감 증진훈련 전, 후 초등학교 운동선수의 자신감 간에는 차이가 있다. 초등학교 운동선수의 자신감은 자신감 훈련 후 증진되었다.'

7. 1) 검증가설 H_0: '4명의 코치가 평정한 선수의 성실성 평정치 간에는 차이가 없다.'
   2) Friedman 검증통계치(χ^2) = 15.84
   3) 가설부정 기준치(χ^2_{cv}) = 7.82
   4) 결론: 영가설 부정. '4명의 코치가 평정한 선수의 성실성 평정치 간에는 차이가 있다. 4명의 코치 중 최소한 두 코치의 평정치 간에는 차이가 있다.'

16 직선회귀 : 예언과 회귀식

1. 예언과 예언식
2. 회귀선(Regression line)
3. 회귀식(Regression equation)
4. 예언의 오차
5. 예언의 정확도
6. 상관과 예언의 관계

6장에서 언급한 바와 같이 상관계수와 회귀선(回歸線)은 서로 밀접한 관계가 있다. 역사적으로 볼 때는 회귀에 대한 개념이 먼저이고 상관도는 이보다 나중에 세상에 나왔다. 회귀에 대한 개념은 다윈(Charles Dawin)의 진화론(進化論)에서 암시받은 갤톤(Francis Galton)이 제안하였다. 그는 부모와 자녀 간 신장의 관계에 관한 연구를 수행하는 과정에서 부모와 자녀의 신장을 상호 비교할 수 있도록 모든 사람의 신장을 표준점수(Z)로 환산하였다. 다시 말하면 모든 사람의 신장을 그가 속해있는 집단의 평균치로부터 떨어져 있는 거리(편차 : $x = X - \overline{X}$)로 환산하고 이를 표준편차(s) 단위로 환척[$(X - \overline{X})/s$]시킨 것이다. 따라서 부모와 자녀의 신장 단위는 다 같이 $1s$인 셈이다.

도 16 · 1은 부모와 자녀의 신장을 $1s$단위로 하여 Galton이 구안해낸 그림이다. Galton은 부모와 자녀의 신장을 각각 Z점수로 환산하여 산포도표(散布圖表)를 만든 다음, 좌표 상에서 부모의 신장(Z점수로 환산된 신장)별로 분포되어 있는 자녀들의 신장 평균치를 산출하였다. 그 결과 부모의 Z점수별 신장에 해당하는 자녀들의 신장 평균치가 일직선상에 놓이는 경향을 발견하였다.

여기에서 그의 관심을 끌게 한 것은 Z점수별 자녀의 평균 신장은 Z점수별 부모의 평균 신장처럼 급속하게 증가하지 않았다는 사실이었다. 또한 부모의 Z점수별 신장에 해당하는 자녀들의 평균 신장(A)들이 자녀 각자의 부모 신장(B)과 자녀 전체의 평균 신장(C)에서 각각 떨어져 있는 거리(편차)를 산출한 결과 $(A - B)$ 보다는 $(A - C)$의 편차가 적게 나타났다는 점이었다.

이처럼 자녀 전체의 신장 평균을 향해 자녀들의 키가 접근하려는 것 - 다시 말하면 평균치를 향하여 개개의 점수가 집중되는 경향 - 을 Galton은 자녀 회귀의 법칙(子女 回歸法則: law of filial regression)이라고 불렀다. 지금까지 설명한 것은 불완전한 상관의 한 예이다. 만일 신장에 대한 부모와 자녀 간의 상관이 1(완전상관)이라면 도 16 · 1에 점선으로 표시된 회귀선(回歸線)이 그어질 수 있을 것이다.

Galton은 처음 어떤 두 변수 간의 회귀 정도를 단일 수치로 표시해 줄 수 있는 방안을 찾으려고 하였다. 그러나 이 문제는 피어슨(Karl Pearson)이 그의 이름자를 붙인 피어슨(Pearson)의 적률상관계수(積率相關係數) 공식에 의해 해결하였다. Galton의 생각은 회귀선의 기울기를 관련성(關聯性)의 지수로써 사용하는 것이었다. 왜냐하면 45° 한도에서 경사가 깊을수록 두 변수 간의 상관도는 더 클 것이기 때문이다.

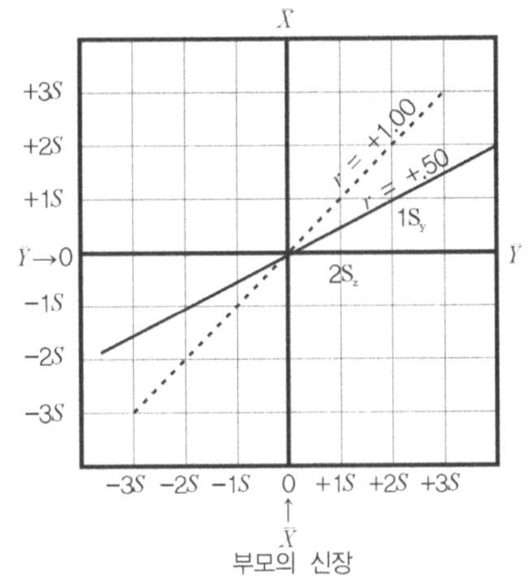

도 16 · 1 X변수와 Y변수의 점수를 표준점수로 환산했을 때 회귀선의 기울기와 Pearson의 적률 상관계수와의 관계를 제시한 좌표도

도 16 · 1에서 회귀선의 기울기는 X가 한 단위 증가함에 따라 Y가 어느 정도 증감하는가를 나타내주는 비(比)임을 알 수 있다. 즉, X가 평균으로부터 $2s$증가함에 따라 Y는 단지 $1s$ 증가하였다. 따라서 기울기는 1/2 혹은 0.5이다. 이것이 Galton의 회귀계수(回歸係數: Galton's coefficient of regression)이며 r자는 바로 regression의 머리글자다. Pearson의 r은 X와 Y 두 변수의 점수가 표준점수로 환산되었을 때 회귀선의 기울기로 표시된다. 앞의 공식 (6.1)에서 $r_{xy} = \Sigma Z_x Z_y / N$는 바로 이와 같은 정리(定理)를 기초로 제시된 것이다.

6장에서 우리는 두 변수 간의 상관계수(相關係數)를 알면 한 변수에 의해 다른 변수의 점수를 예언할 수 있으며 동시에 예언 값이 어느 정도 정확한가도 계산할 수 있다는 점을 기억할 수 있을 것이다. 이 장에서는 「예언(豫言)」이라는 문제와 관련하여 상관계수가 가지고 있는 깊은 의미를 파악해 보려고 한다. 그러나 여기에서 '예언'이란 허무맹랑한 혹은 점쟁이 식의 예언이 아니라 두 변수가 공통으로 가지고 있는 관계를 토대로 하나의 사실에 의해서 또 다른 사실을 추정하는 과학적(科學的)인 예언을 의미한다.

1. 예언과 예언식

X와 Y가 상관이 있다면 X와 Y간에는 공통적인 요소(혹은 인과관계)가 있음을 알 수 있다. 그리고 X를 알면 회귀방정식(回歸方程式)을 이용하여 Y를 예언할 수 있다. 예를 들면 운동선수의 순발력을 알고 그의 투포환 기록을 예언(혹은 예측)하려고 한다든가, 지능검사 결과를 이용하여 대학입학 가능성을 예언하려는 등의 사례를 들 수 있을 것이다.

예언식의 기초는 대수학(代數學)의 일차방정식 $Y=bX+a$에서 찾을 수 있다. 예를 들어 신장(Y)과 체중(X)의 관계가 $Y=2X+40$의 일차식으로 나타났다고 한다면, 체중이 60㎏ 사람은 신장이 160㎝가 된다고 짐작할 수 있을 것이다. 여기에서 직선식 $Y=bX+a$는 두 변수 간의 함수관계를 나타내준다. Y는 X의 함수가 되고, 반대로 X는 Y의 함수가 된다. Y가 X의 함수라고 가정하면 $Y=bX+a$가 된다. 공식에서 b는 기울기이고 a는 Y의 절편(상수)이라고 부른다. 도 16 · 2는 직선식 $Y=3X+2$의 그래프이다. 만일 $X=2$라면 $Y=8$, $X=-3$이면 $Y=-7$이 된다. 직선회귀의 일차방정식은 다음과 같다.

$$\hat{Y}=bX+a \tag{16.1}$$

여기에서

$\hat{Y}$ = 예언점수
b = 기울기(회귀계수)
a = Y의 절편

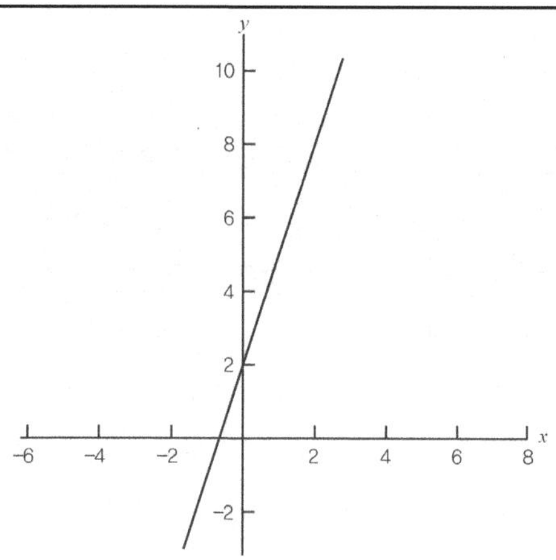

도 16 · 2 $Y=3X+2$의 그래프

도 16 · 2에서 직선식 $Y=3X+2$는 $Y=2$인 지점에서 Y축을 가르게 된다. 기울기(b)는 X가 한 단위 증가함에 따라 Y가 어느 정도 증감하는가를 나타내주는 비(比)로 정의된다. 여기에서는 X가 1단위 증가함에 따라 Y는 3단위 증가하기 때문에 기울기는 3이다. 어떤 두 변수에 대한 직선 예언식(直線 豫言式)을 만든다는 것은 결국 b와 a값(기울기와 Y절편)을 결정한다는 것이다.

예언의 기초는 직선식 $Y=bX+a$이다. 예언을 위해 직선회귀(linear regression)를 사용하려면, 산포도표(도 16 · 6참조)에서 분포의 분산(分散)을 가장 잘 균등하게 배분하는 직선식을 설정하면 된다.

---

2. 회귀선(Regression line)

이미 앞에서 상관계수는 두 변수가 직선적(直線的) 관계를 취할 것이라는 가정하에서 산출되어야 하며 직선적이 아닌 다양한 형태(곡선적)를 취할 때는 적률상관계수(r)를 계산해서는 안 된다는 점을 지적하였다. 그러나 실제 두 변수 간의 관계를 좌표에 나타냈을 때 직선적인 형태를 취하는 예(도 16 · 3a)는 흔치 않으며 또한 직선적인 경향을 보이고는 있다고 할지라도 좌표점을 그대로 연결해 보면 직선(直線)이 나타나는 예는 드물다.

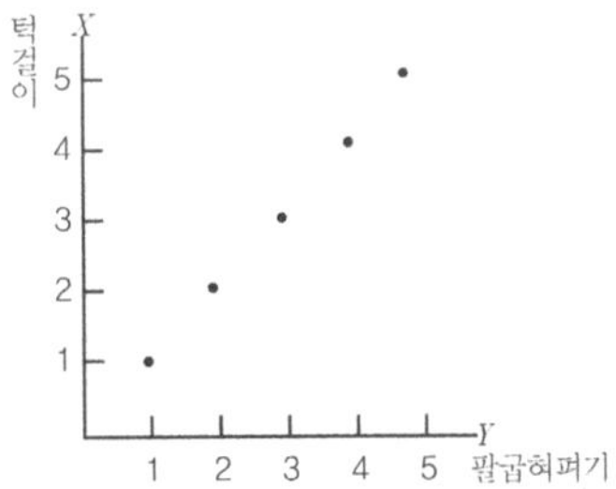

도 16 · 3a 직선적 좌표

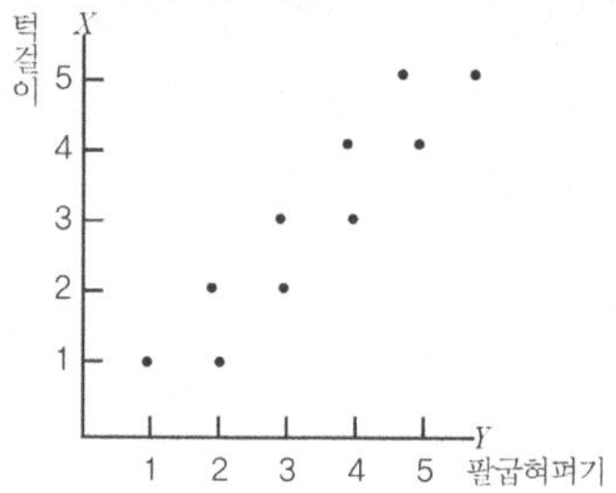

도 16 · 3*b* 직선적 형태의 좌표

예를 들어 8명의 피험자에게서 얻은 턱걸이와 팔굽혀펴기 성적을 좌표에 표시해 보자. 도 16 · 3*b*에서 좌표점을 연결한다면 직선을 얻기란 불가능하며 이 경우에는 도 16 · 4처럼 최소자승법(最小自乘法: least square)을 만족시키는 최적선(最適線: best fit line)을 그릴 수밖에 없다. 여기에서 최소자승법을 만족시키는 최적선이란 모든 점수의 편차의 자승화(Σx^2)가 최소가 되는 조건에서 설정된 직선을 의미한다. 따라서 눈짐작으로 선을 정하거나 직선을 잘못 그으면 편차의 자승화는 커질 가능성이 많다.

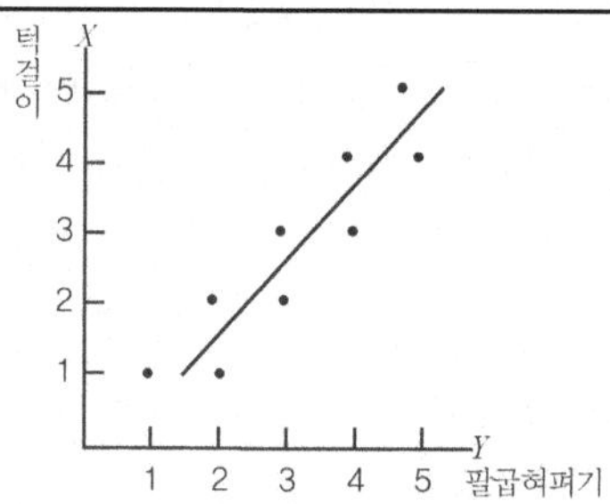

도 16 · 4 최소자승법을 만족시키는 직선좌표

위의 관계를 수학적으로 볼 때 최적선을 정한다는 것은 X와 Y의 관계식인 $Y=bX+a$에서 최적 조건을 만족시키는 a와 b를 결정한다는 것을 의미한다. 또한 최소자승법(最小自乘法)을 만족시킨다는 것은 X에 의해 Y를 예언한 값을 $\hat{Y}$라고 할 때 실제 값인 Y와 예언 값인 $\hat{Y}$의 차의 자승화가 최소가 되도록 $\hat{Y}=bX+a$에서 a와 b를 결정하는 것이다. 즉, $\Sigma(Y-\hat{Y})^2$ 혹은 $\Sigma\hat{y}$의 값이 최소가 되도록 직선(直線)을 정하는 것이다.

회귀선은 최소자승법을 만족시키는 최적선(最適線: best fit line)을 의미한다. 최소자승법을 만족시키는 최적선이란 모든 점수의 편차의 자승화(Σx^2)가 최소가 되는 조건에서 설정된 직선이다. 즉 X에 의해 예언된 Y값을 $\hat{Y}$라고 할 때 실제 값인 Y와 $\hat{Y}$의 차의 자승화[$\Sigma(Y-\hat{Y})^2$]가 최소가 되도록 직선을 정하는 것이다.

지금까지 설명한 예언과 회귀선에 대한 이해를 돕기 위해 실제 계산 예를 들어 보기로 한다. 아래의 표 16 · 1은 가상적으로 작성된 X검사와 Y검사의 산포도표(혹은 상관도표)이다. 표에는 해석에 도움을 줄 수 있는 X와 Y검사 각각의 급간별 빈도(f)와 평균치($\overline{X}$), 표준편차(s) 등을 기록해 두었다.

표 16 · 1 X, Y 두 변수간의 상관도표

Y검사	X검사										
	60-64	65-69	70-74	75-79	80-84	85-89	90-94	95-99	f_y	$\overline{X}_r$	S_r
135-139								1	1	97.0	-*
130-134				1	1	0	1		3	83.7	6.61
125-129				1	0	2	1		4	85.8	5.45
120-124			1	4	4	6	2		17	83.2	5.67
117-119			7	5	7	2	1		22	78.6	5.72
110-114	1	4	2	9	4	2			22	75.9	6.56
105-109	1	1	2	5	1				10	74.0	5.56
100-104	1	3	0	1	1				6	70.3	6.87
95-99		2							2	67.0	0.00
f_x	3	10	12	26	18	12	5	1	87	N	
$\overline{Y}_c$	107.0	105.5	114.9	114.5	116.4	120.3	124.0	137.0			
S_c	4.08	5.52	4.31	6.83	6.43	4.71	5.10	-			
			$\overline{X}$ =78.15			$\overline{Y}$ =115.28					
			s_x = 7.60			s_y = 7.85		r_{xy} =.61			

예언(豫言)을 하고자 할 때 우리는 보통 다음 두 가지 경우를 생각할 수 있다. X에 의해 Y를 예언하는 경우와 Y에 의해 X를 예언하는 경우이다. 이들 두 경우의 계산절차와 방법은 모두 동일하다. 여기에서는 먼저 X에 의해 Y를 예언하는 경우를 생각해 보자. 위의 상관도표에 의하면 X와 Y검사 간에는 상관이 아주 높지는 않지만 X검사의 점수가 높으면 Y검사 점수도 높고 반대로 X점수가 낮으면 Y점수도 낮은 경향이 있다고 생각할 수 있다.

예를 들어 X검사에서 67점을 받은 학생이 Y검사에서 몇 점을 얻을 것인가를 예언하려고 한다면, X검사의 [65 - 69]급간 내에 있는 빈도(4, 1, 3, 2)의 Y점수의 평균치인 105.5가 가장 적합한 추정치(推定値)가 될 수 있을 것이다. 왜냐하면 $X=67$점에 해당하는 Y검사의 점수가 94.5부터 114.5점까지의 어느 한 점수를 얻을 것이라고 추정하기보다는 그 급간의 평균치가 가장 적합하다고 볼 수 있기 때문이다.

표 16 · 1의 $\overline{Y}_c$는 X급간 아래의 각 열(column)별 Y 빈도분포의 평균치들을 의미한다. 그리고 $\overline{X}_r$는 Y급간 옆의 각 행(row)별 X 빈도분포의 평균치들이다. 다시 예를 든다면 $X=92$에 대한 Y의 예언추정치(豫言推定値)는 124.0이 가장 적합한 것이다. 표의 각 급간별 평균치들은 그 변화 정도가 일정하지는 않지만, 점점 증가하고 있음을 알 수 있다.

한편 $X=67$의 Y예언치로서 105.5가 적당하다고는 볼 수 있으나 이와 같은 예언추정치는 상당한 범위의 오차를 수반하고 있음을 알 수 있다. 즉, $X=67$의 급간에 해당하는 Y점수는 94.5부터 114.5까지 흩어져 있기 때문에 예언치 105.5는 흩어져 있는 이들 점수의 대표치일 뿐 예언의 오차(誤差)는 설명해 주지 못하고 있다. 따라서 확실한 예언을 위해서는 변산의 정도(표준편차) 즉, 추정오차(推定誤差)를 계산해서 제시할 필요가 있다. 표에 제시된 s_c는 각 X급간 아래의 각 열별 Y빈도분포의 표준편차(標準偏差)를 의미하며 $X=67$의 급간에 대한 표준편차는 5.52임을 알 수 있다.

앞에 제시된 통계치($\overline{Y}_c$, s_c)에 의해서 우리는 보다 정확한 예언을 위해 다음과 같은 해석을 할 수 있다. 예를 들어 $X=67$을 받은 학생은 Y검사에서 105.5±5.52 즉, ($\overline{Y}$±1 s) 사이의 점수를 받을 확률이 약 68%라고 확신할 수 있다. 따라서 각 급간별 변산도가 크면 클수록 산출된 표준편차는 클 뿐 아니라 예언의 오차범위(誤差範圍)도 크게 나타나고 있음을 알 수 있다.

문제 1: 각 급간별 표준편차가 적을수록 예언은 _____하고 오차의 범위는 _____.

- 정확
- 부정확
- 커진다
- 적어진다

문제 2: 표 16.1에서 $X=92$를 받은 학생이 124.0±5.10사이의 Y점수를 받을 확률은?

- 68%
- 95%

다시 표 16 · 1로 돌아가서 X, Y검사의 끝 행렬에 제시된 $\overline{Y}_c$, $\overline{X}_r$를 좌표 위에 표시해 보자. 표시된 좌표점은 최적선(最適線)을 긋는 데 이용될 수 있다. 각 급간별 평균치들의 좌표점을 연결한 선은 일반적으로 직선이 되지 않는 것이 보통인데, 그 이유는 사례수가 적은 표본에서 평균치들이 산출되었기 때문이다. 만약 많은 사례수를 표집해서 평균치를 구했다면 일정한 직선으로 나타나게 된다. 독자는 여기에서 좌표점을 연결한 선이 직선으로 나타나는 예는 거의 찾아볼 수 없기 때문에 가능한 한 모든 평균치들의 좌표점을 통과할 수 있는 최적선(best fit line) 즉, 최소자승법(最小自乘法)을 만족시키는 선을 그어야 한다는 점을 상기하고 아래의 내용을 읽기 바란다.

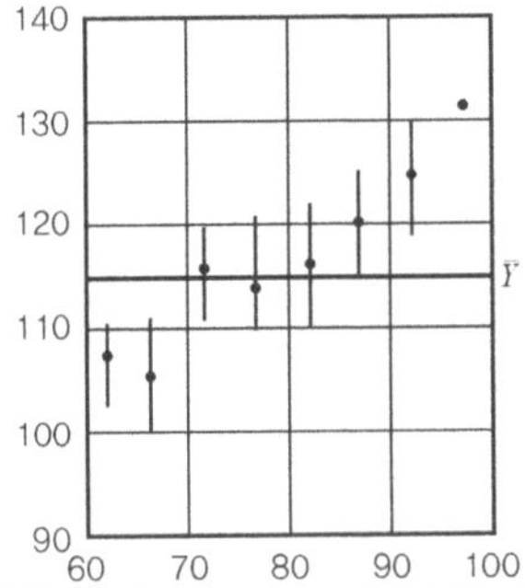

도 16 · 5a 표 16 · 1의 자료에 대한 X급간별 Y점수의 분포 및 평균치(•)

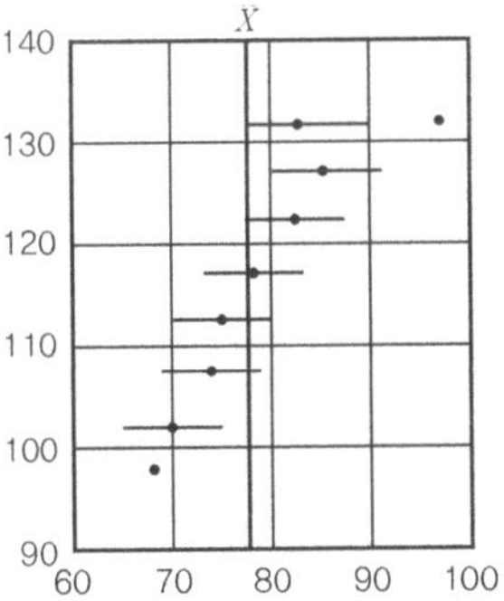

도 16 · 5b 표 16 · 1의 자료에 대한 Y급간별 X점수의 분포 및 평균치(•)

도 16 · 5a는 X급간에 해당하는 Y의 평균점(·)들이며 도 16 · 5b는 Y급간에 해당하는 X의 평균점(·)들이다. 그리고 도 16 · 6에는 두 개의 직선이 그어져 있는데 그 하나는 X에 의해서 Y를 예언할 때 최소자승법을 만족시키는 회귀선(回歸線: regression line)이며, 다른 하나는 Y에 의해서 X를 예언할 때 최소자승법을 만족시키는 회귀선이다. 이와 같은 회귀선이 얻어지면 우리는 대수학에서 흔히 볼 수 있는 X에 의해 Y를 예언할 수 있는 방정식 $Y=bX+a$를 얻을 수 있다.

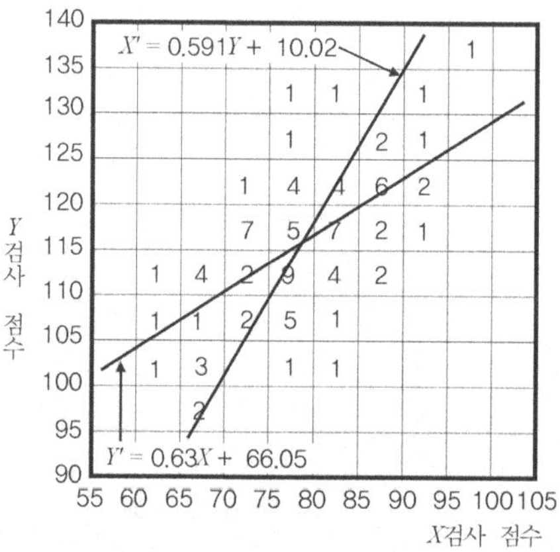

도 16 · 6 X에 의한 Y, Y에 의한 X의 예언회귀선

3. 회귀식(Regression equation)

우리는 표 16 · 1에서 X에 의해 Y를 예언할 경우 각 열(列: column)의 $\overline{Y}_c$들을 사용할 수 있다는 것과 그 예언의 정확도 혹은 오차를 표시하는 통계치로는 각 열의 s_c를 사용할 수 있다는 것도 알았다. 그런데 최적선을 긋는 데 있어서의 기본가정 즉, 「많은 사례수를 표집한다면, 각 열의 평균치들은 직선상에 놓인다」는 회귀의 직선성(直線性: linearity)을 가정하면 각 열의 평균치 대신 방정식 $Y=bX+a$를 사용할 수 있다. 또한 각 열의 동분산성(同分散性: homoscedasticity)을 가정한다면, 여러 열의 표준편차(s_c) 대신에 어떤 한 개의 s를 사용할 수 있다. 여기에서는 회귀방정식부터 설명해 보기로 한다.

대수학에서 $Y=bX+a$는 일차방정식임을 기억할 수 있을 것이다. 이 식에서 a와 b를 알면 우리는 좌표상에 직선을 그을 수 있다. 여기에서 b는 직선의 기울기이며 a는 상수 즉, Y축을 교차하는 점을 말한다. 위의 식 $Y=bX+a$에서 상수 a를 제거하면 $Y=bX$를 얻을 수 있는데 여기에서 b는 X가 한 단위(單位) 증가함에 따라 Y가 어느 정도 증감하는가를 나타내 주는 비(比: ratio)이다. 따라서 만약 $b=2$라면 X가 한 단위 증가함에 따라 Y는 2 단위 증가하며, $b=0.5$라면 X가 한 단위 증가함에 따라 Y는 반 단위 증가하게 된다.

회귀방정식(回歸方程式: regression equation)은 바로 위의 일차식 $Y=bX+a$와 동일하며 단지 최소자승법(最小自乘法)을 만족시키기 위해 상관계수와 두 변수 X, Y의 표준편차가 고려되고 있다는 점에서 개념상 차이가 있을 뿐이다. 먼저 X에 의해 Y를 예언할 경우, 최소자승법을 만족시키는 회귀방정식을 제시해 보면 다음과 같다.

$$\hat{Y}=r\frac{s_y}{s_x}X+(\overline{Y}-r\frac{s_y}{s_x}\overline{X}) \tag{16.2}$$

여기에서

$\hat{Y}$ = 예언된 Y점수
r = 상관계수
s_x = X 변수의 표준편차
s_y = Y변수의 표준편차
$\overline{X}$ = X변수의 평균치
$\overline{Y}$ = Y변수의 평균치

이 식이 바로 X에 의해서 Y를 예언할 때 사용하는 방정식이며 $\hat{Y}$는 예언된 Y값이다. 위 식을 $Y=bX+a$와 비교해 보면 다음과 같다.

$$b=r\frac{s_y}{s_x} \tag{16.3}$$

$$a=(\overline{Y}-r\frac{s_y}{s_x}\overline{X})$$

따라서 최소자승법을 만족시키는 최적 직선의 기울기(b)는 상관계수와 두 변수 X, Y의 표준편차에 의해 결정되고 있음을 알 수 있다. 그리고 b는 회귀계수(回歸係數: regression coefficient)라고 부른다.

또한 Y에 의해서 X를 예언할 경우, 회귀방정식은 위의 공식 (16.2)에서 X와 Y를 바꾸고 분자와 분모의 표준편차를 바꾸어 놓으면 된다. 즉, 예언 당하는 변수의 표준편차가 항시 분자(分子)의 위치에 있다고 기억해 두면 편리하다. Y에 의해 X를 예언할 경우, 회귀방정식과 회귀계수, 상수는 다음과 같다.

$$\hat{X} = r\frac{s_x}{s_y}Y + (\overline{X} - r\frac{s_x}{s_y}\overline{Y}) \tag{16.4}$$

$$b = r\frac{s_x}{s_y}$$

$$a = (\overline{X} - r\frac{s_x}{s_y}\overline{Y})$$

위의 공식 (16.2)와 (16.4)를 비교해 보면 두 변수(X, Y)의 표준편차(標準偏差)가 같지 않으면 b계수는 각기 다르게 나타난다는 것을 할 수 있다. 우리는 흔히 '독립변수를 예언하는 변수', '종속변수를 예언 당하는 변수'로 부르게 되는데 그 이유는 X에 의해 Y를 예언할 때 X값은 임의로 선정하게 되지만, Y값은 임의로 선정된 X 값에 의해 결정되기 때문이다. 예를 들어 위의 두 예언식을 표 16 · 1의 자료에 대입시켜 $\hat{X}$, $\hat{Y}$의 회귀식을 계산해 보면 다음과 같다.

$$\begin{aligned}\hat{Y} &= 0.61(\frac{7.85}{7.60})X + [115.28 - 0.61(\frac{7.85}{7.60})78.15] \\ &= (0.61)(1.03)X + [115.28 - (0.61)(1.03)78.15] \\ &= 0.630X + (115.28 - 49.23) \\ &= 0.630X + 66.05\end{aligned}$$

$\hat{Y}$ =0.630X+66.05는 X에 의해 Y를 예언할 때 사용할 수 있는 식이다.

$$\begin{aligned}\hat{X} &= 0.61(\frac{7.60}{7.85})Y + [78.15 - 0.61(\frac{7.60}{7.85})115.28] \\ &= 0.591Y + 10.02\end{aligned}$$

$\hat{X}$ =0.59Y+10.02는 Y에 의해 X를 예언할 때 사용할 수 있는 식이다.

계산결과 얻은 회귀식에 의하면 X가 한 단위 증가할 때 $\hat{Y}$는 0.630단위로 증가하며 또 Y가 한 단위 증가할 때 $\hat{X}$는 0.591 단위로 증가함을 알 수 있다. 그러나 회귀식에 의해 예언을 할 때 독자는 예언결과 얻은 $\hat{X}$, $\hat{Y}$ 값은 상관계수(相關係數)가 1(완전상관)이 아닌 한 실제의 X, Y값과는 일치하지 않는다는 점을 기억해 두어야 할 것이다.

한편 산출된 회귀식이 정확하게 계산되었는지를 알아보기 위해서는 다음 식을 적용하여 검증할 수 있다.

$$b_{y \cdot x} b_{x \cdot y} = r^2 \tag{16.5}$$

여기에서

$b_{y \cdot x}$ = X에 의해 Y를 예언할 때의 회귀계수
$b_{x \cdot y}$ = Y에 의해 X를 예언할 때의 회귀계수

이 식에 의하면 두 회귀계수(b)를 곱한 값은 상관계수의 자승(r^2)과 같다는 것을 알 수 있을 것이다. 공식에 b계수 값을 대입해 보면 (0.630)(.591) = 0.3723 = 0.612이 된다. 이 값은 표 16 · 1에 제시된 상관계수(相關係數)와 일치하므로 산출된 회귀식은 정확하다고 볼 수 있다.

최소자승법을 만족시키는 최적 직선의 기울기(b)는 상관계수와 두변수(X, Y)의 표준편차에 의해 결정된다. 기울기(b)는 회귀계수(回歸係數: regression coefficient)라고 한다.

X에 의해 Y를 예언할 때의 회귀식은

$$\hat{Y} = r\frac{S_y}{S_x}X + (\overline{Y} - r\frac{S_y}{S_x}\overline{X})$$

Y에 의해 X를 예언할 때의 회귀식은

$$\hat{X} = r\frac{S_x}{S_y}Y + (\overline{X} - r\frac{S_x}{S_y}\overline{Y})$$

3.1 회귀식의 유도

여기에서 잠깐 공식 (16.2)가 유도된 과정을 살펴보기로 하자. 이 식을 유도하기 위해서는 먼저 「상관계수는 대응하는 두 표준점수의 교적화(交積和)의 평균이다」라는 정리(定理)를 끌어낼 필요가 있다. 독자는 제6장의 공식 (6.1)을 기억해 내기 바란다.

$$r = \frac{\Sigma Z_x Z_y}{N} \tag{16.6}$$

위의 식에서 Σ와 N은 동일한 개념으로 사용될 수 있으므로 다음과 같이 표시할 수 있다.

$$r = Z_x Z_y \tag{16.7}$$

그런데 r은 표준점수(標準點數)가 사용될 때 '회귀선의 기울기'가 되기 때문에 이러한 상황에서 예언된 $\hat{Y}$의 표준점수는 다음과 같다.

$$Z_{\hat{y}} = rZ_x \tag{16.8}$$

여기에서

$Z_x = x/s_x$, $Z_{\hat{y}} = \hat{y}/s_y$ 이므로

$$\frac{\hat{y}}{s_y} = r\frac{x}{s_x}$$

양변에 s_y를 곱하면

$$\hat{y} = r(\frac{s_y}{s_x})x \text{ 혹은 } \hat{y} = b_{y \cdot x}x$$

즉, 표준점수에 의한 회귀식이 된다. 다음 $Z_x = X - \overline{X}/s_x$, $Z_{\hat{y}} = \hat{Y} - \overline{Y}/\delta_y$이므로 공식 (16.8)은

$$\frac{\hat{Y} - \overline{Y}}{s_y} = r(\frac{X - \overline{X}}{s_x}) \tag{16.9}$$

양변에 s_y를 곱하면

$$\hat{Y} - \overline{Y} = r(\frac{s_y}{s_x})(X - \overline{X})$$

$$\hat{Y} = r(\frac{s_y}{s_x})(X - \overline{X}) + \overline{Y}$$

$$\hat{Y} = r(\frac{s_y}{s_x})X + (\overline{Y} - r\frac{s_y}{s_x}\overline{X})$$

이것이 공식 (16.2)이다. 그리고 $\hat{X}$에 대한 식은 공식 (16.7)에서 Z_x를 밖으로 끌어내놓고 위의 과정을 되풀이하면 유도될 수 있다.

3.2 원자료로부터의 회귀식 유도

또 다른 예를 들어 보자. 앞에서 우리는 급간으로 묶은 자료에 대한 상관도표와 회귀계수 및 회귀식 산출 방법을 학습하였다. 다음은 원자료(raw data)에 의한 계산 예를 제시하고자 한다. 표 16·2는 20명을 대상으로 턱걸이(pull-ups : X)와 팔굽혀펴기(push-ups : Y)를 실시하여 얻은 결과이다. 이 두 검사의 상관계수는 0.74로 나타났다.

표 16·2 턱걸이(X)횟수에 의해 팔굽혀펴기(Y)횟수를 예언하기 위한 기초자료

대상	X	Y	X^2	Y^2	XY
1	15	12	225	144	180
2	10	13	100	169	130
3	7	9	49	81	63
4	18	18	324	324	324
5	5	7	25	49	35
6	10	9	100	81	90
7	7	14	49	196	98
8	17	16	289	256	272
9	15	10	225	100	150
10	9	12	81	144	108
11	8	7	64	49	56
12	15	13	225	169	195
13	11	14	121	196	154
14	17	19	289	361	323
15	8	10	64	100	80
16	11	16	121	256	176
17	12	12	144	144	144
18	13	16	169	256	208
19	18	19	324	361	342
20	7	11	49	121	77
Σ	233	257	3037	3557	3205
평균치		$\overline{X}=11.65$		$\overline{Y}=12.85$	

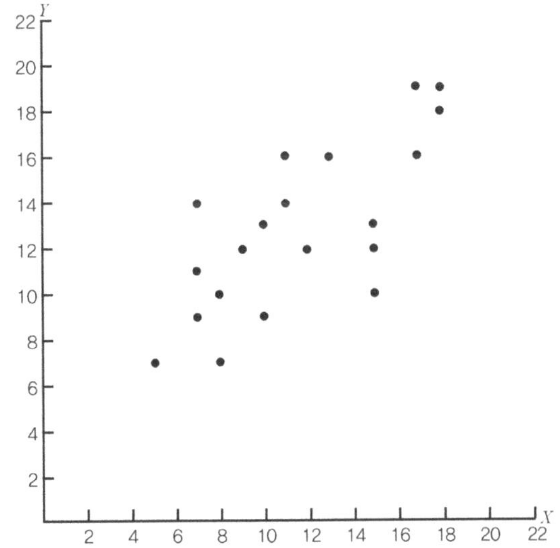

도 16·7 턱걸이(X)와 팔굽혀펴기(Y)횟수 간의 상관도표

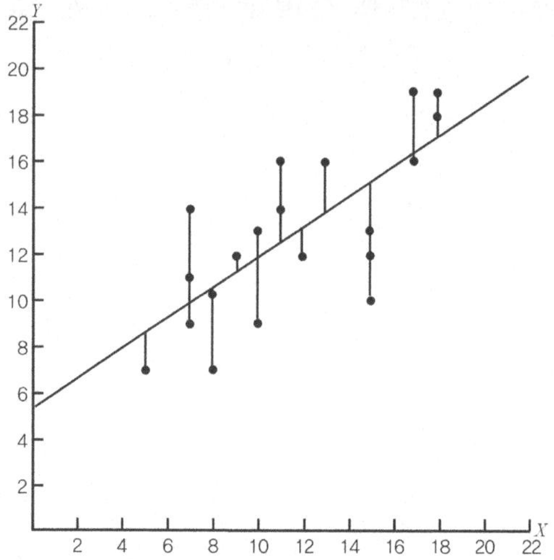

도 16 · 8 최소자승법을 이용한 턱걸이(X)횟수에 의해 팔굽혀펴기(Y)횟수 예언을 위한 회귀선

도 16 · 7은 이 두 검사결과를 상관 도표화한 것이다. 그리고 도 16 · 7의 자료에 최소자승법을 이용하여 설정한 최적 회귀선(最適 回歸線)은 도 16 · 8과 같다.

앞에서 X에 의해 $\hat{Y}$를 예언하는 회귀식은 $\hat{Y}=bX+a$라고 하였다. 그리고 회귀식을 만들기 위해서는 공식에서 기울기(b)와 상수(a)를 결정해야 하는데, X에 의해 Y를 예언할 때의 기울기와 상수는 각각 $b_{y \cdot x}$와 $a_{y \cdot x}$로 표시한다고 하였다. 급간으로 묶지 않고 원자료에 의해서 상관계수를 산출하였을 때 최소자승법(最小自乘法)을 만족시키는 $b_{y \cdot x}$와 $a_{y \cdot x}$의 계산공식은 다음과 같다.

$$b_{y \cdot x}=\frac{n\Sigma XY-(\Sigma X)(\Sigma Y)}{n\Sigma X^2-(\Sigma X)^2} \tag{16.10}$$

$$a_{y \cdot x}=\frac{\Sigma Y-b_{y \cdot x}\Sigma X}{n}=Y-b_{y \cdot x}X \tag{16.11}$$

$$=\frac{(\Sigma Y)(\Sigma X)^2-(\Sigma X)(\Sigma XY)}{N\Sigma X^2-(\Sigma X)^2}$$

표 16 · 2의 자료를 이용하여 기울기와 상수를 계산해 보면

$$b_{y.x} = \frac{20(3205) - (233)(257)}{20(3037) - (233)^2} = 0.65$$

$$a_{y.x} = \frac{257 - (0.65)(233)}{20} = 5.28$$

따라서 X(턱걸이)에 의해 Y(팔굽혀펴기)를 예언하는 회귀식은

$$\hat{Y} = 0.65X + 5.28$$

턱걸이(X)를 12개 한 학생의 팔굽혀펴기(Y) 횟수를 예언해 보면

$$\hat{Y} = (0.65)(12) + 5.28 = 13.08$$

X변수에 의해 Y변수를 예언하기 위한 회귀식은 $\hat{Y} = b_{y \cdot x}X + a_{y \cdot x}$이다. 여기에서 $b_{y \cdot x}$는 회귀계수(regression coefficient), $a_{y \cdot x}$는 회귀상수(regression constant)라고 부른다. $b_{y \cdot x}$의 아래 첨자 기호는 X에 의해 Y를 예언할 때의 회귀계수라고 읽는다.

지금까지 X에 의해 Y를 예언하는 회귀식과 $b_{y \cdot x}$와 $a_{y \cdot x}$를 계산하는 공식에 대해 살펴보았다. 그렇다면 Y에 의해 X를 예언하는 회귀식과 회귀계수($b_{x \cdot y}$), 회귀상수($a_{x \cdot y}$)를 계산하는 공식은 어떻게 될까? X에 의해 Y를 예언할 때는 X에 의해 예언된 Y값을 $\hat{Y}$라고 할 때 실제 값 Y와 예언된 값 $\hat{Y}$의 차의 자승화(自乘和)인 $\Sigma(Y - \hat{Y})^2$값이 최소가 되어야 한다고 했다. 마찬가지로 Y에 의해 X를 예언할 때는 $\Sigma(X - \hat{X})^2$값이 최소가 되어야 한다. Y에 의해 X를 예언하는 회귀식은

$$\hat{X} = b_{x \cdot y}Y + a_{x \cdot y}$$

여기에서

$$b_{x \cdot y} = \frac{n\Sigma XY - (\Sigma X)(\Sigma Y)}{n\Sigma Y^2 - (\Sigma Y)^2} \tag{16.12}$$

$$a_{x \cdot y} = \frac{\Sigma X - b_{x \cdot y}\Sigma Y}{n} = X - b_{x \cdot y}Y \tag{16.13}$$

$$= \frac{(\Sigma X)(\Sigma Y)^2 - (\Sigma Y)(\Sigma XY)}{N\Sigma Y^2 - (\Sigma Y)^2}$$

표 16 · 2의 자료를 이용하여 기울기와 상수를 계산해 보면

$$b_{x.y} = \frac{20(3205) - (233)(257)}{20(3557) - (257)^2} = 0.83$$

$$a_{x.y} = \frac{233 - (0.83)(257)}{20} = 0.98$$

따라서 Y(팔굽혀 펴기)에 의해 X(턱걸이)를 예언하는 회귀식은

$\hat{X} = 0.83Y + 0.98$

팔굽혀펴기(Y)를 12개 한 학생의 턱걸이(X) 횟수를 예언해 보면

$\hat{X} = (0.83)(12) + 0.98 = 10.94$

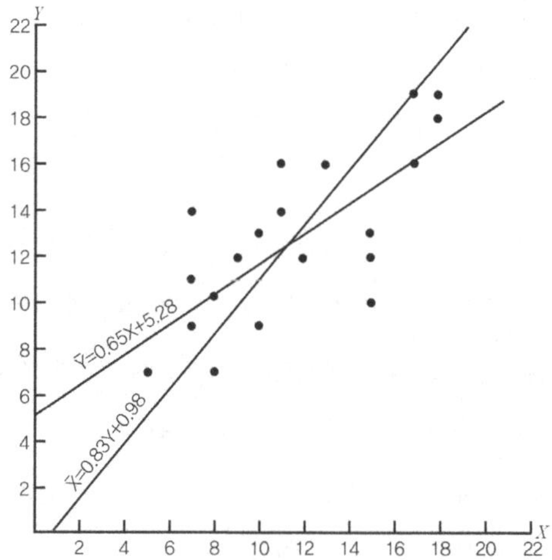

도 16 · 9 X에 의한 Y, Y에 의한 X의 예언회귀식

앞의 X(턱걸이)에 의해 Y(팔굽혀펴기)를 예언하는 회귀식은 도 16 · 9에 제시되어 있다.

Y변수에 의해 X변수를 예언하기 위한 회귀식은 $\hat{X} = b_{x \cdot y}Y + a_{x \cdot y}$이다. 회귀식은 크게 X에 의해 Y를 예언하는 식과 Y에 의해 X를 예언하는 식으로 구분된다.

3.3 예언점수와 그 분포

독자는 앞에서 최소자승법을 만족시키는 조건이란 실제점수(Y)와 회귀식에 의해 예언된 점수($\hat{Y}$)간의 차의 자승화(自乘和: 제곱 합)인 $\Sigma(Y-\hat{Y})^2$가 최소가 되도록 하는 것이라는 점을 기억할 것이다. 여기에서는 예언의 오차(誤差)를 설명하기에 앞서 표 16 · 2를 이용하여 실제 턱걸이 횟수(X)에 의해 팔굽혀펴기 횟수(Y)를 예언할 때 예언된 점수($\hat{Y}$)와 $(Y-\hat{Y})$, $(Y-\hat{Y})^2$을 계산해 보고자 한다. 계산된 자료는 표 16 · 3에 제시되어 있다.

독자는 예언점수($\hat{Y}$)들은 도 16 · 8의 회귀선(回歸線) 상에 위치하게 된다는 점에 유의해야 한다. 또한 X변수(턱걸이)의 평균치에 의해 예언된 Y변수(팔굽혀펴기)의 점수는 Y의 평균치가 된다. 따라서 공식 $\hat{Y}=b_{y \cdot x}X+a_{y \cdot x}$는 $\overline{\hat{Y}}=b_{y \cdot x}\overline{X}+a_{y \cdot x}$가 될 수 있음을 알아야 한다. X변수의 평균치에 의해 예언된 Y변수의 점수는

표 16 · 3 턱걸이(X)에 의해 팔굽혀펴기(Y)를 예언할 때의 예언점수와 오차

대상	X	Y	$\hat{Y}$	$e=Y-\hat{Y}$	$e^2=(Y-\hat{Y})^2$
1	15	12	15.03	-3.03	9.18
2	10	13	11.78	1.22	1.49
3	7	9	9.83	-0.83	0.69
4	18	18	16.98	1.02	1.04
5	5	7	8.53	-1.53	2.34
6	10	9	11.78	-2.78	7.73
7	7	14	9.83	4.17	17.39
8	17	16	16.33	-0.33	0.11
9	15	10	15.03	-5.03	25.30
10	9	12	11.13	0.87	0.76
11	8	7	10.48	-3.48	12.11
12	15	13	15.03	-2.03	4.12
13	11	14	12.43	1.57	2.46
14	17	19	16.33	2.67	7.13
15	8	10	10.48	-0.48	0.23
16	11	16	12.43	3.57	12.74
17	12	12	13.08	-1.08	1.17
18	13	16	13.73	2.27	5.15
19	18	19	16.98	2.02	4.08
20	7	11	9.83	1.17	1.37
전체				0.00	116.59

$$\overline{\hat{Y}}=b_{y \cdot x}\overline{X}+a_{y \cdot x}$$

$=(0.65)(11.65)+5.28$

$=12.85$(Y의 실제 평균치 즉, $\hat{Y}$)

여기에서 예언된 점수($\hat{Y}$)들의 분포와 그 분포의 평균치($\overline{\hat{Y}}$)는 어떻게 될까를 생각해 보자. 먼저 각각의 예언점수는

$$\hat{Y} = b_{y \cdot x}X + a_{y \cdot x}$$

모든 예언점수를 합하고 그 값을 n로 나누면

$$\frac{\Sigma \hat{Y}}{n} = \frac{\Sigma(b_{y \cdot x}X + a_{y \cdot x})}{n}$$

이 등식의 좌변은 예언점수 분포(豫言點數 分布)의 평균이 된다. 위의 공식에서 Σ와 n은 같은 개념으로 사용될 수 있으므로 좌변을 정리하면

$$\overline{\hat{Y}} = b_{y \cdot x}\frac{\Sigma X}{n} + \frac{\Sigma a_{y \cdot x}}{n}$$

여기에서

$\Sigma X/n = \overline{X}$, 그리고 상수($a_{y \cdot x}$)들의 합의 평균은 역시 상수($a_{y \cdot x}$)가 되기 때문에

$$\overline{\hat{Y}} = b_{y \cdot x}\overline{X} + a_{y \cdot x}$$

앞에서 $\overline{\hat{Y}} = b_{y \cdot x}\overline{X} + a_{y \cdot x}$이므로 $\overline{\hat{Y}}$와 $\overline{Y}$는 같다 (즉 $\overline{\hat{Y}} - \overline{Y}$). $\overline{\hat{Y}} = \overline{Y}$는 다음에 기술될 예언의 오차 부분에서 사용할 것이다. 이러한 결과를 표 16 · 3을 이용하여 수학적으로 증명하면 $\overline{\hat{Y}} = 12.85 = \overline{Y}$이 됨을 알 수 있을 것이다.

예언점수 분포(豫言點數 分布)의 평균 $\overline{\hat{Y}}$은 실제 점수분포의 평균($\overline{Y}$)과 같다. 즉 $\overline{\hat{Y}} = \overline{Y}$이다. 모든 예언점수($\hat{Y}$)들은 회귀선 상에 위치하게 된다.

---

4. 예언의 오차

앞에서 우리는 개인이 얻은 실제점수(Y)와 예언점수($\hat{Y}$)간의 차이는 예언오차(豫言誤差) 혹은 추정오차(推定誤差)라고 부르고 이를 $(Y - \hat{Y})$로 표시하였다. X와 Y간의 상관이 1이라면 실제점수와 예언점수 간에는 일치하지만, 상관이 1보다 낮으면 예언의 오차는 항상 생기게 된다. 이처럼 상관계수는 X에 의해 Y를 예언하고자 할 때 그 예언이 얼마나 정확한

가의 범위, 다시 말하면 예언의 오차범위(誤差範圍)를 나타내준다. 그런데 $(Y-\hat{Y})$를 예언오차(e)라고 한다면 오차점수들의 분포 평균($\bar{e}$)은 어떻게 될까? 이를 기호로 나타내 보면

$$e = (Y-\hat{Y})$$

$$\bar{e} = \frac{\Sigma(Y-\hat{Y})}{n}$$

$$= \frac{\Sigma Y}{n} - \frac{\Sigma \hat{Y}}{n}$$

$$= \bar{Y} - \bar{\hat{Y}}$$

앞에서 $\bar{Y} = \bar{\hat{Y}}$이므로 $\bar{e} = 0$이 된다. 이러한 사실은 표 16 · 3에 제시된 오차점수들의 평균에서 증명되고 있다.

예언오차(e 혹은 $Y-\hat{Y}$)는 개개인이 얻은 실제점수와 예언점수 간의 차이이다. 오차 점수분포의 평균은 0이다.

표 16 · 1의 자료에 대한 예언식 $\hat{Y} = (0.630)X + 66.05$를 이용하여 $X=77$일 때의 Y를 추정해 보면 $\hat{Y} = (0630)(77) + 66.05 = 114.6$으로 예측할 수 있다. 그러나 X와 Y가 직선의 좌표를 이루지 않는 한 즉, X와 Y간에 완전상관(r=1.00)을 이루지 않는 한, 오차를 수반하기 때문에 예언된 $\hat{Y}$ 값과 실제의 Y값 간에는 상당한 차이가 있을 수 있다. 다시 말하면 예언된 Y값은 오차범위(誤差範圍)를 가지게 된다.

표 16 · 1의 예를 다시 불러내 보자. $X=77$급간의 Y분포는 $s_c = 6.83$이라는 변산을 보이고 있다. 말하자면 $X=77$에 의해 Y를 예언하고자 할 때 예언점수는 114.6으로 나타났으나 실제로는 99.5부터 134.5 사이의 어느 점수(點數)가 될 가능성이 크다는 것이다. 이를 그림으로 옮기면 도 16 · 10과 같다.

도 16 · 10에서 분포의 범위가 넓으면 넓을수록 그만큼 예언오차는 커지며, 좁으면 좁을수록 예언오차도 적어진다는 것을 알 수 있다. 그리고 s_c는 한 점수를 예언할 때의 오차범위 혹은 예언의 정확도를 제시해주는 통계치임을 알 수 있다. 아래의 그림은 한 급간의 분포를 예로 들었지만, 실제는 다른 급간에서도 거의 비슷한 분포를 예상할 수 있다. 그렇다면 우리는 여러 개 급간의 점수분포로부터 얻은 표준편차(혹은 예언오차)를 통

합해서 분포 전체의 오차범위(誤差範圍)를 나타내주는 하나의 표준편차(標準偏差)를 구할 수가 있을 것이다.

Y \ X	77
	75~79
135-139	
130-134	1
125-129	1
120-124	4
115-119	5
110-114	9
105-109	5
100-104	1
95-991	
$\hat{Y}_c$	114.5
S_c	6.83

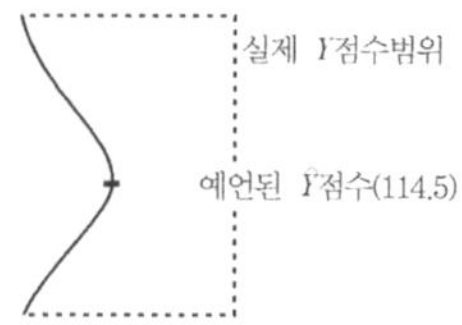

도 16 · 10 예언의 오차

4.1 추정의 표준오차(standard error of estimate)

예언에서 오차범위를 지정해 주는 표준편차를 우리는 추정(推定)의 표준오차(標準誤差: standard error of estimate)라고 부른다. 추정의 표준오차는 사실 앞에서 배운 표준편차 공식 $s=\sqrt{\Sigma(X-\overline{X})^2/n-1}$에서 X대신에 실제 얻은 Y치를 넣고 $\overline{X}$대신에 예언된 Y치($\hat{Y}$)를 넣으면 된다.

그러나 여기에서 유의해야 할 것은 자유도(*df*)이다. 앞에서 자유도는 전체 사례수에서 제한을 주는 수를 뺀 나머지 값이라고 하였는데 추정의 표준오차를 결정할 때는 두 개의 제한 수가 따르게 된다. 그중 하나는 회귀계수(回歸係數: $b_{y\cdot x}$)를 추정하는데 그리고 다른 하나는 회귀상수(回歸常數: $a_{y\cdot x}$)를 추정하는데 제한을 받게 됨으로써 두 개의 자유도를 잃게 된다. 따라서 추정의 표준오차($s_{y\cdot x}$) 공식의 분모(分母)는 $n-2$가 된다. 추정의 표준오차 공식은 다음과 같다.

$$s_{y\cdot x}=\sqrt{\frac{\Sigma(Y-\hat{Y})^2}{n-2}} \text{ 혹은 } \sqrt{\frac{\Sigma e^2}{n-2}} \tag{16.13}$$

표 16 · 3의 자료를 이용하면

$$s_{y.x}=\sqrt{\frac{116.59}{20-2}}=\sqrt{\frac{116.59}{18}}=2.55$$

오차점수(e)분포의 표준편차는 추정의 표준오차(標準誤差)라고 정의한다. 공식은

$$s_{y \cdot x} = \sqrt{\frac{\Sigma(Y-\hat{Y})^2}{n-2}}$$

위의 공식을 이용하여 급간으로 묶은 자료에 대한 추정의 표준오차(標準誤差)를 계산하는 예를 들면 다음과 같다. 표 16·1에서 X에 의해 Y를 예언할 경우, X의 급간별 사례수(n_c)와 표준편차(s_c)는 표 16·4와 같이 정리할 수 있다. 그런데 $\Sigma(Y-\hat{Y})^2 = n_c\, s_c{}^2$이기 때문에 $s_c{}^2$(급간별 분산)과 $n_c\, s_c{}^2$(급간별 자승화)을 계산하였다. 따라서 X에 의해 Y를 예언할 때 추정의 표준오차는 다음과 같다.

표 16·4 묶은 자료에서 X에 의해 Y를 예언할 때의 추정의 표준오차 계산

n_c	s_c	$s_c{}^2$	$n_c\, s_c{}^2$
3	4.08	16.67	50.01
10	5.52	30.45	304.50
12	4.31	18.58	222.96
26	6.83	46.63	1,212.38
18	6.43	41.36	744.48
12	4.71	22.22	266.64
5	5.10	26.00	130.00
			2,930.97 $\Sigma(Y-\hat{Y})^2$

$$s_{y.x} = \sqrt{\frac{2{,}930.97}{87-2}} = \sqrt{33.6893} = 5.87$$

그런데 공식 16.13으로 추정의 표준오차를 계산하기에는 매우 힘이 들고 또 복잡하기 때문에 다음과 같은 식을 이용해서 계산하는 것이 보통이다. 즉 X에 의해 Y를 예언할 경우 Y의 추정의 표준오차는 다음 공식 16.14와 같다.

$$s_{y \cdot x} = s_y \sqrt{1-r^2} \tag{16.14}$$

그리고 Y에 의해 X를 예언할 경우는 다음과 같다.

$$s_{x \cdot y} = s_x \sqrt{1-r^2} \tag{16.15}$$

위의 공식에 의하면 상관계수는 예언에 필요한 최적 회귀선을 결정하는 데뿐만 아니라 그 예언이 어느 정도 정확한가를 나타내주는 추정의 표준오차(標準誤差) 계산에도 직

접적인 영향을 미친다. 결국 $\sqrt{1-r^2}$ 이 예언의 오차를 결정하는 직접적인 요인이 되고 있다. 그런데 이 값은 1.00 이상으로는 나타날 수 없다. 그리고 r이 클수록 $s_{y \cdot x}$의 값은 작아지므로 예언의 오차범위는 줄어든다. $r=1.00$인 경우에는 $s_{y \cdot x}$의 값은 0이 되어 예언오차는 전혀 없는 것이 된다. $r=0$인 경우에는 $s_{y \cdot x}=s_y$가 되어 예언이라는 말이 무색할 만큼 무의미한 것이 되고 만다.

4.2 오차분산

표준편차의 자승을 분산(variance)이라고 부르는 것과 마찬가지로 추정의 표준오차 자승(제곱)을 우리는 오차분산(誤差分散: error variance)이라고 부른다. 따라서 오차분산은 다음과 같이 표시된다.

$$s_{y \cdot x}{}^2 = s_y{}^2(1-r^2) \tag{16.16}$$

$$s_{x \cdot y}{}^2 = s_x{}^2(1-r^2) \tag{16.17}$$

4.3 추정의 표준오차 교정

사례수가 50명 이하인 표집분포(標集分布)는 편포될 가능성이 크기 때문에 그 분포에서 얻은 결과를 전집(population)에 적용하기 전에 추정의 표준오차는 다음과 같은 교정공식으로 교정할 필요가 있다.

$${}_c s_{y \cdot x} = s_y \sqrt{(1-r^2)(\frac{n}{n-2})} \tag{16.18}$$

$${}_c s_{x \cdot y} = s_x \sqrt{(1-r^2)(\frac{n}{n-2})} \tag{16.19}$$

${}_c s_{x \cdot y}$, ${}_c s_{y \cdot x}$ = 교정된 추정의 표준오차
n = 표본사례수

문제 3 : $n=40$, $r=0.80$, $s_y=2.50$, $s_x=3.50$인 상관도표에서 X에 의해 Y를 예언할 때 교정된 추정의 표준오차는?

☐ $2.50\sqrt{(1-0.64)(40/38)}$ ☐ $3.50\sqrt{(1-0.64)(40/38)}$

☐ $2.50\sqrt{(1-0.80)(40/38)}$ ☐ $3.50\sqrt{(1-0.80)(40/38)}$

4.4 회귀계수의 정확도

다른 통계치와 마찬가지로 회귀식에서의 b계수는 그 자체의 표준오차(標準誤差)를 가지고 있다. b계수의 표준오차는 다음 식에 의해 계산할 수 있다.

$$S_{by \cdot x} = \frac{s_{y \cdot x}}{s_x \sqrt{n}} \text{ 혹은} \tag{16.20}$$

$$= \frac{s_y}{s_x} \sqrt{\frac{1-r^2}{n}} \tag{16.21}$$

문제 4: $n=87$, $s_y=7.85$, $s_x=7.607$, $r=0.610$, $S_{yx}=6.22$인 자료에서 X에 의해 Y를 예언할 때 b계수의 추정의 표준오차($s_{by \cdot x}$)는?

☐ 0.053 ☐ 0.075

☐ 0.088 ☐ 0.092

문제 5: Y에 의해 X를 예언할 때 b계수의 추정의 표준오차($s_{bx \cdot y}$)를 산출하는 공식은?

☐ $\frac{s_y}{s_x} \sqrt{\frac{1-r^2}{n}}$ ☐ $\frac{s_x}{s_y} \sqrt{\frac{1-r^2}{n}}$

4.5 추정의 표준오차 해석

추정의 표준오차 해석은 r이 0이나 1.00이 아닐 때는 표준편차의 해석과 마찬가지이다. 여기에서 이해하고 넘어가야 할 것은 상관도표의 각 행(row)과 열(column)의 분산(variance)이 비슷하다고 한다면, '어떠한 행(열)의 급간점수에 의해 열(행)의 점수를 예언하든 오차범위는 비슷하다'라고 가정할 수 있다는 점이다. 즉 $X=65$에서 Y를 예언할 때나 $X=80$에서 Y를 예언할 때나 $s_{y \cdot x}$의 값은 역시 같다고 생각할 수 있다는 것이다.

다시 말하면 행과 열의 점수분포가 거의 정상분포에 가까울 경우에는 정상분포곡선(正常分布曲線)에 비추어 해석할 수 있다. 우선 표 16 · 1의 자료에서 X에 의해 Y를 예언할 때와 Y에 의해 X를 예언할 때의 추정의 표준오차를 계산해 보면 다음과 같다.

$$s_{y.x} = 7.85\sqrt{1-(0.61)^2} = 7.85\sqrt{1-0.3721} = 6.22$$

$$s_{x.y} = 7.60\sqrt{1-(0.61)^2} = 7.60\sqrt{1-0.3721} = 6.20$$

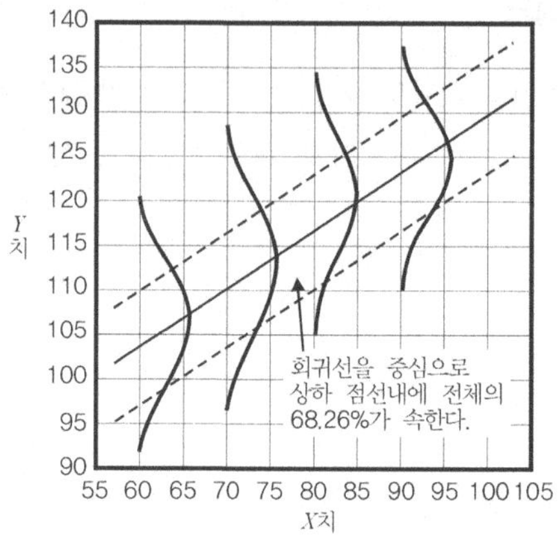

도 16 · 11 회귀식과 추정의 표준오차

앞의 공식 16.4를 적용하여 계산된 회귀식 $\hat{Y}=0.630X+66.05$에 의해 $\hat{Y}$를 예언하고자 할 때 Y값들의 약 68%는 예언된 $\hat{Y}$를 중심으로 ±6.22의 범위에 놓이게 될 것으로 해석할 수 있다. 예를 들어 $X=77$일 경우 Y의 예언추정치(豫言推定値)는 $\hat{Y}=(0.630\times77)+66.05$ 즉, $\hat{Y}=114.6$이 되는데 이때 $X=77$에 대한 여러 Y값은 114.6±6.22 사이에 전체의 68.26%가 놓여 있다고 해석할 수 있다. 그리고 114.6±(1.96×6.22) 사이에 전체의 95%가 놓여 있으며 114.6±(2.58×6.22) 사이에 전체의 99%가 놓여 있다고 해석할 수 있다. 이 관계를 그림으로 나타내면 도 16 · 11과 같다.

앞에서도 언급했지만, 위와 같은 해석을 하기 위해서는 그 전제조건으로 상관도표의 각 행 및 열의 분산이 같아야 한다. 즉 동분산성(同分散性: homo-scedasticity)의 조건이 만족되어야 하며 또한 회귀선이 직선적(直線的 : linearity)이어야 한다.

4.6 회귀선의 기본가정

X에 의해 Y를 예언할 때 사용하는 회귀선(回歸線)은 다음과 같은 몇 가지 기본가정을 만족시켜야 한다. 이러한 가정을 예시하면 도 16 · 12와 같다. Y변수에 대한 가정(X로부터 Y를 예언할 때)은 다음과 같다.

1. X와 Y는 모두 연속변수이다.
2. X와 Y는 최소한 동간척도로 측정한 것이다.

3. X와 Y간에는 직선적 관계가 있다.

예언오차(e)에 관한 가정은

1. 오차는 평균이 0, 분산이 $\delta_{yx}{}^2$인 정상분포를 이룬다.
2. 예언의 오차분산은 모든 X값에 대해 동일하다.

이러한 가정은 동분산성에 근거를 두고 있다. 각각의 X값에 대해 도 16 · 12에서처럼 동일한 X값을 가진 사람이 다양한 Y값을 갖게 되면 예언된 Y값($\hat{Y}$)을 중심으로 오차분포(誤差分布)가 형성된다. 그리고 각각의 X값에 대한 오차분포는 정상적일 것으로 가정한다. 오차분포의 정상성 가정과 동분산성 가정하에서 각각의 X값에 대한 오차분포의 분산들은 서로 동일하고 $\delta_{y \cdot x}{}^2$와 같다. 회귀선을 사용하기 위해서는 기본적으로 동분산성(同分散性)의 조건이 만족되어야 한다. 동분산성은 각각의 X값에 대한 오차분포의 분산이 동일하다는 것을 의미한다.

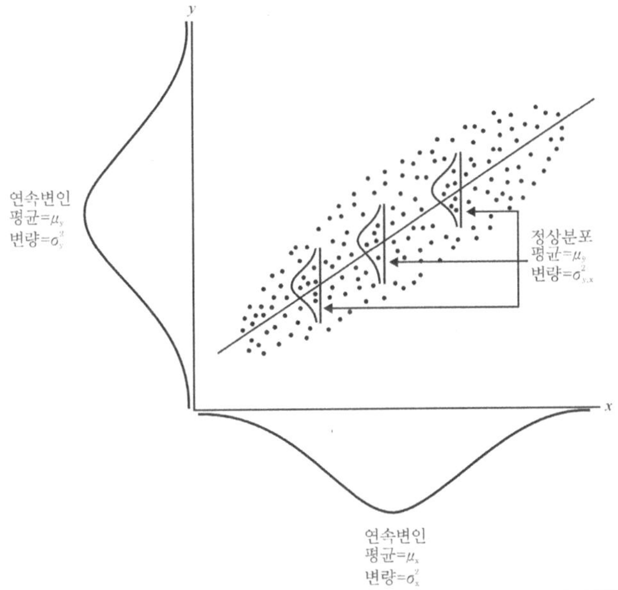

도 16 · 12 직선회귀의 추정에 대한 도해

5. 예언의 정확도

추정의 표준오차($s_{y \cdot x}$, $s_{x \cdot y}$)는 두 변수 간의 관계를 예언할 때 그 예언의 정확도(正確度)를 나타내 주는 지수임을 앞에서 여러 번 반복 설명하였다. 추정의 표준오차는 상관계수(相關係數)와 매우 밀접한 관계가 있다. 즉, r이 증가함에 따라 추정의 표준오차는 감소된다. r과 추정의 표준오차에 의해서 우리는 예언의 정확도를 나타내 줄 수 있는 다음과 같은 몇 가지 계수를 유도해 낼 수 있다.

5.1 이관계수(coefficient alienation)

상관계수는 두 변수 간에 상관이 있는 정도뿐만 아니라 상관이 없는 정도도 나타내 주는 데 반해 이관계수(離關係數)는 상관이 없는 정도만을 나타내는 계수이다. 이관계수는 표준편차(s_y)에 대한 추정의 표준오차($s_{y \cdot x}$)의 비율로 정의하며 k로 표시된다.

$$k = \frac{s_{y \cdot x}}{s_y} = \frac{s_y\sqrt{1-r^2}}{s_y} = \sqrt{1-r^2} \qquad (16.22)$$

$$k^2 = 1 - r^2$$

$$1 = r^2 + k^2$$

따라서 $r = .00$이면 $k = 1.00$이다. 그러나 r=0.50이면 k=0.87이 된다. 이와 같은 결과에 의하면 r=0.50이면 상관(相關)과 이관(離關)이 반반이 아니라 상관도가 더 높은 셈이다. r=0.7071일 때 k는 r과 동일한 0.7071의 값을 갖게 된다. 즉 $r^2 + k^2$=0.50+0.50=1.00이기 때문이다. 표 16 · 5는 r과 k의 관계를 그림으로 나타낸 것이다.

표 16 · 5 예언의 정확도와 관련된 몇가지 계수

상관계수 (r)	이관계수 (k)	예언능률지수 $100(1-k)$	분산%
.00	1.000	0.0	0.00
.05	.999	.1	0.00
.10	.995	.5	1.00
.15	.989	1.1	2.25
.20	.980	2.0	4.00
.25	.968	3.2	6.25
.30	.954	4.6	9.00
.35	.937	6.3	12.25
.40	.917	8.3	16.00
.45	.893	10.7	20.25
.50	.866	13.4	25.00
.55	.835	16.5	30.25
.60	.800	20.0	36.00
.65	.760	24.0	42.25
.70	.714	28.6	49.00
.75	.661	33.9	56.25
.80	.600	40.0	64.00
.85	.527	47.3	72.25
.90	.436	56.4	81.00
.95	.312	68.8	90.25
.98	.199	80.1	96.00
.99	.141	85.9	98.00
.995	.100	90.0	99.00
.999	.045	95.5	99.80

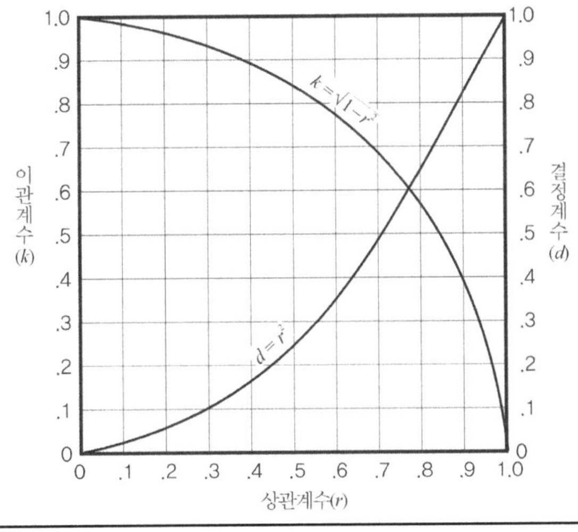

도 16 · 13 상관계수(r), 이관계수(k), 결정계수(r^2) 간의 관계

문제 6: 이관계수란 상관이 없는 정도를 의미한다. 이관계수(k)는 $\sqrt{1-r^2}$로 표시된다. $r=0.50$일 때 이관계수(k)는 얼마인가?

□ $\sqrt{.50}$ □ $\sqrt{.75}$

□ .50 □ .75

문제 7: 상관계수(r)가 몇일 때 r과 k의 값이 같은가?

□ 0.50 □ .7071

5.2 예언능률지수(index of forecasting efficiency)

추정의 표준오차 $s_{y \cdot x}=s_y\sqrt{1-r^2}$에서 $\sqrt{1-r^2}$은 이관계수임을 알았다. 앞의 공식 16.22는 다시 $s_{y \cdot x}=s_y . k_{y \cdot x}$로 쓸 수 있는데 여기에서 k에다 100을 곱하면 전체변산도(표준편차)중 예언되지 않는 표준오차(標準誤差)의 백분율을 얻어 낼 수 있다.

예를 들어 표 16 · 5에서 $r=0.60$일 때 k는 0.800으로서 추정의 표준오차는 전체 표준편차의 80%가 된다. 결국 X점수를 알고 Y를 예언하는 데서 오는 오차가 100 - 80 = 20으로서 20% 줄어드는 셈이 된다. 줄어든 비율(比率) 즉 100(1 - k)를 E로 표시하면

$E=100(1-k)$ 혹은 (16.23)

$E=100(1-\sqrt{1-r^2})$이 된다.

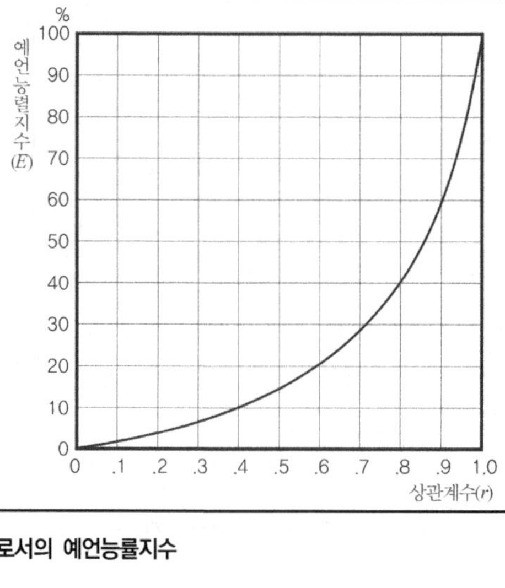

도 16 · 14 r의 함수로서의 예언능률지수

이것을 예언능률지수(豫言能率指數: index of forecasting efficiency: E)라고 한다. 따라서 E 혹은 예언능률지수는 상관계수를 이용하여 예언했을 때의 예언오차가 무작정 예언했을 때의 오차보다 줄어드는 백분율(百分率)을 말한다. 위의 도 16 · 14는 상관계수와 예언능률지수와의 관계를 나타낸 것이다.

문제 8: 예언능률지수는 상관계수(r)를 이용하여 예언했을 때의 예언오차가 무작정 예언했을 때의 오차보다 줄어드는 백분율을 의미한다. 예언능률지수(E)는 $100(1-\sqrt{1-r^2})$으로 표시된다. $r=0.80$임을 알고 예언할 경우, 무작정 예언했을 때보다 줄어들 백분율은?

□ 20%	□ 36%
□ 40%	□ 64%

문제 9: 다음 중 백분율로 설명할 수 있는 것은 어느 것인가?

□ $100 \times r$	□ $100 \times r^2$

5.3 결정계수(coefficient of determination)

상관계수는 X변수와 Y변수에 공존하는 분산을 나타내 주기도 한다. 우리는 그 분산을 흔히 r을 제곱한 r^2으로 표시하는데 이 r^2을 결정계수(決定係數)라고 부른다.

$$r^2 = \frac{{s_{\hat{y}}}^2}{{s_y}^2} \tag{16.24}$$

r^2혹은 결정계수는 전체분산 중 X에 의해서 예언된 $\hat{Y}$ 분산(즉, ${s_{\hat{y}}}^2$)의 비율로 정의된다. r^2에 100을 곱하면 백분율이 되며 r^2은 때로는 d로 표시된다. 예를 들어 상관계수가 .80이라면 이를 제곱한 .64만이 예언분산(豫言分散)이며 동시에 X분산의 64%가 Y분산과 관계가 있다는 뜻이 된다. 전체분산 1에서 예언분산 r^2을 뺀 값$(1-r^2)$ 즉, k^2을 무결정계수(無決定係數: coefficient of non-determination)라고 한다.

문제 10: 결정계수는 두 변수 간에 공통적으로 존재하는 분산을 의미한다. 결정계수는 r^2 으로 표시된다. 예언분산(豫言分散)이 크면 클수록 오차범위는 어떻게 될까?

□ 커진다. □ 적어진다.

문제 11: $r=0.40$일 때 두 변수 간의 예언분산은?

□ 0.16 □ 0.40

□ 0.60 □ 0.84

6. 상관과 예언의 관계

어떤 X치에 대해 예언된 Y치($\hat{Y}$)가 아닌 실제 취득한 Y치를 생각해 보자. 이 점수는 2개의 부분으로 구성되어 있다고 할 수 있다. 첫째 부분은 추정치($\hat{Y}$), 둘째 부분은 추정오차($Y-\hat{Y}$)이다. 이를 기호로 표시하면 다음과 같다.

$$Y=\hat{Y}+(Y-\hat{Y})$$

6.1 예언변수(Y)의 분산분할

Y변수의 전체분산 ${s_y}^2$과 어떤 특정한 Y치의 편차($Y-\overline{Y}$)에 대해 생각해 보자. Y치의 편차는 두 개의 요소 즉, $(Y-\overline{Y})=(\hat{Y}-\overline{Y})+(Y-\hat{Y})$로 분할될 수 있다. 이 분할은 도 16 · 15에 제시되어 있다. 등식의 양변을 제곱하고 모든 Y값을 합하면

$$\Sigma(Y-\overline{Y})^2=\Sigma[(\hat{Y}-\overline{Y})+(Y-\hat{Y})]^2$$

$$=\Sigma(\hat{Y}-\overline{Y})^2+2\Sigma(\hat{Y}-\overline{Y})(Y-\hat{Y})+\Sigma(Y-\hat{Y})^2$$

$\Sigma(Y-\hat{Y})=0$ 이므로 우변의 두 번째 항은 없어져서

$$\Sigma(Y-\overline{Y})^2=\Sigma(\hat{Y}-\overline{Y})^2+\Sigma(Y-\hat{Y})^2$$

이들 각 항을 사례수로 나누면 분산이 되는데 전체분산(${s_y}^2$)은 다음과 같이 두 부분으로 나누어진다.

$$ {s_y}^2={s_{\hat{y}}}^2+{s_{y\cdot x}}^2 \qquad (16.25)$$

여기에서

$s_y{}^2$ = Y의 전체분산
$s_{\hat{y}}{}^2$ = 예언점수($\hat{Y}$)의 분산
$s_{y \cdot x}{}^2$ = 추정의 오차분산

공식 (16.25)를 다시 전체분산($s_y{}^2$)으로 나누면

$$\frac{s_y{}^2}{s_y{}^2} = \frac{s_{\hat{y}}{}^2}{s_y{}^2} + \frac{s_{y \cdot x}{}^2}{s_y{}^2} \tag{16.26}$$

$$1 = \frac{s_{\hat{y}}{}^2}{s_y{}^2} + \frac{s_{y \cdot x}{}^2}{s_y{}^2}$$

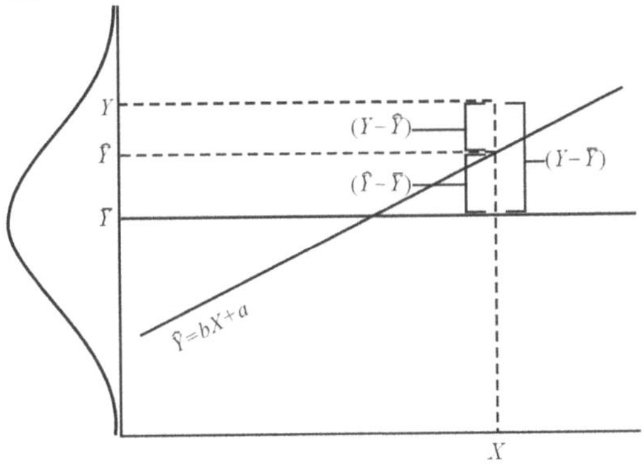

도 16 · 15 $(Y-\overline{Y})$를 $(\hat{Y}-\overline{Y})$와 $(Y-\hat{Y})$로 분할

여기에서 독자는 $s_{\hat{y}}{}^2/s_y{}^2$항을 잘 생각해 보라. 이것은 앞에서 전체분산 중 X에 의해 예언된 $\hat{Y}$의 분산 즉, 예언점수 분산의 비율로 정의된 결정계수(決定係數: r^2)이다. 다시 말하면 X에 의해 Y를 예언할 때 전체분산 중 X에 의해 설명할 수 있는 분산 비율이다. 따라서 위의 공식은

$$1 = r^2 + \frac{s_{y \cdot x}{}^2}{s^2}$$

이 공식을 다시 정리하면 앞에 제시된 추정의 오차분산(誤差分散: $s_{y \cdot x}{}^2$)과 추정의 표준오차(標準誤差:$s_{y \cdot x}$) 공식을 유도할 수 있다.

$$s_{y\cdot x}{}^2 = s_y{}^2(1-r^2)$$

$$s_{y\cdot x} = s_y\sqrt{1-r^2}$$

Y의 전체분산($s_y{}^2$)에 대한 예언점수의 분산($s_{\hat{y}}{}^2$)비는 결정계수(r^2)와 같다. 즉, r^2은 Y의 전체분산 중 X에 의해 설명할 수 있는 분산 비율과 같다.

6.2 상관계수와 회귀계수

독자는 회귀계수($b_{y\cdot x}$ 혹은 $b_{x\cdot y}$)와 상관계수(r)는 유사한 점이 있다는 사실에 주목할 필요가 있다. 회귀계수와 상관계수 간의 관계를 이해하기 위해서는 먼저 두 변수 간의 관계를 기술해 주는 공분산(共分散)에 대해 알아 둘 필요가 있다. 공분산은 그 값이 +1.0 보다 크거나 -1.0 보다 작을 수 있다는 점에서 상관계수와 다르다.

전집의 한계가 뚜렷한 유한전집(有限全集)으로부터의 공분산(δ_{xy})은 다음 공식 16.27로 정의된다.

$$\delta_{xy} = \frac{\Sigma(X-\mu_x)(Y-\mu_y)}{N} = \frac{\Sigma xy}{N} \tag{16.27}$$

그리고 표본으로부터의 공분산은 다음과 같이 정의된다.

$$s_{xy} = \frac{\Sigma(X-\overline{X})(Y-\overline{Y})}{n-1} = \frac{\Sigma xy}{n-1} \tag{16.28}$$

공식에 의하면 공분산은 X, Y 두 변수 간의 편차의 교적화(交積和)의 평균으로 표시된다. 이 정의에 의하면 상관계수와 회귀계수의 산출 공식은 공분산을 분자로 하는 공식으로 정리할 수 있다.

$$r = \frac{s_{xy}}{s_x s_y} = \frac{\text{공분산}}{(X\text{표준편차}) \times (Y\text{표준편차})}$$

$$b_{y\cdot x} = \frac{s_{xy}}{s_x{}^2} = \frac{\text{공분산}}{X\text{의 분산}}$$

$$b_{x\cdot y} = \frac{s_{xy}}{s_y{}^2} = \frac{\text{공분산}}{Y\text{의 분산}}$$

상관계수와 회귀계수의 관계는

$$b_{y \cdot x} = r\frac{s_y}{s_x} \quad \text{또는} \quad r = b_{y \cdot x}\frac{s_x}{s_y}$$

$$b_{x \cdot y} = r\frac{s_x}{s_y} \quad \text{또는} \quad r = b_{x \cdot y}\frac{s_y}{s_x}$$

이 두 공식을 곱하면

$$r^2 = b_{y \cdot x} b_{x \cdot y}$$

즉, 상관계수의 자승은 '두 회귀계수(回歸係數 : b)를 곱한 값'과 같다.

공분산은 두 변수 간의 관계를 나타내는 통계치이며 편차의 교적화의 평균으로 정의된다. 상관계수와 회귀계수는 모두 공분산이 공통분자가 된다. 상관계수의 자승(r^2)은 두 회귀계수($b_{y \cdot x}$, $b_{x \cdot y}$)를 곱한 값과 같다.

6.3 표준점수 Z_x에 의해 표준점수 Z_y의 예언

제 4장에서 표준점수(Z)는 $(X-\overline{X})/s$로 정의하였다. 표준점수 Z_x에 의해 표준점수 Z_y를 예언하기 위한 회귀식(回歸式)을 전개하고자 한다고 가정해 보자. 앞에서 언급한 것처럼 Y에 대한 회귀식은

$$\hat{Y} = b_{y \cdot x}X + a_{y \cdot x}$$

여기에서 $a_{y \cdot x} = \overline{Y} - b_{y \cdot x}\overline{X}$이므로 앞의 공식에 이를 대입하면

$$\hat{Y} = \overline{Y} + r\frac{s_y}{s_x}(X - \overline{X})$$

이 식을 정리하면

$$\frac{\hat{Y} - \overline{Y}}{s_y} = r\left(\frac{X - \overline{X}}{s_x}\right)$$

또는

$$Z_{\hat{y}} = rZ_x \qquad (16.29)$$

이 식은 Z_x에 의해 Z_y를 예언하기 위한 것이다. 다시 Z_y에 의해 Z_x를 예언하는 회귀식은

$$Z_{\hat{x}} = rZ_y \tag{16.30}$$

따라서 표준점수에 의해 표준점수를 예언할 경우, 회귀계수는 X에 의해 Y를 예언할 때나 Y에 의해 X를 예언할 때 모두 같다. 이때의 회귀계수는 상관계수(相關係數)와 같다.

6.4 회귀와 예언의 확률

독자는 제 5장에서 학습한 표준점수와 정상분포곡선(正常分布曲線)하에서의 면적 등에 관한 내용을 소환하기를 바란다. 여기에서는 X변수에 의해 Y변수를 예언할 경우 X값이 주어졌을 때 실제 어떤 Y값이 정해진 범위 내에 나타날 확률(確率)이 어느 정도 되는가를 밝혀 보고자 한다. 이 문제를 해결하기 위해 앞의 표 16·2의 예를 다시 들어 보자.

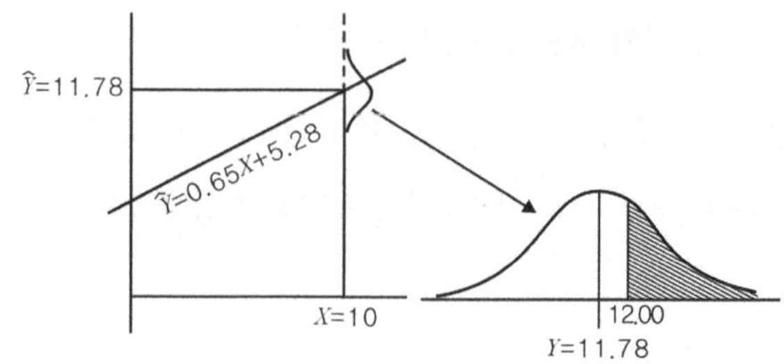

도 16·16 예언과 관련된 확률 도해

예를 들어 한 학생의 턱걸이 횟수(X)가 10이라고 가정하자. 그가 팔굽혀펴기(Y)에서 12개 또는 그 이상 할 수 있는 확률은 얼마인가? 확률을 계산하기에 앞서 턱걸이를 10개 한 이 학생이 팔굽혀펴기(Y)를 몇 개 할 수 있을 것인가를 앞에서 유도된 회귀식(回歸式)을 이용하여 예언해 보면 다음과 같다.

$$\begin{aligned}\hat{Y} &= 0.65X + 5.28\\ &= 0.65(10) + 5.28\\ &= 11.78\end{aligned}$$

따라서 턱걸이(X)를 10개 했을 때 팔굽혀펴기(Y)는 11.78개를 할 수 있다고 예언할

수 있다. 그런데 여기에서 독자는 X와 Y가 완전상관을 이루지 않는 한 예언점수($\hat{Y}$)를 중심으로 실제점수(實際點數)의 분포가 형성된다(다시 말하면 오차범위를 갖게 된다)는 것을 기억해 낼 수 있어야 한다(도 16·16참조). 그렇다면 $X=10$일 때 Y의 분포는 예언된 평균치 $\hat{Y}$(11.78)를 중심으로 표준편차(추정의 표준오차)가 2.55인 분포를 형성하게 된다는 점을 알 수 있을 것이다. 도 16·16은 $X=10$에 대한 Y의 점수분포와 추정의 표준오차(標準誤差)를 나타내 주고 있다.

위의 분포에서 Y가 12보다 크거나 같을 확률은 평균이 11.78, 표준편차가 2.55인 정상분포 하에서 면적의 비율을 계산하면 될 것이다. 즉, Y값(12)을 표준점수(標準點數)로 환산하고 정상분포곡선의 수표를 이용하여 12점 이상에 해당하는 면적의 비율(그림의 빗금 친 부분)을 계산하면 된다. 표준점수 계산공식은

$$Z = \frac{\text{점수 - 평균치}}{\text{표준편차}}$$

여기에서는

$$= \frac{Y - \hat{Y}}{s_{y.x}} = \frac{12 - 11.78}{2.55} = 0.086$$

부록의 수표(정상분포곡선)에서 평균치로부터 Z점수 0.086까지의 면적비율(面積比率)은 0.033이다. 따라서 12점 이상에 해당하는 면적비율은 0.467이 된다. 즉, 턱걸이(X)를 10개 했을 때 팔굽혀펴기(Y)를 12 또는 그 이상 할 수 있는 확률은 0.467이 된다.

예언에서 확률이란 X변수에 의해 Y변수를 예언할 경우 X값, 예언식, 추정의 표준오차가 주어졌을 때 실제 어떤 Y값이 정해진 범위 내에 나타날 가능성이 어느 정도인가를 의미한다.

요약

예언이란 한 변수의 점수에 의해 다른 변수의 점수를 추정하는 것이다. 예언의 오차는 상관계수(相關係數)의 크기와 관계가 있다. 상관계수의 절댓값이 증가함에 따라 예언의 오차는 감소한다. 예언을 위해서는 기본적으로 두 변수(X, Y)가 직선적 관계를 가지고

있어야 하며 동시에 동분산성의 가정이 만족되어야 한다.

예언의 기초는 직선식 $\hat{Y}=bX+a$이다. 예언을 위한 회귀선은 최소자승법(最小自乘法)을 만족시키는 회귀선이어야 한다. 즉 X에 의해 예언된 Y값을 $\hat{Y}$이라고 할 때 실제 값인 Y와 $\hat{Y}$의 차의 자승화 $\Sigma(Y-\hat{Y})^2$가 최소가 되도록 직선을 정하는 것이다.

상관계수는 두 변수 간의 관계를 수량화한 것이다. 회귀의 목적은 예언에 있다. 그러나 예언의 정확성이 있다하여 두 변수 간의 인과관계(因果關係)를 설명하는 것으로 혼동해서는 안 된다. 단지 두 변수 간에 어떤 연관성이 있다는 것을 확인해 줄 뿐 X가 Y의 원인이 되거나 Y가 X의 원인이 된다는 것을 의미하지는 않는다. 인과관계의 설명은 통계적이 아닌 논리적 판단(論理的 判斷)에 의해 이루어지는 것이다.

연습문제

1. r은 산포도의 좌표점이____일 때 회귀선의 기울기로 표시된다.

① 표준점수 ② 편차점수 ③ 원점수

2. r의 계산에서 최소자승법은___간의 차의 자승을 최소로 한다는 것이다.

① X점수와 Y점수
② 두 변수의 표준점수
③ 실제점수와 예언점수

3. X변수에 의해 Y변수를 예언할 때 예언의 정확도는___에 의해 추정될 수 있다.

① 변산도 ② 집중경향치

4. 표준편차(s)에 대한 추정의 표준오차($s_{y.x}$)의 비율을 나타내는 기호는?

① a ② E ③ D ④ k

5. 회귀선이 좌표에서 Y축과 일치한다면 이 때 r은?

① 0 ② 부적(負的) ③ -1.00

6. 회귀선이 좌표에서 X축과 일치한다면 이 때 r은?

① 0 ② 정적상관 ③ 완전상관

7. 회귀선이 직선이 아니면 r은?

① 계산 할 수 있다.
② 계산할 수 없다.
③ 계산해서는 안 된다.

8. 회귀계수 $b_{y.x}$는?

① $r\frac{s_x}{s_y}$ ② $r\frac{s_y}{s_x}$

9. "r은 대응하는 두 표준점수의 교적화의 평균이다."라는 정리(定理)를 가장 쉽게 표현한 공식은?

① $r = \frac{\Sigma xy}{\sqrt{\Sigma x^2 \Sigma y^2}}$ ② $r = \frac{\Sigma xy}{N\sigma_x \sigma_y}$ ③ $r = \sqrt{b_{xy} b_{yx}}$

10. $r=0$인 산포도에서 X에 의해 Y를 예언할 때 추정의 표준오차는?

① 0 ② σ_y ③ σ_x ④ 1

11. 오차분산은____이다.

① 추정의 표준오차의 자승 ② 표준편차의 평방근
③ 추정오차의 평방근의 평균

12. N=10, Σx =70, ΣY=65, ΣX^2 =624, ΣY^2 =533, ΣXY=472일 때.

1) X에 의해 Y를 예언할 때의 b계수는?

① .127 ② 5.61 ③ .154 ④ 6.00

2) X에 의해 Y를 예언할 때의 a값은?

① .127 ② 5.61 ③ .154 ④ 6.00

3) X에 의해 Y를 예언할 때의 예언식은?

① Y' =.154X+6.00 ② Y' =.127X+5.61

4) Y에 의해 X를 예언할 때의 b계수는?

① .127 ② 5.61 ③ .154 ④ 6.00

5) Y에 의해 X를 예언할 때의 a값은?

① .127 ② 5.61 ③ .154 ④ 6.00

6) Y에 의해 X를 예언할 때의 예언식은?

① X' =.154Y+6.00 ② Y' =.127X+5.61

13. X와 Y 변수 간의 상관계수가 .60이고 $s_x=3.50$, $s_y=4.00$일 때,

1) X에 의해 Y를 예언할 때 추정의 표준오차는?

① $3.50\sqrt{1-.60}$ ② $4.00\sqrt{1-.60}$ ③ $3.50\sqrt{1-.36}$ ④ $4.00\sqrt{1-.36}$

2) Y에 의해 X를 예언할 때 추정의 표준오차는?

① $3.50\sqrt{1-.60}$ ② $4.00\sqrt{1-.60}$ ③ $3.50\sqrt{1-.36}$ ④ $4.00\sqrt{1-.36}$

3) $r=1$일 때 추정의 표준오차는?

① 0 ② s_y ③ 1

14. 8명으로부터 얻은 X, Y의 점수가 다음과 같다.

X	1	3	4	6	8	9	11	14
Y	1	2	4	4	5	7	8	9

1) X와 Y의 $\overline{X}$, $\overline{Y}$, s_x, s_y, r을 구하라.

2) X와 Y간의 관계를 좌표로 표시하라.

3) X에 의해 Y를 예언할 때의 회귀계수(b)와 상수(a), 회귀식), 추정의 표준오차를 구하라.

4) Y에 의해 X를 예언할 때의 회귀계수(b)와 상수(a), 회귀식, 추정의 표준오차를 구하라.

5) X에 의해서 Y를 예언하는 회귀선과 Y에 의해서 X를 예언하는 회귀선을 그어라.

15. 조 군은 그가 참여했던 연구에서 수집된 자료를 처리한 결과 X변수의 분산이 3.5, Y변수의 분산이 2.7, $r=.80$임을 알아냈다.

1) $b_{y\cdot x}$를 계산하라.

2) $b_{y\cdot x}=4.31$이고 $b_{x\cdot y}=.15$일 때 r은?

3) $s_{y\cdot x}=2.20$이고 $\hat{Y}=18.75$일 때 CI_{95}는?

16. 두 변수(X와 Y)간의 관계 연구에서 다음과 같은 결과를 얻었다. $X=24$일 때 표준점수 형태로서의 Y의 예언 값을 구하라.

$n=10$, $\Sigma X=174$, $s_x=13.4$, $r=.64$

17. 회귀선의 일반식($\hat{Y}=bX+a$)을 사용하여 $\hat{Y}$를 구하라.

1) $X=12$, $a=5$, $b=3$, $\hat{Y}=$

2) $X=3.5$, $a=2.7$, $b=8.1$, $\hat{Y}=$

3) $X=-14$, $a=9$, $b=4$, $\hat{Y}=$

4) $X=10$, $a=-4.5$, $b=-3$, $\hat{Y}=$

5) $X=11.2$, $a=-3$, $b=-5.5$, $\hat{Y}=$

18. 김 교수는 13명의 학생으로부터 다음과 같은 고등학교 때의 수학성적(X)과 체육통계학 성적(Y)을 수집하였다.

고교 때 수학성적(X)	체육통계 성적(Y)
440	40
465	47
482	43
521	54
535	64
552	52
572	59
590	68
607	44
619	57
636	54
636	62
657	61

1) X에 의한 Y변수의 예언 회귀식을 구하라.

2) Y에 의한 X 변수의 예언 회귀식을 구하라.

3) 위의 두 회귀식 가운데 어느 것이 김 교수에게 더 중요하겠는가?

19. 1) 정 선수의 불안검사(X 변수) 결과가 94였다면 그의 양궁기록(Y변수)는 얼마나 될지 다음 자료에 의해 예언해 보라.

$\Sigma X=240$ $r=.64$

$\Sigma Y=195$ $s_y=22$

$n=10$ $s_x=30$

2) 김 선수가 불안검사에서 80을 얻었다면 그의 양궁기록에 대한 예언점수는 얼마나 될까?

20. 운동 훈련시간에 의해 경기성적을 예언하고자 자료를 수집한 결과 다음과 같은 결과를 얻었다. 만약 A학생이 경기성적에서 적어도 70점을 받기를 원한다면 그가 운동연습을 하는 데 필요한 시간(분)은 어느 정도인가?

운동시간 X	경기성적 Y
54	70
74	62
89	78
115	92
150	75
155	75
162	82
180	62
185	65
194	70
200	81
210	83
210	94
222	82
240	84
242	77
250	88
270	86

정답표

1. ① 공식(16.2)참조	2. ③	3. ①	4. ④ 공식(16.22)참조	5. ①	6. ①
7. ③	8. ②	9. ②	10. ○	11. ①	12-1). ①
12-2) ②	12-3) ②	12-4) ③	12-5) ④	12-6) ①	13-1) ②
13-2) ①	13-3) ①				

14.

1) $\overline{X}=7.00$, $\overline{Y}=5.00$, $s_x=4.34$, $s_y=2.83$, $r=.98$

2) 도 16·9 참조하여 그려볼 것

3) X에 의해 Y를 예언할 때 $\hat{Y}=.64X+.53$, $s_{y.x}=.56$

4) Y에 의해 X를 예언할 때 $\hat{X}=1.50Y-.52$, $s_{x.y}=.86$

5) 도 16 · 9 참조하여 그려볼 것

15.

1) $b_{y \cdot x}=.99$

2) $b_{y \cdot x}=4.31$이고 $b_{x \cdot y}=.15$일 때, $r=.80$

3) $s_{y \cdot x}=2.20$이고 $\hat{Y}=18.75$일 때, $CI_{95}=18.75 \pm (1.96 \times 2.20)=(18.75,\ 4.31)$

16. 1) $z_{\hat{y}}=r(\frac{X-\overline{X}}{s_x})-.64(\frac{24-17.4}{13.4})=.32$

17. 1) 41 2) 31.1 3) -47 4) -34.5 5) -64.6

18.

1) $\hat{Y}=.076X+11.52$

2) $\hat{X}=4.86Y+298.43$

3) X에 의한 Y변수의 예언 회귀식

19.

1) $\hat{Y}=.64(\frac{22}{30})X+[19.5-.64(\frac{22}{30})24]=.47X+8.24=.47(94)+8.24=52.33$

2) $\hat{Y}=.64(\frac{22}{30})X+[19.5-.64(\frac{22}{30})24]=.47X+8.24=.47(80)+8.24=45.76$

20.

$\hat{X}=2.775Y-38.904$

$\hat{X}=2.775(70)-38.904=194.25-38.904=155.35$

운동연습을 하는데 요구되는 시간 = 155.4분

17

중다상관과 예언

1. 중다예언의 개념
2. 중다회귀분석의 적용목적
3. 통계적 회귀분석에서 독립변수의 선정
4. 중다회귀분석을 위해 점검해야 할 사항
5. 중다회귀분석의 기본가정
6. Doolittle 방법에 의한 중다회귀분석
7. 두 중다상관계수 간의 차 검증
8. 중다회귀분석과 ANOVA와의 관계
9. 부분상관과 준부분상관
10. 중다회귀분석 방법별 상관계수(r), 부분상관계수, 준부분상관계수 간의 관계

앞장에서 우리는 두 변수 간의 상관과 한 변수(X)에 의해 다른 변수(Y)을 예언하는 단순회귀분석방법(單純回歸分析方法)에 대해 배웠다. 이 장에서는 여러 개의 예언변수(predictor variable 또는 독립변수)에 의해 하나의 준거변수(準據變數: criterion variable 또는 종속변수)를 예언하는 중다예언(※다중예언이라고도 부름)과 중다(혹은 다중)회귀분석 방법(重多回歸分析方法)을 소개하려고 한다.

1. 중다예언의 개념

앞에서 하나의 변수(X)에 의해 다른 변수(Y)을 예언하고자 할 때 그 예언식은 $\hat{Y}=bX+a$의 형태를 취한다고 하였다. 이 식에서 $\hat{Y}$는 X에 의해 예언된 예언점수이며 Y는 준거변수, X는 예언변수, b는 회귀계수(기울기), 그리고 a는 회귀상수(Y의 절편)라고 하였다. 그런데 중다예언의 경우, 준거변수(Y)는 단 하나이지만 예언변수(X)는 두 개 이상이 된다. 두 개 이상의 예언변수에 의해 하나의 준거변수를 예언하고자 할 때 예언식은 다음과 같은 형태를 취한다.

$$\hat{Y}=b_1X_1+\cdot\ \cdot\ \cdot\ +b_kX_k+a \tag{17.1}$$

여기에서

$\hat{Y}$ = k개의 X변수에 의해 예언된 예언점수
X = 예언변수의 점수
b = 회귀계수
a = 회귀상수

중다예언을 할 때 예언변수들은 공식 17 · 1과 같이 하나의 직선식으로 조합된다. 직선식은 각각의 예언변수별로 비중치(회귀계수 : b)와 하나의 회귀상수(a)를 갖게 된다.

1.1 표준점수에 의한 중다예언

여러 개의 예언변수에 의해 하나의 준거변수를 예언하고자 할 때 보편적으로 사용하는 중다예언식은 공식 17.1과 같다. 이 공식은 예언변수의 점수를 원점수(原點數: raw score) 그대로 사용하기 때문에 원점수 공식이라고 부른다. 그런데 원점수에 의한 예언보다는 원점수를 표준점수(標準點數: Z점수)로 환산하여 예언하면 계산이 편리하게 된

다. 즉 k개의 예언변수와 준거변수의 원점수는 공식 $(X-\overline{X})/s=Z$에 의해 Z점수로 바꿀 수 있다. 원점수를 Z점수로 환산했을 경우 회귀계수는 베타(β)로 표시되며 회귀상수 a는 0이 되어 없어진다. 표준점수(Z점수)에 의한 중다예언식은 다음과 같다.

$$\hat{z_y}=\beta_1 z_1+\beta_2 z_2+\cdots+\beta_k z_k \tag{17.2}$$

Z점수는 원점수를 평균이 0, 표준편차가 1인 단위로 환산한 것이기 때문에 표준점수의 회귀계수 β와 원점수의 회귀계수 b와는 같지 않다. 우리가 중다회귀식을 원점수 또는 표준점수 중 어떤 형태로 제시하든 회귀계수는 Y값과 X에 의해 예언된 $\hat{Y}$값 간의 차의 자승화[$\Sigma(Y-\hat{Y})^2$]가 최소가 되도록 결정하는 것이다. 그런데 예언변수의 수가 많아지면 회귀계수(β)를 결정하는 공식이 복잡해져 컴퓨터의 도움 없이는 실제 계산이 매우 어렵게 된다. 예를 들어 두 개의 예언변수 X_1과 X_2의 표준점수에 의해 준거변수 Y를 예언할 때의 회귀계수 β는 다음과 같다.

$$\beta_1=\frac{r_{x1y}-r_{x2y}r_{x1x2}}{1-r^2_{x1x2}} \tag{17.3}$$

$$\beta_2=\frac{r_{x2y}-r_{x1y}r_{x1x2}}{1-r^2_{x1x2}}$$

위에서 얻어진 β_1과 β_2를 공식 17.2에 대입하면 예언변수 z_1과 z_2를 가지고 z_y를 예언하는 회귀식(回歸式)이 된다. 그런데 β계수와 b계수(원점수의 회귀계수)는 어떤 관계를 가지고 있을까? 표준점수 z_i는 $(X_i-\overline{X})/s_x$로 정의되기 때문에 이를 공식 17.2에 대입하여 정리하면 다음과 같다.

$$b_i=\beta_i\left(\frac{s_y}{s_{x_i}}\right) \tag{17.4}$$

즉 어느 한 예언변수의 회귀계수 b는 준거변수의 표준편차(s_y)를 해당 예언변수의 표준편차(s_x)로 나누어 얻은 값에 해당 예언변수의 β계수를 곱한 것과 같다. 그리고 원점수로 예언할 때 예언식의 상수 a는 다음과 같은 공식에 의해 계산할 수 있다.

$$a=\overline{Y}-\sum_{i=1}^{k}\beta_i\left(\frac{s_y}{s_{x_i}}\right)(\overline{X}_i) \tag{17.5}$$

상수 a를 결정하는 두 변의 값은 모두 상수로 구성되어 있음에 유의하기 바란다. 즉 평균치($\overline{Y}$, $\overline{X}_i$), 표준편차(s_y, s_{x_i}), β계수 모두가 상수이다. 우리는 β_1과 β_2는 위의 공식에 의하여 쉽게 계산해 낼 수 있다. 그리고 b_1과 b_2는 Y를 예언하기 위하여 X_1과 X_2에 주어진 최적의 비중치가 된다.

표 17 · 1 두 예언변수에 의한 준거변수의 예언자료

X_1	X_2	Y	
15	7.7	36	
22	8.2	39	$r_{x_1y} = 0.3919$
16	7.8	35	
19	9.3	43	$r_{x_2y} = 0.7695$
22	8.2	40	$r_{x_1x_2} = 0.4536$
20	8.8	42	
28	12.1	49	$s_{x_1} = 3.9237$
14	8.0	38	
18	8.1	36	$s_{x_2} = 1.2933$
21	11.2	44	
26	9.4	35	$s_y = 3.7924$
14	10.3	43	$\overline{X}_1 = 19.7333$
19	8.5	37	$\overline{X}_2 = 8.9067$
22	7.6	41	$\overline{Y} = 39.8667$
20	8.4	40	

예를 들어보자. 어떤 연구자가 턱걸이검사(X_1)와 윗몸앞으로굽히기검사(X_2) 점수에 의해 카누 경기력(Y)을 예언하려 한다고 가정하자. 15명의 카누 선수로부터 측정결과 얻은 자료는 표 17 · 1과 같다. 표에는 두 예언변수(X_1, X_2)와 준거변수(Y)의 평균치, 표준편차 그리고 이들 변수 간의 상관계수가 제시되어 있다. 이러한 통계치를 기초로 β계수, b계수, a계수 그리고 표준점수(標準點數)와 원점수(原點數)에 의한 중다예언식을 계산하면 아래와 같다.

$$\beta_1 = \frac{0.3919-(0.7695)(0.4536)}{1-0.4536^2}$$
$$= 0.0540$$

$$\beta_2 = \frac{0.7695-(0.3919)(0.4536)}{1-0.4536^2}$$
$$= 0.7450$$

$b_i = \beta_i (s_y / s_{x_i})$ 이므로

$$b_1 = (0.0540)\frac{3.7924}{3.9237}$$
$$= 0.0522$$

$$b_2 = (0.7450)\frac{3.7924}{1.2933}$$
$$= 2.1846$$

그리고 회귀상수 a는

$$a = 39.8667 - (0.0522 \times 19.7333 + 2.1846 \times 8.9067)$$
$$= 19.3790$$

위의 계산결과를 기초로 표준점수에 의한 예언식은

$$\hat{z}_y = 0.0540 z_{x1} + 0.7450 z_{x2}$$

원점수에 의한 예언식은 다음과 같다.

$$\hat{Y} = 0.0522 X_1 + 2.1846 X_2 + 19.3790$$

1.2 중다상관계수 R

중다상관(重多相關: multiple correlation)이란 두 개 이상의 예언(혹은 독립)변수에 의해 하나의 준거(혹은 종속)변수를 예언하고자 할 때 각 예언변수에 적절한 비중치(weight)를 줌으로써 준거변수와 최대의 상관을 갖도록 할 때 얻어진 상관계수를 의미한다.

중다상관계수(重多相關係數: multiple correlation coefficient) R이란 두 개 이상의 예언변수(X_1, X_2, ⋯, X_k)에 의해 하나의 준거변수(Y)를 예언하고자 할 때 얻어진 상관계수를 의미한다. 중다상관계수는 R로 표기하며 R은 준거변수(Y)와 몇 개의 예언변수(X_1, X_2, ⋯, X_k) 간에 얻어진 Pearson의 적률상관계수가 된다. R은 0에서 1.0까지 '+' 값만 취하게 되며 R계수 자체의 의미는 일반 r과 동일하다. R은 표준점수 형태로 제시된 두 변수의 교적화($\Sigma z_y \hat{z}_y$)를 평균(n)하고 다시 두 변수의 표준편차($s_{z_y} \cdot s_{\hat{z}_y}$)의 교적에 의해 나눈 것으로 정의된다.

$$R_{y \cdot 12 \cdot k} = \frac{\Sigma z_y \cdot \hat{z}_y}{n s_{z_y} \cdot s_{\hat{z}_y}} \tag{17.6}$$

여기에서

$R_{y\cdot12\text{-}k}$ = 여러 예언변수($X_1 \cdots X_k$)와 준거변수(Y) 간의 중다상관계수
z_y = Y의 표준점수
$\hat{z}_y$ = 예언식에 의해 예언된 Y의 표준점수
s_{z_y} = z_y의 표준편차
$s_{\hat{z}_y}$ = $\hat{z}_y$의 표준편차

공식 17.6을 간소화시키면

$$R_{y\cdot12\text{-}k} = \sqrt{\beta_1 r_{y1} + \beta_2 r_{y2} + \cdot\ \cdot\ \cdot\ + \beta_k r_{yk}} \tag{17.7}$$

r_{y1} = 예언변수 X_1과 Y간의 상관계수
r_{y2} = 예언변수 X_2와 Y간의 상관계수

공식 17.7에 의하면 R은 예언변수와 준거변수 간의 상관계수(r)와 해당 예언변수별 β 계수의 교적화의 평방근(平方根 : 제곱근: square root)임을 알 수 있다. 이 공식에 의해 표 17 · 1의 자료에 대한 중다상관계수 R을 계산해 보면 다음과 같다.

$$R = \sqrt{(0.0540)(0.3919) + (0.7450)(0.7695)} = 0.771$$

즉, 두 예언변수 X_1, X_2와 준거변수 Y간의 R은 0.771이다. R^2은 두 변수 간의 단순 상관분산 r^2과 같은 방법으로 해석할 수 있다. 중다상관계수의 자승 즉, R^2은 준거변수의 전체분산 중 예언변수가 차지하는 분산비율(分散比率)을 나타낸다. 위의 예에 의하면 R^2은 $0.59=(0.771)^2$이므로 준거변수의 전체분산(100%) 중 두 예언변수(豫言變數)가 차지하는 분산이 59%라고 해석한다. 혹은 준거변수의 전체분산 중 59%를 두 예언변수에 의해 설명할 수 있다고 해석할 수 있다.

표 17 · 1에 제시된 두 예언변수 X_1과 X_2의 값을 앞에서 계산한 「원점수에 의한 회귀식」에 대입하면 예언된 준거점수($\hat{Y}$)를 얻을 수 있다. 표 17 · 2에는 바로 회귀식에 의해 예언된 준거점수($\hat{Y}$)와 실제 준거점수(Y)가 제시되어 있다. 표에 제시된 Y와 $\hat{Y}$간의 상관계수는 0.79로 나타났는데 이 값은 위의 R과 약간 차이가 있다. 그러나 이러한 정도의 차이는 반올림하는 과정에서 생긴 오차로 볼 수 있으므로 무시해도 좋다. 따라서 중다상관계수 R은 준거변수(Y)와 예언변수의 직선조합(直線組合: linear combination) 점수와의 상관계수라고 할 수 있다.

표 17 · 2 관찰점수(Y)와 예언점수($\hat{Y}$)간의 비교자료

Y	$\hat{Y}$	$Y-\hat{Y}=e$
36	36.9516	0.9516
39	38.4225	0.5775
35	37.2249	-2.2249
43	40.6980	2.3020
40	38.4225	1.5775
42	39.6447	2.3553
49	47.3586	1.6414
38	37.5627	0.4373
36	37.9926	-1.9926
44	45.0033	-1.0033
35	41.2845	-6.2845
43	42.6480	0.3520
37	38.9292	-1.9292
41	37.0959	3.9041
40	38.7603	1.2307
	$R=r_{y\hat{y}}=0.79$	$s_e=2.40$

중다상관계수 R은 예언변수의 직선조합 점수와 준거변수(Y)간의 상관계수이다. 중다상관계수 R은 또한 직선조합 점수가 예언된 점수이므로 예언된 준거점수($\hat{Y}$)와 실제 관찰된 준거점수(Y)간의 상관계수이기도 하다.

1.3 추정의 표준오차

예언에서 오차범위를 나타내 주는 표준편차를 우리는 추정의 표준오차(標準誤差 : standard error of estimate)라고 하였다. 앞장에서 두 변수의 경우(X에 의해 Y를 예언할 경우) Y의 추정의 표준오차는 $s_{yx}=s_y\sqrt{1-r^2}$로 정의되었다. 예언변수가 여러 개인 중다예언의 경우 추정의 표준오차 공식은 두 변수의 경우와 유사하다. 일반적으로 중다예언의 추정의 표준오차 공식은 다음과 같다.

$$s_{y\cdot 12\text{-}k}=s_y\sqrt{1-R^2} \tag{17.8}$$

두 개의 예언변수가 사용될 경우 k는 2가 된다. 위의 표 17 · 1의 자료에 대한 추정의 표준오차를 계산해 보면

$$s_{y\cdot 12}=(3.79)\sqrt{1-0.77^2}=2.41$$

이 된다. 여기에서 추정의 표준오차 2.41은 표 17 · 2에 제시된 $(Y-\hat{Y})$ 즉 오차(e)에 대한 표준편차(標準偏差)와 같다는 사실을 독자는 확인할 수 있을 것이다.

2. 중다회귀분석의 적용목적

중다회귀분석(multiple regression analysis)은 변인들 간의 상호관계를 분석하고 여러 개의 독립변수(예언변수, 예측변수) 중에서 어떤 변수들이 종속변수(준거변수, 결과변수, 반응변수)를 가장 잘 '**설명**' 또는 '**예측**'하는가를 분석하기 위해 사용한다. 예를 들면 ① 100m 달리기 기록(종속변수)에 영향을 미치는 요인(독립변수)들은 무엇인가? ② 100m 달리기 기록은 이러한 요인들과 어떤 함수관계가 있는가? 그리고 ③ 이들 요인 중 어떠한 요인이 100m 기록에 가장 크게 작용하는가? 라는 문제에 대한 답을 구하고 싶을 때 적용할 수 있다.

앞에서 중다회귀분석은 '설명(interpretation)'과 '예측(prediction)'을 위해 적용한다고 하였다. 이를 간결하게 정리해 보자.

구분	예측 (prediction)	설명 (interpretation)
주요 목적	• 현재 자료를 바탕으로 미래를 정확하게 추정	• 변수 간 영향력 비교 및 해석 중심 분석 • 이론검증, 정책분석 등 설명
용도	• (선수/학생)의 정확한 선발 및 배치	• 선수선발 및 배치를 위한 변수 혹은 검사선정
강조점	• 예측의 정확성을 높이는 모형 선택	• 독립변수의 영향력 평가
예언변수의 수	• R^2를 증가시키기 위해 많은 변수포함	• 이론적으로 합당한 혹은 유의미한 수의 변수만 포함
회귀분석 유형	• 통계적 회귀분석(Statistical regression analysis)	• 표준 회귀분석(Standard regression analysis) • 위계적 회귀분석(Hierarchical regression analysis)

중다회귀분석 방법은 앞의 표에서 확인할 수 있는 바와 같이 크게 표준 회귀분석(Standard/Simultaneous regression analysis)과 위계적 회귀분석(Hierachical regression analysis), 그리고 통계적 회귀분석(Statistical/Stepwise regression analysis) 방법으로 분류할 수 있다. 이들 분석방법의 분류 근거는 '첫째, 독립(예측)변수* 간의 상관으로 인해 종속(준거)변수에 영향을 미치는 상호 중복되는 부분(분산)을 어떻게 처리할 것인가 둘째, 회귀식에 독립(예측)변수의 투입순서를 누가 결정하느냐'와 관계가 있다.

---

* 이 책에서는 독립변수(IV: independent variable)와 예측변수(prediction variable), 그리고 종속변수(DV: dependent variable)와 준거변수(criterion variable)를 같은 의미로 사용하였다.

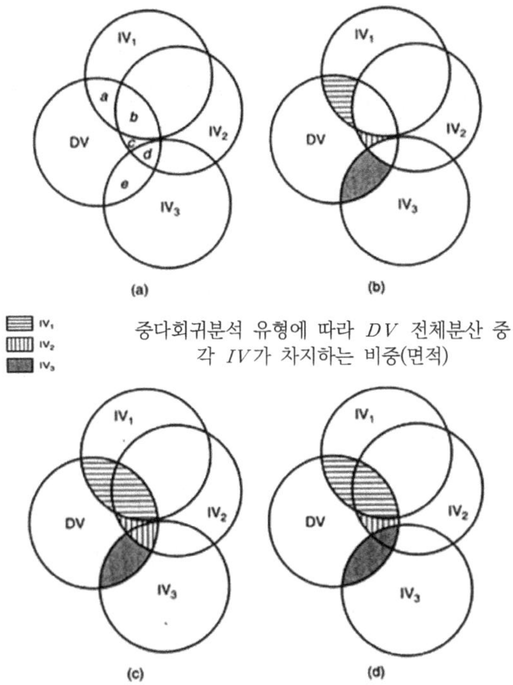

(a) 세 개의 독립변수(IV)와 종속변수(DV) 간 중복 부분(면적: a, b, e, b, d)

$a = IV_1$

$b = IV_2$

$e = IV_3$

$b = IV_1$ 혹은 IV_2

$d = IV_2$ 혹은 IV_3

(b) 표준 회귀분석
(c) 위계적 회귀분석
(d) 통계적 회귀분석

도 17 · 1 중다회귀분석 방법별 독립변수(IV)와 종속변수(DV)간 중복부분(overlapping variance)의 처리방법

이들 중다회귀분석 방법에 대한 독자들의 이해를 돕기 위해 Tabachnick & Fidell (2007)이 Using multivariate statistics (5th ed.)에 제시한 벤다이어그램(Venn diagrams)을 인용하여 기술해 보고자 한다. 도 17 · 1의 그림 (a)는 세 개의 독립변수(IV_1, IV_2, IV_3)와 하나의 종속변수(DV)가 서로 관련된 정도(r^2: 결정계수; 상관분산)를 그림으로 나타낸 것이다. 각 독립변수가 종속변수와 관련된 크기의 정도는 a, b, c, d, e의 면적이다. 이들 면적의 합은 우리가 알고 있는 중다상관계수(R)의 제곱인 중다결정계수(R^2)가 된다. 독자는 IV와 DV 간에 서로 관련되어 있는 면적(중복부분) 중 가로줄 친 면적, 세로줄 친 면적, 검게 칠한 면적이 세 가지 회귀분석 방법별로 어떤 차이가 있는지에 주목하고 다음 글을 읽기 바란다.

도 17 · 1에 의하면, IV_1과 IV_2는 DV와 높은 상관을 보이고 있을 뿐만 아니라 두 변수 상호 간에도 상당히 높은 상관을 보이고 있다. 반면, IV_3는 DV와 상대적으로 낮은 상관을 보이고 있으며 IV_2와도 낮은 상관을 보이고 있으나 IV_1과는 상관이 없다. 그리고 각 독립변수가 종속변수와 관련된 크기 정도를 나타낸 면적 a, b, c, d, e 중 $a = IV_1$, $c = IV_2$, $e = IV_3$, $b = IV_1$ 혹은 IV_2, $d = IV_2$ 혹은 IV_3와 관련된 면적을 나타내고 있다.

이 중 두 개 이상의 독립변수와 관련된 면적 b와 d는 어느 독립변수에 해당한다고 볼 수 있을까? 이 질문에 대한 답은 '어떤 분석유형을 선택하느냐에 따라 차이가 있다'라는 것이다. 왜냐하면 어떤 분석유형을 선정하느냐에 따라 여러 독립변수(IV)의 중요도(importance)가 바뀔 수 있기 때문이다. 다시 말하면 종속변수(DV)의 전체분산 중 각 독립변수가 차지하는 비중이 다를 수 있기 때문이다.

2.1 표준 회귀분석(Standard regression analysis)

표준 회귀분석은 '설명(interpretation)'에 초점을 둔 방법이다. 이 방법은 모든 독립변수를 동시에 모형에 투입한 후 독립변수 간의 상대적 영향력을 비교한다는 점에서 동시적(simultaneous) 회귀분석이라고도 한다. 즉, 각각의 독립변수는 다른 모든 독립변수가 회귀식에 투입된 후 마지막으로 투입되는 것과 같은 절차로 종속변수에 미치는 영향 정도를 분석하게 된다. 회귀분석 이론이 점진적으로 발전됨에 따라 20c 초반부터 널리 사용되어왔다.

도 17 · 1의 (b) 그림 즉, 표준 회귀분석에 의하면, 각각의 IV가 DV와 관련된 정도를 나타낸 면적은 DV에 각기 고유(unique)하게 공헌하는 부분 즉, $a = IV_1$, $c = IV_2$, $e = IV_3$로만 한정되고 있다는 사실이다. IV간에 중복된 면적(b와 d 부분)은 R^2을 증가시키는 데는 공헌하지만, IV 어느 것에도 할당되지 않는다는 점에 유념해야 한다.

도 17 · 1의 자료에 대한 표준 회귀분석에서 IV_2와 같은 변수는 DV와 실제 높은 상관이 있을 때도 분석결과 중요하지 않은 (즉, DV에 공헌하는 정도가 낮은) 것으로 나타날 수도 있다. 왜냐하면 IV_2는 DV와 높은 상관이 있음에도 불구하고 IV_1과 IV_3와도 유의미한 상관이 있어 이들과의 중복면적이 제외되기 때문에 실제 IV_2가 DV에 공헌하는 성노는 석어실 수밖에 없다. 따라서 IV_2와 같이 다른 IV와의 중복면적이 이들 IV에 의해 잠식된다면, IV의 독자적인 공헌도(unique contribution)는 DV와 높은 상관이 있음에도 불구하고 극히 적게 나타나게 된다. 따라서 분석결과를 해석할 때는 DV와의 상관계수(r)와 IV의 독자적 공헌도 모두를 고려해야 한다.

2.2 위계적 회귀분석(Hierachical regression analysis)

위계적 회귀분석(Hierachical regression analysis) 역시 '설명(interpretation)'에 초점을 둔 방법이다. 이 방법은 사회과학 연구자들에 의해 사용되기 시작했으며 1960년대 이후, *SPSS* 등의 통계 소프트웨어가 보급된 이후 일반화되었다. 그러나 이 방법은 표준회귀분석과는 다르게 독립변수들이 종속변수에 미치는 예언력이 어느 정도인지를 규명하기에 앞서 연구자가 사전에 이론적 혹은 논리적으로 결정한 순서에 의해 독립변수를 회귀식에 투입하는 방법이다. 그리고 독립변수가 회귀식에 투입될 때마다 R^2 증가 정도를 확인함으로써 특정 변수가 종속변수에 기여하는 정도를 평가하게 된다. 예를 들어 연구자가 음악훈련 경력이 무용연기력에 미치는 영향 정도(공헌도)를 알아보고자 한다고 하자. 그런데 선행연구에서 연령과 유연성이 무용연기력에 미치는 영향을 규명한 결과 유의한 영향을 미치는 것으로 확인되었다면. 이와 같은 결과를 근거로 음악훈련 경력을 회귀식에 투입하기에 앞서 연령과 유연성 변수를 회귀식에 먼저 투입함으로써 이들의 영향을 통계적으로 제외하는 방법이다.

도 17 · 1의 그림 (c) 즉, 위계적 회귀분석 예에서 연구자가 IV의 투입순서를 IV_1, IV_2, IV_3로 결정했다고 가정할 경우, 이들 IV의 DV에 대한 공헌도(중요도)를 평가할 때, 면적 a와 b는 IV_1에, 면적 c와 d는 IV_2에, 면적 e는 IV_3에 해당하는 것으로 간주한다. 만일 IV_2를 제일 먼저 투입하게 된다면, 면적 b, c, d는 IV_2에 해당하게 된다. 따라서 IV의 투입순서에 따라 DV에 대한 IV의 공헌도(중요도)는 극적으로 변화하게 된다.

다시 말하면, 다른 변수와 관련된 면적과 관련하여 표준 회귀분석은 투입순서와 관계없이 완전히 고유한 내 것만 자기 것으로 취하는 반면, 위계적 회귀분석은 가장 먼저 투입된 변수가 다른 변수와 관련된 면적을 모두 자기 것으로 취하고, 다음으로 투입된 변수가 나머지 다른 변수와 관련된 면적을 자기 것으로 취하게 된다. 따라서 마지막으로 투입된 변수는 다른 변수와 관련된 모든 면적이 아무리 크다할지라도 이들 중복면적은 앞서 투입된 변수가 차지하게 되고 자신은 고유한 내 것만 취하게 된다.

예를 들어 신장과 훈련량에 의해 농구선수로서의 성공을 예언하고자 할 경우, 훈련량이 순수하게 선수로서의 성공에 미치는 공헌도가 어느 정도인지를 알고자 한다면, 표준회귀분석과 위계적 회귀분석 중 어느 방법이 적절하겠는가? 두 변수가 각각 DV에 미치는 영향을 배제한 순수한 공헌도를 알고자 한다면 표준회귀분석을, 신장이 DV에 미치는 공헌도를 배제한 후 훈련량이 DV에 미치는 순수한 공헌도를 알고자 한다면 위계적 회귀분석을 적용해야 한다.

2.3 통계적 회귀분석(Statistical regression analysis)

통계적 회귀분석(Statistical regression analysis)은 '예측(prediction)'에 초점을 둔 방법이다. 1950~60년대에 컴퓨터 사용의 증가와 함께 자동화된 회귀분석 모형의 선택방식이 개발되었는데 Efroymson (1960)이 단계적 회귀분석 방법을 공식화한 것으로 알려지고 있다. 중다회귀분석 방법이 우리나라 연구논문에 최초로 소개될 때부터 이 방법이 한동안 절대적으로 활용되어 왔다.

도 17 · 1의 그림(d) 즉, 통계적 회귀분석에 의하면 IV_1과 IV_2는 DV와 높은 상관을 보이고 있으며 IV_3는 이들보다 DV와 상대적으로 낮은 상관을 보이고 있다. 통계적 회귀분석에서 ① 제1차 투입변수는 DV와의 상관의 크기 즉, DV의 전체면적 중 각각의 IV가 차지하는 면적의 크기에 의해 결정된다. 즉, IV_1은 $a+b$, IV_2는 $b+c+d$, IV_3는 $d+e$ 크기의 면적을 차지하고 있다. 이중 IV_1이 DV와 상대적으로 높은 상관(면적)을 보이므로 제1차로 투입하게 된다. 이때 IV_1이 DV를 설명하는 정도는 면적 $(a+b)$이다.

② 다음 단계는 이미 투입된 IV가 설명해 주지 못하는 DV의 나머지 면적(분산)을 가장 크게 설명해 주는 IV가 투입된다. 다른 말로 표현하면 일 단계에서 투입되지 않은 IV 중에서 R^2를 가장 크게(strongly) 그리고 유의하게(significantly) 증가시키는 IV를 투입한다. 여기에서는 $IV_2(=c+d)$와 $IV_3(=d+e)$ 중 DV와 상대적으로 큰 면적을 나타내는 변수인 IV_3가 제2차 투입변수로 결정된다. 이때 IV_3가 DV를 설명하는 정도는 면적 $(d+e)$이다. ③ 제3차 투입변수는 남아있는 IV_2이다. 여기에서 유념해 두어야 할 사항은 IV_2가 R^2를 유의하게 증가시키고 있는가이다. 만일 R^2를 유의하게 증가시키지 못한다면, 비록 DV와 높은 상관을 보인다고 할지라도 회귀식에서 제외될 수도 있다는 것이다. 따라서 통계적 회귀분석을 통해 산출된 통계적 회귀식(statistical regression equation)은 IV와 DV간의 원래 상관을 고려하여 해석하지 않는 한 매우 위험하다.

통계적 회귀분석 방법은 독립변수의 투입순서가 단순히 통계적 준거(準據: criteria)를 기초로 결정된다는 것이 특징이다. 이 방법은 일반적으로 DV를 효과적으로 예언하는데 필요한 IV들을 선정하고 이미 예언식에 포함된 IV들에 추가로 공헌하지 못하는 IV

들을 제거하기 위해 적용한다. 따라서 회귀분석 방법을 적용하는 일차적 목적이 예언식(豫言式: prediction equation)을 개발하는 데 있다면, 통계적 회귀분석 방법은 어느 정도 유용하게 적용할 수 있다.

그러나 이 방법은 R^2를 가장 적절하게 산출하는 방법으로 볼 수는 없다는 문제가 제기되기도 한다. 몇몇 *IV*들을 동시에 투입할 경우, R^2를 증가시킬 수 있으나 *IV*들을 각기 별개로 투입할 경우, 몇몇 *IV*는 R^2를 증가시키지 못할 수 있다는 것이다. 또한 이 방법은 독립변수를 회귀식에 포함 혹은 제외하는 결정이 전적으로 특정한 표본(標本: sample)으로부터 산출된 통계치에 근거를 두고 있다는 점에서 논쟁의 대상이 되고 있다. 즉, 통계치에서의 적은 차이는 독립변수의 중요도에 상당한 영향을 미칠 수 있기 때문이다. 다시 말하면 *IV*들과 *DV* 간의 상관계수 크기는 표본수의 크기 여하에 따라 영향을 받기 때문이다. 따라서 하나의 표본으로부터 유도된 예언식은 해당 표본에만 사용할 수 있을 뿐 전집(全集: population)에 일반화시키기는 어렵다.

이 문제를 해결하기 위해서는 기본적으로 회귀식이 산출된 표본은 크고 대표성이 있어야 한다. 그리고 이 방법을 적용하기 위해서는 두 번째 표본에 대해서는 교차타당화(交叉妥當化: cross-validation) 검증이 필요하다. 혹은 표본집단을 양분하여 각기 별도로 분석한 후 양쪽 분석에서 일치하는 결과에 대해서만 제한적인 결론을 유도하는 방법이 제안되고 있다.

3. 통계적 회귀분석에서 독립변수의 선정

중다예언이 필요한 상황에서 가장 중요한 문제의 하나는 독립(혹은 예언)변수를 선정하는 것이다. 일반적으로 연구자의 관심은 종속변수(*DV*)의 전체분산 중 순수하게 큰 비중(R^2)을 차지하는 독립변수(*IV*)들을 선정하는 데 있다. 동시에 둘 이상의 *IV*가 사용될 경우, *DV*의 전체분산 중 이들 변수가 차지하는 비중이 서로 중복(重複)되지 않는 순수하게 작용하는 정도를 알기를 원한다. 그런데 *IV*와 *DV* 간의 상관은 일정하고 *IV*간에 상관이 높으면 *DV*의 전체분산 중 이들 *IV*가 차지하는 비중 가운데에서 중복되는 정도는 그만큼 커진다. 반대로 *IV* 간에 상관이 낮으면 이들 변수가 차지하는 비중 가운데에서 중복되는 정도는 그만큼 적어진다. 따라서 *DV*와는 상관이 높고 다른 *IV*와는 상관이 낮은 *IV*를 선정하면 *DV*의 전체분산 중 *IV*가 차지하는 비중 즉, R^2을 증가시키는 데 도움이 된다.

3.1 통계적 회귀분석에서 독립변수 선정방법

통계적 회귀분석(Statistical regression analysis)에서 *IV*를 선정하는 방법은 네 가지가 있다. 전진적 선정방법(前進的 選定方法: forward selection)과 후진적 선정방법(後進的 選定方法: backward selection), 최대 R^2방법(maximum R-squared method), 그리고 단계적 방법(段階的 方法: stepwise method)이다.

① 전진적 선정방법은 먼저 *DV*와 상관이 가장 높고 다른 *IV*와는 상관이 낮은 *IV*를 선정한다. 다음으로는 이미 선정한 *IV*가 예언하지 못하는 *DV*의 나머지 분산(variance)을 설명해 주는 *IV*를 선정하는 방법이다. 이러한 과정을 반복하여 새로운 *IV*의 첨가가 이미 얻어진 R^2을 유의하게 증가시키지 못할 때는 *IV*의 선정을 끝낸다. 전진적 선정방법은 기본적으로 다음에 소개될 Wherry-Doolittle 방법과 유사하다.

② 후진적 선정방법은 선체 *IV*를 보두 포함해서 β값을 계산한 다음, β값이 적은 *IV*부터 차례로 제외하기 시작하여 어느 *IV*를 제외했을 때 이미 얻어진 R^2과 유의한 차이가 있으면 *IV* 제외하기를 끝내는 방법이다. 이 두 방법은 *IV*의 선정과정은 반대이지만 선정결과 간에는 거의 차이가 없다.

③ 최대 R^2방법은 *IV* 수만큼의 가능한 모든 최적모형(最適模型) 중에서 R^2의 크기를 가장 크게 하는 변수들의 조합을 사전에 설정한 준거(효과크기와 α수준)를 근거로 하여 선정하는 방법이다. 이 방법은 모든 *IV*가 포함될 때까지 변수의 선정을 계속한다. 그러나 연구자들은 보통 변수 선정을 끝내는데 필요한 준거, 예를 들면 전체 변량 중 *IV*가 차지하는 비율과 같은, 효과크기와 α수준을 설정하게 된다.

④ 단계적 분석방법은 새로운 *IV*가 투입될 때마다 *DV*와 *IV*들 간의 관계(*R*)를 분석한다. 이와 같은 관계의 분석은 이미 선정된 *IV*들이 후에 새로운 변수가 투입될 때도 *R*에 계속 유의한 공헌을 하는지를 확인하기 위해서이다. 따라서 사전에 선정된 *IV*는 후에 새로운 변수가 투입될 때 제거될 수도 있다. 단계적 분석방법은 이 점을 제외하고는 전진적 선정방법의 한 변형이라고 할 수 있다. 그러나 대부분 단계적

분석방법(段階的 分析方法: stepwise method)은 전진적 선정방법과 동일하다.

위의 네 가지 방법 중 단계적 분석방법이 최적의 예언식을 산출하기 위한 가장 적합한 방법으로 평가되고 있다(Tabachnick & Fidell, 2007). 그동안 컴퓨터 소프트웨어를 이용한 중다회귀분석은 통계적 회귀분석 모형을 적용해 왔고 또 분석유형은 대부분 단계적 회귀분석 방법을 적용해 왔기 때문에 연구자들은 통계적 회귀분석(Statistical regression)을 단계적 회귀분석(Stepwise regression)으로 기술해왔다.

일반적으로 DV와는 상관이 높고 다른 IV와는 상관이 낮은 IV를 선정하면 DV의 전체분산 중 IV가 차지하는 비중 즉, R^2을 증가시키는 데 도움이 된다. IV를 선정하는 방법에는 전진적 선정방법과 후진적 선정방법, 최대 R^2방법, 단계적 회귀분석 방법이 있다. 이들 방법 중 단계적 회귀분석 방법이 최적의 예언식을 산출하기 위한 가장 적합한 방법으로 평가되고 있다.

3.2 억압변수(suppressor variable)

앞에서 종속(준거)변수와는 상관이 높고 다른 독립(예언)변수와는 상관이 낮은 변수를 독립변수로 선정하면 R은 증가한다고 하였다. 그런데 R을 증가시키는 이러한 일반적인 사실에 예외적으로 작용하는 사례가 있다. 그것은 중다상관의 패러독스(paradox)라고 불리는 「억압변수(抑壓變數: suppressor variable)을 포함시키면 중다상관계수 R은 증가한다」는 것이다. 여기에서 억압변수란 종속변수와는 상관이 없거나 아주 낮지만 종속변수와 어느 정도 높은 상관을 가진 다른 독립변수와는 높은 상관을 가진 독립변수를 의미한다. 즉 억압변수를 독립변수와 함께 회귀분석(回歸分析)에 포함시키면 중다상관계수 R을 증가시킬 수 있고 따라서 예언의 효율성을 높일 수 있게 된다.

예를 들어보자. 두 개의 독립변수 X_1과 X_2에 의해 Y를 예언하는 과정에서 $r_{y\cdot x1}=.400$, $r_{y\cdot x2}=.000$, $r_{x1\cdot x2}=.707$ 그리고 표준점수(z)에 의한 예언식은 $\hat{z}_y=.800z_{x1}-.566z_{x2}$, $R=.566$을 얻었다. 여기에서 독립변수 X_2는 종속변수(Y)를 예언하는데 전혀 예언 값($r=0$)이 없지만 실제 R은 .566으로 증가하였다. 그 이유는 억압변수인 X_2가 X_1과 높은 상관을 가짐으로써 R을 증가시키는데 작용한 것이다. 일반적으로 중다회귀식에서 '억압변수(抑壓變數)로 작용하는 독립변수의 β값은 '-'값을 갖게 된다'.

종속변수와 상관이 없거나 극히 낮은 억압변수가 다른 독립변수와 결합할 때 R이 증가하는 데는 그럴만한 근거가 있다. 그 근거가 바로 공통요소 이론(共通要素 理論: common elements theory)이다. 만일 두 개의 변수가 몇 개의 독립적인 요소의 합으로 구성되어 있다고 가정한다면, 상관계수는 그러한 독립변수 요소 중 공통적(共通的)인 요소가 차지하는 비율로 간주할 수 있다. 물론 실제로 두 변수에 내재되어 있는 공통적인 요소들을 세분해 낼 수는 없지만, 억압변수를 포함시키면 「다른 독립변수와는 공통으로 존재하지만, 종속변수와는 공통으로 존재하지 않는 요소가 작용하기 때문인 것」으로 설명할 수 있다.

구체적인 예를 들어보자. 종속변수(Y)가 비교적 순수한 근력요인을 측정하는 검사라고 가정하자. 그리고 하나의 독립변수(X_1)는 근력과 속도요인을 약 반반씩 측정하는 검사이고 또 하나의 독립변수(X_2)는 순수한 속도요인만을 재는 검사라고 가정하자. 만일 X_1변수가 순수하게 근력요인만 측정하는 검사라면 종속변수(Y)와의 상관은 아주 높겠지만 실제로는 「근력+속도요인」을 복합적(複合的)으로 재기 때문에 X_1과는 어느 정도 높은 상관이 있을 것이다. 여기에서 X_1과 X_2를 독립변수로 하여 중다상관계수R을 계산하면 종속변수(Y)와 X_1과의 상관관계 이상으로 높은 R값을 얻게 된다. 그 이유는 종속변수(Y)를 예언하는데 처음 오차요인으로 작용한 X_1(근력+속도)의 속도요인 작용을 X_2(속도검사)가 억압해 줌으로써 중다상관계수(重多相關係數) R이 증가하게 된다.

억압변수(抑壓變數 : suppressor variable)란 종속변수와는 상관이 없거나 아주 낮지만, 종속변수와 어느 정도 높은 상관을 가진 다른 독립변수와는 높은 상관을 가진 독립변수를 의미한다. 억압변수를 독립변수와 함께 회귀분석에 포함시키면 R을 증가시킬 수 있고 따라서 예언의 효율성을 높일 수 있다.

3.3 독립변수의 수

하나의 종속변수를 예언할 때 독립변수의 수는 어느 정도가 적당할까? 두 변수 간의 상관을 계산할 때 $n=2$이면 직선의 완전상관이 된다. 일반적으로 회귀분석에 사용된 변수 수를 k라고 할 때 $k=n$이면 중다상관계수 R은 1.0이 된다. 그러나 사례수(n)가 적은 데 비해 독립변수의 수가 많으면 표집오차(標集誤差)가 작용하여 사실 이상으로 높은 R을 얻게 되는 문제가 있다. 반대로 독립변수의 수에 비해 n이 크면 안정성 있는 R을 얻을 수 있게 된다.

그런데 n이 크고 독립변수의 수가 많다고 해서 반드시 R이 증가하는 것은 아니다.

일반적으로 독립변수의 수가 5~6개 정도까지는 R이 증가되지만 변수 수가 그 이상일 경우에는 R은 실제 거의 증가하지 않는다. 따라서 실제 연구에서 5~6개 이상의 변수를 선정하는 것은 별로 능률적이 되지 못한다고 할 수 있다.

종속변수를 예언할 때 가장 적절한 독립변수의 수는 5~6개 정도이다. 독립변수의 수가 5~6개 이상이 되면 중다상관계수 R은 실제 거의 증가하지 않는다.

---

4. 중다회귀분석을 위해 점검해야 할 사항

4.1 독립변수(IV) 수에 대한 사례수(N)의 비

표준(standard) 혹은 위계적(hierarchical) 중다회귀분석을 적용할 경우, N은 독립변수(IV) 수보다 20배 이상이 바람직하다. 즉 IV 수가 5이면 N은 100 이상이어야 한다. 적은 표본수로 상관을 추정할 경우, 오차범위가 커진다는 사실은 우리가 이미 잘 알고 있는 사실이다. 따라서 표본수가 100보다 적으면 IV에 대한 N의 비율과 관계없이 통계적 검증력(power)은 낮아진다. 그러나 최소한으로 요구되는 N은 IV보다 5배 즉, IV 수가 5면 N은 25보다 많으면 된다.

만일 종속변수(DV)가 편포(遍布: skewed)되어 있거나 효과크기(ES)가 적은 정도(small)이고, 변수의 낮은 신뢰도 때문에 측정오차가 클 것으로 예상된다면 IV 수에 대한 N의 비율은 높아야 한다. N이 아주 크면 DV의 전체분산에 대한 IV의 공헌 정도가 아주 낮더라도 R은 0보다 통계적으로 유의하게 나타난다.

단계적(stepwise) 회귀분석을 적용할 경우, $N : IV$의 비 = 40 : 1이 합리적이다. 왜냐하면 표본이 아주 크지 않는 한 다른 표본대상에게 일반화시킬 수 없기 때문이다. 교차타당도(cross-validation)를 검증하려면 이 더 많은 N이 필요하다.

4.2 이탈치(outliers)

정상분포에서 극단적으로 이탈한 사례는 회귀분석 결과에 큰 영향을 미치기 때문에 제외하거나 해당변수의 점수를 다른 척도점수(예: log, X^2, √ 등)로 변환시켜야 한다. 하나의 변수에서 개인의 점수가 다른 점수들과 동떨어진 극단 값을 나타내는 단일변량 이탈치(單一變量 離脫値: univariate outlier)는 개개인의 관찰점수를 표준점수(standardized scores)로 환산하였을 때 표준점수(Z)로 ±3.00을 초과하는 사례 혹은 편포도(왜도: skewness)가 ±1.0을 초과하는 변수로 정의된다. 특정변수의 편포도가 +1.0 보다 크다면 편포도의 크기에 따라 원점수를 log 값 혹은 √ (제곱근) 값으로 변환시켜야 하며 −1.0 보다 적으면 X^2, X^3 값으로 변환시켜야 한다(Leech, Barrett, & Morgan, 2008).

또한 여러 변수의 조합점수에서 개인의 점수가 정상적인 범위에서 벗어난 극단 값을 나타내는 다변량 이탈치(多變量 離脫値: multivariate outliers)는 종속변수(DV)의 관찰점수와 예언점수 간에 부적합도(poor fit)를 나타내는 사례를 규명하기 위해 잔차(residuals)를 사용한다. 다변량 이탈치를 검색하기 위한 통계적 방법으로는 Mahalanobis 거리(M－D), Cook 거리, Leverage 값이 있다. 이 값(M－D)은 각각의 사례가 나머지 전체 사례의 평균(centroid)으로부터 떨어져 있는 거리를 의미한다. 다변량 이탈치는 *SPSS*의 하위프로그램 REGRESSION에서 하위명령어 / RESIDUALS = OUTLIERS를 이용하면 검색할 수 있다.

부연하면 단일변량 이탈치는 하나의 변수만 보고 판단하는 데 반해, 다변량 이탈치는 여러 변수의 결합된 관계를 기준으로 판단한다. 즉 각각의 변수에서 얻은 점수는 정상이지만 두 변수를 동시에 고려할 때 이상한 사례가 될 때에 해당한다. 예를 들면 하나의 연구에 포함된 변수 중 신장 변수에서 대부분이 150~190cm인데, 210cm인 사례가 포함되었다면 이 사례는 단일변량 이탈치가 된다. 그러나 키와 몸무게 각각은 정상범위에 속하지만, 이 두 변수를 동시에 고려(조합)하였을 때 키 150cm에 몸무게 100kg인 사례는 통계적으로 이례적인 사례에 해당하기 때문에 다변량 이탈치에 해당한다. 다변량 이탈치는 단일변량 검사로는 확인할 수 없다. 따라서 반드시 별도로 확인할 필요가 있다.

5. 중다회귀분석의 기본가정

5.1 중다공선성(multicollinearity)과 단일성(singularity)

앞의 공분산분석(*ANCOVA*)에서 기술한 바와 같이 중다공선성과 단일성은 상관행렬(correlation matrix)에 포함된 변수 간의 상관이 매우 높을 때 유발되는 문제이다. 중다공선성은 변수 간의 상관이 .90 이상일 때 그리고 단일성은 변수 간의 상관이 완전상관이고 변수들 중 어느 하나는 하나 이상의 다른 변수와 조합된 경우에 해당된다.

변수들이 중다공선적이거나 단일적이면 그러한 변수들은 중복된(redundant) 정보를 포함하게 되기 때문에 동일한 분석에서 모두 필요하다고 볼 수는 없다. 실제 자료의 분석과정에서 중다공선성과 단일성은 각 변수에 대한 R^2(중다상관 자승; *SMC*: squared multiple correlation)을 계산하여 확인할 수 있다. R^2을 계산할 때 각각의 변수는 종속변수로 그리고 나머지 변수들은 독립변수로 설정하여 분석하면 된다. 만일 R^2 값이 .90보다 크면 해당변수는 중다공선적이고 1.00이면 단일적인 것으로 간주한다.

대부분의 Computer software에는 R^2 대신 허용오차 (tolerance: 1 - *SMC*)를 사용하게 되는데 허용오차가 매우 적으면 해당 변수는 자동적으로 분석에 포함되지 않는다. Computer software에서 허용오차의 내정치(default) 범위는 .01~.001이다.

5.2 잔차의 정상성, 직선성, 동분산성과 독립성

수집된 자료가 회귀분석에 적합한 자료인지를 확인하기 위해서는 ① 잔차(殘差, residuals; 종속변수의 관찰점수와 예언점수 간의 차이)는 *DV*의 예언점수(혹은 기대점수)와 함께 정상적(normality)으로 분포되어야 하며 ② 잔차는 *DV*의 예언점수와 직선적(linearity) 관계를 가져야 하고 ③ *DV*의 예언점수에 대한 잔차의 분산은 모든 예언(기대)점수에 대해 동일(homoscedasticity)해야 하며 ④ 예언오차는 상호 독립적(independence)이어야 한다는 것이다. 점수분포가 정상적이면 잔차 또한 정상적이고 독립적으로 분포되기 때문이다. 따라서 잔차를 검토하는 것은 분포의 정상성뿐만 아니라 직선성, 동분산성, 독립성을 검토하기 위한 하나의 방법이다.

회귀분석을 위한 이러한 가정이 만족될 경우, 잔차는 도 17 · 2의 1)과 같은 그림으로 나타난다. 모든 가정이 만족된다면, 잔차는 0을 중심으로 점수가 밀집된 거의 장방형(長方形; retangular) 분포를 보인다. 그리고 변수에 대한 더 이상의 검토는 불필요하다. 만일 잔차가 정상적으로 분포되어있고, 직선적이며, 잔차의 분산이 모든 예언점수에 대해 동일하고 이탈치(outliers)가 없다면, 그리고 사례수(*N*)가 충분하고 중다공선성 혹은 단일성에 문제가 없다면, 회귀분석은 단 한 번의 분석으로 충분하다. 그러나 그 반대이면 각각의 가정별로 후속적인 자료검토가 요구된다.

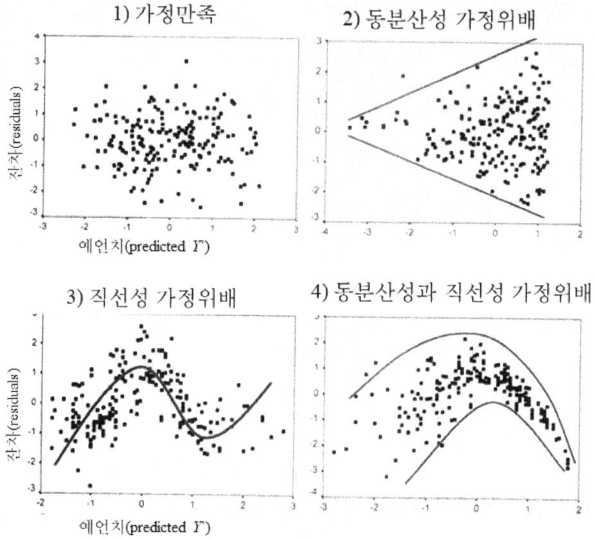

도 17 · 2 *DV*(*Y*)의 예언점수와 잔차를 이용한 기본가정 위배여부 검토, 1) 가정만족 2) 동분산성 가정위배 3) 직선성 가정위배 4) 동분산성과 직선성 가정위배

❶ 정상성(normality) 가정

회귀분석을 위한 잔차의 정상성은 통계적 방법(statistical method)과 도해적 방법(graphical method)에 의해 검토하는 것이 일반적이다. 분석을 위한 자료가 정상성 가정을 만족시키기 위해서는 종속변수(*DV*)의 모든 관찰점수와 예언점수 간의 차이 값 즉, 잔차의 분포가 0을 중심으로 정상적으로 분포되어야 한다. 도 17 · 3의 2)는 잔차가 편포된 즉, 정상성 가정이 위배된 사례이다.

정상성 가정은 통계적으로는 분석자료의 잔차 평균($\overline{X}$)이 0, 표준편차(s)가 1인 분포를 이루고 있는지를 검증함으로써 확인한다. 독자는 통계프로그램을 이용하면 쉽게 확인할 수 있다. 그중 *SPSS*의 하위명령어 /RESIUALS = DEFAULT를 이용해 출력된 결과에서 잔차를 표준점수로 환산한 점수인 표준화잔차(標準化殘差; ZRESID) 값의 $\overline{X}$=0, s =1이면 가정은 만족된 것으로 판단한다. 만일 s값이 1보다 약간 적거나 크다면, 가정은 비교적 만족된 것으로 간주한다. 이때 s가 1보다 다소 적다면 분포가 중심 부분에 약간 집중되었다고 해석하고 1보다 다소 크다면 약간 확산되었다고 해석한다.

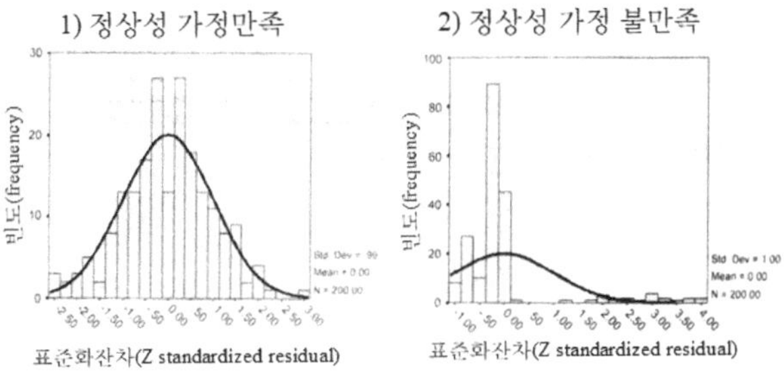

도 17 · 3 DV의 표준화잔차(Z standardized residual) 분포를 이용한 정상성 가정검토

잔차분포의 정상성은 *SPSS*의 하위명령어 /RESIUALS = DEFAULT를 이용해 출력된 결과 중 종속변수의 표준화잔차 값에 대한 정상확률 그림(正常確率圖表; normal probability plot(p-p)에 의해 확인할 수 있다. 분포의 정상성 여부는 기대(혹은 예언)빈도(expected frequency)와 관찰빈도(observed frequency)가 어느 정도 일치하느냐에 따라 판단할 수 있다. 만일 기대빈도와 관찰빈도의 정상확률도표가 완전히 일치하면 정상분포로 간주한다. 그러나 기대빈도(*X*축)와 관찰빈도의 접점이 0.5에서 크게 차이가 날 때는 비정상분포로 간주한다.

❷ 직선성(linearity) 가정

분석을 위한 자료가 직선성 가정을 만족시키기 위해서는 종속변수(*DV*)의 모든 예언점수별로 잔차(예언오차)들이 0을 중심으로 직선적 형태를 보여야 한다. 직선성 가정이 위배될 경우, 산포도의 모양은 장방형 대신 도 17 · 2의 3)과 같이 곡선으로 나타난다. 잔차가 비직선적일 때에는 각각의 *IV*와 *DV*간에 직선적 관계가 되도록 이들 변수의 원점수 자료를 log 혹은 x^2, √ 등으로 변환하여 분석할 필요가 있다.

❸ 동분산성(heteroscedasticity) 가정

자료가 동분산성 가정을 만족시키기 위해서는 *DV*의 예언오차 즉, 모든 예언점수별 잔차들의 표준편차가 거의 동일해야 한다. 동분산성 가정이 위배될 경우, 예언점수별 잔차의 범위는 도 17 · 2의 2)와 같이 예언점수의 값이 커짐에 따라 넓어진다. 동분산성 가정의 위배는 어떤 변수는 편포되고 또 다른 변수는 정상적일 때 나타날 수 있다. 이때 변수의 원점수를 log 혹은 x^2, √ 등으로 변환하면 비동분산성(非同分散性; heteroscedasticity)을 제거하거나 축소할 수 있다. 잔차의 동분산성 가정은 *SPSS*의 하위명령어 / SCATTERPLOT = (*ZRESID*ZPRED)를 이용해 출력된 결과에 의해 검토할 수 있다. SCATTERPLOT이 0을 중심으로 고르게 분포되어 있으면 예언오차의 분산은 동질적인 겻으로 간주한다.

❹ 독립성(independence) 가정

*IV*들의 잔차 간 독립성 검증 즉, *IV*간 $r=0$인지의 검증은 *SPSS* 하위명령어 /RESIDUALS = DURBIN에 의해 판단할 수 있다. Durbin-Watson 검증결과 값이 $0 \leq D \leq 4$에 해당하면 잔차(예언오차) 간에는 상관이 없는 것으로 간주한다. D 값이 0에 가까우면 *IV* 간에 정적(+) 상관관계가 있고 4에 가까우면 부적(-) 상관관계가 있는 것으로 해석한다.

6. Doolittle 방법에 의한 중다회귀분석

중다회귀분석은 계산과정이 복잡하므로 실제 독립변수의 수가 3개 이상이면 컴퓨터를 이용하여 분석하는 것이 효과적이다. 그러나 여기에서 실제 계산방법을 소개하는 이유는 중다상관계수와 중다회귀식이 구체적으로 어떠한 절차를 통하여 산출되고 있는지에 대한 이해를 돕기 위해서이다.

표 17 · 3 Doolittle 방법적용을 위한 r의 배열방법

	X_1	X_2	X_3	X_4	Y
	1	r_{12}	r_{13}	r_{14}	$-r_{y1}$
		1	r_{23}	r_{24}	$-r_{y2}$
			1	r_{34}	$-r_{y3}$
				1	$-r_{y4}$

	Y	X_1	X_2	X_3	X_4
$\hat{X}$	14.94	127.56	1422.90	46.60	107.00
S	2.09	25.32	296.39	19.45	18.00

이 장에서는 네 개의 독립변수에 의해 하나의 종속변수(Y)를 예언하는 계산 예를 제시하고자 한다*. Doolittle 방법에 의해 중다회귀분석을 할 때 제1단계는 주어진 자료로부터 상호상관계수(相互相關係數: inter-correlation coefficients) r을 계산하여 표 17 · 3

* 여기에 제시된 Doolittle 방법에 의한 중다회귀분석 절차는 임인재 저 「교육 · 심리 · 사회연구를 위한 통계방법」 pp.506 - 510을 인용한 것이다.

과 같이 나열한다. 종속변수와 각 독립변수 간의 상관계수 r들은 이 표의 맨 오른쪽에 제시하는 것에 유의해야 한다. 그리고 이들 맨 오른쪽의 상관계수 r들은 그 부호를 바꾸어 '-'부호를 붙여야 한다. 물론 종속변수와의 상관계수가 원래 '-'인 경우에는 '+'로 바꾸어야 한다.

100명의 피험자로부터 얻은 각 변수의 평균($\overline{X}$)과 표준편차(s)는 위와 같다. 이 자료는 원점수의 회귀식(回歸式)을 구하는 데 필요하게 된다. 다음의 표 17 · 4는 Doolittle 방법으로 β값을 구하는 과정을 보여주고 있다. 이렇게 하여 일단 β값만 구하면 중다상관계수 R과 예언의 표준편차 및 원점수에 의한 회귀식(回歸式)쉽게 구할 수 있게 된다. 표 17 · 4에는 β값을 구하는 과정과 중다회귀분석에 관계되는 값들을 구하는 과정도 아울러 제시되어 있다. 이 표의 단계별 계산과정을 간략히 설명하면 다음과 같다.

연구의 목적이 '구체적인 예언'에 있는 경우에는 얻어진 β계수를 가지고 공식 (17.6)을 $K=5$개의 변수의 경우로 확장하여 원점수에 의한 중다회귀식을 구하여야 할 것이다. 중다상관계수(重多相關係數) R은 공식 (17.7)에 β와 r을 대입하면 얻을 수 있다. 또한 예언의 표준오차(標準誤差)는 공식 (17.8)에 종속변수의 표준편차와 R을 대입하면 구할 수 있다. 그러나 연구목적이 구체적인 예언이 아니라 변수의 '이론적 관계'를 분석하는 데 있다면, 중다상관계수 R의 제곱과 각 β^2의 크기에 의해서 변수 간의 관계를 해석하는 데 이용할 수 있을 것이다.

종속변수를 예언할 때 각 독립변수가 공헌하는 정도는 회귀계수(回歸係數)로 표시된다. 그런데 원점수에 의한 예언식의 회귀계수 b는 종속변수에 대한 각 예언변수의 상대적 공헌도를 나타내 주지 못한다. 왜냐하면 각 독립변수는 측정척도 혹은 단위(單位)가 서로 같지 않기 때문이다. 또한 각 독립변수의 공헌 정도는 종속변수와의 상관뿐만 아니라 다른 독립변수와의 상관에 의해서도 결정된다. 만일 모든 '독립변수가 각기 독립적(獨立的)이라면(즉, 상관이 없다면) 독립변수들의 종속변수에 대한 상대적 공헌도는 β^2에 정비례한다'고 볼 수 있다. 그러나 사회과학 분야의 독립변수 간에는 독립적인 경우가 거의 없기 때문에 각 독립변수의 종속변수에 대한 공헌도 간에는 어느 정도 관련성을 내포하고 있다고 할 수 있다. 따라서 독립변수의 종속변수에 대한 상대적 공헌도를 정확하게 결정하는 방법은 없다(Tabachnick & Fidell, 2007). 만일 독립변수 간에 상관이 낮으면 독립변수의 상대적 공헌도(貢獻度)는 β^2의 크기에 의해 대략 짐작할 수 있다.

표 17 · 4 Doolittle 방법에 의한 중다상관계수 R의 계산 절차

		X_1	X_2	X_3	X_4	X_5	계	
㉮	(a)	1.00	.56	.49	.42	−.55	1.92	
	(b)		1.00	.63	.46	−.53	2.12	
	(c)			1.00	.39	−.52	1.99	
	(d)				1.00	−.64	1.63	
㉯	(1) : (a)에서	1.00	.56	.49	.42	−.55	1.92	
	(2)	−1.00	−.56	−.49	−.42	.55	−1.92	
㉰	(3) : (b)에서		1.000	.63	.46	−.53	2.12	
	(4) : (1)(−.56)		−.314	−.274	−.235	.308	−1.075	
	(5) : (3)+(4)		.686	.356	.225	−.222	1.045	점검1
	(6) : (5)(−1/6.86)		−1.000	−.519	−.328	.324	−1.524	점검2
㉱	(7) : (c)에서			1.00	.39	−.52	1.99	
	(8) : (1)(−.49)			−.240	−.206	.270	−.941	
	(9) : (5)(−.519)			−.185	−.117	.115	−.542	
	(10) : (7)+(8)+(9)			.575	.067	−.135	.507	점검3
	(11) : (10)(−1/.575)			−1.000	−.116	.235	−.882	점검4
㉲	(12) : (d)에서				1.000	−.64	1.63	
	(13) : (1)(−.42)				−.176	.231	−.806	
	(14) : (5)(−.328)				−.074	.073	−.343	
	(15) : (10)(−.116)				−.008	.016	−.059	
	(16) : (12)+(13)+(14)+(15)				.742	−.320	.422	점검5
	(17) : (16)(−1/.742)				−1.000	.431	−.569	점검6
	β의 계산							
	(17)에서						$.431 = \beta_4$	
	(11)에서						$(.431)(-.116)+.235 = \beta_3 = .185$	
	(6)에서						$(.185)(-519)+(.431)(-.328)+.324 = \beta_2 = .087$	
	(2)에서						$(.087)(-.56)+(.185)(-.49)+(.431)(-.42)+.55 = \beta_1 = .230$	

$b_1 = (.230)\dfrac{2.09}{25.32} = .0190,\quad b_2 = (.087)\dfrac{2.09}{296.39} = .0006,\quad b_3 = (.185)\dfrac{2.09}{19.45} = .0199,\quad b_4 = (.431)\dfrac{2.09}{18.00} = .0500,$

$c = 5.40$

$\hat{Y} = .0190X_1 + .0006X_2 + .0199X_3 + .0500X_4 + 5.40$

$R^2_{y \cdot 1234} = (.230)(.55) + (.087)(.53) + (.185)(.52) + (.431)(.64) = .54465$

$R_{y \cdot 1234} = .738$, $s_{y \cdot 1234} = 2.09\sqrt{1-(.738)^2} = 1.40$

[1] 앞에 기술한 것처럼 산출된 상관계수(표 17 · 3 참조)는 ㉮단계와 같이 열거한다. 이 과정에서 먼저 해야 할 것은 이 표의 오른쪽에 표시된 바와 같이 '계' 칸을 마련하고 그 합을 구하는 일이다. '계'의 첫 번째 칸은 1.92로서 대각선상의 1.0을 포함한 첫 횡렬의 모든 상관계수를 합한 값이다. 계의 두 번째 칸 2.12는 첫 횡렬의 .56을 포함한 두 번째 횡렬의 합이 된다. 이 관계를 일반적으로 말하면 계의 j번째 칸의 합은 j횡렬의 1.0을 포함하는 바로 위의 종렬의 모든 값과 j횡렬의 값을 모두 합한 것이 된다. 이 계 칸은 계산과정의 정확성을 검토해 주기 때문에 이 계산은 특히 엄밀하게 해야 한다.

[2] 다음 ㉯단계의 (1)은 ㉮단계의 (a)를 그대로 옮기면 된다. ㉯단계의 (2)는 (1) 값의 부호를 반대

로 바꾸면 된다. 다음 ㉰단계의 (3)은 ㉮단계의 (*b*)를 그대로 옮기면 된다. ㉰의 (4)는 (3)의 1.00의 바로 위에 있는 (2)의 -.56에 ㉯의 (1)을 곱하여 얻는다. ㉰의 (5)는 이 횡렬의 왼쪽에 기호로 나타낸 것처럼 (3)과 (4)를 더하여 얻게 된다. 예를 들면 1.00+(-.314)은 .686이 된다.

3 ㉰단계의 (5)에서 처음으로 지금까지의 계산이 맞는가를 검토할 수 있다. 즉 (5)의 횡렬의 합은 계 칸의 합인 1.045와 일치되어야 한다. 이때 검토과정에서 양쪽의 합의 차는 소수 넷째 자리 이하의 반올림에서 오는 오차 정도가 되어야 한다. 약 ±.001이나 ±.002 또는 ±.005까지 허용되며 그렇지 않으면 계산의 정확성을 의심해야 한다. (6)의 값은 (5)의 횡렬의 첫 번째 수치를 음(-)의 역수(逆數)로 바꾸어 (5)의 값에 각각 곱하여 얻는다. 이 과정의 계산이 맞는가 하는 것은 (5)의 처음 수치인 .686을 주어진 음(-)의 역수로 곱했을 때 -1.000이 되어야 한다. 계 칸의 점검 2는 점검 1의 값 1.045를 (-1/.686)로 곱해서 얻은 값인데 이것은 (6)의 횡렬의 합과 일치해야 한다. 이것이 계산과정을 점검하는 제2단계 조치이다.

4 다음 ㉱단계의 (7)은 ㉮의 (*c*)를 그대로 옮긴 것이다. 이 단계부터는 계산과정의 규칙이 어느 정도 분명해졌다고 할 수 있다. (8)과 (9)의 승수(乘數 : multiplier)는 각 단계의 마지막 횡렬에서 얻은 것을 바로 윗 횡렬의 수치에 곱하여 얻게 된다. 각 단계의 승수를 다 활용한 다음에 얻어진 횡렬들을 다시 모두 합하여 다음 횡렬(즉 횡렬 10)의 수치를 얻는다. 다시 이것을 전처럼 이 횡렬의 처음 수치의 음(-)의 역수로 모두 곱해 마지막 횡렬의 값을 얻는다.

5 5번째 단계인 ㉲단계는 앞의 과정과 마찬가지로 계산한다. 이와 같이 5개의 변수(종속변수 포함)가 있는 경우에는 5단계의 계산을 거쳐야 한다. 이 계산절차는 변수의 수가 다른 경우에도 마찬가지로 적용할 수 있다. 변수의 수만큼 각 단계의 계산이 있는 것만 다르다. 마지막 단계는 세 개의 종렬로서 끝이 나는데, 가운데 종렬의 마지막 수치는 마지막 독립변수의 β값을 나타낸다. 따라서 이 예에서는 마지막 독립변수가 X_4이므로 $\beta=.431$이 된다.

6 나머지 β치를 구하는 과정은 각 단계의 마지막 횡렬[이 경우는 (11), (6) 및 (2)의 횡렬]로 거꾸로 돌아가서 이 값을 이용하는 과정이 된다. 이것의 계산과정은 마지막 ㉲단계 다음에 제시되어 있다.

7. 두 중다상관계수 간의 차 검증

앞에서 독립변수의 수를 증가시키면 중다상관계수 R도 증가한다고 하였다. 중다회귀분석에서는 독립변수를 하나씩 추가시킬 때마다 R이 표집오차 이상으로 유의하게 예언의 정확도(正確度)를 높여주고 있는지를 검증할 필요가 있다. 또한 일부 독립변수를 제외할 때마다 R의 예언 값에 유의한 감소가 있는지를 검증할 필요가 있다. 이와 같이 하나의 독립변수를 추가시키기 전과 후의 두 R간에 통계적으로 유의한 차가 있는지를 검증하고자 할 때 우리는 다음 검증통계치를 적용하게 된다. 영가설(H_0)은 「k_1개와 k_2개의 독립변수에 의해 얻은 전집의 R간에는 차이가 없다」이다.

$$F = \frac{({R_1}^2 - {R_2}^2)(k_1 - k_2)}{(1 - R_1^2)/(n - k_1 - 1)} \tag{17.9}$$

여기에서

R_1 = k_1개의 독립변수에 의해 얻어진 중다상관계수
R_2 = k_2개의 독립변수에 의해 얻어진 중다상관계수
k_1 = R_1계산 때 사용된 독립변수의 수
k_2 = R_2계산 때 사용된 독립변수의 수

이 검증통계치의 분포는 $df_1 = (k_1 - k_2)$와 $df_2 = (n - k_1 - 1)$을 가진 F분포와 같다. 위 공식에서 R_1은 독립변수의 수가 많은 쪽의 중다상관계수이다. 따라서 $R_1 > R_2$, $k_1 > k_2$가 된다. 표 17 · 1의 자료에 대해 위의 검증공식을 적용하면 다음과 같다. 여기에서는 독립변수로서 X_1만을 사용했을 때의 R과 두 변수 (X_1과 X_2)을 모두 사용했을 때의 R 간에 차이가 있는지를 검증해 보자. 독립변수로서 X_1만을 사용했을 때의 R은 X_1과 Y간의 상관계수(相關係數 : r)와 같다. 따라서 $r_{y \cdot x1}$은 0.3919, r^2은 0.1536이 된다. 그리고 두 독립변수를 모두 고려한 R은 0.771, R^2은 0.5944가 된다. 이 경우 $k_1 = 2$, $k_2 = 1$, $n = 15$이다. 이 값을 공식에 대입하면

$$\begin{aligned} F &= \frac{(0.5944 - 0.1536)/(2-1)}{(1-0.5944)/(15-2-1)} \\ &= \frac{0.4408/1}{0.4056/12} \\ &= 13.04 \end{aligned}$$

자유도가 1, 12인 F분포에서 위의 검증통계치(F) 13.04는 .01 수준에서 통계적으로 유의한 차가 있는 것으로 나타났다. 따라서 우리는 영가설을 부정하고 「X_2는 독립변수로서 R값을 유의하게 증가시킨다」는 결론을 내릴 수 있다.

또한 「전집에서 중다상관계수 R은 0이다」라는 영가설(H_0)은 다음 검증통계치를 이용하여 검증할 수 있다. 이 검증통계치의 분포는 $df_1 = k - 1$과 $df_2 = (n - k - 1)$을 가진 F분포와 같다. 만일 계산된 F값이 사전에 설정한 α수준에서 통계적으로 유의한 것으로 나타난다면 「직선 조합된 독립변수와 종속변수(準據變數) 간의 전집에서의 R은 0이 아니다」라는 결론을 내릴 수 있다.

$$F = \frac{R^2/k}{(1-R^2)/(n-k-1)} \tag{17.10}$$

k = 독립변수의 수

그러나 대부분의 실제 연구 상황에서 연구자들은 적어도 R이 0이 되지 않는다는 것을 잘 알고 있을 뿐만 아니라 0이 되지 않도록 하는 독립변수를 선정하여 사용하고 있다. 연구자들의 관심은 전집의 R이 0과 같으냐에 있는 것이 아니라 보다 큰 R을 얻기 위해서 어떠한 독립변수를 선정하느냐에 있다. 따라서 「전집에서 R이 0인지의 여부」에 대한 검증은 이론적(理論的)인 측면에서는 가능한 것이지만, 연구자 대부분이 R은 0보다는 훨씬 크다는 것을 알고 있으므로 실제로는 꼭 필요하지는 않다.

8. 중다회귀분석과 *ANOVA*와의 관계

앞에서 R^2은 직선 조합된 독립변수와 종속변수 간의 '공통분산(共通分散: common variance)의 비율'이라고 하였다. 그리고 *ANOVA*는 다양한 변산원(독립변수)에 따라 전체 분산을 분할하는 통계적 방법이라고 배웠다. 여기에서 변산원이란 독립변수는 몇 개의 수준으로 나누어진 유목화된 변수인데 중다회귀분석(重多回歸分析)에서도 이러한 유목변수를 독립변수로 사용할 수 있다. *ANOVA*에서 각 하위집단은 중다회귀분석에서 독립변수와 동일하게 취급된다. 따라서 직선 조합된 독립변수와 종속변수 간에 공통분산(共通分散)이 존재한다면 '집단 간에 통계적으로 유의한 차이가 있다'는 것과 같다.

표 17·5 *ANOVA*를 위한 자료와 분석결과

I	II	III
18	14	7
19	15	9
20	15	10
21	15	11
22	16	13

	SS	*df*	*MS*	*F*
집단간	250	2	125	46.875
집단내	32	12	2.66	
전 체	282	14		

표 17·6 *ANOVA* 자료를 이용한 중다회귀분석

X_1	X_2	Y	
1	0	18	r_{x_1y} = 0.8154
1	0	19	r_{x_2y} = 0.0000
1	0	20	$r_{x_1x_2}$ = −0.5000
1	0	21	
1	0	22	
0	1	14	
0	1	15	
0	1	15	
0	1	15	
0	1	16	
0	0	7	
0	0	9	
0	0	10	
0	0	11	
0	0	13	

ANOVA 자료를 이용하여 중다회귀분석을 예시해 보면 다음과 같다. 11장에서 우리는 표 17·5에 제시된 자료와 같은 세 집단 간의 평균치 차를 일원 *ANOVA*를 이용하여 검증하였다. 표 17·5의 자료는 세 개의 집단별로 각기 5명의 종속변수(또는 준거변수) 점수가 제시되어 있다. 이 자료로 중다회귀분석(重多回歸分析)을 하기 위해서는 표 17·6과 같이 각 집단(즉, 독립변수)과 종속변수 간에 상관을 계산할 수 있는 자료 형태로 바꾸어야 한다. 독자는 여기에서 종속변수 점수(Y)는 집단별로 분할된 것이 아니라 하나의 종렬(column)로 제시되어 있다는 점에 유의하기를 바란다.

표 17·6에서 종렬 X_1과 X_2는 집단소속(독립변수)을 나타낸다. 표에서 집단 I에 속한 피험자에 대해서는 X_1에 1을 할당하였고, 집단 II에 속한 피험자에 대해서는 X_2에 1을 할당하였다. 그리고 집단 I과 II에 속하지 않은 피험자는 집단 III에 속하기 때문에 X_3 칸이 필요하지 않다. 이것은 자유도(自由度)의 개념과 같다.

표 17·6 자료에 대한 중다상관계수 R의 계산은 앞에 제시된 절차를 이용하면 된다. 먼저 β값을 계산하고 R값을 구하면 다음과 같다.

$$\beta_1 = \frac{0.8154-(0.0000)(-0.5000)}{1-(0.5000)^2}$$
$$= 1.0872$$

$$\beta_2 = \frac{0.0000-(0.8154)(-0.5000)}{1-(0.5000)^2}$$
$$= 0.5436$$

$$R = \sqrt{(1.0872)(0.8154)+(0.5436)(0.000)}$$
$$= 0.9415$$

$$R^2 = 0.8865$$

계산된 R을 기초로 우리는 공식 (17.10)을 이용하여 전집에서 중다상관계수 R이 0인지의 여부를 검증하면 다음과 같다.

$$F = \frac{0.8865/2}{(1-0.8865)/12} = 46.86$$

이 값(46.86)은 표 17 · 5에 제시된 *ANOVA* 결과 얻은 F값(46.875)과 비교해 볼 때 반올림의 차이를 제외하고는 같다. 이 검증을 위한 자유도 역시 *ANOVA*에서와 마찬가지로 $df = 2$와 12이다. 따라서 *ANOVA*의 F검증과 중다회귀분석에서 R의 유의도(有意度: F)값은 서로 같으며 동시에 가설부정의 기준치(F_{cv})도 같다.

앞의 *ANOVA*에서 전체자승화(SS_t)는 간자승화(SS_b)와 내자승화(SS_w)로 분할된다는 사실을 알았다. 간자승화는 집단의 처치효과를 나타내며, 내자승화는 비교 집단내의 개인차로서 집단의 처치효과로 볼 수 없는 오차분산(誤差分散)의 정도를 나타낸다. 중다회귀분석에서 R^2은 종속변수의 전체분산 중 독립변수가 차지하는 분산의 비율을 나타내며 $(1-R^2)$은 오차 혹은 설명되지 않은 분산의 비율을 의미한다. 이 두 가지 개념 즉, *ANOVA*에서 전체자승화(SS_t)와 중다회귀분석에서 R^2을 서로 연계시켜 보면 우리는 *ANOVA*와 중다회귀분석(重多回歸分析)이 본질적으로 서로 같다는 것을 확인할 수 있다.

$R^2 \times SS_t$ =간자승화(SS_b)

$(0.8865) \times (282) = 250$

$(1-R^2) \times SS_t$ =내자승화(SS_w)

$(0.1135) \times (282) = 32$

따라서 '*ANOVA* 결과만 알면 중다회귀분석을 하지 않더라도 R^2을 계산'해 낼 수 있다.

ANOVA와 중다회귀분석(重多回歸分析)은 본질적으로 서로 같은 가설을 검증하기 위한 추리통계 방법이다.

9. 부분상관과 준부분상관

부분상관(部分相關; partial r; pr)과 준부분상관(準部分相關; semipartial r; sr)은 중다상관계수와 관련이 있는 상관계수로서 체육연구에서 적용 빈도가 높아지고 있다. 부분상관계수와 준부분상관계수는 둘 다 Pearson의 적률상관계수와 같은 유형에 속하지만 이들의 개념과 사용방법은 조금씩 다르다. 부분상관은 제3변수가 제1, 제2변수에 미치는 영향을 제거시킨 후의 제1, 제2변수 간 상관계수를 의미한다. 예를 들어 X를 제3변수라고 한다면, Y와 Z의 상관에서 X의 영향을 제거시켰을 때 얻은 상관계수를 의미하며 이 경우 부분상관계수는 $r_{yz \cdot x}$로 표시한다. 부분상관의 개념과 계산공식을 제시하면 다음과 같다.

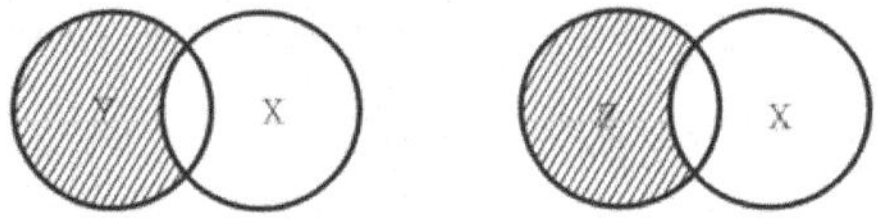

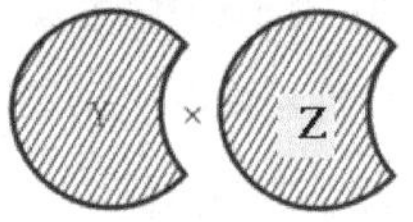

• 부분상관(部分相關)

$$r_{yz \cdot x} = \frac{r_{yz} - r_{xy} r_{xz}}{\sqrt{(1 - r_{xy}^2)(1 - r_{xz}^2)}} \quad (17.11)$$

표 17 · 7 부분(partial), 준부분(semipartial) 상관계수 산출 예시자료

X	Y	Z	$\hat{Y}_x$	$Y-\hat{Y}_x$	$\hat{Z}_x$	$Z-\hat{Z}_x$
2	12	4	12.2982	−0.2982	5.4385	−1.4385
7	14	10	15.8947	−1.8947	8.8155	1.1845
8	18	8	16.6140	1.3860	9.4909	−1.4909
4	15	9	13.7368	1.2632	6.7893	2.2107
5	14	7	14.4561	−0.4561	7.4647	−0.4607

$r_{xy}=0.7838$ $r_{xz}=0.7004$ $r_{yz}=0.5055$

$\hat{Y}= 0.7193X +10.8596$

$\hat{Z}= 0.6754X + 4.0877$

$$r_{yz.x} = \frac{0.5055-(0.7838)(0.7004)}{\sqrt{(1-0.7838^2)(1-0.7004^2)}}$$
$$= -0.098$$

예를 들어보자. 표 17 · 7에는 연령(X), 속도(Y), 신장(Z)의 세 변수에 대한 점수가 예시되어 있다. 이 자료를 이용하여 속도(Y)와 신장(Z) 변수에 대한 연령변수(X)의 영향을 제거한 후, 속도(Y)와 신장(Z)간의 상관계수(즉, 부분상관계수)를 산출하면 다음과 같다. 먼저 우리는 회귀식(回歸式)을 이용하여 X에 의해 Y, X에 의해 Z를 각각 예언할 수 있다. 예언점수는 표 17 · 7에 $\widehat{Y}_x$, $\widehat{Z}_x$으로 제시되어 있다. 다음 Y, Z 각각의 예언점수를 실제점수로부터 뺌으로써 즉, $(Y-\widehat{Y}_x)$, $(Z-\widehat{Z}_x)$을 계산함으로써 X에 의해 예언되지 못한 잔여부분(殘餘部分)을 얻을 수 있다. 이 잔여부분 간의 상관계수가 부분상관계수이며 그 값은 -0.098이 된다. 실제로 부분상관계수는 이러한 절차에 의해 계산하기보다는 앞에 제시된 공식 17.11을 이용하면 편리하다.

반면 준부분상관(準部分相關)은 제3 변수(X)의 영향을 어느 한 변수(Y 혹은 Z)에서만 제거한 후 산출한 두 변수(Y, Z) 간의 상관계수를 의미한다. 예를 들어 팔굽혀펴기(Push-ups)와 평행봉위에서 팔굽혀펴기(Dips) 간의 상관을 알고자 한다. 그런데 Push-ups는 체중이 정적으로 영향을 미치지만, Dips는 체중이 부적으로 영향을 미친다. 따라서 체중이 부적으로 작용하는 Dips(Y)에서 체중(X)이 미치는 영향 정도를 제거한 후, Push-ups(Z)와 Dips(Y) 간의 상관을 알고자 할 때 준부분상관계수의 산출이 필요하게 된다. 준부분상관계수의 개념과 계산공식을 제시하면 다음과 같다.

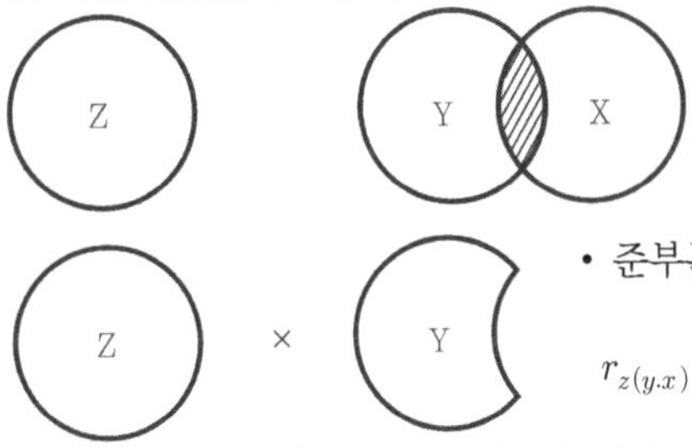

• 준부분상관(準部分相關)

$$r_{z(y.x)} = \frac{r_{zy}-r_{xy}r_{xz}}{\sqrt{1-{r_{xy}}^2}} \quad (17.12)$$

Y에서 X의 영향을 제거한 것을 $(Y \cdot X)$로 표시하면 Z와 $(Y \cdot X)$와의 상관이 바로 준부분상관이 된다. 준부분상관계수는 $r_{z(y.x)}$로 표시한다. 위의 표 17 · 7에 제시된 자료

를 예로 할 때, Y에서 X의 영향을 제거한 후 Z와 Y간의 준부분상관[$r_{z(y.x)}$]은 Z와 $(Y-\widehat{Y}_x)$간의 상관계수가 되는데 이 값은 -0.06이 된다. 그리고 이를 공식 17.12에 의해 산출하면 역시 동일한 값을 얻게 된다.

$$r_{z(y.x)} = \frac{0.5055-(0.7838)(0.7004)}{\sqrt{1-(0.7838)^2}} = -0.06$$

부분상관(部分相關: partial correlation; pr)과 준부분상관(準部分相關: part 혹은 semipartial correlation; sr)은 중복된 변수의 영향을 제거하여 변수 간의 순수한 관련성을 이해하는 데 도움을 준다. 부분상관은 제3 변수의 영향을 제거한 두 변수 간의 상관을 의미하며 준부분상관은 제3 변수의 영향을 어느 한 변수에서만 제거시킨 후의 두 변수 간 상관을 의미한다.

---

10. 중다회귀분석 방법별 상관계수(r), 부분상관계수, 준부분상관계수 간의 관계

앞에서 우리는 준부분상관(part 혹은 semipartial r, sr)은 다른 IV(들)의 영향을 IV에서만 제거한 후 얻은 상관계수이며 부분상관(partial r; pr)은 다른 IV(들)의 영향을 IV와 DV 양쪽에서 모두 제거하였을 때 얻은 상관계수임을 알았다. 다시 말하면 준부분상관은 특정 IV(통제변수)의 영향을 IV에서만 통제하였을 때 통제된 IV가 DV에 고유하게 영향을 미치는 정도를 설명해 주는 데 반해, 부분상관은 다른 IV(통제변수)가 두 변수(IV와 DV)에 미치는 영향을 통제하였을 때 IV가 DV에 미치는 영향이 어느 정도인지를 설명해 준다.

좀 더 구체적으로 이들 상관계수에 대한 이해를 돕기 위해 Tabachnick & Fidell (2007)이 Using multivariate statistics (5th ed.)에 제시한 벤다이어그램을 인용하여 중다회귀분석 방법별로 기술해 보고자 한다. 도 17 · 4의 그림에서 IV_1과 IV_2는 독립변수이며 IV_1은 먼저 투입된 변수이며 IV_2는 다음으로 투입된 변수를 의미한다. 그림에서 제곱 상관계수(혹은 결정계수; r_i^2)는 중다회귀분석 방법(표준 혹은 위계적 방법)과 관계없이 'DV의 전체면적($a+b+c+d$) 중 IV_1과 IV_2가 차지하는 면적의 비율'은 같다.

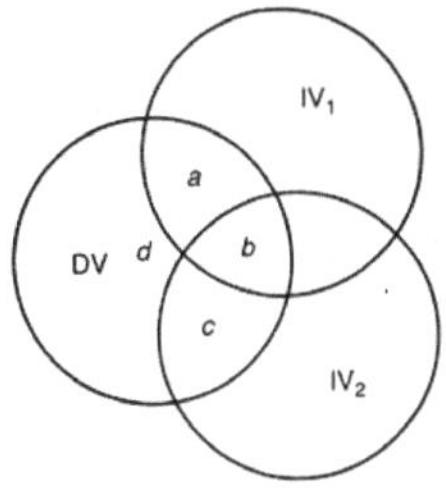

	•표준중다회귀분석 Standard regression		•위계적중다회귀분석 Sequential regression
•제곱 상관계수(r_i^2)	IV_1	$(a+b)/(a+b+c+d)$	$(a+b)/(a+b+c+d)$
	IV_2	$(c+b)/(a+b+c+d)$	$(c+b)/(a+b+c+d)$
•제곱 준부분상관계수(sr_i^2)	IV_1	$a/(a+b+c+d)$	$(a+b)/(a+b+c+d)$
	IV_2	$c/(a+b+c+d)$	$c/(a+b+c+d)$
•제곱 부분상관계수(pr_i^2)	IV_1	$a/(a+d)$	$(a+b)/(a+b+d)$
	IV_2	$c/(c+d)$	$c/(c+d)$

도 17 · 4 회귀분석 방법(표준, 위계적)별, 상관계수(r_i^2, sr_i^2 pr_i^2)별 투입된 IV가 DV에서 차지하는 면적비율

그러나 제곱 준부분상관계수는 투입된 IV의 DV에 대한 공헌도는 분석 방법에 따라 차이가 있다. 제곱 준부분상관계수(sr_i^2)는 표준 회귀분석의 경우, DV의 전체분산(면적; total variance) 중 해당 IV만이 고유하게 공헌하는 정도를 의미한다. 따라서 IV_1이 고유하게 공헌하는 정도는 DV의 전체면적($a+b+c+d$) 중 IV_2와 관련된 부분(b)이 제거된 면적(a)이며 그 비율은 $a/(a+b+c+d)$가 된다. 마찬가지로 IV_2가 고유하게 공헌하는 정도는 IV_1과 관련된 부분(b)이 제거된 면적(c)이며 그 비율은 $c/(a+b+c+d)$가 된다. 위계적 회귀분석에서는 IV의 투입순서에 따라 IV가 DV에 고유하게 공헌하는 정도는 차이가 있다. 즉, 최초로 투입된 IV_1의 DV에 대한 공헌도는 DV와 관련된 모든 면적($a+b$)이며 그 비율은 $(a+b)/(a+b+c+d)$가 된다. 그리고 두 번째로 투입된 IV_2의 DV에 대한 고유한 공헌도는 면적(c)이며 그 비율은 $c/(a+b+c+d)$가 된다.

제곱 부분상관계수(pr_i^2) 역시 투입된 IV의 DV에 대한 공헌도는 분석 방법에 따라 차이가 있다. 독자는 이미 pr_i^2은 '다른 IV(들)의 영향을 IV와 DV 양쪽에서 모두 제거' 한 후 DV의 전체분산(면적)에서 IV가 차지하는 고유한 면적임을 알았다. 따라서 pr_i^2의 분석 방법별 IV의 DV에 대한 공헌 정도는 그림을 참고하기 바란다.

표준 회귀분석과 단계적 회귀분석에서 IV에 대한 sr_i^2는 해당 IV를 회귀식에서 제외했을 때 R^2가 감소하는 양을 의미한다. 즉, 투입된 *IV* 중에서 해당 *IV*가 R^2에 고유하게 공헌하는 정도를 의미한다. 그러나 *IV* 간에 상관이 있을 때 sr_i^2의 합은 R^2와 일치하지 않는다. 일반적으로 sr_i^2의 합은 R^2보다 적다. sr_i^2의 합이 R^2보다 적을 때 이들 간의 차이 값은 중복분산(shared variance; 둘 혹은 그 이상의 *IV*들이 R^2에 공통적으로 공헌하는 분산)을 의미한다.

아래의 표 17 · 8은 SPSS를 이용하여 독립변수(motivation, quality, grade)별로 회귀식의 근거가 되는 상수(constant)와 B, SE, β 그리고 세 가지 상관계수(r, sr_i, pr_i)를 산출한 결과 예이다. 표에는 준부분상관(sr_i)과 부분상관(pr_i)의 또 다른 계산공식과 함께 해석에 도움을 줄 수 있는 설명을 제시하였다.

표 17 · 8 위계적 회귀분석 방법을 적용하여 산출된 상수(constant), B 계수, β계수와 상관계수(r_i^2, sr_i^2, pr_i^2)에 대한 *SPSS* Output

Coefficients^a

Model		Unstandardized Coefficients		Standardized Coefficients	t	Sig.	Correlations			Collinearity Statistics	
		B	Std. Error	Beta			Zero-order	Partial	Part	Tolerance	VIF
1	(Constant)	-4.722	9.066		-.521	.654					
	motivation	.658	.872	.319	.755	.529	.586	.471	.291	.832	1.203
	quality	.272	.589	.291	.462	.690	.733	.310	.178	.374	2.671
	grade	.416	.646	.402	.644	.586	.750	.414	.248	.381	2.622

a. Dependent Variable: score

$$.414^2 = .172$$
$$.248^2 = .062$$

제곱준부분상관 (Semi-partial) •Part

$$sr_i^2 = \frac{t_i^2}{df_{res}}(1 - R^2)$$
$$= \frac{(0.644)^2}{2}(1 - .7024) = .062$$

• 회귀식에 Grade 변수를 투입시킬 경우 R^2은 .062 증가
• R^2에 대한 고유공헌도

제곱부분상관 (Partial)

$$pr_i^2 = \frac{t_i^2}{t_i^2 + df_{res}}$$
$$= \frac{(0.644)^2}{(0.644)^2 + 2} = .172$$

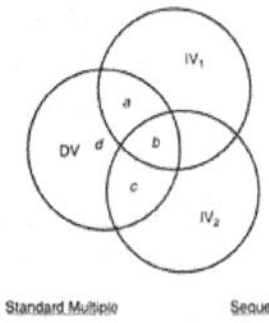

	Standard Multiple	Sequential
r_i^2	IV_1 $(a+b)/(a+b+c+d)$ IV_2 $(c+b)/(a+b+c+d)$	$(a+b)/(a+b+c+d)$ $(c+b)/(a+b+c+d)$
sr_i^2	IV_1 $a/(a+b+c+d)$ IV_2 $c/(a+b+c+d)$	$(a+b)/(a+b+c+d)$ $c/(a+b+c+d)$
pr_i^2	IV_1 $a/(a+d)$ IV_2 $c/(c+d)$	$(a+b)/(a+b+d)$ $c/(c+d)$

• 회귀식에서 앞에 투입된 *IV*들(motivation, quality)이 Grade 변수와 *DV*에 미치는 영향을 모두 제거한 후 Grade와 *DV*간의 관련정도(r^2)는 .172

※ *SPSS*는 준부분상관(Semi-partial r)을 Part로, 부분상관(Partial r)을 Partial로 표기하고 있음에 유의.

표 17 · 8의 분석결과에 따르면 회귀식에 통계적으로 유의하게 공헌하는 독립변수는 발견되지 않고 있다. 그 이유 중의 하나는 분석자료의 사례수가 매우 적기 때문이다. 통

계적 유의수준(p)과 관계없이 투입된 변인에 대한 위의 B, SE, β, t, p값은 반드시 보고해야 한다. 왜냐하면 중다상관계수 R이 0인지의 여부를 검증하는 F값은 예언식에 포함된 모든 변수를 대상으로 산출하였기 때문이다. 만일 위의 결과가 통계적으로 유의한 것으로 나타났다면 다음과 같은 '결과의 해석'이 가능하다.

"표 17 · 8에 의하면 종속변수(score)에 통계적으로 유의 ($p<.05$)한 영향을 미치는 요인은 motivation, quality, grade로 나타났다. Motivation, quality, grade 점수가 높을수록 score도 높다. 학생들의 score에 motivation과 quality가 grade에 미치는 영향을 제거하였을 때 grade가 score에 미치는 고유 공헌비율은 .062로 나타났다...... "

연습문제

※ 다음 1~10번 문제를 읽고, 정답이면 ○, 오답이면 ×를 ____에 표시하시오. 그리고 11~20번 문제를 읽고 정답을 선택하시오.

____ 1. 중다상관계수 R은 항상 0 이상 1 이하의 값을 가진다.

____ 2. 중다상관계수 R이 클수록 종속변수와 독립변수들 간의 선형 관계가 약하다는 것을 의미한다.

____ 3. 중다상관은 두 개 이상의 독립변수가 종속변수와 어떤 관계가 있는지를 나타내는 통계치이다.

____ 4. 중다상관계수는 단순상관계수와는 다르게 변수들 간의 인과관계를 명확하게 설명해 준다.

____ 5. 중다상관계수의 제곱(R^2)은 회귀모형이 종속변수의 변동을 얼마나 잘 설명하는지를 나타낸다.

____ 6. 중다상관계수 R은 종속변수와 하나의 독립변수 간의 상관을 나타낸다.

____ 7. 중다상관계수 R은 회귀분석 과정에서 종속변수 값(Y)과 예측값($\hat{Y}$) 간의 상관관계로부터 산출할 수 있다.

____ 8. 중다상관계수 R이 높으면 회귀계수(β)들의 값도 항상 크다.

____ 9. 중다상관계수는 예측된 종속변수 값과 실제 종속변수 값 간의 피어슨 상관계수와 동일하다.

____10. 중다상관계수가 높더라도 다중공선성이 존재하면 회귀계수의 해석은 왜곡될 수 있다.

11. 중다상관계수 R의 제곱(R^2)은 무엇을 나타내는가?

① 독립변수 간 상관계수
② 잔차 제곱합
③ 설명된 분산(explained variance) 비율
④ 오차항의 평균

12. 다음 중 중다상관계수를 활용할 수 있는 분석 방법은?

① 분산분석(*ANOVA*) ② 공분산분석(*ANCOVA*)
③ 단순회귀분석 ④ 중다회귀분석

13. 중다상관계수(R)의 값이 0에 가까울수록 의미하는 것은 무엇인가?

① 회귀모형이 종속변수를 잘 설명한다.
② 독립변수들 간의 상관이 높다.
③ 독립변수들이 종속변수와 거의 관련이 없다.
④ 종속변수가 정상분포를 이루고 있다.

14. 중다상관 분석은 다음 중 어떤 목적에 가장 적합한가?

① 집단 간 평균 차이 비교
② 변수들 간 인과관계 분석
③ 여러 독립변수가 종속변수에 미치는 영향력 평가
④ 변수들 간 거리 계산

15. R의 제곱인 결정계수(R^2)가 0.85로 나타났다. 이 값은 무엇을 의미하는가?

① 종속변수의 85%는 측정오차이다.
② 종속변수의 분산 중 85%를 독립변수들이 설명해 준다.
③ 독립변수의 85%가 통계적으로 유의하다.
④ 전체 자료의 85%가 이탈치(outlier)이다.

16. 중다상관분석에서 R을 해석할 때 가장 적절하지 않은 설명은?

① R은 여러 독립변수가 함께 종속변수와 어떤 관계가 있는지를 보여준다.
② R이 1에 가까울수록 회귀모형의 설명력이 높다.
③ R이 작으면 독립변수들 간에 다중공선성이 높다는 뜻이다.
④ R은 종속변수와 예측값 간의 상관계수이다.

17. R이 높은 경우에도 회귀분석 결과의 해석이 어려울 수 있는 상황은?

① 표본수가 많은 경우
② 중다공선성이 존재하는 경우
③ 오차항이 정규분포를 따르는 경우
④ 독립변수 간 상호작용 항이 없는 경우

18. 다음 중 R에 대한 설명으로 옳은 것은?

① R은 항상 음수이다.
② R은 회귀계수의 크기를 나타낸다.
③ R은 종속변수와 모든 독립변수 간의 상관 정도를 나타낸다.
④ R은 종속변수의 표준편차를 계산하는 지표이다.

19. 중다상관계수 R이 1에 가깝다는 것은 무엇을 의미하는가?

① 독립변수들 간에 중다공선성이 높다.
② 독립변수들이 종속변수를 잘 설명해 준다.
③ 종속변수와 독립변수들 간에는 관계가 없다.
④ 회귀모형은 과적합(overfitting)되었다.

20. 다음 중 중다상관(multiple correlation)분석이 단순상관(simple correlation)분석보다 더 유용한 경우는?

① 변수 간 선형관계 여부만 파악하고 싶을 때
② 종속변수에 영향을 미치는 여러 독립변수를 동시에 고려하고자 할 때
③ 하나의 변수로만 예측 모형을 만들고자 할 때
④ 두 변수의 평균 차이를 비교하고자 할 때

21. 중다상관분석이 단순상관분석보다 우수한 이유로 가장 적절한 것은?

① 독립변수 간의 인과관계를 자동으로 파악한다.
② 변수들 간의 거리 계산을 할 수 있다.
③ 여러 변수의 결합 효과로 예측력을 향상시킬 수 있다.
④ 변수 간 상관이 전혀 없을 때만 사용 가능하다.

22. 단순상관분석과 비교하여 중다상관분석이 제공하지 않는 정보는?

① 독립변수들이 종속변수에 기여하는 정도
② 전체 설명력(R^2)의 크기
③ 독립변수 간의 개별 단순상관계수
④ 종속변수와 예측값 간의 관계

23. 중다상관분석을 사용해야 하는 이유로 가장 적절한 것은?

① 상관계수를 절대값 기준으로 순위를 매기기 위해
② 종속변수 없이 변수 간 관계를 살피기 위해
③ 종속변수를 여러 독립변수의 조합으로 예측하고 설명하기 위해
④ 변수 간 비선형 관계를 자동으로 추정하기 위해

24. 중다상관분석의 주요 이점 중 하나는?

① 독립변수 간의 중다공선성을 제거
② 두 변수 간의 단순한 상관을 계산
③ 여러 독립변수의 통합적인 설명력을 수량화
④ 종속변수가 없는 탐색적 데이터 분석

25. 다음 자료는 5명의 피험자로부터 얻은 세 개 요인(X, Y, Z)의 점수이다. X, Y는 예언변수, Z는 준거변수이다.

X	Y	Z
6	3	2
8	5	2
5	5	4
6	4	3
3	3	1

1) 세 변수 간의 차를 *ANOVA*를 적용하여 검증하라.

2) 위의 자료를 이용하여 중다상관계수 R을 계산하라. (※ *ANOVA* 자료를 가지고 중다상관계수 R을 계산하기 위해서는 위의 자료를 표 17 · 6과 같은 형식으로 바꾸어야 한다.)

3) X를 제3 변수로 설정하고 Y와 Z의 부분상관계수 $r_{yz.x}$를 계산하라.

4) X를 제3 변수로 설정하고 Y에서 X의 영향을 제거한 후 Z와 Y간의 준부분상관계수 $r_{z(y.x)}$를 계산하라.

26. 세 변수 간의 상관이 다음과 같다.

$r_{xy} = .60$ $r_{xz} = .50$ $r_{yz} = .40$

1) $r_{yz.x}$를 계산하라.

2) $r_{zx.y}$를 계산하라.

3) $r_{yx.z}$를 계산하라.

4) $r_{y(x.z)}$를 계산하라.

5) $r_{x(y.z)}$를 계산하라.

6) 변수X는 변수 Y와 Z간 상관의 몇 %를 설명해 주고 있는가?

정답표

1. ○	2. ×	3. ○	4. ×	5. ○	6. ×
7. ○	8. ×	9. ○	10. ○	11. ③	12. ④
13. ③	14. ③	15. ②	16. ③	17. ②	18. ③
19. ②	20. ②	21. ③	22. ③	23. ③	24. ③

25.

1)

	SS	df	MS	F	p
집단간	2.41	2	1.21	0.86	.537
집단내	2.79	2	1.40		
전 체	5.20	4			

2) $r_{xy}=.550$ $r_{xz}=.217$ $r_{yz}=.658$

$R=.680$ $R^2=.463$

3) $r_{yz.x)}=\frac{0.658-(0.550)(0.217)}{\sqrt{(1-0.550^2)(1-0.217^2)}}$
$=0.660$

4) $r_{z(y.x)}=\frac{0.658-(0.550)(0.217)}{\sqrt{1-(0.550)^2}}$
$=.645$

26.

1) $r_{yz.x}=.144$

2) $r_{z(y.x)}=.125$

3) Y와 Z 간 상관제곱(r_{yz^2})− Y에서 X의 영향을 제거한 후 Z와 Y간의 준부분상관제곱($r_{z(y.x)^2}$)
$=.658^2-.645^2=.433-.416=.017=1.7\%$

수표 부록

수표 1 정상분포곡선 수표

수표 2 BC/AD 혹은 AD/BC의 비율에 사간상관계수(rt)의 결정

수표 3 난수표

수표 4 전집의 사례수(N)별 표본수

수표 5 전집과 표본수와의 관계

수표 6 t분포

수표 7 F분포 - 분포의 오른쪽 .25, .10, .05, .01에 해당하는 F치

수표 8 x2분포

수표 9 상관계수의 가설($H_0 : \rho = 0$)부정 기준치

수표 10 Tukey, Newman - Keuls Q의 가설부정 기준치

수표 11 r의 zr 환산표

수표 12 Mann - Whitney U의 가설검정 기준치

수표 13 Wilcoxon T의 가설부정 기준치

수표 14 Hartley의 동변량성 검증(Fmax)

수표 1 정상분포곡선 수표

(1) z 표준점수 (x/δ)	(2) A $\hat{X}$에서 Z까지의 면적	(3) B 큰부분의 면적	(4) C 작은부분의 면적	(5) y Z점상의 종축치
0.00	.0000	.5000	.5000	.3989
0.01	.0040	.5040	.4960	.3989
0.02	.0080	.5080	.4920	.3989
0.03	.0120	.5120	.4880	.3988
0.04	.0160	.5160	.4840	.3986
0.05	.0199	.5199	.4801	.3984
0.06	.0239	.5239	.4761	.3982
0.07	.0279	.5279	.4721	.3980
0.08	.0319	.5319	.4681	.3977
0.09	.0359	.5359	.4641	.3973
0.10	.0398	.5398	.4602	.3970
0.11	.0438	.5438	.4562	.3965
0.12	.0478	.5478	.4522	.3961
0.13	.0517	.5517	.4483	.3956
0.14	.0557	.5557	.4443	.3951
0.15	.0596	.5596	.4404	.3945
0.16	.0636	.5636	.4364	.3939
0.17	.0675	.5675	.4325	.3932
0.18	.0714	.5714	.4286	.3925
0.19	.0753	.5753	.4247	.3918
0.20	.0793	.5793	.4207	.3910
0.21	.0832	.5832	.4168	.3902
0.22	.0871	.5871	.4129	.3894
0.23	.0910	.5910	.4090	.3885
0.24	.0948	.5948	.4052	.3876
0.25	.0987	.5987	.4013	.3867
0.26	.1026	.6026	.3974	.3857
0.27	.1064	.6064	.3936	.3847
0.28	.1103	.6103	.3897	.3836
0.29	.1141	.6141	.3859	.3825
0.30	.1179	.6179	.3821	.3814
0.31	.1217	.6217	.3783	.3802
0.32	.1255	.6255	.3745	.3790
0.33	.1293	.6293	.3707	.3778
0.34	.1331	.6331	.3669	.3765
0.35	.1368	.6368	.3632	.3752
0.36	.1406	.6406	.3594	.3739
0.37	.1443	.6443	.3557	.3725
0.38	.1480	.6480	.3520	.3712
0.39	.1517	.6517	.3483	.3697
0.40	.1554	.6554	.3446	.3683
0.41	.1591	.6591	.3409	.3668
0.42	.1628	.6628	.3372	.3653
0.43	.1664	.6664	.3336	.3637
0.44	.1700	.6700	.3300	.3621

수표 1 정상분포곡선 수표(계속)

(1)	(2)	(3)	(4)	(5)
z	A	B	C	y
표준점수 (x/δ)	$\hat{X}$에서 Z까지의 면적	큰부분의 면적	작은부분의 면적	Z점상의 종축치
0.45	.1736	.6736	.3264	.3605
0.46	.1772	.6772	.3228	.3589
0.47	.1808	.6808	.3192	.3572
0.48	.1844	.6844	.3156	.3555
0.49	.1879	.6879	.3121	.3538
0.50	.1915	.6915	.3085	.3521
0.51	.1950	.6950	.3050	.3503
0.52	.1985	.6985	.3015	.3485
0.53	.2019	.7019	.2981	.3467
0.54	.2054	.7054	.2946	.3448
0.55	.2088	.7088	.2912	.3429
0.56	.2123	.7123	.2877	.3410
0.57	.2157	.7157	.2843	.3391
0.58	.2190	.7190	.2810	.3372
0.59	.2224	.7224	.2776	.3352
0.60	.2257	.7257	.2743	.3332
0.61	.2291	.7291	.2709	.3312
0.62	.2324	.7324	.2676	.3292
0.63	.2357	.7357	.2643	.3271
0.64	.2389	.7389	.2611	.3251
0.65	.2422	.7422	.2578	.3230
0.66	.2454	.7454	.2546	.3209
0.67	.2486	.7486	.2514	.3187
0.68	.2517	.7517	.2483	.3166
0.69	.2549	.7549	.2451	.3144
0.70	.2580	.7580	.2420	.3123
0.71	.2611	.7611	.2389	.3101
0.72	.2642	.7642	.2358	.3079
0.73	.2673	.7673	.2327	.3056
0.74	.2704	.7704	.2296	.3034
0.75	.2734	.7734	.2266	.3011
0.76	.2764	.7764	.2236	.2989
0.77	.2794	.7794	.2206	.2966
0.78	.2823	.7823	.2177	.2943
0.79	.2852	.7852	.2148	.2920
0.80	.2881	.7881	.2119	.2897
0.81	.2910	.7910	.2090	.2874
0.82	.2939	.7939	.2061	.2850
0.83	.2967	.7967	.2033	.2827
0.84	.2995	.7995	.2005	.2803
0.85	.3023	.8023	.1977	.2780
0.86	.3051	.8051	.1949	.2756
0.87	.3078	.8078	.1922	.2732
0.88	.3106	.8106	.1894	.2709
0.89	.3133	.8133	.1867	.2685

수표 1 정상분포곡선 수표(계속)

(1) z 표준점수 (x/δ)	(2) A $\hat{X}$에서 z까지의 면적	(3) B 큰부분의 면적	(4) C 작은부분의 면적	(5) y z점상의 종축치
0.90	.3159	.8159	.1841	.2661
0.91	.3186	.8186	.1814	.2637
0.92	.3212	.8212	.1788	.2613
0.93	.3238	.8238	.1762	.2589
0.94	.3264	.8264	.1736	.2565
0.95	.3289	.8289	.1711	.2541
0.96	.3315	.8315	.1685	.2516
0.97	.3340	.8340	.1660	.2492
0.98	.3365	.8365	.1635	.2468
0.99	.3389	.8389	.1611	.2444
1.00	.3413	.8413	.1587	.2420
1.01	.3438	.8438	.1562	.2396
1.02	.3461	.8461	.1539	.2371
1.03	.3485	.8485	.1515	.2347
1.04	.3508	.8508	.1492	.2323
1.05	.3531	.8531	.1469	.2299
1.06	.3554	.8554	.1446	.2275
1.07	.3577	.8577	.1423	.2251
1.08	.3599	.8599	.1401	.2227
1.09	.3621	.8621	.1379	.2203
1.10	.3643	.8643	.1357	.2179
1.11	.3665	.8665	.1335	.2155
1.12	.3686	.8686	.1314	.2131
1.13	.3708	.8708	.1292	.2107
1.14	.3729	.8729	.1271	.2083
1.15	.3749	.8749	.1251	.2059
1.16	.3770	.8770	.1230	.2036
1.17	.3790	.8790	.1210	.2012
1.18	.3810	.8810	.1190	.1989
1.19	.3830	.8830	.1170	.1965
1.20	.3849	.8849	.1151	.1942
1.21	.3869	.8869	.1131	.1919
1.22	.3888	.8888	.1112	.1895
1.23	.3907	.8907	.1093	.1872
1.24	.3925	.8925	.1075	.1849
1.25	.3944	.8944	.1056	.1826
1.26	.3962	.8962	.1038	.1804
1.27	.3980	.8980	.1020	.1781
1.28	.3997	.8997	.1003	.1758
1.29	.4015	.9015	.0985	.1736
1.30	.4032	.9032	.0968	.1714
1.31	.4049	.9049	.0951	.1691
1.32	.4066	.9066	.0934	.1669
1.33	.4082	.9082	.0918	.1647
1.34	.4099	.9099	.0901	.1626

수표 1 정상분포곡선 수표(계속)

(1) z 표준점수 (x/δ)	(2) A $\hat{X}$에서 Z까지의 면적	(3) B 큰부분의 면적	(4) C 작은부분의 면적	(5) y Z점상의 종축치
1.35	.4115	.9115	.0885	.1604
1.36	.4131	.9131	.0869	.1582
1.37	.4147	.9147	.0853	.1561
1.38	.4162	.9162	.0838	.1539
1.39	.4177	.9177	.0823	.1518
1.40	.4192	.9192	.0808	.1497
1.41	.4207	.9207	.0793	.1476
1.42	.4222	.9222	.0778	.1456
1.43	.4236	.9236	.0764	.1435
1.44	.4251	.9251	.0749	.1415
1.45	.4265	.9265	.0735	.1394
1.46	.4279	.9279	.0721	.1374
1.47	.4292	.9292	.0708	.1354
1.48	.4306	.9306	.0694	.1334
1.49	.4319	.9319	.0681	.1315
1.50	.4332	.9332	.0668	.1295
1.51	.4345	.9345	.0655	.1276
1.52	.4357	.9357	.0643	.1257
1.53	.4370	.9370	.0630	.1238
1.54	.4382	.9382	.0618	.1219
1.55	.4394	.9394	.0606	.1200
1.56	.4406	.9406	.0594	.1182
1.57	.4418	.9418	.0582	.1163
1.58	.4429	.9429	.0571	.1145
1.59	.4441	.9441	.0559	.1127
1.60	.4452	.9452	.0548	.1109
1.61	.4463	.9463	.0537	.1092
1.62	.4474	.9474	.0526	.1074
1.63	.4484	.9484	.0516	.1057
1.64	.4495	.9495	.0505	.1040
1.65	.4505	.9505	.0495	.1023
1.66	.4515	.9515	.0485	.1006
1.67	.4525	.9525	.0475	.0989
1.68	.4535	.9535	.0465	.0973
1.69	.4545	.9545	.0455	.0957
1.70	.4554	.9554	.0446	.0940
1.71	.4564	.9564	.0436	.0925
1.72	.4573	.9573	.0427	.0909
1.73	.4582	.9582	.0418	.0893
1.74	.4591	.9591	.0409	.0878
1.75	.4599	.9599	.0401	.0863
1.76	.4608	.9608	.0392	.0848
1.77	.4616	.9616	.0384	.0833
1.78	.4625	.9625	.0375	.0818
1.79	.4633	.9633	.0367	.0804

수표 1 정상분포곡선 수표(계속)

(1)	(2)	(3)	(4)	
z	A	B	C	y
표준점수 (x/δ)	$\hat{X}$에서 Z까지의 면적	큰부분의 면적	작은부분의 면적	Z점상의 종축치
1.80	.4641	.9641	.0359	.0790
1.81	.4649	.9649	.0351	.0775
1.82	.4656	.9656	.0344	.0761
1.83	.4664	.9664	.0336	.0748
1.84	.4671	.9671	.0329	.0734
1.85	.4678	.9678	.0322	.0721
1.86	.4686	.9686	.0314	.0707
1.87	.4693	.9693	.0307	.0694
1.88	.4699	.9699	.0301	.0681
1.89	.4706	.9706	.0294	.0669
1.90	.4713	.9713	.0287	.0656
1.91	.4719	.9719	.0281	.0644
1.92	.4726	.9726	.0274	.0632
1.93	.4732	.9732	.0268	.0620
1.94	.4738	.9738	.0262	.0608
1.95	.4744	.9744	.0256	.0596
1.96	.4750	.9750	.0250	.0584
1.97	.4756	.9756	.0244	.0573
1.98	.4761	.9761	.0239	.0562
1.99	.4767	.9767	.0233	.0551
2.00	.4772	.9772	.0228	.0540
2.01	.4778	.9778	.0222	.0529
2.02	.4783	.9783	.0217	.0519
2.03	.4788	.9788	.0212	.0508
2.04	.4793	.9793	.0207	.0498
2.05	.4798	.9798	.0202	.0488
2.06	.4803	.9803	.0197	.0478
2.07	.4808	.9808	.0192	.0468
2.08	.4812	.9812	.0188	.0459
2.09	.4817	.9817	.0183	.0449
2.10	.4821	.9821	.0179	.0440
2.11	.4826	.9826	.0174	.0431
2.12	.4830	.9830	.0170	.0422
2.13	.4834	.9834	.0166	.0413
2.14	.4838	.9838	.0162	.0404
2.15	.4842	.9842	.0158	.0396
2.16	.4846	.9846	.0154	.0387
2.17	.4850	.9850	.0150	.0379
2.18	.4854	.9854	.0146	.0371
2.19	.4857	.9857	.0143	.0363
2.20	.4861	.9861	.0139	.0355
2.21	.4864	.9864	.0136	.0347
2.22	.4868	.9868	.0132	.0339
2.23	.4871	.9871	.0129	.0332
2.24	.4875	.9875	.0125	.0325

수표 1 정상분포곡선 수표(계속)

(1) z 표준점수 (x/δ)	(2) A $\hat{X}$에서 Z까지의 면적	(3) B 큰부분의 면적	(4) C 작은부분의 면적	(5) y Z점상의 종축치
2.25	.4878	.9878	.0122	.0317
2.26	.4881	.9881	.0119	.0310
2.27	.4884	.9884	.0116	.0303
2.28	.4887	.9887	.0113	.0297
2.29	.4890	.9890	.0110	.0290
2.30	.4893	.9893	.0107	.0283
2.31	.4896	.9896	.0104	.0277
2.32	.4898	.9898	.0102	.0270
2.33	.4901	.9901	.0099	.0264
2.34	.4904	.9904	.0096	.0258
2.35	.4906	.9906	.0094	.0252
2.36	.4909	.9909	.0091	.0246
2.37	.4911	.9911	.0089	.0241
2.38	.4913	.9913	.0087	.0235
2.39	.4916	.9916	.0084	.0229
2.40	.4918	.9918	.0082	.0224
2.41	.4920	.9920	.0080	.0219
2.42	.4922	.9922	.0078	.0213
2.43	.4925	.9925	.0075	.0208
2.44	.4927	.9927	.0073	.0203
2.45	.4929	.9929	.0071	.0198
2.46	.4931	.9931	.0069	.0194
2.47	.4932	.9932	.0068	.0189
2.48	.4934	.9934	.0066	.0184
2.49	.4936	.9936	.0064	.0180
2.50	.4938	.9938	.0062	.0175
2.51	.4940	.9940	.0060	.0171
2.52	.4941	.9941	.0059	.0167
2.53	.4943	.9943	.0057	.0163
2.54	.4945	.9945	.0055	.0158
2.55	.4946	.9946	.0054	.0154
2.56	.4948	.9948	.0052	.0151
2.57	.4949	.9949	.0051	.0147
2.58	.4951	.9951	.0049	.0143
2.59	.4952	.9952	.0048	.0139
2.60	.4953	.9953	.0047	.0136
2.61	.4955	.9955	.0045	.0132
2.62	.4956	.9956	.0044	.0129
2.63	.4957	.9957	.0043	.0126
2.64	.4959	.9959	.0041	.0122
2.65	.4960	.9960	.0040	.0119
2.66	.4961	.9961	.0039	.0116
2.67	.4962	.9962	.0038	.0113
2.68	.4963	.9963	.0037	.0110
2.69	.4964	.9964	.0036	.0107

수표 1 정상분포곡선 수표(계속)

(1) z 표준점수 (x/δ)	(2) A $\hat{X}$에서 z까지의 면적	(3) B 큰부분의 면적	(4) C 작은부분의 면적	(5) y z점상의 종축치
2.70	.4965	.9965	.0035	.0104
2.71	.4966	.9966	.0034	.0101
2.72	.4967	.9967	.0033	.0099
2.73	.4968	.9968	.0032	.0096
2.74	.4969	.9969	.0031	.0093
2.75	.4970	.9970	.0030	.0091
2.76	.4971	.9971	.0029	.0088
2.77	.4972	.9972	.0028	.0086
2.78	.4973	.9973	.0027	.0084
2.79	.4974	.9974	.0026	.0081
2.80	.4974	.9974	.0026	.0079
2.81	.4975	.9975	.0025	.0077
2.82	.4976	.9976	.0024	.0075
2.83	.4977	.9977	.0023	.0073
2.84	.4977	.9977	.0023	.0071
2.85	.4978	.9978	.0022	.0069
2.86	.4979	.9979	.0021	.0067
2.87	.4979	.9979	.0021	.0065
2.88	.4980	.9980	.0020	.0063
2.89	.4981	.9981	.0019	.0061
2.90	.4981	.9981	.0019	.0060
2.91	.4982	.9982	.0018	.0058
2.92	.4982	.9982	.0018	.0056
2.93	.4983	.9983	.0017	.0055
2.94	.4984	.9984	.0016	.0053
2.95	.4984	.9984	.0016	.0051
2.96	.4985	.9985	.0015	.0050
2.97	.4986	.9985	.0015	.0048
2.98	.4986	.9986	.0014	.0047
2.99	.4986	.9986	.0014	.0046
3.00	.4987	.9987	.0013	.0044
3.01	.4987	.9987	.0013	.0043
3.02	.4987	.9987	.0013	.0042
3.03	.4988	.9988	.0012	.0040
3.04	.4988	.9988	.0012	.0039
3.05	.4989	.9989	.0011	.0038
3.06	.4989	.9989	.0011	.0037
3.07	.4989	.9989	.0011	.0036
3.08	.4990	.9990	.0010	.0035
3.09	.4990	.9990	.0010	.0034
3.10	.4990	.9990	.0010	.0033
3.11	.4991	.9991	.0009	.0032
3.12	.4991	.9991	.0009	.0031
3.13	.4991	.9991	.0009	.0030
3.14	.4992	.9992	.0008	.0029

수표 1 정상분포곡선 수표(계속)

(1)	(2)	(3)	(4)	(5)
z	*A*	*B*	*C*	*y*
표준점수 (x/δ)	$\hat{X}$에서 *z*까지의 면적	큰부분의 면적	작은부분의 면적	*z*점상의 종축치
3.15	.4992	.9992	.0008	.0028
3.16	.4992	.9992	.0008	.0027
3.17	.4992	.9992	.0008	.0026
3.18	.4993	.9993	.0007	.0025
3.19	.4993	.9993	.0007	.0025
3.20	.4993	.9993	.0007	.0024
3.21	.4993	.9993	.0007	.0023
3.22	.4994	.9994	.0006	.0022
3.23	.4994	.9994	.0006	.0022
3.24	.4994	.9994	.0006	.0021
3.30	.4995	.9995	.0005	.0017
3.40	.4997	.9997	.0003	.0012
3.50	.4998	.9998	.0002	.0009
3.60	.4998	.9998	.0002	.0006
3.70	.4999	.9999	.0001	.0004

수표 2 BC/AD 혹은 AD/BC의 비율에 사간상관계수(r_t)의 결정

r_{tet}	$\frac{bc}{ad}$ or $\frac{ad}{bc}$	r_{tet}	$\frac{bc}{ad}$ or $\frac{ad}{bc}$	r_{tet}	$\frac{bc}{ad}$ or $\frac{ad}{bc}$	r_{tet}	$\frac{bc}{ad}$ or $\frac{ad}{bc}$
0	1.000	.26	1.941 - 1.993	.51	4.068 - 4.205	.76	11.513 - 12.177
.010	1.013 - 1.039	.27	1.994 - 2.048	.52	4.206 - 4.351	.77	12.178 - 12.905
.02	1.040 - 1.066	.28	2.049 - 2.105	.53	4.352 - 4.503	.78	12.906 - 13.707
.03	1.067 - 1.093	.29	2.106 - 2.164	.54	4.504 - 4.662	.79	13.708 - 14.592
.04	1.094 - 1.122	.30	2.165 - 2.225	.55	4.663 - 4.830	.80	14.593 - 15.574
.05	1.123 - 1.151	.31	2.226 - 2.288	.56	4.831 - 5.007	.81	15.575 - 16.670
.06	1.152 - 1.180	.32	2.289 - 2.353	.57	5.008 - 5.192	.82	16.671 - 17.899
.07	1.181 - 1.211	.33	2.354 - 2.421	.58	5.193 - 5.388	.83	17.900 - 19.287
.08	1.212 - 1.242	.34	2.422 - 2.491	.59	5.389 - 5.595	.84	19.288 - 20.865
.09	1.243 - 1.275	.35	2.492 - 2.563	.60	5.596 - 5.813	.85	20.866 - 22.674
.10	1.276 - 1.308	.36	2.564 - 2.638	.61	5.814 - 6.043	.86	22.675 - 24.766
.11	1.309 - 1.342	.37	2.639 - 2.716	.62	6.044 - 6.288	.87	24.767 - 27.212
.12	1.343 - 1.377	.38	2.717 - 2.797	.63	6.289 - 6.547	.88	27.213 - 30.105
.13	1.378 - 1.413	.39	2.798 - 2.881	.64	6.548 - 6.822	.89	30.106 - 33.577
.14	1.414 - 1.450	.40	2.882 - 2.968	.65	6.823 - 7.115	.90	33.578 - 37.815
.15	1.451 - 1.488	.41	2.969 - 3.059	.66	7.116 - 7.428	.91	37.816 - 43.096
.16	1.489 - 1.528	.42	3.060 - 3.153	.67	7.429 - 7.761	.92	43.097 - 49.846
.17	1.529 - 1.568	.43	3.154 - 3.251	.68	7.762 - 8.117	.93	49.847 - 58.758
.18	1.569 - 1.610	.44	3.252 - 3.353	.69	8.118 - 8.499	.94	58.759 - 71.035
.19	1.611 - 1.653	.45	3.354 - 3.460	.70	8.500 - 8.910	.95	71.036 - 88.964
.20	1.654 - 1.697	.46	3.461 - 3.571	.71	8.911 - 9.351	.96	88.965 - 117.479
.21	1.698 - 1.743	.47	3.572 - 3.687	.72	9.352 - 9.828	.97	117.480 - 169.503
.22	1.744 - 1.790	.48	3.688 - 3.808	.73	9.829 - 10.344	.98	169.504 - 292.864
.23	1.791 - 1.838	.49	3.809 - 3.935	.74	10.345 - 10.903	.99	292.865 - 923.687
.24	1.839 - 1.888	.50	3.936 - 4.067	.75	10.904 - 11.512	1.00	923.688 - ∞
.25	1.889 - 1.940						

수표 3 난수표

11339	19233	50911	14209	39594	68368	97742	36252	27671	55091
96971	19968	31709	40197	16313	80020	01588	21654	50328	04577
07779	47712	33846	84716	49870	59670	46946	71716	50623	38681
71675	95993	08790	13241	71260	16558	83316	68482	10294	45137
32804	72742	16237	72550	10570	31470	92612	94917	48822	79794
14835	56263	53062	71543	67632	30337	28739	17582	40924	32434
15544	14327	07580	48813	30161	10746	96470	60680	63507	14435
92230	41243	90765	08867	08038	05038	10908	00633	21740	55450
33564	93563	10770	10595	71323	84243	09402	62877	49762	56151
84461	55618	40570	72906	30794	49144	65239	21788	38288	29180
91645	42451	83776	99246	45548	02457	74804	49536	89815	74285
78305	63797	26995	23146	56071	97081	22376	09819	56855	97424
97888	55122	65545	02904	40042	70653	24483	31258	96475	7668
67286	09001	09718	67231	54033	24185	52097	78713	95910	84400
53610	59459	89945	72102	66595	02198	26968	88467	46939	52318
52965	76189	68892	64541	02225	09603	59304	38179	75920	80486
25336	39735	25594	50557	96257	59700	27715	42432	27652	99151
73078	44371	77616	49296	55882	71507	30168	31876	28283	43424
31797	52244	38354	47800	48454	43304	14256	74281	82279	28882
47772	22798	36910	39986	34033	39868	24009	97123	59151	27583
54153	70832	37575	31898	39212	63993	05419	77565	73150	98537
93745	99871	37129	55032	94444	17884	27082	23502	06136	89476
81676	51330	58828	74199	87214	13727	80539	95037	73536	16862
79788	02193	33250	05865	53018	62394	56997	41534	01953	13763
92112	61235	68760	61201	02189	09424	24156	10368	26527	89107
87542	28171	45150	75523	66790	63963	13903	68498	02981	25219
37535	48342	48943	07719	20407	33748	93650	39356	01011	22099
95957	96668	69380	49091	90182	13205	71802	35482	27973	46814
34642	85350	53361	63940	79546	89956	96836	81313	80712	73572
50413	31008	09231	46516	61672	79954	01291	72278	55658	84893
53312	73768	59931	55182	43761	59424	79775	17772	41552	45236
16302	64092	76045	28958	21182	30050	96256	85737	86962	27067
96357	98654	01909	58799	87374	53184	87233	55275	59572	56476
38529	89095	89538	15600	33687	86353	61917	63876	52367	79032
45939	05014	06099	76041	57638	55342	41269	96173	94872	35605
02300	23739	68485	98567	77035	91533	62500	31548	09511	80252
59750	14131	24973	05962	83215	25950	43867	75213	21500	17758
21285	53607	82657	22053	29996	04729	48917	72091	57336	18476
93703	60164	19090	63030	88931	84439	94747	77982	61932	21928
15576	76654	19775	77518	43259	82790	08193	63007	68824	75315
12752	33321	69767	03625	37328	75200	77262	99004	96705	15540
89038	53455	93322	25069	88186	45026	31020	52540	10838	72490
62411	56968	08379	40159	27419	12024	99694	68668	73039	87682
45853	68103	38927	77105	65241	70387	01634	59665	30512	66161
84558	24272	84355	00116	68344	92805	52618	51584	75964	53021
45272	58388	69131	61075	80192	45959	76992	19210	27126	45525
68015	99001	11832	39832	80462	70468	89929	55695	77524	20675
13263	92240	89559	66545	06433	38634	36645	22350	81169	97417
66309	31466	97705	46996	69059	33771	95004	89037	38054	80853
56348	05291	38713	82303	26293	61319	45285	75784	50043	44438

수표 3 난수표(계속)

93108	77033	68325	10160	38667	62441	87023	94372	06164	30770
28271	08589	83279	48838	60935	70541	53814	95588	05832	80235
21841	35545	11148	34775	17308	88034	97765	35959	52843	44895
22025	79554	19698	25255	50283	94037	57463	92925	12042	91414
09210	20779	02994	02258	86978	85092	54052	18354	20914	28460
90552	71129	03621	20517	16908	06668	29916	51537	93658	29525
01130	06995	20258	10351	99248	51660	38861	49668	74742	47181
22604	56719	21784	68788	38358	59827	19270	99287	81193	43366
06690	01800	34272	65497	94891	14537	91358	21587	95765	72605
59809	69982	71809	64984	48709	43991	24987	69246	86400	29559
56475	02726	58511	95405	70293	84971	06676	44075	32338	31980
02730	34870	83209	03138	07715	31557	55242	61308	26507	06186
74482	33990	13509	92588	10462	76546	46097	01825	20153	36271
19793	22487	94238	81054	95488	23617	15539	94335	73822	93481
19020	27856	60526	24144	98021	60564	46373	86928	52135	74919
69565	60635	65709	77887	42766	86698	14004	94577	27936	47220
69274	23208	61035	84263	15034	28717	76146	22021	23779	98562
83658	14204	09445	41081	49630	34215	89806	40930	97194	21747
78612	51102	66826	40430	54072	62164	68977	95583	11765	81072
14980	74158	78216	38985	60838	82836	42777	85321	90463	11813
63172	28010	29405	91554	75195	51183	65805	87525	35952	83204
71167	37984	52737	06869	38122	95322	41356	19391	96787	64410
78530	56410	19195	34434	83712	50397	80920	15464	81350	18673
98324	03774	07573	67864	06497	20758	83454	22756	83959	96347
55793	30055	08373	32652	02654	75980	02095	87545	88815	80086
05674	34471	61967	91266	38814	44728	32455	17057	08339	93997
15643	22245	07592	22078	73628	60902	41561	54608	41023	98345
66750	19609	70358	03622	64898	82220	69304	46235	97332	64539
42320	74314	50222	82339	51564	42885	50482	98501	02245	88990
73752	73818	15470	04914	24936	65514	56633	72030	30856	85183
97546	02188	46373	21486	28221	08155	23486	66134	88799	49496
32569	52162	38444	42004	78011	16909	94194	79732	47114	23919
36048	93973	82596	28739	86985	58144	65007	08786	14826	04896
40455	36702	38965	56042	80023	28169	04174	65533	52718	55255
33597	47071	55618	51796	71027	46690	08002	45066	02870	60012
22828	96380	35883	15910	17211	42358	14056	55438	98148	35384
00631	95925	19324	31497	88118	06283	84596	72091	53987	01477
75722	36478	07634	63114	27164	15467	03983	09141	60562	65725
80577	01771	61510	17099	28731	41426	18853	41523	14914	76661
10524	20900	65463	83680	05005	11611	64426	59065	06758	02892
93815	69446	75253	51915	97839	75427	90685	60352	96288	34248
81867	97119	93446	20862	46591	97677	42704	13718	44975	67145
64649	07689	16711	12169	15238	74106	60655	56289	74166	78561
55768	09210	52439	33355	57884	36791	00853	49969	74814	09270
38080	49460	48137	61589	42742	92035	21766	19135	92579	27683
22360	16332	05343	34613	24013	98831	17157	44089	07366	66196
40521	09057	00239	51284	71556	22605	41293	54854	39736	05113
19292	69862	59951	49644	53486	28244	20714	56030	39292	45166
79504	40078	06838	05509	68581	39400	85615	52314	83202	40313
64138	27983	84048	42631	58658	62243	82572	45211	37060	15017

수표 4 전집의 사례수(N)별 표본수

N	S	N	S	N	S
10	10	220	140	1200	291
15	14	230	144	1300	297
20	19	240	148	1400	302
25	24	250	152	1500	306
30	28	260	155	1600	310
35	32	270	159	1700	313
40	36	280	162	1800	317
45	40	290	165	1900	320
50	44	300	169	2000	322
55	48	320	175	2200	327
60	52	340	181	2400	331
65	56	360	186	2600	335
70	59	380	191	2800	338
75	63	400	196	3000	341
80	66	420	201	3500	346
85	70	440	205	4000	351
90	73	460	210	4500	354
95	76	480	214	5000	357
100	80	500	217	6000	361
110	86	550	226	7000	364
120	92	600	234	8000	367
130	97	650	242	9000	368
140	103	700	248	10000	370
150	108	750	254	15000	375
160	113	800	260	20000	377
170	118	850	265	30000	379
180	123	900	269	40000	380
190	127	950	274	50000	381
200	132	1000	278	75000	382
210	136	1100	285	1000000	384

N : 전집수 S : 표본수

수표 5 전집과 표본수와의 관계

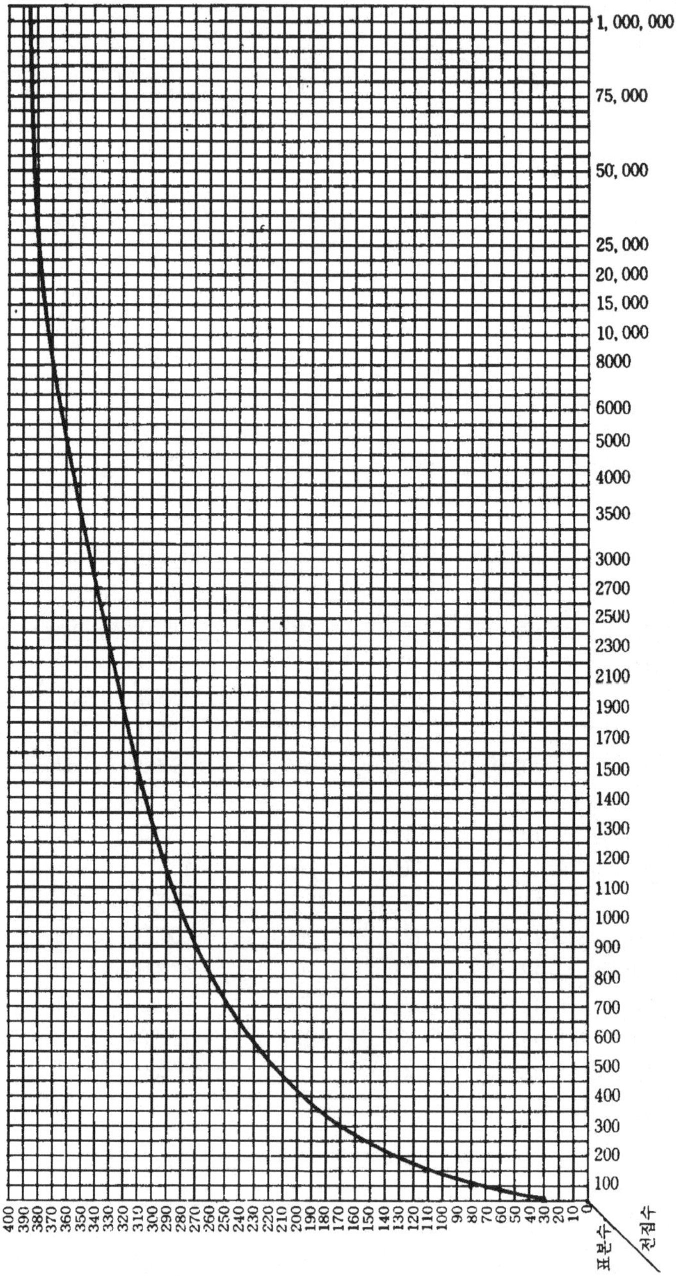

수표 6 *t*분포

df	일방검증인 경우의 유의도 수준					
	.10	.05	.025	.01	.005	.0005
	양방검증인 경우의 유의도 수준					
	.20	.10	.05	.02	.01	.001
1	3.078	6.314	12.706	31.821	63.657	636.619
2	1.886	2.920	4.303	6.965	9.925	31.598
3	1.638	2.353	3.182	4.541	5.841	12.941
4	1.533	2.132	2.776	3.747	4.604	8.610
5	1.476	2.015	2.571	3.365	4.032	6.859
6	1.440	1.943	2.447	3.143	3.707	5.959
7	1.415	1.895	2.365	2.998	3.499	5.405
8	1.397	1.860	2.306	2.896	3.355	5.041
9	1.383	1.833	2.262	2.821	3.250	4.781
10	1.372	1.812	2.228	2.764	3.169	4.587
11	1.363	1.796	2.201	2.718	3.106	4.437
12	1.356	1.782	2.179	2.681	3.055	4.318
13	1.350	1.771	2.160	2.650	3.012	4.221
14	1.345	1.761	2.145	2.624	2.977	4.140
15	1.341	1.753	2.131	2.602	2.947	4.073
16	1.337	1.746	2.120	2.583	2.921	4.015
17	1.333	1.740	2.110	2.567	2.898	3.965
18	1.330	1.734	2.101	2.552	2.878	3.922
19	1.328	1.729	2.093	2.539	2.861	3.883
20	1.325	1.725	2.086	2.528	2.845	3.850
21	1.323	1.721	2.080	2.518	2.831	3.819
22	1.321	1.717	2.074	2.508	2.819	3.792
23	1.319	1.714	2.069	2.500	2.807	3.767
24	1.318	1.711	2.064	2.492	2.797	3.745
25	1.316	1.708	2.060	2.485	2.787	3.725
26	1.315	1.706	2.056	2.479	2.779	3.707
27	1.314	1.703	2.052	2.473	2.771	3.690
28	1.313	1.701	2.048	2.467	2.763	3.674
29	1.311	1.699	2.045	2.462	2.756	3.659
30	1.310	1.697	2.042	2.457	2.750	3.646
40	1.303	1.684	2.021	2.423	2.704	3.551
60	1.296	1.671	2.000	2.390	2.660	3.460
120	1.289	1.658	1.980	2.358	2.617	3.373
∞	1.282	1.645	1.960	2.326	2.576	3.291

수표 7 F분포-분포의 오른쪽 .25, .10, .05, .01에 해당하는 F치

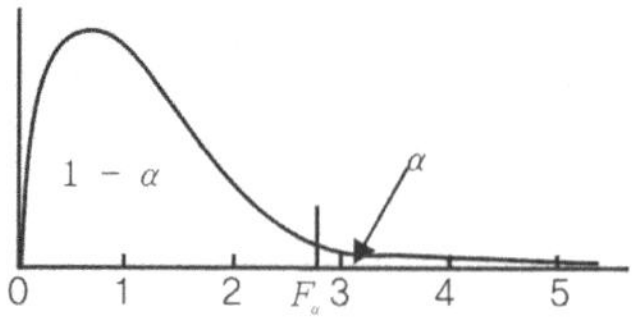

분모의 자유도 (df)	α	분자의 자유도(df)											
		1	2	3	4	5	6	7	8	9	10	11	12
1	.25	5.83	7.50	8.20	8.58	8.82	8.98	9.10	9.19	9.26	9.32	9.36	9.41
	.10	39.9	49.5	53.6	55.8	57.2	58.2	58.9	59.4	59.9	60.2	60.5	60.7
	.05	161	200	216	225	230	234	237	239	241	242	243	244
2	.25	2.57	3.00	3.15	3.23	3.28	3.31	3.34	3.35	3.37	3.38	3.39	3.39
	.10	8.53	9.00	9.16	9.24	9.29	9.33	9.35	9.37	9.38	9.39	9.40	9.41
	.05	18.5	19.0	19.2	19.2	19.3	19.3	19.4	19.4	19.4	19.4	19.4	19.4
	.01	98.5	99.0	99.2	99.2	99.3	99.3	99.4	99.4	99.4	99.4	99.4	99.4
3	.25	2.02	2.28	2.36	2.39	2.41	2.42	2.43	2.44	2.44	2.44	2.45	2.45
	.10	5.54	5.46	5.39	5.34	5.31	5.28	5.27	5.25	5.24	5.23	5.22	5.22
	.05	10.1	9.55	9.28	9.12	9.01	8.94	8.89	8.85	8.81	8.79	8.76	8.74
	.01	34.1	30.8	29.5	28.7	28.2	27.9	27.7	27.5	27.3	27.2	27.1	27.1
4	.25	1.81	2.00	2.05	2.06	2.07	2.08	2.08	2.08	2.08	2.08	2.08	2.08
	.10	4.54	4.32	4.19	4.11	4.05	4.01	3.98	3.95	3.94	3.92	3.91	3.90
	.05	7.71	6.94	6.59	6.39	6.26	6.16	6.09	6.04	6.00	5.96	5.94	5.91
	.01	21.2	18.0	16.7	16.0	15.5	15.2	15.0	14.8	14.7	14.5	14.4	14.4
5	.25	1.69	1.85	1.88	1.89	1.89	1.89	1.89	1.89	1.89	1.89	1.89	1.89
	.10	4.06	3.78	3.62	3.52	3.45	3.40	3.37	3.34	3.32	3.30	3.28	3.27
	.05	6.61	5.79	5.41	5.19	5.05	4.95	4.88	4.82	4.77	4.74	4.71	4.68
	.01	16.3	13.3	12.1	11.4	11.0	10.7	10.5	10.3	10.2	10.1	9.96	9.89
6	.25	1.62	1.76	1.78	1.79	1.79	1.78	1.78	1.78	1.77	1.77	1.77	1.77
	.10	3.78	3.46	3.29	3.18	3.11	3.05	3.01	2.98	2.96	2.94	2.92	2.90
	.05	5.99	5.14	4.76	4.53	4.39	4.28	4.21	4.15	4.10	4.06	4.03	4.00
	.01	13.7	10.9	9.78	9.15	8.75	8.47	8.26	8.10	7.98	7.87	7.79	7.72
7	.25	1.57	1.70	1.72	1.72	1.71	1.71	1.70	1.70	1.69	1.69	1.69	1.68
	.10	3.59	3.26	3.07	2.96	2.88	2.83	2.78	2.75	2.72	2.70	2.68	2.67
	.05	5.59	4.74	4.35	4.12	3.97	3.87	3.79	3.73	3.68	3.64	3.60	3.57
	.01	12.2	9.55	8.45	7.85	7.46	7.19	6.99	6.84	6.72	6.62	6.54	6.47
8	.25	1.54	1.66	1.67	1.66	1.66	1.65	1.64	1.64	1.63	1.63	1.63	1.62
	.10	3.46	3.11	2.92	2.81	2.73	2.67	2.62	2.59	2.56	2.54	2.52	2.50
	.05	5.32	4.46	4.07	3.84	3.69	3.58	3.50	3.44	3.39	3.35	3.31	3.28
	.01	11.3	8.65	7.59	7.01	6.63	6.37	6.18	6.03	5.91	5.81	5.73	5.67
9	.25	1.51	1.62	1.63	1.63	1.62	1.61	1.60	1.60	1.59	1.59	1.58	1.58
	.10	3.36	3.01	2.81	2.69	2.61	2.55	2.51	2.47	2.44	2.42	2.40	2.38
	.05	5.12	4.26	3.86	3.63	3.48	3.37	3.29	3.23	3.18	3.14	3.10	3.07
	.01	10.6	8.02	6.99	6.42	6.06	5.80	5.61	5.47	5.35	5.26	5.18	5.11

분자의 자유도(df)												α	분모의 자유도 (df)
15	20	24	30	40	50	60	100	120	200	500	∞		
9.49	9.58	9.63	9.67	9.71	9.74	9.76	9.78	9.80	9.82	9.84	9.85	.25	1
61.2	61.7	62.0	62.3	62.5	62.7	62.8	63.0	63.1	63.2	63.3	63.3	.10	
246	248	249	250	251	252	252	253	253	254	254	254	.05	
3.41	3.43	3.43	3.44	3 .45	3.45	3.46	3.47	3.47	3.48	3.48	3.48	.25	2
9.42	9.44	9.45	9.46	9 .47	9.47	9.47	9.48	9.48	9.49	9.49	9.49	.10	
19.4	19.4	19.5	19.5	19.5	19.5	19.5	19.5	19.5	19.5	19.5	19.5	.05	
99.4	99.4	99.5	99.5	99.5	99.5	99.5	99.5	99.5	99.5	99.5	99.5	.01	
2.46	2.46	2.46	2.47	2.47	2.47	2.47	2.47	2.47	2.47	2.47	2.47	.25	3
5.20	5.18	5.18	5.17	5.16	5.15	5.15	5.14	5.14	5.14	5.14	5.13	.10	
8.70	8.66	8.64	8.62	8.59	8.58	8.57	8.55	8.55	8.54	8.53	8.53	.05	
26.9	26.7	26.6	26.5	26.4	26.4	26.3	26.2	26.2	26.2	26.1	26.1	.01	
2.08	2.08	2.08	2.08	2.08	2.08	2.08	2.08	2.08	2.08	2.08	2.08	.25	4
3.87	3.84	3.83	3.82	3.80	3.80	3.79	3.78	3.78	3.77	3.76	3.76	.10	
5.86	5.80	5.77	5.75	5.72	5.70	5.69	5.66	5.66	5.65	5.64	5.63	.05	
14.2	14.0	13.9	13.8	13.7	13.7	13.7	13.6	13.6	13.5	13.5	13.5	.01	
1.89	1.88	1.88	1.88	1.88	1.88	1.87	1.87	1.87	1.87	1.87	1.87	.25	5
3.24	3.21	3.19	3.17	3.16	3.15	3.14	3.13	3.12	3.12	3.11	3.10	.10	
4.62	4.56	4.53	4.50	4.46	4.44	4.43	4.41	4.40	4.39	4.37	4.36	.05	
9.72	9.55	9.47	9.38	9.29	9.24	9.20	9.13	9.11	9.08	9.04	9.02	.01	
1.76	1.76	1.75	1.75	1.75	1.75	1.74	1.74	1.74	1.74	1.74	1.74	.25	6
2.87	2.84	2.82	2.80	2.78	2.77	2.76	2.75	2.74	2.73	2.73	2.72	.10	
3.94	3.87	3.84	3.81	3.77	3.75	3.74	3.71	3.70	3.69	3.68	3.67	.05	
7.56	7.40	7.31	7.23	7.14	7.09	7.06	6.99	6.97	6.93	6.90	6.88	.01	
1.68	1.67	1.67	1.66	1.66	1.66	1.65	1.65	1.65	1.65	1.65	1.65	.25	7
2.63	2.59	2.58	2.56	2.54	2.52	2.51	2.50	2.49	2.48	2.48	2.47	.10	
3.51	3.44	3.41	3.38	3.34	3.32	3.30	3.27	3.27	3.25	3.24	3.23	.05	
6.31	6.16	6.07	5.99	5.91	5.86	5.82	5.75	5.74	5.70	5.67	5.65	.01	
1.62	1.61	1.60	1.60	1.59	1.59	1.59	1.58	1.58	1.58	1.58	1.58	.25	8
2.46	2.42	2.40	2.38	2.36	2.35	2.34	2.32	2.32	2.31	2.30	2.29	.10	
3.22	3.15	3.12	3.08	3.04	3.02	3.01	2.97	2.97	2.95	2.94	2.93	.05	
5.52	5.36	5.28	5.20	5.12	5.07	5.03	4.96	4.95	4.91	4.88	4.86	.01	
1.57	1.56	1.56	1.55	1.55	1.54	1.54	1.53	1.53	1.53	1.53	1.53	.25	9
2.34	2.30	2.28	2.25	2.23	2.22	2.21	2.19	2.18	2.17	2.17	2.16	.10	
3.01	2.94	2.90	2.86	2.83	2.80	2.79	2.76	2.75	2.73	2.72	2.71	.05	
4.96	4.81	4.73	4.65	4.57	4.52	4.48	4.42	4.40	4.36	4.33	4.31	.01	

수표 7 F분포-분포의 오른쪽 .25, .10, .05, .01에 해당하는 F치(계속)

분모의 자유도 (df)	α	분자의 자유도(df) 1	2	3	4	5	6	7	8	9	10	11	12
10	.25	1.49	1.60	1.60	1.59	1.59	1.58	1.57	1.56	1.56	1.55	1.55	1.54
	.10	3.29	2.92	2.73	2.61	2.52	2.46	2.41	2.38	2.35	2.32	2.30	2.28
	.05	4.96	4.10	3.71	3.48	3.33	3.22	3.14	3.07	3.02	2.98	2.94	2.91
	.01	10.0	7.56	6.55	5.99	5.64	5.39	5.20	5.06	4.94	4.85	4.77	4.71
11	.25	1.47	1.58	1.58	1.57	1.56	1.55	1.54	1.53	1.53	1.52	1.52	1.51
	.10	3.23	2.86	2.66	2.54	2.45	2.39	2.34	2.30	2.27	2.25	2.23	2.21
	.05	4.84	3.98	3.59	3.36	3.20	3.09	3.01	2.95	2.90	2.85	2.82	2.79
	.01	9.65	7.21	6.22	5.67	5.32	5.07	4.89	4.74	4.63	4.54	4.46	4.40
12	.25	1.46	1.56	1.56	1.55	1.54	1.53	1.52	1.51	1.51	1.50	1.50	1.49
	.10	3.18	2.81	2.61	2.48	2.39	2.33	2.28	2.24	2.21	2.19	2.17	2.15
	.05	4.75	3.89	3.49	3.26	3.11	3.00	2.91	2.85	2.80	2.75	2.72	2.69
	.01	9.33	6.93	5.95	5.41	5.06	4.82	4.64	4.50	4.39	4.30	4.22	4.16
13	.25	1.45	1.55	1.55	1.53	1.52	1.51	1.50	1.49	1.49	1.48	1.47	1.47
	.10	3.14	2.76	2.56	2.43	2.35	2.28	2.23	2.20	2.16	2.14	2.12	2.10
	.05	4.67	3.81	3.41	3.18	3.03	2.92	2.83	2.77	2.71	2.67	2.63	2.60
	.01	9.07	6.70	5.74	5.21	4.86	4.62	4.44	4.30	4.19	4.10	4.02	3.96
14	.25	1.44	1.53	1.53	1.52	1.51	1.50	1.49	1.48	1.47	1.46	1.46	1.45
	.10	3.10	2.73	2.52	2.39	2.31	2.24	2.19	2.15	2.12	2.10	2.08	2.05
	.05	4.60	3.74	3.34	3.11	2.96	2.85	2.76	2.70	2.65	2.60	2.57	2.53
	.01	8.86	6.51	5.56	5.04	4.69	4.46	4.28	4.14	4.03	3.94	3.86	3.80
15	.25	1.43	1.52	1.52	1.51	1.49	1.48	1.47	1.46	1.46	1.45	1.44	1.44
	.10	3.07	2.70	2.49	2.36	2.27	2.21	2.16	2.12	2.09	2.06	2.04	2.02
	.05	4.54	3.68	3.29	3.06	2.90	2.79	2.71	2.64	2.59	2.54	2.51	2.48
	.01	8.68	6.36	5.42	4.89	4.56	4.32	4.14	4.00	3.89	3.80	3.73	3.67
16	.25	1.42	1.51	1.51	1.50	1.48	1.47	1.46	1.45	1.44	1.44	1.44	1.43
	.10	3.05	2.67	2.46	2.33	2.24	2.18	2.13	2.09	2.06	2.03	2.01	1.99
	.05	4.49	3.63	3.24	3.01	2.85	2.74	2.66	2.59	2.54	2.49	2.46	2.42
	.01	8.53	6.23	5.29	4.77	4.44	4.20	4.03	3.89	3.78	3.69	3.62	3.55
17	.25	1.42	1.51	1.50	1.49	1.47	1.46	1.45	1.44	1.43	1.43	1.42	1.41
	.10	3.03	2.64	2.44	2.31	2.22	2.15	2.10	2.06	2.03	2.00	1.98	1.96
	.05	4.45	3.59	3.20	2.96	2.81	2.70	2.61	2.55	2.49	2.45	2.41	2.38
	.01	8.40	6.11	5.18	4.67	4.34	4.10	3.93	3.79	3.68	3.59	3.52	3.46
18	.25	1.41	1.50	1.49	1.48	1.46	1.45	1.44	1.43	1.42	1.42	1.41	1.40
	.10	3.01	2.62	2.42	2.29	2.20	2.13	2.08	2.04	2.00	1.98	1.96	1.93
	.05	4.41	3.55	3.16	2.93	2.77	2.66	2.58	2.51	2.46	2.41	2.37	2.34
	.01	8.29	6.01	5.09	4.58	4.25	4.01	3.84	3.71	3.60	3.51	3.43	3.37
19	.25	1.41	1.49	1.49	1.47	1.46	1.44	1.43	1.42	1.41	1.41	1.40	1.40
	.10	2.99	2.61	2.40	2.27	2.18	2.11	2.06	2.02	1.98	1.96	1.94	1.91
	.05	4.38	3.52	3.13	2.90	2.74	2.63	2.54	2.48	2.42	2.38	2.34	2.31
	.01	8.18	5.93	5.01	4.50	4.17	3.94	3.77	3.63	3.52	3.43	3.36	3.30
20	.25	1.40	1.49	1.48	1.46	1.45	1.44	1.43	1.42	1.41	1.40	1.39	1.39
	.10	2.97	2.59	2.38	2.25	2.16	2.09	2.04	2.00	1.96	1.94	1.92	1.89
	.05	4.35	3.49	3.10	2.87	2.71	2.60	2.51	2.45	2.39	2.35	2.31	2.28
	.01	8.10	5.85	4.94	4.43	4.10	3.87	3.70	3.56	3.46	3.37	3.29	3.23

수표 7 F분포-분포의 오른쪽 .25, .10, .05, .01에 해당하는 F치(계속)

분자의 자유도(df)												α	분모의 자유도(df)
15	20	24	30	40	50	60	100	120	200	500	∞		
1.53	1.52	1.52	1.51	1.51	1.50	1.50	1.49	1.49	1.49	1.48	1.48	.25	
2.24	2.20	2.18	2.16	2.13	2.12	2.11	2.09	2.08	2.07	2.06	2.06	.10	10
2.85	2.77	2.74	2.70	2.66	2.64	2.62	2.59	2.58	2.56	2.55	2.54	.05	
4.56	4.41	4.33	4.25	4.17	4.12	4.08	4.01	4.00	3.96	3.93	3.91	.01	
1.50	1.49	1.49	1.48	1.47	1.47	1.47	1.46	1.46	1.46	1.45	1.45	.25	
2.17	2.12	2.10	2.08	2.05	2.04	2.03	2.00	2.00	1.99	1.98	1.97	.10	11
2.72	2.65	2.61	2.57	2.53	2.51	2.49	2.46	2.45	2.43	2.42	2.40	.05	
4.25	4.10	4.02	3.94	3.86	3.81	3.78	3.71	3.69	3.66	3.62	3.60	.01	
1.48	1.47	1.46	1.45	1.45	1.44	1.44	1.43	1.43	1.43	1.42	1.42	.25	
2.10	2.06	2.04	2.01	1.99	1.97	1.96	1.94	1.93	1.92	1.91	1.90	.10	12
2.62	2.54	2.51	2.47	2.43	2.40	2.38	2.35	2.34	2.32	2.31	2.30	.05	
4.01	3.86	3.78	3.70	3.62	3.57	3.54	3.47	3.45	3.41	3.38	3.36	.01	
1.46	1.45	1.44	1.43	1.42	1.42	1.42	1.41	1.41	1.40	1.40	1.40	.25	
2.05	2.01	1.98	1.96	1.93	1.92	1.90	1.88	1.88	1.86	1.85	1.85	.10	13
2.53	2.46	2.42	2.38	2.34	2.31	2.30	2.26	2.25	2.23	2.22	2.21	.05	
3.82	3.66	3.59	3.51	3.43	3.38	3.34	3.27	3.25	3.22	3.19	3.17	.01	
1.44	1.43	1.42	1.41	1.41	1.40	1.40	1.39	1.39	1.39	1.38	1.38	.25	
2.01	1.96	1.94	1.91	1.89	1.87	1.86	1.83	1.83	1.82	1.80	1.80	.10	14
2.46	2.39	2.35	2.31	2.27	2.24	2.22	2.19	2.18	2.16	2.14	2.13	.05	
3.66	3.51	3.43	3.35	3.27	3.22	3.18	3.11	3.09	3.06	3.03	3.00	.01	
1.43	1.41	1.41	1.40	1.39	1.39	1.38	1.38	1.37	1.37	1.36	1.36	.25	
1.97	1.92	1.90	1.87	1.85	1.83	1.82	1.79	1.79	1.77	1.76	1.76	.10	15
2.40	2.33	2.29	2.25	2.20	2.18	2.16	2.12	2.11	2.10	2.08	2.07	.05	
3.52	3.37	3.29	3.21	3.13	3.08	3.05	2.98	2.96	2.92	2.89	2.87	.01	
1.41	1.40	1.39	1.38	1.37	1.37	1.36	1.36	1.35	1.35	1.34	1.34	.25	
1.94	1.89	1.87	1.84	1.81	1.79	1.78	1.76	1.75	1.74	1.73	1.72	.10	16
2.35	2.28	2.24	2.19	2.15	2.12	2.11	2.07	2.06	2.04	2.02	2.01	.05	
3.41	3.26	3.18	3.10	3.02	2.97	2.93	2.86	2.84	2.81	2.78	2.75	.01	
1.40	1.39	1.38	1.37	1.36	1.35	1.35	1.34	1.34	1.34	1.33	1.33	.25	
1.91	1.86	1.84	1.81	1.78	1.76	1.75	1.73	1.72	1.71	1.69	1.69	.10	17
2.31	2.23	2.19	2.15	2.10	2.08	2.06	2.02	2.01	1.99	1.97	1.96	.05	
3.31	3.16	3.08	3.00	2.92	2.87	2.83	2.76	2.75	2.71	2.68	2.65	.01	
1.39	1.38	1.37	1.36	1.35	1.34	1.34	1.33	1.33	1.32	1.32	1.32	.25	
1.89	1.84	1.81	1.78	1.75	1.74	1.72	1.70	1.69	1.68	1.67	1.66	.10	18
2.27	2.19	2.15	2.11	2.06	2.04	2.02	1.98	1.97	1.95	1.93	1.92	.05	
3.23	3.08	3.00	2.92	2.84	2.78	2.75	2.68	2.66	2.62	2.59	2.57	.01	
1.38	1.37	1.36	1.35	1.34	1.33	1.33	1.32	1.32	1.31	1.31	1.30	.25	
1.86	1.81	1.79	1.76	1.73	1.71	1.70	1.67	1.67	1.65	1.64	1.63	.10	19
2.23	2.16	2.11	2.07	2.03	2.00	1.98	1.94	1.93	1.91	1.89	1.88	.05	
3.15	3.00	2.92	2.84	2.76	2.71	2.67	2.60	2.58	2.55	2.51	2.49	.01	
1.37	1.36	1.35	1.34	1.33	1.33	1.32	1.31	1.31	1.30	1.30	1.29	.25	
1.84	1.79	1.77	1.74	1.71	1.69	1.68	1.65	1.64	1.63	1.62	1.61	.10	20
2.20	2.12	2.08	2.04	1.99	1.97	1.95	1.91	1.90	1.88	1.86	1.84	.05	
3.09	2.94	2.86	2.78	2.69	2.64	2.61	2.54	2.52	2.48	2.44	2.42	.01	

수표 7 F분포-분포의 오른쪽 .25, .10, .05, .01에 해당하는 F치(계속)

분모의 자유도 (df)	α	분자의 자유도(df) 1	2	3	4	5	6	7	8	9	10	11	12
22	.25	1.40	1.48	1.47	1.45	1.44	1.42	1.41	1.40	1.39	1.39	1.38	1.37
	.10	2.95	2.56	2.35	2.22	2.13	2.06	2.01	1.97	1.93	1.90	1.88	1.86
	.05	4.30	3.44	3.05	2.82	2.66	2.55	2.46	2.40	2.34	2.30	2.26	2.23
	.01	7.95	5.72	4.82	4.31	3.99	3.76	3.59	3.45	3.35	3.26	3.18	3.12
24	.25	1.39	1.47	1.46	1.44	1.43	1.41	1.40	1.39	1.38	1.38	1.37	1.36
	.10	2.93	2.54	2.33	2.19	2.10	2.04	1.98	1.94	1.91	1.88	1.85	1.83
	.05	4.26	3.40	3.01	2.78	2.62	2.51	2.42	2.36	2.30	2.25	2.21	2.18
	.01	7.82	5.61	4.72	4.22	3.90	3.67	3.50	3.36	3.26	3.17	3.09	3.03
26	.25	1.38	1.46	1.45	1.44	1.42	1.41	1.39	1.38	1.37	1.37	1.36	1.35
	.10	2.91	2.52	2.31	2.17	2.08	2.01	1.96	1.92	1.88	1.86	1.84	1.81
	.05	4.23	3.37	2.98	2.74	2.59	2.47	2.39	2.32	2.27	2.22	2.18	2.15
	.01	7.72	5.53	4.64	4.14	3.82	3.59	3.42	3.29	3.18	3.09	3.02	2.96
28	.25	1.38	1.46	1.45	1.43	1.41	1.40	1.39	1.38	1.37	1.36	1.35	1.34
	.10	2.89	2.50	2.29	2.16	2.06	2.00	1.94	1.90	1.87	1.84	1.81	1.79
	.05	4.20	3.34	2.95	2.71	2.56	2.45	2.36	2.29	2.24	2.19	2.15	2.12
	.01	7.64	5.45	4.57	4.07	3.82	3.53	3.36	3.23	3.12	3.03	2.96	2.90
30	.25	1.38	1.45	1.44	1.42	1.41	1.39	1.38	1.37	1.36	1.35	1.35	1.34
	.10	2.88	2.49	2.28	2.14	2.05	1.98	1.93	1.88	1.85	1.82	1.79	1.77
	.05	4.17	3.32	2.92	2.69	2.53	2.42	2.33	2.27	2.21	2.16	2.13	2.09
	.01	7.64	5.39	4.51	4.02	3.70	3.47	3.30	3.17	3.07	2.98	2.91	2.84
40	.25	1.38	1.44	1.42	1.40	1.39	1.37	1.36	1.35	1.34	1.33	1.32	1.31
	.10	2.88	2.44	2.23	2.09	2.00	1.93	1.87	1.83	1.79	1.76	1.73	1.71
	.05	4.17	3.23	2.84	2.61	2.45	2.34	2.25	2.18	2.12	2.08	2.04	2.00
	.01	7.56	5.18	4.31	3.83	3.51	3.29	3.12	2.99	2.89	2.80	2.73	2.66
60	.25	1.36	1.42	1.41	1.38	1.37	1.35	1.33	1.32	1.31	1.30	1.29	1.29
	.10	2.79	2.39	2.18	2.04	1.95	1.87	1.82	1.77	1.74	1.71	1.68	1.66
	.05	4.00	3.15	2.76	2.53	2.37	2.25	2.17	2.10	2.04	1.99	1.95	1.92
	.01	7.08	4.98	4.13	3.65	3.34	3.12	2.95	2.82	2.72	2.63	2.56	2.50
120	.25	1.34	1.40	1.39	1.37	1.35	1.33	1.31	1.30	1.29	1.28	1.27	1.26
	.10	2.75	2.35	2.13	1.99	1.90	1.82	1.77	1.72	1.68	1.65	1.62	1.60
	.05	3.92	3.07	2.68	2.45	2.29	2.17	2.09	2.02	1.96	1.91	1.87	1.83
	.01	6.85	4.79	3.95	3.48	3.17	2.96	2.79	2.66	2.56	2.47	2.40	2.34
200	.25	1.33	1.39	1.38	1.36	1.34	1.32	1.31	1.29	1.28	1.27	1.26	1.25
	.10	2.73	2.33	2.11	1.97	1.88	1.80	1.75	1.70	1.66	1.63	1.60	1.57
	.05	3.89	3.04	2.65	2.42	2.26	2.14	2.06	1.98	1.93	1.88	1.84	1.80
	.01	6.76	4.71	3.88	3.41	3.11	2.89	2.73	2.60	2.50	2.41	2.34	2.27
∞	.25	1.32	1.39	1.37	1.35	1.33	1.31	1.29	1.28	1.27	1.25	1.24	1.24
	.10	2.71	2.30	2.08	1.94	1.85	1.77	1.72	1.67	1.63	1.60	1.57	1.55
	.05	3.84	3.00	2.60	2.37	2.21	2.10	2.01	1.94	1.88	1.83	1.79	1.75
	.01	6.63	4.61	3.78	3.32	3.02	2.80	2.64	2.51	2.41	2.32	2.25	2.18

수표 7 *F*분포-분포의 오른쪽 .25, .10, .05, .01에 해당하는 *F*치(계속)

분자의 자유도(df)												α	분모의 자유도(df)
15	20	24	30	40	50	60	100	120	200	500	∞		
1.36	1.34	1.33	1.32	1.31	1.31	1.30	1.30	1.30	1.29	1.29	1.28	.25	
1.81	1.76	1.73	1.70	1.67	1.65	1.64	1.61	1.60	1.59	1.58	1.57	.10	22
2.15	2.07	2.03	1.98	1.94	1.91	1.89	1.85	1.84	1.82	1.80	1.78	.05	
2.98	2.83	2.75	2.67	2.58	2.53	2.50	2.42	2.40	2.36	2.33	2.31	.01	
1.35	1.33	1.32	1.31	1.30	1.29	1.29	1.28	1.28	1.27	1.27	1.26	.25	
1.78	1.73	1.70	1.67	1.64	1.62	1.61	1.58	1.57	1.56	1.54	1.53	.10	24
2.11	2.03	1.98	1.94	1.89	1.86	1.84	1.80	1.79	1.77	1.75	1.73	.05	
2.89	2.74	2.66	2.58	2.49	2.44	2.40	2.33	2.31	2.27	2.24	2.21	.01	
1.34	1.32	1.31	1.30	1.29	1.28	1.28	1.26	1.26	1.26	1.25	1.25	.25	
1.76	1.71	1.68	1.65	1.61	1.59	1.58	1.55	1.54	1.53	1.51	1.50	.10	26
2.07	1.99	1.95	1.90	1.85	1.82	1.80	1.76	1.75	1.73	1.71	1.69	.05	
2.81	2.66	2.58	2.50	2.42	2.36	2.33	2.25	2.23	2.19	2.16	2.13	.01	
1.33	1.31	1.30	1.29	1.28	1.27	1.27	1.26	1.25	1.25	1.24	1.24	.25	
1.74	1.69	1.66	1.63	1.59	1.57	1.56	1.53	1.52	1.50	1.49	1.48	.10	28
2.04	1.96	1.91	1.87	1.82	1.79	1.77	1.73	1.71	1.69	1.67	1.65	.05	
2.75	2.60	2.52	2.44	2.35	2.30	2.26	2.19	2.17	2.13	2.09	2.06	.01	
1.32	1.30	1.29	1.28	1.27	1.26	1.26	1.25	1.24	1.24	1.23	1.23	.25	
1.72	1.67	1.64	1.61	1.57	1.55	1.54	1.51	1.50	1.48	1.47	1.46	.10	30
2.01	1.93	1.89	1.84	1.79	1.76	1.74	1.70	1.68	1.66	1.64	1.62	.05	
2.70	2.55	2.47	2.39	2.30	2.25	2.21	2.13	2.11	2.07	2.03	2.01	.01	
1.30	1.28	1.26	1.25	1.24	1.23	1.22	1.21	1.21	1.20	1.19	1.19	.25	
1.66	1.61	1.57	1.54	1.51	1.48	1.47	1.43	1.42	1.41	1.39	1.38	.10	40
1.92	1.84	1.79	1.74	1.69	1.66	1.64	1.59	1.58	1.55	1.53	1.51	.05	
2.52	2.37	2.29	2.20	2.11	2.06	2.02	1.94	1.92	1.87	1.83	1.80	.01	
1.27	1.25	1.24	1.22	1.21	1.20	1.19	1.17	1.17	1.16	1.15	1.15	.25	
1.60	1.54	1.51	1.48	1.44	1.41	1.40	1.36	1.35	1.33	1.31	1.29	.10	60
1.84	1.75	1.70	1.65	1.59	1.56	1.53	1.48	1.47	1.44	1.41	1.39	.05	
2.35	2.20	2.12	2.03	1.94	1.88	1.84	1.75	1.73	1.68	1.63	1.60	.01	
1.24	1.22	1.21	1.19	1.18	1.17	1.16	1.14	1.13	1.12	1.11	1.10	.25	
1.55	1.48	1.45	1.41	1.37	1.34	1.32	1.27	1.26	1.24	1.21	1.19	.10	120
1.75	1.66	1.61	1.55	1.50	1.46	1.43	1.37	1.35	1.32	1.28	1.25	.05	
2.19	2.03	1.95	1.86	1.76	1.70	1.66	1.56	1.53	1.48	1.42	1.38	.01	
1.23	1.21	1.20	1.18	1.16	1.14	1.12	1.11	1.10	1.09	1.08	1.06	.25	
1.52	1.46	1.42	1.38	1.34	1.31	1.28	1.24	1.22	1.20	1.17	1.14	.10	200
1.72	1.62	1.57	1.52	1.46	1.41	1.39	1.32	1.29	1.26	1.22	1.19	.05	
2.13	1.97	1.89	1.79	1.69	1.63	1.58	1.48	1.44	1.39	1.33	1.28	.01	
1.22	1.19	1.18	1.16	1.14	1.13	1.12	1.09	1.08	1.07	1.04	1.00	.25	
1.49	1.42	1.38	1.34	1.30	1.26	1.24	1.18	1.17	1.13	1.08	1.00	.10	∞
1.67	1.57	1.52	1.46	1.39	1.35	1.32	1.24	1.22	1.17	1.11	1.00	.05	
2.04	1.88	1.79	1.70	1.59	1.52	1.47	1.36	1.32	1.25	1.15	1.00	.01	

수표 8 x^2분포

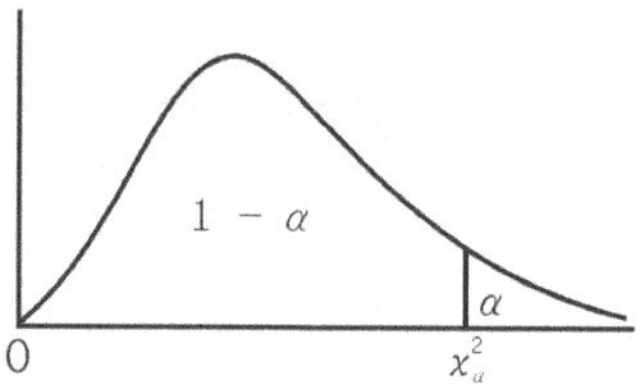

df	.99	.98	.95	.90	.80	.70	.50	.30	.20	.10	.05	.02	.01	.001
1	$.0^3157$	$.0^3628$	.00393	.0158	.0642	.148	.455	1.074	1.642	2.706	3.841	5.412	6.635	10.827
2	.0201	.0404	.103	.211	.446	.713	1.386	2.408	3.219	4.605	5.991	7.824	9.210	13.815
3	.115	.185	.352	.584	1.005	1.424	2.366	3.665	4.642	6.251	7.815	9.837	11.345	16.266
4	.297	.429	.711	1.064	1.649	2.195	3.357	4.878	5.989	7.779	9.488	11.668	13.277	18.467
5	.554	.752	1.145	1.610	2.343	3.000	4.351	6.064	7.289	9.236	11.070	13.388	15.086	20.515
6	.872	1.134	1.635	2.204	3.070	3.828	5.348	7.231	8.558	10.645	12.592	15.033	16.812	22.457
7	1.239	1.564	2.167	2.833	3.822	4.671	6.346	8.383	9.803	12.017	14.067	16.622	18.475	24.322
8	1.646	2.032	2.733	3.490	4.594	5.527	7.344	9.524	11.030	13.362	15.507	18.168	20.090	26.125
9	2.088	2.532	3.325	4.168	5.380	6.393	8.343	10.656	12.242	14.684	16.919	19.679	21.666	27.877
10	2.558	3.059	3.940	4.865	6.179	7.267	9.342	11.781	13.442	15.987	18.307	21.161	23.209	29.588
11	3.053	3.609	4.575	5.578	6.989	8.148	10.341	12.899	14.631	17.275	19.675	22.618	24.725	31.264
12	3.571	4.178	5.226	6.304	7.807	9.034	11.340	14.011	15.812	18.549	21.026	24.054	26.217	32.909
13	4.107	4.765	5.892	7.042	8.634	9.926	12.340	15.119	16.985	19.812	22.362	25.472	27.688	34.528
14	4.660	5.368	6.571	7.790	9.467	10.821	13.339	16.222	18.151	21.064	23.685	26.873	29.141	36.123
15	5.229	5.985	7.261	8.547	10.307	11.721	14.339	17.322	19.311	22.307	24.996	28.259	30.578	37.697
16	5.812	6.614	7.962	9.312	11.152	12.624	15.338	18.418	20.465	23.542	26.296	29.633	32.000	39.252
17	6.408	7.255	8.672	10.085	12.002	13.531	16.338	19.511	21.615	24.769	27.587	30.995	33.409	40.790
18	7.015	7.906	9.390	10.865	12.857	14.440	17.338	20.601	22.760	25.989	28.869	32.346	34.805	42.312
19	7.633	8.567	10.117	11.651	13.716	15.352	18.338	21.689	23.900	27.204	30.144	33.687	36.191	43.820
20	8.260	9.237	10.851	12.443	14.578	16.266	19.337	22.775	25.038	28.412	31.410	35.020	37.566	45.315
21	8.897	9.915	11.591	13.240	15.445	17.182	20.337	23.858	26.171	29.615	32.671	36.343	38.932	46.797
22	9.542	10.600	12.338	14.041	16.314	18.101	21.337	24.939	27.301	30.813	33.924	37.659	40.289	48.268
23	10.196	11.293	13.091	14.848	17.187	19.021	22.337	26.018	28.429	32.007	35.172	38.968	41.638	49.728
24	10.856	11.992	13.848	15.659	18.062	19.943	23.337	27.096	29.553	33.196	36.415	40.270	42.980	51.179
25	11.524	12.697	14.611	16.473	18.940	20.867	24.337	28.172	30.675	34.382	37.652	41.566	44.314	52.620
26	12.198	13.409	15.379	17.292	19.820	21.792	25.336	29.246	31.795	35.563	38.885	42.856	45.642	54.052
27	12.879	14.125	16.151	18.114	20.703	22.719	26.336	30.319	32.912	36.741	40.113	44.140	46.963	55.476
28	13.565	14.847	16.928	18.939	21.588	23.647	27.336	31.391	34.027	37.916	41.337	45.419	43.278	56.893
29	14.256	15.574	17.708	19.768	22.475	24.577	28.336	32.461	35.139	39.087	42.557	46.693	49.588	58.302
30	14.953	16.306	18.493	20.599	23.364	25.508	29.336	33.530	36.250	40.256	43.773	47.962	50.892	59.703

수표 9 상관계수의 가설($H_0 : \rho = 0$)부정 기준치

df	.10	.05	.02	.01
1	.988	.997	.9995	.9999
2	.900	.950	.980	.990
3	.805	.878	.934	.959
4	.729	.811	.882	.917
5	.669	.754	.833	.874
6	.622	.707	.789	.834
7	.582	.666	.750	.798
8	.549	.632	.716	.765
9	.521	.602	.685	.735
10	.497	.576	.658	.708
11	.476	.553	.634	.684
12	.458	.532	.612	.661
13	.441	.514	.592	.641
14	.426	.497	.574	.623
15	.412	.482	.558	.606
16	.400	.468	.542	.590
17	.389	.456	.528	.575
18	.378	.444	.516	.561
19	.369	.433	.503	.549
20	.360	.423	.492	.537
21	.352	.413	.482	.526
22	.344	.404	.472	.515
23	.337	.396	.462	.505
24	.330	.388	.453	.496
25	.323	.381	.445	.487
26	.317	.374	.437	.479
27	.311	.367	.430	.471
28	.306	.361	.423	.463
29	.301	.355	.416	.456
30	.296	.349	.409	.449
35	.275	.325	.381	.418
40	.257	.304	.358	.393
45	.243	.288	.338	.372
50	.231	.273	.322	.354
60	.211	.250	.295	.325
70	.195	.232	.274	.303
80	.183	.217	.256	.283
90	.173	.205	.242	.267
100	.164	.195	.230	.254

수표 10 Tukey, Newman-Keuls Q의 가설부정 기준치

오차 df	α	r = 평균치의 수(數) 혹은 비교하고자 하는 평균치간의 근접단계수									
		2	3	4	5	6	7	8	9	10	11
5	.05	3.64	4.60	5.22	5.67	6.03	6.33	6.58	6.80	6.99	7.17
	.01	5.70	6.98	7.80	8.42	8.91	9.32	9.67	9.97	10.24	10.48
6	.05	3.46	4.34	4.90	5.30	5.63	5.90	6.12	6.32	6.49	6.65
	.01	5.24	6.33	7.03	7.56	7.97	8.32	8.61	8.87	9.10	9.30
7	.05	3.34	4.16	4.68	5.06	5.36	5.61	5.82	6.00	6.16	6.30
	.01	4.95	5.92	6.54	7.01	7.37	7.68	7.94	8.17	8.37	8.55
8	.05	3.26	4.04	4.53	4.89	5.17	5.40	5.60	5.77	5.92	6.05
	.01	4.75	5.64	6.20	6.62	6.96	7.24	7.47	7.68	7.86	8.03
9	.05	3.20	3.95	4.41	4.76	5.02	5.24	5.43	5.59	5.74	5.87
	.01	4.60	5.43	5.96	6.35	6.66	6.91	7.13	7.33	7.49	7.65
10	.05	3.15	3.88	4.33	4.65	4.91	5.12	5.30	5.46	5.60	5.72
	.01	4.48	5.27	5.77	6.14	6.43	6.67	6.87	7.05	7.21	7.36
11	.05	3.11	3.82	4.26	4.57	4.82	5.03	5.20	5.35	5.49	5.61
	.01	4.39	5.15	5.62	5.97	6.25	6.48	6.67	6.84	6.99	7.13
12	.05	3.08	3.77	4.20	4.51	4.75	4.95	5.12	5.27	5.39	5.51
	.01	4.32	5.05	5.50	5.84	6.10	6.32	6.51	6.67	6.81	6.94
13	.05	3.06	3.73	4.15	4.45	4.69	4.88	5.05	5.19	5.32	5.43
	.01	4.26	4.96	5.40	5.73	5.98	6.19	6.37	6.53	6.67	6.79
14	.05	3.03	3.70	4.11	4.41	4.64	4.83	4.99	5.13	5.25	5.36
	.01	4.21	4.89	5.32	5.63	5.88	6.08	6.26	6.41	6.54	6.66
15	.05	3.01	3.67	4.08	4.37	4.59	4.78	4.94	5.08	5.20	5.31
	.01	4.17	4.84	5.25	5.56	5.80	5.99	6.16	6.31	6.44	6.55
16	.05	3.00	3.65	4.05	4.33	4.56	4.74	4.90	5.03	5.15	5.26
	.01	4.13	4.79	5.19	5.49	5.72	5.92	6.08	6.22	6.35	6.46
17	.05	2.98	3.63	4.02	4.30	4.52	4.70	4.86	4.99	5.11	5.21
	.01	4.10	4.74	5.14	5.43	5.66	5.85	6.01	6.15	6.27	6.38
18	.05	2.97	3.61	4.00	4.28	4.49	4.67	4.82	4.96	5.07	5.17
	.01	4.07	4.70	5.09	5.38	5.60	5.79	5.94	6.08	6.20	6.31
19	.05	2.96	3.59	3.98	4.25	4.47	4.65	4.79	4.92	5.04	5.14
	.01	4.05	4.67	5.05	5.33	5.55	5.73	5.89	6.02	6.14	6.25
20	.05	2.95	3.58	3.96	4.23	4.45	4.62	4.77	4.90	5.01	5.11
	.01	4.02	4.64	5.02	5.29	5.51	5.69	5.84	5.97	6.09	6.19
24	.05	2.92	3.53	3.90	4.17	4.37	4.54	4.68	4.81	4.92	5.01
	.01	3.96	4.55	4.91	5.17	5.37	5.54	5.69	5.81	5.92	6.02
30	.05	2.89	3.49	3.85	4.10	4.30	4.46	4.60	4.72	4.82	4.92
	.01	3.89	4.45	4.80	5.05	5.24	5.40	5.54	5.65	5.76	5.85
40	.05	2.86	3.44	3.79	4.04	4.23	4.39	4.52	4.63	4.73	4.82
	.01	3.82	4.37	4.70	4.93	5.11	5.26	5.39	5.50	5.60	5.69
60	.05	2.83	3.40	3.74	3.98	4.16	4.31	4.44	4.55	4.65	4.73
	.01	3.76	4.28	4.59	4.82	4.99	5.13	5.25	5.36	5.45	5.53
120	.05	2.80	3.36	3.68	3.92	4.10	4.24	4.36	4.47	4.56	4.64
	.01	3.70	4.20	4.50	4.71	4.87	5.01	5.12	5.21	5.30	5.37
∞	.05	2.77	3.31	3.63	3.86	4.03	4.17	4.29	4.39	4.47	4.55
	.01	3.64	4.12	4.40	4.60	4.76	4.88	4.99	5.08	5.16	5.23

수표 10 Tukey, Newman-Keuls Q의 가설부정 기준치(계속)

r = 평균치의 수(數) 혹은 비교하고자 하는 평균치간의 근접단계수									α	오차 df
12	13	14	15	16	17	18	19	20		
7.32	7.47	7.60	7.72	7.83	7.93	8.03	8.12	8.21	.05	5
10.70	10.89	11.08	11.24	11.40	11.55	11.68	11.81	11.93	.01	
6.79	6.92	7.03	7.14	7.24	7.34	7.43	7.51	7.59	.05	6
9.48	9.65	9.81	9.95	10.08	10.21	10.32	10.43	10.54	.01	
6.43	6.55	6.66	6.76	6.85	6.94	7.02	7.10	7.17	.05	7
8.71	8.86	9.00	9.12	9.24	9.35	9.46	9.55	9.65	.01	
6.18	6.29	6.39	6.48	6.57	6.65	6.73	6.80	6.87	.05	8
8.18	8.31	8.44	8.55	8.66	8.76	8.85	8.94	9.03	.01	
5.98	6.09	6.19	6.28	6.36	6.44	6.51	6.58	6.64	.05	9
7.78	7.91	8.03	8.13	8.23	8.33	8.41	8.49	8.57	.01	
5.83	5.93	6.03	6.11	6.19	6.27	6.34	6.40	6.47	.05	10
7.49	7.60	7.71	7.81	7.91	7.99	8.08	8.15	8.23	.01	
5.71	5.81	5.90	5.98	6.06	6.13	6.20	6.27	6.33	.05	11
7.25	7.36	7.46	7.56	7.65	7.73	7.81	7.88	7.95	.01	
5.61	5.71	5.80	5.88	5.95	6.02	6.09	6.15	6.21	.05	12
7.06	7.17	7.26	7.36	7.44	7.52	7.59	7.66	7.73	.01	
5.53	5.63	5.71	5.79	5.86	5.93	5.99	6.05	6.11	.05	13
6.90	7.01	7.10	7.19	7.27	7.35	7.42	7.48	7.55	.01	
5.46	5.55	5.64	5.71	5.79	5.85	5.91	5.97	6.03	.05	14
6.77	6.87	6.96	7.05	7.13	7.20	7.27	7.33	7.39	.01	
5.40	5.49	5.57	5.65	5.72	5.78	5.85	5.90	5.96	.05	15
6.66	6.76	6.84	6.93	7.00	7.07	7.14	7.20	7.26	.01	
5.35	5.44	5.52	5.59	5.66	5.73	5.79	5.84	5.90	.05	16
6.56	6.66	6.74	6.82	6.90	6.97	7.03	7.09	7.15	.01	
5.31	5.39	5.47	5.54	5.61	5.67	5.73	5.79	5.84	.05	17
6.48	6.57	6.66	6.73	6.81	6.87	6.94	7.00	7.05	.01	
5.27	5.35	5.43	5.50	5.57	5.63	5.69	5.74	5.79	.05	18
6.41	6.50	6.58	6.65	6.73	6.79	6.85	6.91	6.97	.01	
5.23	5.31	5.39	5.46	5.53	5.59	5.65	5.70	5.75	.05	19
6.34	6.43	6.51	6.58	6.65	6.72	6.78	6.84	6.89	.01	
5.20	5.28	5.36	5.43	5.49	5.55	5.61	5.66	5.71	.05	20
6.28	6.37	6.45	6.52	6.59	6.65	6.71	6.77	6.82	.01	
5.10	5.18	5.25	5.32	5.38	5.44	5.49	5.55	5.59	.05	24
6.11	6.19	6.26	6.33	6.39	6.45	6.51	6.56	6.61	.01	
5.00	5.08	5.15	5.21	5.27	5.33	5.38	5.43	5.47	.05	30
5.93	6.01	6.08	6.14	6.20	6.26	6.31	6.36	6.41	.01	
4.90	4.98	5.04	5.11	5.16	5.22	5.27	5.31	5.36	.05	40
5.76	5.83	5.90	5.96	6.02	6.07	6.12	6.16	6.21	.01	
4.81	4.88	4.94	5.00	5.06	5.11	5.15	5.20	5.24	.05	60
5.60	5.67	5.73	5.78	5.84	5.89	5.93	5.97	6.01	.01	
4.71	4.78	4.84	4.90	4.95	5.00	5.04	5.09	5.13	.05	120
5.44	5.50	5.56	5.61	5.66	5.71	5.75	5.79	5.83	.01	
4.62	4.68	4.74	4.80	4.85	4.89	4.93	4.97	5.01	.05	∞
5.29	5.35	5.40	5.45	5.49	5.54	5.57	5.61	5.65	.01	

수표 11 r의 Z_r 환산표

r	Z_r	r	Z_r	r	Z_r	r	Z_r	r	Z_r
.000	.000	.200	.203	.400	.424	.600	.693	.800	1.099
.005	.005	.205	.208	.405	.430	.605	.701	.805	1.113
.010	.010	.210	.213	.410	.436	.610	.709	.810	1.127
.015	.015	.215	.218	.415	.442	.615	.717	.815	1.142
.020	.020	.220	.224	.420	.448	.620	.725	.820	1.157
.025	.025	.225	.229	.425	.454	.625	.733	.825	1.172
.030	.030	.230	.234	.430	.460	.630	.741	.830	1.188
.035	.035	.235	.239	.435	.466	.635	.750	.835	1.204
.040	.040	.240	.245	.440	.472	.640	.758	.840	1.221
.045	.045	.245	.250	.445	.478	.645	.767	.845	1.238
.050	.050	.250	.255	.450	.485	.650	.775	.850	1.256
.055	.055	.255	.261	.455	.491	.655	.784	.855	1.274
.060	.060	.260	.266	.460	.497	.660	.793	.860	1.293
.065	.065	.265	.271	.465	.504	.665	.802	.865	1.313
.070	.070	.270	.277	.470	.510	.670	.811	.870	1.333
.075	.075	.275	.282	.475	.517	.675	.820	.875	1.354
.080	.080	.280	.288	.480	.523	.680	.829	.880	1.376
.085	.085	.285	.293	.485	.530	.685	.838	.885	1.398
.090	.090	.290	.299	.490	.536	.690	.848	.890	1.422
.095	.095	.295	.304	.495	.543	.695	.858	.895	1.447
.100	.100	.300	.310	.500	.549	.700	.867	.900	1.472
.105	.105	.305	.315	.505	.556	.705	.877	.905	1.499
.110	.110	.310	.321	.510	.563	.710	.887	.910	1.528
.115	.116	.315	.326	.515	.570	.715	.897	.915	1.557
.120	.121	.320	.332	.520	.576	.720	.908	.920	1.589
.125	.126	.325	.337	.525	.583	.725	.918	.925	1.623
.130	.131	.330	.343	.530	.590	.730	.929	.930	1.658
.135	.136	.335	.348	.535	.597	.735	.940	.935	1.697
.140	.141	.340	.354	.540	.604	.740	.950	.940	1.738
.145	.146	.345	.360	.545	.611	.745	.962	.945	1.783
.150	.151	.350	.365	.550	.618	.750	.973	.950	1.832
.155	.156	.355	.371	.555	.626	.755	.984	.955	1.886
.160	.161	.360	.377	.560	.633	.760	.996	.960	1.946
.165	.167	.365	.383	.565	.640	.765	1.008	.965	2.014
.170	.172	.370	.388	.570	.648	.770	1.020	.970	2.092
.175	.177	.375	.394	.575	.655	.775	1.033	.975	2.185
.180	.182	.380	.400	.580	.662	.780	1.045	.980	2.298
.185	.187	.385	.406	.585	.670	.785	1.058	.985	2.443
.190	.192	.390	.412	.590	.678	.790	1.071	.990	2.647
.195	.198	.395	.418	.595	.685	.795	1.085	.995	2.994

수표 12 Mann-Whitney U의 가설검정 기준치

n	P	n=2	3	4	5	6	7	8	9	10	11	12	13	14	15	16	17	18	19	20
	.001	0	0	0	0	0	0	0	0	0	0	0	0	0	0	0	0	0	0	0
	.005	0	0	0	0	0	0	0	0	0	0	0	0	0	0	0	0	0	1	1
2	.01	0	0	0	0	0	0	0	0	0	0	0	1	1	1	1	1	1	2	2
	.025	0	0	0	0	0	0	1	1	1	1	2	2	2	2	2	3	3	3	3
	.05	0	0	0	1	1	1	2	2	2	2	3	3	4	4	4	4	5	5	5
	.10	0	1	1	2	2	2	3	3	4	4	5	5	5	6	6	7	7	8	8
	.001	0	0	0	0	0	0	0	0	0	0	0	0	0	0	0	1	1	1	1
	.005	0	0	0	0	0	0	0	1	1	1	2	2	2	3	3	3	3	4	4
3	.01	0	0	0	0	0	1	1	2	2	2	3	3	3	4	4	5	5	5	6
	.025	0	0	0	1	2	2	3	3	4	4	5	5	6	6	7	7	8	8	9
	.05	0	1	1	2	3	3	4	5	5	6	6	7	8	8	9	10	10	11	12
	.10	1	2	2	3	4	5	6	6	7	8	9	10	11	11	12	13	14	15	16
	.001	0	0	0	0	0	0	0	0	1	1	1	2	2	2	3	3	4	4	4
	.005	0	0	0	0	1	1	2	2	3	3	4	4	5	6	6	7	7	8	9
4	.01	0	0	0	1	2	2	3	4	4	5	6	6	7	9	8	9	10	10	11
	.025	0	0	1	2	3	4	5	5	6	7	8	9	10	11	12	12	13	14	15
	.05	0	1	2	3	4	5	6	7	8	9	10	11	12	13	15	16	17	18	19
	.10	1	2	4	5	6	7	8	10	11	12	13	14	16	17	18	19	21	22	23
	.001	0	0	0	0	0	0	1	2	2	3	3	4	4	5	6	6	7	8	8
	.005	0	0	0	1	2	2	3	4	5	6	7	8	8	9	10	11	12	13	14
5	.01	0	0	1	2	3	4	5	6	7	8	9	10	11	12	13	14	15	16	17
	.025	0	1	2	3	4	6	7	8	9	10	12	13	14	15	16	18	19	20	21
	.05	1	2	3	5	6	7	9	10	12	13	14	16	17	19	20	21	23	24	26
	.10	2	3	5	6	8	9	11	13	14	16	18	19	21	23	24	26	28	29	31
	.001	0	0	0	0	0	0	2	3	4	5	5	6	7	8	9	10	11	12	13
	.005	0	0	1	2	3	4	5	6	7	8	10	11	12	13	14	16	17	18	19
6	.01	0	0	2	3	4	5	7	8	9	10	12	13	14	16	17	19	20	21	23
	.025	0	2	3	4	6	7	9	11	12	14	15	17	18	20	22	23	25	26	28
	.05	1	3	4	6	8	9	11	13	15	17	18	20	22	24	26	27	29	31	33
	.10	2	4	6	8	10	12	14	16	18	20	22	24	26	28	30	32	35	37	39
	.001	0	0	0	0	1	2	3	4	6	7	8	9	10	11	12	14	15	16	17
	.005	0	0	1	2	4	5	7	8	10	11	13	14	16	17	19	20	22	23	25
7	.01	0	1	2	4	5	7	8	10	12	13	15	17	18	20	22	24	25	27	29
	.025	0	2	4	6	7	9	11	13	15	17	19	21	23	25	27	29	31	33	35
	.05	1	3	5	7	9	12	14	16	18	20	22	25	27	29	31	34	36	38	40
	.10	2	5	7	9	12	14	17	19	22	24	27	29	32	34	37	39	42	44	47
	.001	0	0	0	1	2	3	5	6	7	9	10	12	13	15	16	18	19	21	22
	.005	0	0	2	3	5	7	8	10	12	14	16	18	19	21	23	25	27	29	31
8	.01	0	1	3	5	7	8	10	12	14	16	18	21	23	25	27	29	31	33	35
	.025	1	3	5	7	9	11	14	16	18	20	23	25	27	30	32	35	37	39	42
	.05	2	4	6	9	11	14	16	19	21	24	27	29	32	34	37	40	42	45	48
	.10	3	6	8	11	14	17	20	23	25	28	31	34	37	40	43	46	49	52	55
	.001	0	0	0	2	3	4	6	8	9	11	13	15	16	18	20	22	24	26	27
	.005	0	1	2	4	6	8	10	12	14	17	19	21	23	25	28	30	32	34	37
9	.01	0	2	4	6	8	10	12	15	17	19	22	24	27	29	32	34	37	39	41
	.025	1	3	5	8	11	13	16	18	21	24	27	29	32	35	38	40	43	46	49
	.05	2	5	7	10	13	16	19	22	25	28	31	34	37	40	43	46	49	52	55
	.10	3	6	10	13	16	19	23	26	29	32	36	39	42	46	49	53	56	59	63

수표 12 Mann-Whitney U의 가설검정 기준치(계속)

n	P	n=2	3	4	5	6	7	8	9	10	11	12	13	14	15	16	17	18	19	20
	.001	0	0	1	2	4	6	7	9	11	13	15	18	20	22	24	26	28	30	33
	.005	0	1	3	5	7	10	12	14	17	19	22	25	27	30	32	35	38	40	43
10	.01	0	2	4	7	9	12	14	17	20	23	25	28	31	34	37	39	42	45	48
	.025	1	4	6	9	12	15	18	21	24	27	30	34	37	40	43	46	49	53	56
	.05	2	5	8	12	15	18	21	25	28	32	35	38	42	45	49	52	56	59	63
	.10	4	7	11	14	18	22	25	29	33	37	40	44	48	52	55	59	63	67	71
	.001	0	0	1	3	5	7	9	11	13	16	18	21	23	25	28	30	33	35	38
	.005	0	1	3	6	8	11	14	17	19	22	25	28	31	34	37	40	43	46	49
11	.01	0	2	5	8	10	13	16	19	23	26	29	32	35	38	42	45	48	51	54
	.025	1	4	7	10	14	17	20	24	27	31	34	38	41	45	48	52	56	59	63
	.05	2	6	9	13	17	20	24	28	32	35	39	43	47	51	55	58	62	66	70
	.10	4	8	12	16	20	24	28	32	37	41	45	49	53	58	62	66	70	74	79
	.001	0	0	1	3	5	8	10	13	15	18	21	24	26	29	32	35	38	41	43
	.005	0	2	4	7	10	13	16	19	22	25	28	32	35	38	42	45	48	52	55
12	.01	0	3	6	9	12	15	18	22	25	29	32	36	39	43	47	50	54	57	61
	.025	2	5	8	12	15	19	23	27	30	34	38	42	46	50	54	58	62	66	70
	.05	3	6	10	14	18	22	27	31	35	39	43	48	52	56	61	65	69	73	78
	.10	5	9	13	18	22	27	31	36	40	45	50	54	59	64	68	73	78	82	87
	.001	0	0	2	4	6	9	12	15	18	21	24	27	30	33	36	39	43	46	49
	.005	0	2	4	8	11	14	18	21	25	28	32	35	39	43	46	50	54	58	61
13	.01	1	3	6	10	13	17	21	24	28	32	36	40	44	48	52	56	60	64	68
	.025	2	5	9	13	17	21	25	29	34	38	42	46	51	55	60	64	68	73	77
	.05	3	7	11	16	20	25	29	34	38	43	48	52	57	62	66	71	76	81	85
	.10	5	10	14	19	24	29	34	39	44	49	54	59	64	69	75	80	85	90	95
	.001	0	0	2	4	7	10	13	16	20	23	26	30	33	37	40	44	47	51	55
	.005	0	2	5	8	12	16	19	23	27	31	35	39	43	47	51	55	59	64	68
14	.01	1	3	7	11	14	18	23	27	31	35	39	44	48	52	57	61	66	70	74
	.025	2	6	10	14	18	23	27	32	37	41	46	51	56	60	65	70	75	79	84
	.05	4	8	12	17	22	27	32	37	42	47	52	57	62	67	72	78	83	88	93
	.10	5	11	16	21	26	32	37	42	48	53	59	64	70	75	81	86	92	98	103
	.001	0	0	2	5	8	11	15	18	22	25	29	33	37	41	44	48	52	56	60
	.005	0	3	6	9	13	17	21	25	30	34	38	43	47	52	56	61	65	70	74
15	.01	1	4	8	12	16	20	25	29	34	38	43	48	52	57	62	67	71	76	81
	.025	2	6	11	15	20	25	30	35	40	45	50	55	60	65	71	76	81	86	91
	.05	4	8	13	19	24	29	34	40	45	51	56	62	67	73	78	84	89	95	101
	.10	6	11	17	23	28	34	40	46	52	58	64	69	75	81	87	93	99	105	111
	.001	0	0	3	6	9	12	16	20	24	28	32	36	40	44	49	53	57	61	66
	.005	0	3	6	10	14	19	23	28	32	37	42	46	51	56	61	66	71	75	80
16	.01	1	4	8	13	17	22	27	32	37	42	47	52	57	62	67	72	77	83	88
	.025	2	7	12	16	22	27	32	38	43	48	54	60	65	71	76	82	87	93	99
	.05	4	9	15	20	26	31	37	43	49	55	61	66	72	78	84	90	96	102	108
	.10	6	12	18	24	30	37	43	49	55	62	68	75	81	87	94	100	107	113	120
	.001	0	1	3	6	10	14	18	22	26	30	35	39	44	48	53	58	62	67	71
	.005	0	3	7	11	16	20	25	30	35	40	45	50	55	61	66	71	76	82	87
17	.01	1	5	9	14	19	24	29	34	39	45	50	56	61	67	72	78	83	89	94
	.025	3	7	12	18	23	29	35	40	46	52	58	64	70	76	82	88	94	100	106
	.05	4	10	16	21	27	34	40	46	52	58	65	71	78	84	90	97	103	110	116
	.10	7	13	19	26	32	39	46	53	59	66	73	80	86	93	100	107	114	121	128

수표 12 Mann－Whitney U의 가설검정 기준치(계속)

n	P	n=2	3	4	5	6	7	8	9	10	11	12	13	14	15	16	17	18	19	20
18	.001	0	1	4	7	11	15	19	24	28	33	38	43	47	52	57	62	67	72	77
	.005	0	3	7	12	17	22	27	32	38	43	48	54	59	65	71	76	82	88	93
	.01	1	5	10	15	20	25	31	37	42	48	54	60	66	71	77	83	89	95	101
	.025	3	8	13	19	25	31	37	43	49	56	62	68	75	81	87	94	100	107	113
	.05	5	10	17	23	29	36	42	49	56	62	69	76	83	89	96	103	110	117	124
	.10	7	14	21	28	35	42	49	56	63	70	78	85	92	99	107	114	121	129	136
19	.001	0	1	4	8	12	16	21	26	30	35	41	46	51	56	61	67	72	78	83
	.005	1	4	8	13	18	23	29	34	40	46	52	58	64	70	75	82	88	94	100
	.01	2	5	10	16	21	27	33	39	45	51	57	64	70	76	83	89	95	102	108
	.025	3	8	14	20	26	33	39	46	53	59	66	73	79	86	93	100	107	114	120
	.05	5	11	18	24	31	38	45	52	59	66	73	81	88	95	102	110	117	124	131
	.10	8	15	22	29	37	44	52	59	67	74	82	90	98	105	113	121	129	136	144
20	.001	0	1	4	8	13	17	22	27	33	38	43	49	55	60	66	71	77	83	89
	.005	1	4	9	14	19	25	31	37	43	49	55	61	68	74	80	87	93	100	106
	.01	2	6	11	17	23	29	35	41	48	54	61	68	74	81	88	94	101	108	115
	.025	3	9	15	21	28	35	42	49	56	63	70	77	84	91	99	106	113	120	128
	.05	5	12	19	26	33	40	48	55	63	70	78	85	93	101	108	116	124	131	139
	.10	8	16	23	31	39	47	55	63	71	79	87	95	103	111	120	128	136	144	152

수표 13 Wilcoxon T의 가설부정 기준치

N	일방검증인 경우의 유의도 수준		
	.025	.01	.005
	양방검증인 경우의 유의도 수준		
	.05	.02	.01
6	0	–	–
7	2	0	–
8	4	2	0
9	6	3	2
10	8	5	3
11	11	7	5
12	14	10	7
13	17	13	10
14	21	16	13
15	25	20	16
16	30	24	20
17	35	28	23
18	40	33	28
19	46	38	32
20	52	43	38
21	59	49	43
22	66	56	49
23	73	62	55
24	81	69	61
25	89	77	68

수표 14 Hartley의 동변량성 검증(F_{max})

df $(v)=$ $n-1$		$k=$ 비교하고자하는 변량의 수										
	α	2	3	4	5	6	7	8	9	10	11	12
4	.05	9.60	15.5	20.6	25.2	29.5	33.6	37.5	41.4	44.6	48.0	51.4
	.01	23.2	37.	49.	59.	69.	79.	89.	97.	106.	113.	120.
5	.05	7.15	10.8	13.7	16.3	18.7	20.8	22.9	24.7	26.5	28.2	29.9
	.01	14.9	22.	28.	33.	38.	42.	46.	50.	54.	57.	60.
6	.05	5.82	8.38	10.4	12.1	13.7	15.0	16.3	17.5	18.6	19.7	20.7
	.01	11.1	15.5	19.1	22.	25.	27.	30.	32.	34.	36.	37.
7	.05	4.99	6.94	8.44	9.70	10.8	11.8	12.7	13.5	14.3	15.1	15.8
	.01	8.89	12.1	14.5	16.5	18.4	20.	22.	23.	24.	26.	27.
8	.05	4.43	6.00	7.18	8.12	9.03	9.78	10.5	11.1	11.7	12.2	12.7
	.01	7.50	9.9	11.7	13.2	14.5	15.8	16.9	17.9	18.9	19.8	21.
9	.05	4.03	5.34	6.31	7.11	7.80	8.41	8.95	9.45	9.91	10.3	10.7
	.01	6.54	8.5	9.9	11.1	12.1	13.1	13.9	14.7	15.3	16.0	16.6
10	.05	3.72	4.85	5.67	6.34	6.92	7.42	7.87	8.28	8.66	9.01	9.34
	.01	5.85	7.4	8.6	9.6	10.4	11.1	11.8	12.4	12.9	13.4	13.9
12	.05	3.28	4.16	4.79	5.30	5.72	6.09	6.42	6.72	7.00	7.25	7.48
	.01	4.91	6.1	6.9	7.6	8.2	8.7	9.1	9.5	9.9	10.2	10.6
15	.05	2.86	3.54	4.01	4.37	4.68	4.95	5.19	5.40	5.59	5.77	5.93
	.01	4.07	4.9	5.5	6.0	6.4	6.7	7.1	7.3	7.5	7.8	8.0
20	.05	2.46	2.95	3.29	3.54	3.76	3.94	4.10	4.24	4.37	4.49	4.59
	.01	3.32	3.8	4.3	4.6	4.9	5.1	5.3	5.5	5.6	5.8	5.9
30	.05	2.07	2.40	2.61	2.78	2.91	3.02	3.12	3.21	3.29	3.36	3.39
	.01	2.63	3.0	3.3	3.4	3.6	3.7	3.8	3.9	4.0	4.1	4.2
60	.05	1.67	1.85	1.96	2.04	2.11	2.17	2.22	2.26	2.30	2.33	2.36
	.01	1.96	2.2	2.3	2.4	2.4	2.5	2.5	2.6	2.6	2.7	2.7
∞	.05	1.00	1.00	1.00	1.00	1.00	1.00	1.00	1.00	1.00	1.00	1.00
	.01	1.00	1.00	1.00	1.00	1.00	1.00	1.00	1.00	1.00	1.00	1.00

참고문헌

강상조 (2006). 체육연구방법. 서울: 21세기교육사 .

강상조, 이철기(1984). 현장연구의 통계와 보고－현장교육연구전서. 서울: 갑을출판사.

김기정(1977). 교육통계－현장교육전서. 서울: 배영사.

이종성(2004). 사회과학연구를 위한 통계방법. 서울: 박영사.

임인재(2002). 교육 · 심리 · 사회연구를 위한 통계방법. 서울: 박영사.

정범모(1960). 교육 · 심리 통계적 방법. 서울: 법문사.

American Psychological Association. (2001). *Publication manual of the American Psychological Association* (5th ed.). Washington, DC: Author.

Cohen, J. (1988). *Statistical power analysis of the behavioral sciences* (2nd ed.). New York: Erlbaum.

Cohen, J. (1969). *Statistical power analysis for the behavioral sciences.* Academic Press.

Erdfelder, E., Faul, F., & Buchner, A. (1996). GPOWER: A general power analysis program. *Behavior Research Methods, Instruments, & Computers, 28,* 1-11.

Fan, X. (2001). Statistical significance and effect size in education research: Two sides of a coin. *Journal of Educational Research, 94,* 275-282.

Ferguson, G. A. (1981). *Statistical analysis in psychology and education.* New York: McGraw Hill.

Fisher, R. A. (1925). *Statistical methods for research workers.* Oliver and Boyd.

Hayes, W. (1973). *Statistics. for the social sciences.* New York: Holt Rinehart & Winston.

Hinkle, D. E. (1979). *Applied statistics for the behavioral sciences.* Boston : Houghton Mifflin.

Hollander, M., & Wolfe, D. A. (1973). *Nonparametric statistical methods.* New York: Wiley.

Jeffery, W. E., Maddi, S. R., & Ekstrand B. (1983). *Statistics for behavioral sciences.* Homewood: The Dorsey Press.

Kerlinger, F. N., & Pedhazur, E. J. (1973). *Multiple regression in behavioral research.* New York: Holt Rinehart & Winston.

Kerlinger, F. N., & Lee, H. B. (2000). *Foundations of behavioral research* (4th ed.). Orlando, FL: Harcourt College Publishers.

Kirk, R. E. (1996). Practical significance: A concept whose time has come. *Education and Psychological measurement, 56,* 746-759.

Kirk, R. E. (1982). *Experimental design : procedures for the behavioral sciences.* Belmont: Brooks/Cole.

Kish, L. (1967). *Survey Sampling.* New York: Wiley.

Leech, N. C., Barrett, K. C., & Morgan, G. A. (2008). *SPSS for intermediate statistics, Use and interpretation,* New York: Psychology Press.

Levine, T. R., & Hullett, C. R. (2002). Eta squared, partial eta squared, and misreporting of effect size in communication research. *Human Communication Research, 28,* 612-625.

Minium, E. W. (1978). *Statistical reasoning in psychology and education.* New York: John Wiley & sons.

Norusis, R. U. (2002). *SPSS 11.0 Guide to data analysis.* Upper Saddle River, NJ. Prentice Hall.

Pearson, E. S., & Hartley, H. O. (1966). *Biometrika tables for statistics,* Vol. 1(3rd ed.). Cambridge: Cambridge University Press.

Popham, W. J., & Strotnik, K. A. (1973). *Education statistics: use and interpretation.* New York: Harper & Raw.

Ott, L.(1977). *An introduction to statistical methods and data analysis.* Massachusetts: Duxbury Press.

Shavelson, R. K. (1981). *Statistical reasoning for the behavioral sciences.* Boston: Alyn and Bacon.

Siegel, S. (1956). *Nonparametric statistics for the behavioral sciences.* New York: McGraw–Hill.

Sudman, S. (1976). *Applied sampling.* New York : Academic Press.

Slakter, M. J. (1972). *Statistical inference for educational researchers.* California: Addison–Wisley Pub.

Student. (1908). The probable error of a mean. *Biometrika, 6*(1), 1–25. https://doi.org/10.2307/2331554

Tabachnick, B. G., & Fidell, L. S. (2007). *Using multivariate statistics* (5th ed.). Boston, MA; Allyn and Bacon.

Thomas, J. R., Lochbaum, M. R., Landers, D. M., & He, C. (1997). Planning significant and meaningful research in exercise sciences: Estimating sample size. *Research Quarterly for Exercise and Science, 68,* 33-43.

Thomas, J. R., Nelson, J. K., & Silverman, S. J. (2005). *Research methods in physical activity* (5th ed.). Champaign, IL: Human Kinetics.

Thompson, B. (2002). "Statistical", "Practical", "Clinical": How many kinds of significance do counselors need to consider? *Journal of Counseling & Development, 80,* 64-71.

Thompson, B., & Kieffer, K. M. (2000). Interpreting statistical significance test results: A proposed new "What if" method. *Research in Schools, 7*(2), 3-10.

Vincent, W. J. (2005). *Statistics in kinesiology* (3rd ed.). Champaign, IL: Human Kinetics.

William, M., Reinmuth, J. E., & Beaver, R. J. (1993). *Statistics for management and economics.* Belmont, California: Duxbury Press.

찾아보기

A

B

C

Q

R

S

η

ω

ㄱ

ㄴ

ㄷ

ㅁ

ㅂ

ㅅ

ㅊ

ㅋ

ㅌ

ㅍ

ㅎ

체육통계

1판1쇄 2025년 11월 20일

저자 강상조
발행인 이경화

발행처 디자인21
주소 04560 서울특별시 중구 퇴계로 293-1 3층
전화 02-2269-6561(대)
팩스 02-2269-6568
이메일 21publish@naver.com
블로그 https://blog.naver.com/publish21
인스타 https://www.instagram.com/21publish.co.kr
홈페이지 https://21publish.co.kr

등록번호 제1-1128호
등록일자 1991.2.12

ISBN 978-89-6131-194-6 93690

정가 48,000